中原学术文库·文集

# 崔大华全集

（全七卷·第三卷）

崔大华　著

社会科学文献出版社
SOCIAL SCIENCES ACADEMIC PRESS (CHINA)

1993年2月，在家中工作的崔大华

1993年3月，崔大华（左）与吴光（右）在河南鹿邑太清宫前合影

1995年6月，
《河南经济日报》采访崔大华

1995年6月，
崔大华在河南省社会科学院门前

1997年10月26日，"冯友兰与中国传统文化国际学术讨论会"在郑州召开，崔大华（左一）与韩国学者赵骏河教授（左二）交谈

1998年3月11日，崔大华在"中国鹿邑老子学术研讨会"上作报告

崔大华 著

# 庄学研究

人民出版社

1992年7月,
《庄学研究》由人民出版社出版

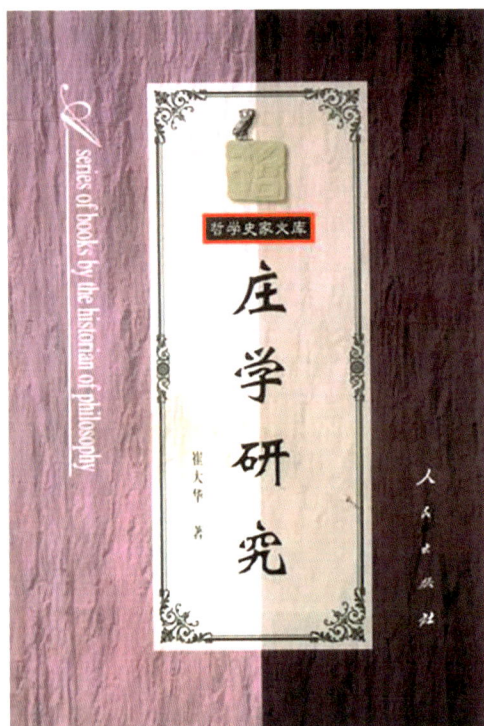

series of books by the historian of philosophy

哲学史家文库

# 庄学研究

崔大华
著

人民出版社

2005年10月,
《庄学研究》由人民出版社重印
并收入"哲学史家文库"

# 《崔大华全集》编纂委员会

# 出版说明

崔大华，字实之，1938 年 12 月 3 日（农历十月十二）① 出生于安徽省六安县南岳庙区分路口乡莲花庵村（今安徽省六安市裕安区分路口镇莲花庵村）。1961 年 8 月毕业于中国人民大学哲学系。1961 年 9 月至 1978 年 9 月，先后任教于河南省医学院、商丘第一高中、商丘师范学校、商丘大学、商丘师范学院。1978 年 10 月考入中国社会科学院研究生院攻读中国思想史专业硕士学位，师从我国著名马克思主义历史学家、思想家、教育家侯外庐先生（1903～1987）。1981 年 10 月分配到中国社会科学院历史研究所中国思想史研究室工作。1982 年 9 月调入河南省社会科学院哲学研究所，1983 年任副所长，1987 年晋升为副研究员，同年加入中国共产党，1992 年晋升为研究员，1993 年任所长，1998 年退休（随即返聘，2001 年 2 月正式退休）。2013 年 11 月 25 日于广州逝世，享年 75 岁。

崔大华先生曾被聘为河南大学中国哲学专业硕士研究生导师、南京大学中国思想家研究中心兼职教授，曾担任中国哲学史学会理事、国际儒学联合会顾问、河南省儒学文化促进会副会长兼学术顾问、《道家文化研究》编辑委员会编委、“元典文化丛书”编辑委员会编委、《中华道藏》顾问委员会学术顾问，是河南省优秀专家、河南省劳动模范、国家有突出贡献专家、享受国务院政府特殊津贴专家。

---

① 崔大华的出生日期有两种说法：1938 年农历十月十二（生母所说）和 1938 年农历十月十一（乳母所说）。他采用后一个说法，又向后推一个月，通常写为 1938 年 11月 11 日。经崔大华夫人李正平老师确认，他的出生日期是 1938 年 12 月 3 日（农历十月十二）。

崔大华先生是当代中国著名哲学史家，其学术成果受到海内外学术界的充分重视与肯定。崔先生毕生从事中国哲学思想史研究，其代表性著作主要有：专著《南宋陆学》《庄子歧解》《庄学研究——中国哲学一个观念渊源的历史考察》《儒学引论》《儒学的现代命运——儒家传统的现代阐释》，合著《宋明理学史》《道家与中国文化精神》。此外，还在《中国社会科学》《哲学研究》《文史哲》《中国哲学史》《中州学刊》等刊物上发表学术论文 70 余篇。其中《宋明理学史》获第一届郭沫若中国历史学奖荣誉奖，《庄子歧解》获河南省社会科学优秀成果一等奖、全国首届古籍整理图书二等奖，《南宋陆学》《庄学研究——中国哲学一个观念渊源的历史考察》《儒学引论》《儒学的现代命运——儒家传统的现代阐释》四部专著及合著《道家与中国文化精神》获河南省社会科学优秀成果一等奖。

崔大华先生的学术成果具有很强的创新性，其理论深度为当代中国哲学界公认。崔先生读研究生前，学术兴趣主要集中在庄子道家；读研究生后，在指导老师的建议下，他把宋明理学特别是南宋陆学作为自己研究的重点。他的硕士学位论文《南宋陆学》将南宋陆学作为一个整体进行研究，资料翔实，论断新颖，拓展了中国思想史研究领域。为此，张岱年先生曾评价该成果"超过了近年来有关宋代思想论著的水平"，"是对于宋代思想史研究的一个重要贡献"。其后，崔先生又参与了集体项目《宋明理学史》的撰写，这为他后来系统的儒学研究奠定了坚实的基础。20 世纪 80 年代初至 90 年代初，崔先生回到庄子研究，先后出版《庄子歧解》和《庄学研究——中国哲学一个观念渊源的历史考察》两部大著。《庄子歧解》是他为撰写《庄学研究》所做文献准备的成果。以往注解《庄子》的方法大体有两种：集解法与孤解法。前者长于搜集，失之于冗；后者长于有见，失之于偏。崔先生兼取两者之长而避其短，在前人注释《庄子》的基础上活用歧解法，显化分歧产生的原因，从注解的分歧进入问题的研究。因此可以说，《庄子歧解》不是一般的《庄子》注释、集注性著作，而是以对中国哲学史历代思潮、学术派别的全面把握为基础进行的深入、系统解析的研究性专著。该书已成为学人读通和理解《庄子》的一部案头必备书。《庄学研究》在历史考证上系统地归纳并正确地解答了历史遗留的有关庄子其人其书及其与先秦诸子关系上的存疑问题，廓清了重重迷雾；在思想研究中视野广阔，在整个中国哲学和思想文化的发展背景下，系统地分析研究了庄学理论体系及其基本范畴，并在世界哲学背景下，彰显庄子哲学的特质与价值；具体考察了庄子思想在儒学理论更新和消化异质文化方面的突出作用。曾经被认为只有思维教训的庄子哲学，通过崔先生的研究，展现出了真实的面貌与可贵的价值。该书受到学术界的高度评价，称其为"道家思想研究方面的一流学术成果"（吴光先生语），"20世纪最有新意和理论深度的一部道家思想研究专著"（方克立先生语）。崔先生因《庄学研究》而成名，但鉴于中国传统思想文化的主流是儒学，自20世纪90年代起，他的研究重心逐步从庄学转向儒学，这反映了他终极的治学目标和学术旨趣。他先后主持两项国家社科基金项目，结项成果以《儒学引论》和《儒学的现代命运——儒家传统的现代阐释》为书名，由人民出版社列入"哲学史家文库"出版。《儒学引论》运用结构的方法，将孔子创立的儒学解析为三个理论层面，即心性的（仁）、社会的（礼）、超越的（命），表达自己对于孔子儒学的核心究竟是"仁"还是"礼"这类问题的回应，并以这个理论结构的稳定与更新，考察儒学理论形态的变化，将方法自觉与理论创新圆满结合起来；运用历史的方法呈现儒学的理论面貌，即以经学为基础的儒学形态，包括汉代天人之学、魏晋自然之学（玄学）、宋明性理之学（理学）；运用比较的方法突出儒学的伦理道德的理论特质，并在与古希腊和古印度思想的比较中彰显其特色。《儒学的现代命运——儒家传统的现代阐释》承续《儒学引论》而又高屋建瓴、视野宏阔，不仅有高度的方法自觉，还有明确的问题意识。针对儒学在现时代社会生活中究竟是已经退隐而成为一种历史记忆，还是仍在显现功能而仍然活跃的生命这一重大问题，他以翔实严密的论证，彰显了作为中国人的一种生活方式的儒学，在推进中国现代化进程和应对现代性问题中的积极作用和从容姿态，由此说明儒学具有超越具体历史情境的久远价值，古老的儒学并不是博物馆里的死物，它所蕴涵的对人类文明发展具有普适性价值的思想资源，在现代社会依然具有鲜活的生命力。这两部儒学专著，其理论创新所确立的全新视角与学术考察所拥有的开放内涵，为儒学的历史与现实的有效衔接提示了内在的逻辑理路，并为儒学未来的发扬光大和影响世界的命运进程提供了可能的范式。

崔大华先生一生淡泊名利，潜心治学，学养深厚，对于中国哲学、马克思主义哲学、西方哲学、印度哲学，皆精研有得。崔先生将学术研究与延续中华文化慧命结合起来，表现出高度的文化自觉与历史使命感。他在道家与儒学的学术研究中所取得的创新性成果，对于深化道家和儒学研究乃至中国传统文化研究，都有重要的学术价值；对于传承和弘扬中国优秀传统文化，增强中国人的文化自信，具有重要的理论价值和现实意义。

作为当代中国哲学界著名的哲学史家，崔大华先生是河南省社会科学院和河南哲学界的一面旗帜。如今先生虽已仙逝，但他高尚的学术品格和宝贵的思想遗产，永远值得后人学习、研究与传承。2019 年 3 月，河南省社会科学院启动《崔大华全集》的编纂出版工作，并成立《崔大华全集》编纂委员会。《崔大华全集》不仅收录了崔先生已出版的全部论著，包括专著、合著、论文以及早年发表的哲理短文、崔大华先生学行简谱，还收录了他未发表的随笔、短文、日记、部分书信及不同时期照片。《崔大华全集》以保证论著的完整呈现为原则，按照时间与类别相结合的方式编排，共分为七卷：第一卷收录《南宋陆学》和《宋明理学史》《道家与中国文化精神》中崔先生撰写的章节，第二卷收录《庄子歧解》，第三卷收录《庄学研究——中国哲学一个观念渊源的历史考察》，第四卷收录《儒学引论》，第五卷收录《儒学的现代命运——儒家传统的现代阐释》，第六卷收录《中国传统社会思想的理路及当代价值》①，第七卷收录崔先生已发表但未收入《中国传统社会思想的理路及当代价值》的论文，以及随笔、短文、日记、书信、崔大华先生学行简谱。《崔大华全集》计400 余万字。《庄子歧解》《庄学研究——中国哲学一个观念渊源的历史考察》经过崔先生修订后曾在中华书局和人民出版社再版和重印，《崔大华全集》根据再版和重印本校勘。其余发表过的作品根据原版原文校勘。未发表过的作品，在整理中尽量保留原貌，底稿中明显的讹误之处以"编者注"的形式予以说明。

---

① 崔大华先生仙逝后，河南省社会科学院哲学与宗教研究所曾组织科研人员搜集崔先生发表的学术论文，进行分类、校对，编成《中国传统社会思想的理路及当代价值》一书，于 2016 年 10 月由社会科学文献出版社出版。

《崔大华全集》由河南省社会科学院创新工程项目资助，作为河南省社会科学院创新工程成果出版发行。

　　以"全集"的形式为专家学者出版作品集，在河南省社会科学院尚属首次。我们在编纂过程中虽然尽心竭力，但是由于学术水平和编纂经验所限，难免会有不足之处，希望得到学界同仁与读者的批评指正。

《崔大华全集》编纂委员会

2021 年 7 月

# 编辑凡例

一、已发表作品的版本、出处见各卷"卷前说明"。

二、以繁体字发表的论文改为简体，竖排改为横排。

三、原印刷中的错误和作者行文中明显的文字、标点错误均予校改。异体字改动而无损原意者，一般改为通用字。

四、标点符号按照最新的标准执行。

五、原有随文注一般不改动，文末注释均改为页下注；注释中有明显错误的，予以订正。

六、编者注释均注明"编者注"字样。

# 卷前说明

　　本卷收录《庄学研究——中国哲学一个观念渊源的历史考察》。该书1992 年 7 月由人民出版社出版，2005 年 10 月重印，并收入"哲学史家文库"。本卷根据 2005 年人民出版社重印本校勘。

## 庄学研究——中国哲学一个观念渊源的历史考察

# 中编　庄子思想述评

## 下编　庄子思想与中国历代思潮

# 自　序

　　庄子思想是以儒家思想为主体的中国传统思想的重要组成部分，是中国传统思想某些基本特征和内容的最早的观念根源。因此，全面而深入的庄子思想研究，我以为自然首先必须从《庄子》中探索、发现庄子思想的整体内容及其内在联系、逻辑结构，同时还必须跨出《庄子》本身，在一种比较宽广的中国哲学和世界哲学的背景下来观察、分析庄子思想的理论面貌及其存在、演变的历史。具有这两方面内容的庄子思想研究，可称之为"庄学研究"。这是对中国哲学中的一个观念渊源的历史考察。

　　庄子生活在两千多年前的战国时期，和许多先秦人物一样，这位生平寂寞的古代哲人，他的身世和他的著作《庄子》，都被漫长岁月堆积下来的历史尘埃覆盖得甚为模糊，丛生了许多可疑的问题。无疑地，清扫覆盖在庄子身上的历史灰尘，应是庄子思想研究的基础工作。本书上编对庄子其人其书进行的考论，就是属于这样的工作。在这里，我根据比较可靠的《庄子》中的材料，描述了庄子生平的生活面貌；重新分析了某些历史记载，并利用某些考古的发现，比较细致地辨析了庄子的身世；考察了《庄子》从古本到今本的演变过程，以及宋代以来辛勤的学者们钩索《庄子》佚篇、佚文的情况；唐、宋以来关于《庄子》"真伪"的争论，我也从一种新的理论立场作出分析和判断。历史上遗留下来的围绕着庄子的存疑问题，我希望都能给予有据而明确的回答。在为此目标的努力中，我感到对于早在宋代，甚至更早就逐渐形成的我国考据的学术传统和学术积累，对于晚近的学者，特别是《古史辨》以来考辨庄子的学术成就，都是不能忘却的，但也不能囿于其中。

《庄子》中蕴藏着的深邃的思想源泉和不竭的美感源泉，一直强烈地吸引着后世的人们，从 20 世纪初"诸子学"以来，作为一种具有科学理论形态的庄子思想研究，也一直是一个十分活跃的学术领域。学者们从不同的角度辨析着《庄子》，用不同的理论工具发掘着《庄子》，努力把庄子的智慧融进现代生活。在本书中编，我也以一种理性的、实证的态度做着这样的工作。在深入分析现存《庄子》的思想资料的基础上，我从自然哲学、人生哲学、社会批判、庄子思想的认识结构、庄子思想的文学特质和古代科学背景五个方面展现，论述了庄子思想的外貌和内容。我主要是通过对《庄子》中众多观念或思想的内容深度的差别和理论性质的差别的分析，来揭示庄子思想的内在联系和逻辑结构，同时也用以说明庄子思想在先秦的历史发展。庄子那些具有源头或轴心性质的思想观念的起源，我是通过背景的分析把它显示出来的。将庄子思想的具体方面与大约同时代的先秦诸子思想与世界思想史上那些最重要的、具有代表性的思想作对应的比较分析，庄子思想的理论特色也就清晰地显现出来了；这种特色在不太严格的意义上可以简单地归结为对自然的洞察和对自由的追求。正是这种特色，标志着庄子思想在世界哲学舞台上不可被遮掩、被埋没的独立的位置，表明了主要是道家庄子思想和儒家思想共同构筑了中国传统思想的完整的、周延的人生境界和哲学境界。

庄子思想的生命十分奇特：作为一种理论形态、思想体系，它在先秦以后就停止了发展，已经终结；但是，庄子的思想观念、庄子的语言，仍然生机盎然地生长在魏晋、唐宋迄至今天的我们的生活和思想之中。庄子思想研究自然不能回避而是要考察并说明这一显著的文化现象和历史事实。在本书下编，我以中国哲学的整个发展进程为背景，逐一分析了庄子思想与先秦子学诸派的异同和相互反应，具体考察了庄子思想以怎样的方式、哪些内容分别影响、渗透进儒学（经学、玄学、理学）、道教、佛学等中国历史上主要的思想理论体系以及近现代学术思潮中去。这一考察分析，使我能够比较有根据地对汉、唐以来学者们所一再提出的庄子思想的学术渊源问题作出自己的回答，能比较有根据地判定庄子思想在先秦以后的持久的存在和继续表现着的不竭的生命力，就是在于它具有这样一种不可被中国历史上其他任何思想理论体系所替代的历史作用：庄子思想是中国传统思想发展演变中的最活跃的、不衰的观念因素，也是中国传统思想理解、消化异质思想文化的最有力的、积极的理论因素。

庄子思想以其众多而深邃的思想观念在中国传统思想的形成和发展中发挥了重要的作用，对庄子思想作系统的、历史的研究，是深入理解和研究中国传统思想和文化的必要步骤或环节，这是毫无疑义的。此外，在比较更加一般的意义上说，庄子思想展示了人类精神现象中的一个经常发生的、具有危机性质的方面。庄子在这方面提供的个人体验，成为庄子以后，乃至今天人们精神生活中的仍在被咀嚼着的经验和教训。这也许是庄子思想中最深奥、感人的方面。通过庄子思想研究，揭示这些，理性地说明这些，对于人的自我认识也是很有意义的。

我衷心希望我的《庄学研究》能够有助于人们去消化中国哲学中的庄子思想这个坚硬的但是有益的果实，有助于人们富有同情地、深入地去理解中国传统思想。

《庄子·秋水篇》中有一则寓言，是描写海神教训孤陋寡闻的河神的："井蛙不可以语海者，拘于墟也；夏虫不可以语冰者，笃于时也；曲士不可以语于道者，束于教也。"我十分清楚，尽管我为本书付出了很大的努力，但其固陋和囿限还是不可避免，一定会被学者们所指出。诚恳地说，这却是我所欢迎并感到欣慰的，因为这意味着、显示着有人在更高的水平上、更宽广的视野里，或者是在某个更具体、深入的方面观察着、研究着庄子。

1990 年 12 月

上编　庄子其人其书考论

庄学研究的起点，无疑地应该是对庄学创始者庄子其人和庄学最主要的思想资料《庄子》其书的考论。因为漫长的历史岁月给我们的这个研究对象留下了许多模糊的、可疑的、至今仍争论着的问题，必须对这些存疑的问题有较确定性的阐明，然后才能进入对庄子思想的内容及其在中国思想发展史上的影响的考察分析。

# 第一章　庄周考论

庄子的身世生平、思想性格、文章风格，《史记》有概括的记述：

> 庄子者，蒙人也，名周①。周尝为蒙漆园吏，与梁惠王、齐宣王同时。其学无所不窥，然其要本归于老子之言。其著书十余万言，大抵率寓言也。作《渔父》《盗跖》《胠箧》以诋訿孔子之徒，以明老子之术。畏累虚、亢桑子之属，皆空语无事实。然善属书离辞，指事类情，用剽剥儒墨，虽当时宿学，不能自解免也。其言洸洋自恣以适己，故自王公大人不能器之。楚威王闻庄周贤，使使厚币迎之，许以为相。庄周笑谓楚使者曰：“千金，重利；卿相，尊位也。子独不见郊祭之牺牛乎？养食之数岁，衣以文绣，以入太庙，当是之时，虽欲为孤豚，岂可得乎？子亟去，无污我。我宁游戏污渎之中自快，无为有国者所羁。终身不仕，以快吾志焉。”（《老子韩非列传》）

比起扑朔迷离的老子，司马迁对庄子的记述还是清晰明确的。但是，晚近学者在对庄子的身世生平作进一步的探索时，围绕《史记》的记述，仍丛生不少的分歧。

---

① 陆德明注：“太史公云：字子休。”（《经典释文·序录》）不知何据。

## 一 生卒年代

对于庄子的生卒年代，晚近学者有多种说法①，但若按其立论根据的异同，大体上可归纳为三种。

（1）依据《史记》庄子本传提及的三个君王在位时间的线索来确定。《史记》称庄子与梁惠王、齐宣王同时，并有不接受楚威王迎聘之事。因此，根据梁惠王、齐宣王、楚威王三个君王在位的期间，可以大体确定庄子的生卒年代。《史记·六国年表》记载梁惠王、齐宣王、楚威王的在位时间分别是前 370～前 335 年、前 342～前 324 年、前 339～前 329 年。《竹书纪年》出土后，发现《史记·六国年表》对梁惠王、齐宣王在位时间的记录有差误。第一，《表》谓梁惠王在位三十六年卒，子襄王立，在位十六年卒，哀王立。实际上，魏只有襄王，并无哀王。惠王三十六年，与诸侯会于徐州相王，因改元，又十六年然后卒。《史记》将惠王后十六年误属襄王，至襄王即位时，事无所隶，乃讹襄为"哀"，于是魏之世系，添出一代。第二，田齐从陈恒以后，经十二代而亡，《史记》所记仅有十代，遗漏悼子、田侯郯两代。又太公和在位年亦少却数年，因此威王、宣王两世误移前二十二年。这样，订正后的梁惠王在位年代为前 370～前 319 年，齐宣王为前 320～前 302 年。据此，可确定庄子的生卒年代约在前 375～前 300 年。梁启超的《先秦学术年表》正是这样判定的。应该说，这一判定，即使根据未被订正的《六国年表》也大体可以作出。因为推断楚威王礼聘庄子时，其正当壮年，故能在楚威王殁后二十多年方死，这也是合情理的。

（2）依据《庄子》一书中所记述有关人物、事件的年代来考定。《庄子》中于魏文侯（前 446～前 397 年在位）、魏武侯（前 396～前 371 年在

---

① 任继愈将此归纳为五种说法：（1）前 369～前 286 年（马叙伦），（2）前 355～前 275 年（吕振羽），（3）前 328～前 286 年（范文澜），（4）前 365～前 290 年（杨荣园），（5）前 375～前 295 年（闻一多）（《庄子探源》，《哲学研究》1961 年第 2 期）。实际上不止这五种。

位）皆称其谥号①，于魏惠王称其名②，又称其王③，据此，庄子生年当在魏文侯、武侯之后，惠王初年；至迟亦在惠王改元（前335年）之前。庄子的卒年，《庄子》中则有下列判据：第一，《徐无鬼篇》谓"庄子送葬，过惠子之墓"，是庄子卒于惠施之后。惠施事迹最晚见于魏襄王五年（前314）。其年，"齐破燕……楚魏憎之，令淖滑、惠施之赵，请伐齐而存燕"（《战国策·赵策三》）。此后，魏襄王（《史记》作"哀王"）九年（前310），魏相田需死，楚相昭鱼说："吾恐张仪、犀首、薛公有一人相魏者也。"（《战国策·魏策二》《史记·魏世家》）以惠施在魏的地位，不在三人之下，昭鱼之言不及惠施，疑其时惠施已死。第二，《秋水篇》有言"昔者尧舜让而帝，之哙让而绝"。燕王之哙让国于其相子之，是其即位五年（前316年）之事。齐借此事而举兵伐燕，燕"士卒不战，城门不闭，燕王哙死，齐大胜，燕子之亡"（《战国策·燕策一》），是在子之三年（前313）之事。庄子既能记述此事，自然当卒于此年之后。第三，《列御寇篇》记庄子言"今宋国之深，非直九重之渊也；宋王之猛，非直骊龙也"。此乃宋君偃已称王④，宋国正处暴盛之际⑤，故庄子未见宋之亡。据《史记·六国年表》齐湣王十五年（前286）齐灭宋，则庄子当卒于此年之前。第四，《庄子》中记事最后者为公孙龙和赵惠文王。《徐无鬼篇》记庄子对惠子说："然则儒墨杨秉四，与夫子为五，果孰是邪？"此秉，唐人成玄英《庄子注疏》、殷敬顺《列子释文》，宋人王应麟《困学纪闻》，皆解为公孙龙。《秋水篇》则更有"公孙龙问于魏牟"。公孙龙事迹，最早为燕昭王二十八年（前284）劝燕昭王偃兵⑥，

---

① 见《庄子》"田子方侍坐于魏文侯"（《田子方》），"徐无鬼因女商见魏武侯"（《徐无鬼》）。

② 见《庄子》"魏莹与田侯牟约"（《则阳》）。司马彪注："莹，魏惠王。"（陆德明《经典释文》引，下同）

③ 见《庄子》："惠子谓庄子曰：魏王贻我大瓠之种。"（《逍遥游》）司马彪注："魏王，梁惠王也。""庄子衣大布而补之，正緳系履而过魏王。"（《山木》）司马彪注："魏王，惠王也。"

④ 《吕氏春秋·禁塞》高诱注："宋康王名偃，立十一年自为王。"宋君偃立于周显王四十一年（前328），则宋君偃于前318年称王。

⑤ 《史记·宋世家》："宋偃东败齐，南败楚，西败魏。"

⑥ 见《吕氏春秋·应言》。

最晚为赵孝成王九年（前257）劝平原君勿受封①。《说剑篇》记述庄子由赵太子引见赵文王，司马彪注："赵文王，惠文王也，名何，武灵王子，后庄子五十年。"② 赵惠文王在位年代为周赧王十七年到四十九年（前298～前266），《史记·赵世家》谓"惠文二十二年，置公子丹为太子"，即为前276年。据此，庄子卒年当晚至宋亡之后。但是，此条判据比较薄弱。"公孙龙问于魏牟章"，明显是庄子后学扬己贬人之作，秉者谁何，亦有多种推测，如清人王敔谓"秉"指法家③，洪颐煊疑"秉"为"宋"之讹，指宋钘④，近人高亨谓"秉"借为"彭"，即彭蒙⑤。见赵惠文王之"庄子"，显然似是善于辞令的策士，绝不类不能为王公大人所"器"的庄周。第五，《至乐篇》记述庄子妻死，庄子鼓盆而歌。前来吊唁的惠子斥责他"与人居，长子老身，死不哭亦足矣，又鼓盆而歌，不亦甚乎！"《礼记·曲礼上》曰"七十曰老"，庄子后其老妻而死，可见享寿甚高，当在八十上下。多数学者都是根据这些判据来确定庄子的生卒年代。其中，可为代表的是马叙伦的《庄子年表》，认为庄周生当梁惠王初年，而其卒尚不及见宋之亡。庄子是宋人，故其年表从宋君剔成元年（梁惠王二年）始，至齐灭宋止（前369～前286年）。其他如钱穆《先秦诸子系年通表》，判定庄子生当前368年或稍后，卒在前268年或稍后，与马叙伦《年表》虽有具体年代判定上的差异，但所依判据实乃相同。

（3）依据《史记·老子韩非列传》和《庄子》以外的线索来判定。这样的线索可有二。第一，庄子与齐湣王同时。晋人李颐说，庄子"与齐湣王同时"⑥，陈释智匠谓，湣王"遣使赍金百镒以聘相位，周不就"⑦，云云。齐湣王在位年代，依《史记·六国年表》当为周显王四十六年至

---

① 见《战国策·赵策三》，《史记·平原君虞卿列传》。
② 原作"后庄子三百五十年"，当是传写之误。
③ 见王夫之《庄子解·秋水》。
④ 见洪颐煊《诸子丛录·庄子》。
⑤ 见高亨《杨朱学派》，载《古史辨》第四册。
⑥ 见陆德明《经典释文·庄子序录》。
⑦ 见智匠《古今乐录》。此书已佚，清代马国翰《玉函山房辑佚书》辑录残遗为一卷。

周赧王三十一年（前 323 ~ 前 284），约相当宋君偃在位的年代（前 328 ~ 前 286）①。第二，庄子后于孟子。《朱子语类》记曰："问孟子与庄子同时否？曰：庄子后得几年，然亦不争多。"（卷一百三十五）孟子生卒年代亦多歧说，多数学者以孟子卒于周赧王二十六年，寿 84 岁，逆推当生于周烈王四年（前 372 ~ 前 289）。根据这些判据来确定庄子的生卒年代，以范文澜为代表，他说："《史记》说他与梁惠王、齐宣王同时，也就是与孟子同时，恐不可信。庄周当是宋王偃（前 328 ~ 前 286）时人……"（《中国通史简编》第一编）。这一判定与上面的两种判定在具体年代上的不同是次要的，重要的是它们所依凭的判据不同。

比较以上由三种不同文献线索所作出的对庄子生卒年代的判定，以《庄子》为线索所作的判定更为充实可信。但这也只是确定一个大体的年代范围，更具体的庄子的生卒年月则是无法考定的了。这也许使我们感到遗憾，但毕竟更科学，而且也不至于妨碍下面我们对庄子所要作的多方面的研究和主要结论的得出。

## 二　故里国属

在《史记》中，司马迁对先秦诸子的国属一般都有明确的说明。但是对于庄子，他只是说："庄子者，蒙人也。"蒙属何国，即庄子是战国时的哪国人，他没有说清楚明确，这给后代的学者留下了混乱和纷争。

汉代学者一般认为蒙是战国时宋国的地域，故庄子是宋国人。如《史记·庄子列传索隐》引刘向《别录》云："宋之蒙人也。"《淮南子·修务训》高诱注："庄子名周，宋蒙县人。"《汉书·艺文志》"庄子五十二篇"，班固自注："名周，宋人。"张衡《髑髅赋》："吾宋人也，姓庄名周。"战国时的宋地，西汉时封属梁国，《汉书·地理志》记曰"梁国领县八，其三即蒙"。唐代学者因此或称庄子为梁国人。如《隋书·经籍志》"《庄子》二十卷"，自注："梁漆园吏庄周撰。"陆德明《经典释文·庄子序录》亦说庄子"梁国蒙县人也"。宋或梁乃一国

---

① 据《竹书纪年》，齐湣王在位年代实为周赧王十五年至三十一年（前 300 ~ 前 284）。

或一地之异名，故汉代说庄子为宋人，唐代或说庄子为梁人，乃是名异而实同的一致的说法。现代学者多数同意这一说法，马叙伦可为代表，他在《庄子宋人考》中提出两条比较坚强有力的论据：一条引自《史记·宋世家》所据《左传·庄公十二年》"宋万弑湣公于蒙泽"，一条引自《史记·宋世家索隐》所据庄子佚文"桓侯行（按：指宋桓侯，名辟），未出城门，其前驱呼辟，蒙人止之，后为狂也"，这两条即可证明宋国确有蒙地。①至于庄子故里的蒙地在宋国之何方位，地望已经淹没，典籍所载又迥然不一②，难以确考了。但比较言之，此蒙地可能即是"宋有萧蒙"之蒙。韦昭《国语》注谓萧蒙乃"公子鲍之邑"。战国时，宋在魏进逼之下，国都由商丘迁相、彭城，旧日国家中心区域也就成了边陲之地，故可为公子的封邑。清代张琦《国策释地》云："宋地自今归德府以东，江苏之徐州府，安徽宿、亳二州，北有山东曹州府之菏泽、曹县、定陶、单县、城武、巨野，济宁之金乡、鱼台皆是。"因此，宋国之蒙地大致在今商丘县（归德府）境内③，战国时，此地与魏之东南境、楚之东北境接壤。

宋代始有庄子为楚人的说法。先是乐史在《太平寰宇记》里，从邑里的归属上说："小蒙故城在县（按：指宋州县，今河南商丘县）南十五里，六国时，楚有蒙县，俗为小蒙城，即庄周之本邑。"（卷十二《宋州》）后来，朱熹又从思想风格的特色上说："庄子自是楚人……大抵楚地便多有此样差异底人物学问。"（《朱子语类》卷一百二十五）但是，乐史"六国时楚有蒙县"的说法，在秦汉典籍里找不到印证，所以难以成立。或者，如马叙伦所推论的那样："宋亡后，魏、楚与齐争宋地，或蒙入于楚，楚置为蒙县，汉则属于梁国欤？庄子之卒，盖在宋之将亡，则当

---

① 此外，《国语·楚语下》"宋有萧蒙"亦可为证。
② 历史上，地理典籍对庄子故里蒙所在的方位有两种相反的记载，一谓在宋城（今河南商丘县）北，一谓在宋城南。前者如唐代李吉甫《元和郡县图志》谓"小蒙故城在县（宋城县）北二十二里，即庄周之故里"（卷七《宋州》），后者如宋代乐史《太平寰宇记》谓"小蒙故城在县（宋州县）南十五里……即庄周之本邑"（卷十二《宋州》）。
③ 今河南民权县顺河乡（商丘县西北百里）有庄子墓等庄子遗迹，其由来尚待考索，然其所处地域仍属商丘范围。

为宋人也。"（《庄子宋人考》，《庄子义证》附录）朱熹所说，虽是实际情况，即庄子思想的神异和文字的洸洋，确实显露出与楚文化有某种深刻的关系。对此，我们在后面再作论述。但是，由此断言"庄子自是楚人"也并不充分。亦如我们在后面将要说明的，庄子思想的本质特征，正是与楚文化所表现出的神异、幻想相异的深邃、现实。而《庄子》中对宋国（商的后裔）从民间的风俗，到君王的性格施政等多方面的记述①，却确乎可以表明，庄子是生长在宋国的环境中，对宋国最为熟悉。庄子为楚人之说，现代学者也有响应，《也谈庄周故里》一文可为代表②。其文判定庄子为楚国人的论据主要有二。第一，战国时宋楚敌对，若庄子是宋国人，则《史记·老子韩非列传》所载楚威王闻庄子贤，重币远行聘以为相，则是不可能的。第二，《庄子·秋水》中"庄子钓于濮水"的濮水，就是《水经注》中的沙水，即今之芡河。所以庄子隐居之地，当在芡河沿岸，亦即今涡阳、蒙城一带；庄子故里之"蒙"，即今安徽蒙城。应该说，这两个论据都是相当脆弱的。就第一个论据而言，楚聘庄周为相，自宋代黄震以来，多有学者表示怀疑（后面再作论述）；即使确有此事，在那"邦无定交，士无定主"（《日知录·周末风俗》）的战国时代，诸侯越出封界招揽贤才以图强，士奔驱列国游说君王以逞能，是司空见惯的，所以不能仅以其就聘或出仕之国，即判定为其母国。就第二个论据而言，濮水有二，一属黄河，一属淮河。即使庄子垂钓之濮水是入淮之沙水，也不足以推论出此即庄子出生、生长之蒙地。从历史地理上看，先秦到两汉，沙水两岸并无以"蒙"为邑里之称者。现今之安徽蒙城，汉时称山桑，唐天宝元年始改称蒙城。宋代学者如苏轼、王安石未遑细察，竟将此蒙城认定为庄子故里，亦属疏误。③

---

① 如《庄子》写道："宋有荆氏者，宜楸柏桑"（《人间世》），"宋人有善为不龟手之药者"，"宋人资章甫而适诸越"（《逍遥游》），"宋人有曹商者，为宋王使秦"，"今宋国之深，非直九重之渊也，宋王之猛，非直骊龙也"（《列御寇》），"宋元君将画图"（《田子方》），"商太宰荡问仁于庄子"（《天运》），"南伯子綦游乎商之丘"（《人间世》），等等。

② 作者为常征，《江淮论坛》1981年第6期。

③ 见《太平寰宇志》卷十二《亳州》、《新唐书》卷三十八《地理志·亳州》。由此可知，王安石诗《蒙城清燕堂》（《临川集》卷二十五）、苏轼文《庄子祠堂记》（《东坡集》卷三十二）中皆误以今蒙城为庄子故里。

除了上述认为庄子是宋人、楚人的两种说法外，还有认为庄子是齐人、为鲁人的两种说法。提出庄子为齐人的是六朝陈释智匠，其撰《古今乐录》记庄子之事曰："庄周者，齐人也……"《左传·哀公十七年》："公会齐侯盟于蒙。"杜预注："蒙在东莞蒙阴县西，故蒙阴城也。"清代杨守敬《战国疆域图》将此蒙地归属齐国，这表明先秦时齐国亦有蒙邑。但此蒙地，与《庄子》中所记述的庄子活动的主要区域宋魏之地相距较远，不甚可能为庄子故里，故马辅、阎若璩皆驳之曰："周，蒙人，属宋不属齐。"① "庄子乃鲁之蒙人"，是近人王树荣在《庄周即子莫说》② 一文中提出的观点。王氏此文论证庄周即子莫的论据是什么，可否成立，我们以后再讨论，此文论证庄子是鲁之蒙人的主要论据有二。第一，子莫是鲁人。《孟子》"子莫执中"，朱熹注："子莫，鲁之贤人也。"子莫即是庄周，故庄子是鲁人。第二，鲁有蒙地。《诗经·鲁颂·閟宫》云"奄有龟蒙"，《论语·季氏》"昔者先王以为东蒙主"。就第一个论据言，"子莫为鲁之贤人"东汉赵岐《孟子注》即有此说，其可视为可信。就第二个论据言，龟蒙、东蒙即蒙山③，位处鲁东，与《庄子》所记述的庄子活动地域较远，为庄子故里则不甚可能。

比较以上诸说，汉代学者之言为是：蒙为战国时宋国之地，庄子为战国时宋之蒙人。

## 三　身世生平

庄子的身世生平，《史记》有概括而明确的记述，但仔细推敲，其有可疑，对此，需要作一番考辨。《庄子》中对庄子生平事迹的记述无疑是真实的，但比较分散、细碎，然而加以综括，还是可以清晰地显示出庄子生平的精神风貌和生活状况的（本节所引《庄子》只注篇名）。

### 1. 《史记》记载的庄周生平事迹考辨

《史记·老子韩非列传》记述的庄子生平实际上只有三件事：著书十

---

① 见马骕《绎史》卷一百一十二《列庄之学下》，阎若璩《潜邱札记》卷六《又与石企斋书》。

② 见《古史辨》第四册。

③ 刘宝楠《论语正义》："蒙山即东蒙山，在鲁东，故云。邑人公蒱论：蒙山高峰数处，俗以在东者曰东蒙，在中央者曰云蒙，在西北者曰龟蒙，其实一山也。"

余万言，曾为漆园吏，不愿就聘楚相。后代学者对此三事皆有疑义。庄子的著述，即《庄子》一书的问题，我们在后面再作讨论，这里对庄子为漆园吏和拒楚聘之事稍作考辨。

"漆园"一词先秦典籍无闻，历来多数学者皆作专有名词邑里之名来理解，但对其所属地望有不同的说法。《史记》以为即在蒙地，故称"蒙漆园吏"；《史记正义》引《括地志》则以为在曹州："漆园故城在曹州冤句县北十七里。"这就是说，庄子曾任漆园这个小邑里的吏，如阎若璩所谓"漆园为其宦游地"（《潜邱札记·又与石企斋书》）。这些说法皆无确凿根据。晚近，有些学者将"漆园"解作漆树之园，所以"尝为漆园吏"就是"当过管漆树的小吏"。[①] 这也是由文生义，缺乏实据。

1975 年湖北云梦睡虎地十一号秦墓出土了 1155 支竹简，经历史考古专家整理，将其内容分为十种，其中《秦律杂抄》类有条律则：

> 髹园殿，赀啬夫一甲，令、丞及佐各一盾，徒络组各廿给。髹园三岁比殿，赀啬夫二甲而法（废），令、丞各一甲。（《睡虎地秦墓竹简》，文物出版社 1978 年版，第 138 页）

"啬夫"是战国时代官长的通称。秦简中的县啬夫、道啬夫是一县、一道（边陲地区的县[②]）之长，或称"大啬夫"；田啬夫、仓啬夫，厩啬夫、苑啬夫等则是负责某一方面事务之长，总称为"官啬夫"。这正有似于《管子·君臣》所谓"吏啬夫任事，人啬夫任教"。所以，这条秦律就是说：

> 漆园管理不善，被评为下等，罚漆园负责长官交纳一副铠甲，下属吏员各交纳一张盾牌，众工徒各交纳二十根穿甲绦带。漆园连续三年被评为下等，罚负责长官交纳两副铠甲，并撤职不再叙用，下属吏员各交纳一副铠甲。

---

① 见杨宽《战国史》（上海人民出版社 1980 年版，第 54 页）及张恒寿《庄子新探》（湖北人民出版社 1983 年版，第 12 页）。

② 卫宏《汉旧仪》："内郡为县，三边为道。"

非常明显，秦简中的"漆园"不能只是种植漆树的漆树园，而可能更主要的是制作漆器的作坊。漆园啬夫不是行政长官（大啬夫、人啬夫），而是工官（官啬夫、吏啬夫）。现在问题在于，能否由此断定庄子所任之"蒙漆园吏"正是秦国的这种漆园啬夫？由云梦睡虎地十一号墓出土的秦简整理成的《编年纪》，开始于秦昭王（《史记》作昭襄王）元年（前306年），终于秦始皇三十年（前217年），表明墓主个人的生活年代略晚于庄子。秦简所记载虽然主要是秦的法律制度，但它也一般地反映了近同于庄子所生活的那个战国中晚期包括宋国在内的各国的制度情况。本来，春秋时期秦国在政治和经济、文化的发展方面都落后于中原诸侯各国，秦的"初租禾"（前408年）比鲁的"初税亩"（前594年）晚后近二百年。但到战国时，特别是秦献公以后，实行一系列的政治改革，也就迅速地赶上了中原各国。所以在战国的二百多年时间里，在诸侯各国间，虽然战争的胜负、国势的兴衰、霸主的地位时常发生游移不定的变化，但阶级结构、国家制度、社会生活都总是日趋接近或相同的。中国历史上，中华各族同步一致的社会进步就是从这时开始的。基于这个比较概括的社会历史事实的背景，我们即可以断定庄子所任宋之漆园吏，相当于秦的漆园啬夫。但是，我们仍觉得需要，而且可以援引一些有关啬夫和漆的比较具体的文献记载来作进一步的说明。

春秋战国时，"啬夫"这一官职名称不仅见于秦、齐，也见于其他各国，例如：

> 大史曰："……故《夏书》曰：辰不集于房，瞽奏鼓，啬夫驰，庶人走……"（《左传·昭公十七年》）

> 晋中行文子出亡，过于县邑，从者曰："此啬夫，公之故人。公奚不休舍，且待后车？"（《韩非子·说林下》）

> 周最善齐，翟强善楚，二子者欲伤张仪于魏。张子闻之，因使其人为见者啬夫，间见者，因无敢伤张子。（《战国策·魏策四》）

> 五乡为县，县有啬夫治焉。十县为郡，有大夫守焉。（《鹖冠子·王铁》）

《汉书·艺文志》班固自注谓"鹖冠子，楚人也"。可见，从秦到齐鲁，三晋中原区域和南方楚地，皆通行"啬夫"之称。宋处中原，自然也会有"啬夫"的官职。

漆的用途的发现和漆树栽培在我国有很早的历史。《尚书·顾命》"漆仍几"，《诗经·鄘风·定之方中》"椅桐梓漆，爰伐琴瑟"，《诗经·唐风·山有枢》"山有漆"，《诗经·秦风·车邻》"阪有漆"，等等，说明甚至春秋以前漆的用途已被发现，而中原的卫国（鄘），西北的秦、晋（唐），在春秋前期就有了漆的栽培。中国古代对于漆的利用，一是防腐，二是美观，用明代制漆器艺人黄成的说法，"盖取其坚牢于质，光彩于文也"（《髹饰录》卷上）。战国时代，随着经济的发展，漆器需求量增多，漆的应用范围扩大，中原地区的漆树栽培也更加推广。成书于孟子之后的战国晚期的《尚书·禹贡》中记述说，兖州"厥贡漆丝"，豫州"厥贡漆枲绤纻"，即在兖、豫两州的贡品中都以漆为首位。这正反映了漆的种植和漆器制作在包括宋国在内的中原各国的手工业生产中具有重要的地位。从已出土的春秋到战国时的用漆涂饰的车辆、兵器、棺椁、乐器以及日用几案、盘、奁等数量之多、质量之高，可以推断战国时漆器作坊规模和工艺水平都是相当可观的。国家设置这方面的工官来管理经营漆林的生产和漆器的制作是很自然的。秦简所录对漆园啬夫的考课律令证明了这一点。并且由此可以推断，其他列国也有类似的漆园工徒和管理官吏的制度。《庄子》中多次记述到漆的生产或用途①，记述了许多手工劳动者的生活和技艺②，这些都可以印证庄子是一位熟悉当时的手工生产、曾任宋国管理漆园种植和漆器制作的吏啬夫。

庄子身世生平中拒绝为相之聘一事，后世学者也有不同的说法。首先，庄子拒绝何国为相之聘就有三种不一的说法。《史记》说是楚国之聘，"楚成王闻庄周贤，使使厚币迎之，许以为相。"但陈释智匠《古今

---

① 《庄子》写道："漆可用，故割之"（《人间世》），"待绳约胶漆而固者"，"连连如胶漆缠索"（《骈拇》）。
② 《庄子》叙及的手工劳动者很多，如庖丁（《养生主》）、匠石（《人间世》）、陶者（《马蹄》）、轮扁（《天道》）、承蜩者（《达生》）、梓庆（《达生》）、捶钩者（《知北游》），等等。

乐录》却说是齐国："庄周儒士，不合于时，自以不用，行欲避乱，自隐于山岳。后有达庄周于潜王，遣使赍金百镒以聘相位，周不就。"于是唐陆德明就综而言之，"齐楚尝聘以为相，不应"（《经典释文·庄子序录》），智匠之说缺乏根据，后人鲜有提及者；《史记》之说，有《庄子·秋水》可相与为证①，后人多沿信以为实。

但是，对尽管有《庄子》《史记》记载根据的庄子拒聘楚相之事，后世学者也有认为不可信者。最早可能是宋代黄震，他在读《东莱大事记》"周显王三十年楚聘庄周为相"条时说："史无其事，而列御寇、子华子凡方外横议之士，多自夸时君聘我为相而逃之，其为寓言未可知也……"（《黄氏日抄》卷五十四）近人钱穆则认为楚王聘以为相的是庄辛而不是庄周："余考《御览》四百七十四引《韩诗外传》'楚襄王遣使聘庄子为相，庄子曰：独不见太庙之牺乎'云云，则庄子指庄辛，非庄周。"（《先秦诸子系年考辨·庄周生卒考》）这两个对《史记》的庄子拒聘的记述表示疑义的看法中，黄震的见解可能是符合实际的，即庄子拒聘楚相是寓言而不是事实。以后在论述庄子思想时我们将会看到，庄子对世故有极深的洞察，对人生有极深的体验，但他绝无韬略，亦无权术。他极鄙薄王公的显赫荣华，权势者也看不中他的清高孤傲。在那需要能纵横捭阖、叱咤风云，善于帅军、治国、游说之人的战国时代，像庄子这样以洸洋之言自恣自适的人，怎么会被楚威王、齐潜王这种崇尚攻战扩疆的君王聘为辅相？然而虚构一个把他们的礼聘视为一种不堪忍受的负担和苦难而轻蔑地拒绝的故事，用来表现庄子的高洁，倒是在情理之中的。在这里，司马迁错在把《庄子》寓言当作了史实。在这两个对《史记》的记述表示疑义的看法中，钱穆的订正的解释似乎还不够确当。《战国策》记曰，"庄辛说楚襄王，不听，去而之赵，留五月②，秦果举鄢、郢、巫、上蔡、陈之地，襄王于是使人发骑征庄辛于赵。"（《楚策四》）可见楚王礼聘庄辛，实有其事。庄辛虽不得已而去赵，但他毕竟为楚之旧臣，故对楚王的征召，积极响应。他鼓励楚王在失败后要振作，"见兔而顾犬未为晚，亡羊而补牢未为迟"。庄

---

① 《庄子》写道："庄子钓于濮水，楚王使大夫二人往先焉，曰：愿以境内累矣！"（《秋水》）

② 金正炜《国策补释》："疑当作五年。"

辛最后被楚王封为阳陵侯，所以，表白绝意仕途的"独不见太庙之牺乎"之语，绝不会出自庄辛之口。在这里，钱穆错在用史实纠正寓言，这是没有必要的、多余的。

**2. 《庄子》记述的庄周生平事迹综述**

庄子生平事迹在《庄子》一书中有远较《史记》为多的记述。尽管这些记述有时也带有寓言的性质，但总的来说，还是可以视为能真实地反映庄子身世生平和思想性格的生活侧影，这对于理解我们在后面将具体论述的庄子思想是很有价值的，现综述如下。

（1）贫穷 庄子虽曾为漆园吏，但这恐怕是俸禄很低的小吏，而且也很可能因庄子不善于经营管理，如秦简所录的律令中所说的那样，"髹园三岁比殿，赀啬夫二甲而废"，很快就被废免了。这样，庄子也许只能依靠诸如织履之类的手工劳动①维持生活。所以庄子终生贫穷，常处于饥寒交迫之中：

> 庄周家贫，故往贷粟于监河侯。（《外物》）
> 庄子衣大布而补之，正緳系履而过魏王。（《山木》）

贫穷常给人的精神以两种完全不同的影响：它可能是一种沉重的压力，使人的精神萎靡、颓丧下去；它也可能是一种净化、激化剂，使人的精神高洁、超越起来。庄子显然是属于后一种情况。当魏王见庄子穿着破衣、破鞋，显得非常潦倒狼狈的样子，就说："何先生之惫邪？"庄子回答说："贫也，非惫也。士有道德不能行，惫也；衣弊履穿，贫也，非惫也。此所谓非遭时也……今处昏上乱相之间，而欲无惫，奚可得邪？"（《山木》）庄子认为自己只是物质生活上贫乏，并不是精神心灵上空虚。精神上的苦闷是黑暗的现实造成的。是一种什么样的生活遭遇使庄子对现实怀有强烈的不满情绪？是一种什么样的思想经历使庄子的精神能从贫困逆境中得到超越？根据《庄子》所记述的庄子生平中的其他一些事迹或表现，虽然

---

① 《庄子·列御寇》记述宋人曹商得宠于宋王、秦王后，讥笑庄子"处穷闾阨巷，困窘织履，槁项黄馘"。

还不足以对此作出十分确凿、具体的描述，但却完全可以作出一种合理的解释和推测。

（2）清高　庄子虽终生受贫穷之困，但他并不追慕，而是十分鄙弃荣华。《庄子》中有两则具有代表性的记述：

> 惠子相梁，庄子往见之。或谓惠子曰："庄子来，欲代子相。"于是惠子恐，搜于国中三日三夜。庄子往见之，曰："南方有鸟，其名为鹓雏，子知之乎？夫鹓雏，发于南海而飞于北海，非梧桐不止，非练实不食，非醴泉不饮。于是鸱得腐鼠，鹓雏过之，仰而视之曰，嚇！今子欲以子之梁国而嚇我邪！"（《秋水》）
>
> 宋人有曹商者为宋王使秦。其往也，得车数乘，王说之，益车百乘，反于宋，见庄子曰："夫处穷闾阨巷，困窘织履，槁项黄馘者，商之所短也。一悟万乘之主，而从车百乘者，商之所长也。"庄子曰："秦王有病，召医，破痈溃痤者得车一乘，舐痔者得车五乘，所治愈下，得车愈多。子岂治其痔邪，何得车之多也？子行矣！"（《列御寇》）

庄子视相位如腐鼠，表现了他对名利的淡泊；讥邀宠为舐痔，说明他对权势的憎恶，这就是庄子的清高。

庄子对惠施的有趣的揶揄和对曹商的尖刻的挖苦所表现出的他对权势名利的轻蔑，并非是一种怪僻的心理性格，而是出于一种对个性精神自由的特殊理解和追求。《庄子》记述说：

> 或聘于庄子。庄子应其使曰："子见夫牺牛乎？衣以文绣，食以刍叔，及其牵而入于太庙，虽欲为孤犊，其可得乎？"（《列御寇》）
>
> 庄子钓于濮水，楚王使大夫二人往先焉。曰："愿以境内累矣。"庄子持竿不顾，曰："吾闻楚有神龟，死已三千岁矣，王巾笥而藏之庙堂之上。此龟者宁其死为骨而贵乎，宁其生而曳尾涂中乎？"二大夫曰："宁生而曳尾涂中。"庄子曰："往矣，吾将曳尾于涂中。"（《秋水》）

可见，庄子是把名利权势、富贵荣华看作负累，看作是对自由的牺牲和对生命的耗损。这种带有某种悲观的、消极色彩的对人生价值的见解，还表现在他对主张人生价值在于社会伦理道德的实现的儒家观点的否定。《庄子》中记述他和商大宰荡关于"仁"的讨论，最充分地表明了他的这种态度：

> 商大宰荡问仁于庄子。庄子曰："虎狼，仁也。"曰："何谓也？"庄子曰："父子相亲，何为不仁？"曰："请问至仁？"庄子曰："至仁无亲。"大宰曰："荡闻之，无亲则不爱，不爱则不孝，谓至仁不孝，可乎？"庄子曰："不然。夫至仁尚矣，孝固不足以言之……孝悌仁义，忠信贞廉，此皆自勉以役其德者也，不足多也。故曰：至贵，国爵并（摈）焉，至富，国财并焉；至愿，名誉并焉。是以道不渝。"（《天运》）

反映人的社会价值积累程度的道德观念，是人类文明发展水平的标志之一。但庄子不认为是这样，他认为人类发展的最高的、最后的问题，应该从人的最初的、开始的状态中找出回答。"仁"来源于动物本性，"至仁"实是"无亲"。人们所追逐的其他的人生目标，也应该返求其本然，"至贵"需当摈弃权位："至富"乃是一贫如洗；"至愿"是忘却一切名誉。最高的精神境界不是伦理道德的实现，而是没有、不表露任何道德痕迹的自然状态，是从世俗观念中超脱，与"道"一体。这是庄子一生包括清高在内的种种行为表现的哲学观念的根源。

（3）交友  和庄子同时或相及的，作为先秦不同学派思想代表的思想家有宋钘、孟子、杨朱、惠施四人。庄子和他们四人的关系很不相同。宋钘是宋人①，但他的主要活动区域是在齐国，是稷下先生②。他的政治主张和学术思想近于墨家，《荀子·非十二子》将他和墨翟并称。庄子对宋钘，闻其名，但并无交往，称赞其能"定乎内外之分，辨乎荣辱之

---

① 《孟子·告子下》赵岐注："宋牼，宋人，名牼。"《庄子·逍遥游》司马彪、李颐注："宋荣子，宋国人也。"《荀子·非十二子》杨倞注："宋钘，宋人。"

② 《汉书·艺文志》："尹文子，颜师古注：刘向云，与宋钘俱游稷下。"

境"，而不满于其"犹有未树也"（《逍遥游》），即犹有"救世之战，以此周行天下"（《天下》）的世俗之恋。孟子是邹人，是"乃所愿，则学孔子"（《孟子·公孙丑上》）的儒家思想代表。庄子和孟子，这两位对中国以后的学术思想产生了巨大影响的两个对立学派的思想领袖，同时并存而相互之间竟毫无接触、毫无所闻，这使后代执着的人感到迷惑不解，甚至因此怀疑庄子的存在，这一点我们在下面还要专作辨析。杨朱是秦人①，他的思想对儒墨而言，是另有一番风貌，汉代人把他和庄子视为一家，如扬雄说，"庄、杨荡而不法"（《法言·五百》）。但庄子和杨朱私人之间并无任何关系，只是杨朱与《庄子》一书却颇有关系，即《庄子》中有些章段可能是杨朱后学或庄子后学受到杨朱思想影响所作，这一点我们在考论《庄子》篇目时再谈。庄子和四人中关系最密切的是惠施。惠施也是宋人②，但他的主要生涯是在魏国展开。惠施与庄子同时，而年龄可能稍长，他的学识渊博，其学"多方"，"其书五车"（《天下》），是战国时名家"合同异"派的代表，"以善辩为名"（同上）。同时，他也十分热衷社会活动，游魏，为惠王立法③，与邓析齐称④；主谋齐魏两国君侯会徐州而相王⑤，开六国称王之局⑥；南使楚，弥五国伐秦之兵⑦；北使赵，请伐齐存燕⑧，是魏惠王、襄王时魏国政坛的风云人物。庄子对惠施十分推重，引为唯一的谈友，他在惠施墓前所表露的深情的哀悼可以为证：

　　　　庄子送葬，过惠子之墓，顾谓从者曰："……自夫子之死也，吾

---

①　《庄子·山木》"阳子之宋"，成玄英疏："姓杨名朱，字予居，秦人也。"《荀子·王霸》"杨朱哭衢途"，杨倞注："衢道，歧路也。秦俗以两为衢。"

②　《吕氏春秋·淫辞》高诱注："惠施，宋人也。"

③　《吕氏春秋·淫辞》："惠子为魏惠王为法，为法已成，以示诸民人，民人皆善之。"

④　《荀子·非十二子》："不法先王，王是礼义……是惠施、邓析也。"

⑤　《史记·孟尝君列传》："齐魏会徐州相王。"《吕氏春秋·爱类》："匡章谓惠施曰：公之学去尊，今又王齐，何也？惠子曰：今有人于此，必击其爱子之头，而石可以代之。今王齐而寿黔首之命，是以石代爱子头也。"可证魏齐相王，惠施主其谋也。

⑥　齐魏相王在魏惠王后元元年（前335），其先，齐、魏已各自称王。其后六年，宋亦称王，又三年韩亦称王，赵亦称王，又一年秦亦称王。

⑦　《战国策·楚策三》："五国伐秦，魏欲和，使惠施使楚。"

⑧　《战国策·赵策三》："齐破燕，赵欲存之……令淖滑、惠施之赵，请伐齐而存燕。"

无以为质矣，吾无与言之矣。"（《徐无鬼》）

但庄子对惠施贪好名势则表示轻蔑。如前所引述，庄子见惠施疑惧己要代其为相而"搜于国中"，就讥嘲其是以"腐鼠"相嚇。《淮南子·齐俗训》还有则记事："惠子从车百乘，以过孟诸，庄子见之，弃其余鱼。"无疑这也是庄子对惠施的一种轻蔑的表示。庄子对惠施"逐万物而不反"、"日以其知与人辩"（《天下》），也表示不满，并提出批评：

> 彼非所明而明之，故以坚白之昧终。（《齐物论》）
> 道与之貌，天与之形，无以好恶内伤其身。今子外乎子之神，劳子之精，倚树而吟，据槁梧而瞑，天选子之形，子以坚白鸣！（《德充符》）

可见，庄子与惠施在人生追求、学术思想上的分歧都是很大的。他们的友谊和交往，是在一种很特殊的基础上或关系中形成和建立的，这就是在对某些抽象的哲学问题的共同探讨中，在观点没有一次相同的对立的争论中形成和建立的。庄子和惠施具有哲学意味且富有情趣的争论，《庄子》中记述了三件。

一是"大而无用"之争。在一般情况下，诸如树木、果实，当然是越大越好，越大越有用。但在特殊情况下，大的东西，超过一定限度，成为累赘，反而没有用。惠子就是从这个角度提出"大而无用"，影射庄子空玄高远的言论也是无用。庄子不同意惠施的观点，认为大的东西丧失了这种用处，却产生了另种用处。"无用"本身即是大用，并讥笑惠施拥大而不会用，是心如茅塞的表现。此番争论《庄子》记述如下：

> 惠子谓庄子曰："魏王贻我大瓠之种，我树之成而实五石。以盛水浆，其坚不能自举也。剖之以为瓢，则瓠落无所容，非不呺然大也，吾为其无用而掊之。"庄子曰："夫子固拙于用大矣……今子有五石之瓠，何不虑以为大樽而浮乎江湖，而忧其瓠落无所容，则夫子犹有蓬之心也夫！"惠子谓庄子曰："吾有大树，人谓之樗，其大本

拥肿而不中绳墨，其小枝卷曲而不中规矩，立之涂，匠者不顾。今子之言，大而无用，众所同去也。"庄子曰："……今有大树，患其无用，何不树之于无何有之乡，广莫之野，彷徨乎无为其侧，逍遥乎寝卧其下，不夭斤斧，物无害者，无所可用，安所困苦哉！"（《逍遥游》）

一个能容五石的大葫芦，用来装水浆，挎在腰间，携带不动；剖成瓢，则又平浅装不了什么东西，惠施以为它无用，就把它击破了。惠施以此来说明有些东西虽大，但却无用。其实，惠施的本意并不是要击破"大瓠"，而是抨击如同"不中绳墨""不中规矩""匠者不顾"的"大樗"那样的庄子之言。庄子则批评惠子"拙于用大"，大瓠盛满水浆用作旅行水壶挎在胯下，走起路来固然不便，但用作腰舟，系在腰间浮湖渡江岂不很好？不中规矩绳墨，无经纶谋略的"无用"之言，虽然得不到侯王的青睐，但是，可以如同生长在广漠之野的不受斤斧之灾的大樗，让精神在自由想象的世界飞翔而免遭世俗的加害，难道不是"大用"？所以庄子和惠施"大而无用"之争，实际上是关于一种思想或学说的意义或价值的争论。惠施偏重用一种实用的、社会的尺度来衡量，即他认为，一种学说应该为社会所理解、所接受、有所用。庄子则偏重用一种绝对的、个人的尺度来衡量，他"以天下为沉浊，不可与庄语"，而以一种超离现实的"荒唐之言，无端崖之辞"，表述一种"独与天地精神往来"的"逍遥"精神境界（《天下》）。这里反映了庄子和惠施具有不同的人生追求。

二是"人故无情"之争。庄子和惠施具有不同的人生追求，还表现为他们对作为人的生活方式或方法的主张也不相同。于此，他们有次对话：

惠子谓庄子曰："人故无情乎？"庄子曰："然。"惠子曰："人而无情何以谓之人？"庄子曰："道与貌，天与之形，恶得不谓之人？"惠子曰："既谓之人，恶得无情？"庄子曰："是非吾所谓情也。吾所谓无情者，言人之不以好恶内伤其身，常因自然而不益生。"惠子曰："不益生，何以有其身？"……（《德充符》）

在这里，庄子和惠施的分歧是很明显的。庄子认为人之形是"天"或"道"赋予的；人之情是由人自生的。一个人应该因任自然（"天"），保持心境或精神上的恬静（"无情"），才有生命的健康，才是有"道"的生活。惠施则认为人之情亦为人所固有，人的欲望、感情都能被激发、被满足，才有人的生命的实现，才是人的生活。

庄子和惠施在无情、有情看法上的分歧，在一件具体事情上明显地表现出来：

> 庄子妻死，惠子吊之，庄子则方箕踞鼓盆而歌。惠子曰："与人居，长子老身，死不哭亦足矣，又鼓盆而歌，不亦甚乎！"庄子曰："不然。是其始死也，我独何能无慨然！察其始而本无生，非徒无生也，而本无形，非徒无形也，而本无气。杂乎芒芴之间，变而有气，气变而有形，形变而有生，今又变而之死，是相与为春秋冬夏四时行也。人且偃然寝于巨室，而我噭噭然随而哭之，自以为不通乎命，故止也。"（《至乐》）

与自己贫苦相守、生儿育女的结发妻子死了，庄子不但不哭，反而鼓盆而歌。从一种世俗的、人伦的观点来看，庄子的表现是一种令人难以理解、难以接受的违背情理的行为，丧失了一个在社会和家庭生活中的人所应有的温暖的、美好的感情。惠施正是从这个角度指责他"不亦甚乎！"然而庄子却以为，人之生，来自自然；人之死，又返于自然，长去大行，犹如永恒而恬静的安息，相送以噭噭哭泣，岂不是欠通达明理？显然他是从一种超脱世俗感情的、冷峻的理智的立场，一种彻底的自然主义观念来思考的。人本质上是自然和社会的统一、理智和感情的统一，庄子经常是用对人的自然本质的理智的推究，来抑制人的社会性的行为和情感的表现。后来荀子批评他"蔽于天而不知人"（《荀子·解蔽》），是有根据的、正确的。

三是"鱼乐"之争。庄子和惠施关于"鱼乐"的争论，反映了他们具有不同的审美情趣和认识方法。《庄子》记述：

庄子与惠子游于濠梁之上。庄子曰："儵鱼出游从容，是鱼之乐也。"惠子曰："子非鱼，安知鱼之乐？"庄子曰："子非我，安知我不知鱼之乐？"惠子曰："我非子，固不知子矣；子固非鱼也，子之不知鱼之乐，全矣。"庄子曰："请循其本。子曰'汝安知鱼乐'云者，既已知吾知之而问我，我知之濠上也。"（《秋水》）

清澈的濠水里，鱼儿摇头摆尾，游来游去，显得那样的悠然自得！鸢翔鱼跃，长天白云，生机盎然的自然万物，使庄子的心田感到无限的宽广自由，自由即是快乐。一种审美的移情心理，使他直观地感到鱼儿也是那样的快乐！但是，对于"散于万物而不厌"（《天下》），即善于细析万物之理的惠施来说，庄子的这一感受是深为可怪的；并且这位善辩的、"以反人为实而欲以胜人为名"（《天下》）的人，立刻发觉庄子的审美感受中有一无法跨越的、无法弥合的异类之间的鸿沟："子非鱼，安知鱼之乐？"这个由理智思辨而提出的问题，是庄子的直观感受所无法回答的；也正如庄子的那种审美情趣，是惠施的理智思辨所无法产生的一样。但是，庄子还是作了回答，他机智地避开了问题实质（异类），而在形式逻辑（类比推理）的掩护下，"跨过"了这条鸿沟：既然你惠子可以知我，那么我庄周亦可以知鱼。

从庄、惠争论的问题的抽象性和深刻性中可以看出，他们都是属于当时具有高深文化思想修养的人。庄子和惠施还曾在一起讨论过孔子（见《寓言》），博学的惠施赞颂孔子"勤志服知"，孤傲的庄子自叹"吾且不得及彼乎！"这表明他们对先前文化、历史的熟悉、理解和吸收，是他们深邃的学术思想的来源。

（4）诲徒　庄子生前是寂寂无闻的，和同时代的惠施、孟子相比，他既没有惠施那受命出行"多者数百乘，步行者数百人；少者数十乘，步行者数十人"（《吕氏春秋·不屈》）的显赫权势，也没有孟子周游列国，"后车数十乘，从者数百人，以传食于诸侯"（《孟子·滕文公下》）的浩大名声。但从《庄子》中可以看到，他的出游，也常有若干弟子门徒相随。这种出游的目的，恐怕也不是游说诸侯，以干时政，而是游玩山水，寻自然乐趣。并且就日常的生活出处，对他的弟子时有所教诲。《庄子》中记述了庄子与弟子的三次谈话，从不同角度阐述、体现了庄子的人生哲学。

一是论处世。处在纷争、动乱、险恶的社会，一个和现实格格不入的人何以自存，恐怕是他最需经常考虑的紧迫的问题。所以庄子和他的弟子交谈中，或对他们的训导中的一个重要的内容或主题，就是世故，就是处世。《庄子》写道：

> 庄子行于山中，见大木，枝叶盛茂，伐木者止其旁而不取也。问其故，曰："无所可用。"庄子曰："此木以不材得终其天年。"夫子出于山，舍于故人之家。故人喜，命竖子杀雁而烹之。竖子请曰："其一能鸣，其一不能鸣，请奚杀？"主人曰："杀不能鸣者。"明日，弟子问于庄子曰："昨日山中之木，以不材得终其天年；今主人之雁，以不材死；先生将何处？"庄子笑曰："周将处乎材与不材之间。材与不材之间，似之而非也，故未免乎累。若夫乘道德而浮游则不然。无誉无訾，一龙一蛇，与时俱化，而无肯专为，一上一下，以和为量，浮游乎万物之祖，物物而不物于物，则胡可得而累邪……弟子志之，其唯道德之乡乎！"（《山木》）

可见，庄子一方面是以一种被动的、消极的，甚至是被蹂躏的角色进入现实的社会生活舞台的，他传授给弟子"处于材与不材之间"的处世方法，实际上是弱者如何避免戕害的生活经验；另一方面，他又以一种具有主动的、积极的主体精神的独立者，翱翔在超离现实的想象的世界。他教诲弟子在精神上要努力追求高远，摆脱世俗的负累，"游乎万物之祖，物物而不物于物"，不再刻意于"材与不材之间"，而是"与时俱化""以和为量"。这种不再以世故为计的与世沉浮的处世态度，实际也不再是一种方法，而是升华为一种境界，一种如同造物者（"物物"）与万物一体（"不物于物"）的那种超脱的、无累的自由精神境界（"道德之乡"）。

二是论守真。庄子教导他的弟子，在社会生活中，要处"材与不材之间"，以避戕害，进而达到"与时俱化"的境界，出离负累。而在个人的自我精神修养中，庄子则告诫他的弟子要"守真"。《庄子》写道：

庄周游于雕陵之樊，睹一异鹊自南方来者，翼广七尺，目大运寸，感周之颡而集于栗林。庄周曰："此何鸟哉，翼殷不逝，目大不睹？"蹇裳躩步，执弹而留之。睹一蝉，方得美荫而忘其身；螳螂执翳而搏之，见得而忘其形；异鹊从而利之，见利而忘其真。庄周怵然曰："噫！物固相累，二类相召也！"捐弹而反走，虞人逐而谇之。庄周反入，三月①不庭②，蔺且③从而问之："夫子何为顷间甚不庭乎？"庄周曰："吾守形而忘身，观于浊水而迷于清渊。且吾闻诸夫子曰：入其俗，从其令。今吾游于雕陵而忘吾身，异鹊感吾颡，游于栗林而忘真，栗林虞人以吾为戮，吾所以不庭也。"（《山木》）

外界事物之间，是由无限多环节、纽结构成的关系之网，互相影响，互相制约。螳螂执臂捕蝉，异鹊窥伺在后；异鹊见得忘形，执弹者随而瞄之，执弹者见利忘真，守林人逐而斥之……"物固相累，二类相召"。即在庄子看来，在事物关系之网的每个纽结或环节中，都织进了、潜伏着难以预测的危机、厄运。所以庄子就用雕陵之游的遭遇所得出的教训告诫他的弟子，必须摆脱物与物、人与人、人与物之间的关系之网，这就是"守真"；换言之，也就是不要为外物所扰动，迷于自身以外的追求而"忘真"。

三是论归宿。庄子妻死时，他鼓盆而歌，认为她是返归永恒的自然怀抱，无可悲戚。他自己将死时，也是这样达观的态度：

庄子将死，弟子欲厚葬之。庄子曰："吾以天地为棺椁，以日月为连璧，星辰为珠玑，万物为赍送。吾葬具岂不备邪？何以加此！"弟子曰："吾恐乌鸢之食夫子也。"庄子曰："在上为乌鸢食，在下为蝼蚁食，夺彼与此，何其偏也！"（《列御寇》）

---

① 陆德明注："三月"，一本作"三日"。（《经典释文》）
② "庭"有两解：一曰庭院。司马彪："不出坐庭中三月。"（陆德明《经典释文》引）；一曰逞也，王念孙曰："庭当读为逞。不逞，不快也。"（《读书杂志·庄子》）
③ 司马彪注："蔺且，庄子弟子。"（陆德明《经典释文》引）

孔子说"杀身以成仁"(《论语·卫灵公》),孟子说"舍生而取义"(《孟子·告子上》),所以在庄子那时的儒家,已逐渐形成这样的观点:人的生命负载着某种使命而来①,人的生命的归宿也应负载着某种社会价值的实现而去。庄子的观点和此不同,他把人生的过程看作是纯粹的、完全的自然过程。人除了应对表现着自然的个人生命负责外,没有其他任何社会的目标、责任或义务。人一无所有地来自自然,来自"芒芴之间"(《至乐》),也应该无任何负载地归向自然,融入"芒芴"。所以在弥留之际,庄子也不忘叮嘱弟子,他把天地当作棺椁,视万物为葬具,不要弟子们的厚葬,不要人间的馈送。

从《庄子》一书中钩沉出的庄子事迹主要就是这些。这些散碎的事例,当然还不足以拼接成完整的庄子生平经历和生活图景,但我们仍可以据此对形成庄子思想性格的主要特征——追求个性的精神自由的原因,作出一种解释。透过这些事迹,我们可以断定庄子是一个处于逆境中的、具有高深文化和深刻精神危机的人。庄子常是衣食无着,曾经乞讨度日,他在妻死和自己临终时所表现的那种冷漠的达观,实际上也掩映着一种家境的凄凉,所以庄子的一生是在穷困艰难的逆境中度过的。庄子对现实的政治和社会生活都是极度不满的、失望的,认为自己是生活在一个"士有道德不能行"的"昏上乱相"的社会里。庄子的有幸,在于他是一个有高深文化、思想修养的人,一个熟悉历史往事的人;这使他能比较清醒地反省到个人在自然和社会历史中的地位。当然,在庄子的那个时代,在人类文明的早期,同时也由于他个人的软弱的处境,他只能意识到人被自然和历史所决定的这一方面,而理解不到人同时也能创造自然和历史的那个方面。这样,他摆脱逆境的方法,唯一地,只能将其痛苦的实际感受,消解在人是处在无限浩渺的宇宙中的微粒和永恒时间长河中的刹那的哲学体验中。所以,对于庄子来说,物质生活的困境,虽然是他不能摆脱的,但他能忍受;精神上的痛苦,虽然是他不能忍受的,但他有能力超脱。这种

---

① 孟子曾引述了孔子的这一观点:"《诗》曰:天生烝民,有物有则,民之秉彝,好是懿德。孔子曰:为此诗者,其知道乎。故有物必有则,民之秉彝,故好是懿德。"(《孟子·告子上》)孟子自己则进一步明确了这一观点:"人之有四端也,犹其有四体也。"(《孟子·公孙丑上》)

忍受、超脱的力量，来自他对个人的人格独立和精神的绝对自由的追求。这种追求就是要人的精神从人与自然的界限中、从社会的世俗观念中，从自我的情欲中跨越出来，进入一种无任何负累的、无任何对立面的境界。《庄子》一书中，有对这个境界的精神面貌和行为特征的非常生动的、充满想象和幻想的描绘；也有对达到这个境界的过程或方法的具体的、神奇的、至今仍被人们发掘着和争论着的阐述。正是这些，形成了庄子思想的核心和基本特色。

### 3. 庄子生平身世中的两个问题

以上对庄子身世生平的考论中，遗留了两个需要进一步稍加论述的问题：一是庄子是宋国人而何以和楚国文化有密切关系，一是庄子和孟子处于同一时代而为何不相提及。

（1）庄子和楚国的亲缘关系　根据比较可靠的史籍记载和多数学者的考证，同时也根据《庄子》一书有较多的宋人、宋事和宋地的记述，我们断定庄子是宋国蒙人，他的生平活动的地域是以宋国为中心而展开的。然而，《庄子》中的那些具有神话色彩的故事和充满丰富想象的描写，又清晰地显示它和楚国文化有渊源关系。王国维说："南人想象力之伟大丰富，胜于北人远甚。彼等巧于比类而善于滑稽，故言大则有若北冥之鱼，语小则有若蜗角之国，语久则大椿冥灵，语短则蟪蛄朝菌。至于襄城之野，七圣皆迷；汾水之阳，四子独往。此种想象，决不能于北方文学中发见之。"（《静庵文集续编·屈子文学之精神》）王国维这里援用《庄子》中的那些神妙、奇特的人、物、事来说明庄子和在《楚辞》中表现出了丰富想象力的屈原属于同一文化系统，这无疑是正确的。此外，《庄子》中的神话内容，也表露了它和楚文化相接近的关系。中国古代神话有两大主要系统：北方的蓬莱神话系统和南方的昆仑神话系统①。虽然在《庄子》中，表现了比《楚辞》更多的这两大系统神话融合的倾向，但是应该说，《庄子》中的神话仍是更多地呈现属于南方昆仑的地域色彩。第一，《庄子》中多次出现"昆仑"，如"昆仑之虚，黄帝之所休"（《至

---

① 顾颉刚说："中国古代留传下来的神话中，有两个很重要的大系统：一个是昆仑神话系统，一个是蓬莱神话系统。"（《〈庄子〉和〈楚辞〉中昆仑和蓬莱两个神话系统的融合》，《中华文史论丛》1979 年第二辑）

乐》)，"黄帝游乎赤水之北，登乎昆仑之丘而南望"（《天地》）；但没有一次出现"蓬莱"。第二，《庄子》中的"神人"之名，多和《山海经》印合，如《大宗师》所描写的"神人"得"道"之妙的一段："堪坏得之以袭昆仑，冯夷得之以游大川，肩吾得之以处大山，黄帝得之以登云天，颛顼得之以处玄宫，禺强得之立乎北极，西王母得之坐乎少广，莫知其始，莫知其终。"其中，堪坏，《淮南子·齐俗训》作"钦负"，即钦鸤；肩吾即陆吾，司昆仑之神；黄帝和"司天之厉及五残"的西王母，均见《西山经》。冯夷即冰夷，是河伯，见《海内北经》。禺强是北海之神，见《大荒北经》，等等。可见与《山海经》甚为亲近，而《山海经》正是楚人所作。① 《庄子》和楚国文化的密切关系还有一个重要的证据，就是《庄子》多用楚语。例如《人间世》"迷阳迷阳，无伤吾行"，郭象以来，许多注解《庄子》的学者，对"迷阳"望文生义，不得其解。实际上它是楚方言中的一种有刺的野草。最早王应麟援引胡寅说："荆楚有草，丛生修条……野人呼为迷阳，其肤多刺，故曰'无伤吾足'。"（《困学纪闻》卷十）以后，湖湘学者王先谦亦说："迷阳，棘刺也，生于山野，践之伤足。至今吾楚舆夫遇之，犹呼迷阳踢也。"（《庄子集解·人间世》）《逍遥游》"蟪蛄不知春秋"，蟪蛄是蝉的一种，各地名称不一，而"蟪蛄"却正是楚语。《方言》曰："蚸蚗，齐谓之螇螰。楚谓之蟪蛄，或谓之蛉蛄。秦谓之蚸蚗。自关而东，谓之虭蟧，或谓之蜓蟧，或谓之蜓蚞。"（《方言》卷十一）故晋人崔譔、司马彪注《庄子》时，皆将"蟪蛄"注为蛁蟧、蜓蟧（陆德明《经典释文·庄子音义》引）。《德充符》"警乎大哉"，王敔注曰："楚人呼大为警。"（王夫之《庄子解·德充符》）《庄子》中的这类例证还有不少。语言是文化中最具有表征性和稳定性的因素，《庄

---

① 《山海经》的作者或整理者的问题，也是争论不一的中国学术史上的难题。从其内容和语言的角度观察，自朱熹以来，多数学者判定其为南方或楚人所作，今人袁珂持此论尤坚（见《〈山海经〉写作的时地及篇目考》，《中华文史论丛》第七辑）；也有学者认为是东方方士所作或整理而成，今人肖兵论述较详（见《〈山海经〉：四方民俗文化的交汇》，载《山海经新探》，四川省社会科学院出版社 1986 年版）。就其地域观念来推测，今人谭其骧认为是河汉间人所作（见《〈五藏山经〉的地域范围提要》，载《山海经新探》），今人袁行霈判定为源出西北方人之口头传说（见《〈山海经〉初探》，《中华文史论丛》1979 年第三辑）。比较而言，"为楚人所作"的论据最为坚强。

子》一书习用楚语，自然表明它的作者和楚文化有很深的关系。最后，一些早已湮灭的楚国的国故旧闻，在《庄子》中却时有所现，如楚文王与凡君之对语（见《田子方》），楚有昭、景、甲氏三公族之遗制（见《庚桑楚》），这也表明它的作者熟悉楚国历史，与楚文化有某种不同于一般的深切关系。

庄子是宋国人，但和楚国文化有很深的关系。这两种情况当然不能说是矛盾的、不相容的。但是，探寻出沟通这两种情况之间的环节，指出造成这一状况的原委却是必要的。朱桂曜说，"庄子生齐楚之间，故习用楚语"（《庄子内篇证补·逍遥游》），就是对这一状况的一种解释。但是，以这种地缘交接的浅近的、表层的关系，似乎还解释不了庄子和楚文化那种比较深层的、观念的联系，也不能解释庄子何以与楚文化而不是与齐文化有这种关系。我们依稀地感到，这个环节可能藏匿在已经模糊了的庄子的家世中；进而，我们隐约地，但不是毫无根据地发觉，庄子可能是楚国贵族的后裔，可能是在楚国吴起变法期间（约在楚悼王十五年到二十一年，即前387～前381年），被迫迁移到楚国北陲，最后流落到宋国的楚国公族后裔。

战国期间，楚国公族多、封君众，致使"贫国弱兵"（《说苑·指武》），所以吴起变法首先提出"捐不急之官，废公族疏远者，以抚养战斗之士"（《史记·吴起列传》）。他的办法是"三世而收爵禄"（《韩非子·和氏》），并下令"贵人往实广虚之地"（《吕氏春秋·贵卒》），即将他们迁移到边远地区。庄氏也是楚国的公族之一，例如，有为楚柱国的庄伯（见《吕氏春秋·淫辞》），有死于公族夺权的"白公之难"的庄善（见《新序·义勇》），等等。故郑樵说："庄氏，芈姓，楚庄王之后，以谥为氏。"（《通志》卷二十八《氏族略第四》）这样，庄氏自然也是在这次变法的扫荡之列。春秋末年，楚国的北方疆域已伸展到黄淮地区①，此时，楚国乘变法强兵之势，则更北进"却三晋，西伐秦"（《史记·吴起列传》），救赵攻魏，"战于州西，出于梁门，军舍林中，马饮大河"（《战国策·齐策五》），一直攻到黄河两岸。淮北河南地区渐次成了楚国比较

---

① 《左传·襄公十七年》："秋七月已卯，楚公孙胡帅师灭陈。"

稳固的北境边陲，一些准照变法律令废削的疏远公族，被迁移、充实到这个地区是完全可能的，在这个被迫迁徙的公族行列里，有庄氏也是完全可能的。吴起的变法，自然要引起楚国贵族的怨恨，所以楚悼王一死，楚国的贵戚旧臣就联合起来作乱，杀害了吴起。他们围射吴起的箭，竟射中了悼王的尸体。按照楚国的法律，"丽兵于王尸者，尽加重罪，逮三族"（《吕氏春秋·贵卒》），故楚肃王即位后，严加追究，"乃使令尹尽诛射吴起而并中王尸者，坐射起而夷宗死者七十余家"（《史记·吴起列传》）。有的参与其事的贵戚，则畏罪只身或携家外逃他国。先秦典籍有明确记载的，是阳城君为此事而出走①。庄子的父祖辈，也可能因与此事有所牵连，于是就携家避居宋之萧蒙，并最后在宋国定居下来。这样，庄子也就成了宋人。庄子家世的面目已被世代久远的历史风尘剥蚀、覆盖得无法辨识了。但是，庄子超脱世俗、追求精神自由的思想中所内蕴着的那种袭人心扉的没落感，想象神奇、变幻无端的汪洋文字，特殊的楚方言，等等，却又清晰地显示出他与衰落了的楚国公族及具有浪漫主义特质的楚国文化，有完全可以肯定的、很近的亲缘关系。

（2）庄子和孟子不相知　孟子的生卒年代和庄子一样，也无法确考而众说纷纭。具有代表性的有三种意见：一是元代程复心《孟子年谱》以孟子卒于周赧王二十六年（前289），享年84岁，上推生年当为周烈王四年（前372）；二是明代陈士元《孟子杂记》因孟子在周显王三十三年（前336）见梁惠王时②，被尊称为"叟"（《孟子·梁惠王上》），推定孟子或生于安王初年，卒于赧王初年（前401～前314）；三是清代周广业《孟子四考》根据朱熹"孟子之生去孔子未百年也"（《孟子集注·离娄下》）之说，推定孟子约生于安王十七年，卒于赧王三十三年（前385～前302）。可见，尽管对孟子具体的生卒年代有不同的说法，难以确定，但将其大体的生活年代和庄子相比，仍可判定他们是同一时代的人。

---

① 《吕氏春秋·上德》："荆王薨，群臣攻吴起，兵于丧所，阳城君与焉。荆罪之，阳城君走，荆收其国。"
② 清代崔述《孟氏实录》、江永《群经补议》，皆依《竹书纪年》考订孟子见梁惠王是在周慎靓王初年（前321）。详见后。

孟子是一个以"正人心，息邪说，距诐行，放淫辞，以承三圣"（《孟子·滕文公下》）自任的人，他对于当时存在和活跃着的异于儒家思想的其他学派的思想，都进行了激烈的抨击。如攻击主张"为我"的杨朱和"兼爱"的墨家是"无父无君，是禽兽也"（《孟子·滕文公下》）；攻击主张君民"并耕而食"的许行是"南蛮鴃舌之人，非先王之道"，认为"从许子之道，相率而为伪者也，恶能治国家"（《孟子·滕文公上》）。对主张"执中"（《孟子·尽心上》）的子莫和"性无善无不善"（《孟子·告子上》）的告子也是抱着否定的态度。他的批判的锋芒何以能够容忍、放过"宁其曳尾于涂中"，一味追求个人"逍遥"而根本无视国家君父的庄子？从庄子和惠施的争论与对立来看，庄子也是一个善于顽强地捍卫和宣扬自己观点的人。他对当时诸子各家的思想观点深表怀疑，如他对惠施说，"儒墨杨秉四，与夫子为五，果孰是邪？"（《徐无鬼》）他对当时包括他的朋友惠施在内的士人谋为世用的目的和行为是极为鄙弃的，视为"腐鼠"，讥为"舐痔"。那么，他的尖利之笔对在齐、宋、薛、邹、鲁、滕、梁列国间周游，以"仁义"之说"传食于诸侯"（《孟子·滕文公下》）的孟子怎么会不施刻薄挞伐之词？所以，庄、孟同时而又不相论及，就难免使人产生某种疑惑，试图找出一种解释，正如清代刘鸿典说："所不可解者，庄子与孟子同时，孟子之书未尝言庄；而庄子之书亦不及孟。岂天各一方而两不相知与？抑千里神交而心相照与？"（《庄子约解·序》）

其实，早在宋代，朱熹和他的弟子们就讨论过这个问题。《朱子语类》记述：

> 李梦先问："庄子、孟子同时，何不一相遇，又不闻相道及，如何？"曰："庄子当时也，无人宗之，他只在僻处自说，然亦止是杨朱之学。但杨氏说得大了，故孟子力排之。"（卷一百二十五）

> 或云："庄子都不说着孟子一句？"曰："孟子平生足迹，只齐、鲁、滕、宋、大梁之间，不曾过大梁之南。庄子自是楚人，想见声闻不相接。"（同上）

朱熹认为庄子只是寂寞自处，缺乏社会交往和影响，所以庄、孟虽处于同一时代而终未能相闻、相见。应该说，这一解释可能是很符合实际情况的。至于朱熹把庄、孟的不相知，又加上一层地域相隔因素的解释，实在是一种画蛇添足，一种疏漏失误。显然朱熹是把作为庄子故里的"蒙"，理解为唐代以后方有建置的远离商丘（唐时称睢阳）的蒙城（唐以前称山桑）。战国时，这个区域当然是属楚而不属于宋。从《孟子》的记述中可以看到，作为庄子的故国和生平主要活动区域的宋国，也是孟子生平频频过往并曾经居留的地方①，所以在处于天下统一、交往频繁的社会环境中的后世人看来，这确实是一种十分奇特的、具有戏剧性的场面：两个生于同一时代，对后代思想产生巨大影响的对立学派的精神领袖，地望相邻，足迹相接，甚至曾交臂而过，终生却毫不相知！

于是，就有一种以学术因素为原因的解释，即认为虽然从先秦思想和中国思想的整体上看，庄、孟作为道、儒两个学术派别和思想体系的代表，他们是对立的；但具体到庄、孟之间来看，他们的理论主题或主要论题并不相同，因而未能构成尖锐的、直接的对立，他们各唱其调，所以在各自的著述或言论里也就没有相互提及，但不必一定互不相知。沈德鸿的观点可为代表：

> 孟子辟异端与荀子异，荀子是网罗的排击异端，孟子特举异端中之近似圣道者……庄周学说与孔门大异，故不在特举排斥之列，这是一个理由；又庄子主逍遥出世，而孟子要用世，二人在思想上虽截然反对，而在行动上却不相妨。孟子所热心攻击的正是那班与己争用世的异端，庄子既与孟子无所争，故孟子也就放过了，这是又一个理由。（《庄子绪言》）

冯友兰的观点也可归入此类，他说：

---

① 如《孟子》写道："前日于齐，王馈兼金一百而不受；于宋，馈七十镒而受；于薛，馈五十镒而受……"（《公孙丑下》），"滕文公为世子，将之楚，过宋，而见孟子。世子自楚反，复见孟子"（《滕文公上》），"宋牼将之楚，孟子遇于石丘"（《告子下》）（《孟子疏》："石丘，宋地。"）。

> 庄子之学为杨朱之学之更进步者，则自孟子之观点言之，庄子亦杨朱之徒耳。庄子视孟子，亦一孔子之徒。孟子之距杨墨，乃笼统距之。庄子之剽剥儒墨，亦笼统剽剥之。故孟子但举杨朱，庄子但举孔子。非孟子庄子二人，必各不相知也。（《中国哲学史》上册）

这一解释虽然不能说是毫无道理，但至少可以说是道理不够充分。从思想史的一般经验来看，历史上，作为一个学派，一代思潮开创者的思想家，即使在生活态度上多是宽容大度的，但在理论立场上总是坚定地排击异己的。就庄、孟时代的具体学术形势来说，庄子与孟子之间的分歧的深刻性和广泛性，远远超出庄子与惠施之间及孟子与许行、告子之间，所以由庄子和惠施及孟子和许行、告子争论时，庄、孟所表现出的那种决不退让、必胜而方休的态度，就很难设想他俩若果有遭遇，竟能在那么广阔的学术思想领域内，没有一句争论中的片言只语、一点交锋过的蛛丝马迹遗落在历史上。

晚近，有学者企图从另外的角度来突破、消解这一历史疑案。他们的方法比较特殊，即他们不是再去寻找可作解释庄、孟同而不相论及这种情况的原因，而是根本否认有这种情况的存在。他们认为庄子就是《孟子》书中所批判、所否定的杨朱、子莫。

持论"庄周即杨朱"的主要代表是严复和蔡元培。严复在其晚年所作《庄子评点》中援用了清代朴学家常用的叠韵双声通假的考证方法，推断庄周可能即是《孟子》中的杨朱：

> 尝谓庄周与孟子世当相及，乃孟、庄二氏，从无一言互为评骘，何邪？颇疑"庄"与"杨"为叠韵，"周"与"朱"为双声，庄周即《孟子》七篇中所谓杨朱。（《庄子评点·在宥》）

后来，蔡元培在其《中国伦理学史》中，除了以声韵通假为根据外，还以思想相同为理由，断言杨朱实即庄周。他说：

> 案庄子盖稍先孟子，故书中虽诋儒家而不及孟，而《孟子》之

所谓杨朱，实即庄周。古音"庄"与"杨"，"周"与"朱"俱相近，如"荀卿"之亦作"孙卿"也。《孟子》曰"杨子取为我，拔一毛而利天下不为也"，又曰"杨朱墨翟之言盈天下，杨氏为我，是无君也"。《吕氏春秋》曰"杨子贵己"，《淮南子·氾论训》曰"全性保真，不以物累形，杨子之所立也，而孟子非之"。"贵己""保真"，即"为我"之正旨，庄周书中，随在可指……（《中国伦理学史》第八章）

应该说，以声韵通假作为"杨朱即庄周"立论的基础是不够严谨的、相当脆弱的。唐钺曾驳之曰：

古音"庄"与"杨"韵虽同而声纽则异；"朱"与"周"声纽虽同而韵则异。并且以声近证二名之属一人是极危险的事。胡元玉《驳春秋名字解诂叙》内说的好："高邮王氏，喜言声近，《名字解诂》破字尤多，虽合于古假借者不少，而专取同音之字为说者，颇不免轻易本字之失。人之名字，非若诗书，文理不属，难可寻绎，全弃本字，悉取同音，心所不安，病之久矣。"蔡氏似乎也"不免轻易本字之失"。（《论杨朱》，载《古史辨》第四册）

这番议论是谨慎而精当的。而且，即使声韵通假方法本身是无可非议的，要想使用这个方法推出正确的结论，也必须推论的前提或根据是确切的。然而"杨朱实即庄周"结论的前提和根据都很有问题。

"杨朱实即庄周"立论的前提必须是庄子早于孟子，因为只有这样，才能有孟子知庄周（辟杨朱）而庄子不知孟子（"虽诋儒而不及孟"）的情况。然而看来这一前提是不能成立的。据《孟子》记述："孟子见梁惠王。王曰：'叟不远千里而来，亦将有以利吾国乎？'"（《梁惠王上》）《方言》曰："叟，艾，长老也。东齐鲁卫之间，凡尊老谓之叟，或谓之艾。"（《方言》卷六）可见，孟子见梁惠王时，已是斑白或垂暮的六十、七十岁的老者。其年代，清代以前的《孟子年谱》之类，多依《史记·六国年表》推定为魏惠王三十五年（前335年），清代学者则据《竹书纪年》考证为当在梁惠王后元十五年（前 321 年）①。前面已经考述，庄子死于惠施之后，自然而论，当年少于惠施。惠施在历史记载中最后一次出现的年代是魏襄王五年（前 314 年）与淖滑一起使赵，请伐齐而存燕。设想，在此后十年，惠施以六十、七十岁而终，那么，当孟子被梁惠王称"叟"的时候，庄子恐怕还是四十、五十岁的壮年人。所以，庄、孟年齿相较，恐怕不是如蔡元培所说"庄子稍先于孟子"，而是正如朱熹所说"庄子后得几年，然亦不争多"（《朱子语类》卷一百二十五）。

　　蔡氏"杨朱实即庄周"立论的实质性的根据是认为秦汉典籍所记述的杨朱思想就是庄子思想。但是，若作比较深入的分析则可看出，这个根据也是站不住的。按照持这一观点的人的看法，《孟子》中的孟子所批判、攻击的杨朱的"为我"，其思想内容就是《吕氏春秋》上的"贵己"和《淮南子》上的"全性保真"，所以，它实际上是一个关于养性的结论或理论，因而和《庄子》中反映出的庄子思想是接近的、相同的。然而，可疑的是，若"为我"主要是一个养性的结论或理论，为什么招来并不轻薄养性，而是十分善于"养吾浩然之气"（《孟子·公孙丑上》）的孟子那么激烈的攻击？杨朱"为我"是否含有其他更重要的思想内容，甚至根本就是另外一种思想性质的结论或理论？从记载有杨朱言行的《孟子》《庄子》《荀子》《韩非子》《吕氏春秋》《淮南子》《说苑》《法言》等八种秦汉典籍中，皆没有发现这样的可作进一步推究的明显的线索。有幸，我们在魏晋时人聚敛先秦思想资料编撰的《列子》一书的《杨朱》篇里，找到了似乎可以解开这一疑团的一则材料：

　　　　杨朱曰："伯成子高不以一毫利物，舍国而隐耕；大禹不以一身自利，一体偏枯。古之人，损一毫利天下，不与也；悉天下奉一身，

---

① 崔述《孟子事实录》："《史记》梁予秦河西地，在襄王五年；尽入上郡于秦，在襄王七年，楚败魏襄陵在襄王十二年，皆惠王身后事。而惠王之告孟子乃云'两丧地于秦七百里，南辱于楚'，未来之事，惠王何由预知而预言之乎？按杜预《左传后序》云，古书《纪年》篇，惠王三十六年改元，从一年始，至十六年而称惠成王卒，即惠王也。然则《史记》所称襄王元年，即惠王之后元，而予河西，入上郡，败于襄陵，皆惠王时事。孟子至梁，不在惠王三十五年，而在后元十二年襄陵既败之后。"江永《群经补议》："孟子见梁惠王当在周慎靓王元年辛丑，是为惠王后元十五年。"

不取也。人人不损一毫，人人不利天下，天下治矣。"禽子问杨朱曰："去子体之一毛以济一世，汝为之乎？"杨朱曰："世固非一毛之所济。"禽子曰："假济，为之乎？"杨子弗应。（《列子》卷七）

从这段记述里我们可以看到，杨朱的"为我"完全不是一个单纯主张"贵己""葆真"的养性理论，而主要是一个很特殊的、近乎主张"自治"的政治观点：人人不利天下，人人不损天下，大家相安无事，"天下治矣"。这一观点或主张在当时可能具有某种惊世骇俗的作用，因为它和在当时已经传播开来的"显学"的观点或主张——儒家的"复礼"和墨家"兼爱"具有鲜明的对立，从而把当时社会政治思想领域内儒、墨对峙的局面，改变成了儒、墨、杨三家鼎立的格局。这自然要引起继承、发展了孔子政治思想、主张"仁政"的孟子的极大的警觉和不安，便将它和墨家放在一起，判以"无父无君"的激烈攻击。当然，理论上的争辩，也像是战场上的对垒，是很难心平气和和公允无私的，但是像孟子对杨朱批评的这种偏颇恐怕还是不多的。他只割取杨朱观点的"不利天下"的一半，而舍弃其"不取天下"的一半，并把他的理论的明确目标"天下治"，歪曲为涵义模糊的"为我"。这样，通过《孟子》扭曲、折射的杨朱思想已经面目全非。起点上的毫厘之差，终点时的千里之遥，因而后代学者通过《孟子》对杨朱所作的观察和判断往往是错误的。这样的错误判断或结论，主要有两个，一是由孟子所概括的"杨子取为我"，后代学者就进而演绎、附会杨朱是只追求个人生命的养生论者，乃至是追求享乐的纵欲者。例如秦时《吕氏春秋·不二》将杨朱"为我"修正为"阳生贵己"，汉代《淮南子》增饰其内容为"全性葆真"，魏晋时人就指称杨朱鼓吹"且趣当生，奚遑死后"了（《列子·杨朱》）。一是由孟子所攻击的"杨氏为我，是无君也"，以后的学者就进而推断杨朱可能是个隐者，因为这正像孔子批评荷条丈人"不仕无义，长幼之节不可废也，君臣之义如之何其废之"（《论语·微子》），故冯友兰说，"此等消极的隐者，即杨朱之徒之前驱"（《中国哲学史》上册）。杨朱是个隐者，是个养生论者，这两点也是为庄子所相似、近似的。于是，后代的学者就将庄子、杨朱视为一家、视为相承，如扬雄说"庄、杨荡而不法"（《法言·五百》），朱熹说"列、庄本杨朱之学"（《朱子语类》卷一百二十五），如上所述，晚近更有视庄子、杨朱为一人者。我们从《孟子》以外的秦汉典籍对杨朱的记述来看，这两个判断或结论都是难以成立的。首先，杨朱不是一个专于养生的隐者，而是一个"见梁王言治天下如运诸掌然"（《说苑·政理》）的、积极参与世务的、在当时是非常活跃的社会活动家。对此，我们可以从《庄子》一书中寻得两个方面的证明。第一，关于杨朱为人性格方面。在《庄子》中，杨朱不是一个甘于寂寞陆沉、潜身守性的人，而是一个桀骜不驯、追逐风云的人。例如《庄子》写道：

> 阳子居①见老聃曰："有人于此，晌疾强梁，物彻疏明，学道不倦，如是者可比明王乎？"老聃曰："是于圣人也，胥易技系，劳形怵心者也。且也，虎豹之文来田，猿狙之便、执斄之狗来藉，如是者可比明王乎？"杨子居蹴然曰："敢问明王之治？"老聃曰："明王之治，功盖天下而似不自己，化贷万物而民弗恃，有莫举名，使物自喜，立乎不测而游于无有者。"（《应帝王》）
>
> 阳子居南之沛，老聃西游于秦，邀于郊，至于梁而遇老子。老子中道仰天而叹曰："始以汝为可教，今不可也。"阳子居不答，至舍，进盥漱巾栉，脱履户外，膝行而前曰："向者弟子欲请夫子，夫子行不闲，是以不敢。今闲矣，请问其过？"老子曰："而睢睢盱盱，而谁与居？大白若辱，盛德若不足。"阳子居蹴然变容曰："敬闻命矣！"其往也，舍者迎将，其家公执席，妻执巾栉，舍者避席，炀者避灶。其反也，舍者与之争席矣。（《寓言》）

这两则记述，当然具有寓言性质。但《庄子》寓言中出现的人物，特别是那些真实的历史人物，其性格和言行，并不是随意杜撰，而是有所根据的。从这两则记述中可以看到，杨朱把"明王"理解为"晌疾强梁，物彻疏明，学道不倦"，他心目中的这个理想的君主的形象，反映出他自己

---

① 阳子居，成玄英、陆德明皆注："姓杨，名朱，字子居。"（分别见《庄子注疏》《经典释文》）

也是一个志在涉理世务，并望能有所作为、有所成就的人。这当然不是"隐者"的志向。所以《庄子》的作者就搬出老子的"无为之治"来压服他。杨朱平时言行举止"睢睢盱盱"，显得十分跋扈，致使周围的人对他都要退避三舍，这也不像是善养生者的表现。所以《庄子》的作者就借老子之口来训斥他"不可教"！第二，关于杨朱思想特色方面。《庄子》中总是把杨朱和当时最有社会影响的学派或人物相提并论，并且特别强调他善于和人争辩的特色。例如：

> 骈于辩者，累瓦结绳，窜句游心于坚白同异之间，而敝跬誉无用之言，非乎？而杨墨是已。（《骈拇》）
>
> 庄子曰："然则儒墨杨秉四，与夫子为五，果孰是邪？……"惠子曰："今夫儒墨杨秉，且方与我以辩，相拂以辞，相镇以声，而未始吾非也，则奚若矣？"（《徐无鬼》）

杨朱的"人人不损一毫，人人不利天下，天下治矣"之论一出，恐怕就要受到很多的诘难。有人问他："你鼓吹不拔一毛，如果拔去你的一毛，天下得治，你干吗？"杨朱回答得很巧妙："天下不是拔一毛所能得治的。"这类的诘辩恐怕是很多的，因为杨朱的虽然也许是严肃的，然而毕竟超离了社会生活实际的，因而显得怪诞的主张，要想能够立足、取信，也非善辩不能济事。韩非也说，"杨朱、墨翟，天下之所察也"（《韩非子·八说》），可见，杨朱是以独特的政治观点和巧于苛察论辩的思想风格闻名于当时的。显然这不是一个谈养生的隐者的思想特色。

其次，杨朱也不是只关注个人的生命的存在的人，而是对他人的遭际和归宿也充满谅解和同情的人。从《荀子》《韩非子》中对杨朱的片段记述可以看到这点：

> 杨朱哭衢涂曰："此夫过举蹞步，而觉跌千里者夫！"哀哭之。（《荀子·王霸》）
>
> 杨朱之弟杨布，衣素衣而出。天雨，解素衣，衣缁衣而反。其狗不知而吠之，杨布怒，将击之。杨朱曰："子毋击也，子亦犹是。囊

*者使女狗白而往、黑而来，子岂能毋怪哉?"*（《韩非子·说林下》）

一个对别人的处境能够宽容地理解，对别人的前途能够由衷地关心的人，不可能是"一毛不拔"的"为我"主义者。

总之，杨朱的"为我"，其本义是一种被孟子歪曲了的治世的观点，它除了作为一种"不为"的政治思想在和庄子（道家）的"无为"政治思想之间形成一种表面上近似，实际上不同的特殊对立外，没有任何能使杨朱和庄子之间相互接近或相同的思想观点。

"杨朱实即庄周"的立论，还有一个难以克服的、无法逾越的障碍，就是它不能解释何以杨朱、庄子往往以各自不同的言行、迥然有别的思想面貌在秦汉的同一典籍里同时出现。《庄子》姑且不论，《荀子》中，《王霸篇》已有"杨朱哭衢涂"，《解蔽篇》又有"庄子蔽于天而不知人"。《吕氏春秋》中，《不二篇》已有"阳生贵己"（《困学纪闻》作"杨朱"），《必己篇》又有"庄子行于山中"。《淮南子》中，《氾论训》已有"全性保真，不以物累，杨子所主"，《道应训》又有"庄子曰，小年不及大年，小知不及大知"，等等。这些都表明，杨朱、庄周绝对不是同一人。否则，扬雄所谓"庄杨荡而不法，墨晏俭而废礼"（《法言·五百》）就不成其语了。

晚近，除了"庄周即杨朱"之说外，还有"庄周即子莫"之说。子莫也是在《孟子》中被孟子批评非议的一个人物，他的主要观点是"执中"：

> 孟子曰："杨子取为我，拔一毛而利天下，不为也。墨子兼爱，摩顶放踵利天下，为之。子莫执中，执中为近之。执中无权犹执一也。所恶执一者为其贼道也，举一而废百也。"（《尽心上》）

子莫何许人也，也是众说纷纭。孙诒让疑是魏公子牟①，罗根泽考为颛孙子莫②，钱穆又辨之为申详③，王树荣则认为子莫即是庄子。他在《庄周

---

① 见孙诒让《籀稿述林·子莫学说考》。
② 见罗根泽《诸子考索·子莫考》或《古史辨》第六册。
③ 见钱穆《先秦诸子系年考辨·子莫考》。

即子莫说》一文中①，提出两点论据。第一，名、字同义。王氏说：

> 吾谓庄周即孟子所称之子莫也。"周"训普遍，"莫"训广漠无
> 垠。名周，字子莫，固意义相生也。

第二，思想相同。王文写道：

> 王厚斋云："庄子曰'为善无近名，为恶无近刑，缘督以为经'，
> 又曰'吾将处夫才与不才之间'，此子莫之执中也。"是仅知庄子之
> 说同子莫之执中，尚未悟子莫即庄子之字也。

王氏的第一个论据，在孙诒让用声韵通假证明"子莫"是"子牟"②，钱
穆用名、字义相反为训以证明"子莫"是"申详"③ 的情况下，就和它们
一起失去了证据价值。他的第二个论据也很脆弱，因为庄子思想最本质的
不是"处夫材与不材之间"，而是"与时俱化"；不是"执中"，而是
"浮游乎万物之祖，物物而不物于物"，即超脱。

"庄周即子莫"之说，似乎比"庄周即杨朱"之说更为牵强，所以也
就更鲜为人所道及。

历史是过去的事实，未曾发生过的事实，当然构不成历史。所以从某
种意义上说，孟子、庄子不相知的问题，不是历史本身的问题，而是后代
学者在研究他俩的历史中产生的问题。我们用了这么多的篇幅来阐述这个
问题，表明研究历史时产生的问题，有时会比历史本身存在的问题麻烦得
多。但这是不可避免的和完全必要的。历史沿着事实的时间环节前进，而
研究历史必须解开事实的逻辑环节才能前进，必然要引用历史本身以外的
东西来加以说明和证实。

---

① 见《古史辨》第六册。
② 孙诒让说："牟、侔与莫一声之转，疑子莫即子牟之异文。抑或牟字子莫，要近是
一人矣。"（《籀稿述林·子莫学说考》）
③ 钱穆说："子莫疑即子张之子申详。莫者疑辞，详者审察之辞。详字子莫，正符合
古人名、字相反为训。"（《先秦诸子系年考辨·子莫考》）

# 第二章　　《庄子》考论

　　庄子的一生是极为平淡、寂寞的，然而他身后却留下了一件辉煌的、对后世人们的精神生活产生了巨大影响的业绩，即《史记》所称"其著书十余万言"，《汉书·艺文志》所著录"《庄子》五十二篇"是也。但现存《庄子》却只有三十三篇，其字数，宋代时有学者统计，还不到七万①；司马迁认为《庄子》中最有代表性的篇章是《渔父》《盗跖》，苏轼却以为《庄子》中最为可疑的伪作就是《盗跖》《渔父》②。可见，《庄子》一书经历了变迁，后代学者对其真伪有甚为不同的看法。

## 一　《庄子》的古本、今本与佚篇、佚文

　　《庄子》一书最为显著的变迁，就是晋代以后，准照汉代的史籍记载，篇目、字数锐减。由此可以推断，《庄子》必有古本，必有佚篇、佚文。

### 1. 从古本到今本的演变

　　今本《庄子》为三十三篇（内篇七，外篇十五，杂篇十一），这和晋代郭象《庄子注》的本子完全相同。但《汉书·艺文志》称"《庄子》五十二篇"，可见古本《庄子》为五十二篇。《庄子》从汉代五十二篇的古本到晋代三十三篇的今本有个演变过程。

　　《庄子》五十二篇本在汉代可能是通行本，故后汉高诱注《吕氏春

---

① 宋代陈景元《甫华真经章句音义序》称，《庄子》三十三篇，六万五千九百二十三字。
② 见《东坡文集》卷三十二《庄子祠堂记》。

秋·必己》"庄子行于山中"说："庄子名周，宋之蒙人，轻天下，细万物，其术尚虚无，著书五十二篇，名之曰《庄子》。"① 五十二篇古本到魏晋时仍然存在。唐代陆德明说："《汉书·艺文志》'《庄子》五十二篇'，即司马彪、孟氏所注是也。"（《经典释文·序录》）司马彪于晋泰始中为秘书郎，《晋书》有传，身世比较清楚。孟氏，陆德明已"不详何人"，清代姚振宗考证说，"似即注《老子》之大孟，或云即孟康"（《隋书·经籍志考证》卷二十五）。孟康是魏人，著有《汉书注》②。也就是说，确知注解了五十二篇古本《庄子》的两位学者——孟氏、司马彪皆为魏晋时人。

五十二篇古本《庄子》的篇目构成，陆德明说是"内篇七，外篇二十八，杂篇十四，解说三"（《经典释文·序录》）。其中，"解说三"见于记载的有《庄子后解》《庄子略要》两篇：

> 《庄子》"庚市子肩之毁玉也"，《淮南子·庄子后解》曰："庚市子，圣人无欲者也。人有争财相斗者，庚市子毁玉于其间，而斗者止。"（《文选》卷三十五，张景阳《七命》"盖理有毁之，而争宝之讼解"，李善注）
>
> 淮南王《庄子略要》曰："江海之士，山谷之人，轻天下，细万物，而独往者也。"司马彪曰："独往，任自然，不复顾世也。"（《文选》卷二十六谢灵运《入华子岗是麻源第三谷》、江文通《杂诗三十·许询》、陶渊明《归去来辞》、任彦昇《齐景陵王行状》等篇，李善注）

由此可见，《庄子后解》《庄子略要》等"解说三篇"，似乎不是《庄子》所固有的篇目，而是其附录，是《淮南子》的作者对《庄子》的片段的解释或内容概述，应归属于《淮南子》，姚振宗正是这样的见解，他说：

---

① 但高诱在此前注《淮南子·修务训》"惠施死而庄子寝说言"时却说："庄周，宋蒙县人，作书二十二篇，为道家言。"王利器以为"此周武帝天和中道士编《淮南》入道书时所窜改"（《庄子三十三篇本成立之年代》，《真理杂志》第一卷第三期），张恒寿认为"可见汉时不仅有五十二篇本一种"（《庄子新探》，第24页脚注）。鄙见以为"二"字或是"五"字之缺坏。

② 见颜师古《汉书注·叙》。

"今《淮南》内篇无《庄子略要》《庄子后解》，或在《淮南》外篇三十三篇中。"（《汉书·艺文志条理》卷二之下）这样，古本《庄子》实际上应是四十九篇。

从《经典释文·序录》中可以看出，魏晋时代，《庄子》一书除了孟氏、司马彪注解的五十二篇本外（孟氏注已佚），还有崔譔和向秀注解的二十七篇本以及李颐集解的三十篇本。崔譔，晋史无传，唯《隋书·经籍志》称其为"东晋议郎"，但《世说新语·文学》注引《向秀别传》说："秀游托数贤，萧屑卒岁，都无所述，唯好《庄子》，聊应崔譔所注，以备遗忘。"可见《隋书》所记有误，崔譔生世当不晚于"竹林七贤"的向秀。崔譔的《庄子》注文在《经典释文》中有所存留，所以他是至今其述尚存的魏晋注《庄子》诸家中最早的。《经典释文·序录》记录："崔譔注二十七篇（内篇七，外篇二十），向秀注二十六篇（一作二十七篇，一作二十八篇，亦无杂篇）。"由其篇目的构成（内、外篇）和数目（二十七篇）的相同，可以推断崔、向所注可能是同一个本子。但其所出注的篇目可能不尽相同。有学者根据《经典释文》考计，《天运》《至乐》《达生》《山木》《盗跖》《列御寇》诸篇，有崔注无向注，《则阳》《寓言》两篇有向注无崔注，唯有《天道》《刻意》《田子方》《让王》《说剑》《渔父》六篇，《释文》于崔、向之注一无所取。① 由此推断，崔、向《庄子》二十七篇本，可能是五十二篇古本的重要篇目的选注本；这个选注本加上崔、向皆未出注的《天道》等六篇，可能就是以后郭象确定并注解的三十三篇本。魏晋时代，在玄风披靡的情况下，注解、诠释《庄子》的人恐怕是不少的，《晋书·郭象传》称"先是注《庄子》者数十家"，于是出现了李颐的《集解》。李颐的身世，史无记载，不太清楚。但陆德明尚知其为"晋丞相参军，自号玄道子"（《经典释文·序录》）。他的《集解》本是三十篇（一作三十五篇），可能是和崔、向不同的另外一种在五十二篇本基础上的选注本。因为当时这五十二篇古本，"言多诡诞，或似《山海经》，或类占梦书，故注者以意去取"（《经典释文·序录》）。

---

① 见寿普暄《庄子古本》，《燕京学报》第 28 期。

魏晋时代，在五十二篇古本《庄子》的基础上，除了有孟氏、司马彪的全注本和崔譔、向秀、李颐的选注本外，出现了郭象的三十三篇修订本。日本镰仓时代高山寺所藏《庄子》残抄本，其《天下篇》后有段跋语：

> 夫学者尚以成性易知为德，不以政（攻）异端为贵也。然庄子闳才命世，诚多英文伟词，正言若反，故一曲之士不能畅其宏旨，而妄窜奇说，若《阏亦（奕）》《意循（脩）》之首，《尾（危）言》《游易（凫）》《子胥》之篇，凡诸巧杂，若此之数，十分有三，或牵之令近，或迂之令诞，或似《山海经》，或似［占］梦书，或出《淮南》，或辩形名，而参之高韵，龙蛇并御，且辞气鄙背，竟无深澳，而徒难知，以因（困）后蒙，令沈滞失乎（平）流，岂所求庄子之意哉？故皆略而不存。令（今）唯哉（裁）取其长，达致全乎大体者焉为三十三篇者。太史公曰："庄子者，名周，守（宋）蒙县人也。曾为漆园史（吏），与魏惠［王］、齐［宣］王、楚威王同时者也。"①

这段文词，清雅幽古，且与陆德明《经典释文·序录》所引"郭子玄云，'一曲之才，妄窜奇说，若阏奕、意脩之首，危言、游凫、子胥之篇，凡诸巧杂，十分有三'"相符，故可断定为郭象所作。这就证明，今本三十三篇《庄子》是郭象在古本《庄子》五十二篇中，删裁去十分之三而成。郭象为这三十三篇作的注②，思想精深独特，为历代所推崇；郭象的三十三篇《庄子》修订本，唐以后也就随之流传下来，逐渐成为定本，正如陆德明所说："惟子玄所注，特会庄生之旨，故为世所贵……今以郭为主。"（《经典释文·序录》）

### 2. 佚篇钩索和佚文辑录

《庄子》古本（《汉志》本、司马彪注本）五十二篇，今本（郭象注

---

① （　）号内为笔误之字，［　］号内为遗漏之字。
② 三十三篇中，唯《说剑篇》郭象未出注。

本）三十三篇，古、今两本相较，则遗佚十九篇。若不计《淮南子》的作者所作的三篇《庄子》解说，则尚遗佚十六篇。这些篇章被郭象或"略而不存"，或"裁取其长"，即被删削或合并，本来面目已无从恢复。然而其篇目可考者尚有以下数篇。

《阏奕》《意脩》《危言》《游凫》《子胥》　这几篇篇名首见于唐代陆德明《经典释文·序录》所引"郭子玄云"，后证以日本镰仓时代（约相当于我国南宋时期）高山寺所藏《庄子》古钞本《天下篇》后的附语，断定为郭象《庄子注》的跋记，是极为可信的，因而也可以断定这些篇是《庄子》古本中所有而被郭象删削掉的。《文选》颜延年《车驾幸京口侍游蒜山诗》，李善注引"阏奕之隶，与殷翼之孙"云云，似是《阏奕》篇之文（《文选》卷二十二）。《太平御览》"游岛问黄雄"云云，似是《游凫》篇之文（《太平御览》五百三十）。

《惠施》　这一篇目见于《北齐书》。《北齐书·杜弼传》称杜弼"耽好玄理，老而愈笃，又著《庄子·惠施篇》《易上下系》，名《新注义苑》，并行于世"（《北齐书》卷二十四）。宋代王应麟据此判定《惠施》是《庄子》逸篇（《困学纪闻》卷十）。晚近学者如王叔岷等则进一步推测《天下篇》末章（"惠施"章）即是此篇[1]；谭戒甫更考定《庄子》五十二篇中的《惠施篇》，即是《汉志》名家类的"《惠子》一篇"，此是《汉志》篇名互见之又一例[2]，是晋人李颐集解时将它和《天下篇》合并的。[3] 应该说，这一推断是可信的。事情很可能是这样发生的：惠施是庄子的论友，刘向编校《庄子》时，将记述惠施辩者论点的一篇文字编入《庄子》，《汉志》又在名家类重出一次；魏晋学者注解《天下篇》时，又将惠施这段言论视为和墨翟、宋钘、彭蒙、关尹、庄周争鸣的一家之言并入《天下篇》。这件给后人制造了紊乱的事，在当时其本身也是有完全可以理解的、十分合理的逻辑的。

---

① 见王叔岷《庄子校释·自序》、叶国庆《庄子研究》、张成秋《庄子篇目考》等。
② 《汉志》道家类有"《管子》八十六篇"，内有《内业》一篇；然儒家类原有"《内业》十六篇"。
③ 见谭戒甫《现存〈庄子·天下篇〉的研究》一文（载《中国哲学史论文初集》，《哲学研究》编辑部编，科学出版社 1959 年版）。鄙见以为将《惠施》并入《天下》者，更可能是郭象。详见下。

《庄子》遗佚篇目，大概只有上面六篇为确切可考者。此外，虽还有三个篇目曾为古今学者所提出，但尚难以被确认。

《畏累虚》 《史记·老子韩非列传》说，庄子"作《渔父》《盗跖》《胠箧》，以诋訾孔子之徒，以明老子之术，畏累虚、亢桑子之属，皆空语无事实"。既然"亢桑子"即"庚桑楚"，为《庄子》杂篇首篇之篇目，那么，类而推之，"畏累虚"亦当为篇名，故司马贞《史记索隐》说："畏累虚，篇名也。即老聃弟子畏累。"这是一种理解。张守节《史记正义》持异议，认为"庄子云'庚桑楚者，老子弟子，北居畏累之上'，言《庄子》杂篇《庚桑楚》已下，皆空设言语，无有事实也"。这是另一种理解。清代学者俞正燮亦同意这一理解，认为"畏累虚"不是篇名，他说："庄子逸文，畏累虚不当列入，历来诸家皆承《索隐》而误。"(《癸巳存稿·司马彪注集本跋》)比较而言，《正义》的理解为可信。

《马捶》 《南史·何子朗传》谓，子朗"尝为《败冢赋》，拟庄周《马捶》，其文甚工"(《南史》卷七十二)。孙志祖据此认为"盖《马捶》亦《庄子》逸篇也"(《读书脞录续编·庄子逸文》)。何子朗《败冢赋》今佚，"马捶"事见《庄子·至乐》，是一则很完整的寓言故事：

> 庄子之楚，见空骷髅，髐然有形，撽以马捶，因而问之，曰，"夫子贪生失理而为此乎？将子有亡国之事、斧钺之诛，而为此乎？将子有不善之行，愧遗父母妻子之丑，而为此乎？将子有冻馁之患，而为此乎？将子之春秋故及此乎？"于是语卒，援骷髅，枕而卧。夜半，骷髅见梦曰："子之谈者似辩士。视子所言皆生人之累也，死则无此矣。子欲闻死之说乎？"庄子曰："然。"骷髅曰："死，无君于上，无臣于下；亦无四时之事，从然以天地为春秋，虽南面王乐，不能过也。"庄子不信，曰："吾使司命复生子形，为子骨肉肌肤，反子父母妻子闾里知识，子欲之乎？"骷髅深矉蹙頞曰："吾安能弃南面王乐而复为人间之劳乎？"

《至乐篇》共有七章，第一章大体是议论无为即是至乐，第七章叙述万物循环相生，"出于机入于机"。中间五章是五个各自独立的但内容意蕴也若有相连的寓言故事，"马捶"就是其中的第三个故事，表现的是人生则有累、死则快乐的人生哲学。王夫之曾评论其意境浅陋，"盖学于老庄，掠其肤说"（《庄子解》）者为之，甚是。这则完整的故事，在古本《庄子》中可能是以"马捶"为题的独立的一篇，或该篇的首章。郭象修订《庄子》时，正以其文短义浅，有悖于庄子本义①，把它削并入《至乐篇》。这种古本《庄子》，在唐以前的六朝时期的民间，恐怕还有散存，上述杜弼注《庄子·惠施篇》即是一证。唐以后，随着古本《庄子》的遗佚，"马捶"其篇亦不可见而只存其文于今本中了。按照这种理解，孙氏推断《马捶》为《庄子》佚篇是有其可能的。另外的一种理解是，何子朗的《败冢赋》可能与谢惠运的《祭古冢文》相似，叩问死者"为寿为夭，宁显宁晦，铭志湮灭，姓字不传，今谁子后，曩谁子先，功名美恶，如何蔑然"，抒发的也正是那种对无名死者的怅惘和哀念的感情。"拟马捶"是袭取《庄子》"马捶"章的恶生乐死之义，而不是拟其篇。按照这种理解，孙氏的推断则是不确的。

《重言》　晚近，学者严灵峰曾提出这样的见解：郭象《庄子注》跋语中提到的篇名"危言"，日本高山寺本作"尾言"，"危""尾"字疑皆为"卮"字之形近而讹。今本《庄子·寓言篇》谓，"寓言十九，重言十七，卮言日出"，"危言"篇当作"卮言"篇。准此，似尚有《重言篇》②。严氏的推断甚是巧妙，亦不为无理。但缺乏旁证，仅此孤证则尚难成立。

据司马迁说，庄子"著书十万言"，而今本《庄子》不及七万字，可见被刊落和被郭象删削的《庄子》佚文是相当可观的。陆德明曾见司马彪五十二篇注本，由此可以推测《庄子》古本是在唐以后遗佚的。因而，从唐代以前学者著述的征引中和唐宋类书的荟萃中作搜寻，是辑录《庄子》佚文的主要门路或方法。最早有南宋王应麟，他从《世说新语》《文选》《后汉书》的注解及《艺文类聚》《太平御览》中辑出三十九条（见

---

① 郭象为此章出注说："旧说云庄子乐死恶生，斯说谬矣！若然，何谓齐乎？所谓齐者，生时安生，死时安死，生死之情既齐，则无为当生而忧死耳。此庄子之旨也。"（《庄子注·至乐》）

② 见严灵峰《老庄研究·辩老子书不后于庄子书》，台北中华书局1979年版。

《困学纪闻》卷十）。阎若璩校订《困学纪闻》、孙志祖撰《读书脞录续编》、翁元圻注解《困学纪闻》，皆就之而补缀，分别增录八条、十二条、二条。这些新增缀的《庄子》佚文，因引据欠缺精确考订，故真实性亦为可疑。马叙伦曾批评说："阎氏所补，乃误取伪严遵《老子指归》语，张琦已斥之。孙氏所录，并今本之所有而内之佚文，故翁氏谓其考之未详。而翁氏取《音义》所引《逍遥游篇》佚文之见于崔、向、司马者一事，则《音义》所取不止一事，亦何其疏也。"（《庄子义证》附录二《庄子佚文辑录序》）晚近学者辑录《庄子》佚文所得最多者为马叙伦、王叔岷。马氏援引二十余种典籍，合之前人旧辑，共得一百二十八条①。王氏援引更广，乃至有佛典义疏，如《华严经随疏演义钞》《净土三部经音义》《因明论疏明灯抄》等，合之前人旧辑，共得一百五十余条②，可为诸家之最。然其严谨似有所不足。

现已辑录的《庄子》佚文，大都是一些片段的历史故事和粗糙的博物知识，显示不出明显的理论观点或思想倾向，可能正是被郭象视为"迂诞""鄙背"的芜杂材料而删削掉的。但现在看来，它们仍具有珍贵的学术价值。就庄学研究来说，它可以印证郭象在《庄子注》的跋语中所列举的被删削的"巧杂"篇章是确实存在过的，因为佚文中就有明显的、可断定是属于这些佚篇的文字。例如：

> 阏奕之隶与殷翼之孙、遏氏之子，三士相与谋致人于造物，共之元天之上。元天者，其高四见列星。（《文选》颜延年《车驾幸京山侍游蒜山诗》注引）
>
> 游岛问黄雄，曰："今逐疫出魅，击鼓呼噪，何也？"曰："昔黔首多病，黄帝立巫咸，教黔首，使之沐浴斋戒以通九窍，鸣鼓振铎，以动其心，劳形趋步，以发阴阳之气。春月，毗巷饮酒茹葱，以通五藏。夫击鼓呼噪，非以逐疫出魅，黔首不知，以为魅祟也。"（《玉烛宝典》，《太平御览》五百三十）

---

① 见马叙伦《庄子义证》附录二《庄子佚文》。
② 见王叔岷《庄子校释》附录《庄子逸文》《庄子逸文补遗》《庄子逸文续补遗》。

夫差瞑目东粤。(《文选》刘孝标《广绝交论》注引)

显然，这些佚文正是分别隶属于佚篇《阏奕》《游凫》《子胥》的。另外，佚文的内容驳杂、广泛，远远超越了远古时期个人可能具有的经历和记闻范围，清楚地表明古本《庄子》绝不是成于一人之手；从其中出现的名物称谓、历史事件，如"黔首""荆轲神勇之人，怒而色不变"(《太平御览》四百三十七)等的发生年代来推算，古本《庄子》各篇也绝不是成于一时，有些篇章可能是庄子死后多年才由庄子后学创作出来①。这一情况在今本《庄子》外杂篇中同样存在，它是先秦庄学发展的重要表征，下面还将论及。

## 二 《庄子》的内篇、外篇、杂篇之分

今本《庄子》和古本《庄子》的司马彪注本，都有内篇、外篇、杂篇之分。章学诚说，"凡称子书，多非自著"(《文史通义·公言》)，所以这种划分肯定是后代学者编纂《庄子》时作出的。那么，这种划分是何时、何人所为，有何标准，学者们对此尚未形成完全一致的看法。

### 1. 内篇、外篇的划分和内篇篇名拟定之考辨

学者一般皆认为《庄子》内篇、外篇、杂篇之划分为郭象所为。如王叔岷《庄子校释·自序》中说："今本内外杂篇之名，实定于郭氏。"其实，《庄子》篇目的内篇、外篇、杂篇之分是在郭氏之前，而且在内篇、外篇、杂篇之分以前，先有内篇、外篇之分。《庄子》的内篇、外篇之分，汉代已经存在。一个重要的证据是崔譔在注解《齐物论》"夫道未始有封"一句时说："《齐物》七章，此连上章，而班固说在外篇。"② 班固是汉代《庄子》注家之一，《经典释文》中残留了他的《齐物论》三条注文，《北堂书钞》一百五十八、《艺文类聚》九十七录载了他的《难庄论》残文，都是可以为证的。对于"班固说在外篇"，可能有两种不同的理解：一是"夫道未始有

---

① "黔首"较早见于《战国策·魏策二》"先王必欲少留而扶社稷、安黔首也"，而通行于秦，《史记·始皇本纪》：始皇二十六年，"更名民曰黔首"。燕太子丹使荆轲刺秦王，事在始皇二十年（前227），其时，宋国已灭亡六十年了。

② 见《经典释文·庄子音义》。

封"一章，班固见于别本，属于外篇，章太炎是这样理解的①；一是"夫道未始有封"一章，班固以为验其义蕴，当在外篇，蒋锡昌是这样理解的②。对这句话的涵义尽管有不同的理解，但都承认这句话证实了这样的事实：至少在班固时《庄子》内篇、外篇之分已为学者所熟知了。那么，这种内篇、外篇的划分及内篇篇名之拟定又是班固之前谁人所为？

第一个具有这种可能性的是淮南王刘安及其学者门客。今人张恒寿对此有所论证，他所提出的论据有三点：第一，淮南王刘安时代的学者和他本人的著述《淮南子》都有区分内篇、外篇和另拟题目的体例；第二，内容题目的神秘色彩和刘安著书时代相合；第三，内篇题目暗示的政治目的和刘安及其门客的政治野心相符。③ 应该说，这些论据都是言之成理的。但是，这个推断有它的两个脆弱之处：一是它是建立在一个未有历史记载确证的、推测性的大前提上的，即淮南王刘安及其门客编纂、整理过《庄子》；二是它是建立在一个错移了的时代观念上，即把在西汉中后期才逐渐形成的将著述、典籍篇目作内、外之分的学术习惯和谶纬的理论思潮提前到汉代早期。所以，这一推断就不能如张氏所说是"无可怀疑"，而只能说是一种可能性。

另外一个具有这种可能性的是刘向。据《汉书·刘向传》和《汉书·艺文志·序》的记述，成帝时，刘向领校中秘书，兼校经传、诸子、诗赋。他每校毕一书，都要作一篇"书录"，叙述校书经过，介绍所校之书作者的身世及学术源流。这些书录（《别录》④），除了《战国策》《管子》《晏子》《孙卿》《韩非子》《列子》《邓析》《关尹子》《子华子》《说苑》等十篇尚为完整外，其它皆已散佚。从这仅存的十篇书录里，和从其他书中辑出的刘向佚文中，我们可以提出两点情况，断定刘向亦曾整

① 章太炎说："崔云齐物七章，此章上章，而班固说在外篇。然则此自别为一章也。"（《齐物论释》）
② 蒋锡昌说："班固说在外篇者，乃言班固本此章亦在本篇，但班固验之于义，以为应在外篇也。"（《庄子哲学》）
③ 见张恒寿《庄子新探》第一章第二节。
④ 梁阮孝绪《七录序》云："昔刘向校书，辄为一录，论其指归，辩其讹谬，随竟奏上，皆载在本书。时又别集众录，谓之别录，即今之《别录》是也。"（《全梁文》卷六十六）

理过《庄子》。第一，刘向十分熟悉《庄子》。在《别录》仅存的十篇完整的书录中，就有三篇论及庄子①，此可为证。第二，刘向作过《庄子书录》。《史记索隐·庄子列传》援引了二则刘向佚语"宋之蒙人也"，"又作人姓名，使相与语，是寄辞于其人，故庄子有寓言篇"，辨其语意，正当是刘向的《庄子书录》的佚文。

刘向校书于每书一般都要做广罗异本、除去重复，雠校讹文脱简、写定正本，条列篇章、定著目次等几项工作。个别还要命定书名、篇名。刘向对《庄子》的校理工作，除了删去重复、厘正文字外，可能还将《庄子》划分为内篇、外篇，并给内七篇拟定篇名。

将《庄子》分为内篇、外篇，在刘向那里基本上是属于"以类相从，一一条别篇目"（《说苑叙录》）性质的工作，如同他将《晏子》八篇的前六篇划为一类，后二篇划为一类②，将《淮南》分为内、外③。这种内、外之分，大体是对不同内容特色的一种粗略区分，或至多如颜师古所说"内篇论道，外篇杂说"（《汉书注》），并无十分严格的意义，往往也就没有加以说明和标出。例如《汉书·艺文志》总称"《孟子》十一篇"，从汉代赵岐《孟子题辞》可知，它实际上有内书七篇、外书四篇之分。《庄子》的情形也是这样，《汉志》总称"《庄子》五十二篇"，但从崔譔注可以看出，班固据《别录》《七略》编《汉志》时④，《庄子》实际上也已有了内篇、外篇之分。而这种划分正可能是刘向校理《庄子》时，为条列篇章，以类相从而作出的。

刘向校理《庄子》时，还可能给内篇拟定篇名。但是，就像刘向曾

① 现存《别录》论及庄子处是"庄周等又滑稽乱法"（《孙卿书录》），"且多寓言，与庄周相类"（《列子书录》），"辞与老庄异，其归同"（《关尹子书录》）。

② 见《晏子书录》。

③ 《汉书·艺文志》杂家类有《淮南内》二十一篇、《淮南外》三十三篇。清庄逵吉《淮南子·序》说："《艺文志》本向、歆所述，是《淮南》内、外之称，为刘向所定。"

④ 《汉书·艺文志》序称，成帝时，刘向校书，"每一书已，向辄条其篇目，撮其指意，录而奏之。会向卒，哀帝复使向子歆卒父业。歆于是总群书而奏其七略，故有六艺略，有诸子略，有诗赋略，有兵书略，有数术略，有方技略。今删其要，以备篇籍。"（《汉书》卷三十）

给个别典籍拟定书名一样①，这也不是刘向每校一书时所必做的工作；同时，由于《庄子书录》的散佚，已经失去直接的、确凿的证据，这一推断的或然性就更大一些。但是，从内七篇篇名（逍遥游、齐物论、养生主、人间世、德充符、大宗师、应帝王）显示的奇特的面貌和内蕴的思想观念所可能形成的那个时代来看，这一推断还是有其根据的。

《庄子》内七篇篇名的奇特性，在于它的拟名方法和语言结构既不同于同书的外篇、杂篇的篇名，也不同于同时代其他子书的篇名。《庄子》外篇、杂篇的二十六篇篇目拟名方法或原则，按照陆德明的划分，可有三类，列表如下：

| 篇别<br>原则篇名 | 外　篇 | 杂　篇 |
|---|---|---|
| 以事（物）名篇 | 骈拇、马蹄、胠箧、天地、秋水、山木 | 让王、说剑 |
| 以义名篇 | 在宥、天道、天运、刻意、缮性、至乐、达生 | 外物、寓言、天下 |
| 以人名篇 | 田子方、知北游 | 庚桑楚、徐无鬼、则阳、盗跖、渔父、列御寇 |

所有这些篇名，除"说剑"外，都取自该篇开头两字、三字，或是第一句、第一段中有实际意义的名物，它们是篇目独立的标志，而不是一篇的内容概括。显然，这样的篇名一般是由编者所定，而非由作者自拟，基本上和《论语》《孟子》的篇名拟定法相同，而不同于《荀子》《韩非子》的立题撰文或拟题概文。《庄子》内七篇篇名与此不同，它不仅是篇目独立的标志，而且也是一篇内容的概括。所以旧时多有学者认为内篇篇名为庄子手订②。但是十分显然，这种概括并不准确，有些篇如果抛开历代注家那种勉强的理解和牵合，篇名和内容甚至可以说是相悖的。例如，就其内容的直接显义来说，《齐物论篇》所述是任万物（或任物论），而不是齐万物（或齐物论）。《德充符篇》所述是道德崇高与形貌完整的不统一，

---

① 从尚存的《别录》遗文、佚文中可以看到，《战国策》《说苑》《九师书》等书名是刘向所拟定（分别见《战国策书录》、《说苑叙录》、《初学记》二十一）。

② 如宋代陈景元说："内七篇目，漆园所命名也。"（《南华真经章句音义》卷一）清代林云铭也说："内篇是有题目之文，是庄子所手订者。"（《庄子因·总论》）

而不是德与形的相符。这一情况显示出，内七篇的篇名可能内蕴着某种特殊的、超出了它的固有内容的思想观念，或特殊理论背景下的理解方法。从内七篇篇名的语法结构来看，这种思想观念、理论背景可能不是属于庄子的那个战国中后期时代的，因为它完全不同于与庄子时代相近而稍后出现的《荀子》《韩非子》的篇名。虽然这两部先秦典籍里也混杂入他人、他家之作，但学者们还是公认多数篇章是他们本人立题之作。这些题目或篇名少数是一个单音词，如《赋》（《荀子》）；或复音词，如《君子》（《荀子》）；多数是由两个字组成的词组（短语）。其中，有主谓词组，如《性恶》（《荀子》）、《说难》（《韩非子》）；动宾词组，如《劝学》（《荀子》）、《扬权》（《韩非子》）；偏正词组，如《儒效》（《荀子》）、《亡徵》（《韩非子》）；联合词组，如《荣辱》（《荀子》）、《安危》（《韩非子》）；等等。从语法角度看，这种词组的语义是由两个词的稳定的中心涵义组成，合乎汉语的习惯和规范，因而明确清晰。《庄子》内七篇的篇名和此不同，它们全由三个字组成，词语结构很不稳定，显得怪僻晦涩，而涵义朦胧模糊，可作多种理解。例如，历代学者和《庄子》注家对"齐物论"至少就有三种不同的读法和理解。一曰齐同万物。这是一种早在魏晋时代就通行的解法，如左思《魏都赋》"齐万物于一朝"，刘勰《文心雕龙·论说》"庄周齐物，以论为名"。至宋代王雱《南华真经新传》亦说："万物受阴阳而生．我亦受阴阳而生，赋象虽殊，而所生同根……此庄子所以有齐物之篇也。"二曰齐一物论。如南宋林希逸《南华真经口义》说："物论者，人物之论也，犹言众论也。齐者，一也。欲合众论而为一也。"王应麟亦说："齐物论，非欲齐物也，盖谓物论之难齐也。"（《困学纪闻》卷十）后来清人钱大昕考证说，这一读解法"王伯厚前王安石、吕惠卿等已发其说"（《十驾斋养新录》卷十九）。可见，这是在北宋出现、南宋甚为流行的一种新解法。三曰齐一物与论。这是清代《庄子》注家的一种解释。最先见于孙嘉淦《南华通》①："物者彼我，论者是非，丧我物化，道通为一，则皆齐矣。"此后，王先谦《庄子集解》亦沿袭此读解："天下之物、之言，皆可齐一视之，不必致辩，守道而已。"《庄子》内篇

---

① 清道光十五年李元春辑刊《青照堂丛书》将《南华通》署名为屈复撰，误。

其他六篇篇名，也存在着与此类似的可以歧读或歧解的情况①。

《庄子》内篇篇名以三字为题及其涵义模糊的特色，虽与庄子所处的那个战国中后期时代的子书篇目不同，但与汉代纬书篇目的风格却极为相似。例如，《后汉书》卷八十二《方术列传·樊英》李贤注列举《七纬》的三十五篇篇目是：

> 《易纬》六篇：稽览图、乾凿度、坤灵图、通卦验、是类谋、辨终备；
>
> 《书纬》五篇：璇玑钤、考灵耀、刑德放、帝命验、运期授；
>
> 《诗纬》三篇：推度灾、记（氾）历枢、含神雾；
>
> 《礼纬》三篇：含文嘉、稽命徵、斗威仪；
>
> 《乐纬》三篇：动声仪、稽耀嘉、汁（叶）图徵；
>
> 《孝经纬》二篇：援神契、钩命决；
>
> 《春秋纬》十四篇：演孔图、元命苞、文耀钩、运斗枢、感精符、合诚图、考异邮、保乾图、汉含孳、佐助期、握诚图、潜潭巴、说题词、命历序。

纬书今已缺残不全，篇目难以遍举，但从上面所举《七纬》三十五篇篇名来看，它们的共同特点正是三字为题，晦涩难解。

看到《庄子》内七篇篇名和汉代纬书篇名特殊的相似，我们进而可以推想，这七篇篇名内蕴的思想观念可能也和汉代纬书犀通，因为汉纬与图谶相结合的谶纬之学，是汉代最具有时代特征的理论和学术思潮。这个思潮贯穿着一个基本思想观念，即认为阴阳灾害等自然信息，总是预兆着人间祸福，符应着帝王兴衰。图谶纬侯皆由此而生，如《春秋纬》说："丘揽史记，援引古图，推集天变，为汉帝制法陈叙图录。"非常明显，如果说内七篇篇名内蕴着的符应观念（"德充符"）和帝王思想（"应帝王"）根本不是庄子所具有的，那么它就只能是谶纬之学孕育出来的了。

由以上将内七篇篇名的奇特形式和内蕴的思想观念同纬书比较分析，

----

① 参见拙著《庄子歧解》（中州古籍出版社1988年版）内篇题解。

我们可以初步推定，《庄子》内篇篇名可能是由在谶纬思潮激荡下，具有符应观念和王权观念的一个十分熟悉《庄子》的学者拟定的，而曾经整理编校《庄子》的刘向最为可能。

谶和纬虽然有着一个共同的基本思想观念，但毕竟也是有区别的，正如阮元所说"纬自纬，谶自谶"（《七纬叙》）。这种区别，一是大抵谶因事作预言，属方术；纬附经而立言，属演经。二是谶言出现较早，在先秦之时。如《史记·赵世家》记扁鹊之言，"……公孙支书而藏之，秦谶于是出矣"。《淮南子·说山训》有"六畜生多耳目者不详（祥），谶书著之"之说。而纬书出现较晚，在西汉之时。如《尚书纬》《春秋纬》都述及"《尚书》百二篇"，而孔颖达《尚书正义》指出，"或云'百二篇'者，误有所由，以前汉之时有东莱张霸伪造《尚书》百二篇，而为纬者附之"（《尚书序疏》）。张霸是成帝时人，其伪造《尚书》之事见《汉书·儒林传》及《论衡·佚文》和《正说》篇①。可见，《尚书纬》《春秋纬》是编造于成帝以后。《孝经纬·钩命决》"帝三建，考九会"，隐言汉高祖刘邦到光武帝刘秀为九世，更是东汉初年才编造出来的。大体而言，谶纬是在西汉后期方才合流，蔚为大观，成为对社会政治生活产生巨大影响、具有神学色彩的思想潮流。正如张衡说："谶书始出，盖知之者寡……成、哀之后，乃始闻之。"（《后汉书》卷五十九《张衡列传》）这个谶纬之学勃兴的成、哀之世，也正是刘向学术活动的高峰时期——领校中秘书②。《汉书·五行志》序说："汉兴，承秦灭学之后，景武之世，董仲舒治《公羊春秋》，始推阴阳，为儒者宗。宣元之后，刘向治《穀梁春秋》，数其祸福，传以《洪范》，与仲舒错。至向子歆，治《左氏传》，其《春秋》意亦已乖矣，言《五行传》，又颇不同。"（《汉书》卷二十七上）可见，刘向是一个和董仲舒齐名的、以言阴阳灾异著于史册的汉代大儒；只是和董仲舒相比，他的学术中的史实成分多于义理内容。因而，他也是谶纬这一时代思潮中的佼佼者。当然，也许像刘向这样有高深文化修养的儒家学者，不会如同当时多数趋时学者那样谶纬不分，但像张衡那样反谶

---

① 《汉书·儒林传》："世所传百两篇者，出东莱张霸。"《论衡·正说》："孝成皇帝时，徵为古文尚书学。东海张霸，案百篇之序，空造百两之篇献之成帝。"

② 《汉书·成帝纪》："河平三年，光禄大夫刘向校中秘书。"

不反纬则是很有可能的①，因为毕竟刘向父子是汉代学者中谈论灾异符应最多者。晚近有学者据《汉书·五行志》记载统计，刘向父子推测灾异应符之事有一百八十二件，发表灾异符应理论二百二十六则。② 刘向是帝胄后裔，特别是在西汉后期外戚权势日炽的情况下，他的"汉家天下、刘氏为王"的王权思想是非常强烈的。《汉书》记述，"向每召见，数言公族者国之枝叶，枝叶落则本根无所庇荫。方今同姓疏远，母党专政，禄去公党，权在外家，非所以强汉宗、卑私门，保守社稷，安固后嗣也"（《汉书·楚元王传》）。这与纬书"为汉帝制法"是极为合拍的。

通过以上对刘向那个时代的理论思潮和刘向个人的学术思想、政治思想的简要分析，我们可以比较有根据地进一步推断，《庄子》内篇篇名最有可能是刘向在校理《庄子》时拟制的，因为这七篇篇名所具有的奇特的纬书篇名面貌和内蕴的符应、王权观念，正是一个活跃在谶纬思潮中的、十分熟悉《庄子》的刘氏宗室大儒所可能有的思想的泄露。

### 2. 外篇、杂篇的划分

一般论者容易疏忽地认为，《庄子》内篇与外篇、杂篇的划分是同时出现的。事实上，《庄子》的篇目划分经历了两个阶段，先有将全书作内篇、外篇的划分，这是汉代刘向所为；然后有由外篇中分出杂篇的划分，这是在魏晋时期由司马彪开始、郭象完成的。

从陆德明在《经典释文·序录》里对魏晋时《庄子》注本的情况的记述中我们可以看到，当时，由于汉代传下的五十二篇《庄子》，"言多诡诞，或似《山海经》，或类占梦书，故注者以意去取，其内篇众家并同，自余或有外而无杂"。即是说，魏晋的《庄子》诸注家，对有标题的、文体风格和内容旨趣都比较一致的内七篇未作变动，对芜杂的外篇则有两种不同的处理方法。一是大肆删削。最有代表性的是崔譔二十七篇注本（向秀近同），据陆德明注说，该本由"内篇七、外篇二十"组成。可见古本《庄子》外篇的一半以上被他删去。二是重新划分。这种处理方

---

① 张衡反对谶纬，但并不排斥阴阳灾异自有秩序之说，如他说："且律历卦候九宫风角，数有征效，世莫肯学，而竟称不占之书，譬犹画工恶图犬马而好作鬼魅。"（《后汉书》卷五十九《张衡列传》）

② 见刘修明《经、纬与西汉王朝》（载《中国哲学》第九辑）。

法，硕果仅存的是司马彪五十二篇注本，该注本据陆德明所见是"内篇七，外篇二十八，杂篇十四，解说三"。可见他是首先将解说《庄子》的三篇淮南学者的作品剔出，然后又将外篇中特别破碎、荒诞的篇章划出，立名为"杂篇"。这一论断，由于马司彪的完整注本今已散佚，也无法得到更进一步的、具体的确证了。但是第一，从《经典释文》收录的《庄子》注文中可以看出，崔譔、向秀的二十七篇选注本，除去内篇七篇，剩下外篇二十篇中，有八篇属于后来郭象本的杂篇。可见在崔、向时，《庄子》还是外篇、杂篇不分的；从外篇中分出杂篇是崔、向以后的事。第二，从司马彪综纂《续汉书》和订正《古史考》所表现的既善于绍述，又善于创新，即被《晋书》评为"专精学习，故得博览群书，终其缀集之务"（《晋书·司马彪传》）的那种学术能力来看，在玄学思潮风靡的背景下，他是可能运用这种"缀集"能力于条理、注解《庄子》的。

郭象注解《庄子》是在向秀《注》的基础上进行的，[①] 而他修订和划分《庄子》的篇章、篇目，则显然是在司马彪的条理的基础上进行的。郭象于司马彪的二十八篇外篇中删削去十三篇，约占一半，而于十四篇杂篇则删去三篇，削减的比例反而较小。推测郭象的删削、修订原则大致有二：一是约十分之三的"巧杂"篇目，文字全删，如《危言》《游凫》《子胥》之篇，这是"略而不存"；二是篇目虽删，其中个别章节的文字仍然保留，并入他篇，如《阏奕》《意脩》之首，即这些篇的首章连同篇目一起删去，其后面的某些章节仍为保留，并联入他篇内容相近的章节之后，《至乐篇》的"马捶章"、《天下篇》的"惠施章"都可能具有这种性质，这是"裁取其长"。郭象对《庄子》外篇、杂篇较大规模的删削、修订，使《庄子》更为精纯，理论思维水平更为提高，在当时这是一种学术性的创造；但《庄子》中的许多思想资料从此而遗

---

① 历史上，对向秀、郭象《庄子注》的关系有两种有所差别的记载。《晋书·向秀传》说郭于向《注》是"述而广之"，《晋书·郭象传》说郭于向《注》是"窃以为己注"。现代中国学术界对此亦有所讨论、争执（分别见侯外庐等著《中国思想通史》第三卷和冯友兰著《中国哲学史新编》第四册）。本书对此不作深论。《晋书》的两处记述措辞虽有差别，但皆可支持向《注》是郭《注》的基础的论断。

佚，外篇、杂篇的界限也因此而模糊、消失，在今天看来，这又是一种学术性的破坏了。

### 3. 对《庄子》内篇、外篇、杂篇划分标准的不同看法

隋唐以后，《庄子》内篇、外篇、杂篇之分，"皆依郭本"，逐渐固定下来。① 这样，这种划分是根据什么标准，或者说，内篇、外篇、杂篇有什么区别，就成了学者们，特别是《庄子》注家探讨和争论的问题了。

最早对这一问题作出回答的是唐代成玄英，他在《庄子注疏·序》中写道：

> 内则谈于理本，外则语其事迹。事虽彰著，非理不通；理既幽微，非事莫显；欲先明妙理，故前标内篇。内篇理深，故每于文外别立篇目，"逍遥""齐物"之类是也。自外篇以去，则取篇首二字为其题目，"骈拇""马蹄"之类是也。

很清楚，成玄英提出以标题之有无和内容之深浅为划分、区别内篇与外篇、杂篇之标准。很长时间内，许多学者一直承认、袭用这个标准。例如宋代罗勉道说："内篇皆先立篇名而篇中意不出此，外篇与杂篇惟摘篇首字以名之。盖内篇命意已足，外篇、杂篇不过敷演其说尔。"（《南华真经循本·逍遥游》）明代陆长庚也说："内篇七篇，庄子有题目之文也，其言性命道德，内圣外王备矣；外篇则标取篇首两字而次第编之，盖所以羽翼内篇而尽其未尽之蕴者。"（《南华真经副墨·骈拇》）今人冯友兰亦主张"秦汉以后流传之庄学论文，有有标题者，有无标题者，编《庄子》之书者，将有标题者分为一类，将无标题者分为一类"（《庄子内外杂篇分别之标准》，《燕京学报》第 20 期）。

以有无标题作为划分《庄子》内篇与外篇、杂篇的标准，必须有

---

① 有学者如冯友兰，根据吉藏"《庄子》外篇云，'庖丁十二年不见全牛'……"（《百论疏》卷上之上）和湛然"《庄子》内篇，自然为本，如云'雨为云乎，孰降施是？皆其自然'"（《辅行记》卷四十）之语，认为《庄子》至隋唐时仍无定本，内篇外篇之分亦不固定。此论与陆德明所见相悖。要之，吉藏、湛然在这里的引证可能记诵有误。

这样的大前提：内七篇的篇名是《庄子》著者自拟。这样，编校整理者才能据以把它们划为"内篇"。然而从以上的分析看，这是绝难以成立的。

以内容深浅为划分内篇与外篇、杂篇的标准，也受到另一些学者的怀疑和批评。如宋代林希逸说："此篇（杂篇《庚桑楚》）文字何异于内篇，或曰外篇文粗，内篇文精，误矣！"（《南华真经口义·庚桑楚》）明末清初的王夫之亦认为："杂篇多微至之语，学者取其精蕴，诚内篇之归趣也。"（《庄子解·杂篇》）的确，以内容的深浅为标准来划分内篇与外篇、杂篇是很困难的，这个标准本身就是难以确定的、相对的。《庄子》注家不时发现，外篇、杂篇中有不少篇、章、句在思想内容的深度和广度上决不逊于内篇。例如陆长庚认为外篇《知北游》"所论道妙，迥出思议之表，读《南华》者，《知北游》最为肯綮"（《南华真经副墨·知北游》）。又极称道外篇《骈拇》"一部《庄子》，宗旨在此篇"（《南华真经副墨·骈拇》）。陈深评论外篇《秋水》说："《庄子》书有迂阔者，有荒唐者，有愤懑者，语皆未平，独此篇说义理阔大精辟，有前圣所未发，而后儒所不及闻者。"（《庄子品节·秋水》）杨慎盛赞杂篇《列御寇》"巧者劳而知者忧"一语是"数韵调绝伦，实诸子所不及"（《庄子解》）。王夫之注解《庚桑楚》"移是章"时说："论至此而尽其抉藏……而庄子之学尽于此矣"，认为"庄子之旨，于此篇而尽揭以示人"（《庄子解·庚桑楚》），等等。然而，细细体味也不难发觉，内篇与外篇、杂篇之间又的确存在某种在境界和风韵上的差别。内篇基本上是从整体上同时显示思想高远而不险奇幽深，语言自然而无精雕巧饰，名物古朴而并不怪僻驳杂；而这些在外篇、杂篇各篇中只是在或多或少的片段章节、段句上才具有的。

宋代以前，学者一般皆以为《庄子》是庄周所著①，只是对《庄子》的整理者划分篇目的标准有不同的看法。宋代以后，自苏轼《庄子祠堂记》从一个特殊的、实际上并不正确的角度——"庄子盖助孔者"——对《庄子》杂篇《盗跖》《渔父》《让王》《说剑》四篇是否为庄子所作

---

① 只有韩愈尝疑《盗跖》《说剑》非庄子所作。详见下。

提出疑问后，接踵而来，学者从名物制度、语言风格、思想旨趣等不同角度，对外篇、杂篇其他各篇也提出同样的是否为庄周所作的疑问（下节将作详论），并且最终形成了一种为多数学者所接受的观点：内篇是庄子自著，外篇、杂篇是庄子后学所作。这一观点同时也就用来作为划分、区别《庄子》内篇与外篇、杂篇的一个新标准——作者之不同。可以断定，明代就有不少的学者明确地形成了这种观点，如郑瑗说："窃意但其内篇是庄氏本书，其外、杂等二十六篇或其徒所述，因以附之。"（《井观琐言》）朱得之说："外篇、杂篇或有闻于庄子者之所记，犹二戴之《礼》，非出一人之手。"（《庄子通义·读庄评》）焦竑说："内篇断非庄生不能作，外篇、杂篇则后人窜入者多。"（《焦氏笔乘》）等等。在清代，王夫之、姚鼐等也持此种观点。王夫之表述得最为明确："外篇非庄子之书，盖为庄子之学者，欲引而伸之，而见之弗逮，求肖不能也。"（《庄子解·外篇》）这一观点簇拥者甚众，且由来有自，所以晚近学者视之为传统观点。

当代学者以作者的不同为标准来划分、判定《庄子》内篇与外篇、杂篇的区别，主要有三种对立的见解。

多数学者承袭传统的观点，认为《庄子》内七篇是庄子自撰，外篇、杂篇是其弟子所述。最有代表性的是高亨。他在《庄子新笺》一书的开头提出六点证明，除了内容之深浅、风格之高卑、标题之有无三项为传统观点所每必援用然而却总显得疲软的论据外，还引证了三条《庄子》书中述及的然而却是发生在庄子死后的事实："田成子十二世有齐国"（《胠箧》），"汤武立为天子，而后世绝灭"（《盗跖》），"庄子将死，弟子欲厚葬之"（《列御寇》）。这样的论据显然要比传统的论据坚强有力。

与多数学者的看法相反的是任继愈的见解。任氏认为《庄子》内七篇是汉初庄子后学所作，外篇、杂篇方是庄子所作，或者说方能代表庄子思想。他的立论根据可以归纳为三点。第一，根据荀子和司马迁所见。司马迁在《史记·老子韩非列传》所举篇目《渔父》《盗跖》《胠箧》等皆为外篇、杂篇；荀子批评庄子"蔽于天而不知人"，也就意味着他只看到《天道》《天地》《天运》等外篇。第二，根据《庄子》篇目。外篇、杂篇以一篇开头两字作题，保持古例；内篇有题目，从时代上看，应晚于外篇。第三，根据思想反映时代。内篇思想悲观厌世，是代表奴隶主阶级的

"后期庄学"在新兴强大封建帝国面前发出的寒蝉哀鸣。① 应该说，任氏的论据都是很脆弱的。他的第一个根据的不足，在于他没有充分注意到，司马迁特别举出《渔父》等三篇篇名，目的在于强调表明庄子思想具有"诋訾孔子之徒"这样一个方面，属于黄老阵营。在汉代早期儒、道相争的学术、理论背景下，如此来显示庄子思想的中心或重心，本是十分自然的。司马迁丝毫无意认为其他篇皆非庄子所著，因为仅有这三篇绝不能就是"著书十余万言"。荀子批评庄子"蔽于天而不知人"，是极其准确的、深刻的。但这绝不是因为荀子只看到"天道""天地""天运"这些有"天"之篇名的，主要内容是属于自然观的外篇（荀子时，《庄子》一书有无这类篇名尚属疑问），而是因为荀子看到在《庄子》中始终鸣响着、变奏着一个主张从人为的世俗负累中超越出来而返归本然自由的人生哲学主调，而这个哲学主调恰恰是在被后代学者划为"内篇"的七篇文字中表现得最为明显、强烈和一贯。例如，《逍遥游》的"至人无己，神人无功，圣人无名"；《齐物论》的"天地与我并生，而万物与我为一"；《养生主》"依乎天理，因其固然"；《人间世》的"一宅而寓于不得已"；《德充符》的"知不可奈何而安之若命"，"常因自然而不益生"；《大宗师》的"不以心捐道，不以人助天"，"游于物所不得遁而皆存"；《应帝王》的"顺物自然而无容私"，"尽其所受乎天而无见得"；等等。任氏第二个根据的失误，在于他没有估计到先秦诸子作品的写成与编成往往不是同一时代，也就是说，作者和掇拾成篇、拟定篇名书名的编者往往不是同一个人。所以，也就不能以编者的意旨来判定作者的思想，不能简单笼统地以篇目的某种特征来判定作品的写成的早晚。任氏第三个论据的无力，在于它的狭隘性。悲观厌世无论作为一种社会思想或一种心理情境，都不是某一阶级或某一时代所特有的，而是任何一个时代、任何一个阶级的人在一定的社会环境和遭际中都可能具有的。认为《庄子》内篇中的悲观厌世思想一定只有没落的奴隶主阶级才有，奴隶主阶级的这种没落情绪的发泄只能是在汉代初年，这些见解都很难使人置信。

同上述两种观点皆相对立的是周通旦的观点。周氏返回到尚未对

---

① 任继愈：《庄子探源》，《哲学研究》1961 年第 2 期。

《庄子》外篇、杂篇发生怀疑的宋代以前的、更加古老的传统观点的立场上，认为《庄子》的内篇、外篇、杂篇皆是庄周所作。当然，周氏的立论是建立在新的基础之上的，即对引起宋代以后学者怀疑和异议的内篇与外、杂篇的差别、不一致的问题提出一种看来是很合乎逻辑的解释：外篇、杂篇是庄子早期的作品，内篇是庄子晚年的作品。周氏对他的这一论点提出二个论据。第一，标题特征。外篇、杂篇以篇首字为题，内篇以概意为题，正是年代有先后的证明。第二，思想特征。外篇、杂篇语气激烈，受他派学说影响，思想体系尚未形成，正是年轻时代的表现；内篇消极悲观，恬淡调和，正是饱经忧患、思想自成体系的晚年的特征。① 周氏的论证在逻辑上是无懈可击的。先秦典籍的篇名，可能的确是经历了无标题、篇首字为题、概意为题的几个阶段，人的心理和思想在青年和晚年也的确会表现出不同的特征。但是，事实比逻辑更有证明力。《庄子》中至少也有两点事实既不能满足甚至还否定了周氏这个虽然是合乎逻辑的推论。第一，不存在任何可信的根据可以证明《庄子》一书是庄子自己编定、分篇、拟名，更何况那些概意的内篇篇名，既概括不了该篇的内容，又内蕴着不是庄子自己所可能具有的思想观念。第二，也找不到有力的理由来解释庄子早期著作的外篇、杂篇中何以出现庄子死后的时代才会有的事件、名物和语言。所以，周氏用庄子个人思想的发展过程来说明《庄子》外篇、杂篇与内篇的差别，虽然在抽象的逻辑上是可行的，但印证具体事实却又是不通的了。然而用《庄子》内篇和外篇、杂篇的差别来说明庄学在先秦的演变进程，则不但符合逻辑，而且符合事实。这一点正是我们下面要论述的中心。

## 三 《庄子》的真伪问题

《庄子》的真伪问题，实际上是《庄子》各篇的作者问题，在这个问题上，晚近学者与宋代以来形成的一种传统观点有不同的看法。

### 1. 传统的见解

《庄子》一书的真伪问题，是宋代以后才明显地、突出地提出来，并

---

① 周通旦：《关于〈庄子〉外杂篇和内篇的作者问题》，《哈尔滨师范学院学报》1961年第 1 期。

且逐渐形成一个传统的判断《庄子》真伪的原则或立场：凡庄子所著者为真，凡非庄子所著者为伪。但是确切地断定《庄子》某篇是否为庄子所著往往是很困难的，学者们又提出许多具体的判定标准或方法，归纳起来可以分为三类。

（1）以思想内容判定　传统观点经常以《庄子》某篇所表现出的对儒家孔子的态度，及其是否染有其他学派思想特色，来判别该篇是否为庄子所作。传统观点认为，庄子思想在其深刻的、基本的立场上不能说是反孔的，因此，《庄子》中那些诋毁孔子的轻薄文字，皆不是庄子所作。按照这一判别标准，首先受到怀疑的是《盗跖》《渔父》等篇。最早可能是韩愈，他认为《盗跖篇》"讥侮列圣，戏剧夫子，盖效髣庄、老而失之者"①。此后，则是苏轼，他在《庄子祠堂记》一文中写道：

> 余以为庄子盖助孔者，要不可以为法耳……庄子之言，皆实予而文不予，阳挤而阴助之。其正言盖无几，至于诋訾孔子，未尝不微见其意。其论天下道术，自墨翟、禽滑厘、彭蒙、慎到、关尹、老聃之徒，以至于其身，皆以为一家，而孔子不与，其尊之也至矣。然余尝疑《盗跖》《渔父》则若真诋孔子者，至于《让王》《说剑》，皆浅陋不入于道。（《东坡文集》卷三十二）

也就是说，苏轼以《庄子·天下》论各家学术时将儒家置于其首，超于其外为例，证明庄子对孔子"尊之也至矣"，故诋毁孔子的《盗跖》《渔父》和语词浅陋的《让王》《说剑》皆非庄子手笔。

传统观点还常以《庄子》某篇呈现出其他学派的思想特色而判定它为伪作。最早也可能是韩愈，他认为"《说剑》类战国策士雄谈，意趣薄而理道疏，识者谓非庄生所作"②。此后，如王夫之评《天道》说："《天道》有与庄子之旨趣迥不相侔者，特因老子守静之言而演之，亦未尽合老子。盖秦汉间学黄老之术以干人主者之所作也。"（《庄子解·天道》）

① 见归有光、文震孟《南华真经评注》引。
② 见归有光、文震孟《南华真经评注》引。

姚鼐评《刻意》说："此篇乃司马谈《六家要旨》之类，汉人之文耳。"（《庄子章义·刻意》）苏舆认为《骈拇》《马蹄》《胠箧》《在宥》四篇"于申、老外别无精义，盖学庄者缘老为之"①，等等。

（2）以文体风格判定　传统观点一般以《庄子》内篇文字的飘逸、古拙、深邃，即历代所公认的庄子文字的"洸洋自恣""参差诡诡"②的文学特色为尺度，判定外篇、杂篇的浅近文字为伪作。唐、宋以来，学者文人从这个观察角度也是首先对《让王》《盗跖》《说剑》《渔父》四篇发生怀疑的。韩愈评《说剑》"类雄谈"，苏轼论《让王》"浅陋"，实际上也可以说是从文体风格的角度作出的观察。援此，郑瑗说："苏子由《古史》谓《庄子·让王》《盗跖》《说剑》诸篇皆后人掺入者。今考其文字体例，信然！如《盗跖》之文，非惟不类先秦文，亦不类西汉文字。"（《井观琐言》）明代宋濂亦说："《盗跖》《渔父》《让王》《说剑》诸篇，不类前后文，疑后人所勤入。"（《诸子辨》）清代姚际恒《古今伪书考》中正是由于其文辞浅俗而并非因为其诋孔将此四篇划入"伪书"："予之疑与苏同，而用意不同。庄之訾孔余尚蕴藉，此则直斥嫚骂，便无义味，而文辞俚浅，令人厌观，此其所以为伪也。"（《古今伪书考·有真书杂以伪者》）《庄子》外篇、杂篇其他各篇，也被从这个角度受到怀疑。如元代吴澄说："庄生书瑰玮参差，不以解见之一，惟《骈拇》《胠箧》《马蹄》自为一体，其果庄氏之书乎？抑周秦间文士所为乎？未可知也。"③清代林云铭《庄子因》基本上全是用"语气不属，立义亦浅，非南华手笔无疑"（《庄子因·田子方》）的标准来判别外、杂各篇的。

（3）以名物制度判定　这是在传统观点中比较具有明确性、科学性的判定方法。即是认为，如果《庄子》某篇、章中出现了庄子身后的人物、事件、语言，则可以断定此篇章非庄子所撰。最早如黄震就《天运》"丘治诗、书、礼、乐、易、春秋六经"一句评断说："'六经'之名始于汉，《庄子》书称'六经'，未尽出庄子也。"（《黄氏日抄》卷五十五）此后，明代张四维论及《盗跖篇》说："此篇文义粗漫，殊不类庄。即

---

① 见王先谦《庄子集解·骈拇》引。
② 语分别见《史记·老子韩非列传》《庄子·天下》。
③ 见马其昶《庄子故》引。

'封侯''宰相'，皆非秦以前语①。又避汉文帝讳，以'田恒'为'田常'，则非南华手笔尤属明甚。"（《庄子口义补注·盗跖》）今人高亨亦据《盗跖篇》有"汤武立为天子，而后绝灭"之语而断定："可见此篇作于周亡之后。考《史记·六国表》，周赧王五十九年秦灭周，是时庄周已死。是篇非庄周自撰亦甚明。"（《庄子新笺》）《庄子》外、杂其他各篇，也都能寻觅到数量不等的晚于庄子的名物、史事，如《胠箧》的"田成子十二世有齐国"，《天道》的"孔子西藏书于周室""十二经""素王"，等等。这些，下面还将论及。

应该说，《庄子》真伪的传统理解中，其基本原则和具体判别标准都有值得商榷之处。首先，如果按照传统观念的判别《庄子》真伪的原则，一定要是庄子所撰才是"真"，那么，不但《盗跖》等四篇，不但外、杂各篇，甚至在传统观点看来毫无疑义的内七篇，也是难以确切论断的。例如《逍遥游》《德充符》中称"庄子"的两章，显然是庄子后学对庄子生前事迹的追述，但它那"意出尘外，怪生笔端"（《艺概·文概》）的深湛内容和奇特风貌，绝不稍逊异于内篇其他章节。《大宗师》"夫道有情有信"章，虽然论述的是庄子哲学中的最高范畴，但意境卑浅，文笔呆板，严复评其为"是庄文最无内心处"（《庄子评点·大宗师》），究其原因，钱穆认为是"晚周神仙家言、阴阳家言窜入"（《庄子纂笺·大宗师》）。内篇的这一情况表明了两个事实，第一，《庄子》一书各篇章，既有庄子本人的创作，也有其后学的述作，《庄子》是战国到秦汉之际庄子学派著述汇集。一般来说，在这里不是作者的真伪问题，而是写作时代的先后问题。第二，《庄子》一书的各章节，有的是庄子学派固有的思想观点，有的却是庄子后学在其他学派影响下形成的发生了某种变异的思想言论。所以《庄子》又是战国到秦汉之际道家观点汇集。一般来说，这里也不是庄子思想的真伪问题，而是庄学在先秦的发展演变问题。

其次，传统观点用来判别《庄子》真伪的思想内容的主要标准——对孔子的尊抑态度，是一项极不准确、极不可靠的标准，甚至可以说是背

---

① "宰相"之名，又见《韩非子·显学》和《吕氏春秋·制乐》。然而大体言之，"宰相"一词，秦以后方通行。

离事实的标准。从根本上说，庄子宣扬和践行的追求从世俗中超越出来的个性自由的人生哲学（"逍遥"），和孔子开创的儒家学派所主张的践履社会伦理纲常的伦理哲学（"复礼"），是完全对立的。从前面对庄子生平事迹的考论中可以看到，对于孔子个人，庄子及其后学也许都是给予尊重的，盛赞其"勤志服知"，慨叹"不得及彼"（《寓言》）。但对其伦理思想的核心——仁义孝悌，则是否定的，认为"不足多也"（《天运》）。具体地说，在《庄子》中，孔子显然是个活跃的、重要的人物，大约有四十多个章节描述或论及他，但大都是处在被贬损的地位。例如在内七篇中，就有四篇十章出现了孔子，并且总是以庄子人生哲学的宣扬者（诲人）、庄子或道家思想的崇拜者（自贬）、世俗儒者（被轻蔑）三种不同的面目或情态出现。列表解析如下：

| 篇名 | 章名(本章首句) | 本章内容概要 | 本章孔子显现的面目或情态 |
|---|---|---|---|
| 齐物论 | 瞿鹊子问长梧子 | 瞿鹊子对长梧子论述"游乎尘垢之外"之道 | 〔孔子以世俗儒者被道家轻蔑〕瞿鹊子对长梧子说："是黄帝之所听荧也，而丘也何足以知之！……丘也与女皆梦也……" |
| 人间世 | 颜回见仲尼 | 孔子对颜回论述辅君或伴君者何以自处 | 〔孔子宣扬庄子的处世哲学〕孔子对颜回说："……唯道集虚，虚者，心斋也。""……一宅而寓于不得已，则几矣。" |
| | 叶公子高将使于齐 | 孔子对叶公子高论述行者出使传两喜两怒之言何以自处 | 〔孔子宣扬庄子的处世哲学〕孔子对叶公子高说："知其不可奈何而安之若命，德之至也"，"乘物以游心，托不得已以养中，至矣。" |
| | 孔子适楚 | 楚狂接舆嘲讽孔子不识时务 | 〔孔子以世俗儒者被隐者批评〕接舆说："……临人以德，殆乎殆乎！画地而趋！" |
| 德充符 | 鲁有兀者王骀 | 孔子对常季解释道家得道之人的精神境界 | 〔孔子以道家崇拜者自贬〕孔子对常季说："夫子(指道家得道之人王骀)，圣人也，丘也直后而未往耳，丘将以为师……"〔孔子宣扬道家观点〕孔子对常季说："……审乎无假而不与物迁，命物之化而守其宗也。" |
| | 鲁有兀者叔山无趾 | 孔子嫌弃无趾被刑，无趾与老聃议论孔子被世俗观念桎梏 | 〔孔子以世俗儒者被道家讥笑〕无趾对老聃说："孔丘之于至人，其未邪？彼何宾宾以学子为？" |

| 篇名 | 章名（本章首句） | 本章内容概要 | 本章孔子显现的面目或情态 |
|---|---|---|---|
| 德充符 | 鲁哀公问于仲尼 | 孔子对鲁哀公叙述具有道家精神修养的人的行为表现：才全德不形 | 〔孔子宣扬道家观点〕孔子对鲁哀公说："……接而生时于心者也，是之谓才全"，"德不形者，离不能离也。" |
| 大宗师 | 子桑户、孟子反、子琴张三人相与为友 | 子桑户死，孔子使子贡往吊丧。孟子反、子琴张批评子贡儒者不知礼意。孔子闻知后，深自反省 | 〔孔子以道家崇拜者自贬〕孔子对子贡说："彼（指道家人物孟子反、子琴张）游方之外者也，而丘游方之内者也。外内不相及，而丘使女往吊之，丘则陋矣！""丘，天之戮民也。"〔孔子宣扬道家观点〕孔子对子贡说："彼……芒然彷徨乎尘垢之外，逍遥乎无为之业。彼又恶能愦愦然为世俗之礼，以观众人之耳目哉！""天之小人，人之君子。" |
|  | 颜回问仲尼 | 孔子对颜回解释道家（庄子）何以超越世俗 | 〔孔子以道家崇拜者自贬〕孔子对颜回说："吾特与汝，其梦未始觉者邪！" |
|  | 颜回曰 | 颜回对孔子论述道家修养方法：坐忘 | （孔子在颜回导引下去认识道家真理）孔子对颜回说："……而果其贤乎！丘也请从而后也。" |

可见，在《庄子》中，孔子是一个具有寓言性质的被歪曲、被贬损的形象。在这个问题上，苏轼"庄子盖助孔者""其尊之也至矣"的见解是不符合实际的，是他作为文学家对《庄子》的偏爱。而程颐"庄子叛圣人者也"（《河南程氏遗书》卷二十五）的论断，就庄子思想和儒家思想的根本对立上说，却是符合实际的，虽然包含着他作为理学家对儒家以外的异端思想的憎恶的感情。

传统观点用来判别《庄子》真伪的文体风格、名物制度的标准，显示出《庄子》各篇的风貌高卑不一、史实前后不合，表明《庄子》非成自一人一时。所以，如果用《庄子》各篇的不同是先秦庄子学派的著述写作年代有先后和思想演变的始末的观点，来代替传统的真伪的观点，这些标准或方法仍是正确的、可以运用的。我们在下面的讨论里就要经常地用到这两个标准或方法。

## 2. 新的理解

如上所述，《庄子》真伪的传统理解，一般是认为《庄子》内篇为庄子手笔，是真；外篇、杂篇多为后人所撰，是伪。晚近学者不再从这种狭隘的、作者是否是庄子的"真伪"意义上，而是从一种比较宽泛的、是何种学派的思想的"归属"意义上来区分《庄子》内篇与外篇、杂篇。在这个意义上，有两个相近而又有所区别的观点：《庄子》是先秦道家思想汇集与《庄子》是先秦庄子学派著述汇集。

（1）《庄子》是先秦道家思想汇集　这种观点认为，《庄子》内篇可一般地断定为庄子所著，或是庄子思想；外篇、杂篇则是庄子后学和别派学者所著。具有代表性的是二十世纪三十年代罗根泽在《庄子外杂篇探源》一文中，主要是根据思想内容，将外篇、杂篇分为十二类，认为它分别为道家左派、右派、道家隐逸派、激烈派、庄子派、老庄混合派、神仙家、纵横家等所作。① 根据篇中出现的名物制度，认为多数篇章作于战国末年或秦末汉初，最晚的下限到西汉武帝时期。二十世纪六十年代关锋在《庄子外杂篇初探》一文中，承袭了罗氏的分析方法和结论，而又有所修正。② 主要是罗氏归之道家右派、神仙家的篇章，关氏认为是宋尹后学所作；罗氏认为是道家隐逸派、激烈派所作的篇章，关氏则归之杨朱后学。兹将罗氏的观点概括表解于下。

| 内　容　分　组 | | | 年　代　考　订 | |
|---|---|---|---|---|
| 思想派别 | 篇目 | 判　据 | 年　代 | 判　据 |
| 道家左派 | 骈拇马蹄胠箧在宥 | 攻击儒家（圣人、仁义、曾史） | 战国末期 | ①攻击"仁义"同《商君书·画策》《韩非子·五蠹》；②"曾史"并提同《韩非子·显学》 |
| 道家右派 | 天地天道天运 | 兼容儒家（称"夫子"，采儒家说） | 汉　初 | ①采用法家刑名说，故在商、韩之后；②"藏书周室""上仙""白云帝乡""十二经""六经"等皆似汉人语 |

---

① 罗氏此文发表在《燕京学报》第 39 期（1936 年），后收入《诸子考索》一书。此前，1930 年日本学者武内义雄在《老子与庄子》一书中，将《庄子》外篇、杂篇分为五部分，分别归属于庄子弟子、庄子后学、别派所作。
② 关氏此文发表在《哲学研究》1961 年第 2 期，后收入《庄子内篇译解和批判》一书。

| 内 容 分 组 | | | 年 代 考 订 | |
|---|---|---|---|---|
| 思想派别 | 篇目 | 判 据 | 年 代 | 判 据 |
| 神仙家 | 刻意缮性 | 王夫之谓其如"魏伯阳、张平叔、葛长庚之流" | 秦汉间 | 神仙家秦汉间发达 |
| 庄子派 | 秋水 | ①推衍《齐物论》"道枢""两行"之旨；<br>②赞颂"庄子之言" | 战国末年 | ①公孙龙、魏牟皆晚于庄子；<br>②称之哙让国之事为"昔者" |
| | 达生 | ①推衍《养生主》"顺命"之旨；<br>②解释《大宗师》"登高不慄、入水不濡、入火不热"之说 | 战国末年 | 阐释师说者必为其信徒 |
| | 山木 | 推衍《人间世》处世术：虚、顺 | 战国末年 | 推衍庄子之意而益详明，必为其弟子或后学 |
| | 田子方 | 推衍《齐物论》《德充符》"不与物迁"之旨 | | |
| | 寓言 | ①推衍《齐物论》"罔两问景"；<br>②解释《天下》"寓言、重言、卮言" | | |
| 老子派 | 至乐 | ①以死为至乐；<br>②畅论"无为"① | 战国末年 | 《知北游》有东郭子与庄子问答，故为其弟子所追记 |
| | 知北游庚桑楚 | ①多同《老子》观点（如"失道""失德"）；<br>②多引《老子》术语（如"天门"） | | |
| | 徐无鬼列御寇 | 无中心思想，多道家故事 | | |
| 道家杂组 | 外物 | 无中心思想 | 西 汉 | ①"县令"是秦官，而汉代沿用之；<br>②"儒以诗礼发冢"，汉武帝在秦火之后，诏求亡经，遂有此事 |
| 老庄混合派 | 则阳 | ①同于《老子》：论得失，论无为；<br>②同于《庄子》内篇：论环中 | | |

| 内 容 分 组 | | | 年 代 考 订 | |
|---|---|---|---|---|
| 思想派别 | 篇目 | 判 据 | 年 代 | 判 据 |
| 道 家 隐逸派 | 让王 渔父 | 皆是隐者之事之言 | 汉 初 | ①在《吕氏春秋》之后:篇中人、事多采自《吕氏春秋》;②在司马迁之前:篇中"共伯"之事司马迁时已佚,《史记》所无 |
| 道 家 激烈派 | 盗跖 | | 战国末年 | ①享乐主义之颓废思想似为战国末年产品;②"宰相"之称始见于《韩非子》《吕氏春秋》,故在此之后;《史记》称引此篇,故在司马迁之前 |
| 纵横家 | 说剑 | 无道家意味,孙夏峰说"战国策士游谈,与《代说》《幸臣篇》相似",甚是 | 战国末年 | 纵横家托庄周之词,故在庄周之后 |
| 庄周自撰 | 天下 | ①论各家道术之产生,脱胎于《齐物论》"道隐于小成,言隐于荣华";②庄子哲学归结于"一",此篇亦言"皆原于一" | 战国中期 | 若于战国末期所作,不当对孟、荀、商、韩无所论述 |

①罗氏谓:以死为至乐不是庄子思想,而是老子思想(《老子》:"吾所以有大患者,为吾有身;及吾无身,吾有何患?"),《庄子》内篇一提"无为"(按:实三次出现"无为"),《至乐篇》则畅论"无为"。

　　对宋代以来关于《庄子》外篇、杂篇的纷纷不一的怀疑和议论,罗氏能给予确定性的解释或理解,这无疑是庄学研究的一个重要的进步。但罗氏的观点和论证也有很大的缺陷。首先,是他的思想派别的划分没有明确统一的学术标准,因而不够准确。罗氏将道家分为"左派""右派""隐逸派""激烈派",实际上是根据一种对儒家和社会生活的态度之不同这个颇具政治色彩的标准来进行划分的,缺乏学术思想上本质特征的揭示,所以这种区分就可能是十分模糊的、难以确立的,并且会带来混乱的。因为在先秦攻击儒家的,还有墨、法家;调和儒、道、法的,还有

《管子》中的《心术》上下、《内业》、《白心》四篇的作者①。所谓"老庄混合派"也是界域不清的。老、庄思想是有差别的，简括说来，庄子思想的重心在于人生哲学的阐发，揭示个性自由的高远境界；《老子》思想主要是对自然和社会广阔范围内变动不居现象的考察，提出一种在矛盾对立中居下贵柔的保身方法。老、庄也是相通相融的，他们都是从"道"或自然这一最后根源或本然存在出发的，社会政治思想和抨击儒家的学术立场也都相同。《庄子》外篇、杂篇中，除《则阳》外，还有很多可以确切地指出是援引自《老子》的思想或术语，而从文体的演变进程和语词的使用环境来看，《庄子》内篇和外篇、杂篇的某些章、句则可能早于《老子》而为其所本。② 但是，却很难确定地指出有一个独立于老子、庄子之外的"老庄混合派"。其次，罗氏划分《庄子》外篇、杂篇所属思想派别和确定其写作年代的判据，也有疏于考证，因而有不够坚强之处。如罗氏认为《天下篇》是庄子自撰，而他提出的论据实际上是不足以支撑这个结论的。《庄子》内篇的"至人无己，神人无功，圣人无名"（《逍遥游》），"游乎尘垢之外"（《齐物论》）的超越世俗的精神追求和《天下》的"内圣外王"的理想人格是根本对立的；《天下》对庄子思想内容和文章风格的概述，显然是后人评述的语调，而绝非庄子自述的口吻。罗氏以"儒以诗礼发冢"和"饰小说以干县令"两个判据判定《外物》为西汉作品也是极为牵强的。《庄子》"县令"，历代注家有三种不同解释。一曰高名之意。唐代成玄英说："干，求也；县，高也；夫修饰小行，矜持言说，

————————————

① 《心术》等《管子》四篇，郭沫若认为是宋尹学派所作（见《青铜时代·宋钘尹文遗著考》），裘锡圭、朱伯崑等认为是法家慎到、田骈学派所作（见裘文《马王堆〈老子〉甲乙本卷前后佚书与道法家》，载《中国哲学》第二辑；朱文《管子四篇考》，载《中国哲学史论文集》第一辑）。本书后面将把《管子》四篇归属早期黄老之学而加以论述。

② 此论最早为钱穆所倡。就文体而言，钱氏认为，"诗、史，论之三者殆为文学进化自然之三级。结句成章，又间之以韵，此可谓韵化之论文，其体颇见于《庄子》，而《荀子》益多有，《老子》则竟体以韵化之论文成书也"。就文句而言，钱氏举例说，《老子》的"道生一，一生二，二生三，三生万物"，就是语本《庄子·齐物论》"天地与我并生，万物与我为一，既已为一矣，且得有言乎，既已谓一矣，且得无言乎？一与言为二，二与一为三，自此以往，巧历不能得，而况其凡乎？"其他如《老子》之"无有入无间""善行无辙迹""守中""益生""刍狗"等也皆语本《庄子》（见钱穆《再论老子成书年代》，载《古史辨》第六册）。

以求高令闻者。"（《庄子注疏》）二曰赏格之意。宋代林希逸说："县令犹今揭示也。县与悬同，县揭之号令，犹今赏格之类。"（《南华真经口义》）三曰小官之意。明代褚伯秀援引宋人林疑独说："鲵鲋，鱼之小；县令，官之卑。"（《南华真经义海纂微》）比较而言，"县令"犹赏格之意最为妥切。况且，即使"县令"为官职之名，则先秦时已有，并非如罗氏所说"不见于先秦载籍"。如《韩非子·外储说左下》"阳虎曰：臣居齐，荐三人，一人得近王，一人得县令，一人为侯吏"，所以罗氏据"县令"而判定《外物》为西汉时著是不确当的。同样，罗氏断定"儒以诗礼发冢"为汉武帝以后访求遗书的迹象，也是误判。实际上，"儒以诗礼发冢"是《外物》该章的作者用来比类盗为财宝掘墓，借以讽刺挖苦儒家；而它所反映的也正是战国末年的社会现象。盗墓之风战国末年最为盛行，当时"亡国不可胜数，是故大墓无不抇也"（《吕氏春秋·安死》）。战国诸侯，死后多厚葬，"含珠鳞施，夫玩好货宝，钟鼎壶滥，舆马衣被戈剑，不可胜数，诸养生之具无不从者"（《吕氏春秋·节丧》），一旦国亡家败，权势殆落，陵墓被盗掘，就是很自然的事了。"上虽以严威重罪禁之，犹不可止"（《吕氏春秋·节丧》），故《吕氏春秋》的作者写道："自古及今，未有不亡之国；无不亡之国者，是无不抇之墓也。"（《安死》）最后，罗氏论述中的最大失误是以章代篇。罗氏忽视了《庄子》每篇都是集章而成，各章之间内容并不一致，因而其论断多有以偏概全的缺陷。如罗氏将《在宥》与《骈拇》《马蹄》《胠箧》三篇划为一类，归属于道家左派。实际上，《在宥》除第一、二章有攻击儒家，即讥贬仁义、曾史之言，可视与《骈拇》等三篇同旨外，其他各章思想倾向则很不一致。大体说来，第三章言"欲取天地之精，以佐五谷""治身奈何可以长久"具有明显的神仙家的色彩。第四章言"堕尔形体，吐尔聪明，伦与物忘，大同乎涬溟"，相似于内篇《大宗师》"堕肢体，黜聪明，离形去知，同于大通"，第五章"睹有者，昔之君子；睹无者，天地之友"之论，也相通于内篇《大宗师》"天之小人，人之君子"，故这两章庄子思想的本色明显。第七章论物、民、事、法、仁、义、礼、德、道、天等，兼容儒、法、道各家，按罗氏划分，当为"道家右派"。可见，罗氏根据《在宥》前二章划定其全篇的思想性质和派别归属是不确切的。罗氏论述中的这个缺陷，除了对于《骈拇》《马蹄》《胠箧》《刻意》《缮性》等少数论题单一集中的篇目外，是普遍存在的。

1983 年出版的张恒寿《庄子新探》一书，实际上是把传统的用来辨别外篇、杂篇"真伪"的思想内容、名物制度、文体风格三个标准，推广用来考察《庄子》内篇、外篇、杂篇的各章，从而确定它们各自的思想归属和时代先后。这样，既克服了传统观点的狭隘性，又避免了罗氏论述中的以偏概全的缺陷，比较清晰地显示了在内篇、外篇、杂篇之分和篇目之名的帷幕遮掩下的庄子思想的本来面目和发展演变过程，这是庄学研究的新进展。兹将张氏对《庄子》内篇的考论概括表解如下：

| 篇名 | 章节归属 | 主 要 判 据 |
|---|---|---|
| 逍遥游 | 《庄子》早期作品 | ①本篇"若夫乘天地之正"与《天下》所述庄子思想"上与造物者游"同；<br>②本篇"小知不及大知"为《淮南子·道应训》援引 |
| | 末章为后人仿作 | 形容鼇牛"若垂天之云"，仿第一章形容大鹏之语 |
| 齐物论 | 《庄子》早期作品 | ①《天下》述庄子思想"死与生与，天地并与"，源自本篇"天地与我并生，万物与我为一"；<br>②《吕氏春秋·为欲》《重己》相仿自本篇辞句（"殇子""彭祖""以隶相尊""方生方死，方可方不可"等） |
| | "夫道未始有封章"晚出 | ①本篇的中心是齐死生是非的玄想，本章却是调和儒道的实论；<br>②本篇各章都用譬喻象征语言，驰骋想象，本章用概念化语言郑重议论；<br>③古证：崔譔云，"齐物七章，此连上章，而班固说在外篇" |
| 大宗师 | 《庄子》早期作品 | ①《庄子·天道》引述"庄子曰"云云，语出本篇；<br>②《荀子·天论》"明于天人之分，则可谓至人矣"是对本篇首句"知天之所为，知人之所为者，至矣"的驳论 |
| | 首章论"真人"四节晚出 | ①"真人"四节有修炼长生的思想，此不是庄子的思想；调和刑、礼、知、德，近于《管子·心术》《白心》《内业》；<br>②《逍遥游》《齐物论》的理想人格是至人、神人、圣人，没有真人 |
| | "夫道有情有信章"晚出 | ①庄子早期作品无本章之神仙家思想；<br>②本章所举神人有同于《楚辞·远游》《韩非子·解老》 |

| 篇名 | 章节归属 | 主 要 判 据 |
|---|---|---|
| 养生主 | 《庄子》早期作品 | ①本篇记述"老聃死",可见老子尚未被神圣化;<br>②《荀子·解蔽》论求知而"无所疑止之,则没世穷年不能遍也",是受本篇"知也无涯"的影响;<br>③《吕氏春秋·精通》谓"宋之庖丁好解牛",显然是援引自本篇 |
| 德充符 | 《庄子》早期作品 | ①篇中有"眇乎小哉,所以属于人也;謷乎大哉,独成其天",正是荀子《解蔽》批评庄子"蔽于天而不知人"的根据之一;<br>②篇中"审乎无假而不与物迁"为外篇《天道》所援引("审乎无假而不与利迁") |
| | 末章晚出 | 有庄子后学追记庄子之言 |
| 应帝王 | 《庄子》早期作品 | ①本篇"啮缺""王倪"二名见《齐物论》,"肩吾"名又见《逍遥游》;<br>②本篇"予方将与造物者为人"为《天下》述庄子思想"上与造物者游"所本;<br>③本篇"七日而混沌死"寓言之高妙,同《齐物论》之"庄周梦蝶""罔两问景",为晚期道家所不能仿 |
| | "阳子居见老聃章"有后人羼改 | 本章"明王"系淮南王门客所篡改 |
| | "无为名尸章"疑为关尹遗说 | ①本章"至人用心若镜",近同于《天下》所述关尹学风"其动若水,其静若镜,其应若响";<br>②本章文辞整齐死板,近于有韵之格言 |
| 人间世 | 后四章("匠石之齐""南伯子綦""支离疏""孔子适楚")是庄子早期作品 | ①论述"无用之用",乃庄子思想;<br>②寓言,乃庄子文体 |
| | 前三章("颜回见仲尼""叶公子高将使齐""颜阖将傅卫灵公大子")为宋尹派作品 | ①兼采儒、墨之言(寡欲以息争,仁义以救政);<br>②多为历史真实人物,不同于其它内篇人物多为畸人、散人等虚构人物;两次称引"法言",不同于他篇好为"无端崖之辞";<br>③称引"关龙逢"。关龙逢谏桀被杀之事,战国晚期才流传 |

张氏用同样的方法或标准,对外篇、杂篇也进行了细致的考论,这里因文繁不再引录。其结论综合起来是,第一,各篇章分别所属时代为战国中期(庄子时代)、战国末期、秦汉之际、汉初。第二,各篇章分别所属思想派别有道家左派、道家右派、宋尹派、庄子派、神仙家、隐逸家、战

国策士、儒家。

以上张氏对《庄子》各篇的考论似有两点不足。第一，在判定《庄子》各篇章的年代先后方面，张氏用以确定《庄子》早期作品的首要标准或标志，是《淮南子》以前的典籍有明引"庄子曰"云云，而又明见于今本《庄子》者。这是不正确的。张氏忽视了这样一种经常会发生的情况：后人只引《庄子》其文，而不著"庄子"其名。并且也会发生这样的情况，后人援引《庄子》较晚的篇章时著了"庄子"之名，而引其早期篇章时却没有著其名。事情正是这样发生的。例如，若按照张氏这个标准或标志，外篇《达生》应是《庄子》中最早的作品，因为先秦典籍中，除《庄子》本身外，明引"庄子曰"的只有《吕氏春秋·去尤》，而这段文字又恰同于《庄子·达生》。

| 《吕氏春秋·去尤》 | 《庄子·达生》 |
|---|---|
| 庄子曰："以瓦投者翔，以钩投者战，以黄金投者殆。其详一也，而有所殆者，必外有所重者也。外有所重者，泄盖内掘。" | 以瓦注者巧，以钩注者惮，以黄金注者殙，其巧一也。而有所矜，则重外也。凡外重者内拙。 |

但是，若因此判定《达生》为《庄子》中最早的作品则完全不能成立。因为在《吕氏春秋》之前，《韩非子·难三》"宋人语曰，一雀过羿，羿必得之"之语所源自的杂篇《庚桑楚》在《韩非子》之前，《荀子·解蔽》谓"庄子蔽于天而不知人"所涵盖的那些内篇，当然不会晚于《达生》。并且，从思想内容上来说，《达生》具有明显的道术化倾向，它是对内篇提出的超脱的精神境界的解释。如《达生》写道："子列子问关尹曰：'至人潜行不窒，蹈火不热，行乎万物之上而不慄，请问何以至此？'关尹曰：'是纯气之守，非知巧果敢之列……'"从思想的发展逻辑来看，它当是在《逍遥游》论神人"大浸稽天而不溺，大旱金石流土山焦而不热"和《齐物论》论至人"大泽焚而不能热，河汉沍而不能寒"之后。另一方面，《吕氏春秋·求人》援引《逍遥游》"许由章"，《精通》引《养生主》"庖丁解牛"这些早期篇章的内容，却并没有冠以"庄子曰"。显然，张氏确定《庄子》早期作品的首要的标准或标志是不完备的。于是他又提出补助性的第二个标准或标志，即先秦某典籍中虽没有明引

"庄子曰"三字，但察其大意，确实是指庄子学说，而且在今本《庄子》内无可怀疑者。但是，这种情况只是表明《庄子》早于这部先秦典籍，并不能据以判明《庄子》各篇章的早晚。在先秦典籍中，征引《庄子》最多的是《吕氏春秋》，除上述三篇外，还有很多篇在内容上（人物故事或思想观念、命题）和《庄子》有相同或相似之处，举例如下：

| 《吕氏春秋》 | 《庄子》 | 内容相近、相同处 |
| --- | --- | --- |
| 本生 | 天地 | "全性""失性"的思想观念 |
| 贵公 | 徐无鬼 | 管仲病荐隰朋之事 |
| 贵生 | 让王 | 尧以天下让子州支父之事，越人求王子搜为君之事，颜阖恶富贵之事 |
| 先己 | 在宥 | "精气"（"合六气之精"）的思想观念 |
| 安死 | 盗跖 | "人上寿百岁"的观念 |
| 当务 | 胠箧 | 盗跖论"盗亦有道"之事 |
| | 盗跖 | "尧不慈，舜不孝"之论 |
| 诚廉 | 让王 | 伯夷、叔齐之事 |
| 首时 | 秋水 | "时"的观念 |
| 慎人 | 让王 | 孔子穷于陈蔡之事 |
| 必己 | 达生 | 张毅、单豹之事 |
| | 山木 | 庄子行于山中之事 |
| | 外物 | "外物不可必"命题及龙逢、比干等十人之事 |
| 观世 | 让王 | 列子不受郑子阳馈粟之事 |
| 精谕 | 田子方 | 温伯雪子之事 |
| | 知北游 | "至言去言"命题 |
| 离俗 | 让王 | 舜以天下让石户之农之事，舜让无择之事，汤将伐桀之事 |
| 适威 | 达生 | 东野稷之事 |
| 长利 | 天地 | 尧治天下，伯成子高辞为诸侯之事 |
| 审为 | 让王 | 大王亶父迁国之事，瞻子之言 |

这些情况表明，《吕氏春秋》和《庄子》在思想内容上的关系是很密切的。由于《吕氏春秋》成书在"维秦八年，岁在涒滩"（《序意》）前后，即公元前239年左右，距庄子之卒亦有数十年之久，所以根据《庄子》和《吕氏春秋》关系密切的这种情况，只能推断《庄子》的这些篇章可能是《吕氏春秋》的思想和资料来源，但并不能由此而确定这些篇章本身的先后。

第二，在判定《庄子》各篇章的思想派别的归属方面，张氏沿袭罗氏之说，将《庄子》外篇、杂篇分属道家左派、右派、神仙、隐逸等等，这种对先秦学派的划分，在先秦的典籍记载上是没有根据的。先秦典籍对春秋战国思想学术派别的划分有以下几种：

| 先秦典籍 | | 对学术派别的划分 | 备注 |
|---|---|---|---|
| 《庄子·天下》 | | 六家：墨翟、禽滑厘、宋钘、尹文、彭蒙、田骈、慎到、关尹、老聃、庄周、惠施、桓团、公孙龙、黄缭 | 若加上首章总论之"邹鲁之士"为儒家，则有七家 |
| 《尸子·广泽》 | | 六家：墨子、孔子、皇子、田子、列子、料子 | 疑"皇子"为"子莫"之误①，"料"为"钘"之误② |
| 《荀子》 | 《非十二子》 | 六家：它嚣、魏牟、陈仲、史鳅、墨翟、宋钘、慎到、田骈、惠施、邓析、子思、孟轲 | 或谓它嚣即范雎③ |
| | 《天论》 | 四家：慎子、老子、墨子、宋子 | |
| | 《解蔽》 | 六家：墨子、宋子、慎子、申子、惠子、庄子 | |
| 《韩非子·显学》 | | 二家：儒（八派）、墨（三派） | 兼述及宋荣子、杨朱 |
| 《吕氏春秋·不二》 | | 十家：老聃、孔子、墨翟、关尹、子列子、陈骈、阳生、孙膑、王寥、兒良 | "阳生"或谓即阳朱④ |

①孙人和说："《孟子·尽心》'子莫执中'，《尸子·广泽》云'皇子贵衷'，贵衷当即执中，皇子亦即子莫。'皇'盖'莫'之异文（疑本作'子皇'，涉上'墨子''孔子'、下'料子'而误）。"（《子莫执中考》，载《古史辨》第六册）

②顾实说："料子即宋钘。料古音读如以，料与宋为幽冬阴阳对转。古人姓名，往往随方言而转，无一定之用字也。"（《庄子·天下篇讲疏》）唐钺说："尸子云'料子贵别囿'，料子不见别的书，我疑心本来是'宋子贵别囿'，后人注'钘'于'宋'字右旁，辗转漫漶，误作'料子'。"（《尹文和尹文子》，载《古史辨》第六册）

③金德建说："它嚣即范雎。"（《先秦诸子杂考·荀子零笺》）

④王应麟《困学纪闻》引作"阳朱"（《困学纪闻》卷十）。

可见，罗氏和张氏对庄子后学作过于细密的划分，并不一定符合先秦学术思想的历史实际，其中有些派别（如神仙派、隐逸派），当时还没有形成完整的或独立的理论形态，除了《庄子》本身，在先秦其他著作中很难找到它们作为一种思想派别而存在的显著痕迹。所以，情况可能相反，不是这些派别的思想影响了、产生了庄子后学，而是《庄子》外篇、杂篇中的这些思想观念提供了、构成了这些思想派别形成和发展的最初的理论因素或思想萌芽。诚如王夫之评论外篇《刻意》所说："此篇之指归，则啬养精神为干越之剑，盖亦养生家之所谓炼己铸剑、龙吞虎吸鄙陋之数……虽欲自别于导引，而其末流，亦且流为炉火彼家之妖妄，固庄子所深鄙而不屑为者也。"（《庄子通·刻意》）正是这样，《汉志》所载的汉代许多伪托之书，如儒家类的《周史六弢》、道家类的《接子》《老莱子》、阴阳家类的《容成子》，后代考伪的学者最后都要追穷其根源到《庄子》。①

（2）《庄子》是先秦庄子学派著述汇集　这种观点认为，对《庄子》各篇章，不仅可以从作者是庄子或其后学，时代是先或后的角度，而且还可以从内容是源或流的角度来加以区分。毫无疑义，庄子本人的思想是源，是中心，其撰作在先；庄子后学的思想是流，是发展，其述作在后。《庄子》内篇与外篇、杂篇虽然不是绝对的，但大体上能和这种源与流、先与后的情况形成对应关系。

可以大体上确定《庄子》内篇是庄子本人的思想，或者说是庄子思想的核心部分，其根据有三。第一，《庄子》各篇中对庄子生平言行的记述。《庄子》中的这些记述，正如前面一章已作叙述的那样，充分显示从世俗观念中超脱，追求绝对的个性自由，修养无任何负累的心境，是庄子思想最重要的特征。第二，《庄子·天下》对庄子思想的概述。《天下》总括庄子思想的基本内容是"独与天地精神往来而不敖倪于万物，不谴是非，以与世俗处……上与造物者游，而下与外死生无终始者为友"，即通过不谴是非而泯除是非，通过齐一万物而超越万物。第三，荀子对庄子思想的评述。荀子认为庄子思想的主要倾向是对社会伦理道德的轻蔑和对自然本然状态的向往，所以批评他"蔽于天而不知人"（《解蔽》）。《庄子》内篇虽然包罗甚广，但它的主要思想内容、倾向和特征却正是这些。试将《庄子》内七篇中出现的重要命题或思想与此三项根据对照列举如下，以为证明：

---

① 《庄子·徐无鬼》有"从说之则以金板六弢"，《则阳》有"季真之莫为，接子之或使"又有"容成氏曰，除日无岁，无内无外"，《外物》有"老莱子之弟子出薪"，云云，考伪学者认为《汉志》所录《接子》《老莱子》《容成子》等伪书端始于此。

| 内篇名 | 篇中表述的中心思想或命题 | 印证三项根据 | | |
|---|---|---|---|---|
| | | 《庄子》中的庄子言行 | 《庄子·天下》对庄子思想的概述 | 《荀子》对庄子思想的判定 |
| 逍遥游 | 之人也,之德也,将旁礴万物以为一,世蕲乎乱,孰弊弊焉以天下为事!<br>若夫乘天地之正,而御六气之辩,以游无穷者,彼且恶乎待哉! | 轻蔑惠施,视相位如腐鼠。(《秋水》)<br>对弟子说:"若夫乘道德而浮游……则胡可得而累邪。"(《山木》) | 独与天地精神往来。 | 蔽于天而不知人。 |
| 齐物论 | 天地与我并生,而万物与我为一。圣人和之以是非而休乎天钧。 | 对弟子说:"若夫乘道德而浮游则不然,无誉无訾,一龙一蛇,与时俱化,而无肯专为,一上一下,以和为量……"(《山木》) | 独与天地精神往来而不敖倪于万物,不谴是非。 | 蔽于天而不知人。 |
| 养生主 | 依乎天理,因其固然。安时而处顺,哀乐不能入也。 | 对惠施说:"常因自然而不益生。"(《德充符》)<br>对弟子说:"与时俱化……则胡可得而累邪。"(《山木》) | 不谴是非,以与世俗处。 | 蔽于天而不知人。 |
| 人间世 | 知其不可奈何而安之若命,德之至也。<br>人皆知有用之用,而莫知无用之用。 | 对弟子说:"与时俱化,而无肯专为……其唯道德之乡乎。"(《山木》)<br>讥笑惠施说:"夫子固拙于用大矣。"(《逍遥游》) | 不敖倪于万物,不谴是非,以与世俗处。 | 蔽于天而不知人。 |
| 德充符 | 以死生为一条,以可不可为一贯。审乎无假而不与物迁,命物之化而守其宗。 | 对惠施说:"生与死乃气之变。"(《至乐》)对弟子说:"……今吾游于雕陵而忘吾身,游于栗林而忘真。"(《山木》) | 上与造物者游,而下与外死生无终始者为友。 | 蔽于天而不知人。 |
| 大宗师 | 不以心捐道,不以人助天。堕肢体,黜聪明,离形去知,同于大通。<br>芒然彷徨乎尘垢之外,逍遥乎无为之业,彼又恶能愦愦然为世俗之礼,以观众人之耳目哉! | 对惠施说:"常因自然而不益生。"(《德充符》)对商大宰荡说:"至仁无亲。"(《天运》)<br>对弟子说:"乘道德而浮游,……浮游乎万物之祖。"(《山木》)<br>钓于濮水,表示愿自在于泥途之中,不愿束缚于庙堂之上。(《秋水》) | 独与天地精神往来。 | 蔽于天而不知人。 |

| 内篇名 | 篇中表述的中心思想或命题 | 印证三项根据 | | |
|---|---|---|---|---|
| | | 《庄子》中的庄子言行 | 《庄子·天下》对庄子思想的概述 | 《荀子》对庄子思想的判定 |
| 应帝王 | 予方将与造物者为人，厌则又乘夫莽眇之鸟，以出六极之外，而游无何有之乡，以处圹埌之野，汝又何帛以治天下感予之心为？至人之用心若镜，不将不迎，应而不藏，故能胜物而不伤。 | 对弟子说："浮游乎万物之祖，物物而不物于物，则胡可得而累邪……其唯道德之乡乎！"（《山木》） | 不遣是非，以与世俗处……与造物者游。 | 蔽于天而不知人。 |

显然，根据《庄子》对庄子言行的记述和《庄子·天下》对庄子思想基本内容的概述，根据荀子对庄子思想主要特色的判定，还是可以比较充分地确定《庄子》内篇所反映的思想，特别是人生哲学思想，是庄子思想的核心部分，是庄子本人的思想，是庄学之源。这样，也就可以大体上确定《庄子》外篇、杂篇中超出内篇核心思想之外的思想观念，是庄子后学在他家思想影响下变异了、发展了的庄子思想，是庄学之流。由《庄子》内篇到外篇、杂篇，构成了庄子学派在先秦的历史发展，表现为在理论内容上向庄子核心思想以外的范围扩展和吸收儒、法思想的折中倾向，这些思想观念上的深层情况在后面再作论述。这里，从考证的角度，对《庄子》内篇与外、杂篇在思想观念上的源与流的关系提出一个比较表面的、形式的，然而并不是无力的证明，这就是几乎在外、杂篇的每一篇中，都可以找到数量不等的、显然是源自内篇的思想、命题、概念和术语等。列表如下：

| 外篇、杂篇名 | 篇中语句 | 内篇篇名 | 相应语句 |
|---|---|---|---|
| 骈拇 | 游心于坚白同异之间。 | 齐物论 | 故以坚白之昧终。 |
| | 适人之适而不自适其适者也。 | 大宗师 | 适人之适而不自适其适者也。 |

续表

| 外篇、杂篇名 | 篇中语句 | 内篇篇名 | 相应语句 |
| --- | --- | --- | --- |
| 马蹄 | 至德之世，其行填填，其视颠颠…… | 应帝王 | 蒲衣子曰："……泰氏，其卧徐徐，其觉于于……" |
| 胠箧 | 将为胠箧探囊发匮之盗而为守备，则必摄缄縢，固扃鐍，此世俗所谓知也。然而巨盗至，则负匮揭箧担囊而趋，唯恐缄縢扃鐍之不固也。 | 大宗师 | 夫藏舟于壑、藏山于泽，谓之固矣。然而夜半有力者负之而走，昧者不知也。 |
| 在宥 | 广成子曰："……余将去女，入无穷之门，以游无极之野……" | 逍遥游 | 庄子曰："……何不树之于无何有之乡，广莫之野……" |
| 在宥 | 鸿蒙曰："……堕尔形体，吐尔聪明，伦与物忘，大同乎涬溟。" | 大宗师 | 颜回曰："堕肢体，黜聪明，离形去知，同于大通，此谓坐忘。" |
| 天地 | 方且与物化。 | 齐物论 | 此之谓物化。 |
| 天地 | 夫大壑之为物也，注焉而不满，酌焉而不竭。 | 齐物论 | 注焉而不满，酌焉而不竭，而不知其所由来，此之谓葆光。 |
| 天地 | 老聃（答孔子）曰："是胥易技系，劳心怵形者也……" | 应帝王 | 老聃（答阳子居）曰："……胥易技系，劳心怵形者也……" |
| 天地 | 季彻曰："若夫子之言，于帝王之德，犹螳螂之怒臂以当车轶，则必不胜任矣……" | 人间世 | 蘧伯玉曰："……汝不知夫螳螂乎？怒其臂以当车辙，不知其不胜任也，是其才之美者也……" |
| 天道 | 庄子曰："吾师乎，吾师乎！赍万物而不为戾，泽及万世而不为仁，长于上古而不为寿，覆载天地，刻雕众形而不为巧，此之谓天乐。" | 大宗师 | 许由曰："……吾师乎，吾师乎！赍万物而不为义，泽及万世而不为仁，长于上古而不为老，覆载天地刻雕众形而不为巧，此所游已。" |
| 天道 | 此生也天行，其死也物化。 | 齐物论 | 此之谓物化。 |
| 天道 | 老聃曰："……昔者子呼我牛也而谓之牛，呼我马也而谓之马……" | 应帝王 | 蒲衣子曰："……一以己为马，一以己为牛……" |
| 天道 | 夫子曰："……审乎无假而不与利迁，极物之真，能守其本……" | 德充符 | 仲尼曰："……一审乎无假而不与物迁，命物之化而守其宗也。" |
| 天运 | 倪然立于四虚之道，倚于槁梧而吟。 | 齐物论 | 昭文之鼓琴也，师旷之枝策也，惠子之据梧也。 |
| 天运 | 老聃曰："泉涸鱼相与处于陆，相响以湿，相濡以沫，不若相忘于江湖。" | 大宗师 | 泉涸，鱼相与处于陆，相响以湿，相濡以沫，不如相忘于江湖。 |

| 外篇、杂篇名 | 篇中语句 | 内篇篇名 | 相应语句 |
|---|---|---|---|
| 刻意 | 圣人……其寝不梦,其觉无忧。 | 大宗师 | 古之真人,其寝不梦,其觉无忧。 |
| 缮性 | 小识伤德,小行伤道。 | 齐物论 | 道隐于小成,言隐于荣华。 |
| 秋水 | ……由此观之,又何以知毫末之足以定至细之倪,又何以知天地之足以穷至大之域。 | 齐物论 | 天下莫大于秋毫之末而泰山为小,莫寿于殇子而彭祖为夭。 |
| | 魏牟曰:“……始于玄冥,反于大通……” | 大宗师 | 颜回曰:“……离形去知,同于大通……” |
| 至乐 | 滑介叔曰:“……且吾与子观化而化及我……” | 大宗师 | 子犁曰:“伟哉造化!又将奚以汝为?将奚以汝适?以汝为鼠肝乎?以汝为虫臂乎?” |
| | 孔子曰:“咸池九韶之乐,张之洞庭之野,鸟闻之而飞,兽闻之而走,鱼闻之而下入,人卒闻之,相与还而观之……” | 齐物论 | 王倪曰:“……毛嫱丽姬,人之所美也;鱼见之深入,鸟见之高飞,麋鹿见之决骤……” |
| 达生 | 子列子问关尹曰:“至人潜行不窒,蹈火不热,行乎万物之上而不慄。请问何以至于此?” | 逍遥游 | 连叔曰:“……之人也,物莫之伤,大浸稽天而不溺,大旱金石流土山焦而不热。” |
| | | 齐物论 | 王倪曰:“至人神矣,大泽焚而不能热,河汉沍而不能寒,疾雷破山飘风振海而不能惊……” |
| | | 大宗师 | 真人……登高不慄,入水不濡,入火不热…… |
| | 孔子顾谓弟子曰:“用志不分,乃凝于神,其痀偻丈人之谓乎!” | 逍遥游 | 肩吾曰:“藐姑射之山,有神人居焉……其神凝,使物不疵疠而年谷熟……” |
| | 扁子曰:“……忘其肝胆,遗其耳目,芒然彷徨乎尘垢之外,逍遥乎无事之业……” | 大宗师 | 孔子曰:“……忘其肝胆,遗其耳目,反覆终始,不知端倪,芒然彷徨乎尘垢之外,逍遥乎无为之业……” |
| 山木 | 北宫奢曰:“……奢闻之,‘既雕既琢,复归于朴’……” | 应帝王 | 列子……于事无与亲,雕琢复朴,块然独以其形立…… |
| | 大公任曰:“……直木先伐,甘井先竭……” | 人间世 | 山木自寇也,膏火自煎也。桂可食,故伐之;漆可用,故割之。 |
| 田子方 | 仲尼曰:“……吾一受其成形,而不化以待尽……” | 齐物论 | 一受其成形,不忘以待尽。 |

续表

| 外篇、杂篇名 | 篇中语句 | 内篇篇名 | 相应语句 |
|---|---|---|---|
| 田子方 | 老聃曰："……喜怒哀乐不入于胸次……" | 养生主 | 秦失曰："……安时而处顺，哀乐不能入也，古者谓是帝之悬解。" |
| | | 大宗师 | 子舆曰："……安时而处顺，哀乐不能入也，此古之所谓悬解……" |
| | 老聃曰："……且万化而未始有极也，孰足以患心……" | | 特犯人之形而犹喜之，若人之形者，万化而未始有极也，其为乐可胜计邪…… |
| | 仲尼闻之曰："……死生亦大矣，而无变乎己……" | 德充符 | 仲尼曰："死生亦大矣，而不得与之变……" |
| | 黄帝曰："……万物一也……" | 齐物论 | 天地与我并生，万物与我为一。 |
| | | 德充符 | 仲尼曰："……万物皆一也……" |
| 知北游 | 被衣曰："形若槁骸，心若死灰……" | 齐物论 | 颜成子游曰："形固可使如槁木，而心固可使如死灰乎？……" |
| | 颜回问乎仲尼曰："回尝闻诸夫子曰，无有所将，无有所迎……" | 应帝王 | 至人之用心若镜，不将不迎…… |
| 庚桑楚 | 不足以滑成，不可内于灵台。 | 德充符 | 仲尼曰："……故不足以滑和，不可入于灵府……" |
| | 道通，其分也成也①，其成也毁也。 | | 道通为一，其分也成也，其成也毁也。 |
| | 古之人，其知有所至矣，恶乎至？有以为未始有物者，至矣，尽矣，弗可以加矣。其次以为有物矣，将以生为丧也，以死为反也，是以分已。其次曰始无有，既而有生，生俄而死。 | 齐物论 | 古之人，其知有所至矣。恶乎至？有以为未始有物者，至矣，尽矣，不可以加矣。其次以为有物矣，而未始有封也。其次以为有封焉，而未始有是非也。 |
| | 是蜩与学鸠同于同也。 | 逍遥游 | 蜩与学鸠笑之曰。 |
| | 以无有为首，以生为体，以死为尻；孰知有无死生之一守者，吾与之为友。 | 大宗师 | 子祀、子舆、子犁、子来四人相与语曰："孰能以无为首，以生为脊，以死为尻，孰知死生存亡之一体者，吾与之友矣。" |
| 徐无鬼 | 颜成子（谓南伯子綦）曰："……形固可使若槁骸，心固可使若死灰乎？" | 齐物论 | 颜成子游（问南郭子綦）曰："……形固可使如槁木，而心固可使如死灰乎……" |
| | 古之真人，以天待人，不以人入天。 | 大宗师 | 古之真人……不以心捐道，不以人助天。 |
| 则阳 | 冉相氏得其环中以随成。 | 齐物论 | 枢始得其环中，以应无穷。 |

| 外篇、杂篇名 | 篇中语句 | 内篇篇名 | 相应语句 |
|---|---|---|---|
| 外物 | 老莱子曰:"……与其誉尧而非桀,不如两忘而闭其所誉……" | 大宗师 | 与其誉尧而非桀,不如两忘而化其道。 |
| 寓言 | 卮言日出,和以天倪,因以曼衍,所以穷年……恶乎然? 然于然。恶乎不然? 不然于不然。恶乎可? 可于可。恶乎不可? 不可于不可。物固有所然,物固有所可。无物不然,无物不可。……万物皆种也,以不同形相禅,始卒若环,莫得其伦,是谓天均。 | 齐物论 | 何谓和之以天倪? 曰:是不是,然不然……和之以天倪,因之以曼衍,所以穷年也。 |
| | | | 恶乎然? 然于然。恶乎不然? 不然于不然。物固有所然,物固有所可。无物不然,无物不可……是以圣人和之以是非而休乎天钧,是之谓两行。 |
| | 众罔两问于景曰…… | | 罔两问景曰…… |
| 让王 | 子州支父曰:"……未暇治天下也。" | 逍遥游 | 连叔曰:"……孰弊弊焉以天下为事。" |
| | | 应帝王 | 无名人曰:"……汝又何帛以治天下感予之心为?" |
| 盗跖 | 满苟得曰:"……故曰无为小人,反殉而天;无为君子,从天之理……" | 大宗师 | 孔子曰:"……故曰天之小人,人之君子……" |
| | 满苟得曰:"……若是若非,执而圆机,独成而意,与道徘徊……" | 齐物论 | 彼是莫得其偶,谓之道枢。枢始得其环中,以应无穷。 |
| 说剑 | 太子(谓庄子)曰:"……今夫子必儒服而见王……" | [外篇]田子方 | 哀公(谓庄子)曰:"举鲁国而儒服……" |
| | 庄子曰:"……此庶人之剑,无异于斗鸡……" | [外篇]达生 | 纪渻子为王养斗鸡。 |
| 渔父 | 客(评孔子)曰:"……苦心劳形以危其真……" | 应帝王 | 老聃(论圣人)曰:"……劳形怵心者也……" |
| 列御寇 | 古者谓之遁天之刑。 | 养生主 | 秦失曰:"……古者谓之遁天之刑……" |
| | 庄子曰:"……古之人,天而不人。" | 大宗师 | 孔子曰:"畸人者,畸于人而侔于天……" |
| | 宵人之离外刑者,金木讯之,离内刑者,阴阳食之。 | 人间世 | 叶公子高将使于齐,问于仲尼曰:"……事若不成,则必有人道之患;事若成,则必有阴阳之患……" |
| | 夫造物者之报人也,不报其人而报其人之天。 | 大宗师 | 子舆曰:"伟哉! 夫造物者,将以予为此拘拘也……" |

续表

| 外篇、杂篇名 | 篇中语句 | 内篇篇名 | 相应语句 |
|---|---|---|---|
| 天下 | 古之所谓道术者，果恶乎在？ | 大宗师 | 孔子曰："……鱼相忘乎江湖，人相忘乎道术。" |
| | 皆原于一。 | 齐物论 | 道通为一。① |
| | 不离于宗，谓之天人。不离于精，谓之神人。不离于真，谓之至人。以天为宗，以德为本，以道为门，兆于变化，谓之圣人…… | 逍遥游 | 至人无己，神人无功，圣人无名。 |
| | 古之人其备乎！配神明，醇天地，育万物，和天下，泽及百姓…… | 齐物论 | 劳神明为一而不知其同也。 |
| | | 大宗师 | 许由曰："……赍万物而不为义，泽及万世而不为仁……" |

①今通行本作"道通其分也，其成也毁也"，此据高山寺古抄本。

可见，几乎是所有的《庄子》外篇、杂篇（除《说剑》），都可以在内篇中寻觅到那些重要的、具有特征性的思想观念的渊源。当然，正如前面已论及，《庄子》每篇的各章之间的内容、体例并不一致，因而其作者和时代也不尽相同，所以这里用外篇、杂篇中出现的与内篇相同、相近的思想、命题、概念和词语等，来证明它们间的源与流的关系，也只是就大体言之，而不能说每一章节皆如此。例如，《庄子》内篇《逍遥游》《德充符》中记载庄子生平言行的三个章节，明显是出自庄子后学之手；《齐物论》"何谓和之天倪章"也很可能是杂篇《寓言》首章末尾的错入。

既然《庄子》内篇和外篇、杂篇在思想内容上呈现出源和流的关系，那么，在写作年代上必然是先和后的关系。近年，刘笑敢从《庄子》中发现的一个语言现象，也是这种关系的有力的证明。那就是在《庄子》内篇中虽然使用了道、德、命、精、神等词，但没有使用道德、性命、精神这三个具有概念意义的复合词；而在外篇、杂篇中，这三个复合词作为概念却反复出现了。根据古代汉语词汇形成单音词在前，复音词在后的一般规律，自然可以断定内篇的写作在前，外篇、杂篇的写作在后。这种情况并且可以从在《庄子》之先的《论语》《孟子》中没有这些复合词，而在其后的《荀子》《韩非子》中则有这些复合词得到印证。① 兹将刘氏统计的这九个词语或概念在这五种先秦典籍中出现的情况（次数）表示如下：

| 词语（概念） | 《庄　子》 | | 以其他先秦子书印证 | | | |
|---|---|---|---|---|---|---|
| | 内篇 | 外篇、杂篇 | 《论语》 | 《孟子》 | 《荀子》 | 《韩非子》 |
| 道 | 42 | 未计 | 约100 | 约150 | 未计 | 未计 |
| 德 | 34 | | 近40 | 约40 | | |
| 道德 | 0 | 16 | 0 | 0 | 12 | 2 |
| 性 | 0 | 未计 | 2 | 逾30 | 未计 | 未计 |
| 命 | 16 | | 约20 | 50 | | |
| 性命 | 0 | 12 | 0 | 0 | 1 | 1 |
| 精 | 2 | 未计 | 1 | 0 | 未计 | 未计 |
| 神 | 20 | | 6 | 5 | | |
| 精神 | 0 | 8 | 0 | 0 | 2 | 5 |

此表清晰地显示，作为概念的复合词"道德""性命""精神"在战国中期以前，即孟子以前还没有使用，到了战国后期，大约在荀子生活的时代，才出现和使用。《庄子》外篇、杂篇有这三个复合词概念，而内篇却没有，这一情况正表明它们在写作年代上有先后的不同。

总之，通过对《庄子》内篇与外篇、杂篇概念、词语的联系和变化的考察可以看出，它们间源与流、先与后的关系还是比较清晰的、确切的，《庄子》一书就是庄子及其后学的著作汇集。

**3.《说剑》《天下》的作者问题**

通过以上的论述，可以一般地判定《庄子》外篇、杂篇是庄子后学所作。但是，其中杂篇《说剑》《天下》两篇的作者问题，还有些特殊的情况需要提出加以讨论。

从前面揭示《庄子》内篇和外篇、杂篇的源流关系的表中可以看出，外、杂各篇都能在内容上找出和内篇发生或多或少、或深或浅的相互关联、犀通的地方，唯独在《说剑》中找不出这样的地方。所以自唐代韩愈以来，不少学者都推断其为战国策士之作。如马骕说："语近《国策》，非庄生本书。"（《绎史》卷一百十二《列庄之学下》）近人钱穆更进一步

---

① 刘笑敢：《庄子内篇早于外篇之新证》，《文史》第十八辑。

考证为庄辛所作。钱氏的主要论据可归纳为二点。第一，从年代时事上推算。据《史记·赵世家》"惠文二十二年置公子丹为太子"，则此时庄子已年逾八十，不会远道来赵，为太子"治剑服三日"，以见赵文王论剑。而据《战国策·楚策四》的记述，此时正值庄辛离楚居留于赵。第二，从身份言论上证验。《战国策·楚策四》记述，庄辛曾以蜻蛉、黄雀、黄鹄及蔡圣侯为喻，劝说楚襄王当志存高远。钱氏据此推断说："辛又系文学之士，其说天子、诸侯、庶人三剑，层累敷陈，亦与蜻蛉、黄雀、黄鹄、蔡圣侯之喻取径相似，文（《说剑》）出庄辛，非庄周，无疑。"（《先秦诸子系年考辨·庄子见赵惠王论剑乃庄辛非庄周辨》）钱氏之论应该说是持之有据。但是，根据第一，《说剑》中庄子自称"周"，这和《山木》《田子方》《外物》等篇记述庄子生平事迹的称谓相同；第二，《说剑》虽然没有和内篇思想相关联之处，但和外篇《田子方》《达生》在运用名物词语上却有所犀通。所以不必唯一地确定《说剑》为庄辛所作，而可一般地推断为战国末期策士托庄周之口而作；若认为是庄子后学模拟策士之文，似乎更为妥切。

《天下篇》在《庄子》一书中具有特殊的地位，它不但文辞精美，而且涵盖极广，是一篇精湛的先秦学术思想概述。关于它的作者问题分歧比较大。一种见解认为《天下》是庄子自著。持这种观点的不仅有历史上传统的认为《庄子》全书皆为庄子所作的学者，如郭象、林希逸，而且也有一般地认为《庄子》外篇、杂篇多为庄子后学所作的明清学者如焦竑、王夫之、胡文英、姚鼐，以及晚近学者如梁启超、罗根泽等。他们的论据归纳起来有三点。第一，古人著书，常于书之末篇阐述学术源流、内容概要，是为通例。如林希逸说："《天下篇》，《庄子》后序也，历叙古今道术所自，而以己承之，即《孟子》终篇之意。"（《南华真经口义》）第二，内容宏阔，非庄子不能为。如王夫之说："《天下篇》或疑非庄子自作，然其浩博贯综，而微言深至，固非庄子莫能为也。"（《庄子解》）第三，文辞瑰玮，非庄子不能及。如胡文英说："《天下篇》笔力雄奋奇幻，环曲万端，有外、杂篇之所不能及者，庄叟而外，安得复有此惊天破石之才。"（《庄子独见》）这三条论据当然都是正确的，但不是绝对的；从逻辑上来说，是充分的，但不是必要的。另一种见解，认为《天下》

是庄子以后人所作。持这种观点的学者的论据可以归纳为两点。第一，《天下篇》的语调口气，不能是庄子自述。如林云铭说："《天下篇》为《庄子》全书后序，明当时著书之意，一片呵成文字……其叙庄子段中备极赞扬，真所谓上无古人，下无来者，庄叟断无毁人自誉至此，是订庄者所作无疑。"（《庄子因》）第二，《天下篇》的思想和格调皆与内篇不合。如叶国庆说："此篇非庄子所作：一、庄子齐大小，一是非，必无圣人、君子等分别之；二、'其在于诗书礼乐者'云云，明言儒家于道所得独厚；'其散于天下'云云，明言诸家只得道之二端，乃儒家口气；三、'不侈于后世，以上为一篇总纲，以下分叙百家，庄子为百家之一而已，作者悲百家往而不反，故此篇必非庄子所作；四、内篇多寓言、重言，此篇全是庄语。"（《庄子研究》）

比较两种见解，无疑后一见解更为可信。应该说，《天下篇》和内七篇的风格和境界的悬殊是很显然的。《天下篇》提出的理想人格是"配神明，醇天地，育万物，和天下，泽及百姓，明于本数，系于末度，六通四辟，小大精粗，其运无乎不在"的"内圣外王"；而内七篇所描述的庄子的理想人格是"徬徨乎尘垢之外，逍遥乎无为之业"（《大宗师》）的"至人无己，神人无功，圣人无名"（《逍遥游》）。所以《天下篇》不可能是庄子自著，而一定是庄子以后人所撰。

《天下篇》是庄子以后何人或何派所作，晚近学者大致有三种不同意见。一是谭戒甫的观点，认为《天下》是淮南王刘安所作。谭氏的推论可分为两点：第一，《天下篇》的思想和《淮南子》，特别是其中的《要略篇》多相同；第二，《天下篇》即是《淮南子·庄子略要》的改名。① 二是严灵峰的观点，认为《天下》是荀卿晚年的作品，是其"推儒墨道德之行事兴坏"（《史记·孟子荀卿列传》）的文字，或者也一定是荀卿门人后学得其传授而作。严氏的论据主要有两点：第一，《天下》中批评、综括各家学术观点与荀子《解蔽》《非十二子》《天论》等相近；第二，所用词语如"道术""神明""百家""内圣外王"等亦相仿佛②。三是张

① 谭戒甫：《现存〈庄子·天下篇〉的研究》，载《哲学研究》编辑部《中国哲学史论文初集》，科学出版社1959年版。
② 严灵峰：《老庄哲学·论〈庄子·天下篇〉非庄周自作》，台北中华书局1979年第二版。

恒寿的观点，认为《天下》是荀子以后、司马谈以前，受老庄思想影响很深的儒家作品。张氏的论证亦可分为两个方面：第一，就判定其思想派别归属来说，《天下篇》推尊儒家，倡"内圣外王"，立场是属于儒家的；第二，就判定其写作时代而言，《天下篇》的"百家皆有所可，时有所用"的主张，与《吕氏春秋》的著述结构和部分内容，《易·系辞》"天下殊途而同归，一致而百虑"的观点，及司马谈"因阴阳之大顺，采儒墨之善，撮名法之要"的态度等所表现出的学术综合趋向是相同的，而不同于荀子《解蔽》等的批判倾向。①

比较三家之言，谭氏之论最为薄弱。首先，《淮南子》一书，"揽掇遂事之生，追观往古之迹，察祸福利害之反，考验乎老庄之术，而以合得失之势"（《淮南子·要略》），几乎无篇没有引自《庄子》的思想、词语、事例，《天下篇》和《淮南子》若有相同，只能说明《淮南子》作者因袭《庄子》，而完全不能证明《天下》为《淮南子》的作者所作。其次，《文选》注引《淮南王·庄子略要》仅存之数语——"江海之士，山谷之人，轻天下，细万物而独往者也"，并不见在于《天下篇》之内，所以断定《天下》即是《庄子略要》的改名是很困难的。最后，《天下篇》是对先秦各派学术思想的概述，庄子思想只是其中之一；而且对庄子思想的叙述，显然着眼概括的是今本内篇所具有的思想和特色，没有注意涵盖今本外、杂各篇的内容和风格，这和《淮南子·要略》先是逐篇概述内容，然后综述学术历史的理论思路和叙述方法并不相同。总之，谭氏认为《天下》是淮南王刘安所作的观点是不能成立的。

严氏之论所引述的具体材料是很丰富的、正确的，但他在一个根本之点上存在着疏漏或破绽，这就是他没有区分《天下》对百家之学的态度和荀子是有很大不同的：《天下》是兼容而综合的态度，《荀子》是批判而一是的态度。张氏之论在论证《天下》作于《荀子》之后时指出了这一点，是很正确的。但是，张氏之论也有不足之处，这就是唯一地重视《天下》和儒家思想相接近的那个方面，而忽视了《天下》和《庄子》本身发生思想观念联系的那个方面，这样，就只能得出《天下》是儒家作品的结论。

---

① 张恒寿：《庄子新探》，第四章第四节。

事实上，《天下》在思想观念上和《庄子》内篇的关联、犀通，从前面的揭示《庄子》内篇和外篇、杂篇的源流关系的表中看，是显然存在的。不仅如此，作为杂篇的《天下篇》在概念、命题、观念上和其他外篇、杂篇的一致，也是显然存在的。《天下篇》可划分为三部分，中间部分六章分述六派学术思想，第三部分为《惠施篇》羼入，皆不论。下面将《天下篇》第一部分总论中的主要命题或概念与外篇、杂篇的关联，仍以对照表的形式列举出来，以资为证：

| 《天下篇》中语句 | 外篇、杂篇名 | 该篇中与《天下篇》相通的语句 |
|---|---|---|
| 天下之治方术者多矣。 | 秋水 | 公孙龙问于魏牟曰："……敢问其方。" |
| | 田子方 | 哀公(谓庄子)曰："鲁多儒士，少为先生方者。" |
| | 天地 | 孔子曰："彼假修浑沌氏之术者也……" |
| | 达生 | 鲁侯曰："子何术以为焉？" |
| | 山木 | 市南子曰："君之除患之术浅矣……" |
| 古之所谓道术者，果恶乎在？曰："无乎不在。" | 知北游 | 东郭子问于庄子曰："所谓道，恶乎在？"庄子曰："无所不在。" |
| 圣有所生，王有所成，皆原于一。 | 天地 | 通于一而万事毕。 |
| | | 泰初有无，无有无名，一之所起，有一而未形。 |
| | 知北游 | 黄帝曰："……故万物一也……圣人故贵一。" |
| 不离于宗，谓之天人。 | 天道 | 夫明白于天地之德者，此之谓大本大宗。 |
| | 庚桑楚 | 忘人，因以为天人矣。 |
| 不离于精，谓之神人。 | 在宥 | 黄帝曰："……吾欲取天地之精，以佐五谷，以养民人……"广成子曰："……无摇女精，乃可以长生……" |
| | 天地 | 苑风曰："……愿闻神人。" |
| 不离于真，谓之至人。 | 天道 | 夫子曰："……审乎无暇而不与利迁，极物之真能守其本，故外天地，遗万物，而神未尝有所困也……至人之心有所定矣。" |
| 以天为宗，以德为本，以道为门，兆于变化，谓之圣人。 | 天道 | 夫帝王之德，以天地为宗，以道德为主，以无为为常。 |
| | | 夫虚静恬淡寂寞无为者，天地之平而道德之至，故帝王圣人休焉。 |

续表

| 《天下篇》中语句 | 外篇、杂篇名 | 该篇中与《天下篇》相通语句 |
|---|---|---|
| 以仁为恩，以义为理，以礼为行，以乐为和，薰然慈仁，谓之君子。 | 在宥 | 故君子不得已而临莅天下，莫若无为。 |
| | | 远而不可不居者，义也；离而不可不广者，仁也；节而不可不积者，礼也； |
| | 天道 | 孔子曰："……君子不仁则不成，不义则不生……" |
| 古之人其备乎！配神明，醇天地，育万物，和天下，泽及百姓，明于本数，系于末度，六通四辟，小大精粗，其运无乎不在。 | 天道 | 天尊地卑，神明之位也。 |
| | | 帝王之德配天地。 |
| | | 庄子曰："……贵万物而不为庪，泽及万世而不为仁……" |
| | | 礼法度数，形名比详，治之末也。 |
| | | 六通四辟于帝王之德者。 |
| | 秋水 | 北海若曰："……夫精，小之微也；垺，大之殷也……" |
| 其数散于天下而设于中国者。 | 秋水 | 北海若曰："……计中国之在海内……" |
| | 田子方 | 温伯雪子曰："……吾闻中国之君子……" |
| | 知北游 | 中国有人焉。 |
| 百家之学……百家众技。 | 秋水 | 公孙龙问于魏牟曰："……困百家之知，穷众口之辩……" |
| 不该不徧，一曲之士也。 | 天道 | 此之谓辩士，一曲之人也。 |
| | 秋水 | 北海若曰："……曲士不可以语于道者，束于教也……" |
| 判天地之美，析万物之理 | 知北游 | 原天地之美而达万物之理。 |
| 内圣外王之道。 | 天道 | 静而圣，动而王。 |

从上表可以看出，第一，《天下篇》和《庄子》其他外篇、杂篇，特别是和《天道》《知北游》《秋水》等篇，在主要的、具有特征性的概念、术语的使用上，是相通的或一致的。第二，构成或支撑《天下篇》的两个基础性的观念（"道术无乎不在""内圣外王"），一是来自或相同于《知北游》的"道无所不在"，这是属于庄子所固有的"道通为一"（《齐物论》）的思想；一是来自或相同于《天道》的"静而圣，动而王"，这是

庄子后学融会儒家思想后形成的新的思想①。第三，表中显示的从"方""术"到"方术"，从"道"到"道术"这种从单音词到复合词的词语变化过程，以及从"静而圣，动而王"的命题到"内圣外王"观念的思想形成过程，表明《天下篇》的写作年代和《庄子》其他外篇、杂篇之间存在着一定的时间差距。据此，可以推断，《天下篇》是庄子后学中受到儒家思想影响较多的人所作；而且，其写成可能在《庄子》诸篇之后。

---

① 如荀子说："圣也者，尽伦者也；王也者，尽制者也。故学者以圣、王为师。"（《荀子·解蔽》）

中编 庄子思想述评

在对庄子的生平和《庄子》一书作了一番考论，大体上阐明了这些问题的历史状况和解决程度后，我们转入对庄子思想本身的分析。

《庄子》一书显示的庄子思想，从自然到人生，从万物的物质基始到宇宙的形而上的根源，涵盖着广阔的理论领域，跨越了漫长的思维历程，为先秦诸子之首。《庄子》一书显示的庄子思想，由"彷徨乎尘垢之外，逍遥乎无为之业"（《大宗师》），到"假道于仁，托宿于义"（《天运》），由鄙薄"弊弊焉以天下为事"（《逍遥游》）到潜思"大圣之治天下"（《天地》），以及在形式上由寓言、神话的文学体裁到抽象议论的理论语言，也经历了十分明显的发展演变阶段。但是，另一方面，在《庄子》中，这些理论内容是散乱的，这种发展阶段也是缺乏自然的、明确的区分界限的。这主要是因为现存《庄子》的篇目划分和章节排列没有完全遵循，甚至可以说没有真正发现庄子思想的理论性质和发展的逻辑次序。所以我们在下面对庄子思想的叙述和分析，就不再拘束于《庄子》内篇、外篇、杂篇这种外在的、人为的分割，而把《庄子》作为一个整体，从中发掘、整理出庄子学派的完整思想及其发展的逻辑。

庄子思想发源于对人的精神自由（"逍遥"）的追求。由这个源头，庄子思想向两个方向展开去。一个方向是对永恒的宇宙根源的热烈的探索，自由就是对它的归依，与它同体；另一个方向就是对现实社会的冷峻的审视，自由就是对它的超脱，与它绝离。人生、自然、社会组成了庄子思想主要的、基本的方面。另外，庄子对社会的审视，对自然的思索和对人生自由的追求，虽与先秦诸子处在共同的社会文化环境中，却表现出与他们不同的思维特色和语言特色，显示出更为广泛丰富的经验、知识背景。所以我们就从庄子的自然哲学、人生哲学、社会批判思想，庄子思想的认识结构、文学特质和古代科学背景等这样的几个方面，用这样的框架，将《庄子》中那么众多的概念、范畴、命题、思想贯穿起来，形成一种具有内在联系的观念体系，在一种现代的观念背景下来阐释，复现庄子学派真实的、历史的思想面貌。

# 第三章　自然哲学

庄子思想的核心是它的人生哲学。但它和儒家思想不同，它主要不是从社会的、伦理的角度，而是从更加广阔的宇宙的、自然的角度来观察人生的。庄子关于自然的基本概念、观念和思想，是庄子在进行人生哲学思考时的思想元素、理论依据或逻辑前提。作为庄子思想中的最高范畴，也是庄子思想整体基础的"道"，既不是从宗教观念中，也不是从社会伦理道德观念中，而是从自然哲学中推出的宇宙本体。所以，我们从庄子的自然观开始对庄子思想全貌的分析是最为合适的，这是历史和逻辑的统一。

庄子的自然哲学思想主要是由构成万物基始的"气"、万物生成和存在形式的"化"，以及宇宙根源的"道"三个范畴组成。

## 一　构成万物的基始——"气"

思索构成万物的基始，是古代哲学的起点，所以黑格尔在评论古希腊米利都派泰勒斯的"水是始基"时曾说："哲学是从这个命题开始的。"（《哲学史讲演录》第一卷，商务印书馆1959年版，第186页）古代哲学这种思索的基本特征，正如恩格斯所说，是"在某种具有固定形体的东西中，在某种特殊的东西中去寻找这个统一"（《古代的自然观》，《马克思恩格斯全集》第二十卷，第525页）。中国先秦思想在庄子之前已经开始了对万物基始的思索，并且大体上形成了两个理论渊源和内容皆有不同的观点。一是在对万物作基本分类的"五行"说的基础上，以其中之一的土或水为构成万物的基始的观点。《国语·郑语》记载史伯的言论"先王以土与金、木、水、火，杂以成百物"，《管子·水地》所谓"地者，万物之本原，诸生之根菀也"，"水者，何也？万物之本原也，诸生之宗室也"，就是代表。一是在对自然状态作基本分类的"阴阳"说基础上而形成的以"气"为万物基始的观点。这一观点在西周时就已经萌芽，如周幽王二年（前780）西周发生地震，伯阳父对这件事作解释说："周将亡矣！夫天地之气，不失其序。若过其序，民乱之也。阳伏而不能出，阴迫而不能丞，于是有地震。"（《国语·周语上》）《管子》中也有"有气则生，无气则死，生者以其气"（《枢言》）的说法。"气"论在这里还停留在用"天地之气""人之气"解释具体事物和现象这种比较简单的、抽象的阶段。庄子的"气"论则把这一理论思索向前推进了一步。

**1. "气"是虚无的显现**

在庄子的自然观中，"气"是弥漫宇宙的普遍的存在，它的特质在于它本质是"虚无"，然而却能显现在具体事物的存在状态中：

气也者，虚而待物者也。（《人间世》）

在《庄子》中，"气"在具体事物的存在状态中的显现是多样的，属于自然方面的，有"天气""地气""六气""云气""春气"等①；属于人的方面的，有"人气""血气""志气""神气"等②。庄子虽然没有对"气"的性质作更多的、明确的说明，但从这些"气"在具体事物存在状态中的显现的描述，仍可看出他是把天地间的季节风雨等自然现象和人的生理、心理状态皆归结为"气"的存在和"气"的某种运动。这是庄子思想中对世界统一性的基本的理解，即确认人与自然之间有着某种一致和

---

① 如《庄子》中写道："天地不和，地气郁结，六气不调"（《在宥》），"乘云气"（《逍遥游》《齐物论》），"云气不待族而雨"（《在宥》），"春气发而百草生"（《庚桑楚》），等等。

② 如《庄子》中写道："未达人气"（《人间世》），"矜其血气以规法度"（《在宥》），"志气欲盈"（《盗跖》），"忘汝神气"（《天地》），"神气不变"（《田子方》），等等。

相通。

庄子认为，"气"在具体事物中的表现形态虽然多种多样，但就其基本性质而言，却只有两种：阴与阳。如《庄子》写道：

> 阴阳者，气之大者也。(《则阳》)
> 阴阳之气有沴，其心闲而无事。(《大宗师》)
> 自以比形于天地而受气于阴阳。(《秋水》)

《庄子》中对"气"的阴、阳二种不同性质也没有明确的说明，但从"静而与阴同德，动而与阳同波"(《天道》《刻意》)、"以巧斗力者，始乎阳，常卒于阴"(《人间世》)等的描述来看，在一般事物的存在状态中，阳显现刚强，阴显现柔弱；在人的心理状态中，阳显现喜悦，阴显现哀怨。这些看法当然都还属于感性的直观。

这样，无论在自然的方面或人的方面，"气"在具体事物中的显现，最后都可以归结为阴阳的对立或合成。例如：

> 乘云气而养乎阴阳。(《天运》)
> 人大喜邪，毗于阳；大怒也，毗于阴。(《在宥》)

即是说，云气等自然现象中有阴、阳，心境中的喜怒哀乐情感也禀赋着阴阳之"气"。由此可见，庄子"气"论对世界统一性的基本理解实际上是认为物质现象和精神现象有共同的起源。这一理解和古代原子论者认为身体和灵魂都是由原子构成的观点相似，而和现代唯物主义认为世界统一性在于它的物质性的观点有所不同。

### 2. "通天下一气耳"

庄子认为"气"本身是虚无的，根据它在具体事物的存在状态中所显现的性质不同，可以分为阴、阳两种。这是庄子"气"论的基本的、静态的内容。当运动的观念进入后，庄子"气"论就有了新的、更丰富的内容。

首先，庄子认为阴阳这两种性质对立的"气"相互作用，天地原始的存在状态就会发生变动，就要产生万物：

阴阳错行，则天地大绫。（《外物》）

至阴肃肃，至阳赫赫；肃肃出乎天，赫赫发乎地①，两者交通成和而物生焉，或为之纪而莫见其形。（《田子方》）

阴阳相照相盖相治，四时相代相生相杀，欲恶去就于是桥起，雌雄片合于是庸有，安危相易，祸福相生，缓急相摩，聚散以成，此名实之可纪，精微之可志也。随序之相理，桥运之相使，穷则反，终则始，此物之所有。（《则阳》）

显然，庄子"气"论的万物生成理论，作为人类早期的思想理论还是十分贫乏的，但它却包含了这样两个在中国古代思想发展进程中具有重要意义的内容：第一，它用自然本身的，而不是自然以外的某种因素来解释自然万物乃至社会事件的生成，使得中国古代思想从殷周宗教观念摆脱出来后获得一个新的基础或立足点；第二，它还提出了万物生成过程的一个原则，阴阳"交通成和"，即两种性质对立的"气"，要有一种合乎秩序的相互作用，才能生成万物。否则，如果是"阴阳之气有渗""阴阳错行"，就要导致人的病态，物的解体。就像"漩涡运动"原则是古希腊留基伯和德谟克里特的原子论解释世界生成的支撑点一样，"交通成和"的原则正是庄子"气"论解释万物生成的支撑点；这一原则所指向和蕴涵着的朦胧、模糊的宇宙秩序或规律，正是此后中国古代科学和哲学不倦地追寻的目标。

其次，庄子还认为，正是"气"的运动不息所表现出的万物生成、发展、灭亡的过程，构成了宇宙的全貌。他以人的生死为例说：

察其始而本无生；非徒无生也，而本无形；非徒无形也，而本无气。杂乎芒芴之间，变而有气，气变而有形，形变而有生，今又变而之死，是相与为春秋冬夏四时行也。（《至乐》）

---

① 高亨《诸子新笺·庄子》："疑原作'肃肃出乎地，赫赫发乎天'，天、地二字转写误倒。"

由此，庄子得出一个重要结论——通天下一气也：

> 生也死之徒，死也生之始，孰知其纪！人之生，气之聚也；聚则为生，散则为死……故曰通天下一气耳。（《知北游》）

庄子以虚无的、变动不居的"气"为万物基始的观点，比起其先以固定的、可感的土或水为万物基始的观点，它的感性的、直观的因素减弱了，理性的、思辨的成分增多了，从思想发展的逻辑来看，这是一个进展。

黑格尔在解释为什么泰勒斯"水是始基"的命题是哲学的开端时说："因为借着这个命题，才意识到'一'是本质、真实、唯一自在自为的存在体。"（《哲学史讲演录》第一卷，商务印书馆1959年版，第186页）所以在今天看来，虽然古代哲学关于万物基始的结论的科学意义已经完全消失了，但这种思索的哲学意义却依然存在。世界统一性的、最后的实在，是哲学能够否定但不能摆脱的问题，永远会激励和吸引着哲学思维。思想和文化领域内的事实多次表明，最初的、最简单的问题，往往也是最复杂、最终的问题。

## 二　万物生成和存在的形式——"化"

在先秦诸子中，庄子具有最明晰的运动变化的观念，庄子称之为"化"。黑格尔说："运动的本质是成为空间和时间的直接统一；运动是通过空间而现实存在的时间，或者说，是通过时间才被真正区分的空间。"（《自然哲学》，商务印书馆1980年版，第58页）所以在人的意识历程中，运动观念的产生必然潜行着、伴生着时空观念。因此，庄子也有明晰的时空观念，他称之为"宇宙"。在分析庄子的运动变化观念之前，我们先来考察一下庄子的时空观念。

### 1. 庄子的时空观念

从《庄子》中可以看出，庄子的时空观念具有深浅不同的三个层次。首先，庄子简单的、初级的时空观念是对时空的感性直观。《庄子》写道：

> 吾在天地之间，犹小石小木之在大山也。（《秋水》）
>
> 天与地无穷，人死者有时，操有时之具而托于无穷之间，忽然无异骐骥之驰过隙也。（《盗跖》）

非常明显，庄子在这里基本上是以人的躯体的渺小、生命的短暂来观感天地的广远、岁月的悠久，也就是说，是以感性的自我表象为尺度来量度时空的。

其次，是对时空的理智思辨。庄子时空观念进一步发展的内容是对感性表象的超越，思索空间的无限和时间的无始。庄子想象在包孕着万物的广袤的天地之外，还有空无所有的"无极之野""无何有之乡"：

> 厌则又乘夫莽眇之鸟，以出六极之外，而游无何有之乡，以处圹埌之野。（《应帝王》）
>
> 余将去汝，入无穷之门，以游无极之野。（《在宥》）

这种超越天地之外的无限空间的存在，庄子不仅是出于想象，而且是凭借理智的由此及彼的推论，是凭借理智的深入思索：

> 计人之所知，不若其所不知；其生之时，不若未生之时；以其至小求穷其至大之域，是故迷乱而不能自得也。由此观之，又何以知毫末之足以定至细之倪，又何以知天地之足以穷至大之域？（《秋水》）
>
> （戴晋人谓魏惠王）曰："……君以意在①四方上下有穷乎？"君曰："无穷。"（《则阳》）

可见庄子的空间无限性的观念是很明确的。当然这种无限性，用黑格尔的观点来看，是一种"坏的或否定的无限性"（《小逻辑》，商务印书馆1980年版，第206页）。《庄子》理解的"无限"是"至大不可围"（《秋水》），所以它的理智推论进程，必然会呈现出黑格尔所说的那种"永远

---

① 马其昶《庄子故》："《礼记》注：'在，察也。'"

不断地规定界限，又永远不断地超出界限，而并未进展一步的厌倦性"（《小逻辑》，第229页）。

庄子对时间的理智思索具有同样的性质。庄子对时间作了结构性的区分——来世、往世、方今之时①，他超越个人有限生涯"方今之时"的表象，追寻时间的开始和终端，他发觉无法找到，也不存在这样的开始和终端：

> 吾观之本，其往无穷；吾求之末，其来无止。（《则阳》）

但他在时间问题上的思辨进程也显示出不断超越界限而又毫无进展的"厌倦性"：

> 有始也者，有未始也者，有未始有始也者，有未始有夫未始有始也者。（《齐物论》）

可见，虽然时空无限性的问题已被庄子理智地意识到，但他依然是在离开感性的、直观的认识不太远的地方来解决的。这是很自然的，因为时空性质问题，无论是在科学领域或哲学领域都是一个十分艰难的、至今仍然困惑着人类的智力和理性的问题。在科学领域，与欧几里德几何的平面空间相联系的牛顿绝对时空理论、与黎曼几何的球面理论相联系的爱因斯坦相对论时空理论，以及正在兴起的与拓扑几何的扭曲空间相联系的新的宇宙时空理论，科学家们用不同的方程式描述了这个问题，但并没有在根本上回答这个问题。在哲学领域，具有代表性的是德国古典哲学所提供的三种类型的解决办法。一是康德从认识能力方面的解决。他用"二律背反"证明这是经验之外的、人的理性无法认识的问题。二是费尔巴哈从认识对象方面的解决。他认为自然界或宇宙时空的开始和终端，是个不存在的问题："自然从何而来呢？它是来自自身，它没有始端和终端；世界的始端

---

① 《庄子》写道："来世不可待，往世不可追也……方今之时，仅免刑焉。"（《人间世》）

和终端，乃是人的表象。人，因为自己在一定的时间始和终中，就也把这种表象从自己移到自然界。"（《费尔巴哈哲学著作选集》上卷，生活·读书·新知三联书店1962年版，第355~356页）三是黑格尔从认识方法方面的解决。他认为感性所观察到的是世界有限性的聚集，而形而上学的"无限"，只是对有限事物（开端）的无穷否定。真正的无限应该是被辩证地理解为总体中（"理念"）或过程中的有限和无限的统一。他说："在表象中世界不过是有限性的聚集，但如果世界被理解为普遍的东西，被理解为总体，关于世界开端的问题也就立即不再存在了。""真正的无限毋宁是'在别物中即是在自己中'，或者从过程方面来表述，就是，'在别物中返回到自己'。"（《小逻辑》，第207页）哲学家虽然是从根本上回答了这一问题，但并不具体。似乎是，在理解时空无始无限的性质这个问题上，科学家表现的是诚实，哲学家表现的是机智。庄子的时代，还没有这样的科学和这样的哲学，但他思考并提出了这个问题，这是他的伟大。

最后，是对时空的概念规定。庄子时代，表示空间和时间的抽象名词或概念已经形成，叫作"宇宙"。比庄子稍早的尸子（尸佼）曾最早地对这一名词加以解释：

> 天地四方曰宇，往古来今曰宙。（《世说新语·排调》注）

尸子的解释基本上是属于名词释义性质的，没有揭示这一概念的本质特征。庄子在对时空理智思辨的基础上，对时间、空间的概念内容作了规定：

> 有实而无乎处者，宇也。有长而无本剽者，宙也。（《庚桑楚》）

这句话的意思，郭象《庄子注》解说得很清楚，也很准确：

> 宇者，有四方上下，而四方上下未有穷处。宙者，有古今之长，而古今之长无极。（《庄子注·庚桑楚》）

非常明显，庄子是用无限、无始来定义"宇宙"的，这比尸子对"宇宙"的解释在内容方面要具体、充实得多了。但是它仍带着我们在上面所指出的那种形而上学的局限性。因为这个定义显示的理智特色基本上是把时空无始、无限当作是与有始、有限相对立的，虽然不能证明，但是却可相信的形而上学的绝对；而不是理解为在世界整体和过程中的与有始、有限的辩证统一。然而在庄子自然哲学的宇宙最后根源的思想中，我们将看到这种统一。

**2. 庄子的变化观念**

黑格尔说："时间和空间的本质就是运动。"（《哲学史讲演录》第一卷，第286页）我们考察了庄子的时空的观念之后，进而来分析他的运动的观念。我们发现，比起时空观念，庄子的运动变化观念（"化"）要深刻、丰富得多了。其主要内容有：

（1）"化"的普遍性与多样性——"万物皆化"与"万化"　庄子认为在宇宙中存在的一个最普遍的现象、万物间存在的一个共同的特点就是变化：

> 天地虽大，其化均也。（《天地》）
> 万物皆化。（《至乐》）

庄子还认为宇宙或万物间的变化，具有多种多样的形态，他称之为"百化""万化"：

> 今①彼神明至精，与彼百化……（《知北游》）
> 特犯人之形而犹喜之，若人之形者，万化而未始有极也，其为乐可胜计邪！（《大宗师》）

庄子关于"化"的普遍性和多样性的观念，主要地也是唯一地建立在"通天下一气"观点的基础上的，因而他常常把这种存在于万物间的

———————————
① 陈景元：《庄子阙误》引刘得一本，"今"作"合"。

"化"理解为、想象为、描写为物与物间、物与人间无条件、无界限的自由转化，是"万物皆种，以不同形相禅"（《寓言》），例如：

> 北冥有鱼，其名为鲲。鲲之大，不知其几千里也。化而为鸟，其名为鹏。（《逍遥游》）
>
> 浸假而化予之左臂以为鸡，予因以求时夜；浸假而化予之右臂以为弹，予因以求鸮炙；浸假而化予之尻以为轮，以神为马，予因以乘之，岂更驾哉！（《大宗师》）

鱼可以化为鸟，人之肢体可以化为鸡、化为弹、化为轮……这种物与物、物与人之间无界限、无条件的自由转化，庄子称之为"物化"：

> 昔者庄周梦为胡蝶，栩栩然胡蝶也，自喻适志与，不知周也。俄然觉，则蘧蘧然周也。不知周之梦为胡蝶与，胡蝶之梦为周与？周与胡蝶，则必有分矣。此之谓物化。（《齐物论》）

《庄子》中的这类"物化"描写还有很多，但基本上不外乎这样三种观念成分：一是诡谲荒诞的寓言或神奇传说，二是没有证验的、不确切的生活经验，三是缺乏具体环节和思维过程的哲学洞察——"臭腐复化为神奇，神奇复化为臭腐"（《知北游》）。

（2）"化"的共同历程——"始卒若环"　庄子的运动变化观念更深入一层的内容，是他认为普遍存在的"化"的现象和多样性的表现中，有着一种本质上的一致：

> 万物皆种也，以不同形相禅，始卒若环，莫得其伦，是谓天均。（《寓言》）

即是说，庄子认为"万化"的历程，皆是循环。在《庄子》中，这一观点有两种不同方式的说明。一是抽象概念的表述：

泰初有无，无有无名；一之所起，有一而未形。物得以生，谓之德；未形者有分，且然无间，谓之命；留动而生物，物成生理，谓之形；形体保神，各有仪则，谓之性。性修反德，德至同于初。同乃虚，虚乃大……与天地为合，同乎大顺。（《天地》）

万物云云，各复其根。（《在宥》）

庄子认为万物从无开始，经历一、德、命、形、性诸阶段后，又返回到虚无。庄子对万物生成变化的过程的这种表述，虽然在形式上比较抽象，但在内容上却是很具体、很丰富的，它不再是对"化"的表面现象感性的描述，而是对"化"的内在过程的理智的思索。二是具体事实的说明：

种有几，得水则为䙴，……羊奚比乎不箪久竹生青宁，青宁生程，程生马，马生人，人又反入于机。万物皆出于机，皆入于机。（《至乐》）

庄子这里勾画了一条由"几"（最初的几微），经物、到人，最后又返回"几"的"物化"路程。他所根据的事实虽然是极为模糊的和可疑的经验或传闻，但他的结论却是明确清晰的思想：始卒若环。庄子的这段言论曾受到近现代学者如胡适的特别重视，认为它蕴涵着进化论的思想①。这一论断是不严肃的。庄子的这段言论的价值和意义，在于它作为整体，具体而生动地显示着、证明着一种循环论的思想，如果割取它的任何一部分，则它就既不是事实，也没有思想。庄子这段言论的理论性质在后面还将论及。

（3）"化"的动因——"自化"　庄子的变化的观念的最深刻的内容是他对万物运动变化的动因的看法。《庄子》写道：

物之生也，若骤若驰，无动而不变，无时而不移，何为乎，何不为乎？夫固将自化。（《秋水》）

---

① 见胡适《中国哲学史大纲》。

> 鸡鸣狗吠，是人之所知；虽有大知，不能以言读其自化，又不能以意其所将为。（《则阳》）
>
> 汝徒处无为，而物自化……无问其名，无闚其情，物固自生。（《在宥》）

可见，庄子虽然是很抽象地，但却是完全明确地认为万物运动变化的动因存在于它自身之内。换言之，决定万物存在形式和内在本性的那种原因，就是它自己，"天之自高，地之自厚，日月之自明"（《田子方》），万物皆有其固然，"天地固有常矣，日月固有明矣，星辰固有列矣，禽兽固有群矣，树木固有立矣"（《天道》）。然而，在庄子看来，这个"自化"又是我们所不能认识的。人们能普遍地感知到"万物以不同形相禅"，但睿智之人也不能解释鸡鸣狗吠的缘由、动因。"化其万物而不知其禅之者"（《山木》），人们感知"万化"，而"万化"之由——"自化"却潜藏在"万化"帷幕之后，不能为人们所认识。在不太严格的意义上说，庄子这里对运动（"化"）的观察，很相似康德对作为理性认识对象之一的"世界"的观察。

我们将会看到，"自化"在庄子思想中是一个非常重要的观念基础。"自化"本身明显地意蕴着对必然和规范的否定倾向，所以它是我们在后面将要论述的庄子人生哲学的自由观、社会思想的无为论的自然观依据。

庄子以"自化"来解释万物运动的最后动因，当然还是很抽象、很模糊的，但是能够更加深刻和正确地回答万物运动这一问题的科学和哲学条件，对于古代思想家来说是不存在的。在这里，我们将庄子和古希腊哲学家亚里士多德加以比较是饶有兴味的。亚里士多德在《形而上学》一书中批评原子论者没有说明运动的原因，他提出一个"第一动因"作为万物运动的开始。对于亚里士多德来说，这是合乎逻辑的。亚里士多德认为运动和时间一样是连续性的，在宇宙事物的运动系列中，找不到一个事物是推动他事物运动而自己是不被另事物推动者。所以，亚里士多德只好在这个运动系列之外设定一个不动的第一推动者——"永恒不变动本体"①。从科学的角度和历史的事实来看，亚里士多德的这个设定为自然

① 亚里士多德：《形而上学》，商务印书馆1981年版，第244~246页。

哲学的发展所提供的理论因素等于零，但对宗教哲学的意义却极大。例如，13 世纪的托马斯就是援用这个观点为上帝的存在进行了新的哲学论证，从而完成了以柏拉图思想为理论基础的教父哲学到以亚里士多德思想为理论基础的经院哲学的转变。庄子所考察的也是一个连续的而且是循环的运动系列，但是他巧妙地把这个运动的"驱动者"设定在运动系列自身之中——"自化"。这样，也就否定了宇宙事物的运动有一个推动者的存在。正是在这里，庄子自然哲学中的"自化"观点的理论意义超出了庄子思想本身范围，它和儒家伦理思想中的"为仁由己"（《论语·颜渊》）的观点，共同地和自然地筑成了中国传统思想中防范宗教的、主宰世界的神或上帝观念越入的观念屏障。

## 三　宇宙的最后根源——"道"

庄子自然哲学的思想历程，在经历了思索构成万物的基始、认识万物存在的普遍形式后，跨进了更加深入的、超越感性的对宇宙最后根源的追寻的阶段。这个最后的根源，庄子称之为"道"。

### 1. "道"的多种涵义

在众多的概念、观念、命题交织的庄子思想中，最突出的、频繁出现的就是关于"道"的概念、观念和命题。粗略统计，《庄子》中"道"字出现三百二十多次。这些"道"字具有不同层次上的多种涵义。

语言学意义上的"道"　《庄子》中语言学意义上的"道"字，是指涵义简单明确的作名词用的"道路"和作动词用的"言说"。例如：

> 道行之而成，物谓之而然。（《齐物论》）
>
> 彼其道远而险。（《山木》）
>
> 老子中道仰天而叹曰。（《寓言》）

显然，这些"道"字是道路的意思。又如：

> 凡事若小若大，寡不道以懽成。（《人间世》）
>
> 称道数当，故无择称之。（《田子方》）

道尧舜于戴晋人之前，譬犹一吷也。（《则阳》）

这些"道"字则是言说的意思。凡此①，皆是语言上的简单词素，没有思想内容，所以不是我们考察的对象。

哲学意义上的"道"　作为比较宽泛的哲学意义上的"道"，是指一种概念或范畴。但是，在《庄子》中，在此意义上或范围内的"道"又有不同的涵义。例如《知北游》开篇有这样三句问话：

知谓无为谓曰："予欲有问乎若：何思何虑则知道？何处何服则安道？何从何道则得道？"

这三句问话用了四个"道"字，而这四个"道"字就有四种不同的涵义：道理、行为准则、方法、境界。可见，有必要把《庄子》中宽泛的哲学意义上的"道"，按其内容的差别，再加以不同的区分。概括言之，可区分为三。

（1）含有具体内容的"道"　《庄子》说："何谓道？有天道，有人道。"（《在宥》）所以在《庄子》或庄子思想中，含有具体内容的"道"，首先就是"天道"，即自然界的内在秩序、万物的固有之理。《天运》篇有则孔子求"道"的故事：

孔子行年五十有一而不闻道，乃南之沛见老聃。老聃曰："子来乎？吾闻子，北方之贤者也，子亦得道乎？"孔子曰："未得也。"老子曰："子恶乎求之哉？"曰："吾求之于度数，五年而未得也。"老子曰："子又恶乎求之哉？"曰："吾求之于阴阳，十有二年而未得。"……

这里的"度数""阴阳"，都是自然界的秩序，都是"天道"。《达生篇》也有一则孔子问"道"的故事。说孔子在吕梁岸边游玩，见一善游泳的

---

① 此外，在语言学的意义上，《庄子》中的"道"还同义假借为"导"。例如，"此道引之士"（《刻意》）、"其道我也似父"（《田子方》）、"希意道言谓之谄"（《渔父》），等等。

人，问他："蹈水有道乎?"答曰：

> 亡，吾无道。吾始乎故，长乎性，成乎命。与齐俱入，与汨偕
> 出，从水之道而不为私焉。此吾所以蹈之也。

这里的"水之道"，也就是指水所固有的本性。这种本性也就是万物各自具有的固然之理，"万物有成理而不说"（《知北游》）。所以在《庄子》中，含有具体内容的"道"，就其自然方面来说，就是自然界的万物之理，因而，"知道者必达于理"（《秋水》）。

其次，《庄子》中含有具体内容的"道"，还指社会的法则、规范，也就是所谓"人道"。例如：

> 天下有道，圣人成焉；天下无道，圣人生焉。（《人间世》）
> 由是观之，世丧道矣，道丧世矣。（《缮性》）
> 论先王之道而明周、召之迹。（《天运》）
> 宗庙尚亲，朝廷尚尊，乡党尚齿，行事尚贤，大道之序也。
> (《天道》）

显然，这里是把符合某种社会制度的政治原则、伦理秩序和行为规范称为"道"，这和上面所说的是自然万物的本性和内在秩序的"道"，共同构成了《庄子》中"道"的具体的内容。

（2）作为抽象的思想形式的"道"　《庄子》中这种意义上的"道"，是指摆脱了作为自然或社会的某种内在秩序、法则的体现、表征的那种具体内容，而具有被哲学认识论考察价值的那种纯粹的、抽象的思想形式，即真理和方法的意思。例如《庄子》写道：

> 学道不倦。（《应帝王》）
> 曲士不可以语于道者，束于教也。（《秋水》）

显然，这里的"道"是道理、真理的意思。此外，作为思想形式的"道"

还有道术、方法的涵义。例如：

> 郑有神巫曰季咸，知人之死生存亡……列子见之而心醉，归，以告壶子，曰："始吾以夫子之道为至矣，则又有至焉者矣。"（《应帝王》）

> 纯粹而不杂，静一而不变，惔而无为，动而以天行．此养神之道也。（《刻意》）

在这些观点和命题里，作为哲学概念的"道"，其内涵都不是自然的秩序、规律或社会的规范、法则这样的具体内容，而是这些规律、法则所具有的共同的思想形式——道理、方法等。在《庄子》中，"道"从具有体现、涵蕴规律、法则等具体内容的概念，到作为纯粹思想形式的概念，表面上看来，似乎是趋向贫乏、干枯的一种蜕化，实际上，是思维抽象程度增高的一种进步。"天道远，人道迩"（《左传·昭公十八年》）是子产时代就有的命题，所以把"道"理解为某种具体的自然内在秩序和社会规范的思想观念，在庄子以前就已经有了。庄子的贡献在于他使"道"从其所依附的具体内容中摆脱出来，成为纯粹的思想形式，成为具有独立地位的哲学认识论中的基础的概念、范畴。黑格尔曾说："只有当思想本身被认作基础、绝对、一切其他事物的根本时，才算得有了哲学。"（《哲学史讲演录》第一卷，第89页）黑格尔作为一个彻底的客观唯心主义者，他的这个观点难免带着他的哲学立场、他的思想习惯所产生的绝对化的偏见，但是，对思想本身的思考和认识无疑要比对自然、社会的思考和认识晚得多、艰难得多。因此，黑格尔在他的《哲学史讲演录》中，对每一个把思想本身作为考察对象的哲学家或哲学观点都要赞叹一番。黑格尔对中国哲学知道得太少、太粗糙，他对中国哲学作了几乎是虚无的评价。他根本不知道庄子，事实上，庄子是完全值得他赞叹的。

（3）具有总体内容的"道" 《庄子》中还有一类涵义更加广泛的"道"。这种"道"在内涵上总括了、涵盖了自然秩序和社会法则这两个方面的内容，如"以道观言而天下之君正，以道观分而君臣之义明，以道观能而天下之官治，以道泛观而万物之应备"（《天地》），就是这样性质的"道"；在形式上，它是一种更为纯粹的、抽象的思想形式，所谓"大道不称"（《齐物论》）、"道不当名"（《知北游》），我们称之为总体内容的"道"。在《庄子》中，具有这种总体内容的"道"经常是指宇宙万物的最后的根源和人的精神或道德的最高境界。例如：

> 道通为一。（《齐物论》）
> 形非道不生。（《天地》）
> 精神生于道。（《知北游》）
> 夫道，覆载万物者也。（《天地》）
> 夫道，于大不终，于小不遗。（《天道》）

显然，《庄子》中的这些"道"，都是作为世界万物和精神的统一的、最后的根源来理解的。《庄子》还写道：

> 古之真人……登高不慄，入水不濡，入火不热，是知能登假于道者也若此。（《大宗师》）
> 相造乎道者，无事而生定。（同上）
> 吾愿君去国捐俗，与道相辅而行。（《山木》）
> 夫道，渊乎其居也，滲乎其清也①。（《天地》）
> 苟得于道，无自而不可。（《天运》）

这里的"道"则是指一个人能够通过某种认识和修养途径，一旦对作为宇宙根源的"道"有所体悟而达到的"无自而不可"的、"定"的精神境界。

总之，《庄子》中宽泛的哲学意义上的"道"有三类六种不同涵义，这些不同的涵义，构成了庄子思想的概念基础和内容的主要方面。

---

① 宣颖《南华经解》谓"此二句言寂处是道"，甚是。

在本书中，前四种我们一般是作为概念来加以理解和运用的，后两种我们则是分别作为庄子自然哲学和人生哲学的最高范畴，作为庄子思想的核心观念来加以考察和分析的；而在庄子的认识论中，"道"的具体内容和总体内容又是作为构成认识的不同阶段的理论思维对象来考察分析的。

### 2. 作为宇宙最后根源的"道"

在弥漫着、充斥着宗教观念和思想习惯的古代，从对某种超自然力量的信仰中，直接地转化为、滋生出万物根源的观念是很自然的、轻而易举的。在这样的时代里，从由对自然界万物和现象的感性表象、理智思索，进而超越感性形成一种明确的和超自然力量相对立的、理性的万物根源的观念，却是相当艰难的。庄子自然哲学的最高范畴，作为宇宙本根的"道"的观念，就带有这个时代的明显的烙印——它形成的艰难性和形态的超理性①特征。

（1）庄子的"本根"哲学观念的形成  宇宙万物最后根源的哲学观念，在庄子那里有一个形成过程。如前所述，庄子自然哲学的"通天下一气也""万物固将自化"这两个基础观念，使得世界统一性和万物运动动因的问题在庄子那里能够得到一种高于感性的理智的解释。但是，"自化"是一种无解释的解释，周延但不具体。纷繁的自然现象和社会事实总是在十分有力地吸引庄子去探寻、体悟在"气"的万化后面比"自化"更深的根源。于是，庄子的自然哲学就在"气""化"的感性直观的基始观念上向理性的根源观念发展。在先秦思想中，正是在庄子这里，唯一地然而也还是十分模糊地看到从世界统一性观念上升到世界根源性观念的思想轨迹。

从《庄子》中可以看到，庄子对宇宙万物根源的观念萌芽，开始于对"万化"的原由、主使的意识。《庄子》写道：

天其运乎？地其处乎？日月其争于所乎？孰主张是？孰维纲是？

---

① 超理性是一种理性直觉，不同于本质上是感性直观的非理性。本书第六章将详细论述。

> 孰居无事推而行是？意者其有机缄而不得已邪？意者其运转而不能自止邪？云者为雨乎？雨者为云乎？孰隆施是？孰居无事淫乐而劝是？风起北方，一西一东，有上彷徨，孰嘘吸是？孰居无事而披拂是？敢问何故？（《天运》）

显然，对于这些问题用"自化""天之自高，地之自厚，日月之自明"（《田子方》）来回答，已经不能满足其所蕴涵的理智追求。实际上，"自化"是对统一性的一种削弱和否定，而庄子却是在寻求万物自化之共同根源的那种更加普遍的统一性：

> 日夜相代乎前而莫知其所萌。已乎，已乎！旦暮得此，其所由以生乎！（《齐物论》）

庄子思索的步履在这里可能停留了很久，他感到十分艰难，但终于从社会的、人的事实中体悟到这种更加普遍的作为共同根源的统一性是肯定存在的，只是难以捕捉到它。他说：

> 非彼无我，非我无所取，是亦近矣，而不知其所为使。若有真宰，而特不得其朕。可行已信，而不见其形，有情而无形。百骸、九窍、六藏，赅而存焉，吾谁与为亲？汝皆说之乎？其有私焉？如是皆有为臣妾乎？其臣妾不足以相治乎？其递为君臣乎？其有真君存焉？如求得其情与不得，无益损乎其真。（《齐物论》）

可见，庄子是从社会生活中的君臣驾驭现象和人的生理心理活动中器官肢体被"真宰"支配的事实，经验地推测万物不可能"皆为臣妾"，也不可能"递相为君臣"，而必有作为主使者的"真宰"或"真君"存在。然而，这个"真宰""真君"是"有情而无形"，显现事实，却不见形体，所以"真宰""真君"不是感知的对象；甚至"如求得其情与不得，无益损乎其真"，即使不见显现的事实，也可断定"真宰""真君"是存在的。所以，"真宰""真君"也不是理智推理的对象，它是理性在对世界一切已存和现存现象的总括认识基础上而形成的对世界最高的统一性或万物的最后（最初）根由的超理性的、融进了人生经验的体悟。在《庄子》中，这种理性的思考对象，慢慢就由"宰""君"这样感性色彩比较重的、概括面很窄的具体表象，过渡到"本根"这样比较抽象的但更具有总体性的表象，最后成为宇宙根源的观念：

> 今彼神明至精，与彼百化，物已死生方圆，莫知其根也。扁然而万物自古以固存，六合为巨，未离其内；秋毫为小，待之成体。天下莫不沈浮，终身不故；阴阳四时运行，各得其序，惽然若亡而存，油然不形而神，万物畜而不知。此之谓本根，可以观于天矣。（《知北游》）

可见，庄子的万物最后根源的观念（"本根"），是一种超越感性认知和理智推求的关于某种世界总体、永恒的实在的思想观念，是在庄子那个时代的科学水平和理论思维水平的基础上产生的最高的哲学意识。

（2）庄子的作为根源的"道"的观念的形成　如果说庄子由明确的世界统一性观念（"通天下一气"）上升到世界根源性观念（"此之谓本根"）曾经经历了相当艰难的思想历程，那么，寻找、提炼一个概括根源性观念的哲学概念、范畴也经历了从"天"到"道"的抽象程度不同的几个阶段。试列图表如下：

| 最后根源的形象描述 | | 最后根源的抽象表述 | |
| --- | --- | --- | --- |
| 名称 | 典型的描述语句 | 名称 | 典型的表述语句 |
| 天 | 天与之形。（《德充符》） | 道 | 道与之貌。（《德充符》） |
| | 不以人助天。（《大宗师》） | | 不以心捐道。（《大宗师》） |
| 地（大块） | 夫大块载我以形，劳我以生，佚我以老，息我以死。（《大宗师》） | 道 | 夫道，覆载万物者也。（《天地》） |
| | | | 神生不定者，道之所不载也。（《天地》） |
| 造物 | 予方将与造物者为人，厌则又乘夫莽眇之鸟，以出六极之外，而游无何有之乡，以处圹埌之野。（《应帝王》） | 道 | 与道徘徊。（《盗跖》） |
| | | | 吾愿去君之累，除君之忧，而独与道游于大莫之国。（《山木》） |

| 最后根源的形象描述 | | 最后根源的抽象表述 | |
| --- | --- | --- | --- |
| 名称 | 典型的描述语句 | 名称 | 典型的表述语句 |
| 一 | 将旁礴万物以为一。(《逍遥游》)<br>万物皆一。(《德充符》)<br>通于一而万事毕。(《天地》) | 道 | 道通为一。(《齐物论》)<br>君子通于道之谓通。(《让王》) |
| | 我守其一。(《在宥》)<br>能抱一乎。(《庚桑楚》) | | 循道而趋。(天道)<br>与道相辅而行。(山木) |
| "道"的<br>表象<br>描述 | 吾师乎,吾师乎!赍万物而不为义,泽及万世而不为仁,长于上古而不为老,覆载天地刻雕众形而不为巧。(《大宗师》) | "道"的<br>概念<br>规定 | 夫道,有情有信,无为无形,可传而不可受,可得而不可见……长于上古而不为老。(《大宗师》) |
| | 六合为巨,未离其内;秋毫为小,待之成体。(《知北游》) | | 夫道,于大不终,于小不遗。(《天道》) |
| | 恬然若亡而存,油然不形而神,万物畜而不知。(《知北游》) | | 道者,万物之所由也。(《渔父》) |

从图表所显示的横的方向看,具有感性表象性质的概念"天""地""造物""一"等,总是和抽象的概念"道"对应,这表明它们具有根源的涵义,是作为根源的"道"的概念形成前,庄子用来描述宇宙根源的词语。这大体是庄学早期的现象。所以在这个方向上,在不太严格的意义上说,显示了庄学前后期理论概念的差异。庄子是个浪漫气质的哲人,他的文字具有明显的文学特质,理论概念总是具有形象性,模糊但丰满。庄子后学拘谨得多,文字多是浅明的议论和单调的记述,理论概念明确,但简单。从图表所显示的纵的方向看,它是这些具有根源性质的不同概念的感性表象逐渐削弱,理性抽象逐渐增强的过程,即从一个没有具体规定的普遍性表象,到一个有了具体的、明确的内涵规定的根源性概念。也是在不太严格的意义上说这个方向显示的是庄学的理论思维的连续发展。

(3)庄子的"道"的根源性内涵  从《庄子》中可以看到,庄子学派对"道"的根源性的理解,或者说对"道"的根源性内涵的规定,可以归纳为,第一,自本。顾名思义,所谓根源,必然是最初的、唯一的原因,而不能是任何一种结果。所以作为根源的"道"的首要性质,必须是自本自立的，即自己就是自己的原因。《庄子》中"夫道……自本自根，未有天地，自古以固存"（《大宗师》），就是对"道"的这种性质的明确规定。第二，周遍。作为宇宙根源的"道"的周遍性，就其内容来说，它就是世界的一切、总体，无所不是。如《庄子》所说："夫道，于大不终，于小不遗，故万物备，广广乎其无不容也，渊渊乎其不可测也"（《天道》），"吾知道之可以贵，可以贱，可以约，可以散，此吾所以知道之数也"，即"所谓道……无所不在"（《知北游》）。就其形式上来看，它就是唯一、整体，无可益损。亦如《庄子》所写："道通为一。其分也，成也；其成也，毁也。凡物无成与毁，复通为一"，"道未始有封"（《齐物论》），"若夫益之而不加益，损之而不加损……此其道与！"（《知北游》）第三，主宰性。作为根源的"道"的主宰性，就是"道"生万物。这一点在《庄子》中表述得是很明确的，如"夫道……神鬼神帝，生天生地"（《大宗师》），"道与之貌，天与之形"（《德充符》），"形非道不生，生非德不明"（《天地》）。但是，这里"道生万物"的主宰性，并不意味"道"是一种具有创造意志的实体或主体，而是意指"道"是万物自然发生的源头。如《庄子》中所说"泰初有无，无有无名，一之所起，有一而未形，物得以生"（《天地》），"夫昭昭生于冥冥，有伦生于无形，精神生于道，形本生于精，而万物以形相生"（《知北游》），其"道"或"一"都正是这样的涵义。另外，《庄子》所谓"天不得不高，地不得不广，日月不得不行，万物不得不昌，此其道与"（《知北游》），"且道者，万物之所由也，庶物失之者死，得之者生；为事逆之则败，顺之则成"（《渔父》），其中"道"的意思显然是指万物以其所固有的那种样态和性质存在的依据。这也是"道"的主宰性的一种涵义。所以，在《庄子》中作为根源的"道"的主宰性，本质的涵义是万物的源始或内在根据，是自然哲学的概念，而不是超自然和超人的具有创造意志的宗教哲学的概念。第四，超越性。作为根源的"道"的超越性，主要是指"道"不是某种实体，而是关于世界万物总体或整体的实在性的那种状态，因而不具有时空形式。换言之，也就是具有超越时空囿限的性质。如《庄子》中写道："夫道……在太极之先而不为高，在六极之下而不为深，先天地生而不为久，长于上古而不为老"（《大宗师》），"夫道未始有封"（《齐物论》），"道无终始"（《秋水》），等等。其次，既然"道"不具有时空形式，因而也就不能为我们的感觉器官所感知和理智所认识，具有超越理性思维的性质而只能被体悟。《庄子》中"夫道……可传而不可受，可得而不可见"（《大宗师》），"大道不称"（《齐物论》），"道不可闻，闻而非也；道不可见，见而非也；道不可言，言而非也。知形形之不形乎！道不当名"（《知北游》），等等，都正是对"道"的这种性质的明确表述。

黑格尔在《哲学史讲演录》中评价前苏格拉底的希腊哲学的理论成就时曾说，"始基""根源"等无疑是古代哲学家的思想触角已经开始探触到的问题，但是，"古代哲学家们真正只达到这一点，看起来成就好像并不太多。普遍者是一个贫乏的规定，每个人都知道普遍者，但是却不认识普遍者之为本质。思想诚然已达到了感性事物的不可见性（达到了超感性的东西），但没有达到积极的规定性，而只达到一个没有宾词的绝对者或单纯的否定者，只是达到了今天一般的见解的地步，而没有达到把绝对设想为有积极性内容的普遍者"（《哲学史讲演录》第一卷，第373～374页）。《庄子》中对作为根源的"道"的性质作了明确而丰富的规定。根据这些规定，庄子的作为根源的"道"，不仅是一种超越感性的对象，而且是超越形而上学理智的对象，即是一种需要辩证理性或理性直观（超理性）才能把握的对象。这些都表明，庄子思想已经超出了普遍者"没有宾词"的那个古代哲学发展阶段。

也是在《哲学史讲演录》中，黑格尔在介绍了芝诺的四个关于运动的辩证法（悖论）后，将其和康德相比说："康德的'理性矛盾'比起芝诺在这里所业已完成的并没有超出多远。大体上他们的原则是相同的，即'意识的内容只是一个现象，没有真的东西'。但两者也有一个区别：在康德看来，乃是精神的东西摧毁了这个世界，但照芝诺看来，这个世界，现象界本身就是不真的。"（《哲学史讲演录》第一卷，第293页）在这里，我们似乎也完全可以按照这个批评格式把庄子和黑格尔加以类比：黑格尔的"绝对理念"比起庄子的"道"业已完成的并没有超出多远。他们都是把这个宇宙的绝对的普遍者看成是"绝对的全体""无限的整体"，"是一切事物的绝对的无条件的根据"（《小逻辑》，第109页），"是终极的东西，真正的开端"（《自然哲学》，第28页）。但是，两者也有一个很大的区别："道"总是在宇宙事物中作孤立的、一次性的完成的显现，而"绝对理念"则是在宇宙事物的逻辑的、辩证的连续发展中显现。如果说黑格尔把"绝对理念"的本质定义为过程——"理念本质上是一个过程"（《小逻辑》，第403页），那么，庄子就要把他的"道"的本质定义为唯一——"道通为一"（《齐物论》）。因此在某种意义上说，庄子的"道"更可以斯宾诺莎的"实体"来作注解。斯宾诺莎的"实体"，按照黑格尔的准确的理解来说，就是"一个不可分离的总体，没有一个规定性不包含并消解于这个绝对物之中"（《逻辑学》下卷，商务印书馆1976年版，第187页）。

**3. 庄子本体论最高范畴"道"的思想史意义**

庄子自然哲学最高的、作为世界万物本根的"道"的范畴，具有重要的思想史意义。

（1）先秦思想中第一个具有本体论意义的哲学范畴　在庄子以前，中国古代思想对于世界万物最后根源、原因等的思索大体上经历了两个阶段。最初，是一种可以称之为表象的、感性的阶段。在这个阶段，世界根源的问题还不是作为世界的本质这样一个理性的哲学问题提出来的，而是作为世界的创造者、主宰者这样本质上是宗教意识的问题提出来的。殷人的"帝"的观念和周人的"天"的观念都蕴涵着世界万物创造者的观念。例如，从殷墟卜辞中可以看到殷人把一切自然现象的发生都归之于"帝"的操纵：

> 帝令雨足年？帝令雨弗其足年？（《卜辞通纂》三六三）
>
> 帝其降堇。（同上，三七三）

从金文和《周书》中则可以看到周人认为殷周之际的鼎革是"天"的意志：

> 丕显文王，受天有大命……故天翼临子，法保先王，有四方。（《大盂鼎》）
>
> 天惟式教我用休，简畀殷命，尹尔多方。（《周书·多方》）

这些观念的形态都比较粗糙、简单，基本上是将从人世生活中获得的感性表象向自然界推移、放大，而不是对这种表象的提高、超越。

其次，是分析的理智的阶段。在这个阶段，表象的感性被突破，一种存在于事物内部、事物之间的秩序性、必然性关系被发现，所谓"天道""人道"的观念被提了出来。例如子产说"天道远，人道迩"（《左传·昭公十八年》）。"天道""人道"是什么？从秦汉典籍的记述中可以找到明确的回答：

> 齐有彗星，齐侯使禳之。晏子曰："无益也，只取诬焉。天道不
> 谄，不二其命，若之，何禳之?"（《左传·昭公二十六年》）
> 亲亲、尊尊、长长，男女之有别，人道之大者也。（《礼记·丧
> 服小记》）

非常明显，"天道""人道"分别是指自然的法则和社会的政治伦理原则。规律和法则等等，诚然是事物存在的根据，但是，它只是理智对事物现象的分析、综合的对象和思想形式，还不是辩证理性或理性直观（超理性）对世界整体把握的对象和思想形式。所以在这一阶段，世界根源的问题，仍然不是作为揭示世界最后本质的哲学本体论问题提出来的，而是对作为这种本体外现的秩序性、规律性的建构的认识论问题提出来的。

在中国先秦思想中，对世界最后根源这一本体论问题的思索的最后一个阶段，可以称之为理性的直观（超理性）阶段。在这一阶段，《庄子》中经过艰苦的思索而形成的"道"的观念，才真正具有这种哲学本体论范畴的性质①。在《庄子》中，"道"的观念的基本特色，就其内容来说，它是涵盖自然与社会的总体概念，它将被理智分裂的"天道""人道"统一起来，"道通为一"；"道"可以"观言""观分""观能"，也可以"泛观"万物（《天地》）；"偶而应之，道也"（《知北游》），即"道"是一切的根据、本源。就其形式来说，它"无为无形"（《大宗师》），"不称"

---

① 在先秦思想中，《老子》中阐述的"道"也有多种涵义，但其中最重要、最根本的涵义，也正是作为世界最后根源的哲学本体论范畴的那种义蕴。《老子》中"道"的观念表述得很明确，"道"的观念显得很成熟，缺乏《庄子》中的那种艰苦思索的痕迹。所以，老聃其人确实在庄周之前，但《老子》其书则可能在《庄子》中的早期篇章之后，后期篇章之前。这个问题后面再作论述。

"不名"（《知北游》），超越规律、法则这些可以被理智用逻辑的分析、综合来把握的对具体事物的认识，而是一种只有理性直观（体悟）才能把握却又无法表达的关于世界总体实在的观念。当然，在辩证理性（辩证法）中还是可以找到一种对世界总体或绝对的表达方法的。例如黑格尔对他自己的"绝对理念"就有很简洁的、确切的表述："绝对理念的内容就是我们迄今所有的全部生活经历。"（《小逻辑》，第423页）此外，他在论及柏拉图的"理念"时，对"绝对"也有个简单的准确的表述："一般讲来，绝对被理解为'有'与'无'的统一，'一'与'多'的统一。"（《哲学史讲演录》第二卷，第204页）总之，如果说，世界的最高本质、绝对无待的宇宙最后根源是古代哲学探索的顶峰，那么，在中国古代，则是庄子最先运用一种特殊的、超理性的方法——通过精神修养实践而形成的对世界总体实在的体认——登上了这个哲学顶峰。

（2）和"仁"共同构成中国哲学的完整境界　黑格尔在《哲学史讲演录》中评价苏格拉底时说："在古代哲学中，苏格拉底的突出贡献，就是他建立了一个新的概念，亦即把伦理学加进了哲学，而过去哲学是只考察自然的。"（《哲学史讲演录》第二卷，第42页）如果我们把古希腊哲学这个历史发展理解得简单化、粗线条一些，那么，这就是说，在古希腊的哲学发展中，苏格拉底是个转机，从他那里开始（当然，在他以前，如在阿那克萨戈拉的"心智"里，就存在了这种转机），哲学由主要是对自然的思索，转向了或者说增加了对人自身的思索。在中国先秦哲学思想的发展中，在庄子身上也体现了、实际发生了一种理论主题或理论方向的转变；不过，这是一种和古希腊哲学理论主题运动方向相反的转变：由只考察社会，转向了、增加了考察自然。

在庄子时代，中国先秦思想中一个比较完备的社会伦理哲学思想体系已经初步形成，这就是儒家孔子学说。孔子学说的基本的、中心的范畴是"仁"。《论语》中的"仁"也是有深浅不同的多种涵义，但最根本的、最主要的涵义有二。首先，"仁"是指社会伦理纲常。《论语》记载：

子曰："克己复礼为仁"。（《论语·颜渊》）

有子曰："……孝弟也者，其为仁之本与。"（《论语·学而》

孔子所谓"礼"，就是西周时代以宗法制度为基础形成的社会伦理秩序和阶级制度，"君臣上下，父子兄弟，非礼不定"（《礼记·曲礼上》），"在礼，家施不及国，民不迁，农不移，工贾不变"（《左传·昭公二十六年》）。所以，孔子的"克己复礼为仁"，即是认为"仁"就是践履社会伦理，因而孝弟是"为仁之本"。其次，"仁"也是指个人的道德修养。《论语》记载：

> 子张问仁。子曰："能行五者于天下为仁：恭，宽、信、敏、惠。恭则不侮，宽则得众，信则人任焉，敏则有功，惠则足以使人。"（《论语·阳货》）
>
> 仲弓问仁。子曰："己所不欲，勿施于人。"（《论语·颜渊》）

这表明，"仁"也是一个人待人接物的态度，一个人在社会生活中的品德修养。所以，完全可以说，儒家孔子的"仁"的范畴所概括涵盖的主要是社会生活的内容。儒家学说主要是致力于探索和推进伦理道德的实践。孔子"不语怪力乱神"（《论语·述而》），孔子说"未知生，焉知死"（《论语·先进》）。可见，对于自然的思索和永恒的追求，都是为孔子所淡泊的。这在一方面来说，是孔子生活态度的积极和健康；但另一方面，也不能不是他的学说中的缺弱。

庄子思想或学说正是在这两个主要方面（自然和永恒）弥补了孔子学说的不足。庄子热情地探寻自然的一切——自然之美和万物之理：

> 天地有大美而不言，四时有明法而不议，万物有成理而不说。圣人者，原天地之美而达万物之理，是故至人无为，大圣不作，观于天地之谓也。（《知北游》）

同时，庄子醉心地追逐永恒——人和万物的归宿：

> 夫藏舟于壑，藏山于泽，谓之固矣。然而夜半有力者负之而走，昧者不知也。藏小大有宜，犹有所遁，若夫藏天下于天下而不得所

遁，是恒物之大情也。特犯人之形而犹喜之，若人之形者，万化而未始有极也，其为乐可胜计邪！故圣人将游于物之所不遁而皆存。（《大宗师》）

庄子思想中作为宇宙根源的"道"，一方面是他对自然的哲学认识的结果，这一范畴融进了他的自然哲学诸如"气""万化""自化"等概念所包含的全部观念或思想；另一方面，也是他对人的自我认识的结果，他把人看作是活跃在"万化"中的自然的一部分。这样，"道"为根源的观念，就将个人的存在和一种永恒的自然实在联结在一起，人在自然中获得了不朽，人在精神上得到了一种深厚的依托、慰藉和保障。庄子以外的许多古代思想家在科学基础那样薄弱的情况下，仍然顽强地寻觅"根源"，秘密也许正在于此。就这一点来说，古代哲学的根源观念的科学基础现在看来虽然已经削弱，甚至崩溃，但它的哲学意义却仍然存在。它的理论力量仍然足，以抗衡以践履某种伦理道德原则即为永恒的儒家观点和个体自我实现即为永恒的现代观点①。所以，在中国先秦思想中，庄子的"道"和孔子的"仁"共同构成了中国哲学的一个周延的人生境界：人在自然和社会、现世和永恒中，都有了自己的立足点、自己的存在方式。

（3）与"大梵""理念"相比显出中国哲学的特色　在古代的哲学世界里，作为对世界本质的认识或规定的观念、范畴，还有印度哲学的"大梵"和希腊哲学的"理念"。

从哲学的立场看，在古代印度，在对具有无上权威的宗教经典《吠陀》作哲理解释的《奥义书》中，基本概念"大梵"（Brahman），就是一个关于世界根源或本质的哲学本体论范畴。《奥义书》中写道：

诚然，太初，此世界唯大梵也，为太一，为无极者。（《五十奥义书·弥勒奥义书》，中国社会科学出版社 1984 年版，第 464 页）

唯大梵依其自能称为自性者，既创造诸世界，又入乎其间，居中

① 先秦以立德、立功、立言为"三不朽"的观点和现代思潮中以"存在"为世界本体或本质的存在主义观点是其代表。

为主，为大梵等，管制智与诸根，是为自在主。（《五十奥义书·离所缘奥义书》，第678页）

大梵永生者，唯是此万有。在前又在后，在左又在右。在上又在下，遍处无不复。唯是此大梵，美哉全宇宙。（《五十奥义书·蒙查羯奥义书》，第703页）

诚然，大梵之态有二：一有相者，一无相者。是有相者非真实也；是无相者乃为真实，乃为大梵。（《五十奥义书·勒弥奥义书》，第453页）

大梵者，真也，智也，无极也，阿难陀（ānanda，义为极乐）。（《五十奥义书·菁华奥义书》，第788页）

等等。可见，《奥义书》中作为世界最后根源的"大梵"，是一种具有实体性，但又不能为感官直接感知的无限、永恒的宇宙创造者。

《奥义书》中和这个"万有皆大梵"观念相联系的一个重要观念是"自我（Ātman）即大梵"。《奥义书》写道：

此一切皆是大梵，此自我即是大梵。（《五十奥义书·唵声奥义书》，第737页）

唯彼伟大不生不灭之自我，无老无死永生无畏之大梵也。（《五十奥义书·大林间奥义书》，第627页）

等等。一种哲学的特点或特色，本质上就是认识或达到这种哲学的最高范畴的方法或途径。《奥义书》中"自我即是大梵"的观念，就把对世界最后本质"大梵"的哲学认识，推向了唯一的、具有神秘色彩的自我体验的道路：

当观照大梵为真智乐自我不二者也，当观照自我为真智乐大梵也。《奥义书》如是。（《五十奥义书·金刚针奥义书》，第365页）

心念既止寂，道有极乐观。自体即明证，此即是大梵。（《五十奥义书·弥勒奥义书》，第467页）

> 无上梵已知，彼则成大梵。（《五十奥义书·蒙查羯奥义书》，第779页）

这样，在古代印度思想中，世界最后根源的实体性的观念，和对它的认识的自我体验的观照的方法，一方面阻碍了、隔绝了印度哲学对古代哲学的最高问题——世界的最后根源或最高本质作进一步的理智的、理性的探求，另一方面则是将人们的精神生活有力地引向对最高实体的皈依，引向宗教的实践：

> 婆罗门而求知彼也（意指"大梵"），或以研读（韦陀），或以布施，或以祭祀，或以苦行，或以绝食。（《五十奥义书·大林间奥义书》，第625页）

庄子思想与此完全不同。庄子思想中的作为世界本质或根源的"道"，是指一种宇宙总体的实在性，是越过对"天地之美""万物之理"的理智认识而后达到的对世界整体或共同根源的理性直观。虽然这种理性直观已经蜕去了逻辑认识的形态（超理性），而显现为一种生活实践的形态了（精神修养），但在庄子这里，因为作为世界根源、本质的"道"是一种总体的自然实在，而不是"大梵"那样超自然的实体，所以这种生活实践，不是表现为对超自然的神秘力量的信仰而形成的宗教幻境，而是表现为对自然本身的哲学理解而达到的超脱的精神境。

古希腊的哲学大家柏拉图的"理念"（idea），也是古代哲学关于世界本质的一种观点。一般说来，柏拉图的"理念"是指和事物外现的特殊性、可感性相对立的事物内涵的共相、本质。例如，柏拉图在《大希庇阿斯》篇中借苏格拉底之口说：

> 我问的是美本身，这美本身，加到任何一件事物上面，就使那件事物成其为美，不管它是一块石头，一块木头，一个人，一个神，一个动作，还是一门学问。（《柏拉图文艺对话集》，人民文学出版社1959年版，第176页）

我们所要寻求的美是有了它，美的事物才成其为美，犹如大的事物之所以成其为大，是由于它们比起其他事物有一种质量方面的优越，有了这种优越，不管它们在外表上什么样，它们就必然是大的。美也是如此，它应该是一切美的事物有了它就成其为美的那个品质，不管它们在外表上什么样，我们所要寻求的就是这种美。（同上书，第179页）

这里的"美本身""大之所以为大"，就是"美"的理念、"大"的理念。可见，"理念"就是一事物之所以成为那一事物的根源、本质。正如黑格尔在分析柏拉图的"理念"时诠释的那样，"理念不是别的，只是共相……这种共相是自在自为的真实存在，是本质，是唯一具有理性的东西。"（《哲学史讲演录》第二卷，第179页）所以，柏拉图的"理念"是具有哲学本体论性质的范畴。同时也可见，柏拉图的理念世界并不是一个统一的世界，在这里不仅有"美"的理念、"大"的理念，还聚居着每一事物的理念。正如柏拉图在《理想国》里也是借苏格拉底之口所说的：

我们经常用一个理式①来统摄杂多同名的个别事物，每一类杂多的个别事物各有一个理式。（《柏拉图文艺对话集》，第64页）

在早期，柏拉图认为自然界的事物之所以存在，就是"分有"或"摹仿"、"理念"的结果。到了晚期，他更直接认为神创造世界也是仿照"理念"——永恒不变的"模型"。他在《蒂迈欧》中借蒂迈欧之口说：

这个世界的创造主用什么样的模型来创造这个世界呢？他用的是永恒不变的模型呢，还是创造出来的模型呢？如果这个世界是美的，而它的创造主是好的，显然创造主就要注视那永恒不变的东西，把这种东西当作模型。如果不是这样（这是一种不敬神的假定），

---

① "理念"（idea）的另一译法。

那么，他所注视着的必然是创造出来的东西。但是每个人都会看得很清楚，它所注视着的乃是永恒不变的东西。因为在一切创造出来的东西中，世界是最美的；而在一切原因中，神是最好的。既然世界是这样产生出来的，因此它必然是照着理性所认识的永恒不变的模型创造出来的。（《古希腊罗马哲学》，生活·读书·新知三联书店1957年版，第208页）

可见，柏拉图的"理念"是一种先于自然、先于万物创造者的最初的、固有的存在。也就是在这里，柏拉图的"理念"表现出和《奥义书》的"大梵"、庄子的"道"具有显然的不同之处。它所揭示和认定的作为世界最后本质或根源的哲学性质，既不是超自然的实体性，也不是自然的总体实在性，而是独立存在的真理性。这个比任何具体事物都更加真实的、永恒的客观存在，是只能在人的或神的（如果有神的话）认识中才能显现的共相。黑格尔非常准确地判定了柏拉图"理念"的这个根本性质，他说："理念不是直接在意识之中，而乃是在认识中……因此，人们并不是具有理念，反之，理念只是通过认识的过程才能在我们心灵中产生出来。"（《哲学史讲演录》第二卷，第180～181页）

在柏拉图的哲学里，作为世界本质、根源的"理念"，既然和《奥义书》的"大梵"、庄子的"道"相比，呈现着不同的形态，具有不同的性质，那么，认识或达到这一世界最后本质的方法，也就和《奥义书》的自我体验、庄子的理性直观不同，它是一种辩证思维的方法。柏拉图在《理想国》中借苏格拉底之口说：

当一个人根据辩证法企图只用推理而不要任何感觉以求达到每个事物的本身（按即理念），并且这样坚持下去，一直到他通过纯粹的思想而认识到善本身的时候，他就达到了可知世界的极限。（《古希腊罗马哲学》，第203页）

只有辩证法才是唯一这样一种研究方法，这种方法不需要假设而上升到第一原理，并且就在这里得到证实。（同上书，第205页）

为什么在柏拉图哲学中对于作为世界本质的"理念"的共相的认识，必然要导向和必须唯一地使用将事物看作对立统一的辩证法的方法？黑格尔曾经作过深入、独到的分析。他说："思想中的辩证运动是和共相有关系的。这种运动是理念的规定；理念是共相，不过是自己规定自己的、自身具体的共相。只有通过辩证运动，这自身具体的共相才能进入这样一种包含对立、区别在内的思想里。理念就是这些区别的统一；于是理念就是规定了的理念。"（《哲学史讲演录》第二卷，第206页）也就是说，对于既非超自然实体又非自然实在的而又独立存在的"理念"共相，本质上是一种思想的自我规定，它必然包含着一种对立统一才可能是完整的、永恒不变的。所以黑格尔接着又说："理念之所以具有这种特性，乃在于：'一'在对方中，在'多'中，在差异中和自身是同一的。在叫作柏拉图哲学的东西中，这种对立的统一是唯一使真实的事物真实并使认识具有意义的要素。"（同上书，第213页）即只有形成对立统一的观念，才能构成对"理念"的共相的认识。在柏拉图著作里洋溢着的辩证思考，例如在《巴门尼德篇》中对"一"与"多"等十三组对立范畴和在《智者》篇中对"存在"与"非存在"等三对对立范畴的分析，都是一种对"理念"本身的考察、认识。

柏拉图对作为世界本质的"理念"的共相的辩证思辨和追求，最后赋予或转变成在这种哲学观念背景下的理论实践的特色，是对理性、真理的追求。柏拉图把人的认识或知识分为四个等级：理性（知识）、理智（数理科学的推理）、信念、想象。他又把前两者合称为"理性"，后两者合称为"意见"。柏拉图在《蒂迈欧》中借蒂迈欧之口说：

> 我想凡是由人的理性推理所认识的东西总是真实的、永远不变的；而凡是意见和非理性的感觉对象总是变化不居的、不真实的。（《古希腊罗马哲学》，第207页）

对于这种"真实的、永远不变的"真理的求得，柏拉图表现了极大的热情和信心。在《理想国》里他借苏格拉底和格老康的对话说出：

苏：我们是不是也要肯定，只有通过辩证法，并且只有对于那些研究过前面所说的各种科学的人，这种真理才能够显示出来呢？

格：这一点我们也是可以肯定是正确的。（《古希腊罗马哲学》，第 205 页）

应该说，柏拉图的这种由"理念"的哲学观念而发展出来的理论追求，基本上是和科学实践中的对必然性或规律的理论追求相吻合的。即使是在欧洲中世纪，柏拉图的"理念"被奥古斯丁的教父哲学论证上帝的性质所援用，但它在基督教神学里一直是以理性的成分而不是以信仰的成分存在着的。因此，黑格尔曾对柏拉图的"理念"观念的历史意义给予极高的评价："柏拉图真正的思辨的伟大性之所在，他在哲学史上、亦即一般地在世界史划时代的贡献，是他对于理念的明确规定——这种关于理念的知识在几百年后一般地是酝酿成世界历史和形成人类精神生活的新形态的基本因素。"（《哲学史讲演录》第二卷，第 203 页）

柏拉图哲学中所表达的和蕴涵的对理性和科学真理的追求，一般说来正是庄子思想中所缺乏的。庄子虽然认为"道……无所不在"（《知北游》），完全肯定某种世界本质或根源的存在。但是他又说：

扁然而万物自古以固存。（《知北游》）

睹道之人，不随其所废，不原其所起，此议之所止。（《则阳》）

表明他对具体考察、明确规定世界的究竟甚为淡然，认为没有必要。所以"道"在庄子那里永远是一种模糊的、整体的理性直观对象，而不可能转变为确切的、可辨析的科学认识对象。

至此，我们可以总括地将庄子的作为世界最后根源的"道"的观念和世界另外两大文明——印度和希腊文明起源时期的哲学关于世界最后本质或根源的观点加以比较，以示其区别。

| 三大文明的<br>宇宙本体观念代表 | 三大文明的<br>观念差别<br>宇宙最后本质或根<br>源范畴的名称 | 被描述的或被<br>规定的特质 | 被认识的<br>方法 | 导向生活实践<br>的特色 |
|---|---|---|---|---|
| 《奥义书》 | 大梵（Brah‐man） | 超自然的实体 | 自我体验 | 对宗教生活的<br>执着 |
| 柏拉图 | 理念（idea） | 独立的共相 | 辩证法 | 对科学真理的<br>探求 |
| 庄子 | 道 | 总体的自然<br>实在 | 理性直观 | 对超脱的精神<br>境界的追求 |

　　古代哲学世界关于宇宙万物最后根源、最高本质的哲学性质的观念、观点之间的分歧（实体、实在、共相），在今看来也许是很微小的，某些地方也确实是相通的；这一具体的哲学问题在人类精神史早期所具有的那种巨大的理论意义，在今天也已经削弱，甚至消失了。但是，"差之毫厘，谬以千里"，今天生活在不同文化类型中的人们的精神生活的显著差别，在相当程度上正是兆端于人类文明源头时期在这个哲学问题上的观念或观点的差异。也就是在这个意义上完全可以说，庄子思想中的"道"的观念，无疑地是中国思想在世界思想、文化中显示出自己特色的基本因素。

# 第四章　人生哲学

在先秦思想中，乃至在整个中国思想中，对社会政治伦理的探讨，始终是一个优长的方面。唯独在庄子思想中，构成它的理论主体的是对自然和个人、人生的思索。我们在对庄子的自然哲学作了一番考察后，现在进入他的人生哲学领域。这里是庄子思想的核心部分。庄子的人生哲学主要是对人生的理想境界和实践方法的思考；这种对人生的思考不同于先秦诸子一般皆开始于、立足于"人性"，而是发端于、立足于个人生存中的"困境"。从人生困境中超脱出来，构成了庄子人生哲学的基本的理论方向和内容。

## 一　人生困境

在中国思想中，庄子的人生哲学思想最早地和全面地开始了对人的境遇的理性的思索。庄子不仅是细致地观察和具体地描述了人的生活景况及其自然和社会的环境，而且还深邃地觉察到围域着人的生活展开的障碍，人的难以逾越的界限，即人生困境。《庄子》中对人生困境有种种描述，其性质概括起来可归属于三个方面：自然的、社会的、自我的。

### 1. 自然之限：死与生

庄子认为，人是"气"的一种存在形式，"比形于天地而受气于阴阳"（《秋水》）；人是自然界的万物之一，所谓"号物之数谓之万，人处一焉"（同上）。同时，"万化而未始有极也"（《大宗师》），人也是要加入这个"万化"的行列，是不能跃出这个"始卒若环"的圈子之外的。因而，生与死，或者说死亡，是人生第一位的、最终无法跨越的界限。

《庄子》中一再写道：

> 一受其成形，不忘（亡）以待尽，与物相刃相靡，其行尽如驰，而莫之能止，不亦悲乎！终身役役而不见其成功，苶然疲役而不知其所归，可不哀邪！人谓之不死，奚益！其形化，其心与之然，可不谓之大哀乎！（《齐物论》）
>
> 人生天地之间，若白驹之过隙，忽然而已。注然勃然，莫不出焉；油然漻然，莫不入焉。已化而生，又化而死，生物哀之，人类悲之。解其天弢，堕其天袭，纷乎宛乎，魂魄将往，乃身从之，乃大归乎！（《知北游》）

庄子的这些叙述表明，第一，他认为对任何个人来说，"人"的这种存在形式终将泯灭（"形化"），这是人生的大限。第二，庄子为大限的必然到来表现出一种深情的悲哀，这是对生的眷念而产生的一种感情，所以不是悲观主义。庄子在对生命短暂的深沉的慨叹中蕴涵着对现世生活、生命的积极的肯定，不同于原始佛教思想把现世生活、生命本身看作是苦难，因而对人生表现出憎恶、负担的那种观念和态度[①]。第三，庄子具有极其强烈的要从这种大限中、这种人的根本的困境中超脱出来的意向。这种超脱不是企求人的感性存在（"天弢""天袭"）的永生，而是对人的感性存在的运动趋向（"所归"）和最终归宿（"大归"）的理解、认识。这一从人生的自然困境中获得精神超脱的意向，转变为人生哲学理论，就是在"通天下一气也"（《知北游》）的自然观基础上，庄子提出"以死生为一条"（《德充符》），"死生存亡之一体"（《大宗师》）。这是庄子超脱死生这一自然之限的基本理解，是下面将要论及的庄子理想人格精神境界的基本特征之一。

### 2. 社会之限：时与命

人作为自然的、物质的"气"的存在形式，毫无例外地摆脱不了"形化"的生死大限，然而，这种大限在每个人那里所表现出的形式或方

---

① 作为原始佛教基本教义"四圣谛"的"苦谛"，就系统地表述了这种思想观点。

式是极为不同的。《庄子》中有则寓言写道：

> 庄子之楚，见空骷髅，髐然有形，撽以马捶，因而问之，曰：
> "夫子贪生失理而为此乎？将子有亡国之事，斧钺之诛而为此乎？将
> 子有不善之行，愧遗父母妻子之丑而为此乎？将子有冻馁之患而为此
> 乎？将子之春秋故及此乎？"（《至乐》）

可见，死生这种本身是属于自然性质的大限，完全地或经常地是在某种社
会的因素作用下，以某一具体的、非自然的形式实现的。但是，对于个人
来说，对于他的全部生活历程来说，这些因素是同时可供选择的存在着
呢，还是唯一地、规定性地作用着呢？换言之，它们是偶然的呢，还是必
然的呢？庄子的回答是属于后一种。庄子认为这是一种非人力所能干预的
必然性，他称之为"命"：

> 死生，命也；其有夜旦之常，天也。人之有所不得与，皆物之情
> 也。（《大宗师》）

庄子思想中的"命"作用范围相当广泛，不仅决定了人的生死自然大限，
而且制范着、预定了人的一生在社会生活中的伦理关系和贫富穷达的遭
际。例如《庄子》中写道：

> 天下有大戒二：其一，命也；其一，义也。子之爱亲，命也，不
> 可解于心；臣之事君，义也，无适而非君也。无所逃于天地之间，是
> 之谓大戒。（《人间世》）
> 死生存亡，穷达贫富，贤与不肖毁誉，饥渴寒暑，是事之变，命
> 之行也。（《德充符》）

但是，这种必然性在庄子那里，只是一种感受或模糊的意象，而不能成为
有具体的内涵规定和理智地把握的认识对象，故《庄子》中写道：

求其为之者而不得也，然而至此极者，命也夫。（《大宗师》）

不知吾所以然而然，命也。（《达生》）

游于羿之彀中。中央者，中地也；然而不中者，命也。（《德充符》）

所以，这种必然性对于庄子来说，只能是一种外在的必然性，"吾命其在外者也"（《山木》）。正如黑格尔所说，"外在的必然性是以一种有限制的内容为它的实质"（《小逻辑》，第311页），在庄子的人生哲学里，这种未被认识的外在必然性就构成了人生途中的障碍人的精神自由的一层困境：

褚小者不可以怀大，绠短者不可以汲深。夫若是者，以为命有所成而形有所适，夫不可损益。（《至乐》）

即在庄子看来，命运的安排，如同衣小不能怀大，绳短不可汲深，都是无法改变的。

在庄子的人生哲学中，还有一个和"命"具有相近内涵和相同作用的外在必然性的概念："时"。《庄子》中有则关于孔子的故事，写道：

孔子游于匡，宋人围之数匝而弦歌不辍。子路入见，曰："何夫子之娱也？"孔子曰："来，吾语女。我讳穷久矣而不免，命也；求通久矣而不得，时也。当尧舜而天下无穷人，非知得也；当桀纣而天下无通人，非知失也；时势适然。夫水行不避蛟龙者，渔父之勇也；陆行不避兕虎者，猎夫之勇也；白刃交于前，视死若生者，烈士之勇也；知穷之有命，知通之有时，临大难而不惧者，圣人之勇也。由处矣，吾命有所制矣。"（《秋水》）

《庄子》中还有一则关于庄子的故事，写道：

庄子衣大布而补之，正廑系履而过魏王。魏王曰："何先生之惫邪？"庄子曰："贫也，非惫也。士有道德不能行，惫也；衣弊履穿，贫也，非惫也；此所谓非遭时也。王独不见夫腾猿乎？其得楠梓豫章也，揽蔓其枝而王长其间，虽羿、蓬蒙不能眄睨也。及其得柘棘枳枸之间也，危行侧视，振动悼慄；此筋骨非有加急而不柔也，处势不便，未足以逞其能也。今处昏上乱相之间，而欲无惫，奚可得邪？此比干之见剖心征也夫。"（《山木》）

从这两则故事里可以看到，第一，时同命一样，是制约、囿限人的本性得以充分发挥，"足以逞其能"的一种客观力量，一种外在的必然性，一种构成人生困境的因素。第二，时、命虽然同为一种外在必然性，但它们的形态却有不同。从"我讳穷久矣而不免，命也；求通久矣而不得，时也。当尧舜而天下无穷人，非知得也；当桀纣而天下无通人，非知失也；时势适然"的话来看，"命"这种必然性是诸种社会的、自然的力量的凝聚、蕴积，是一种内在的决定性，"时"的必然性则是这些力量整体的展开、显现，是一个时代包括政治、经济、道德各方面的全部的社会环境。第三，最后同样也可以看到庄子要摆脱这种人生困境的意向——一种"圣人之勇"。特殊的是，在庄子那里，这种"勇"不是对命运、时势的抗争、战胜，而是对它的承认、顺从。这些，我们在后面再加论述。

### 3. 自我之限：情与欲

庄子认为，人的生活的充分展开，精神自由（"逍遥"）的获得，除了受到生死的自然大限和时命的社会约束外，还有一重自我设置的障碍——哀乐之情和利害之欲。

庄子认为，哀乐之情是人之与生俱来而不能却的。如《庄子》中写道：

> 人之生也，与忧俱生。（《至乐》）
> 哀乐之来，吾不能御；其去，弗能止。悲夫，世人直为物逆旅耳！（《知北游》）

同样，利害之欲也是人之所不能免，为人的本性所固有。如《庄子》中写道：

人卒未有不兴名就利者。(《盗跖》)

夫声色滋味权势之于人，心不待学而乐之，体不待象而安之；夫欲恶避就，固不待师，此人之性也。(同上)

庄子对于这种情欲发生的机制，就像他对命的构成一样，感到十分模糊，觉得无法把握。他说："喜怒哀乐，虑叹变慹，姚佚启态，乐出虚，蒸成菌，日夜相代乎前，而莫知其所萌。"(《齐物论》) 但是，他明确地认定，这种情欲是人的精神得以自由飞翔的沉重负累。《庄子》中对此有段概括的表述：

贵富显严名利六者，勃志也；容动色理气意六者，谬心也；恶欲喜怒哀乐六者，累德也；去就取与知能六者，塞道也。此四六者不荡，胸中刚正，正则静，静则明，明则虚，虚则无为而无不为也。(《庚桑楚》)

这样，庄子就把对人生困境的分析、认识，引向了更加深入的、幽奥的人的心理领域——人的情感和意志的心理过程。在这里，庄子的思想又一次表现出作为中国先秦思想发展中的理论方向转机的深刻性的优点。德国当代著名的哲学家卡西尔（E. Cassirer）曾经指出人类文化发展上的一个重要现象："从人类意识最初萌发之时起，我们就发现一种生活的内向观察伴随着并补充着那种外向观察。人类的文化越往后发展，这种内向观察就变得越加显著。"(《人论》，上海译文出版社 1985 年版，第 5 页) 这是完全真实的。因此，庄子思想不仅由它先前的学术思想单一或主要地考察社会，转向增加了考察自然，为此后的中国思想提供了基础的自然哲学背景，是一种巨大的进步；而且，它由先前学术思想主要是外向地观察、分析人的社会行为，注重了、增加了内向地观察、分析人的心理现象、心理过程，为此后的中国思想的人生哲学开拓了一个基本的方面，自然也是一个重要的发展。但是，另一方面，庄子思想在这里也存在着理论内容或观点片面性的缺点。庄子是简单地在与心境的寂静、本然状态相对立的意义下——一种外在的对立，来理解情感和意志的，因而它们被视作是单一地消极性的（"动"的）；而不是在像后来被心理学家（自达尔文之后）和哲学家（自斯宾诺莎之后）确定性地描述的情感和意志本身皆具有"两极性"（肯定和否定、积极和消极、自由和必然等）的意义下①——一种内在的对立，来观察情感和意志的。于是庄子彻底否定了它们存在的价值，而没有从中发现、肯定对于我们人类具有积极意义的那个方面。情感、意志无疑是人的精神生活中，从而也是人生活动中的动力因素和富有色彩的部分。对情感和意欲的单一的否定，使庄子的超脱世俗、向往自由的热烈的人生追求，蒙上了一层灰暗的、冷漠的阴影，它可能转变为，或容易被理解为是一种出世的、厌世的人生哲学。这种情况，在庄子本人这里，在《庄子》这本书里，都还没有发生。因为在先秦，庄子思想始终都是单纯地处在以儒家思想为背景、为基础的文化环境中，精神生活总是在现世的画面上展开。汉魏以后，在一种以庄子思想和佛家思想互为背景、互相渗透的理论观念或生活情境中，来世、永生的理论主题出现了，这种情况就发生了。这些在后面当我们把庄子思想放在整个的中国思想史的背景下来考察的时候再作论述。

《庄子》中对人生困境，对障碍着、毁损着人的存在和自由的客观力量或原因，还有另外一种概括的描述：外刑、内刑。

> 为外刑者，金与木也；为内刑者，动与过也。宵（小）人之离外刑者，金木讯之；离内刑者，阴阳食之。夫免乎内外之刑者，唯真人能之。（《列御寇》）

很明显，这里的"外刑"，是指社会的政治、经济、伦理道德等所共同结成的规范、制约人的力量；这里的"内刑"，是指伤害、扰乱人的内心恬静的哀乐爱恶之情欲。这种内外之刑，一般人皆要遭罹，而唯有"真人"

---

① 达尔文在《人和动物的情绪表现》（1872 年）一书中提出情绪和感情具有两极性的对立性原则。斯宾诺莎曾明确指出，断言必然和自由是相互排斥的对立，是荒谬的和违反理性的。他定义"自由"："凡是仅仅由自身本性的必然性而存在，其行为仅仅由它自己决定的东西叫做自由。"（《伦理学》，商务印书馆 1983 年版，第 4 页）

可以避免，也就是说，凡人难以逾越的人生困境，"真人"是可以超脱的。可见，庄子人生哲学的理想人格及其精神境界是从人生困境中升越、显现出来的。

## 二 理想人格的精神境界和人生实践

庄子人生哲学里的理想人格的精神境界，就是实现了对人生困境的超越的那种精神状态。庄子所觉察和描述的人生困境，如上所述，是指对人的存在和自由具有制约作用的、性质分别属于自然的、社会的和自我的那些客观界限。从哲学上看，这一观点蕴涵着一种必然性观念。所以，庄子理想人格的人生实践实际上就是企图克服、摆脱必然性的一种努力，因而既有真实的因素，也有理想的和幻想的成分，它体现为十分独特的精神修养方法和处世态度。

### 1. 精神境界

理想人格是一种人生哲学中体现人生价值、完成人生目标的人物形象，是一种人生哲学理论宗旨的标志。中国先秦各家学派皆有自己的理想人格，一般皆称之为"圣人"，但其内涵或精神境界却甚有不同。如儒家推崇"博施于民而能济众"（《论语·雍也》）、"人伦之至"（《孟子·离娄上》）者为"圣人"，墨家服膺"形劳天下""以自苦为极"（《庄子·天下》）者为"大圣"。《庄子》中描述的理想人格的情况则比较复杂。

（1）《庄子》中理想人格的不同名号及其精神境界的描述　《庄子》中称谓能免除内外之刑或超脱生死、时命、情欲之限的理想人格的名号甚多，有"真人""至人""神人""圣人""德人""大人""天人""全人"等，其中表述得最为完整的是"真人"。

何谓真人？古之真人，不逆寡，不雄成，不谟士（事）。若然者，过而弗悔，当而不自得也。若然者，登高不慄，入水不濡，入火不热，是知之能假于道者也若此。古之真人，其寝不梦，其觉不忧，其食不甘，其息深深。真人之息以踵，众人之息以喉。屈服者，其嗌言若哇，其耆欲深者，其天机浅。古之真人，不知悦生，不知恶死，其出不䜣，其入不距；儵然而往，儵然而来而已矣。不忘其所始，不求其所终；受而喜之，忘而复之，是之谓不以心捐道，不以人助天，是之谓真人。（《大宗师》）

这段对于理想人格"真人"的精神状态或境界的细腻描述，实际上可以分解、归纳为两方面内容：超脱与神异。显然，"真人"精神境界的最主要内容或特征是对构成人生困境的三种界限的超越，"不知悦生，不知恶死"是齐一生死的表现；"不逆寡，不雄成，不谟士（事）"是顺应时命的态度，"其寝不梦，其觉不忧，其食不甘，其息深深"是无情无欲的表征。同时，这段描述还表明"真人"似乎有某种奇特的、神异的超人性能，能"登高不慄、入水不濡、入火不热"。

《庄子》中的理想人格还被称为"至人""神人""圣人"，所谓"至人无己，神人无功，圣人无名"（《逍遥游》）。其中"圣人""至人"出现的次数比"真人"还多，但所表述的精神境界的内容，也主要还是超脱、神异这样两个方面。试列表举例如下：

| 境界之内容<br>境界中角色 | 境界的界定性表述 | 境界的具体描述 | |
| --- | --- | --- | --- |
| | | 超　脱 | 神　异 |
| 至人 | 至人无己。（《逍遥游》）得至美而游乎至乐，谓之至人。（《田子方》） | 至人……死生无变于己，而况利害之端乎！（《齐物论》）子独不闻夫至人之自行邪？忘其肝胆，遗其耳目，芒然彷徨乎尘垢之外，逍遥乎无事之业，是谓为而不恃，长而不宰。（《达生》）彼至人者，归精神乎无始而甘冥乎无何有之乡。（《列御寇》） | 至人神矣！大泽焚而不能热，河汉沍而不能寒，疾雷破山、飘风振海而不能惊。若能者，乘云气，骑日月，而游乎四海之外。（《齐物论》）夫至人者，上窥青天，下潜黄泉，挥斥八极，神气不变。（《田子方》） |
| 神人 | 神人无功。（《逍遥游》） | （苑风谓谆芒曰：）"愿闻神人。"（谆芒曰：）"上神乘光，与形灭亡，此谓照旷。致命尽情，天地乐而万事销亡，万物复情，此之谓混冥。"（《天地》） | 藐姑射之山，有神人居焉，肌肤若冰雪，绰约若处子，不食五谷，吸风饮露，乘云气，御飞龙，而游乎四海之外。其神凝，使物不疵疠而年谷熟。（《逍遥游》） |

| 境界之内容<br>境界中角色 | 境界的界定性<br>表述 | 境界的具体描述 | |
|---|---|---|---|
| | | 超　脱 | 神　异 |
| 圣人 | 圣人无名。（《逍遥游》）淡然无极而众美从之，此天地之道，圣人之德也。（《刻意》） | 圣人不从事于务，不就利，不违害，不喜求，不缘道，无谓有谓，有谓无谓，而游乎尘垢之外。（《齐物论》）圣人遭之而不违，过之而不守。（《知北游》）夫圣人未始有天，未始有人，未始有始，未始有物，与世偕行而不替，所行之备而不洫。（《则阳》） | 夫圣人，鹑居而鷇食，鸟行而无彰，天下有道，则与物皆昌，天下无道，则修德就闲；千岁厌世，去而上仙，乘彼白云，至于帝乡（《天地》） |

最后，《庄子》中还有"德人""大人""天人""全人"四个名词或概念，也具有精神超脱的内涵，也可视为庄子人生哲学中的理想人格，表解于下：

| 境界中角色 | 境界的描述 | 简要的分析 |
|---|---|---|
| 德人 | 德人者，居无思，行无虑，不藏是非善恶。四海之内共利之之谓悦，共给之之为安；怊乎若婴儿之失其母也，傥乎若行而失其道也。财用有余而不知其所自来，饮食取足而不知其所从，此之谓德人之容。（《天地》） | ①"德人"能超脱世俗（"不藏是非善恶"），摆脱情欲（"居无思，行无虑"）。②"德人"是有位者（"四海共利，财用有余，饮食取足"）。 |
| 大人 | 大人之教，若形之于影，声之于响。有问而应之，尽其所怀，为天下配。处乎无响，行乎无方。挈汝适复之挠挠，以游无端；出入无旁，与日无始，颂论形躯，合乎大同，大同而无己。（《在宥》） | ①"大人"能顺应世俗（"形之影，响之声"），超越世俗（"以游无端"）。②"大人"是有位者（"为天下配"）。 |
| 天人 | 介者拸画，外非誉也；胥靡登高不惧，遗死生也。夫复谓不愧而忘人，忘人，因以为天人矣。（《庚桑楚》） | ①"天人"乃是忘怀世俗之人（"忘人"）。②"忘人"是指一种修养行为。 |
| 全人 | 圣人工乎天而拙乎人。夫工乎天而俍乎人者，唯全人能之。（《庚桑楚》） | ①"全人"乃是任自然、顺世俗之人（"工乎天而俍乎人者"）。②"工乎天俍乎人"是指一种修养行为。 |

由上表可见，《庄子》中的"德人""大人"义蕴着一种权位观念，"天人""全人"则是义释某种修养行为，这和《庄子》中作为单纯描述自由的、"逍遥"的精神境界的"真人""至人""神人""圣人"等名号似乎是有所不同的。那么，它们所表述的精神境界是否有差别呢？

（2）《庄子》中不同名号的理想人格的境界同异问题　《庄子》中的理想人格名号不同，它们所表述或体现的精神境界是相同的呢还是不同的呢？或者说是同一层次的呢还是不同层次的呢？在这个问题上，《庄子》本书的记述存在着矛盾和混乱，可以从中归纳出两种不同的、对立的回答。这也是从一个具体问题上证明《庄子》一书绝非成于一时一人之手。

第一种回答是不同说，即认为上面所述的《庄子》中的不同名号的理想人格在精神境界上是不相同的，是处于不同层次的。这在《庄子》中有明确的记述为证，举例如下：

| 《庄子》中的某些记述 | 显示的境界层次 |
| --- | --- |
| 圣人工乎天而拙乎人，夫工乎天而俍乎人者，唯全人能之。（《庚桑楚》） | 全人→圣人 |
| 客（戴晋人）出，惠子见，君（魏惠王）曰："客，大人也，圣人不足以当之。"（《则阳》） | 大人→圣人 |
| 圣人之所以骇天下，神人未尝过而问焉，贤人所以骇世，圣人未尝过而问焉，君子所以骇国，贤人未尝过而问焉；小人所以合时，君子未尝过而问焉。（《外物》） | 神人→圣人→贤人→君子→小人 |
| 不离于宗，谓之天人。不离于精，谓之神人。不离于真，谓之至人。以天为宗，以德为本，以道为门，兆于变化，谓之圣人。以仁为恩，以义为理，以礼为行，以乐为和，薰然慈仁，谓之君子。以法为分，以名为表，以参为验，以稽为决，其数一二三四是也，百官以此相齿。以事为常，以衣食为主，蕃息畜藏，老弱孤寡为意，皆有以养，民之理也。（《天下》） | 天人→神人→至人→圣人→君子→百官→民 |

可见，"不同说"的特点是认为存在着多种的、不同层次的精神境界；上面所述不同名号的理想人格就分布在不同的境界层次中；哪种名号的理想人格体现、代表最高的精神境界，也没有一定的说法，但"圣人"肯定不是最高境界。

第二种回答是同一说，即认为《庄子》中的理想人格名号虽然不同，但其所表述的超越人生困境或世俗的那种精神境界是相同的、处于同一层次的。例如成玄英在疏解"至人无己、神人无功、圣人无名"一句时说："至言其体，神言其用，圣言其名。故就体语至，就用语神，就名语圣，其实一也。"（《庄子注疏·逍遥游》）从《庄子》中行文的前后连贯性和词义的相互借代的情况来看，"同一说"也是可以得到证明的。亦举例如下：

| 《庄子》中的某些记述 | 显示的境界层次 |
| --- | --- |
| 若夫乘天地之正，而御六气之辩，以游无穷者，彼且恶乎待哉！故曰至人无己，神人无功，圣人无名。（《逍遥游》） | 至人＝神人＝圣人 |
| 闻曰："道人不闻，至德不得，大人无己。"（《秋水》） | 道人＝德人（至德）＝大人＝至人（无己） |
| 圣人者，原天地之美而达万物之理，是故至人无为，大圣不作，观于天地之谓也。（《知北游》） | 圣人＝至人 |
| 是以神人恶众至，众至则不比，不比则不利也。故无所甚亲，无所甚疏，抱德炀和以顺天下，此谓真人。（《徐无鬼》） | 神人＝真人 |
| 圣人并包天地，泽及天下，而不知其谁氏。是故生无爵，死无谥，实不聚，名不立，此之谓大人。（《徐无鬼》） | 圣人＝大人 |
| 众人役役，圣人愚芚。（《齐物论》） | 圣人→众人 |
| 真人之息以踵，众人之息以喉。（《大宗师》） | 真人→众人 |

可见，"同一说"的特点是认为只存在两种境界，即众人的境界和得"道"人的境界。这种得"道"人的名号有"真人""至人""神人""圣人""大人"，等等。其名虽异，而实相同。

《庄子》中不同名号的理想人格的精神境界是相同的，又是不相同的；两种所见皆有根据，皆可成立。这一矛盾不是二律背反的理性思辨性质的矛盾，而是一种客观地存在于《庄子》中的两种理论事实之间的矛盾，它是庄子学派或庄子思想在先秦的历史发展中前后期理论观点发生演变的反映。在这里存在着可以清晰地分辨庄子和他的后学在思想上差异的两个判别点：境界的如何划分和"圣人"是否属于最高境界。

一般说来，"同一说"所依据的《庄子》中的记述，反映的是庄子学派早期的，也就是庄子本人的观点。这是因为，第一，"圣人"本来是儒家思想中的一个人格概念，《论语》中记载："子贡曰：'如有博施于民而能济众，何如？可谓仁乎？'子曰：'何事于仁，必也圣乎？尧舜其犹病诸。'"（《雍也》）可见，"圣"是比"仁"还要高的境界。孟子说，"圣人，人伦之至也"（《孟子·离娄上》），所以"圣人"是儒家伦理道德思想中最高的道德境界。庄子把它借移过来，加以改造（"圣人无名"），成为自己人生哲学思想中具有和"至人""神人"同义的理想人格。这一情况正反映了早期庄学和儒学的关系，即一方面把它作为批评对象，另一方面又常以它为理论背景和观念渊源。第二，庄子也正是把人的精神境界分为两种：无待和有待。《庄子·逍遥游》写道：

> 故夫知效一官，行比一乡，德合一君，而征一国者，其自视也亦若此矣。而宋荣子犹然笑之。且举世而誉之而不加劝，举世而非之而不加沮，定乎内外之分，辩乎荣辱之境，斯已矣。彼其于世未数数然也。虽然，犹有未树也。夫列子御风而行，泠然善也，旬有五日而后反。彼于致福者，未数数然也。此虽免乎行，犹有所待者也。若夫乘天地之正，而御六气之辩，以游无穷者，彼且恶乎待哉！

显然，庄子是以是否实现无任何负累的自由（"逍遥"）来划分人生境界的。在庄子看来，只有"乘天地之正，而御六气之辩，以游无穷"的"恶乎待"（无待）者是自由的，其他虽有情境的差别，但皆是不自由的"犹有所待"（有待）者，这实际上也就是认为只存在"圣人"（"至人""神人""真人"）和"众人"两种精神境界。

"不同说"所根据的《庄子》中的记述，可能是先秦庄学后期，也就是庄子后学的观点。这是因为，第一，在庄学后期，庄学有了自己的观念体系，庄学和儒学在理论上除了开始有相互影响的关系外，相互对立的关系显然是主要的，庄子后学把自己观念体系中的理想人格（"神人""至人""天人""全人"）置于儒家理想人格（"圣人"）之上，也是很自然的了。第二，如后面还要论及的那样，后期庄学具有明显的入俗倾向，这种生活态度的改变，使后期庄学不再简单地把人生境界分为"无待——有待"，即"圣人——众人"两种境界，而是具体地审视和描述了人世各种不同的生活情境或生活方式，认为它们一方面是各自独立的精神境界，另一方面又共同构成了多层次的人生精神环境。

（3）《庄子》中理想人格精神境界的本质特征  从《庄子》对"真人""至人""神人""圣人"等的精神状态的具体描述中，可以看到庄子思想的理想人格的精神境界是对人生困境的超脱，它同时具有真实性、理想性和幻想性的三重特征。

首先，庄子理想人格的精神境界具有真实性，它实际上是指一种安宁、恬静的心理环境。在庄子思想中，构成人生困境的生死之限、时命之围、哀乐之情都是人的生活中的客观存在，摆脱由此产生的精神纷扰，形成一种宁静的心理环境，应该说是对这一人生情境的真实的反映和理智的态度。在庄子这里，这一安宁恬静的心理环境主要包含着这样三个思想观念。

第一，"死生无变乎己"。《庄子》在描述"真人"的精神境界时说："死生亦大矣，而无变乎己。"（《田子方》）也就是说，纷扰心境安宁、围于精神自在的死生界限对于庄子的理想人格是不存在的。庄子对于死生大限的突破，是一种观念性的突破。庄子的"通天下一气也"（《知北游》）是这一观念的自然哲学基础。按照这一自然哲学观点，"人之生，气之聚也；聚则为生，散则为死"（《知北游》），"死生存亡之一体者"（《大宗师》）。所以，当人把对死生的观察点从人本身移到超越人的个体之上的另外一个更高的、更普遍的存在时，死生的界限就消失了，故《庄子》写道：

> 死生亦大矣，而不得与之变，虽天地覆坠，亦将不得与之遗。审乎无假而不与物迁，命物之化而守其宗也。（《德充符》）

死生的观念界限被超越，死产生的恐惧，生带来的欢欣，即对死生的不同情感界限也就不再存在，如《庄子》中所说：

> 古之真人，不知说生，不知恶死。（《大宗师》）
> 彼以生为附赘悬疣，以死为决疣溃痈，夫若然者又恶知死生先后

之所生？（《大宗师》）

　　生者，假借也；假之而生生者，尘垢也。死生为昼夜。（《至乐》）

　　若死生为徒，吾又何患！（《知北游》）

这样，死生的实际界限和感情界限都被庄子以一种独特的哲学观念突破了。

　　克服伴随死亡而产生的恐惧感，对于古代人们的精神生活是十分迫切的、十分有益的。和庄子同时代的古希腊哲学家伊壁鸠鲁（前341～前270）在致友人美诺寇的书信中说：“你要习惯于相信死亡是一件和我们毫不相干的事。因为一切善恶吉凶都在感觉中，而死亡不过是感觉的丧失……所以一切恶中最可怕的——死亡——对于我们是无足轻重的。因为当我们存在时，死亡对于我们还没有来，而当死亡时，我们已经不存在了。贤者既不厌恶生存，也不畏惧死亡。”（《古希腊罗马哲学》，第366页）比较而言，伊壁鸠鲁主要是从感觉论的角度来“征服”死亡的恐惧；而庄子则是依据他的自然哲学基础，从本体论的角度来实现对死生大限的观念的突破。他们的理论和方法虽然不同，旨趣却颇有相同，都是努力于消除死亡恐惧的纷扰，形成一种安宁、恬静的心境。在古代，死亡恐惧的祛除是具有精神解放意义的。我国清代学者熊伯龙说：“畏死心迫，神明说兴。”（《无何集》，中华书局1979年版，第139页）英国现代哲学家罗素也说：“我认为宗教基本上或主要是以恐惧为基础的。”（《为什么我不是基督教徒》，商务印书馆1982年版，第25页）庄子对生死大限的观念上的突破，对死的恐惧的精神上的克服，对中国固有文化中宗教因素的滋生起了有力的抑制作用。

　　第二，“游乎尘垢之外”。《庄子》描述“至人”的精神境界说：“芒然彷徨乎尘垢之外，逍遥乎无为之业，彼又恶能愦愦然为世俗之礼，以观众人之耳目哉！”（《大宗师》《天道》）庄子理想人格的这种超脱世俗事务和规范的生活态度，蕴藏和体现着一种安宁恬静的“定”的心境。如《庄子》中写道：

　　　　夫至人有世，不亦大乎，而不足以为之累。天下奋棅而不与之偕，审乎无假而不与利迁，极物之真，能守其本，故外天地、遗万物，而神未尝有所困也。通乎道，合乎德，退仁义，宾礼乐，至人之心有所定矣。(《天道》)

庄子这种"外天地，遗万物，退仁义，摈礼乐"的"游乎尘垢之外"的精神境界或"定"的心理环境，就其哲学基础来说，也是在"通天下一气"(《知北游》)的自然观或"道通为一"(《齐物论》)的本体论观念基础上形成的。故《庄子》说：

夫天下也者，万物之所一也。得其所一而同焉，则四支百体将为尘垢，而死生终始将为昼夜而莫能滑，而况得丧祸福之所介乎！(《田子方》)

死生存亡，穷达贫富，贤与不肖毁誉，饥渴寒暑，是事之变，命之行也。日夜相代乎前，而知不能规乎其始者也，故不足以滑和，不可入于灵府。(《德充符》)

可见，庄子的"游乎尘垢之外"的精神境界实际上向我们展示了这样的一个精神过程：当一个人理性地把自己的存在和一种永恒的、无所不包的存在整体结合在一起，理智地感受到他个人的存在也是一种无限之时，胸襟就会变得宽广起来。在这个高远的位置上来审视人世，得丧祸福、穷达贫富也就无足萦怀了，世俗的纷扰也就化成心境的宁静。所以，庄子的这种超脱，在本质上是一种经过哲学升华的自我意识的特殊表现。历史上不只庄子一个人的生活经历表明，理智、理性的思索使一个人的精神从世俗观念和事务的困扰中提高出来、超拔出来是可能的，是真实存在过的。

第三，"哀乐不入于胸次"。庄子理想人格"其寝不梦，其觉不忧，其食不甘"(《大宗师》)的无情无欲的精神境界，实际上也就是一种"喜怒哀乐不入于胸次"(《田子方》)的安宁、恬静的心理环境。庄子认为这一心理环境的形成，在于要有安于时命、本分的生活态度，他称之为"悬解"：

> 安时而处顺，哀乐不能入也，古者谓是帝之悬解。（《养生主》
> 《大宗师》）
>
> 吾以为得失之非我也，而无忧色而已矣。（《田子方》）

庄子进而把安命守分，不为不可避免的、无法改变的遭际而哀乐动心，视为极高的道德修养：

> 哀乐不易施乎前，知其不可奈何而安之若命，德之至也。（《人间世》）
>
> 知不可奈何而安之若命，唯有德者能之。（《德充符》）

如前所述，在庄子思想中，"命"是一种外在必然性。庄子"安命"的主张，即认为对命运必然性的承诺，不为非分之务，"达命之情者，不务知之所无奈何"（《达生》），能获得心境的安宁，这在人的精神过程中是真实的；甚至像黑格尔所曾经称赞的那样，古代哲人沉静地委诸命运的态度是"高尚而有价值的"（《小逻辑》，第 309 页）。然而在生活中，伴随"安命处顺"而来的消极作用也是明显的。即人们容易把感受到的巨大的、难以克服的、本质上是偶然性的外界困难，认为是必然性的"命运"，这样，"安命"所获得的"安宁"，实际上就是对被奴役状态的麻木。应该说，这个精神过程也常有发生的。

"喜怒哀乐不入胸次"并不意味着庄子认为人完全不应该有喜怒哀乐之情。《庄子》说，"真人……凄然似秋，煖然似春，喜怒通四时，与物有宜而莫知其极"（《大宗师》）。可见庄子实际上是主张人的喜怒哀乐之情应该因顺于自然，相通于大道。《庄子》在一则庄子和惠施对话的记述中，很明确地说明了这个问题：

> 庄子曰："……吾所谓无情者，言人之不以好恶内伤其身，常因自然而不益生也。"（《德充符》）

对于一切事物、事件皆能因任自然、摈除人为的那种不动心的精神状态，庄子称之为"坐忘"：

> 堕肢体，黜聪明，离形去智，同于大通，此谓坐忘。（《大宗
> 师》）
> 儿子动不知所为，行不知所立，身若槁木之枝而心若死灰。
> （《庚桑楚》）

所以，庄子的"无情""坐忘"本质上是一种"儿子"（婴儿）般的自然状态，它是要求复归于"大通"（自然、天然、本然），这和佛家的"无念"要求寂灭于"空"是不同的。清代学者宣颖说："庄子无情之说，不是寂灭之谓也。只是任吾天然不增一毫而已。可见庄子与佛氏之学不同。"（《南华经解·德充符》）甚是。

黑格尔在评论伊壁鸠鲁的道德学说时说："它的目的是精神的不动心，一种安宁。但是这种安宁不是通过鲁钝，而是通过最高的精神修养而获得的。"（《哲学史讲演录》第三卷，第84页）庄子理想人格精神境界的基本特征也正是一种安宁，一种在理智、理性基础上，通过精神修养实现对死亡恐惧的克服、世事纷扰的超脱、哀乐之情的消融，从而形成的安宁恬静的心理环境——"归精神乎无始，而甘冥乎无何有之乡。"（《列御寇》）

其次，庄子理想人格精神境界的本质内容是对一种个人精神的绝对自由的追求，因而具有理想的性质。这一自由境界（庄子称之为"逍遥"）的情态，《庄子》中是这样描述的：

> 若夫乘天地之正，而御六气之辩，以游无穷者，彼且恶乎待哉！
> （《逍遥游》）
> 若夫乘道德而浮游……一龙一蛇，与时俱化而无肯专为，一上一
> 下，以和为量，浮游乎万物之祖，物物而不物于物，则胡可得而累
> 邪！（《山木》）
> 夫天下也者，万物之所一也。得其所一而同焉，则四支百体将为尘
> 垢，而死生终始将为昼夜而莫之能滑，而况得丧祸福之所介乎！……且
> 万化而未始有极，夫孰足以患心！已为道者解乎此。（《田子方》）

这就是庄子追求的绝对自由——无待、无累、无患的"逍遥"。这是一种理想中的主观与客观无任何对立或矛盾的个人的自由自在的存在，一种一切感性存在皆被升华为"道通为一"的理性观念，因而无任何人生负累的心境。显然，这种自由的理想——无人生之累——在现实世界中是不可能真实地和完全地存在着的，而只能以想象的形态在观念世界里表现出来；这种"逍遥"心境的形成——一切感性、情感的理性、理智升华——也不是一般的思维认识过程，而是一种特殊的、对万物根源"道"的直观体悟。所以庄子对这一境界的描述，想象的翅膀总是翱翔在人世之外（游身世外），而理性直觉则总是系着于万物根源之上（游心于"道"），举例如：

| 想象中的游身世外 | 理性直觉中的游心于"道" |
| --- | --- |
| 乘云气，御飞龙，而游乎四海之外。（《逍遥游》） | 不知耳目之所宜，而游心乎德之和。（《德充符》） |
| 乘云气，骑日月，而游乎四海之外。（《齐物论》） | 万化而未始有极……故圣人将游于物之所不得遁而皆存。（《大宗师》） |
| 乘夫莽眇之鸟，以出六极之外，而游无何有之乡。（《应帝王》） | 去君之累，除君之忧，而独与道游于大莫之国。（《山木》） |
| 余将去女，入无穷之门，以游无极之野。（《在宥》） | 心困焉而不能知，口辟焉而不能言，故游心于物之初。（《田子方》） |
| 乘日之车……游于六合之外。（《徐无鬼》） | 独与天地精神往来……上与造物者游。（《天下》） |

正如莱布尼茨在《神正论》序言中所说，自由是"烦扰着几乎整个人类"的问题①，历史上哲学家对自由作出的思考和具体回答，也是颇不相同的。从以上所述可以看到，庄子所认识和追求的自由——"逍遥"，与具有典型意义的自由观，即卢梭、康德等的意志自由，及斯宾诺莎、黑格尔等的认识必然的理性自由相比，是一种情态自由。

在欧洲近代哲学中，意志自由论较早地在笛卡儿那里就有一般的、明确的表述："我们意志的自由是自明的"（《哲学原理》，商务印书馆1962

① 莱布尼茨：《人类理智新论》译序。

年版，第 15 页）。而它贯穿着卢梭的政治理论和康德的道德哲学的全部。卢梭在《论人类不平等的起源和基础》一文中写道："在禽兽的动作中，自然支配一切，而人则以自由主动者的资格参与其本身的动作。禽兽根据本能决定取舍，而人则通过自由行为决定取舍。"（《论人类不平等的起源和基础》，商务印书馆 1962 年版，第 82 页）以后，卢梭又在《社会契约论》里明确提出："人是生而自由的。"（《社会契约论》，商务印书馆 1980 年版，第 8 页）卢梭说，一个人放弃他的自然权利，接受某种社会契约，虽然丧失了"天然的自由"，但获得了"约定的自由"；反之，契约被破坏，"约定的自由"丧失了，他就又恢复了"天然的自由"（同上书，第 23 页）。可见卢梭主要是从政治权利的意义上来理解自由的。同时，在这种政治权利意义上的自由之外，卢梭还提出一种道德意义上的自由。他说："除上述以外，我们还应该在社会状态的收益栏内再加上道德的自由，唯有道德的自由才使人类真正成为自己的主人；因为仅有嗜欲的冲动便是奴隶状态，而唯有服从人们自己为自己所规定的法律，才是自由。"（同上书，第 30 页）在卢梭那里，这种道德的自由不属于他的理论主题，他没有展开论述。

在康德哲学里，自由是他的道德哲学（实践理性）最基本的"悬设"①，并进而也是他全部哲学中不能被思辨证明的最高理性概念的基石。康德说："自由概念的实在性既然被实践理性的一个必然法则所证明，所以它就成了纯粹的，甚至思辨的理性体系整个建筑的拱心石，而且其他一切概念（神的概念和不朽的概念），原来当作理念在思辨理性中没有根据的、到了现在也都附着在这个概念上，而借它稳定起来，并得到客观实在性；那就是说，它们的可能性已由'自由确系存在'这件事得到证明，因为这个理念已被道德法则所揭露出来了。"（《实践理性批判》，商务印书馆 1960 年版，第 1~2 页）可见，康德的"自由"就是一种道德的自由，就是人作为自己道德法则立法者的那种意志自由。所以康德说："这种自由离了道德法则原是永远不会被人认识的。"（同上书，第 30 页）

---

① 康德的"悬设"，就是无须证明的，或不能证明的基本前提。康德说："我所谓悬设，乃是指一个在理论上还不能证明，但是不可分地依靠在一个先天而无制约地有效的实践法则上的命题而言。"（《实践理性批判》，商务印书馆 1960 年版，第 125 页）

康德和卢梭都是意志自由论者。区别在于，卢梭主要是从一种比较具体的社会政治角度来论述人的自由，认为社会契约是人的自由意志的表现；而康德则是从一种比较抽象的、道德哲学的角度来论述人的自由，提出"一个只能以准则的单纯立法形式作为自己法则的意志，就是一个自由意志"（同上书，第28页）的一般性原则。康德对于意志自由的思考较之卢梭在理论上的深刻性，还在于他对这种"自由"本身有所规定，有所定义。从《实践理性批判》中可以看出，康德对"自由"内涵的主要规定是独立性和原因性，如康德说，"一种独立性就是最严格意义下的（即先验意义下的）自由"（《实践理性批判》，第28页），"自由，即一个存在者就其属于理性世界范围内所有的原因性"（同上书，第134页）。

可见，卢梭和康德的意志自由论所揭示和坚持的是认为人的行为在其根源上是独立自主的，因而人是社会立法的主权者，人是道德法则的主体。这和庄子的情态自由论所描述和追求的超脱人生困境，理智、理性地升华人所固有的感情、感性，从而达到无待、无累、无患的自在情境，是完全异趣的。

在世界哲学舞台上，另外一个具有典型意义的自由观是斯宾诺莎、黑格尔的理性自由论。斯宾诺莎认为世界是必然性统治的世界，"一切事物都受神的本性的必然性所决定而以一定方式存在和动作"（《伦理学》，商务印书馆1983年版，第27页），"在人的心灵中没有绝对的或自由的意志"（同上书，第87页）。然而斯宾诺莎也明确认为，自由和必然并不是绝对对立的，自由实际上是从必然性中生成，他说："凡是仅仅由自身本性的必然性而存在，其行为仅仅由它自身决定的东西叫做自由。"（同上书，第4页）斯宾诺莎还认为，"自由人，亦即纯依理性的指导而生活的人"（同上书，第222页）。这些都表明斯宾诺莎已经深刻地认识到从必然走向自由的桥梁是理性，自由就是对必然的认识。

自由就是对必然的认识这一思想，在黑格尔那里获得了一个确切的命题形式："必然性的真理就是自由。"（《小逻辑》，第322页）黑格尔对由必然性转化为自由的认识的精神过程也有个描述："无疑地，必然作为必然还不是自由，但是自由以必然为前提，包含必然性在自身内，作为被扬弃了的东西。一个有德行的人自己意识到他的行为内容的必然性和自在自为的义务性。由于这样，他不但不感到他的自由受到了妨害，甚至可以说，正由于有了这种必然性与义务性的意识，他才首先达到真正内容充实的自由，有别于刚愎任性而来的空无内容的和单纯可能性的自由。"（同上书，第323页）十分清楚，黑格尔明确地以被理性认识了的必然性为自由的内容。

显然，理性自由论所揭示和坚持认为的自由是人的理性的自觉，与庄子所追求的那种精神上无任何负累的、逍遥情境的自由也是不同的。

至此，我们可以把三种自由观的主要之点对比如下：

| 自由观 | 自由的内容 | 自由的获得 |
| --- | --- | --- |
| 庄子的情态自由 | 精神上无任何负累 | 体认宇宙本体 |
| 卢梭、康德的意志自由 | 行为的独立自主 | 固有 |
| 斯宾诺莎、黑格尔的理性自由 | 认识了的必然性 | 理性自觉 |

总之，庄子主要是从个人的无负累的心境状态，或逍遥自在的心情感受的角度来认识和描述自由的。当然，这种感受只能以某种感性的、直观的形式显现；这种心境也只能是缺乏现实基础的、个人孤独生活的精神理想，"自由"离那个时代的人们还太远，所以庄子的自由观不可能有更深更广的内容。然而庄子的无待、无累、无患的绝对自由思想，毕竟表明他发现了作为必然性的具体形态的人生困境，提出了一种超脱方法，描述了一种自由的心境或情态，在古代的哲学世界中，特别是在中国哲学中，这是一种人的自我觉醒，一种重要的精神觉醒。恩格斯曾说："文化上的每一进步，都是迈向自由的一步。"（《马克思恩格斯选集》第三卷，第154页）反过来也可以说，自由观念的觉醒，是重要的文化进步。因此，庄子的自由的理想应该被视为中国文化中的进步现象，庄子对情态自由的描述应该是人类自由思想史的初章。

最后，在庄子的理想人格身上，还存在着、表现出一种异于、超越世人的神奇性能，这使得庄子的理想人格的精神境界具有某种神话的幻想性。《庄子》中描写的"至人""神人""圣人""真人"等理想人格在饮食起居、行为功能等方面都表现出神异性。例如：

藐姑射之山，有神人居焉，肌肤若冰雪，绰约若处子。不食五谷，吸风饮露。乘云气，御飞龙，而游乎四海之外。（《逍遥游》）

至人神矣，大泽焚而不能热，河汉沍而不能寒，疾雷破山飘风振海而不能惊。若然者，乘云气，骑日月，而游乎四海之外。（《齐物论》）

古之真人……登高不慄，入水不濡，入火不热。（《大宗师》）

圣人……入于不死不生。（同上）

等等。庄子理想人格的这些奇异的性能，它表现的与其说是超脱世俗的思想，不如说是在远古社会生产力低下的情况下，人们对征服限制、威胁人类生存的自然力的幻想。正如卡西尔所说，"神话的真正基质不是思维的基质，而是情感的基质"（《人论》，第104页），所以庄子的这些描述是具有神话性质的。生活资料的匮乏，无法抵御的、以水和火为代表的凶猛的自然灾害的侵袭，山川河海的阻隔……最后降临的更是人人皆无法逃脱的死亡，都是古代人们不能在现实中战胜，而只能通过幻想在神话中战胜的对象；特别是死亡，卡西尔甚至认为"整个神话可以被解释为就是对死亡现象的坚定而顽强的否定"（同上书，第107页）。庄子理想人格所具有的神异性能，正是这种感情愿望的反映。

庄子理想人格精神境界的幻想的神话性质，与作为中国神话之渊薮的《山海经》和楚辞中描写神鬼世界的《九歌》相比，更是非常明显的（见下表）。

| 三家神话举例<br>神话中要克服的对象 | 《庄子》 | 《山海经》 | 《九歌》 |
|---|---|---|---|
| 生活资料的匮乏 | 神人……不食五谷，吸风饮露。（《逍遥游》） | 钟山之神，名曰独阴，视为昼，瞑为夜，吹为冬，呼为夏，不饮，不食，不息。（《海外北经》） | 饮石泉兮荫松柏。（《山鬼》） |
| 自然力（火、水）的伤害 | 至人……大泽焚而不能热，河汉沍而不能寒，疾雷破山飘风振海而不能惊。（齐物论》） | 西海之南，流沙之滨，赤水之后，黑水之前，有大山，名曰昆仑之丘。有神人面虎身，有文有尾，皆白，处之。其下有弱水之渊环之，其外有炎火之山。（《大荒西经》） | 驾龙辀兮乘雷。（《东君》）乘水车兮荷盖。（《河伯》） |

| 三家神话举例　神话中要克服的对象 | 《庄子》 | 《山海经》 | 《九歌》 |
|---|---|---|---|
| 山川海河之险阻 | 神人……乘云气，御飞龙。(《逍遥游》)<br>至人……乘云气，骑日月。(《齐物论》) | 南方祝融，兽身人面，乘两龙。(《海外南经》)<br>西方蓐收，左耳有蛇，乘两龙。(《海外西经》)<br>北方禺彊，黑(或谓当作"鱼")身手足，乘两龙。(《海外北经》郭璞注)<br>东方句芒，鸟身人面，乘两龙。(《海外东经》) | 驾飞龙兮北征。(《湘君》)<br>高飞兮安翔，乘清气兮御阴阳。(《大司命》) |
| 死亡 | 圣人……入于不死不生。(《大宗师》) | 不死民在其(交胫国)东，其为人黑色，寿，不死。一曰在穿匈国东。(《海外南经》) | 春兰兮秋菊，长无绝兮终古。(《礼魂》) |

　　庄子理想人格精神境界所具有的幻想的、神话的性质，主要是由两个因素决定的。第一，是庄子思想的文化背景。前面已经论述，庄子可能是楚国贵族后裔，与楚文化有很深的关系。如果总的来说，庄子思想洋溢充盈的文学特质是浪漫多姿的楚文化的映照，那么，具体到人生哲学的理想人格的神异性能，则是楚地巫风祠祀盛行、神话鬼说丰富的烙印①。第二，是庄子人生哲学本身。亦如前面所论述，庄子人生哲学所追求的无待、无累、无患的绝对的精神自由（"逍遥"），是一种情态的自由，一种理想性质的、情感性质的心境，它本身因为缺乏具体的，用来作界定的理论概念，而难以得到更明确的表述和深入的揭示。在这种情况下，借助神话形象的鲜明和表象的具体来描绘、表达出"道"的思想观念和"逍遥"的精神境界的高远、幽邃，则是非常自然的了。

---

① 楚文化的这一特色，古典文献中记述甚多。例如，《吕氏春秋·异宝》称"荆人畏鬼而越人信机"，《汉书·地理志》谓"楚地家信巫觋，重淫祠"；《太平寰宇志·潭州风俗》亦说"长沙下湿，丈夫多夭折，俗信鬼，好淫祀"。此外，私人著述里也如此称述。例如，王逸说："昔楚国南郢之邑，沅湘之间，其俗信鬼而好祠，其祠必作歌鼓舞，以乐诸神。"（《楚辞章句》卷二）王夫之还进而对这一文化现象的形成作了独特的分析："楚，泽国也。其南沅湘之交，抑山国也。叠波旷宇，以荡遥情，而迫之以釜嵌戍削之幽菀。故推宕无涯，而天采矗发。江山光怪之气，莫能姱抑。"（《楚辞通释·序例》）

在古代人的精神世界中，神话和宗教、神话和哲学都发生了密切关系；但两对关系之间亦有所不同。神话和宗教密切地交融在一起，这是不言而喻的；并且，神话和宗教始终没有发生界限清晰的分离。正如卡西尔所说："宗教在它的整个历史过程中始终不可分解地与神话的成分相联系，并且渗透了神话的内容。另一方面，神话甚至在其最原始最粗糙的形式中，也包含了一些在某种意义上已经预示了较高较晚的宗教理想的主旨。神话从一开始就是潜在的宗教。"（《人论》，第112页）神话和哲学的关系与此不同。神话中潜伏着、涵蕴着思想，这也是不言而喻的。在理论思维、理论概念尚为贫乏的古代哲学世界中，哲学思想通过神话表达出来，是经常发生的。庄子这里有这样的情况，柏拉图那里也有这样的情况。但是，随着理论思维的发展，哲学和神话的分离也是必然的。正如黑格尔所说，"如果思维一经加强了，要求用自己的要素以表达自己的存在时，就会觉得神话乃是一种多余的装饰品，并不能借以推进哲学。"（《哲学史讲演录》第一卷，第86页）人类这一思想发展的进程，黑格尔在批评人们把柏拉图的神话当作他的哲学中最优秀的部分的误解时曾有一段概括的叙述："许多哲学思想通过神话的表达方式诚然更亲切生动，但神话并不是真正的表达方式。哲学原则乃是思想，为了使哲学更纯正，必须把哲学原则作为思想陈述出来。神话总只是一种利用感性方式的表达方式，它所带来的是感性的意象，这些意象是为着表象，而不是为着思想的……像在古代那样的神话表达方式里，思想还不是自由的：思想是为感性的形象弄得不纯净了；而感性的形象是不能表示思想所要表示的东西的。只要概念得到了充分的发展，那它就用不着神话了。"（《哲学史演讲录》第二卷，第169~170页）应该说，黑格尔所叙述的由神话的表象到哲学的思想这一人类精神发展的一般进程，在庄子这里得到了具体的表现。这就是在《庄子》的一些篇章里，已经给理想人格那种幻想的、表象的超人的神异性以某种理智的、理性的、属于人的精神性的解释。当然，这种解释在《庄子》中并不是始终一致的，而是属于理性程度不同的三个层次。

第一种解释：这种神异性是最高道德境界的体现或象征。例如《庄子》中写道：

古之真人，不逆寡，不雄成，不谟士（事）。若然者，过而弗悔，当而不自得也。若然者，登高不慄，入水不濡，入火不热。是知之能登假于道者也若此。（《大宗师》）

至人之用心若镜，不将不近，应而不藏，故能胜物而物不伤。（《应帝王》）

按照这种解释，"入水不濡，入火不热"不是实指一种特异性能，而是意味一种主观与客观没有任何对立，"不将不迎，应而不藏"的精神境界的象征，是最高精神境界"登假于道者"的心境状态。庄子理想人格精神境界的表象的、神话的形态，在这里获得一个概念的、哲学的形态——"道"，这是一个非常高远的、需要相当丰富的精神经历才能达到的境界。

第二种解释：这种神异性是喻指某种精神修养方法或理智的生活态度所带来的生存的安全和精神的安宁。例如《庄子》中写道：

至德者，火弗能热，水弗能溺，寒暑弗能害，禽兽弗能贼。非谓其薄之也，言察乎安危，宁于祸福，谨于去就，莫之能害也。（《秋水》）

去知与故，循天之理，故无天灾，无物累，无人非，无鬼责。其生若浮，其死若休。不思虑，不豫谋，光矣而不燿，信矣而不期。其寝不梦，其觉无忧，其神纯粹，其魂不罢。虚无恬淡，乃合天德。（《刻意》）

非常明显，按照这种解释，根本不存在"火弗能热，水弗能溺"的神异性能，一个人只要有"宁于祸福""虚无恬淡"的精神修养，"循天之理""谨于去就"的理智态度，天灾人祸皆"莫之能害也"。庄子理想人格精神境界原来那种神话色彩的感性描述，在这里转变成一种思想观念的陈述——"至德者"合于"天德"的生活。

第三种解释：这种神异性是可以通过某种方术修炼而获得的特异功能。《庄子》中写道：

子列子问关尹子，曰："至人潜行不窒，蹈火不热，行乎万物之上而不慄。请问何以至于此？"关尹曰："是纯气之守也，非知巧果

敢之列……一其性，养其气，合其德，以通乎物之所造。夫若是者，其天守全，其神无郤，物奚自入焉！"（《达生》）

夫醉者之坠车，虽疾不死，骨节与人同而犯害与人异，其神全，乘亦不知也，坠亦不知也，死生惊惧不入乎其胸中，是故遻物而不慴。彼得全于酒而犹若是，而况得全于天乎？圣人藏于天，故莫之能伤也。（同上）

这种解释认为，所谓"入水不濡，入火不热"，既不是一种道德境界体现，也不是某种精神修养或理智态度带来的安全，而是通过"守气""守全"等的修炼功夫而获得的一种真实的特异功能，一种特殊的"藏于天"的生理状态。这可能是最早的气功理论了。"守气""守全"的理论，在很长的时间内一直包裹着一层神秘的外衣，多数人不屑于，也难以接近。但是，经过千百年来无数方术之士的摸索、践履，证明它确有很多真实的、合理的、可行的成分；它不禁使人惊叹人是一个多么宽广而深邃的领域！然而它又不能在每个方术之士、每个人的同样实践中得到证验，这又表明这个理论的科学性和成熟性有待于提高，因为一种理论的科学程度和成熟程度正是以它的普遍性和有效性来衡量的。就《庄子》来说，这一"守气"理论的提出，使庄子思想在某个局部发生了一种奇特的转化——神话向经验性质的古代科学转化，感性表象向方术性质的理论概念转化。

《庄子》中对理想人格精神境界神异性的三种解释，一方面共同地表现了庄子思想对神话的脱离，都是舍弃感性表象而用某种理论概念来表述一种属于庄子的思想；另一方面也具体地显示了庄子思想在先秦的发展演变过程，这是抽象的、高远的，理性直观内容逐渐削弱，而具体的、实际的、实践理论内容逐渐增多的过程。

总之，由于楚文化的背景和绝对自由的人生理想追求，庄子理想人格的精神境界染有幻想般的神话色彩是很自然的。但是，总的来说，《庄子》一书在形式上不是神话作品，在内容上更是远远超出神话的感性表象所可能蕴有的观念。因为《庄子》中在一个地方出现的具有神话性质的感性表象，总是在另外更多的地方，在不同层次上被理智的、理性的、超理性的思想观念所融解掉。

**2. 修养方法**

庄子的人生理想，是追求无待、无累、无患的精神的绝对自由。就像对于康德来说，"要想从经验原理中提取必然性，这就无异于石中取水"一样（《实践理性批判》，第 10 页），对于庄子来说，要想从社会实践中提取这种自由，是绝对不可能的；而只能在个人的精神生活中，通过某种精神修养才能获得这种自由。所以，对于追求精神的绝对自由的庄子来说，最基本的人生实践就是个人的精神修养。

为了获得精神的绝对自由，庄子提出的精神修养方法归纳起来是无欲、去智、体"道"。

（1）恬淡无欲 庄子认为，"其耆欲深者，其天机浅"（《大宗师》）。无欲对于一个人的精神生活，乃至一个人的整个生活都是极其重要的。《庄子》中从三个方面或三个层次上论述了这个问题。

首先，庄子从心理的层次上来论述无欲对人的精神生活的意义。《庄子》中写道：

> 以瓦注者巧，以钩注者惮，以黄金注者殙。其巧一也，而有所矜，则重外也。凡外重者内拙。（《达生》）
>
> 少君之费，寡君之欲，虽无粮而乃足……故有人者累，见有于人者忧。（《山木》）

即在庄子看来，耆欲的深浅是修养低高的决定性因素和标志，只有去除心中的耆欲，才有心境的宁静。如前所述，庄子追求的无待、无累、无患的精神境界，就其心境特征来说，是一种安宁、恬静的心理环境。所以恬淡无欲的精神修养，是形成这种心理环境、精神境界的基础。

其次，庄子从生理的层次上来论述无欲对人的生命机体的重要。庄子认为，人的生命机体是由"形""神"① 两种成分组成，如"劳君之神与形"（《徐无鬼》）、"女神将守形"（《在宥》）；庄子还认为两者之中，神

---

① 《庄子》中这个"神"，有时也称为"精"。如说"形全精复，与天为一……形精不亏，是谓能移"（《达生》）。

是本，形是末，"形德仁义，神之末也"（《天道》）。所以在庄子看来，"神全"，即保护这个生命的根本不受侵害，对于人来说，是极其重要的。并且这也是达到理想人格的一项标准，故庄子说："纯素之道，唯神是守，守而勿失，与神为一，一之精通，合于天伦……谓之真人"（《刻意》），"神全者，圣人之道也"（《天道》）。然而，如何养神而使神全不亏？庄子的回答很明确：恬淡去欲。例如《庄子》这样写道：

> 平易恬淡，则忧患不能入，邪气不能袭，故其德全而神不亏。
> （《刻意》）
> 纯粹而不杂，静一而不变，惔而无为，动而以天行，此养神之道也。（同上）

最后，庄子从功利的层次上论述无欲对于人在社会生活中的益处。《庄子》中写道：

> 儿子动不知所为，行不知所之，身若槁木之枝而心若死灰。若是者，祸亦不至，福亦不来，祸福无有，恶有人灾也！（《庚桑楚》）

即在庄子看来，在社会生活中，一个"心若死灰"的、没有着欲的人，必能与世无争，必能得到和享受安全。

"无欲"的观点，就其本身来说，在理论上会有两种不同的理解，而在实践上相应地会有两种不同的表现。一种毫无着欲的不动心，似乎并不是精神的觉醒，而是精神的麻木不仁；并不是人性的提高，而是人性的枯萎。因而，在实践上它可能不是超脱的无畏，而是懦弱的苟且。将这两者区别开来的关键，是这个"无欲"中所含有的理智、理性成分的多少，或者说是自我意识程度的高低。黑格尔在讲述古希腊的怀疑派哲学时，对怀疑派所主张的"不动心"曾加以评论说："这种漠然不动的状态，在禽兽是生而具有的，在人是通过理性而获得的，这便把人与禽兽区别开来了。"（《哲学史讲演录》第三卷，第119页）黑格尔还引述了第欧根尼·拉尔修的《著名哲学家》所记载的怀疑派开山祖皮罗的那个著名的故事：

"有一次皮罗坐在船上，一阵风浪使同船的人惊惶失措，而一只猪却漠然不动，安安稳稳地仍旧在那里继续吃东西，于是他便指着猪说，哲人也应当像这样不动心。"然后又一次评论说："哲学却不应该像猪一样，而应当出于理性。"（同上）可见，黑格尔正是用"理性"将动物的本能的、昧然的"不动心"同人的理智的、自觉的"无欲"区分开来的。康德亦曾说："理性对于人类的用途如果也与本能对畜类的用途一样，那么，人类虽然富有理性，那也并不能把他的价值提高在纯粹畜类之上。在那种情形下，理性就只是自然用以装备人类的一种特殊方式，使他达成畜类依其天性要达成的那个目的，而并不会使他实现一种较高的目的。"（《实践理性批判》，第62～63页）事实当然不是这样。人的理性自觉的"无欲"，从本质上说，是人对自己的、感性的、本能的存在的超越，是对更高的一种存在和目的的追求，因而是人性的提高、丰富的表现。这种精神上的提高，伴生出广漠宽容的心境，带来了行为的超脱无畏。

但是，如果"无欲"不是发生和形成在个人理性的自觉过程中，而是发生和形成在受某种外在力量的窒抑过程中，性质就有不同了。这种"无欲"就不再是人性因其感性内容被理性净化、升华而得到提高，而是人性因其感性内容被削弱、剥夺而变得枯萎。因为从人的感性方面来看，的确是像费尔巴哈所说的那样，"人的最内秘的本质不表现在'我思故我在'的命题中，而表现在'我欲故我在'的命题中"（《费尔巴哈哲学著作选集》上卷，生活·读书·新知三联书店1962年版，第591页）。被人生的艰难所侵蚀而失去了欲望和追求的人，当然也是一个软弱的、极易被摧毁的人。

就庄子来说，他的恬淡无欲的主张是自觉的，是有理智或理性基础的。他的无欲的精神修养的完成或宁静的心境的形成，是这样的自觉过程。

第一，对个人在自然中的位置或与万物关系的觉悟。《庄子》中写道：

> 夫天下也者，万物之所一也。得其所一而同焉，则四支百体将为尘垢，而死生终始将为昼夜而莫之能滑，而况得丧祸福之所介乎！……且万化而未始有极也，夫孰足以患心！已为道者解乎此。（《田子方》）

人的欲望本质上是自我对其自身以外的存在的一种要求，是自我与外界分离、对立的反映。在庄子看来，如果一个人能体悟到并能够形成"天地与我并生，而万物与我为一"（《齐物论》）的观念，"得其所一而同焉"，那么，这种分离、对立就不再存在；由这种分离、对立而产生的耆欲也就会泯灭。

第二，对个人在社会中的位置或与他人关系的觉悟。《庄子》中写道：

> 得者，时也；失者，顺也；安时而处顺，哀乐不能入也。此古之所谓悬解也，而不能自解者，物有结之。（《大宗师》）
>
> 吾何以过人哉！吾以其来不者却也，其去不可止也，吾以为得失之非我也，而无忧色而已矣。（《田子方》）

庄子认为人是生活在一种外在的必然性——时、命中。因此，既没有必要也没有理由为自己的遭遇怨天尤人或欣喜雀跃。可见，对于这种必然性，虽然不能说庄子正确地认识到了它的本质或性质，但却可以说庄子真切地感受到了它具有使人无所逃遁的实在的力量。庄子主张对这种必然性采取承诺、顺应的态度，并且认为由这种态度产生的那种宁静的心境，那种深厚的慰藉力量，能将人的最牢固的物欲悬结融化、解开。黑格尔曾说："只要一个人能意识到他的自由性，则他所遭遇的不幸将不会扰乱他灵魂的和谐与心情的平安。"（《小逻辑》，第 310 页）不能说庄子是由对必然性的认识而获得了自由，但是，他由对必然性的感受、承诺、顺应而获得的安宁，证明他的"悬解""无欲"之说，是属于为了争得精神上的自由的一种努力。

第三，对个人心境中的耆欲形态的认识。《庄子》中写道：

> 彻志之勃，解心之谬，去德之累，达道之塞。贵富显严名利六者，勃志也。容动色理气意六者，谬心也。恶欲喜怒哀乐六者，累德也。去就取与知能六者，塞道也。此四六者不荡胸中则正，正则静，静则明，明则虚，虚则无为而无不为也。（《庚桑楚》）

庄子从志愿、气质、情绪、智能四个方面归纳出个人心理生活中二十四种耆欲表现。用现代心理学的眼光来看，耆欲的这种分类是不科学的、混乱的。但它却表现了庄子的这样的一种意图：努力发掘出那些掀起心境波澜的属于个人的精神性因素，认识它，自觉地剔除它。

（2）去知与故　庄子认为，"去知与故……乃合天德"（《刻意》）。知，知识、智巧也；故，作为也。这些都是庄子理想人格所鄙弃的。如庄子说："滑疑之耀，圣人之所图（鄙）也"，"圣人不由①，而照之于天"（《齐物论》）。可见，如果说恬淡无欲是庄子以理性的自觉超越感性，从而升华出一种宁静心境的理想人格的修养方法，那么，摒弃智巧作为，因任自然，使自己与自然保持和谐一致的关系，以养成一种淡泊的心境，也是庄子理想人格的修养方法。

《庄子》中，对"去知与故"所具有的修养方法的意义，是从精神的和功利的两个方面或层次上来加以论述的。

首先，在庄子看来，人的智巧、作为都会给最高的、完满的"道"的本然状态带来破坏，即庄子所谓"是非之彰，道之所以亏也"（《齐物论》）；从而也给自己本来是自然纯粹的心境带来纷扰不宁。这一观点，《庄子》中借一个固执地坚持抱瓮瓮浇地而拒绝用桔槔提引灌畦的种菜老丈的口，完整地表述了出来：

> 有机械者必有机事，有机事者必有机心。机心存于胸中，则纯白
> 不备；纯白不备，则神生不定；神生不定者，道之所不载也。吾非不
> 知，羞而不为也。（《天地》）

其次，在较浅近的层次上，在庄子看来，智巧、作为带来的弊害是体力和精力的消耗，也就是所谓"巧者劳而知者忧"（《列御寇》），"形劳而不休则弊，精用而不已则劳，劳则竭"（《刻意》）。

这样，庄子就把"去知与故"的观点和态度总结为：

---

① 吴汝纶《庄子点勘·齐物论》："由，用也。"

> 去知与故，循天之理，故无天灾，无物累，无人非，无鬼责……其神纯粹，其魂不罢，虚无恬淡，乃合天德。（《刻意》）

应该说，庄子的"去知与故"的观点，是以他的自然观中的天人关系思想为基础的。天人关系在《庄子》中从不同角度来看，有两种不同的提法。《庄子》说："牛马四足，是谓天；落马首、穿牛鼻，是谓人。"（《秋水》）显然，在比较宽泛的意义上说，《庄子》这里的"天"是指自然，或万物的本然；"人"是指人和人的作为。所以，从人的存在形式（人为）来看，庄子认为"人"与"天"是对立的："天之君子，人之小人"（《大宗师》），"圣人工乎天而拙乎人"（《徐无鬼》）。庄子又认为，"天地者，万物之父母也"（《达生》），人是万物之一，"号物之数谓之万，人处一焉"（《秋水》），人在本质上和根源上都是自然的。所以，从人的内在本性上看，庄子认为"人"与"天"又是同一的。《庄子》中的"人与天一也"（《山木》），"天与人不相胜也，是之谓真人"（《大宗师》），就是在这个意义上说的。即是说，人在内在本性上是根源于、同一于天的，而在存在、发展形式上又常常和天对立。正是基于这样的观点，庄子认为，第一，人应该保持自己的自然本性，保持自己的本来面目。如《庄子》中写道：

> 无以人灭天，无以故灭命，无以得殉名，谨守而勿失，是谓反其真。（《秋水》）
> 古之真人……不以心捐道，不以人助天。（《大宗师》）
> 古之真人，以天待人，不以人入天。（《徐无鬼》）

等等，表述的都是这个思想。第二，人的行为应该合于自然的原则，而不着人为雕琢的痕迹。这一思想观点，在《庄子》中通过对一个技艺高超的工匠的工艺创作体验的记述，形象生动地表现出来：

> 梓庆削木为鐻，鐻成，见者惊犹鬼神。鲁侯见而问焉，曰："子何术以为焉？"对曰："臣工人，何术之有！虽然，有一焉。臣将为

镶，必齐以静心。齐三日，而不敢怀庆赏爵禄；齐五日，不敢怀非誉巧拙，齐七日，辄然忘吾有四枝形体也。当是时也，无公朝，其巧专而外滑消；然后入山林，观天性，形躯至矣，然后成见镶，然后加手焉，不然则已。则以天合天，器之所以疑神者，其是与！"（《达生》）

梓庆工艺创作的成功经验就是四个字："以天合天"。这是一个剔除私欲私智、遵循自然的创作过程。《庄子》所说工倕之巧是"指与物化而不以稽"，善泅者之能是"从水之道而不为私焉"（《达生》），也正是体现这样的思想观点。

"无以人灭天""以天合天"，这两个观点合而言之，就是"去知与故"。但是，就其本来的意图说，庄子的"去知与故"，完全不是指工艺创作的方法，也不主要是生理意义上的养生方法，而根本目标是要达到"虚无恬淡"心境的精神修养方法。正是在这个本来的、根本的意图上，庄子的"去知与故"，在其人性"反真"和行为"合天"的基本要求中，包含着明显的对人类的智慧和创造的否定性意向。

智慧和创造会给人类带来什么？带来心境宁静的破坏。这是庄子给予这个问题的第一个回答。在后面，我们将看到庄子对这个问题的第二个回答：带来道德的堕落。二千年以后，我们在卢梭那里，除了看到几乎与此同样的两个回答外，还看到对这个问题的第三个回答：带来社会政治的不平等①。

伴随智慧和创造而来，人的精神领域会出现骚动、变异，这无疑是确凿的事实。但是，这样的事实如果离开那设想的、简单化了的环境，而进入真实的、现实的环境里，就完全不足以支持庄子的"去知与故"的结论。庄子的这个结论在理论上有两个根本弱点。第一，从形式上看，它可能摆脱不了二律背反的悖论的羁绊。普列汉诺夫在评论认为智慧引起堕落的卢梭的关于人类不平等起源的学说时曾说："天才的卢梭尝受了真正的智慧的悲哀……他的难能可贵的智慧帮助他发现了这些重要的理论上的真理。"（《卢梭和他的人类不平等起源的学说》，见《论人类不平等的起源

---

① 卢梭说："在自然状态中，不平等几乎是不存在的，由于人类能力的发展和人类智慧的进步，不平等才获得了它的力量并成长起来。"（《论人类不平等的起源和基础》，商务印书馆 1962 年版，第 149 页）

和基础》附录二，商务印书馆1962年版，第238页）不幸，庄子也是这样。他的不要智慧与创造的结论本身，正是智慧的产物，而且也是一种智慧——哲学智慧。第二，从内容上看，它的逻辑前提与结论之间也似乎是有矛盾的。如前所述，恬淡宁静是庄子理想人格精神境界的心理特征；这里，庄子又具体地把"去知与故"视为达到"虚无恬淡，乃合天德"的境界的途径。可见，庄子所追求的是一种自然的、原始状态的宁静，是与社会完全隔绝的、孤立的人的心境，任何跨出自然、脱离本然的一步，都会给它带来难以承受的扰动。这正是庄子人生追求的理想性、幻想性的表现。实际上，对于处于原始状态的、自然状态的人来说，"宁静"感并不存在；只有远离了原始状态的、进入了人类社会的人，才用智慧去体验和追寻这种宁静。所以，作为被感受到的"宁静"，已经是非自然状态的哲学智慧结的果了。具体到庄子这里，它是对"道"的理性直观（超理性的体悟）。

一种宁静的心境，本质上就是对自由的体验。人类精神生活的领域是极其广阔的，这种体验是会有多种表现的。庄子对"道"或本然状态的体验而产生的一种宁静的心境绝不是唯一的宁静。我们看到，道德责任的完成，宗教信念的确立，都会给人的心境带来持久的宁静。例如，在康德的《实践理性批判》中对道德责任感的献身的心境曾有这样的描述："这种心境只是人们对于远非生命的一种东西发生敬重的效果，而且生命同其他一切乐趣，在与这种东西比较对照之下，便完全没有价值了。他只是为了职责才生活下去，并非因为他对人生尝到丝毫滋味。"（《实践理性批判》，第90页）奥古斯丁在《忏悔录》中对他作为一个摩尼教徒在皈依基督教后获得的上帝信念的坚定心境写道："顿觉有一道恬静的光射到心中，溃散了阴霾笼罩的疑阵"，"我发现在我变易不定的思想之上，自有永恒不变的真理。"（《忏悔录》，商务印书馆1963年版，第158、131页）然而，庄子的"去知与故"，他的追求自然而获得宁静的理论和方法，正因此在人类思想史上具有了独特的意义。就世界思想史的范围说，它是较早开辟出来的、人类精神生活中的走向恬静、走向自然的人生归宿的一条路；就中国思想史范围内说，它一方面和主张成仁、取义为人之安宅、正路①的儒家道

①　孟子说："仁，人之安宅也。义，人之正路也。"（《孟子·离娄上》）

德的人生归宿对立，另一方面又不期而然地和儒家共同抵御、排斥来自异质文化的、自然和道德以外的宗教彼岸的人生归宿。

（3）体"道"　体"道"是庄子最艰深的一种精神修养方法，它既有理性基础，又有超理性成分，因而具有某种神秘的色彩。在庄子思想里，体"道"一方面是精神修养终极的、最高的阶段，一方面也可以说是贯穿精神修养的全部过程。庄子在论述死生祸福皆不足挂心时曾说，"天下也者，万物之所一也……且万化未始有极，孰足以患心，已为道者解乎此"①（《田子方》），也就是说，建立在"万物皆一"（《德充符》）自然观基础上的精神修养方法，无论是恬淡无欲或是去知与故，都必须是"已为道者"——体道者——才能理解的、践履的。因而，在庄子那里，理想的、绝对自由的精神境界的真正达到，必须理解"道"。

但是，正如前面已经论述，作为庄子思想中的世界最后根源的"道"，是指世界总体或整体的实在性，是超时空的，因而也是超感知的，"道不可闻""不可见""不可言"（《知北游》）。所以这种解"道"，在庄子那里就不是一般的理智的、理性的认识，而是一种超理智、超理性的体认。《庄子》中写道：

> 无思无虑始知道，无处无服始安道，无从无道始得道。（《知北游》）
> 养志者忘形，养形者忘利，致道者忘心矣。（《让王》）

可见在庄子思想那里，"知道""致道"已不再是逻辑思维的认识活动了（"无思无虑""忘心"），而是一种整体直观的、总体全息的感受、体验了。"知道""致道"实际上已摆脱了认识（逻辑思维）而进入了实践（精神修养）。所以庄子认为"所以论道，而非道也"（《知北游》），能说出"道"的人并不是真有"道"的境界的人，只有默默地"体道"的人

---

① 历代《庄子》注，对此句有两种略有不同的解释：一种将"已"解为"已经"，如宣颖谓"惟既履道者知之"（《南华经解》）；一种将"已"读为"己"，如林希逸谓"世俗之人不能解此，惟身与道一方解晓乎此。己，身也。身与道一，故曰已为道"（《庄子口义》）。多数注家将"解"诠作"理解"，唯独郭象将"解"诠作"解散"，故他说，"解乎此"即"所谓悬解也"（《庄子注》）。本书从众。

才是德高太斗的"真人""至人"。如《庄子》中写道：

> 夫体道者，天下君子所系焉。（《知北游》）
> 至人……体尽无穷，而游无朕。（《应帝王》）
> 能体纯素，谓之真人。（《刻意》）

从《庄子》中还可以看出，庄子的这种"体道"，即对作为宇宙最后根源"道"的那种世界总体实在性的理性直观或体认，实际上是由两个有区别但目标是一致的精神过程组成。首先，"体道"是一种个人精神的扩张过程。它开始于个人对自我之外的宇宙之无限、天地之广袤、万物之奥妙的冥思、体味。如《庄子》描述说：

> 圣人者，原天地之美而达万物之理……观于天地之谓也。（《知北游》）
> 彼至人者，归精神乎无始而甘冥乎无何有之乡，水流乎无形，发泄乎太清。（《列御寇》）

通过这种冥思、体味，个人渺小的生命之躯，扩大为、意化为无穷的精神之体，一种旷渺的与自然融入感和高远的对人世超脱感就会产生。如《庄子》写道：

> 天地与我并生，而万物与我为一。（《齐物论》）
> 与造物者为人，而游乎天地之一气。（《大宗师》）

如前所述，在《庄子》中，"造物者"是"道"的别名。所以"与造物者为人"即是与"道"为偶，与"道"为友[1]，即是"与道相辅而行"、"与道游"（《山木》）、"与道徘徊"（《盗跖》），也就是得"道"的表现。

---

[1] 林希逸说："与造物者为人，即是与造物为友。"（《庄子口义》）王引之说："人，偶也；为人，犹为偶。"（王念孙《读书杂志·余论》）

另一方面，"体道"也是个人意念的自我否定过程。费尔巴哈曾说："人的本质是感性，而不是虚幻的抽象'精神'。"（《费尔巴哈哲学著作选集》上卷，第213页）庄子的"体道"从一个方面来说，却正是要求人的精神从这作为体现人的具体存在的感性中摆脱出来，净化为一个体现"道"的无意念的精神的存在。这个"体道"的过程，庄子称之为"撄宁"。《庄子》中有则故事叙述了这个过程：

> 南伯子葵问乎女偊曰："子之年长矣，而色若孺子，何也？"曰："吾闻道矣。"南伯子葵曰："道可得学邪？"曰："恶，恶可！子非其人也。夫卜梁倚有圣人之才而无圣人之道，我有圣人之道而无圣人之才，吾欲以教之，庶几其果为圣人乎！不然，以圣人之道告圣人之才，亦易矣。吾犹告而守之①，参日而后能外天下；已外天下矣，吾又守之，七日而后能外物；已外物矣，吾又守之，九日而后能外生；已外生矣，而后能朝彻；朝彻，而后能见独；见独，而后能无古今；无古今，而后能入于不死不生。杀生者不死，生生者不生，其为物，无不将也，无不迎也，无不毁也，无不成也。其名为撄宁。撄宁也者，撄而后成者也。"（《大宗师》）

这则女偊帮助卜梁倚成道的寓言故事，形象地说明了三个问题。第一，只是明了关于"道"的一般理论（"闻道"），而无能刻苦体验的资禀（"圣人之材"），还是不能得道的（"入于不死不生"）。可见，得"道"或成"道"从根本上说，不是认识的问题，而是践履的问题。第二，这个实际上是直观体认而不是理智思维的"体道"过程，就是将个人意念中的感性成份、感性内容剥离的过程，从"外天下""外物""外生"，到"朝彻""见独""无古今"，而"入于不死不生"，就是个人的精神从感性世界的萦系中超脱、升腾出来的过程。第三，精神最后达到的"不死不生"境地，它的特征是"杀生者不死，生生者不生""无不将也，无不迎也"

---

① 郭庆藩《庄子集释》本作"守而告之"，闻一多《庄子内篇校释》正作"告而守之"。

"无不毁也，无不成也"，非常明显，这就是作为宇宙最后根源的、世界总体性的实在——"道"。所以，"入于不死不生"的境界，也就是"与造物者为人"的与"道"同在的得"道"的境界。

庄子"体道"的精神历程的两个方面，即一方面是精神冲出个人形体的围域，翱翔于"无形""太清"的"无何有之乡"；另一方面是精神从知觉的感性世界中剥离、净化出来，进入无古今、无死生的超越感知的境界，在《庄子》中又可合称为"坐忘"：

> 堕肢体，黜聪明，离形去知，同于大通，此谓坐忘。（《大宗师》）。
>
> 堕尔形体，吐尔聪明，伦与物忘，大同乎涬溟，解心释神，莫然无魂。（《在宥》）

这里的"大通""涬溟"，也就是对那种整体性，总体性的自然实在的形象描述，而这种实在性的概念表述则是——"道"。

庄子的作为精神修养方法的"体道"，因为是建立在"万物皆一"（《德充符》）的自然观和"道通为一"（《齐物论》）的本体论哲学观念基础之上的，本质上也是理性的。庄子由"游乎万物之所终始"（《达生》）、"浮游乎万物之祖"（《山木》），而达到"游于物之所不得遁而皆存"（《大宗师》）、"与道游"（《山木》），皆是精神在这个基础上的升越，由"外物""物忘"而"入于不死不生"则是精神在这个基础上对感性意念的剥离。然而正是在这个过程中，庄子的"体道"转化为一种超理性的精神过程，即他不是踏着逻辑思维的阶石，而是凭借直观体验——个人生活经验和思想经历的凝聚，进入这最高境界的。这最后的、跳跃的一步，也是最重要的一步，使庄子思想中留下了一片难以把握的、给人以某种神秘感的空间；在这样的空间里，哲学的和宗教的不同性质的思想观念都可以生长。应该说，这种神秘感不是《庄子》本身所具有的，也不是庄子本人会感受到的。因为构成《庄子》中的主要认识对象——具体事物（"万物"）、事物的内在规律性（"万物之理"）、事物的总体实在性（"道"），都是真实的；庄子所追求的精神目标——

"逍遥"的精神境界，本质上是一种把自然作为自己唯一的、最后的依藉的哲学态度，也是理性的。只是在迈向这个境界过程中的最后一步，即在人和自然的最后的融合的接近中，有着某种属于个人体验的、不确定的独特路程。因为思想经历和生活经验总是因人而异的。神秘感是追踪某种超验存在的人所陷入的那种没有逻辑之路可走的迷惘的精神状态。这种神秘感在庄子思想中可以随着对"道"的精神境界的自然性质的理解加深而消失。弥漫在宗教精神生活中的神秘感则是不可能消失的。因为宗教在本质上是对自然之外或人世之外的某种存在的信仰，沟通人与这个超越的存在之间的桥梁，只能是个人经历、经验而形成的神秘体验和某种特殊的信念。这表明，庄子的"体道"本质上不同于宗教的修炼。

### 3. 处世态度

追求精神绝对自由（"逍遥"）的庄子人生理想，在人生实践上，一方面决定并表现为他的自我精神修养方面的理论和实践外，另一方面也决定并表现为他对世俗生活的态度：超世、遁世、顺世。

（1）超世——不随物迁，游乎尘外 庄子理想人格的处世态度，《庄子》中多次而明确表述的是一种超然世外的态度。例如：

> 神人⋯⋯之人也，之德也，将旁礴万物以为一，世薪乎乱，孰弊弊焉以天下为事⋯⋯是其尘垢秕糠，将犹陶铸尧舜也，孰肯以物为事！（《逍遥游》）
>
> 圣人⋯⋯审乎无假而不与物迁，命物之化而守其宗也。（《德充符》）
>
> 真人⋯⋯彼方且与造物者为人，而游乎天地之一气⋯⋯芒然彷徨乎尘垢之外，逍遥乎无为之业，彼又恶能愦愦然为世俗之礼，以观众人之耳目哉！（《大宗师》）
>
> 夫至人有世，不亦大乎！而不足以为累。天下奋棅而不与之偕，审乎无假而不与利迁，极物之真，能守其本。故外天地，遗万物，而神未尝有所困也。通乎道，合乎德，退仁义，宾礼乐，至人之心有所定矣。（《天道》）

等等。从这些表述里可以看出，庄子这种超然世外的态度，其主要的思想内涵是对人间世务的鄙弃和世俗道德的否定；而这两点都正是庄子关于宇宙最后根源"道"的本体论观点的逻辑发展。第一，如前所述，庄子认为作为世界最后本根的"道"，是一种超越任何个体存在的自然整体实在。庄子这里所表述的要"为一""登假""与造物者为人"，就是对"道"的高远境界的追求，对万物本然状态的返归，因而在生活情态上就表现为对世俗事务的鄙弃，"孰肯以天下为事"，"孰肯以物为事！"厌恶世俗事务、鄙夷世俗目的，孕育出庄子的清高与孤傲。前面引述的庄子视惠施的相位如腐鼠（见《秋水》），讥曹商邀宠为舐痔（见《列御寇》），都是典型而风趣的事例。应该说，这些都需要对人作为感性的自然存在的超越和被社会生活扭曲的自然本性的认识，从某种意义上说，也是一种人性的提高。第二，如前所述，庄子的作为世界本根的"道"，首先是"自本自根""无所不在"的。在这自本的、周遍的"道"中，一切区别皆被融化，"道通为一"；从"道"的根本的立场来看，世俗的是非、善恶标准皆泯然无存，"从本观之，生者暗醷物也……奚足以为尧桀之是非"（《知北游》）。所以对于"极物之真能守其本"的"至人"或"不与物迁而守其宗"的"圣人"，必然要把世俗的道德规范看作是约束本性、戕害本然的桎梏而予以否定；"既已黥汝以仁义，而劓汝以是非矣，汝将何以游夫遥荡恣睢转徙之途乎？"（《大宗师》）对于向往自然，追求自由的庄子来说，是完全不能忍受的！"恶能愦愦然为世俗之礼，以观众人之耳目哉！"这构成了我们在下面将作论述的庄子社会批判的理论基础和思想激情。

（2）遁世——不与物撄、陆沉世裹　从《庄子》还可以看到，浪迹于山林，潜隐于人世也是庄子理想人格的处世态度。例如《庄子》写道：

> 夫至人者，相与交食乎地而交乐乎天，不以人物利害相撄，不相与为怪，不相与为谋，不相与为事，翛然而往，侗然而来。（《庚桑楚》）

> 圣人……是自埋于民，自藏于畔，其声销，其志无穷，其口虽言，其心未尝言，方且与世违而心不屑与之俱，是陆沉者也。（《则阳》）

如果说，庄子理想人格的超然入世的态度，表现了他对世俗生活的高傲，反映了精神上的自信；那么，这种回避人世的态度则表现了他对世俗生活的冷漠，反映了他的情绪的消沉。如果说，庄子的超世的态度，是他追求自然、自由的人生理想的表征；那么，遁世的态度则更多的是多艰的现实生活在精神上留下的烙印。这种生活情绪和精神烙印，在《庄子》中关于孔子的两则记事中明显地表现出来：

> 孔子适楚，楚狂接舆游其门曰："凤兮凤兮，何如德之衰也！来世不可待，往事不可追焉。天下有道，圣人成焉；天下无道，圣人生焉。方今之时，仅免刑焉。福轻乎羽，莫之知载；祸重乎地，莫之知避。已乎已乎，临人以德！殆乎殆乎，画地而趋！迷阳迷阳，无伤吾行！却曲却曲①，无伤吾足！"（《人间世》）
>
> 孔子围于陈蔡之间，七日不火食。大公任往吊之曰："子几死乎？"曰："然。""子恶死乎？"曰："然。"任曰；"予尝言不死之道。东海有鸟焉，其名曰意怠。其为鸟也，翂翂翐翐，而似不能；引援而飞，迫胁而栖；进不敢为前，退不敢为后，食不敢先尝，必取其绪。是故其行列不斥，而外人卒不得害，是以免于患。直木先伐，甘井先竭。子其意者饰知以惊愚，修身以明污，昭昭乎如揭日月而行，故不免也……"（《山木》）

孔子说，"鸟兽不可与同群，吾非斯人之徒与而谁与"（《论语·微子》），可见他的人生态度是积极入世、经世的；然而孔子又说"道之不行，已知之矣"（同上），所以他的生活结局又是失败的。主张遁世的庄子把孔子作为议论和引为教训的对象是很自然的。这个教训就是"直木先伐，甘井先竭"。在一个"仅免于刑"的险恶社会环境里，像孔子那样出头露面，昭昭若揭地显示自己，除了招引祸害，是别无所获的。像意怠那样不孤飞，不独栖，不先食，总是把自己掩隐在群鸟之中，则是非常安全的。

---

① 郭庆藩《庄子集释》本作"吾行却曲"，陈景元《庄子阙误》引张君房本作"却曲却曲"，甚。迷阳、却曲皆为刺木。

毫无疑问，庄子在这里总结的是在一个悲惨世界里的悲惨的经验，一种渗透着悲凉凄苦的智慧。但并不是悲观的经验和智慧。悲观是认为苦难不可被克服、被战胜的观点，这在《庄子》中是不存在的。《庄子》中有苦难、困境，但它们是可以被克服、被超越的，这既是指前面已多次论及的那种充满自信的、返归自然而获得精神自由的人生理想，也包括这里经历人世艰难而得到的处世经验。

在《庄子》中，对这种遁世的处世态度或经验，并不停留在作为逆境的生活感受的感性描述上，而是努力给予一种理论的说明或论证。归纳起来主要有两点。第一，从基本的哲学观点来看，"道流而不明居"。《庄子》写道：

> 昔吾闻之大成之人曰："自伐者无功，功成者堕，名成者亏。"孰能去功与名而还与众人！道流而不明居，得行而不名处；纯纯常常，乃比于狂；削迹捐势，不为功名，是故无责于人，人亦无责焉。（《山木》）
>
> 夫流遁之志，决绝之行，噫，其非至知厚德之任与！（《外物》）

即在庄子看来，削迹捐势，陆沉世寰，潜隐于众人之中而不显露，乃是一种彻底的自觉的表现，若非具有极高境界的"至知厚德"者，是难以做到的。"道"是"流而不明居"的，周遍而无迹的，所以自觉的遁世者的这种表现，本质上和"道"的性质是一致的，是得"道"的行为。第二，从实际的功用观点来看，"无用"可为"大用"。庄子通过对世态的冷峻的观察，认定正是在世人以为是"无用"的地方，存在着"大用"。庄子在《人间世》中用许多具体的事例论证这个"无用之用"的观点。例如，庄子以不材之木为例：

> 南伯子綦游乎商之丘，见大木焉有异，结驷千乘，隐将芘其所藾。子綦曰："此何木也哉？此必有异材夫！"仰而视其细枝，则拳曲而不可以为栋梁；俯而视其大根，则轴解而不可以为棺椁；咶其叶，则口烂而为伤；嗅之，则使人狂酲，三日而不已。子綦曰："此果不

材之木也，以至于此其大也。嗟乎神人，以此不材！"

又以畸形之人为例：

> 支离疏者，颐隐于脐，肩高于顶，会撮指天，五管在上，两髀为
> 胁。挫针治繲，足以糊口；鼓筴播精，足以食十人。上征武士，则支
> 离攘臂而游于其间；上有大役，则支离以有常疾不受功；上与病者
> 粟，则受三钟与十束薪。夫支离其形者，犹足以养其身，终其天年，
> 又况支离其德者乎！

庄子最后总结说：

> 山木自寇也，膏火自煎也。桂可食，故伐之；漆可用，故割之。
> 人皆知有用之用，而莫知无用之用也。

可见，从功用的观点看，庄子的遁世态度，原来是立足于于世为无用，于己则成大用的观点，"美髯长大壮丽勇敢，八者俱过人也，因以是穷；缘循、偃佒、困畏不若人，三者俱通达"（《列御寇》）。庄子认为，在社会生活中，任何显露个人存在和能力的表现都是有害的，而使个人不被发现的那些行为则是有益的。在这里，庄子运用极高的心思洞察世态，所要维护的只是最基本的、作为感性的自然的人的存在。这是庄子那个多艰时代在庄子思想上烙下痕迹的最深之处。

（3）顺世——虚而待物，与世沉浮  人生追求的高远，使庄子显得超然世外；社会现实的险恶，又使庄子要潜隐于底层。这两种态度都是以个人可以完全脱离社会而孤立存在为前提，因而皆具有理想主义性质。但是，实际上无论在物质生活或精神生活上，人都是不可能存在于"无何有之乡"（《应帝王》）、"无人之野"（《山木》）的想象的天地里。"子之爱亲，命也，不可解于心；臣之事君，义也，无适而非君也，无所逃于天地之间"（《人间世》），人伦世情，都是人无法逃却的。所以，当遨游在想象和理想里的庄子走进现实，他又主张和表现为与世周旋的顺世态度。

《庄子》中写道：

> 知不可奈何而安之若命，唯有德者能之。（《德充符》）
>
> 唯至人乃能游于世而不僻，顺人而不失己。（《外物》）
>
> 若夫乘道德而浮游则……无誉无訾，一龙一蛇，与时俱化，而无肯专为；一上一下，以和为量，浮游乎万物之祖，物物而不物于物，则胡可得而累邪！（《山木》）

可见，在庄子看来，安于命、化于时、顺于人的处世态度，也是有极高精神修养的人才可能具有的。

17 世纪的英国哲学家霍布斯曾把国家机器比作《圣经》里的巨兽"利维坦"，这里，庄子也似乎模糊地把由命、时、人组成的现世视为一种外在必然性力量的总体。应该说，庄子的顺世的处世态度本质上反映的就是被这种外在必然性压抑而无力反抗、改变的那种精神状态。对这种精神状态，这种处世态度，庄子也是从社会功用和哲学本体这两个层次或角度来加以说明和论证的。

从功用的角度看，和顺于人，虚己游世，则可免害保身，无疑是顺世的处世态度主要的意义或价值所在。《庄子》中对傅教太子者和养虎者的心态的描写，生动地说明了这个观点：

> 颜阖将傅卫灵公大子，而问于蘧伯玉曰："有人于此，其德天杀，与之无方，则危吾国；与之有方，则危吾身。其知适足以知人之过，而不知其所以过。若然者，吾奈之何？"蘧伯玉曰："善哉问乎！戒之、慎之，正女身也哉！形莫若就，心莫若和。虽然，之二者有患，就不欲入，和不欲出。形就而入，且为颠为灭，为崩为蹶。心和而出，且为声为名，为妖为孽。彼且为婴儿，亦与之为婴儿；彼且为无町畦，亦与之为无町畦；彼且为无崖，亦与之为无崖。达之，入于无疵……汝不知夫养虎者乎？不敢以生物与之，为其杀之之怒也；不敢以全物与之，为其决之之怒也；时其饥饱，达其怒心。虎之与人异类而媚养己者，顺也；故其杀者，逆也……"（《人间世》）

生活经验表明，与一个暴戾的太子相处，只能"形莫若就，心莫若和"，"不小立圭角以逆其鳞"（郭象《庄子注》）；正如与一只凶猛的野兽接触，必须顺其情性，疏其怒心，方能免遭伤害。如果把这具体的感性经验事实上升为一般的普遍性事实，即把暴戾的太子、凶猛的野兽视为压抑人的社会力量、自然力量的代表、象征，那么，结论就是在社会生活中，在与命、时、人这些客观的外在力量对立之中，能虚己以待，消解对立，则患害不来。这就是《庄子》中所说"人能虚己以游世，其孰能害之！"（《山木》）所以在功用意义下的庄子顺世的处世态度，是一种被动的、外在力量压抑下的"形就心和"的顺从。

但是，从较高的、哲学本体论的角度来看，庄子顺世态度也是得"道"的精神境界的一种自由的表现。如上所引述，庄子顺世态度的基本表现可以概括为"游世不僻，与时俱化"，"虚己游世，以和为量"。"虚"与"化"是顺世态度的本质的内涵。而在庄子看来，"唯道集虚"（《人间世》）、"万物皆化"（《至乐》），"虚"与"化"也正是"道"的存在特征。所以"虚而能和""化而不僻"，也就是得"道"者的处世态度。如《庄子》写道：

> 无所甚亲，无所甚疏，抱德炀和以顺天下，此谓真人。（《徐无鬼》）
> 夫圣人未始有天，未始有人，未始有始，未始有物，与世偕行而不替，所行之备而不洫，其合之也若之何。（《则阳》）

"无所亲疏"就是心无成见而虚己游世，"与世偕行而不替"就是游世不僻而与时俱化，这些都是"真人""圣人"的处世态度。可见，在庄子那里当顺世态度作为一种得"道"的精神境界的"虚"和"化"的体现时，就不再是对外在力量的被动的顺从和由此而换得的生命的安全；而是在与这些外在力量消除了主观上的对立情况下的自然的吻合和精神上的宽裕自如，如同"冉相氏得其环中以随成"的"环中"（《齐物论》），如同"以无厚入有间，恢恢乎必有余地"的游刃（《养生主》），庄子的人生哲学就是这样从任何必然的罅隙里顽强地寻觅自由。

（4）三种处世态度的同一性　如上所述，庄子的人生哲学展示了三种处世态度：超世、遁世、顺世。在庄子思想中，这三种处世态度在哲学本体论上是同一的，都是体现庄子思想人格的得"道"的精神境界。换言之，三种态度可以是理想人格一身同时所具有的。试以《庄子》中用最常见的三个理想人格名号——"圣人""至人""真人"表述的处世态度列表举例如下：

| 同一角色及精神 ＼ 三种态度 | 超世态度 | 通世态度 | 顺世态度 |
|---|---|---|---|
| 圣 人 | 圣人……游乎尘垢之外。（《齐物论》） | 圣人鹑居而鷇食。（《天地》） | 圣人遭之而不违。（《知北游》） |
| 至 人 | 至人……游乎四海之外。（《齐物论》） | 至人尸居环堵之室。（《庚桑楚》） | 至人不留行焉。（《外物》） |
| 真 人 | 夫免乎内外之刑者,唯真人能之。（《列御寇》） | 真人……居山林,食芋栗。（《徐无鬼》） | 抱德炀和以顺天下,此谓真人。（《徐无鬼》） |
| 体现"道"的精神 | 夫道……在太极之先而不为高,在六极以下而不为深,先天地而不为久,长于上古而不为老。（《大宗师》） | 道流而不明居。（《山木》） | 唯道集虚。（《人间世》） |

可见，庄子思想中理想人格的精神境界在不同情况下会有不同的表现形态。作为整体的、总体的自然实在的"道"，其内涵是无所不包的，得"道"的精神境界也是极其宽广丰富的。一个道德修养或精神境界极高的人，他的精神世界的本质坚定性与他的表现行为的随境多样性，总是很自然地结合在一起的。《庄子》对此也有所说明：

古之真人……其心忘①，其容寂，其颡頯；凄然似秋，煖然似春，喜怒通四时，与物有宜而莫之其极。（《大宗师》）

古之人，外化而内不化，今之人，内化而外不化。无物化者，一不化者也。（《知北游》）

在庄子看来，理想人格的精神境界如同广袤的天地，一切皆被包容，一切皆可

---

① 郭庆藩《庄子集释》本作"其心志"，赵以夫谓，"志"当作"忘"（见褚伯秀《南华真经义海纂微》引），甚是。

形成，"与物有宜而莫之其极"。理想人格的精神境界可因环境的不同而呈现不同的形态——"与物化者"，但其内在"道"的本质却不会改变——"一不化者也"。就处世态度而言，它是超世的，也是遁世的，又是顺世的，然而它精神上的自由感，即心境上的那种逍遥自在、安宁恬静的感受却是如一的。

在庄子思想里，这种得"道"的精神自由境界，本质上就是对自然的返归。所以庄子理想人格超世、遁世、顺世的人生态度的同一性，不仅是指它们涵蕴着相同的自在恬静的心境，而且还指它们同以自然观念为基础，抗拒和否定着现实社会。庄子的人生态度，不论以超世的、或遁世的、或顺世的形态表现出来，都有一个共同的逻辑思路或内容构成，即以自然（"道"）为精神追求或理论观察的起点，通过对现实社会的政治、道德状况的否定性的洞察审视，而归宿到个人精神自由的获得或生命的保障。完全可以说，自然的观念、社会批判的观念和个体的观念是构成庄子人生态度的基本特质或支撑点。这三个支撑点或特质，从前面引述的《庄子》材料里都不难寻觅出来。

| 观念因素<br>处世态度 | 自然性 | 社会批判性 | 个己性 |
|---|---|---|---|
| 超 世 | 真人……与造物者为人，而游乎天地之一气。（《大宗师》） | 既已黥汝以仁义，而劓汝以是非矣，汝将何以游夫遥荡恣睢转徙之途乎？（《大宗师》） | 彷徨乎尘垢之外，逍遥乎无为之业，彼又恶能愦愦然为世俗之礼，以观众人之耳目哉！（《大宗师》） |
| 遁 世 | 夫至人者，相与交食乎地而交乐乎天，不以人物利害相撄。（《庚桑楚》） | 方今之时，仅免刑焉。（《人间世》） | 削迹捐势，不为功名，是故无责于人，人亦无责焉。（《山木》） |
| 顺 世 | 若夫乘道德而浮游则……与时俱化而无肯专为。（《山木》） | 与之无方，则危吾国；与之有方，则危吾身。（《人间世》） | 顺人而不失己。（《外物》） |

总之，庄子理想人格的超世、遁世、顺世的三种处世态度，虽然其所表现出来的社会行为有所不同，或是超然而鄙夷世俗，或是削迹捐势而隐身山林，或是圆环无隅而与世周旋，但体现的得"道"的精神境界却是相同的。

### 三 庄子后学在人生哲学方面表现出的新倾向

从以上对庄子理想人格的精神境界和人生实践的分析中可以看到，庄子人生哲学的核心内容或基本特色，是通过本质上是返归自然的精神修养方法和不入世俗的处世态度，创造和保持一种恬静安宁的心境，一种无任何负累的精神自由。然而在《庄子》中的某些地方，又可以看到存在着和这核心内容或基本特色不一致的思想观点。我们断定，这是庄子后学在人生哲学方面表现出来的新的倾向。这些不一致的思想观点所显示出的新倾向，可以概括为两个方面。

**1. 折中倾向**

思想史上，一个本来具有鲜明思想特色的思想流派，在其发展中，逐渐吸收、渗入一些对立的、异己的思想观点，表现出某种折中的倾向是屡见不鲜的。在先秦，庄子思想既是以儒家思想为对立面，同时也是以儒家思想为理论背景而出现的。当庄子后学失去庄子本人那样独特的精神感受和理论境界时，他们就不能清晰分辨和努力坚持这种对立，虽然庄子思想的独特面貌并没有因此而模糊，因此而融入作为它的背景的儒家思想之中，但不自觉地从儒家思想中吸取某些观点，表现出某种折中倾向则是自然的。在人生哲学方面，这种折中倾向表现为在理想人格的精神境界和修养方法中都渗入了儒家的思想观点。

（1）精神境界的新内容：内圣外王　从前面已引述的材料来看，庄子理想人格的"逍遥"的精神境界的主要特征是一种超脱世俗的、自然恬静的心境。在庄子这样的精神境界里，"外内不相及"（《大宗师》），"天在内、人在外"（《秋水》），内在的、自然的精神生活和外在的、世俗的物质生活还处于尖锐的对立状态；而且，也非常明显，向往自然，追求自由的庄子是把注重内在的精神生活，保持宁静的心理环境，放在人生的首要位置上的。例如《庄子》写道，"彼（圣人）假修浑沌氏之术者也……治其内而不治其外"（《天地》），"全德之人……内保之而外不荡也"（《德充符》）。而对于追求世俗物质生活的"外""动"的行为，皆无积极的、肯定的评价，没有发现并承认其有何具有价值的目标，显然是一种否定的态度。如《庄子》

说："至道之极……慎女内，闭女外"（《在宥》），"大人之行……动不为利"（《秋水》），"为外刑者，金与木也；为内刑者，动与过也"（《列御寇》），等等。

但是，在《庄子》中的另外某些地方，却显示出一种内容或性质有所不同的理想人格的精神境界，在这里"内"与"外"、"动"与"静"的对立消失了；"动""外"积极的、有价值的目标也出现了。《庄子》中写道：

> 静而圣，动而王……此之谓大本大宗，与天和者也。（《天道》）
> 天下大乱……是故内圣外王之道闇而不明，郁而不发。（《天下》）

非常明显，"静而圣"是道德修养，"动而王"是世俗事功。庄子后学认为，理想人格应该是这两方面的统一："内圣外王"。孟子说："古之人得志，泽加于民；不得志，修身见于世。穷则独善其身，达则兼善天下。"（《孟子·尽心上》）"内圣外王"本质上也正是儒家的这种积极入世的精神境界，同庄子的"与造物者为人，而游乎天地之一气"的超脱世俗的精神境界是迥然不同的。这是庄子后学的思想里渗入了儒家思想的最明显的表现。

（2）修养方法的新内容："知恬相养""借托仁义"　如前所述，庄子达到无待、无累、无患精神境界的修养方法——恬淡无欲、去知与故、"体道"，本质上是通过自我体认、体验而返归心理上、精神上的那种本然的宁静状态，基本上是一个没有任何社会实践的个人心理、精神的自我净化过程。亦如前面所述，这是一个没有逻辑之路的过程；个人思想经历和生活经验的差异，使这一过程具有不确定性，显出某种神秘性。对于他人，包括庄子后学在内，没有某种精神上的感受、领悟，认识和运用这种方法都是很困难的。庄子后学为了摆脱这种困难，在修养方法中引进了两个具有确定性内容的因素：知识与道德。

第一，知恬相养。本来，"知"在《庄子》中经常是作为对人的精神健康具有破坏性的一种因素而被鄙弃的。如《庄子》中写道"巧者劳而知者忧"（《列御寇》），"多知为败"（《在宥》），"去知与故，循天之理，

故无天灾，无物累，无鬼责"（《刻意》），"达生之情者傀，达于知者
肖①"（《列御寇》），"去汝躬矜与汝容知，斯为君子矣"（《外物》），"离
形去知，同于大通，此谓坐忘"（《大宗师》），等等。可见在庄子看来，
无论是对于人的自然生命或人的精神修养，"知"都是应被否定的。

但是，在庄子后学那里，我们却看到把"知"当作是达到"道"的
精神境界的一种方法的理解。《庄子》写道：

> 古之治道者，以恬养知；知生而无以知为也，谓之以知养恬。知
> 与恬交相养，而和理出其性。夫德，和也；道，理也。德无不容，仁
> 也；道无不理，义也；义明而物亲，忠也；中纯实而反乎情，乐也；
> 信行容体而顺乎文，礼也。礼乐偏行，而天下乱矣。（《缮性》）

非常明显，庄子"知者忧"与庄子后学的"知与恬交相养"是根本不相
容的；庄子后学认为"知恬相养"是一种"和理"（即"道德"）的境
界，"天下治"的局面就会产生，这同庄子"忘形去知"方可达到"大
通"，返归本然的观点也是相悖的。

庄子后学在修养方法中引进了"知"（知识、智慧）的因素后，背离
了庄子的思想路线，却和儒家思想路线接近起来。孔子说："弟子入则
孝，出则悌，谨而信，泛爱众而亲仁。行有余力，则以学文。"（《论语·
学而》）所以，一般说来，先秦儒家在完成道德修养的过程中，是把伦理
规范的践履放在第一位的，而知识的学习是第二位的；但是，知识和智慧
对于完成修养的重要意义，先秦儒家是充分认识和肯定的。例如孔子曾经
自谓"我非生而知之者，好古敏以求之者也"，"盖有不知而作之者，我
无是也，多闻择其善者而从之，多见而识之，知之次也"（《论语·述
而》）。一生不知疲倦地学习求知，是孔子达到"从心所欲不逾矩"（《论
语·为政》）的道德自由境界的基础。孔子认为"知者不惑"（《论语·子
罕》），子贡评价孔子"学不厌，智也；教不倦，仁也。仁且智，夫子既

---

① 此"肖"字《庄子》注家解释不一，唯王念孙曰："《方言》曰'肖，小也'，肖与
傀正相反，言任天则大，任智则小也。"（《读书杂志·余编》）甚是。

圣矣乎"(《孟子·公孙丑上》)。孟子更以为"仁义礼智根于心"(《孟子·尽心上》),可见儒家是把智慧、知识看成是构成崇高的道德境界的必要的组成部分,是完成道德修养必须具备的条件。庄子后学认为知可以养恬,认为"知与恬交相养"可以产生"和理"的道德境界,并且明确地规定和解释了这个境界的"仁""义""忠""乐""礼"的内容,再也不像庄子"无何有之乡"——"道"的精神境界那样模糊,那样飘忽不定,那样一无所有了。庄子后学在这里染上的儒家思想色彩是极其鲜明的。

第二,借托仁义。本来,在庄子思想里,作为世俗道德规范的基础、儒家思想核心的"仁""义",是被视为戕害本然、约束自由的桎梏斧凿而彻底否定的,《庄子》中所写"吾未知圣知之不为桁杨椄槢也,仁义之不为桎梏凿枘也"(《在宥》),"屈折礼乐,呴俞仁义,以慰天下之心者,此失其常然也"(《骈拇》),"尧既黥汝以仁义,而劓汝以是非矣,汝将何以游夫遥荡恣睢转徙之途乎"(《大宗师》),表述的都正是这样的观点。但是,庄子后学对"仁""义"等道德规范却作了完全相反的、肯定性的评价,认为"仁""义"是达到"道"的"逍遥"境界的必由的途径。《庄子》写道:

> 古之至人,假道于仁,托宿于义,以游逍遥之虚,食于苟简之田,立于不贷之圃。逍遥,无为也;苟简,易养也;不贷,无出也。古者谓是采真之游。(《天运》)

"仁""义"都是儒家所追求的主要的道德目标,是构成儒家的"圣人"境界的主要内容。孟子说"仁,人之安宅也;义,人之正路也"(《孟子·离娄上》),"居仁由义,大人之事备矣"(《孟子·尽心上》),所以在儒家看来,"仁""义"也是达到最高的道德境界的途径。显然,庄子后学借儒家的"仁义"之路,走进庄子的"逍遥之墟"的观点,是一种折中的表现,是在一个学派的末流那里往往都会发生的受到对立学派的思想影响而不自觉的浅薄的表现。

## 2. 入俗倾向

庄子的人生哲学所表现出的总的思想特征是精神的超脱，一种对精神上的自由的追求。在庄子后学那里，这个特征不再那么鲜明，功利的追求却突出起来。这种变化归纳起来有下面几个方面的表现。

（1）修养的目标：养生、长生　作为庄子人生实践重要内容的精神修养，是为了达到无待、无累、无患的"逍遥"的那种精神境界，这是精神上从生与死的对立、世俗的观念、自我的情欲等构成的人生困境中超脱出来后的一种宁静的心境。庄子后学的修养目标发生了变化，把长生不死作为达到最高修养的目标或标志。《庄子》写道：

> 道之真以治身，其绪余以为国家，其土苴以治天下。由此观之，帝王之功，圣人之余事也，非所以完身养生也。（《让王》）
>
> 天与地无穷，人死者有时，操有时之具而托于无穷之间，忽然无异骐骥之驰过隙也。不能说其志意，养其寿命者，皆非通道者也。（《盗跖》）
>
> 广成子南首而卧，黄帝顺下风膝行而进，再拜稽首而问曰："闻吾子达于至道，敢问，治身奈何而可以长久？"广成子蹶然而起，曰："善哉问乎！来！吾语女至道。至道之精，窈窈冥冥，至道之极，昏昏默默，无视无听，抱神以静，形将自正。必静必清，无劳女形，无摇女精，乃可以长生……我守其一以处其和，故我修身千二百岁矣，吾形未常衰。"（《在宥》）

显然，庄子后学是认为"道"的内在本质和价值在于能"完身养生"。因此，善养生者乃是"通道"的表现，"达于至道"即"可以长生"。诚然，庄子也认为达到最高的"道"的境界"而后能入于不死不生"（《大宗师》），但是，这是指精神修养达到"何暇至于悦生而恶死"（《人间世》），不以生死挂心的那种精神境界，并非是说生命本身获得了永不毁坏的特异性能。庄子后学这种养生、长生观点的形成，是由于对庄子理想人格精神境界的理想性不理解，而执迷于其所固有的幻想性。应该说，在庄子思想的整体中，这种观点是比较浅的，境界是比较低的。然而不能否认，庄子后学所提出的养生方法对后世的影响却是很大的。见于《庄子》中的由内及外不同层次的养生之道有以下四个方面。

一曰处静。保持寂静的心理环境，不劳累精神，是庄子后学所提倡的最主要的养生方法。上面所引述的“必静必清，无劳女形，无摇女精，乃可长生”是最明确的表述。此外，《庄子》中所说“静则无为……无为则俞俞，俞俞者忧患不能处，年寿长矣”（《天道》），“静然可以补病，眥𡟱①可以休老，宁可以止遽”（《外物》），也是表述这样的观点。

二曰守性。庄子后学认为“性者，生之质也”（《庚桑楚》），如同马之蹄可践霜雪，毛可御风寒，吃草饮水，翘足而奔是“马之真性”（《马蹄》），水不杂则清是“水之性”（《刻意》），人的生理本然就是人之性。人的这种生理本然受到损伤，人的生理健康就要被破坏，甚至生命也要丧失。《庄子》写道：

> 失性有五：一曰五色乱目，使目不明；二曰五声乱耳，使耳不聪；三曰五臭薰鼻，困惾中颡；四曰五味浊口，使口厉爽；五曰趣舍滑心，使性飞扬。此五者，皆生之害也。（《天地》）
>
> 人之所最②畏者，衽席之上，饮食之间；而不知为之戒者，过也。（《达生》）

可见，处静是指心理上保持宁静，不为外界劳神；守性则是维护生理之本然，避免疲损。

三曰炼形。不劳累精神，不损伤本性，有健康的心理和生理，才有健康的生命，要保持这种健康，还要锻炼作为心理、生理基础的形体。《庄子》写道：

> 吹呴呼吸，吐故纳新，熊经鸟申，为寿而已矣，此导引之士，养形之人，彭祖寿考者之所好也。（《刻意》）

① “眥𡟱”，《庄子》注家有多种解释。郭嵩焘谓：“眥𡟱当谓左右眥不能流盼，可以闭目养神，故曰休老。”（郭庆藩《庄子集释》引）近是。

② 此“最”字据陈景元《庄子阙误》所引江南古藏本。他本皆作“取”，义亦通。

真人之息以踵，众人之息以喉。（《大宗师》）

呼吸吐纳、熊经鸟申的具体方法，在《庄子》中没有更多的、细致的记述，但这已是开了后世导引、气功之术的先河。

四曰持中。处静、守性和炼形，使心理、生理和形体都能保持健康的状态，无疑是养生、长寿最先要的基础。显然，这些方法都是庄子后学将人放在一种脱离外界环境的孤立的情况下来进行考察的结论。庄子后学还认为"完身养生"还必须协调个人与自然、社会环境的关系，才能最后实现。《庄子》中称之为"缘督""鞭后"，实际上是持中的意思。《庄子》写道：

为善无近名，为恶无近刑①，缘督②以为经，可以保身，可以全生，可以养亲③，可以尽年。（《养生主》）

田开之曰："闻之夫子曰，善养生者，若牧羊然，视其后者而鞭之。"周威公曰："何谓也？"田开之曰："鲁有单豹者，岩居而水饮，不与民共利，行年七十而犹有婴儿之色；不幸遇饿虎，饿虎杀而食之。有张毅者，高门县薄，无不走也，行年四十而有内热之病以死。豹养其内而虎食其外，毅养其外而病攻其内，此二子者，皆不鞭其后者也。"（《达生》）

可见，"缘督"的意思是说，人的行为当在"善"与"恶"两个极端之间，从而即可避免招来"名"或"刑"这两个皆有害于生的结局。"鞭

---

① "为善无近名，为恶无近刑"，历代《庄子》注家有两种不同的解释。一是"善""恶"指行为而言。如吕惠卿说："上不为仁义之操以近名，下不为淫僻之行以近刑，善恶两遗而缘于不得已。"（《庄子义》）一是"善""恶"指境遇而言。如孙嘉淦说："善恶二字当就境遇上说。人生之境顺逆不一，穷通异致。顺而且通者，所谓善境也，穷而且逆者，所谓恶境也。吾之境而为善欤，此时易于有名，而吾无求名之心，吾之境而为恶欤，此时难于免刑，而吾无致刑之道。"（《南华通》）两解皆可取。

② "督"字历代《庄子》注家解释不一，但皆有"中"之义。如赵以夫说："督，中也……《奇经》八脉，中脉为督。"（褚伯秀《南华真经义海纂微》引）王闿运说："裻，旧作督，假借字。裻，背缝也。"（《庄子内篇注》）

③ 或谓"亲"为"身"之借字。《礼记·祭义》"亲"字，《释文》谓别本作"身"，是此一例。（见陈鼓应《庄子今注今译》引日本金谷治说）

后"的意思是说外患、内戕皆是吞噬生命的力量，善养生者，应当是外有所防，内有所养；偏内偏外，偏入偏出，皆为不当。应当是"无入而藏，无出而阳，柴立其中央"（《达生》）。

显然，庄子后学的养生、长生思想发展到这里，已经超出了个人的自我精神修养的范围，而进入了处理人际关系的社会实践领域了。

（2）处世的态度：避患全生　如前所述，庄子处世态度虽然有超世、遁世、顺世的不同表现，但在本质上它们是一致的，都是体现"道"的境界、"逍遥"的心境。然而在庄子后学这里，和精神修养上的长生完身目标相适应，处世态度也主要是为一种避害全生的目的所左右。具体表现为庄子后学总结出的这样一些生活原则或处世经验。

一曰存身之道。庄子后学首先明确地区分了在"有道"和"无道"两种不同的社会环境下的不同的处世态度。《庄子》中写道：

> 圣人……天下有道，则与物皆昌；天下无道，则修德就闲，……身常无殃，则何辱之有！（《天地》）
> 当时命而大行乎天下，则反一无迹；不当时命而大穷乎天下，则深根宁极而待，此存身之道也。（《缮性》）

可见，庄子后学的处世态度是当其时则出，非其时则隐，或隐或出，皆以"存身""无殃"为旨归。

二曰观人之术。庄子对人情世态有深刻的洞察，能够"达人气""达人心"（《人间世》）。但当庄子处身于世俗中时，他的基本态度是"虚而待物"（同上）、"顺人而不失己"（《外物》）、"外化而内不化"（《知北游》），他的主要的感受是"以无厚入有间，恢恢乎必有余地"的自如，也就没有必要"外重内拙"（《达生》）地细密窥察他人的心志，烦琐规划自己的行为，认为"人能虚己以游世，其孰能害之"（《山木》）。庄子后学以养生完身为"通道"，在世俗生活中自然要对他人外物谨慎防范而唯恐不及，"谨修而身，慎守其真，还以物与人，则无所累矣"（《渔父》）。这样，庄子后学提出一个很缜密的观人之术。

> 凡人心险于山川，难于知天；天犹有春秋冬夏旦暮之期，人者厚貌深情。故有貌愿而益，有长若不肖，有顺懁而达，有坚而缦，有缦而钎。故其就义若渴者，其去义若热。故君子远使之而观其忠，近使之而观其敬，烦使之而观其能，卒然问焉而观其知，急与之期而观其信，委之以财而观其仁，告之以危而观其节，醉之以酒而观其侧，杂之以处而观其色。九征至，不肖人得矣。（《列御寇》）

可见，庄子后学的"九征"观人之术，主要是用来判断一个人的道德品性和智能程度，以确定对其采取何种态度而不为其所累，不同于法家智术之士的"明察烛私"（《韩非子·孤愤》）和君主的"七术"（《韩非子·内储说上》），而基本上是对孔子的"视其所以，观其所由，察其所安，人焉廋哉"（《论语·为政》）的观点的发挥。

三曰行为之则。庄子后学认为在世俗生活中，一方面细微地观察他人的表现，以"九征"辨识其为君子或小人；一方面也要慎修自己的行为，提出剔除"八疵""四患"的行为原则，以免招来祸害。《庄子》中写道：

> 且人有八疵，事有四患，不可不察也。非其事而事之，谓之揔；莫之顾而进之，谓之佞；希意道言，谓之谄；不择是非而言，谓之谀；好言人之恶，谓之谗；析交离亲，谓之贼；称誉诈伪以败恶人，谓之慝；不择善否，两容颊适，偷拔其所欲，谓之险。此八疵者，外以乱人，内以伤身，君子不友，明君不臣。所谓四患者：好经大事，变更易常，以挂功名，谓之叨；专知擅事，侵人自用，谓之贪；见过不更，闻谏愈甚，谓之很；人同于己则可，不同于己，虽善不善，谓之矜。此四患也。能去八疵，无行四患，而始可教已。（《渔父》）

显然，庄子后学的"八疵""四患"因为缺乏内在联系和正确的逻辑划分，是完全不足涵盖人的"外以乱人，内以伤身"的行为的；它只是表明庄子后学在失去了精神上的超脱的那种高远的追求后，如何小心翼翼地在社会生活中避害全生的。

（3）道之用：治身、治世　如前所述，庄子理想人格的"入于不死不生"（《大宗师》）、"游乎尘垢之外"（《齐物论》）的精神境界，是通过"体道"而最后实现的，"是知之能登假于道者也若此"（《大宗师》）。可见在庄子那里，"道"之用主要表现为使人获得一种精神的超越，一种"何暇至于悦生而恶死"（《人间世》）、"孰弊弊焉以天下为事"（《逍遥游》）的超脱人生困境的精神境界。庄子后学与此不同，认为"道之真以治身"（《让王》），善于养生，能够长生才是"通道"的表现。不仅如此，庄子后学还进一步把"道"之用由治身发展到治世。《庄子》中写道；

> 得吾道者，上为皇而下为王。（《在宥》）
>
> 真者……其用于人理也，事亲则慈孝，事君则忠贞，饮酒则欢乐，处丧则悲哀。忠贞以功为主，饮酒以乐为主，处丧以哀为主，事亲以适为主，功成之美，无一其迹矣。（《渔父》）

即在庄子后学看来，世俗生活的完善合理，也正是"道"（"真"）的体现，也需要"道"的运用。庄子后学的入俗倾向在这里已越出了人生哲学思想的范围，进入了社会政治思想的领域，我们在后面再作论述。

## 四　庄子人生哲学的独特性

庄子人生哲学的核心内容是通过"体道"的方法——对精神本然状态的自我体认，而达到一种超脱世俗的、无任何负累的精神自由境界（"逍遥"）。无论是站在中国的或世界的哲学舞台上，庄子的人生哲学都显出有其独特的一面。

### 1. 与中国先秦其他思想派别人生哲学之比较

中国先秦的诸子思想是非常丰富活跃的，虽然不能说每个思想派别都是一种人生哲学，但是从每派思想中发掘出、推衍出属于人生哲学范围内的一些命题、观念或思想却是完全可能的。所以将庄子人生哲学和各家思想一一相比也是可能的。然而这样难免陷入细碎烦琐，这里需要寻找出一个将不同派别的人生哲学进行区别、比较的主要标志。一般说来，在庄子思想以外的中国先秦思想中，人生哲学的探索尚未独立展开，而是和社会政治思想紧密结合在一起的；作为人生哲学主要内容的人生追求和人生实践，尚未显化为独立的哲学主题，但实际上它就是诸子思想中对理想人格的表述和对其实现方法的论述。对理想人格及其实现方法表述、论述的差别，也就是区别这个时期不同思想派别人生哲学的主要标志。

先秦思想派别尽管纷纭歧异，在人生哲学上，按其人生追求，却大体可分为两类：某种社会政治理想的实现和人的自然本性的实现。显然，儒家和墨家是属于第一类，而庄子学派和贵生派是属于第二类。

儒家的理想人格是"仁人"。孔子说，"志士仁人，无求生以害仁，有杀身以成仁"（《论语·卫灵公》），在儒家看来，对"仁"的践履，是比生命还要重要的人生的意义和价值之所在。如前所述，儒家的"仁"是指一种社会伦理（"礼"）的实践，如孔子说："克己复礼为仁。"（《论语·颜渊》）他的学生有子说："孝悌也者，其为仁之本与。"（《论语·学而》）"仁"也是指一种道德品性修养，故孔子又说，"能行五者于天下，为仁矣——恭、宽、信、敏、惠"（《论语·阳货》）。在先秦儒家那里，比"仁人"道德境界更高的理想人格是"圣人"。《论语》写道：

> 子贡曰："如有博施于民，而能济众，何如？可谓仁乎？"子曰："何事于仁，必也圣乎？尧舜其犹病诸……"（《雍也》）

在儒家看来，"圣人"是完善的实践伦理道德的典范，"圣人，人伦之至也"（《孟子·离娄上》）。孔子曾说："若圣与仁，则吾岂敢。抑为之不厌，诲人不倦。"（《论语·述而》）实际上，这正是儒家的"仁"与"圣"的精神境界。在这个境界里，洋溢着一种激情——道德义务感和社会责任感。这是在中国传统思想中一直具有积极性的精神因素。

墨家的理想人格也可以说是"仁人""圣人""圣王"，《墨子》中写道：

> 仁人之所以为事者，必兴天下之利，除去天下之害，以此为事者也。（《兼爱中》）

圣人以治天下为事者也。(《兼爱上》)

为民兴利除害，富贵贫寡①，安危治乱……古者圣王之为若此。(《尚同中》)

可见，激荡在墨家理想人格的思想境界中的是另外一种热情，一种为"国家百姓人民之利"(《墨子·非命上》)而激发起来的救世的使命感。这种使命感凝聚成一种巨大的精神力量，使墨者能够终生奋斗而不息。墨家的这种人生追求，孟子评之为"摩顶放踵，利天下为之"(《孟子·尽心上》)，庄子后学赞之为"日夜不休，以自苦为极……墨者真天下之好者也，才士也夫！"(《庄子·天下》)

显然，庄子理想人格的精神境界完全不是如此。那里是"游乎尘垢之外"(《齐物论》)、"恶能愦愦然为世俗之礼"(《大宗师》)、"孰肯弊弊焉以天下为事"(《逍遥游》)的一片恬静的心境，一种精神上的逍遥自在。这种恬静、自在，是个人通过对"万物一齐"(《秋水》)的理智思索和"道通为一"(《齐物论》)的超理性体验而产生的一种心理感受。这种人生追求，本质上是属于自然和个人性质的，同儒家践履伦理道德、墨家实现社会功利的人生追求是大相异趣的。

庄子理想人格的精神境界是自然性质的，庄子的人生追求是个人精神的对超越世俗的本然的自觉的返归。具有这种内在本质的庄子人生哲学，不仅一方面如上面所述，以它的自然性和儒墨人生哲学的社会性区别开来；另一方面又以它的超感性的理性、超理性特色和先秦追求感性满足的贵生派的人生哲学区别开来。

先秦贵生派的主要代表是华子、瞻子②。《庄子》中写道：

---

① 孙诒让《墨子间诂》："此与上下例不合，疑当作'富贫众寡'。"甚是。

② 传统的观点是把主张"为我"的杨朱作为先秦贵生派的代表。实际上杨朱"为我"是一种政治主张，而不是人生学说，不能是重生或养生理论的代表。本书上编已有辨析，这里不再赘述。《荀子·非十二子》谓"纵情性，安恣睢，禽兽行……它嚣、魏牟也"，显然它嚣、魏牟也是主张满足感性的自然欲求的贵生派。但魏牟的思想资料（《汉志》道家《公子牟》四篇）已经散佚，"它嚣"仅此一见，更无确考（郭沫若《青铜时代·老聃、关尹、环渊》一文认为它嚣即环渊，金德建《先秦诸子杂考·荀子零笺》一文认为它嚣即范雎），这里不具论。

韩魏相与争侵地。子华子见昭僖侯，昭僖侯有忧色。子华子曰："今使天下书铭于君之前，书之言曰：'左手攫之则右手废，右手攫之则左手废，然而废之者必有天下'，君能攫之乎？"昭僖侯曰："寡人不攫也。"子华子曰："甚善！自是观之，两臂重于天下也，身亦重于两臂。韩之轻于天下亦远矣，今之所争者，其轻于韩又远。君固愁身伤生以忧戚不得也！"（《让王》）

中山公子牟谓瞻子①曰："身在江海之上，心居魏阙之下，奈何？"瞻子曰："重生。重生则利轻。"中山公子牟曰："虽知之，未能自胜也。"瞻子曰："不能自胜则从，神无恶乎？不能自胜而强不从者，此之谓重伤。重伤之人，无寿类矣。"（同上）

可见，贵生派的人生哲学观点可以归纳为两点。第一，子华子说"两臂重于天下，身重于两臂"，瞻子说"重生则利轻"，所以，人的自然的、感性的生命是重于一切的。第二，瞻子主张"不能自胜则从之"，克制不住的欲望不如放纵它，子华子也认为"全生为上，亏生次之，死次之，迫生为下……所谓全生者，六欲皆得其宜也；所谓亏生者，六欲分得其宜也；所谓死者，无有所以知，复其未生也；所谓迫生者，六欲莫得其宜也"（《吕氏春秋·贵生》）。所以，人的感性欲望能够得到完全的满足，应该是人生追寻的理想、目标。

显然，生命重于一切，欲望的满足高于一切的贵生派的人生哲学，不仅与认为"死生存亡之一体"（《大宗师》）、主张恬淡无欲的庄子人生哲学是对立的，而且与主张处静、守性、炼形，从而达到养生、长生目的的庄子后学的人生哲学也并不一致。然而在先秦，在主张完成伦理道德和实现社会功利的儒家、墨家的人生哲学观点映衬下，它们又有着某种相同，它们实际上都是主张人的自然本性的实现。区别在于，贵生派的人的自然本性，唯一地也是全部地是人的欲望、人的感性内容；而庄子思想中的人的自然本性，本质地是指人从感性、理智剥离、超越出来后的那种本然的存在。应该说，荀子批评庄子"蔽于天而不知人"（《荀子·解蔽》），抨

---

① 《吕氏春秋·审为》作"詹何"。

击贵生派"纵情性，安恣睢，禽兽行"（《荀子·非十二子》）基本上是符合实际的。在不太十分严格的意义上说，先秦贵生派的人生哲学与庄子思想的人生哲学的对立，相似于古希腊哲学中的主张寻求快乐和愉快的感觉乃是人的天职，是人的最高的、本质的东西的居勒尼学派，与主张对一切欲求和享乐皆无动于衷而任其自然的犬儒学派在伦理学上的对立。关于这种对立，黑格尔曾这样评述："居勒尼派是根据一定的原则，把个人的意识或感觉当作意识的本质，犬儒派则相反，他们以直接对于我具有普遍性的形式的个别性为本质；也就是说，把我认作对一切个别性漠不关心的、自由的意识。"（《哲学史讲演录》第二卷，第143页）但是，"整个说来，这两个学派有着相同的目的：个人的自由和独立"（同上书，第131页）。

总之，在中国先秦思想里，庄子人生哲学一方面以它的人生追求本质上是自然性的复归，显示了和儒、墨的以某种社会理想的实现为人生追求的人生哲学不同；另一方面又以这种自然性的具体内容或实现方法的超验性质，显出和贵生派追求感性满足的人生哲学有所差异。这就是庄子人生哲学在中国先秦诸子思想中所表现出的独特性。这个结论可以列表表示如下：

| 不同思想流别 ＼ 人生哲学内容之差异 | 人生追求的本质 | 人生追求的达到途径 |
|---|---|---|
| 儒　家 | 某种社会理想 | 伦理道德的完成 |
| 墨　家 | | 社会功利的实现 |
| 贵生派 | 人的自然本性 | 感性欲望的满足 |
| 庄　子 | | 本然存在的体悟 |

### 2. 显示于世界哲学舞台之特色

把庄子人生哲学放在世界的哲学舞台上与世界思想史上出现过的不同的人生哲学进行比较，实际上是对人类的全部精神生活作历史的检阅、考察，当然是无比困难的、艰巨的事情，这不是本书所能和所要完成的任务。为了能在尽可能广阔的背景下显示庄子人生哲学的独特性，我们在这里选择了人生哲学理论内容比较完备、具有典型意义的，即能代表古代和现代不同时代，涵盖宗教和哲学两种基本理论形态的原始佛教和存在主义的人生哲学，从人生困境、人生追求及其实现方法三个方面来略加对比。

如前所述，庄子的人生哲学是以对人生困境的观察为起点的，在庄子那里，人生困境是由自然性质的生死、社会性质的时命等外在必然性因素，以及自我本身的情欲所构成的一种人难以逾越的界限。庄子人生哲学的理论主题实际上就是探讨如何从人生困境中超越出来的问题。庄子主要是通过精神的自我修养，通过对"道"的理性直观——本质上是精神对自然的返归，来实现这种超脱，达到一种精神上的无待、无累、无患的自由（"逍遥"）。

佛教的人生哲学，甚至佛教的整个思想，都是以对人生困境的特殊观察为起点、为基础的。佛教认为人生是一场苦难。例如，在作为佛教思想的骨架和精髓的原始佛教的"四谛"说中，"苦谛"将人生之苦归纳为八种：

> 诸贤，云何苦圣谛？谓生苦、老苦、病苦、死苦、怨憎会苦、爱别离苦、所求不得苦、略五盛阴苦。（《中阿含经》卷七《舍梨子相应品》）

"四谛"说的"集谛"，是对产生这些人生苦难的原因的一种分析：

> 爱与欲相应心恒染著，是谓苦集谛。（《增一阿含经》卷十七《四谛品》）

"十二缘起"说更进一步对这些"苦"的形成过程作了分析：

> 佛言：云何名缘起？初谓依此有故彼有，此生故彼生。所谓无明缘行，行缘识，识缘名色，名色缘六处，六处缘触，触缘受，受缘爱，爱缘取，取缘有，有缘生，生缘老死，起愁叹苦忧恼，是名为纯大苦蕴集。（《增一阿含经》卷四十五《放牛品》）

可见，佛教把人生的整个过程和全部内容都融化为一种痛苦的心理感受，这本质上就是佛教思想中人生困境的性质；而这种痛苦，这场苦难，又都是由人的主观意识（"爱与欲"）和认识（"无明"）引起的。所以原始佛教从人生困境中超越出来，或者说从人世苦难中解脱出来的方法、方式，就是通过某种宗教的修持，即"四谛"说的"道谛"（"八正道"——正见、正志、正语、正业、正命、正方便、正念、正定），断灭一切意欲，达到一种绝对清净的境界——"涅槃"，即是"四谛"说的"灭谛"（"尽谛"）：

> 欲爱永尽无余，不复更造，是谓苦尽谛。（《增一阿含经》卷十七《四谛品》）

所以，庄子人生哲学和原始佛教人生哲学在对人生困境、人生追求和其实现途径的观点上的差别是显然的。这种差别的根本之处，是庄子思想以对自然的深入观察为基础，而佛教思想则建立在细腻的心理分析的基础之上的。但是，就其思想本身来说，佛教思想和庄子思想都具有极强的思辨性质、理智性质，而不是非理性的，这又是它们的相同之处。佛教在其宗教实践中，特别是在由"八正道"修持到"涅槃"境界的精神飞跃的过程中，由于因人而异的生活经历和思想经历的特殊性，使这一过程客观地存在着不确定性，表现出某种神秘性。这种情况在庄子那里，在其由"体道"而进入"与道游"境界的过程中也是存在的。

将庄子的人生哲学和存在主义的人生哲学加以比较，相对于和原始佛教人生哲学进行比较而言，似乎要困难一些，因为它们之间的时代背景和文化背景的差别，理论结构复杂性和主题深刻性的距离，都更加遥远。另外，佛教虽然部派繁多，教义也经历了由小乘到大乘的明显变迁，但"四谛"说始终是共同的宗教教条、基本的思想理论。所以把"四谛"理论看作是原始佛教，甚至整个佛教思想的人生哲学都是符合思想史实际的。但是，在存在主义这里不存在这种情况，虽然总的来说，存在主义表现了共同的理论倾向或特色，即用现象学的方法来分析人的存在状态，或者，用萨特的话来说，"他们共同的地方是：都认为存在先于本质，或者说，必须以主观性为出发点"（《存在主义哲学》，商务印书馆 1963 年版，第336页）。然而，存在主义毕竟产生和存在的时间尚短，还没有凝聚成一个理论内容统一的哲学派别，它的内部充满了分歧，正如法国存在主义者华尔说："在所谓的存在哲学里，不仅有分歧，还有相当大的冲突"（《存在哲学》，生活·读书·新知三联书店1983年版，第3页），"它们之间众说纷纭，莫衷一是，就每个哲学而言，在不同时期又有不同的主张"（同上书，第163页）。也就是说，它们的共同点是比较原则的、抽象的，而分歧却是具体的、实际的。所以，在人生哲学这样具体的哲学领域，在诸如人生追求这样具体的人生哲学问题上，存在主义并没有一个统一的、完全一致的理论和态度。因而，将庄子人生哲学与整个的存在主义人生哲学相比较是难以进行的。

萨特曾根据存在主义者的宗教态度将存在主义分为两种："一种是基督教徒的存在主义者，我认为雅斯柏斯和马塞尔两位天主教徒包括在内；二是无神论的存在主义者，如海德格尔，以及法国存在主义者和我自己均在内。"（《存在主义哲学》，商务印书馆1963年版，第336页）这里，我们就姑且以海德格尔和萨特为代表，从他们的言论里寻找出对庄子人生哲学中那三个问题的回答，借以显示存在主义同庄子的人生哲学的差别。当然，在实际上存在主义的人生哲学理论本身并不是按照这个简单结构或逻辑展开的。

首先，我们考察存在主义对人生境遇的看法。存在主义认为人生的最基本的状态就是烦恼、忧虑（care），海德格尔说：

> 亲在①的在②，根本就是作为烦而起规定作用。（《存在主义哲学》，第30页）
>
> 麻烦表明是亲在的一种存在的状态，此种状态按其不同的可能性或随亲在的在被括入所烦心的世界，或随本真的在被括入亲在本身。（同上书，第32页）

---

① 亲在，原文 Dasein，或译作"我在"，个人的具体存在。
② 在，原文 Sein，广义的、表示整个世界本然状态、无任何规定性的那种存在。

萨特也说：

> 存在主义者说，人生来就带着烦恼。 （《存在主义哲学》，
> 第339页）

这样，如果我们从庄子人生哲学的人生困境的那个意义上来理解存在主义的"烦"，那么，我们就可以看到，存在主义同庄子、佛教人生哲学的第一个差别，就是存在主义的这种"烦"或人生困境，并不是起源于人的主观意识（如佛教的"无明"），也不是某种客观的外在必然性（如庄子的"死生""时命"），而是人的存在（"亲在"）在世界本然（"在"）中涌现出来的一种实际的存在状态，即具体的生活形态。这种状态，海德格尔称之为"跌落""沉沦"：

> 我把亲在在其自己的在中的此种动荡不安状态称为跌落。亲在从它本身跌入它本身中，跌入无根基状态与非本真的日常生活之虚无中。用公众的说法，此一跌落称为"上升"与"具体生活"。（《存在主义哲学》，第45～46页）

那么，"亲在"的"跌落"而形成的人的存在状态、生活形态的内容或性质又是怎样的呢？萨特说：

> 陀思妥耶夫斯基说："假如上帝不存在，一切事情都有可能。"这就是存在主义的出发点。诚然，上帝如不存在，一切都可能发生；然而，结果人却变成孤寂……假如存在确实先于本质，那么，就无法用一个定型的现成的人性来说明人的行动，换言之，不容有决定论。（《存在主义哲学》，第342页）

可见，在存在主义看来，人的存在状态的内容，或"烦"的构成，本质上是偶然性的总和。这样，对于存在主义来说，烦恼、忧虑不再仅是一种主观感受，而实际是全部的现实存在，是世界本身；在存在主义哲学中，

"烦"也不是作为构成人类困境的否定因素被克服、被超越，而是作为人类生活本身被实践着、发展着。所以萨特说："……烦恼绝不是我们脱离行动的一道围墙，它就是行动本身的一部分。"（《存在主义哲学》，第341页）

其次，我们来考察存在主义的人生追求——自由。自由，无疑是存在主义哲学的基本追求。在存在主义看来，"自由是人的伟大和庄严所在"，"自由是价值的唯一基础"（华尔《存在哲学》，第89页）。应该说，对自由的推崇和追求是具有悠久历史的人类理想，因而并不是存在主义的独有特色。存在主义"自由"的特殊性在于，这个在别的哲学思想体系需要经过艰苦理论过程和实践奋斗才能长成和获得的果实，在存在主义哲学的开端就长成和被摘下了。存在主义从"存在先于本质"的基本理论前提出发，一下就推出了"人是自由的"的结论，一下就长出了"自由"的果实。萨特说：

> 假如上帝不存在，那么，世间至少有一种存在物可证明是"存在先于本质"；这种存在物，在可受任何概念予以规定之前，就已存在……人，不仅就是他自己所设想的人，而且还只是他投入存在以后，自己所志愿变成的人。人，不外是由自己造成的东西，这就是存在主义的第一原理。（《存在主义哲学》，第337页）

在存在主义那里，甚至可以说自由没有产生、成长的过程，他们认为自由就是存在本身。例如存在主义者说：

> 存在的领域也是自由的领域，也是可能性、设计和选择的领域。（华尔《存在哲学》，第89页）
>
> 人就是自由。（《存在主义哲学》，第342页）

正是在这里，存在主义显现了它的"自由"和庄子的"逍遥"的明显的不同。庄子的"逍遥"，或者说自由，是对人生困境的超脱，是通过恬淡无欲、"去知与故"、"体道"的精神修养而获得的一种恬静的心境，一种超脱世俗的精神境界。这是一种情态的自由。应该承认，在人类的精神生活中，这种心境、境界虽然不是普遍的，然而却是真实的。存在主义的自由，就是存在和人本身，就是无决定论的世界中的人的行动，任意的自我设计、自我选择。这是一种意志的绝对自由。萨特在反驳对存在主义的自由观表示怀疑和反对的观点时，把这一点表述得十分清楚：

> 在自由本身所包含的这种求自由的意志之名下，我们可以对于那些想向自己隐藏他们的存在的绝对任意和绝对自由的人加以评判了：对于那些出自严肃精神或借决定主义的辩词来向自己隐藏他的绝对的自由的人，我将称之为懦夫；对于那些想把他们的存在——这本是人出现于地球上的偶然现象——说成是必要的，我将称之为臭恶之徒。（《存在主义哲学》，第356页）

无疑地，存在主义的这种自由观念，对于疲惫而消沉的人生具有某种激越、振奋的作用。然而，很难认为这种观点能像它的创造者设想的那样毫无邪意地被理解，那样毫无阻碍地被贯彻。并且，也很难认为这种观点即使是无邪意地、彻底地被实行，对于个人和人类都是真正需要的和有益的。存在主义的自由观念缺乏真正、持久地升华人类精神的那种哲学内涵。

最后，由于存在主义把自由看作是存在的本身、人的本身，在存在主义那里，一般不存在人为了获得自由而付出的特殊的精神上的和实践上的努力，人的自由也就是他的全部行动、全部事业、全部生活。例如萨特说：

> 人不外是人所设计的蓝图。人实现自己有多少，他就有多少的存在。因此，他，就只是他的行动的总体；他，就只是他的生活……一个人，不外就是一系列的事业，他就是造成这些事业的种种关系的总和、组织和整体。（《存在主义哲学》，第347～348页）

本来，在庄子人生哲学里，在对人的命运表现真诚的关心的许多哲学家的观察、体验和思想里，自由的真正获得都是相当艰难的。存在主义运用一种哲学理论改变了这一情况。在这里，人的本身就是自由，人"被判定地"时时生活在自由之中。争取自由的特殊的努力也就没有必要了。然而，这样一来，自由的目标也就不再存在了。M. 怀特在《分析的时代》一书中谈到萨特时说："人们可以批评他，但却不能忽视他。"（《分析的时代》，商务印书馆1964年版，第114页）是的，存在主义的理论不可被忽视，但毕竟难以说是成功的。因为自由是一种提高了的、以完整的必然的认识为特征和内容的自觉的生活。无论就个人的和人类的事实来说，自由之果的成长都是很慢的，成熟都是很晚的。

我们已把庄子人生哲学放置在世界的哲学舞台上，同古代的佛教人生哲学和现代的存在主义人生哲学进行了一番简略的比较，这个比较的基本结论可以列表如下：

| 不同文化的观念体系 ＼ 人生哲学内容之差异 | 人生困境 | 困境的性质 | 人生追求 | 追求的实现 |
|---|---|---|---|---|
| 原始佛教 | 苦　难 | 主观感受 | 解脱苦难 | 断绝意欲的宗教修持 |
| 存在主义 | 烦　恼 | 全体偶然性 | 意志的绝对自由 | 一切行动 |
| 庄　子 | 界　限 | 外在必然性 | 情态的自由 | "体道"的精神修养 |

总之，庄子人生哲学在世界哲学舞台上显示的独特性，就是与把人生追求的完成放在彼岸的、"涅槃"境界的佛教相比，它是现世的；与把人生追求的实现视为世俗生活本身的存在主义（萨特思想）相比，它是超脱世俗的。而这种超脱世俗以返归自然的理性自觉为其途径，又使庄子的人生哲学在中国先秦思想中显出独特性。

# 第五章　社会思想

　　庄子社会思想的明显特色和主要内容，是对当时社会的激烈的、否定性的批判，和进而在这种社会批判的基础上产生的具有复古性质的社会理想。对于庄子的社会思想，我们从呈现在《庄子》中的、构成这种思想的社会背景来开始分析。

## 一　《庄子》中反映的社会现实

　　庄子所生活的战国中、晚期，是中国历史上一个充满变革的时代。以"礼"为根本制度的、绵延了数百年的政治格局，处在最后崩溃的前夕，社会生活处于剧烈的变动之中，正如《庄子》所说，"自三代以下者，天下何其嚣嚣也！"（《骈拇》）在《庄子》中可以看到这一转变时代的广阔的社会生活画面的显著方面。

### 1. 政治环境：频繁的战争和暴虐的统治

　　司马迁在概述孟子——和庄子生平相当——所处的时代时说："当是之时，秦用商君，富国强兵；楚、魏用吴起，战胜弱敌；齐威王、宣王用孙子、田忌之徒，而诸侯东面朝齐。天下方务于合从连衡，以攻伐为贤。"（《史记·孟子荀卿列传》）所以，频繁的战争无疑是战国时代社会生活最重要的内容，战争这一社会现实必然要在庄子的思考和写作中留下痕迹。

　　《庄子》中经常写到战争。其中，有传说中的尧、禹所进行的部落战争，如：

　　　　故昔者尧问舜曰："我欲伐宗、脍、胥敖……"（《齐物论》）

昔者尧攻丛枝、胥敖，禹攻有扈……（《人间世》）

但多数是战国时诸侯国家之间侵城略地的攻战和诸侯国家内部夺权争位的内讧，如：

越有难，吴王使之将，冬与越人水战，大败越人①。（《逍遥游》）

鲁酒薄而邯郸围②。（《胠箧》）

魏莹与田侯牟约③，田侯背之，魏莹怒，将使人刺之。（《则阳》）

韩魏相与争侵地④。（《让王》）

越人三世弑其君⑤。（同上）

楚昭王失国……昭王反国⑥。（同上）

之、哙让而绝⑦……白公争而灭⑧。（《秋水》）

田成子一旦杀齐君而盗其国⑨。（《胠箧》）

其卒民果作难，而杀子阳⑩。（《让王》）

---

① 前494年，吴在夫椒（今太湖中洞庭西山）大败越军。（见《左传·哀公元年》）

② 前352年（魏惠王十七年），魏围赵都邯郸。（见《史记·赵世家》《史记·魏世家》）

③ 魏惠王、齐威王于前334年相王于徐州，前324年相会于平阿。（见《史记·魏世家》）

④ 魏惠王、韩昭侯在位之时，魏韩争战最为频繁，如两国于魏惠王二年战于马陵，五年会于宅阳，九年战于浍水。韩昭侯二年魏夺取韩之朱。（见《史记·魏世家》《史记·韩世家》）

⑤ 越王无颛（前362年即位）前之翳、诸咎、无余三君皆被弑而不得善终。（见《史记·越世家索隐》引《竹书纪年》）

⑥ 前506年，吴军攻楚都郢。楚昭王出逃隋、郑。秦军来救，楚得复国。（见《左传·定公四年》）

⑦ 前316年燕王哙禅位给相子之，燕国因此内乱，前314年齐攻下燕国。（见《史记·燕世家》）

⑧ 前479年楚白公胜，杀死楚令尹子西、司马子期，囚禁楚惠王。叶公率师反攻，白公胜失败自杀。（见《左传·哀公十六年》）

⑨ 前481年齐左相田恒杀死右相监止及齐君简公，"专齐之政"。（见《左传·昭公三年》《史记·田世家》）

⑩ 前393年（郑缪公二十五年），郑国杀相国子阳。前396年，子阳之党杀死郑缪公。（见《史记·郑世家》）

等等。最后，庄子将这些战争典型化、形象化，浓缩成一个寓言：

> 有国于蜗之左角者曰触氏，有国于蜗之右角者曰蛮氏，时相与争
> 地而战，伏尸数万，逐北旬有五日而后反。（《则阳》）

《庄子》中的这些记述和这个寓言表明，庄子是生活在一个以兼地夺位为
务、以攻伐争斗为贤的不安定的时代；庄子对这些战争的目标表示了极度
的轻蔑，明确地反对这些战争："夫杀人之士民，兼人之土地，以养吾私
与吾神者，其战不知孰善？"（《徐无鬼》）

战国时代频繁的战争，实际上是一个新的统治力量崛起的反映。春秋
后期，从贵族统治阶级中分化出一部分推行政治、经济改革的新的统治阶
级。他们用经济的或政治的手段笼络人心，积聚力量，攫取了统治权力；
并用战争的手段兼并他国土地，扩大自己的统治范围。鲁国的三桓、晋国
的六卿、齐国的田氏，正是这新的统治力量的代表。一般说来，他们属于
社会地位比贵族统治阶级低的卿大夫阶层。庄子对这新的统治阶级是抱着
否定的态度的，称之为"昏上乱相"（《山木》），庄子后学的态度更激烈，
称之为"盗贼"；并对这新的统治阶级的"窃国盗法"行为可以不受惩罚
而愤慨不平：

> 田成子一旦杀齐君而盗其国，所盗者岂独其国邪？并与其圣知之
> 法而盗之。故田成子有乎盗贼之名，而身处尧舜之安；小国不敢非，
> 大国不敢诛，十二世有齐国，则是不乃窃齐国，并与其圣知之法以守
> 其盗贼之身乎……彼窃钩者诛，窃国者为诸侯！（《胠箧》）

这里表明，庄子的政治感情即使不是属于也是倾向于那个已被挤退出历史
舞台的贵族阶级。如上编所述，这或许与庄子是楚国贵族后裔的生活经历
有关。

除了兼并、夺位的战争以外，在《庄子》中还可以看到对战国时许
多诸侯君王暴虐行为的记述。例如：

夫卫灵公饮酒湛乐，不听国家之政，田猎毕弋，不应诸侯之际，其所以为灵公者，何邪？（《则阳》）

……卫君，其年壮，其行独，轻用其国，而不见其过；轻用民死，死者以国量乎泽若蕉，民其无如矣。（《人间世》）

君（魏武侯）独为万乘之主，以苦一国之民，以养耳目鼻口……（《徐无鬼》）

夫楚王之为人也，形尊而严；其于罪也，无赦如虎；非夫佞人正德，其孰能桡焉！（《则阳》）

宋王之猛，非直骊龙也……（《列御寇》）

昔者有鸟止于鲁郊，鲁君说之，为具太牢以飨之，奏九韶以乐之。（《达生》《至乐》）

秦王有病召医，破痈溃痤者得车一乘，舐痔者得车五乘，所治愈下，得车愈多。（《列御寇》）

可见，《庄子》的笔锋从小国之君卫公、宋王，到万乘大国之主楚王、秦王一一点到，且多为抨击、讥嘲之词，这正是庄子对当时的统治者采取批判的政治态度的一种反映。

庄子还把战国的诸侯君主和他理想中的古代君主加以对比，认为正是这些当时的统治者们的欺诈、奴役、残暴，使得人民无法正常地、安宁地生活下去：

古之君人者，以得为在民，以失为在己；以正为在民，以枉为在己；故一形有失其形者，退而自责。今则不然。匿为物而愚不识，大为难而罪不敢，重为任而罚不胜，远其途而诛不至。民知力竭，则以伪继之，日出多伪，士民安取不伪！夫力不足则伪，知不足则欺，财不足则盗。盗窃之行，于谁责而可乎？（《则阳》）

所以庄子总是感到自己生活在一个非常险恶的社会政治环境中，"殊死者相枕也，桁杨者相推也，刑戮者相望也"（《在宥》）。庄子为自己的处境无限感慨地说："方今之时，仅免刑焉！"（《人间世》）完全可以说，庄子作为楚国贵族后裔的生活经历和这些现实感受，是形成他的社会批判思想的主要基础。

**2. 经济现象：农业、手工业生产和商业贸易**

战国之时，中国历史上长期存在的自给自足的、以家庭为中心的小农经济已经形成。在庄子稍前的孟子说："五亩之宅，树墙下以桑，匹妇蚕之，则老者足以衣帛矣。五母鸡，二母彘，无失其时，老者足以无失肉矣。百亩之田，匹夫耕之，八口之家足以无饥矣。"（《孟子·尽心上》）在庄子之后的荀子也说："故家五亩宅，百亩田，务其业，而勿夺其时，所以富之也。"（《荀子·大略》）这种自耕自食、自蚕自衣的小农的生产关系、生活方式，在《庄子》中也有类似的表述或印证：

> 孔子谓颜回曰："回，来！家贫居卑，胡不仕乎？"颜回对曰："不愿仕。回有郭外之田五十亩，足以给飦粥，郭内之田十亩，足以为丝麻，鼓琴足以自娱，所学夫子之道足以自乐也。回不愿仕。"（《让王》）

一夫之耕，可食八口之家，表明战国时农业生产力已达到很高的发展水平。这种生产力的构成，从《孟子》《荀子》中可以看到这时已有了铁耕、肥田的技术①，在《庄子》中则更有使用灌溉机械和深耕细作的记述：

> 子贡南游于楚，反于晋，过汉阴，见一丈人方将为圃畦。凿隧而入井，抱瓮而出灌，搰搰然用力甚多而见功寡。子贡曰："有械于此，一日浸百畦，用力甚寡而见功多，夫子不欲乎？"为圃者卬而视，曰："奈何？"曰："凿木为机，后重前轻，挈水若抽，数如泆汤，其名为槔。"（《天地》）
>
> 长梧封人问子牢曰："……昔予为禾，耕而卤莽之，则其实亦卤莽而报予。芸而灭裂之，其实亦灭裂之。予来年变齐，深其耕而熟耰

---

① 《孟子·滕文公上》："许子以釜甑爨，以铁耕乎？"《荀子·富国》："掩地表亩，刺草殖谷，多粪肥田，是农夫众庶之事也。"

之，其禾蘩以滋，予终年厌飧。"（《则阳》）

这是《庄子》对战国时农业生产力状况的具体描述。

在农业发展的同时，手工业的发达也是战国时经济发展的重要方面。《庄子》中记述了或涉及了属于当时最主要的一些手工业生产，如金工、木工、陶工、漆工：

> 今大冶铸金，金踊跃曰"我且必为镆铘"，大冶必以为不祥之金。（《大宗师》）
>
> 漆可用，故割之。（《人间世》）
>
> 陶者曰："我善治埴，圆者中规，方者中矩。"匠人曰："我善治木，曲者中钩，直者应绳。"（《马蹄》）

也记述了一些次要的但更能具体反映当时社会生活情态的手工劳动，如屠宰、洗染、缝纫、织屦：

> 庖丁为文惠君解牛，手之所触，肩之所倚，足之所履，膝之所踦，砉然响然，奏刀騞然，莫不中音，合于桑林之舞，乃中经首之会。（《养生主》）
>
> 楚昭王失国，屠羊说走而从于昭王。昭王反国，将赏从者，及屠羊说。屠羊说曰："大王失国，说失屠羊；大王反国，说亦反屠羊。臣之爵禄已复矣，何赏之有！"（《让王》）
>
> 宋人有善为不龟手之药者，世世以洴澼絖为事。（《逍遥游》）
>
> 支离疏者，颐隐于脐，肩高于顶，会撮指天，五管在上，两髀为胁，挫针治繲①，足以糊口。（《人间世》）
>
> 宋人有曹商者，为宋王使秦。其往也，得车数乘，王说之，益车百乘。反于宋，见庄子曰："夫处穷闾阨巷，困窘织屦，槁项黄馘者，商之

---

① "挫针治繲"有两种解说。司马彪说："挫针，缝衣也；治繲，洗浣也。"（见陆德明《经典释文》）闻一多说："挫一作痤，繲本当作疥。针痤者，以面针刺之出其恶血，则消肿也。治解者，骨节解脱，治之使复续也。"（《庄子义疏》）本书从司马彪说。

所短也。一悟万乘之主，而从车百乘者，商之所长也。"（《列御寇》）

等等。总之，《庄子》中关于农业生产和手工业劳动的这些记述，显示了那个时代的社会分工的扩大和劳动工具的进步，表明当时的社会生产力已具有相当规模，并且处在发展之中。对于这种社会生产力的发展趋势，庄子甚为冷漠，从一种保持心境宁静的精神修养立场上表示反对，认为"巧者劳而知者忧"（《列御寇》），"有机械者必有机事，有机事者必有机心。机心存于胸中，则纯白不备；纯白不备，则神生不定；神生不定，道之不载也。吾非不知，羞而不为也"（《天地》）。

《庄子》中关于商业贸易的记述不多，但却涵盖很广，反映出当时存在着商品、技术、人口三种性质不同的交易：

宋人资章甫而适诸越，越人断发文身，无所用之。（《逍遥游》）
宋人有善不龟手之药者，世世以洴澼絖为事。客闻之，请买其方以百金。聚族而谋曰："我世世为洴澼絖，不过数金，今一朝而鬻技百金，请与之。"（同上）
……无几何而使梱之于燕，盗得之于道，全而鬻之则难，不若刖之则易。于是乎刖而鬻之于齐。（《徐无鬼》）

从这些记述中可以看出，战国时仍然存在着人口买卖这样奴隶制度的残余，但技术也成为贸易交换的内容，则是当时商品经济发达的表现。

战国之时，随着农业和手工业生产的发展，社会分工的细密，商品经济的发展是不可避免的；商品经济的发展，"纷纷然与百工交易"（《孟子·滕文公上》），人与人之间的交往，依赖必然加强，诚如孟子所说，"一人之身而百工之所为备，如必自为而后用之，是率天下而路也"（同上）。对于追求自然和个人精神自由的庄子来说，社会生活的这种发展趋势当然是他所不能忍受的。《庄子》中这种态度的表白是很多的，如"圣人不从事于务，不就利"（《齐物论》），"夫至人者，相与交食乎地，而交乐乎天，不以人物利害相撄，不相与为怪，不相与为事"（《庚桑楚》），一言以蔽之，"功利机巧，必忘夫人之心"（《天地》）。应该说，庄子的社会批判从一个方面来说，正是针对经济发展带来的一些社会现象。

### 3. 社会生活：风俗人情、人众之分、学术形势

《礼记·曲礼上》曰："君臣上下，父子兄弟，非礼不定"，《左传》所记载春秋时代的思想观念也认为"夫礼，所以整民也"（《左传·庄公二十三年》），"礼也者，小事大，大字小之谓"（《左传·昭公三十年》）。在西周传统的、以"礼"为规范的社会生活中，伦理关系和上下等级之分是一种主导因素。《左传》中写道：

> 天有十日，人有十等，下所以事上，上所以共神也。故王臣公，公臣大夫，大夫臣士，士臣皂，皂臣舆，舆臣隶，隶臣僚，僚臣仆，仆臣台。（昭公七年）
>
> 在礼，家施不及国，民不迁，农不移，工贾不变，士不滥，官不滔，大夫不收公利……君令臣共，父慈子孝，兄爱弟敬，夫和妻柔，姑慈妇听，礼也。（昭公二十六年）
>
> 君子尚能而让其下，小人农力而事其上，是以上下有礼。（襄公十三年）

可见，直至春秋时代，无论是以社会地位（"人有十等"），还是以职业（农、工、贾、士）或道德水平（君子、小人）来划分的人众中，固定的伦理义务和等级服从都还是社会生活的主要内容。从《庄子》中可以看到，这种情况到战国时期有所变化，生活的内容扩展了、复杂了。

《庄子》中不同等级的社会地位的区分仍然存在，仍被维护，但《庄子》所强调的不是"下事上"的等级服从，而是各自的社会职责：

> 天子、诸侯，大夫、庶人，此四者自正，治之美也，四者离而乱莫大焉。官治其职，人处其事，乃无所陵。故田荒室露，衣食不足，征赋不属，妻妾不和，长少无序，庶人之忧也。能不胜任，官事不治，行不清白，群下荒怠，功美不有，爵禄不持，大夫之忧也。廷无忠臣，国家昏乱，工技不巧，贡职不美，春秋后伦，不顺天子，诸侯

之忧也。阴阳不和，寒暑不时，以伤庶物，诸侯暴乱，擅自攘伐，以残民人，礼乐不节，财用穷匮，人伦不饬，百姓淫乱，天子有司之忧也。（《渔父》）

可见，《庄子》按社会政治地位把人众分为庶民、大夫、诸侯、天子四个等级。他们的社会职责分别是劳动贡赋、治理庶务、管理国家、奉天理民。

《庄子》中以职业来划分的人众更加纷繁，他们都有各自独特的、超出单一伦理之外的生活内容，这正是社会生活发展了的反映。例如《庄子》中写道：

> 拓世之士兴朝，中民之士荣官，筋力之士矜难，勇敢之士奋患，兵革之士乐战，枯槁之士宿名，法律之士广治，礼教之士敬容，仁义之士贵际。农夫无草莱之事则不比，商贾无市井之事则不比。庶人有旦暮之业则劝，百工有器械之巧则壮。（《徐无鬼》）

同样，在《庄子》中以道德水平来划分人众的层次也显然地增多了、复杂了，显示了人们在社会生活中多种多样的精神追求和生活目标。如《庄子》写道：

> 众人重利，廉士重名，贤人尚志，圣人贵精。（《刻意》）
> 不离于宗，谓之天人。不离于精，谓之神人。不离于真，谓之至人。以天为宗，以德为本，以道为门，兆于变化，谓之圣人。以仁为恩，以义为理，以礼为行，以乐为和，薰然慈仁，谓之君子。以法为分，以名为表，以参为验，以稽为决，其数一二三四是也，百官以此相齿。以事为常，以衣食为主，蕃息畜藏，老弱孤寡为意，皆有以养，民之理也。（《天下》）

显然，在《庄子》这里把人众分为以事务（"衣食"）为生活目标的庶民，以法则（"一二三四"）为生活原则的百官，以道德（"仁义"）为追求的君子，及在此之上的、更高境界的圣人（"道"）、至人（"真"）、神人

（"精"）、天人（"宗"）这样许多层次，当然要比传统的小人、君子之分要复杂多了。

总之，客观地展现在《庄子》中的世俗社会生活是比较开阔的、复杂的，是处于发展中的。庄子对于这具有新的内容和特色的世俗社会生活是冷漠的。在庄子看来，人作为一个自然的、个体的存在，对社会是不负有责任的。《庄子》中借渔父之口批评孔子表述了这种思想："今子既上无君侯有司之势，而下无大臣职事之官，而擅饰礼乐，选人伦，以化齐民，不太多事乎！"（《渔父》）而卷入这样的世俗社会生活则是可悲的："此皆顺比于岁，不物于易者也，驰其形性，潜之万物，终身不反，悲夫！"（《徐无鬼》）

战国时期社会生活的扩展，突破了西周传统的"礼"所规范的那种固定的、狭隘的伦理范围，述表现为学术思想的活跃和学派的增多，这就是《庄子·天下》所概述的"天下大乱，贤圣不明，道德不一，天下多得一察焉以自好"。

《庄子》中对战国学术形势的记述可以分为下列三种情形。

第一，简单列举已经出现的学术思想派别的名称或人物。《庄子》中出现的学术思想派别名称或人物有儒、墨、杨、秉、惠、季真、接子等。如：

> 道隐于小成，言隐于荣华，故有儒墨之是非。（《齐物论》）
>
> 骈于辩者，累瓦结绳，窜句游心于坚白同异之间，而敝跬誉无用之言乎，而杨墨是已。（《骈拇》）
>
> 庄子（谓惠施）曰："然则儒墨杨秉①四，与夫子为五。"（《徐无鬼》）
>
> 少知曰："季真之莫为，接子之或使②，二家之议，孰正于其情，孰偏于其理？"（《则阳》）

---

① 秉为谁，解释不一，见本书上编第10页注3、4、5。
② 季真又见《荀子·成相》、《韩非子·外储说左上》（误作李）；接子又见《史记·孟子荀卿列传》《盐铁论·论儒》，皆大约与孟子、庄子同时人。

第二，具体记述道家人物与对立思想派别人物的争论或对话。在《庄子》中出现最多的无疑是持道家观点的人物，并且一般说来可以分为四派：庄子派、老子派、隐者、贵生派。《庄子》所记述的道家四派与对立思想派别人物的对话或争论的情况如下。

一是道家庄子派与他派的对话或争论。

| 对立派别 | 对话者 | 对话或争论的内容 | 篇名 |
|---|---|---|---|
| 名家 | 庄子—惠施 | 庄子批评惠子"拙于用大" | 逍遥游 |
| | | 庄子对惠子解释"无人之情"之涵义 | 德充符 |
| | | 庄子、惠子辩论能否知"鱼之乐" | 秋　水 |
| | | 庄子对惠子解释妻死不哭之故 | 至　乐 |
| | | 庄子讽刺惠子自以为是的学术态度 | 徐无鬼 |
| | | 庄子对惠子辩解"无用之为用" | 外　物 |
| | | 庄子、惠子品评孔子 | 寓　言 |
| | 魏牟—公孙龙 | 魏牟讥讽公孙龙知识浅陋，推崇庄子言论高妙 | 秋　水 |
| 儒家 | 庄子—荡 | 庄子对商太宰荡论说"虎狼仁也" | 天　运 |

二是道家老子派与他派的对话。

| 对立派别 | 对话者 | 对话的内容 | 篇名 |
|---|---|---|---|
| 儒家 | 老聃—孔子 | 老聃向孔子解说治天下者"是胥易技系劳形怵心者也" | 天　地 |
| | | 老聃评孔子揭举仁义乃乱人之性 | 天　道 |
| | | 老聃向孔子论说"求道" | 天　运 |
| | | 老聃向孔子解说"游心于物之初" | 田子方 |
| | | 老聃向孔子论说"至道" | 知北游 |
| | 老聃—子贡 | 老聃向子贡论说"三皇五帝之治天下" | 天　运 |
| | 老聃—崔瞿① | 老聃向崔瞿解说不当"以仁义撄人之心" | 在　宥 |
| | 师金—颜渊 | 师金对颜渊评说孔子"未知无方之传"，故行为穷窘 | 天　运 |
| | 老莱子—孔子 | 老莱子向孔子论说与其誉尧而非桀，不如两忘而闭其所誉 | 外　物 |
| 杨朱派 | 老聃—阳子居 | 老聃向阳子居解说"明王之治" | 应帝王 |

①崔瞿，成玄英谓"不知何许人也"（《庄子注疏》），然就其"不治天下，安臧人心"之问，当属儒家。

三是道家隐者与他派的对话。

| 对立派别 | 对话者 | 对话的内容 | 篇名 |
|---|---|---|---|
| 儒家 | 楚狂接舆—孔子 | 接舆告诫孔子"临人以德，殆乎殆乎！" | 人间世 |
| | 大公任—孔子 | 大公任向孔子介绍"不死之道" | 山　木 |
| | 子桑雽—孔子 | 子桑雽向孔子论说人际关系中"以利合"与"以天属"之不同 | 山　木 |
| | 渔父—孔子 | 渔父向孔子论说"谨修而身，慎守其真" | 渔　父 |
| | 汉阴丈人—子贡 | 汉阴丈人教训子贡说有机械者必有机事，有机事者必有机心 | 天　地 |

四是道家贵生派与他派的对话或争论。

| 对立派别 | 对话者 | 对话的内容 | 篇名 |
|---|---|---|---|
| 儒家 | 盗跖—孔子 | 盗跖对孔子宣言人"不能说其志意，养其寿命者，皆非通道者也" | 盗　跖 |
| | 满苟得—子张 | 子张认为人的行为当以"仁义"为标准，满苟得认为当"与时消息" | 盗　跖 |
| | 无足—知和 | 无足认为人的欲恶避就为本性驱使，知和认为受理智调节 | 盗　跖 |
| 君侯 | 子华子—昭僖侯 | 子华子启悟韩昭侯"两臂重于天下"，生命最为宝贵 | 让　王 |
| | 瞻子—中山公子牟 | 瞻子向中山公子牟论说当顺从情性 | 让　王 |

　　第三，总体概括和评述各思想派别的观点。《庄子》最后一篇《天下》，对战国时期的学术思想作了总体的概括和评述。就现存《天下》内容结构来看，其对战国时期的学术思想的介绍、评述，可分为两个层次。

　　一是总论"古之道术"所存有三：世传之史、邹鲁之士、百家之学。《天下》概括说：

　　　　古之所谓道术者……其明而在数度者，旧法世传之史尚多有之；其在于《诗》《书》《礼》《乐》者，邹鲁之士搢绅先生多能明之；其数散于天下而设于中国者，百家之学时或称而道之。

这略相当于后世典籍的史、经、子之分。

二是分论"百家之学"的代表人物、主要思想，并对其作出评价。列举如下：

| 百家之学 | 学术思想的核心内容 | 评价 |
|---|---|---|
| 墨翟、禽滑厘 | 氾爱兼利而非斗 | 其意则是，其行则非也 |
| 宋钘、尹文 | 以禁攻寝兵为外，以情欲寡浅为内 | 其为人太多，其自为太少 |
| 彭蒙、田骈、慎到 | 于物无择，与之俱往 | 不知道，虽然，概乎皆尝有闻者也 |
| 关尹、老聃 | 以本为精，以物为粗 | 古之博大真人哉 |
| 庄周 | 独与天地精神往来而不敖倪于万物，不谴是非，以与世俗处 | 其于本也，弘大而辟，深闳而肆；其应于化而解于物也，其理不竭 |
| 惠施 | "至大无外，谓之大一"等十个辩题 | 其道舛驳，其言也不中 |
| 辩者（桓团、公孙龙） | "卵有毛"等二十一个辩题 | 能胜人之口，不能服人之心 |
| 黄缭 | 问天地所以不坠不陷，风雨雷霆之故 | 倚人 |

可见，战国时期繁荣、活跃的学术形势在《庄子》中有比较充分的显现。

另外，在《庄子》所展现的战国百家争鸣的学术形势中，从《庄子》记述的字里行间中，还显示出当时存在着这样的确凿事实。

第一，儒家势力盛大。例如《庄子》中写道：

庄子见鲁哀公。哀公曰："鲁多儒士，少为先生方者。"庄子曰，"鲁少儒。"哀公曰："举鲁国而儒服，何谓少乎？"（《田子方》）

枝于仁者，擢德塞性以收名声，使天下簧鼓以奉不及之法非乎？而曾史是已。（《骈拇》）

鲁国"举国儒服""天下簧鼓"以奉仁义之说，都正是儒家势盛的表现。

第二，孔子已为世人奉为师表。例如《庄子》中写道：

仲尼曰："夫子①，圣人也……丘将引天下而与从之。"（《德充符》）

河伯向若而叹曰："……且夫我尝闻少仲尼之闻而轻伯夷之义者，始吾弗信……"（《秋水》）

_____

① 庄子在《德充符》篇中虚拟的一个道家人物王骀，以贬抑儒家。

庄子曰："孔子……鸣而当律，言而当法……吾且不得及彼乎！"（《寓言》）

孔子自称率领天下以学，河伯、庄子之言更反映了孔子的博学和德行已被当世所公认。

第三，儒学已为列国执政者采用。如《庄子》写道：

魏文侯曰："始吾以圣知之言、仁义之行为至矣，吾闻子方之师①，吾形解而不欲动，口钳而不欲言，吾所学者直土梗耳……"（《田子方》）

徐无鬼因女商②见魏武侯……徐无鬼出，女商曰："先生独何以说吾君乎？吾所以说吾君者，横说之则以《诗》《书》《礼》《乐》，从说之则以《金板》《六弢》……"（《徐无鬼》）

田成子一旦杀齐君而盗其国，所盗者岂独其国邪？并与其圣知之法而盗之。（《胠箧》）

从《庄子》中的这些言论中，透过其对儒家的有意的贬损，可以明显地看到这样的情况：诸侯把儒家"圣知之言、仁义之行"视为社会最高行为规范，宰臣以儒家经典作为施政根据，儒学已为战国时统治阶级自觉地采用。用《庄子》的话来说，就是"圣知之法"已被"盗国者"在盗国的同时盗去了。

儒家在战国时期所处的这种优越的、得势的学术地位，使庄子无疑地认为，战国时期那种"殊死者相枕，桁杨者相推，刑戮者相望"的社会状况，与奉行儒家思想密切不可分，正如《庄子》中所说："吾未知圣知之不为桁杨椄槢也，仁义之不为桎梏凿枘也，焉知曾史之不为桀跖嚆矢也！"（《在宥》）因此，在庄子的社会批判中，一个重要的矛头指向就是儒家的仁义道德观念。

---

① 庄子在《田子方篇》中虚拟的一个道家人物东郭顺子，以贬抑儒家。

② 徐无鬼是庄子在《徐无鬼篇》中虚拟的一个隐者，女商是虚拟的魏之宰臣。

总之，《庄子》一书不仅记述了庄子及其后学的相当系统的自然哲学观点和独特的人生哲学思想，还具体展现了庄子那个时代的社会生活的主要方面，显示这是充满巧智、争斗并受"礼"或"仁义"规范的社会生活。所有这些，与庄子追求永恒自然和自由人生的生活观念都是格格不入的，于是引起了庄子对当时社会的激烈批评和对远古生活的无限憧憬。

## 二　庄子的社会批判

社会批判思想是人类思想史上非常珍贵的、表现人的觉醒的一种意识。一般说来，社会批判思想的中心内容是对人的现实社会环境、生活方式的不幸状况及其不合理性的认识，伴随此，往往也有对超越于现实社会的某种理想社会的构想及其合理性、必然性的论证。在中国思想史上，发现生活在一个充满剥削和压迫的阶级社会里的人们的不幸，是很早的事情。例如《诗经》就有对"不稼不穑"者的愤懑（《伐檀》）和"我生之初尚无为，我生之后逢此百罹"（《兔爰》）的慨叹。作为思想家的庄子，则是更加深入地思索了造成这些不幸的原因，从一种特殊的自然主义理论立场上判定，与无阶级的、自然的、原始社会相比，这是一个不合理的、堕落中的社会。庄子的这一理论立场，或者说庄子的社会批判思想，可以分解为无君论、无为论、返朴论。

### 1. 无君论

庄子对战国时期的现实社会的根本性否定，就是对那个社会最重要的、最根本的制度——君主制，表示轻蔑和否定。首先，庄子把否定的矛头指向这一制度本身，认为君臣之分是一种"固陋"的表现。在封建的君主专制制度里，君主是国家的最高统治，君臣之分，臣民对君主的服从是最基本的政治伦理。这也是战国时期最有势力的儒家伦理思想和政治主张的重要内容。孔子的学生子路批评隐者的行为时说，"长幼之节不可废也，君臣之义如之何其废之"（《论语·微子》），孔子在回答齐景公问政时也说，"君君臣臣，父父子子"（《论语·颜渊》）。所以在儒家看来，维护君主制度，维护君臣之义，乃是在政治生活中最自觉、最清醒的表现。庄子却大不以为然，他借虚拟的一个道家人物长梧子教训一个虚拟的儒家后学瞿鹊子说：

梦饮酒者，旦而哭泣；梦哭泣者，旦而田猎，方其梦也，不知其梦也。梦之中又占其梦焉，觉而后知其梦也。且有大觉而后知此其大梦也，而愚者自以为觉，窃窃然知之。君乎，牧乎，固哉①！丘也与女，皆梦也……（《齐物论》）

所以在庄子看来，俨俨然的君臣之分，煌煌然的君主统治，"礼仪三百，威仪三千"（《礼记·中庸》），皆如同荒诞、短暂的梦境，在"大觉"者的眼里，是很固陋的，现实的君主制度、贵贱等级制度的合理性、神圣性对一个真正的觉醒者来说是不存在的。

其次，庄子对君主制的最基本的政治行为——专制，即君主对臣民的统治驾御活动作了完全的否定，认为这是一种"欺德"。《庄子》中写道：

肩吾见狂接舆。狂接舆曰："日中始何以语女？"肩吾曰："告我君人者以己出经式义度，人孰敢不听而化诸！"狂接舆曰："是欺德也，其于治天下也，犹涉海凿河而使蚊负山也。夫圣人之治也，治外乎？正而后行，确乎能其事者而已矣。且鸟高飞以避矰弋之害，鼷鼠深穴乎神丘之下以避熏凿之患，而曾二虫之无知！"（《应帝王》）

可见，庄子认为人类在其最后的自然本性上，如同鸟、鼠之类自知逃避伤害一样，是完全有能力自己保护自己、治理自己，自由自在生存而不需要"君人者"以"经式义度"规范制约的，也就是说，君主和一切制度的存在都是多余的、不必要的。

庄子的这个结论和儒家、墨家迥然不同。儒、墨认为君主及其相关的政治伦理制度是完全必要的。儒、墨对这种必然性、合理性进行论证时，也曾追溯到人类原始的自然状态或人的本性：

---

① "君乎，牧乎，固哉"，历代《庄子》注家多沿袭郭象解释为好、恶两种感情的对立："窃窃然以所好为君上，而所恶为牧圉，欣然信一家之偏见，可谓固陋矣。"（《庄子注》）本书不采用这种解释，而是就其本义解释为庄子对君主制、贵贱等级制的轻蔑与嘲弄。

> 古者民始生未有刑政之时，盖其语人异义，是以一人则一义，二人则二义，十人则十义，其人兹众，其所谓义者亦兹众。是以人是其义，以非人之义，故交相非也。是以内者父子兄弟作怨恶，离散不能相和合，天下之百姓皆以水火毒药相亏害，至有余力不能以相劳，腐朽余财不以相分，隐匿良道不以相教，天下之乱，若禽兽然。夫明乎天下之所以乱者，生于无政长，是故选择天下之贤可者，立以为天子。（《墨子·尚同上》）
>
> 人之生，不能无群，群而无分则争，争则乱，乱则穷兵。故无分者，人之大害也；有分者，天下之本利也。而人君者，所以管分之枢要也。（《荀子·富国》）

可见，墨子、荀子都认为人的原始状态或本性是"自是""好争"，为避免由此而生的"天下大乱"的祸害，制度（"刑政"）、规范（"分"）、"人君"、"天子"都是必要的。非常明显，庄子和儒、墨在这里的分歧，就理论本身来说，是庄子对人类的自然状态或人的本性的看法与墨子、荀子不同，庄子的结论是建立在这样的前提下：人在本性上不是贪婪的，而是自足的，或者说容易满足的；人类在自然状态下不是互相依存而又纷争不已的，而是和平地、独立地存在着的。《庄子》中写道：

> 鹪鹩巢于深林，不过一枝；偃鼠饮河，不过满腹。（《逍遥游》）
> 彼民有常性，织而衣，耕而食，是谓同德；一而不党，命曰天放。（《马蹄》）

所以在庄子看来，在大自然中，人是一鹪鹩，人是一偃鼠，是不需要"君人者"和"经式义度"的。

庄子和儒、墨由于对人性或人类自然状态的看法不同而导致对君主制的政治制度和伦理制度的态度不同的这种对立，在不是十分严格的意义上说，相似于 17 世纪英国思想家洛克和霍布斯政治思想的对立。霍布斯认为人类的自然状态是"每一个人对每一个人战争的状况"（《利维坦》，第十四章），而洛克则认为"那是一种完备无缺的自由状态"（《论政府》下篇，商务印书馆 1964 年版，第 5 页）；霍布斯认为进入国家状态的人类选择最好的政体是君主专制制度，因为它最能避免"内乱"，而洛克则以为"它完全不可能是公民政府的一种形式"（同上书，第 55 页），应予摒弃。当然，这种相似，只是理论起点和逻辑过程的相似，而不是具体的理论内容的相同。霍布斯、洛克对国家起源的自然的、人性的考察中的资产阶级思想和反封建的时代内容，都是庄子和儒、墨不可能有的。

最后，庄子表达了这样的愿望：无君无臣的自由生活最快乐。《庄子》中用寓言的形式，借骷髅之口说：

> 死，无君于上，无臣于下，亦无四时之事，泛①然以天地为春秋，虽南面王乐，不能过也。（《至乐》）

孟子说，"孔子三月无君则皇皇如也"（《孟子·滕文公下》），庄子的感受正好相反。他认为没有任何伦理义务（"无君"），没有任何政治责任（"无臣"），没有任何负累（"无事"），才是最快乐的生活。

总的来说，庄子的无君论，作为一种思想，尚是处在缺乏理论形态的、比较朦胧的阶段；而作为一种情感，则是非常鲜明强烈的。就前一方面言，它为后代，如晋代鲍敬言的比较完整的元君论思想提供了最初的理论的胚胎；就后一方面言，它是以后历代抨击君主专制制度的战斗檄文的激情的源泉。

**2. 无为论**

无君，当然是对战国时期的社会制度最尖锐、最彻底的否定。但是，庄子的无君论思想是情感因素多于理论因素。并且，一般说来，庄子学派没有否定君主的存在，而是给君主提出了一个根本性的行为规范：无为。《庄子》中写道：

> 天地虽大，其化均也；万物虽多，其治一也；人卒虽众，其主君也。君原于德而成于天，故曰玄古之君天下，无为也，天德而已矣。

---

① 郭庆藩《庄子集释》本作"从"，陈景元《庄子阙误》引张君房本作"泛"。

（《天地》）

所以无君论还不能构成庄子对现实社会批判的理论基础，庄子对战国社会的全面批判是在无为论基础上展开的。

（1）"无为"的理论论证　无为，在庄子那里是一个非常清醒的、自觉的观念意识。庄子认为，无为作为是君主，也是一切有道德修养的人的根本的、最高的行为准则，是有深远的自然的和人性的根源的。

就自然方面而言，庄子认为，天地万物在其本性上都是"无为"的。《庄子》中写道：

> 天地有大美而不言，四时有明法而不议，万物有成理而不说。圣人者，原天地之美而达万物之理，是故至人无为，大圣不作，观于天地之谓也。（《知北游》）

> 天无为以之清，地无为以之宁，故两无为相合，万物皆化。芒乎芴乎，而无从出乎！芴乎芒乎，而无有象乎！万物职职，皆从无为殖。故曰天地无为也而无不为也，人也孰能得无为哉！　（《至乐》）

可见在庄子看来，"天地有大美而不言，四时有明法而不议，万物有成理而不说"，无为就是天地万物的存在方式；"万物职职，皆从无为殖"，无为也是天地万物的生成方式。"号物之数谓之万，人处一焉"（《秋水》），作为万物之一的人，其存在方式、行为方式也应该是无为，也就是顺任万物之理而不为不作。人的无为在其本质上和产生万物的天地的本性是一致的，人的无为来自人的自然本性的根源。

既然人的无为来自人的自然本性根源，所以就人性方面而言，庄子认为，只有无为才是符合和保持人的本性的。《庄子》中写道：

> 性者，生之质也。性之动，谓之为；为之伪，谓之失。（《庚桑楚》）

显然，庄子是把人性理解为人的本然的存在状态，一旦"有为"，就要

"性动"，这种本然状态就要丧失，因而庄子提出：

> 彻志之勃，解心之谬，去德之累，达道之塞。贵富显严名利六
> 者，勃志也；容动色理气意六者，谬心也；恶欲喜怒哀乐六者，累德
> 也；去就取与知能六者，塞道也。此四六者不荡，胸中则正，正则
> 静，静则明，明则虚，虚则无为而无不为也。（《庚桑楚》）

可见庄子几乎把属于知、情、意的任何一种心理活动和社会行为，都看作
是对人的本性的破坏，是人的本性的丧失；而只有虚静无为才能恢复、保
持人的本性。

总之，《庄子》中对"无为"的论证在于说明，人应该顺任自然而无
有作为。实际上，这是人和自然（"天"）的关系问题。庄子强调的是
"无以人灭天"（《秋水》），而做出的却是荀子所批评他的"蔽于天而不
知人"（《荀子·解蔽》）。我们将看到，在庄子的无为论的社会批判中，
能动的、社会的"人"完全被寂静的、自然的"天"吞没。

（2）"无为"的批判指向 庄子认为，"虚静恬淡寂寞无为者，天地
之平而道德之至"（《天道》），无为论是庄子的社会批判的基本理论。庄
子正是用"虚静无为"来衡量、评判当时的统治者和人们的社会生活、
社会行为的。

庄子"无为"论的批判矛头首先指向"仁义"的社会道德。"仁义"
是儒家思想的核心观念。儒家的"仁义"有相当广泛的、具体的内容，
但总的来说，它是一种伦理道德行为规范，"居仁由义，大人之事备矣"
（《孟子·尽心上》）。如前所述，战国之时儒家学说一般地已为当时列国
统治者所采用，"仁义"也成了当时人们的一种普遍的道德追求，据《庄
子》的观察，"自虞氏招仁义以挠天下也，天下莫不奔命于仁义"（《骈
拇》）。所以，在不太严格的意义上说，"仁义"代表了、体现了当时的社
会制度和社会意识。不满意于当时社会现实的庄子很自然地把社会批判的
矛头首先指向"仁义"。

庄子从自然主义的"无为"论立场认为，"仁义"戕害了人的本性，
滋生了人们对"利"的追求，带来了"天下大乱"。《庄子》中多次描述

了这个精神过程：

> 且夫待钩绳规矩而正者，是削其性者也；待绳约胶漆而固者，是侵其德也；屈折礼乐，呴俞仁义，以慰天下之心者，此失其常然也。（《骈拇》）
>
> 夫赫胥氏之时，民居不知所为，行不知所之，含哺而熙，鼓腹而游，民能以此矣。及至圣人，屈折礼乐以匡天下之形，县跂仁义以慰天下之心，而民乃始踶跂好知，争归于利，不可止也。此亦圣人之过也。（《马蹄》）

这里，庄子是在同儒家伦理道德思想的尖锐对立中显示对它的批判和否定。第一，儒家认为"仁义礼智根于心"（《孟子·尽心上》），是人性所固有。庄子则认为人的本性是一种没有任何是非、善恶的本然存在（"常然"），而"仁义"就是对这种本然的破坏。庄子从他的自然主义的无为立场上对具有社会性质的"仁义"作了彻底的否定："残朴以为器，工匠之罪也；毁道德以为仁义，圣人之过也。"（《马蹄》）第二，在儒家的道德观念中，利、义是两个对立的道德范畴，如孟子所说"孳孳为善者，舜之徒也；孳孳为利者，跖之徒也；欲知舜与跖之分，无他，利与善之间也"（《孟子·尽心上》）。所以儒家主张以"义"的道德要求来驾驭求"利"的行为，即孔子所谓"见利思义"（《论语·宪问》）。庄子不是这样，他把利、义都看成是丧失人的本性（"常然"）、背离"道德"的精神状态；并且认为"仁义"甚至是一种图谋名利的手段："爱利出乎仁义，捐仁义者寡，利仁义者众。夫仁义之行，唯且无诚，且假乎禽贪者器"（《徐无鬼》）。在庄子看来，作为儒家的也是当时社会的基本伦理道德规范的"仁义"，没有任何积极的价值，"仁义憯然乃愤吾心，乱莫大焉"（《天运》），只能是乱人心、乱天下。

应该说，在"诸侯之门，仁义存焉"（《胠箧》）的战国之时，的确存在着"仁义之行，假乎禽贪者器"的情况，"仁义"实际上成了贪婪者攫取名利的工具，成了统治者束缚人民的工具。庄子对"仁义"的批判，也就是对当时社会道德的批判，对诸侯统治的抨击。这无疑是有重要的思想史意义的，因为庄子的这种批判，毕竟是对人类的阶级统治制度最初的攻击，是对人类的文明制度最初的反思。然而这是从一种自然主义立场、用"无为"的理论观点所作出的批判，这种批判眼光所能观察到的主要是人性的自然状态被破坏，而不能看到这种破坏中也有人性提高、发展的内容。对于人类精神的这一变化，由于其内蕴着这种进步的、必然性的内容，所以尽管庄子竭力反对，却总也否定不了。庄子在对"仁义"的社会道德的批判中所表现出的这种理论上的弱点，在庄子社会批判思想的其他方面也同样存在着。

庄子"无为"论的批判矛头也指向"好知"的社会行为。战国时代，诸侯纷争，战争频繁，这是一个竞争的时代；农业、手工业处在发展之中，这也是一个崇尚智巧的时代。韩非说，"上古竞于道德，中世逐于智谋，当今争于气力"（《韩非子·五蠹》）。然而，智慧、力量却正是庄子所反对的。如前所述，在人生哲学的个人精神修养的意义上，庄子认为"多知为败"（《在宥》），"巧者劳而知者忧"（《列御寇》），如同"日凿一窍，七日而浑沌死"（《应帝王》），智慧巧谋就是对人性本然状态的破坏。在社会批判的意义上，庄子将这个观点又推进一步，认为"好知"不仅凿伤本性，而且带来"天下大乱"。庄子写道：

> 上诚好知而无道，则天下大乱矣，何以知其然邪？夫弓弩毕弋机变之知多，则鸟乱于上矣；钩饵罔罟罾笱之知多，则鱼乱于水矣；削格罗落罝罘之知多，则兽乱于泽矣；知诈渐毒颉滑坚白解垢同异之变多，则俗惑于辩矣。故天下每每大乱，罪在于好知。（《胠箧》）
>
> 天下好知，而百姓求竭①矣。（《在宥》）

庄子对"好知"的社会行为的责难无疑有他的合理的、事实的成分。在人类的邪恶行为里，往往是充满智慧的；智谋、技巧通过统治者或别的某一邪恶的中介常常会给社会带来灾难，这些正是庄子最深切感受到的。但

---

① "求竭"，历代《庄子》注家有两种解释。陆长庚说："性命之真丧矣，百姓于是乎殚尽思虑，应接不暇，所谓求竭也。"（《南华真经副墨》）章炳麟说："求竭即胶葛，今作纠葛。"（《庄子解故》）

是，另一方面我们也看到，智慧，不仅是人类社会进步的必要条件和杠杆，而且也就是人类社会生活本身。智慧是人性的内容之一，毫无智慧的人，无论是在自然状态下或社会状态下都是不能存在的。然而这却是站在自然主义立场和持"无为"主张的庄子难以观察到的。这样，庄子对现实社会统治者"好知"的抨击，必然要自觉或不自觉地导向对人类社会行为本身的否定。这也是庄子社会批判思想中的一个根本性的弱点。

庄子"无为"论的社会批判由对人类文明最基本的因素——道德（"仁义"）、智慧（"好知"）的否定，进而对各种标志着人类摆脱自然状态、进入文明社会的进步皆表示反对，皆予以抨击。《庄子》中写道：

> 绝圣弃知，大盗乃止；擿玉毁珠，小盗不起；焚符破玺，而民朴鄙；掊斗折衡，而民不争；殚残天下之圣法，而民始可与论议。擢乱六律，铄绝竽瑟，塞瞽旷之耳，而天下始人含其聪矣；灭文章，散五采，胶离朱之目，而天下始人含其明矣；毁绝钩绳而弃规矩，攦工倕之指，而天下始人有其巧矣；削曾史之行，钳杨墨之口，攘弃仁义，而天下之德始玄同矣……彼曾、史、杨、墨、师旷、工倕、离朱，皆外立其德而以爚乱天下者也。（《胠箧》）

可见，道德、智慧、典章制度、财货器物、优美音乐、精巧工艺……这些构成人类文明生活内容的社会现象，在庄子看来，都是对自然（"玄同"）和人的本性（"朴鄙"）的破坏，都是对安宁的天下的扰乱，因而，都是应该取缔的对象。"荣辱立，然后睹所病，货财聚，然后睹所争"（《则阳》），精神的文明、物质的文明，对于人类来说都是有害的。应该说，庄子自然主义的"无为"社会批判思想在这里表现了明显的反人类、反文明倾向。

但是，也应该看到，庄子的具有反人类、反文明倾向的"无为"社会批判思想，在其理论形式后面，实际上蕴藏着强烈的人性的、人道的感情内容。不难想象，在战国这样一个充满残酷的压迫和剥削的阶级社会里，文明带来的快乐享受，只会被统治者占有，而创造文明所需要付出的艰苦的体力和智力劳动，只能落在劳动者身上。庄子所抨击的根本上正是这样不合理的、不平等的社会现象。庄子憎恶这种现象，他认为造成这种现象最根本的原因，是人们对自然和本性的违背，"外立其德而以爝乱天下者也"。庄子时代的人们，回顾过去，还没有比自然状态更多的历史经验；瞻望将来，也不能有超越阶级制度更远的历史眼光，庄子只能固守在彻底的自然主义立场上观察这一切，用"无为"的理论攻击这一切。在这个立场上，是无法或没有必要分辨人和动物的区别的，也就不能看到人类正是在摆脱自然状况的创造文明的活动中，创造了自己，提高了自己，完善了自己；不会认为文明是人性的本质内容。用"无为"的标准来衡量，人类从事生产、科学、艺术等创造文明的社会行为，同统治者支配、攫取、占有文明成果的社会行为的界限也是不清晰的。这样，就在对统治阶级盗取"仁义""好知""爝乱天下"的暴虐统治的激烈抨击中，否定了表现着人类社会进步的道德、智慧、技艺等文明的行为，使庄子的"无为"社会批判思想附着了反人类、反文明的表征。

庄子这种从自然主义立场上，由对现实社会制度或统治阶级的批判，而导致对整个人类的社会行为的否定，在 18 世纪法国启蒙思想家卢梭的社会批判思想中，似乎是得到了一次重复。卢梭在《论科学与艺术的复兴是否有助于敦风化俗》一文中写道，"随着科学与艺术在我们的地平线上升起，德行也就消逝了"，"科学与艺术都是从我们的罪恶诞生的"（《论科学与艺术的复兴是否有助于敦风化俗》，商务印书馆 1963 年版，第 11、21 页）。随后，卢梭在《论人类不平等的起源和基础》一文中又写道，"由于人类能力的发展和人类智慧的进步，不平等才获得了它的力量并成长起来"，"一切进步只是个人完美方向上的表面的进步，而实际上它们引向人类的没落"（《论人类不平等的起源和基础》，商务印书馆 1962 年版，第 149、120 页）。总之，卢梭非常明确地认为，人的理性、智慧是人类自然状态的丧失和罪恶滋生的原因，人类文明的成长和人类道德的堕落是同步而行的。一般说来，卢梭是从一个比较特殊的、自然的角度对封建制度进行抨击和暴露的，与法国其他的启蒙思想家及德国古典哲学家从理性角度对封建制度的批判有所不同，所以卢梭的观点曾受到他们的批评。例如伏尔泰在收到卢梭馈赠他的《论人类不平等的起源和基础》书后，不无讽刺地回信致谢说："从没有人用过这么大的智慧企图把我们变成畜牲。读了你的书，真的令人渴慕用四只脚走路了。"（《论人类不平等的起源和基础》，第31页）费希特在《论学者的使命》一书中也批驳卢梭说："自然状态诚然会消除罪恶，但同时也会消除德行和整个理性，这样，人就会变成没有理性的动物，就会出现一个新的动物物种；于是，人就根本不再存在了。"（《论学者的使命》，商务印书馆1979年版，第48页）应该说，伏尔泰、费希特这里对卢梭观点的批评，原则上也是适用于庄子的。不同在于，卢梭并不想使人返回自然状态中，他曾反驳伏尔泰说："再返回森林去和熊一起生活吗？这是按照我的论敌的想法得出的结论，我愿意先把它指出，也愿意我的论敌因得出这样的结论而感到羞愧。"（《论人类不平等的起源和基础》，第166~167页）卢梭的社会批判思想显然有更加宽广的历史经验背景和历史眼光，他对文明的批评，诚如马克思所说，"是对当时正大踏步走向成熟的'市民社会'的预感"（《马克思恩格斯选集》第二卷，第86页）。卢梭是把"自然"作为一面镜子，一方砺石，用来净化、磨砺那个时代人们的精神，而庄子则比较明确地召唤人们返回自然。

### 3. 返朴论

庄子在自然主义立场上，用"无为"的理论观点观察并抨击了战国时代这个阶级社会的主要方面，作为这种社会批判的结束，庄子提出"既雕既琢，复归于朴"（《山木》），人们应该停止用"仁义"、智巧等对本性凿削雕琢，使其返归朴素的自然。

庄子返归自然的主张，在对历史的回顾和未来的展望中表述出来。在庄子看来，人类的历史从古至今是道德水平、政治生活和人性本身全面的衰退过程。《庄子》中有几处对这个过程作了完整的表述：

> 古之人，在混芒之中，与一世而淡漠焉。当是时也，阴阳和静，鬼神不扰，四时得节，万物不伤，群生不天，人虽有知，无所用之，此之谓至一，当是时也，莫之为而常自然。逮德下衰，及燧人、伏羲始为天下，是故顺而不一。德又下衰，及神农、黄帝始为天下，是故安而不顺。德又下衰，及唐、虞始为天下，兴治化之流，浇淳散朴，离道以善，险德以行，然后去性而从于心。心与心识知而不足以定天

下，然后附之以文，益之以博。文灭质，博溺心，然后民始惑乱，无以反其性情而复其初。（《缮性》）

黄帝之治天下，使民心一，民有亲死不哭而民不非也。尧之治天下，使民心亲，民有为其亲杀其杀而民不非也。舜之治天下，使民心竞，民孕妇十月生子，子生五月而能言，不至乎孩而始谁，则人始有天矣。禹之治天下，使民心变，人有心而兵有顺，杀盗非杀，人自为种而天下耳，是以天下大骇，儒墨毕起。（《天运》）

可见，庄子基本上是以时代的道德、政治面貌的变化来观察和确定人类历史的演进的。并且，庄子在这里所表述的时代的道德、政治面貌，实际上内蕴着、反映着，因而也可以还原为、变换为人与自然的关系和人与人的关系。

| 篇名 | 时　代 | 道德面貌 | 以人与自然关系的解释 |
|---|---|---|---|
| 缮　性 | 古之人 | 至一（无为，自然） | 玄同自然（未与自然分离） |
| | 燧人、伏羲 | 顺而不一 | 顺从自然（始与自然分离） |
| | 神农、黄帝 | 安而不顾 | 承认自然（尚与自然协调） |
| | 唐、虞以后 | 浇淳散朴，去性从心，民始惑乱 | 变更自然（与自然对立） |
| 天　运 | 黄帝 | 民心一 | 无差别的自然状态（自然） |
| | 尧 | 民心亲 | 亲疏差别的出现（伦理） |
| | 舜 | 民心竞 | 强弱对立的出现（权力） |
| | 禹以后 | 民心变，天下大骇 | 阶级对立的出现（国家） |

显然，虽然庄子是由道德、政治这一比较狭隘的视角来观察和表述人类历史的演进的，但是，应该说庄子还是努力遵循历史实际的，他的观察和表述在大的轮廓上、粗的线条上与历史运动的轨迹还是相符的。然而，庄子的自然主义立场使他判定人类历史由自然状态向社会状态的变化进程，或者说人的自然本性被文明异化的过程，是一种每况愈下的堕落过程，人类踏着这个路程已经走到"无以反其性情而复其初"的境地。

庄子站在自然主义立场上回顾人类历史，他所看到的是一番令人沮丧的道德衰退的历程；瞻望将来，他的视野里浮现的人类前景更是十分暗淡。《庄子》中写道：

且夫二子者（按：指尧、舜），又何足以称扬哉！是其于辩也，将妄凿垣墙而殖蓬蒿也。简发而栉，数米而炊，窃窃乎又何足以济世哉！举贤则民相轧，任知则民相盗。之数物者，不足以厚民。民之于利甚勤，子有杀父，臣有杀君，正昼为盗，日中穴阫。吾语女，大乱之本，必生于尧舜之间，其末存乎千世之后。千世之后，其必有人与人相食者也！（《庚桑楚》）

　　庄子观察到和推测到的是，儒家所推崇的尧舜以"仁义"、巧智凿开了人类的浑沌的自然状态，人的朴鄙的本性也就被破坏了，"去性从心"，自然本性被利欲之心替换，从此一发而不可收。"利"如滔滔洪水，吞没了一切，父子君臣相残，伦理荡然无存，白昼为盗，强权横行无阻，人类的将来将是"人与人相食"的局面！这是道德彻底的崩溃和人性的完全丧失！

　　从彻底的自然主义立场观察，庄子由他所处时代的背离自然的人们的相互残杀，推测将来时代的离开自然更加遥远的人们将相互吞食，这是很合乎逻辑的，是对人类未来状况的一种觉醒意识。当然，这也是十分简单的逻辑、朦胧的觉醒。人类摆脱自然，人性被文明异化所表现的形式和产生的后果，比庄子这里所描述的要复杂得多、严重得多。德国哲学家弗洛姆（E. Fromm，1900～1980）在分析现代社会中的异化现象时曾有一段概括的描述：

　　　　我们在现代社会中所看到的异化几乎是无孔不入的。它渗透到了人和他的工作、所消费的物品、国家、同胞以及和他自己等等这些关系中。人已经创造了一个前所未有的人造物的世界。人建成了一个管理着人所创造的技术机器的复杂的社会机器，然而，他的这种全部创造却高于他，站在他之上。他并不觉得自己是个创造者和中心，而只觉得是一个他双手创造的机器人的奴隶。他发挥出来的力量越是有力和巨大，他越是觉得自己无力成为人。他面对着体现在他所创造的东西中的和他相异化了的自己的力量；他被自己的创造物所占有，而失去了对自己的所有权。（《资本主义下的异化问题》，《哲学译丛》

1981 年第 4 期）

庄子比较简单地认为远离自然状态的未来人类，将毁灭、崩溃于人与人更加直接的、残酷的对立之中。庄子"千世之后"的今天，现实的情景是这种人与人的尖锐对立固然存在，但是，还有人和物的日益加深、加重的对立的阴影也正在吞噬着人性。这种对立，本来也是庄子敏锐地发现了的。庄子曾说，"今世俗之君子，多危身弃生以殉物，岂不悲哉！"（《让王》）主张"浮游乎万物之祖，物物而不物于物"（《山木》）。但是，庄子时代政治斗争的激烈和鲜明，使《庄子》作者更能感受到人与人的对立的严重后果，而那个时代低下的生产力则使他们不能觉察和想象人与物的对立能够表现出像今天在发达的资本主义世界这样尖锐的形式：人类正在创造出一种在生理上、心理上驾驭不住的对立的物质力量，人性正在被人造物吞没。

总之，庄子站在自然主义立场上，认为由于"浇淳散朴"，人类的处境，无论是个人的心境或整个社会的状态，以往一直是在不断地恶化之中的，未来将遭遇更大的不幸。这种观点必然逻辑地引出这样的结论：人类不幸状况的改变，必须返回自然，复归朴素——这就是庄子的返朴论。

> 绝圣弃知，大盗乃止；摘玉毁珠，小盗不起，焚符破玺，而民朴鄙；掊斗折衡，而民不争……彼人含其明，则天下不铄矣；人含其聪，则天下不累矣；人含其知，则天下不惑矣；人含其德，则天下不僻矣。（《胠箧》）

> 同乎无知，其德不离；同乎无欲，是谓素朴；素朴而民性得矣。（《马蹄》）

可见，庄子的返朴论，就是主张抛弃人类已经取得的精神上和物质上的文明成就，自觉地返回可以免除被文明所困扰的那种原始的、朴素的自然状态。庄子返朴论在理论性质上是比较复杂的，或者说是双重的。一方面它是对当时社会的阶级压迫、剥削制度以及伴随着这种制度而发生的人的自然本性被破坏、被异化的各种现象的批判，另一方面也是对人类不断丰富、发展着的精神生活和物质生活本身的否定。应该说，庄子整个社会批判思想也都具有这种双重性质。就这种思想的社会作用来说，前一方面是它的比较积极的方面，而后一方面则是它的消极的方面。从中国思想史的整个历程来看，由于庄子思想在中国历史上，在整个社会范围内，从来不是独立地、唯一地发挥作用的，而是在儒家思想的制约下，作为儒家思想的对立和补充来发挥作用的，所以在中国的封建社会里，在儒家思想一般是处于统治地位的情况下，庄子社会批判思想中对现实的政治统治和思想统治的批判性的积极方面是经常被援用和得到表现的，而它的否定人类文明的消极方面并没有发展起来。

### 三　庄子的理想社会

庄子关于理想社会的设想，是他的社会思想中具有幻想的浪漫特色的组成部分。

**1. 理想社会："至德之世"和"建德之国"**

在自然主义立场上，庄子对当时已进入有了阶级的文明社会进行了激烈的抨击，主张返回原始的、朴素的自然状态，这就是庄子的理想社会的本质特征。在《庄子》中，这种理想社会被称为"至德之世"或"建德之国"，其间又有所区别。

（1）"至德之世"　《庄子》中对"至德之世"，也就是理想社会的状况，有几段比较完整的描述：

> 至德之世，其行填填，其视颠颠。当是时也，山无蹊隧，泽无舟梁，万物群生，连属其乡；禽兽成群，草木遂长。是故禽兽可系羁而游，鸟鹊之巢可攀援而窥。夫至德之世，同与禽兽居，族与万物并，恶知乎君子小人哉！（《马蹄》）

> 子独不知至德之世乎？昔者容成氏、大庭氏、伯皇氏、中央氏、栗陆氏、骊畜氏、轩辕氏、赫胥氏、尊卢氏、祝融氏、伏羲氏、神农氏，当是时也，民结绳而用之，甘其食，美其服，乐其俗，安其居，邻国相望，鸡狗之音相闻，民至老死而不相往来。（《胠箧》）

> 至德之世，不尚贤，不使能；上如标枝，民如野鹿；端正而不知

以为义，相爱而不知以为仁，实而不知以为忠，当而不知以为信，蠢动而相使，不以为赐。是故行而无迹，事而无传。（《天地》）

古者禽兽多而人少，于是民皆巢居以避之。昼拾橡栗，暮栖木上，故命之曰有巢氏之民。古者民不知衣服，夏多积薪，冬则炀之，故命之曰知生之民。神农之世，卧则居居，起则于于，民知其母，不知其父，与麋鹿共处，耕而食，织而衣，无有相害之心，此至德之隆也。然而黄帝不能致德，与蚩尤战于涿鹿之野，流血百里。尧舜作，立群臣，汤放其主，武王杀纣。……汤武以来，皆乱人之徒也。（《盗跖》）

由以上引述可见，庄子"至德之世"的理想社会有三个明显的目标：无政治的和道德的规范的约束（自由），无人与人的互相倾轧（平等），无沉重的生活负累（快乐）。作为一种理想的社会，这些目标并不特殊，更不荒唐。但是，在庄子这里体现这些一般目标的具体内容，却有显著的甚至是怪诞的特色。

第一，物质生活的原始。庄子"至德之世"的人们，"知其母，不知其父""老死不相往来"，显然这是一种人类社会早期母系氏族阶段的以氏族为中心的群居生活。生产活动也很简单，主要是"昼拾橡栗"的采集和"与麋鹿共处"的狩猎或畜牧。"夏多积薪，冬则炀之"，火是"至德之世"的人们掌握的唯一自然力。但正如恩格斯所说，这只是"最终把人同动物界分开"的标志（《马克思恩格斯选集》第三卷，第154页）美国民族学家 L. H. 摩尔根在描述人类社会最初阶段——低级蒙昧社会的特征时写道："这一期始于人类的幼稚时期，而其终点可以说止于鱼类食物和用火知识的获得。这时候人类生活在他们原始的有限环境内，依靠水果和坚果为生……"（《古代社会》，商务印书馆1977年版，第9页）庄子"至德之世"的人们正是过着这样最简单、原始的物质生活。

第二，精神状态的蒙昧。在庄子的"至德之世"，人们"卧则居居，起则于于""其行填填，其视颠颠""不知以为仁""不知以为义""不知以为忠""不知以为信"，除了感性知觉，没有任何固定形态的思想观念；"结绳而用之"，除了具体的记忆，没有任何经验知识。也就是说，"至德之世"人们的精神世界没有超出本然的生理和心理之外的内容。实际上，这是人类精神或文化发展的蒙昧时期。卢梭曾说："野蛮人所以不是恶的，正因为他们不知道什么是善。因为阻止他们作恶的，不是智慧的发展，也不是法律的约束，而是情感的平静和对邪恶的无知。"（《论人类不平等的起源和基础》，第99页）这也是庄子的观点。如前所述，庄子主张用"去知""返朴"来消除已经滋长起来的现实社会中的罪恶；这里，作为构成"至德之世"精神基础的，也正是"无知"（"不知"）。

第三，所处时代的古远。庄子的"至德之世"，是在比儒家和墨家所记述的传说时代更加遥远的古代。从《论语》和《孟子》中可以看到，儒家推崇景仰的最早的历史时代和人物是尧、舜、禹①，墨家的先王观与儒家相同，《墨子》中最早的历史时代和人物也只是尧②。战国之时，又出现了为尧舜所景仰、服膺的黄帝③，于是，庄子就把"至德之世"放置在黄帝之前，至黄帝之时，已是"不能致德"，此后更是每况愈下了。"至德之世"的古远，庄子主要是用两种方法来表述的。一是借用已经湮灭的远古氏族或方国的名称。《左传·昭公十八年》"梓慎登大庭氏之库以望之"，杜预注："大庭氏，古国名，在鲁城内，鲁于其处作库。"春秋时代《晋邦盫》铭曰："皇祖唐公，左右武王，广治四方，至于大庭，莫不来口"。（《三代吉金文存》第十八卷，第13页）以盫铭为证，可知大庭氏确是周初的方国。由此类推，《庄子》所称处于"至德之世"的容成氏、伯皇氏、中央氏、栗陆氏、骊畜氏、轩辕氏、赫胥氏等，很可能都是宗周时代的古国，至战国时，灭亡已久，被人借为远古的象征。二是杜撰人类脱离动物状态的最初行为方式作名称。战国时的儒家学者认为，远古

---

① 例如《论语》中写道，"大哉！尧之为君也"（《泰伯》），"舜有臣五人而天下治"（《泰伯》），"禹，吾无间然矣"（《泰伯》）。《孟子》中写道，"尧舜之道，孝悌而已矣"（《告子下》），"万章问曰：'人有言，至禹而德衰，不传于贤，而传于子，有诸？'孟子曰：'否，不然也……'"（《万章上》）。另外，《孟子》中出现"神农"（《滕文公上》），但那是孟子批评的对象。

② 例如《墨子》中写道，"古者尧治天下"（《节用中》），"昔者三代圣王，尧舜禹汤文武，足以为法乎？"（《明鬼》）

③ 例如《国语》谓："黄帝能成命百物以明民共财，故有虞氏禘黄帝。"（《鲁语上》）《庄子》也说："昔者黄帝始以仁义撄人之心，尧舜于是乎股无胈，胫无毛，以养天下之形。"（《在宥》）

时人的生活是"未有宫室，冬则居营窟，夏则居橧巢；未有火化，食草木之实，鸟兽之肉，饮其血，茹其毛；未有麻丝，衣其羽毛"（《礼记·礼运》），韩非也说："上古之世，人民少而禽兽众，人民不胜禽兽虫蛇，有圣人作，构木为巢，以避群害，而民悦之，使王天下，号之曰有巢氏。民食果瓜蚌蛤，腥臊恶臭，而伤害腹胃，民多疾病，有圣人作，钻燧取火，以化腥臊，而民悦之，使王天下，号之曰燧人氏。"（《韩非子·五蠹》）可见在战国时已流行这样的观念，即认为人类脱离动物界作为人而生存的最初活动是巢居、用火、耕作。庄子将"至德之隆"分别名之为"有巢氏之民"、"知生之民"（燧人氏之民）、"神农之世"，显然表明"至德之世"就是人类最初形成的时候。

作为一种社会思想，庄子"至德之世"的双重性质是很明显的。一方面，它具有强烈的现实性。"至德之世，同与禽兽居，族与万物并，恶乎知君子小人哉"，庄子通过对一种人与自然、人与人尚无任何对立的远古社会的深情的憧憬，表现了他对弥漫着"相轧相盗""弃生殉物"的现实社会的鄙视和不满，显示着一种积极的批判精神；另一方面，它也具有明显的、远离实际的幻想性。《庄子》描写在"至德之世"，"禽兽可系羁而游，鸟鹊之巢可攀援而窥"，人们"甘其食，美其服，乐其俗，安其居"。这就是说，原始状态下的人与自然（如动物）的关系是极其和谐友善而无任何对立和斗争的，原始人的内心世界是极其恬静安宁而无丝毫纷扰和不安的。实际上，这是浪漫的幻想。几乎没有一个认真地和科学地考察初民社会状态的学者，会没有发现或不承认那时人类的生存是十分艰难的。摩尔根写道："各种动物在时间顺序上均早于人类。我们可以有把握地假定，当人类初出现时，动物在数量上和力量上正处于其全盛时期。古典时代的诗人笔下所描写的人类部落正居住在树丛中、在洞穴里和森林中，他们为了占有这块栖息之所而与野兽做斗争——同时，他们依靠大地的天然果实来维持自身的生存。如果说，人类初诞生之时既无经验，又无武器，而周围到处都是凶猛的野兽，那么，为了保障安全，他们很可能栖息在树上，至少部分人是如此。"（《古代社会》，第19页）摩尔根在这里对人类初期的自然环境及人与自然关系的叙述，虽然不能说是很全面的和完全准确的，但是，通过一个科学家的历史眼光看，初民社会绝不可能像

《庄子》所描写的"赫胥氏之时，含哺而熙，鼓腹而游"那样生活得十分安适。准确描述原始人类的精神世界是更加困难的事情。但根据法国人类学家列维·布留尔对原始思维的研究可以断定，原始人的精神世界绝不是平静的。布留尔认为，原始思维的基本特征是具有神秘性质的"集体表象"，"这些表象在该集体中是世代相传，它们在集体中的每个成员身上留下深刻的烙印，同时根据不同情况，引起该集体中每个成员对有关客体产生尊敬、恐惧、崇拜等感情。"（《原始思维》，商务印书馆1981年版，第5页）布留尔观察到，原始人的任何知觉产生后，"立刻会被一些复杂的意识状态包裹着，其中占统治地位的是集体表象"，而"恐惧、希望、宗教的恐怖，与共同的本质汇为一体的热烈盼望和迫切要求，对保护神的狂热呼吁——这一切构成了这些表象的灵魂"（同上书，第35、29页）。总之，在这位人类学家的科学眼光里，原始人的精神世界绝不是一张无字的白纸，一湾宁静的池水，而是具有某种神秘的逻辑，充满由无知而产生的不安和骚动。应该说，这是比较符合实际的。一个明显的事实是，正是在这种精神的骚动不安中，原始文化诞生了，如果原始人的精神世界确如庄子所构想的那样，笼罩着一片寂静，那么，活跃的、多彩的原始文化，从原始宗教、原始艺术，到向文明社会迈出第一步的各种原始的发明创造就都是不可能发生的了。本来，自觉的、被感受到的心境宁静是经过复杂、漫长的修养训练才能达到的一种精神境界，它本身就是一种彻底的、全面的、清醒的知觉，它和伴随蒙昧无知而产生的那种不能丰富而敏锐地感受外界事物的浑噩麻木的精神状态有本质的不同。应该说，庄子对这相距甚远，有质的不同的两种精神状态没有作严格的区分，而是将它们混同。所以，庄子赞颂蒙昧的精神状态，赞颂原始生活，并不意味着他邪恶地主张向那可怕的野蛮倒退，而是表明他总是幻想地认为这样就能向无道德约束、无政治倾轧、生活安闲的最美好的、自然的生活接近。

（2）"建德之国" 庄子的理想社会还有另外一个名称或另外一种表述，叫作"建德之国"。《庄子》中写道：

南越有邑焉，名为建德之国。其民愚而朴，少私而寡欲；知作而不知藏，与而不求其报；不知义之所适，不知礼之所将；猖狂妄行，

乃蹈乎大方；其生可乐，其死可葬。(《山木》)

庄子的"建德之国"与"至德之世"在主要的社会目标上是一致的，如没有道德规范约束的自由自在("猖狂妄行，乃蹈大方")，没有倾轧的安闲生活("其生可乐，其死可葬")。但相比之下，"建德之国"也有其特色。第一，与对"至德之世"生活状态的原始性的描述不同，庄子对"建德之国"主要是描述它的道德精神面貌，这是以愚朴寡欲为其精神道德特征的社会。第二，"至德之世"在古远的过去，"建德之国"则在遥远的边陲。唐代杜佑说："自岭而南，当唐虞三代为蛮夷之国，是百越之地，亦谓之南越，古谓之雕题，非《禹贡》九州之域，又非《周礼》职方之限。"(《通典》卷一八四《古南越》)既然在九州、职方之外，可见其所处地域的遥远。在春秋战国时期，这些遥远的边陲之地和华夏中原地区相比，自然是很落后的，所以儒家对他们极为鄙视，孔子说，"夷狄之有君，不如诸夏之亡也"(《论语·八佾》)，孟子也说，"吾闻用夏变夷者，未闻变于夷者也"(《孟子·滕文公上》)。庄子的眼光相反，他认为正是在边远的蛮夷之地才有真正的"建德"之邦，正是不知礼义的鄙朴之民，才是"蹈乎大方"，最有道德修养。在这里，庄子以他的"建德之国"理想社会，又一次顽强地表现他的批判现实社会和与儒家对立的自然主义的立场，显示他的没有政治压迫和精神奴役的社会理想。

总之，庄子对理想社会的构思，虽然带有某种幻想成分，某种反文明的色彩，但是他所表现出的一位古代哲人的巨大智慧和真诚，是不应该被轻视和被诋毁的。

### 2. 理想社会的独特性：超世俗和超人类

应该说，在自己的思想中构筑一种理想的社会，在古代思想家中庄子不是唯一的。就中国先秦思想家来说，他们对人类从原始的自然状态进入文明的阶级社会所发生的变化都有所觉察，他们中的许多人对伴随私有制而产生的阶级压迫和剥削、伴随这种压迫和剥削而产生的社会苦难，深表同情和忧虑。他们严肃地思考了这一现象，用他们的智慧，从各自不同的立场描绘不同的理想的社会图景。庄子的"至德之世""建德之国"在这些形形色色的社会蓝图的映衬下，更显出它的自然主义的特色。

在先秦，儒家孟子对某种理想社会的构思最为完整明确。《孟子》中写道：

> 乡田同井，出入相友，守望相助，疾病相扶持，则百姓亲睦。方里而井，井九百亩，其中为公田，八家皆私百亩，同养公田。公事毕，然后敢治私事。（《滕文公上》）

> 五亩之宅，树之以桑，五十者可以衣帛矣。鸡豚狗彘之畜，无失其时，七十者可以食肉矣。百亩之田，勿夺其时，数口之家可以无饥矣。谨庠序之教，申之以孝悌之义，颁白者不负戴于道路矣。（《梁惠王上》）

可见，孟子的理想社会是在由"井田制"基础上的百亩之家所组成的一个稳定的、和平的自给自足社会。支撑这样的社会，主要有两根支柱：以家庭为单位的土地平均占有，以伦理为核心的道德准则的自觉遵循。正是在这两个基本点上显示出庄子和孟子理想社会的不同。在庄子的"至德之世""民知其母，不知其父""不知以为义，不知以为仁"，这是一个没有家庭结构，也没有道德规范的社会。如果说，庄子构筑他的"至德之世"理想社会的观念基础是自然主义，那么，孟子设计的"井田""五亩之宅，百亩之田"的理想社会，其主导思想则是伦理道德观念。孟子说，"人人亲其亲，长其长，而天下平"（《孟子·离娄上》），"老吾老，以及人之老，幼吾幼，以及人之幼，天下可运诸于掌"（《孟子·梁惠王上》）。在孟子看来，一个理想的社会，必然地和首先地是一个充盈着、表现着伦理道德气氛和行为的社会。

《淮南子·要略》说："墨子学儒者之业，受孔子之术，以为其礼烦扰而不悦，厚葬靡财而贫民，久服伤生而害事，故背周道而用夏政。"墨家思想所表现出的特征正是渊源于儒家，又从小生产者、小手工业者的立场对它作了修正。就社会思想而言，墨家也有自己的理想社会，墨家盼望实现一个"刑政治、万民和、国家富、财用足，百姓皆得暖衣饱食，便宁无忧"（《墨子·天志中》）的社会。虽然墨家没有像庄子、孟子那样对理想社会作具体的描绘，但墨家非常明确地提出实现这一理想社会的方案或原则："凡入国，必择务而从事焉，国家昏乱，则语之尚贤、尚同；国家贫则语之节用、节葬；国家憙音湛湎，则语之非乐、非命；国家淫僻无礼，则语之尊天事鬼；国家务夺侵凌，则语之兼爱非攻。"（《墨子·鲁问》）正是这些原则或方案构成了墨家理想社会的生活内容。其中，对墨家理想社会的社会生活具有决定性的原则是，第一，用以"爱"为核心的道德标准来调节和谐人与人的关系。《墨子》中写道：

> 然则兼相爱交相利之法将奈何哉？子墨子言：视人之国若视其国，视人之家若视其家，视人之身若视其身。是故诸侯相爱则不野战，家主相爱则不相篡，人与人相爱则不相贼，君臣相爱则惠忠，父子相爱则慈孝，兄弟相爱则和调，天下之人皆相爱，强不执弱，众不劫寡，富不侮贫，贵不傲贱，诈不欺愚。凡天下祸篡怨恨，可使毋起者，以相爱生也。（《兼爱中》）

所以在墨家理想社会里的人，都应该有"爱"的心怀和品行，"爱"是墨家理想社会的精神基础。显然，墨家和儒家（孟子）理想社会有其相同之处，它们都是以某种道德观念为精神基础；也有其不同之处，墨家的"爱"的道德是单纯的、内涵比较贫乏的感情性的精神状态，而儒家（孟子）的伦理的道德则是包含有较多理性成分的义务感和责任感。墨家和庄子的理想社会的差异就更大一些、更根本一些，这是以道德观念为基础和以自然观念为基础的差异。在庄子的"至德之世""建德之国"里，"其民愚而朴"，"爱"的感情不会萌生；"民至老死不相往来"，"兼爱"的行为也是不存在的。第二，用能力、德性、劳绩为准绳来确定人的政治、经济地位。《墨子》中写道：

> 古者圣王之为政，列德而尚贤，虽在农与工肆之人，有能则举之，高予之爵，重予之禄，任之以事，断予之令……故当是时，以德就列，以官服事，以劳殿赏。量功而分禄，故官无常贵，而民无终贱。（《尚贤上》）

可见在墨家的理想社会里，仍有贵贱、贫富的等级差别。墨家认为这种贵贱贫富差别，是人的勤奋与懒惰的标志，因而是一种合理的存在，是"圣王之政"；这种等级差别，反映着人的德性、能力、劳绩的差异，因而也不是固定不变的，"官无常贵，民无终贱"。这和儒家以伦理关系为基础的等级观念有很大的不同。伦理性质的等级关系在儒家看来是先天的、不可移易的，如孟子所说，"仁之于父子也，义之于君臣也，礼之于宾主也，知之于贤者也，圣人之于天道也，命也"（《孟子·尽心下》）。所以墨家主张唯一地以贤能确定人的社会地位的观点，是对当时现实社会伦理性质的、世袭的等级制度的批判。自然主义立场上的庄子是没有等级观念的。庄子认为"万物一齐，孰长孰短"（《秋水》），从终极的意义上看，人与动物，与万物是同一的。这样，在庄子理想的自然的社会里，伦理、能力等文明社会中的人的差异和对人的区分也皆是不存在的："至德之世，同与禽兽居，族与万物并，恶知君子小人哉"，"至德之世，不尚贤，不使能，上如标枝，民如野鹿"。

总之，和儒、墨相比，庄子的理想社会既不是伦理的或"爱"的道德的完备，也不是财产均等、政治清明，而是从政治压迫、道德约束、财富积累等等一切精神和物质的奴役中彻底地摆脱出来。如果说人们在墨家的理想社会里，能够得到生活的温饱和"爱"的感情的温暖，在儒家的理想社会里，能够得到比生活温饱和"爱"更多一点的物质享受和天伦快乐；那么，进入庄子的理想社会里则得到另外性质的东西，这是一种自我不存在的感受，置身于空旷的自然，融入无边的荒芜的那种感受。换言之，庄子理想社会所提供的不是世俗的、人类的、物质性的东西，而是某种超俗的、超人类的精神性的东西。这种东西，是墨家、儒家的理想社会所提供的东西完全得到以后，或者根本得不到时所需要的。应该说，这种感受在人类的社会生活中不是在所有的人那里都会发生的，它只是在由于某种具体的社会、政治原因，对人类本然的存在状况被异化的现象特别敏感，无力排解，由此而感到生存的沉重压抑和危机的人才能发生。从中国历史上和世界范围内来看，庄子以后，从社会生活中感受到这种压抑感、危机感的人在不断地增加，这似乎表明人类至今的生存方式中潜伏着某种巨大的、根本性的缺陷。

庄子理想社会的超俗、超人类性质，使它不仅与儒、墨的理想社会区别开来，而且与几乎所有的思想家的理想社会蓝图区别开来。可以明显地看到，在中国历史上，不仅从先秦儒、墨的理想社会中，而且在此后《礼记·礼运》的"大同"思想和历代对于某种理想社会的具体的文学描绘中；在西方，从古希腊诗人赫西厄德"黄金时代"的叙述、柏拉图"理想国"的设计，到后来形形色色空想社会主义思想中，构筑理想社会的最一般的、共同的基础观念或社会因素——道德、智慧的社会成员，合理公平的政治经济制度，文明富裕的社会生活，等等，在庄子的理想社会里却都是被漠视、被否定的，或者直接就是不存在的。庄子建造理想社会的唯一观念和因素就是——自然。所以，庄子的理想社会是非常独特的。

## 四　庄子后学在社会思想方面表现出的新特色

庄子社会思想的基本特色是对现实社会的激烈批评和彻底否定，它具体表现为无君、无为、返朴的政治主张和与儒、墨对立的社会理想。到了庄子后学，这种情况有所变化，表现出一些新的特色。

### 1. 折中的倾向

庄子后学在社会思想方面所表现出的新特色，首先就是失去了庄子与儒、墨诸子在社会政治观点上尖锐对立的那种明确的自然主义立场，显现一种兼收并蓄的折中的倾向。

（1）吸收对立思想派别的社会政治思想　《庄子》中有段文字这样写道：

> 贱而不可不任者，物也；卑而不可不因者，民也；匿而不可不为者，事也；粗而不可不陈者，法也；远而不可不居者，义也；亲而不可不广者，仁也；节而不可不积者，礼也；中而不可不高者，德也；一而不可不易者，道也；神而不可不为者，天也。故圣人观于天而不助，成于德而不累，出于道而不谋，会于仁而不恃，薄于义而不积，应于礼而不讳，接于事而不辞，齐于法而不乱，恃于民而不轻，因于物而不去。（《在宥》）

显然，这段文字的作者认为，构成人们社会生活有从低到高（从"物"到"天"）十个方面的内容，"圣人"对这十个方面的内容，从高到低（从"观于天"到"因于物"），即从顺应自然，到践履道德、运施礼法、应接事物，都应予以肯定，各见其用。这种折中的社会思想和前面所述自然主义的庄子社会思想是迥然异趣的。在这个立场上的庄子，对于自然（"天"）和人的合于自然本性（"道""德"）以外的其他任何社会生活、社会行为，都是完全否定的。试对比如下：

| 折中的立场 | | 自然主义的立场 | |
|---|---|---|---|
| 社会生活十事 | 显示的态度 | 与十事相应的观点 | 显示的态度 |
| 观于天 | 全部肯定 | 圣人不由而照之于天（《齐物论》） | 肯定 |
| 成于德 | | 大人不赐①故德备（《则阳》） | |
| 出于道 | | 圣人不缘道②（《齐物论》）<br>循道而趋（《天道》） | |
| 会于仁 | | 大仁不仁（《齐物论》）<br>蹩躠为仁（《马蹄》） | 否定 |
| 薄于义 | | 忘年忘义（《齐物论》）<br>踶跂为义（《马蹄》） | |
| 应于礼 | | 彼又恶能愦愦然为世俗之礼（《大宗师》）<br>摘僻为礼（《马蹄》）<br>礼者,道之华而乱之首（《知北游》） | |
| 按于事 | | 圣人不从事于务（《齐物论》）<br>弃事则形不劳（《达生》） | |
| 齐于法 | | 殚残天下之圣法,民始可与论议（《胠箧》） | |
| 恃于民 | | 尧治天下之民……（《逍遥游》）<br>治民焉勿灭裂（《则阳》） | |
| 因于物 | | 神人……孰肯以物为事（《逍遥游》）<br>至人……外天地,遗万物（《天道》） | |

这段文字所表现出的新特色与庄子思想一贯的、固有的特色的差异，早已引起历代《庄子》注家的注意，怀疑它不是庄子之作。宋代罗勉道说，"此章意浅语嗫，必狗尾之续貂"（《南华真经循本·在宥》），清代宣

---

① 马叙伦《庄子义论》："赐，疑借为私。"

② 陈祥道："与道为一，故不缘道。"（褚伯秀《南华真经义海纂微》引）

颖说，"此一段意肤文杂，与本篇之义不类，全不似庄子之笔，或系后人续貂，未可知也"（《南华经解·在宥》），今人冯友兰也说，"这段话在本篇末尾，跟本篇前一部分的精神不合，可能前一部分比较早，后一部分是后来加上去的"（《再论庄子》）。事实上，《庄子》是庄子及其后学的著述总集，《庄子》中不同篇章思想特色上的差异、变化，正是庄子学派在先秦的历史发展的反映。就像在人生哲学方面庄子后学吸收儒家思想，提出"内圣外王""知恬交养"，表现出折中倾向一样，在这里，庄子后学从庄子自然主义立场为起点（"观于天"），不是返回原始自然，而是走向文明社会，不仅广泛地吸收儒家的社会政治观点（"仁""义""礼"），而且采纳了法家的主要社会政治观点（"齐于法"），也表现一种明显的、早期庄子思想所不具有的折中特色。庄子后学在社会政治观点上吸收、混合儒家、法家观点，还有一段更加明确的表述：

> 是故古之明大道者，先明天而道德次之，道德已明而仁义次之，仁义已明而分守次之，分守已明而形名次之，形名已明而因任次之，因任已明而原省次之，原省已明而是非次之，是非已明而赏罚次之。赏罚已明而愚知处宜，贵贱履位，仁贤不肖袭情，必分其能，必由其名。以此事上，以此畜下，以此治物，以此修身，知谋不用，必归其天，此之谓大平，治之至也。（《天道》）

先秦法家主张"名分定，势治之道也"（《商君书·定分》），"法者，因任而授官，循名而责实……法者，宪令著于官府，刑罚必于民心"（《韩非子·定法》），主张"形名参同，君乃无事焉"（《韩非子·主道》），"智术之士，必远见而明察"（《韩非子·孤愤》）。显然，庄子后学在这里提出的治理社会的九条方法，除作为出发点的庄子的自然（"天""道德"）、采自儒家的伦理（"仁义"），其他六项（"分守""形名""因任""原省""是非""赏罚"）皆和法家以法、术、势为核心的政治思想极为接近、相似。这表明庄子后学已从庄子理想的原始自然状态走出来，走进一个有君臣父子伦理、强弱是非争斗的现实的阶级社会。自然主义的、沉湎于设计幻想中的"至德之世"的庄子，没有兴趣、也不可能提出一套处理现实社会政治问题的理论，这样，进入了现实社会生活的庄子后学，只好饥不择食地、不加分辨地将儒家处理伦理关系的道德规范和法家驾驭政治斗争的权术糅合在一起了。

（2）调和对立的社会行为　庄子后学社会政治观点的折衷特色，不仅表现为吸收、糅合对立的儒家、法家的基本社会政治观点，还表现为它将在自然主义的庄子那里是对立的两种社会行为调和起来。

一曰无为一有为。如前所述，自然主义立场上的庄子认为，"无为"是所有人的、一切社会行为的共同准则，如《庄子》中写道："夫虚静恬淡寂寞无为者，万物之本也。明此以南乡，尧之为君也；明此以北面，舜之为臣也。以此处上，帝王天子之德也；以此处下，玄圣素王之道也。以此退居而闲游江海，山林之士服；以此进而为抚世，则功大名显而天下一也。"（《天道》）但是，在《庄子》中又可以看到和这相矛盾的、相对立的观点：

> 上无为也，下亦无为也，是下与上同德，下与上同德则不臣；下有为也，上亦有为，是上与下同道，上与下同道则不主。上必无为而用天下，下必有为为天下用，此不易之道也。（《天道》）
>
> 无为而尊者，天道也；有为而累者，人道也。主者，天道也；臣者，人道也。（《在宥》）

可见，在这里，"无为"并不是所有人的行为标准，而只是"上"者、"主者"的行为标准；"下"者、"臣者"的行为标准应该是和"无为"相对立的"有为"。显然，这已不是"彷徨乎无为其侧"（《逍遥游》）、"逍遥乎无为之业"（《大宗师》）、"孰弊弊焉以天下为事"的自然主义立场上的庄子，而是进入了"为天下用"的，即置身于并且要显示作用于诸侯纷争的战国社会中的庄子后学的现实主义的立场了。这种将"无为""有为"调和的观点，正是先秦道家和法家政治观点相融合的一种转机。王夫之对此曾经评论说："此非老庄无为之旨，抑且李斯、赵高罔上自专之倡。"（《庄子解·天道》）

二曰天一人。"天之小人，人之君子"（《大宗师》），在自然主义的庄子那里，代表自然的"天"同代表社会的"人"经常地，而且在本质上是处于对立的状态，因而，体现"天"的社会行为即庄子认为是符合人的自然本性的"道""德"，同属于"人"的社会行为即被庄子视为人性的"骈拇枝指"的"仁义""礼乐"等也是处于对立的状态之中。所以自然主义的庄子主张"通乎道，合乎德，退仁义，宾（摈）礼乐"（《天道》）。这种观念在庄子后学那里也有所变化。《庄子》中在论述"至乐"的旋律的构成时这样写道：

> 吾奏之以人，征之以天；行之以礼义，建之以太清……（《天运》）

如此看来，在社会生活领域内，至少存在着像"至乐"这样的事物或行为，在那里"天"与"人"，自然本性与社会作为是可以统一的。进而，我们在《庄子》中看到，这种统一不是个别地存在着，而是如同本末关系一样普遍地存在着：

> 本在于上，末在于下，要在于主，详在于臣。三军五兵之运，德之末也；赏罚利害，五刑之辟，教之末也；礼法度数，形名比详，治之末也，钟鼓之音，羽旄之容，乐之末也；哭泣衰经，隆杀之服，哀之末也。此五者，须精神之运，心术之动，然后从之者也。（《天道》）

军旅之事、礼法之教、哀乐之容，这些在自然主义立场上的庄子看来是凿伤自然、桎梏人的本性，因而是应该被摈弃的社会行为，在这里，作为人的精神、心性正当的、合理的表现得到完全的肯定。这一基本观点的变化是如此显著，不禁使许多《庄子》注家，如宋人王雱等慨然叹道："荀卿讥评庄子'蔽于天而不知人'，观此，周岂不知于人者！"（见归有光、文震孟《南华真经评注·天道》）其实，对于庄子思想的自然主义主体内容来说，荀子的批评是完全正确的。这里所见，只是庄子思想的后学、末流。

### 2. 治世的理论

自然主义立场上的庄子，幻想着、追求着一种无伦理规范、无社会生活"民至老死不相往来"的原始的、自然的"至德之世"。庄子后学从这种幻想陶醉中走出来，对现实社会生活采取肯定的和积极参与的态度。但是由于自然主义的庄子思想基本上是以漠视和简单否定的态度来对待现实的社会生活的，放弃了对它的具体说明和理论认识，在这种情况下，庄子后学自觉或不自觉地吸收了儒家的伦理观念和法家的法治思想，表现了不同于庄子思想固有特色的折中特色。这是一方面的情况；另一方面，庄子后学也给予这些观点以庄子思想固有立场或根本观念的说明，形成不同于儒、法的治世理论。

（1）"道"是伦理秩序的根源　一般说来，在先秦，儒家的伦理道德观念已经明确而系统地形成了，如孔子说"君君臣臣，父父子子"（《论语·颜渊》），孟子说"亲亲，仁也；敬长，义也。无他，达之天下也"（《孟子·尽心上》），都是极为清醒的、相当周延的。但儒家从理论上对这种伦理道德根源的论证并不充分，甚至可以说还未开始；只有孟子简单地把它归结为"仁义礼智，非由外铄我也，我固有之也"（《孟子·告子上》）。庄子后学不仅接受了儒家对当时社会伦理关系的论定，并且进而用庄子思想的自然与"道"的观念，对这种关系的根源作了具有理论色彩的说明。《庄子》中写道：

> 君先而臣从，父先而子从，兄先而弟从，长先而少从，男先而女从，夫先而妇从。夫尊卑先后，天地之行也，故圣人取象也。天尊、地卑，神明之位也；春夏先、秋冬后，四时之序也。万物化作，萌区有状，盛衰之杀，变化之流也。夫天地至神，而有尊卑先后之序，而况人道乎！宗庙尚亲，朝廷尚尊，乡党尚齿，行事尚贤，大道之序也。（《天道》）

庄子后学认为，儒家所论定的具有等级色彩的伦理关系符合"大道之序"，并把它的根源追溯到自然："尊卑先后，天地之行也"。这一观点，一方面是对儒家思想的重要补充，它开启了汉代董仲舒及其后儒家学者论证儒家所主张的伦理道德的合理性的一条新的"人性"之外的理论途径；另一方面，也是对庄子思想的发展，当然，也是修正或背离。在自然主义的庄子看来，"天地一气"（《大宗师》）、"万物一齐"（《秋水》），自然本身并不存在尊卑先后的等级秩序。所以庄子后学赋予自然现象以社会伦理的特征，是观念上的重大变化，是在对早期庄子思想自然主义立场的背离或修正中，根本地转变了对现实社会的否定的政治态度。

（2）"时"是治世方略的根据　如前所述，庄子后学基本上接受了儒家和法家的以"礼义""法度"来治理现实社会的政治思想。不仅如此，庄子后学还为这种治世方略的制定作出一种解释，提出一个原则："应时而变"。《庄子》中写道：

> 水行莫如用舟，而陆行莫如用车。以舟之可行于水也而求推之于陆，则没世不行寻常，古今非水陆与？周鲁非舟车与？今求行周于鲁，是犹推舟于陆也，劳而无功，身必有殃。彼未知夫无方之传，应物而不穷者也……故礼义法度者，应时而变者也。今取猨狙而衣之周公之服，彼必龁啮挽裂，尽去而后慊。观古今之异，犹猨狙之异乎周公也。（《天运》）

亦如前面已经论述，"时"是庄子人生哲学中和"命"具有相近内涵的外在必然性的观念。庄子认为，"知不可奈何而安之若命，唯有德者能之"（《德充符》），可见，在庄子的人生哲学里，"与时俱化而无肯专为"（《山木》）、"得其环中以应无穷"（《齐物论》），如同"安命"，乃是一种极高精神修养、精神境界的表现。在这里，庄子后学把庄子思想这一根本观念运用到社会政治领域，认为制定"礼义法度"的原则应该是"应时而变"，其效果应该是"应物不穷"。"时"作为构成人生困境的消极因素之一，变为一种被肯定的形成一代社会行为方式的客观依据；"环中"由一种精神境界，变为具有功利价值的行为准则，这正是庄子后学从狭隘的个人精神领域走向宽广的社会生活的表现。在性质上，这与庄子后学从幻想的原始自然状态走进现实的文明社会所发生的社会政治观念的变化是一样的。

# 第六章　庄子思想的认识结构

　　我们对庄子思想的主要方面——自然哲学、人生哲学、社会批判思想，已进行了一番考察分析。从这个考察中可以看到，被庄子认识和论述的对象，从天地间的自然万物到古今的社会人生，从尘埃微影到宇宙最后根源，是非常丰富的、多样的。庄子是以何种方式、在何种程度上认识和把握这些对象的？换言之，庄子思想的认知结构是怎样的？这是我们需要进一步考察分析的。

　　从前面的论述中可以看到，在《庄子》或庄子思想中，被描述、被认识的对象，按其形态和性质的差异，大致可分为三类。（1）万物、万事。"号物之数谓之万"，"物量无穷"（《秋水》）；"通于一而万事毕"，"天地乐而万事销亡"（《天地》），这是形态具体、内容单一的众多的个别事物。（2）"理"。"万物有成理而不说"（《知北游》），"万物殊理"（《则阳》），"同类相从，同声相应，固天之理也"（《渔父》），显然这是一类事物共同的、内在秩序或规律性。（3）"道"。"道通为一"（《齐物论》），"道，覆载万物者也"（《天地》），"道者，万物之所由也"（《渔父》），这是万事万物的总体，一种具有全观内容而又毫无具体形态的认识对象。和这些认识对象的特殊性相适应，庄子思想的认识论存在着、涌现出三种认知方法或途径：感知、思辨、理性直觉（体认）。《庄子》中写道："知者，接也；知者，谟也。"（《庚桑楚》）显然，感觉和思考是获得对具体事物的认识和"达万物之理"（《知北游》）的方法。《庄子》中又写道："夫体道者，天下君子之所系焉"（《知北游》），"体尽无穷，而游无朕"（《应帝王》），可见，"体道"虽然在庄子思想里一般是指一种达到最高精神境界的修养方法，然而在这里，作为唯一的对庄子思想中最高认识对象"道"具有认知作用的精神活动也获得了认识论的意义。由于是这样的认识对象，是这样的认知方法，最后在庄子思想中显示出三种不同的认识结果：作为对具体的、个别事物的感知的认识，具有鲜明的经验实在性，但又有极大的相对性；对一类事物共同的内在秩序的思辨的认识，具有某种确定性，但在形态上是完全抽象的；直觉体认到的"道"，是一种对世界总体、整体的意念，它"可得而不可见"（《大宗师》），无任何一种认识的形式（感觉、语言、概念）可以显现，然而却能通过精神境界的实践形态（"体道""得道"）表现出来。

总之，庄子思想的认知结构是灿然分明的层次性结构。下面，逐一地对它进行具体的考察分析。

## 一　具体事物：感知的相对性

庄子认识论给人最鲜明、最深刻的印象是它对具体事物认识的相对性的充分揭示，以及对其引起的困惑的相对主义的解决。

### 1. 认知相对性的发现及其带来的困惑

黑格尔说："感性事物的不确定性，乃是一种古老的信念，不研究哲学的一般群众是这样看的，从来的哲学家们也是这样看的。"（《哲学史讲演录》第三卷，第109页）诚然，在人类认识史的历程上，对认知，特别是感性认识的相对性的发现是很古远的，不太艰难的。但是，像《庄子》这样把这种相对性描述得淋漓尽致，揭示它的多种根源，却也并不多。

在古希腊哲学的智者派那里，认知或认知对象性质的相对性已被提到理论上来加以论述。普罗太戈拉有一个著名的、被黑格尔称为"伟大的命题"："人是万物的尺度。"根据柏拉图的记述，普罗太戈拉在这一命题的论证里，"一切都被说成是相对的"，例如，"风对于感觉冷的人是冷的，对于感觉不冷的人是不冷的"（柏拉图《泰阿泰德篇》，见《古希腊罗马哲学》，第133~134页）。显然，认知对象性质的相对性最先是从它作为人的感觉对象而必然地具有人的主观性内容而被发现和论述的。《庄子》中对作为具体的、个别的事物的认知相对性的论述，超出了这个狭隘的范围，它不单是从人的生理感觉本身，而是从宽广深远得多的根本的方面描述了这种对具体事物感性认识相对性的情景，同时也在某种程度上揭示了造成这种相对性的原因。

（1）自然性质的囿限　人的认识能力，首先是感性的认知能力，受到属于作为人的自然性质的限制而不能不是相对的。这在《庄子》中论及的有二。

第一，类的本性。《庄子》中写道：

> 且吾尝试问乎女：民湿寝则腰疾偏死，鳅然乎哉？木处则惴慄恂惧，猨猴然乎哉？三者孰知正处？民食刍豢，麋鹿食荐，蝍蛆甘带，鸱鸦耆鼠，四者孰知正味？猨猵狙以为雌，麋与鹿交，鳅与鱼游。毛嫱丽姬，人之所美也；鱼见之深入，鸟见之高飞，麋鹿见之决骤，四者孰知天下之正色哉？（《齐物论》）

这是一曲认知相对性的千古绝唱！千世万世的人们读来，都会忍俊不禁，开怀不已，无从辩驳。和普罗太戈拉的论证相比，庄子的论证发生了从人的世界到包括人在内的自然世界巨大的背景转换，认知对象性质的相对性，不仅表现为作为人的感觉对象的个体主观性，而且表现为与不同"感知"主体的相互关系的类的特殊性，或者说是一种"类的主观性"。换言之，不是在人与人的感觉的主观性差异中，而正是在人与其他物类的感知主体的感知能力的差异中，庄子发觉人的认知能力在本性上是亏缺不全的，人所能认知到的是极为有限的、相对的，这是无法改易的固然。《庄子》中这样写道：

> 夫知遇而不知所不遇，能能而不能所不能。无知无能者，固人之所不免也。夫务免乎人之所不免者，岂不亦悲哉！（《知北游》）
> 故目之于明也殆，耳之于聪也殆，心之于殉也殆。凡能其于府也殆，殆之成也不给改，祸之长也兹萃。（《徐无鬼》）

即在庄子看来，人的视力对于"明"来说，听觉对于"聪"来说，都是差之甚远的，人能够知道、想到的比起他不能知道、想到的，是很少的。

人类对全明、全聪、全知的追求、企望，是不可能实现的。庄子这个朴素而深邃的观点，似乎能够得到来自生理心理学实验报告的支持：人类视力所能接受的光线波长是在 400～760 毫微米，只占整个电磁光谱的 1/701；人类的耳只能听到 20～20000 赫兹频率范围内的声音，而并不能听到弥漫于宇宙空间的所有的声音①。

第二，时空。庄子认为，人对具体事物认知的相对性不仅是由人的类的本性所决定，而且与人的存在受着时间、空间的制约有关。《庄子》中写道：

> 吾生也有涯，而知也无涯；以有涯随无涯，殆已！（《养生主》）
>
> 计人之所知，不若其所不知；其生之时，不若未生之时；以其至小求穷其至大之域，是故迷乱而不能自得也。（《秋水》）
>
> 井蛙不可以语于海者，拘于墟也；夏虫不可以语于冰者，笃于时也；曲士不可以语于道者，束于教也。（同上）

庄子的论述是很清楚的，也是符合事实的。人的存在是有限的、局部的，因而人的认知内容，或者说人所能认识到的对象及其性质必然是相对的、部分的，就像井蛙无法理解"海"，夏虫无法知道"冰"一样，对于人的认知，在一小片相对的已知之外，是大片广漠的无知，就像"朝菌不知晦朔，惠蛄不知春秋"（《逍遥游》）一样。应该说，庄子对"无知"的认识，是一种智慧的表现。当代著名的科学哲学家卡尔·波普尔说："我们学到的关于这个世界的知识越多，我们的学识越深刻，我们对我们所不知道的东西的认识以及对我们的无知的认识就将越是自觉、具体，越有发言权。因为这实际上是我们无知的主要源泉——事实上我们的知识只能是有限的，而我们的无知必定是无限的。"（《猜想与反驳》，上海译文出版社 1986 年版，第 40～41 页）在中国哲学的早期阶段，庄子就清醒地意识到相对性是人的"已知"（"所知"）的特性，"无知"（"所不知"）是人的认识所固有，这是多么卓越的觉醒！

---

① 托马斯·L. 贝纳特：《感觉世界》，科学出版社 1983 年版。

（2）社会性质的囿限 庄子还揭示了造成对具体事物认知相对性的另一方面原因，这就是人的认知活动必然地受到人的社会关系和在社会生活中历史地形成的观念模式的囿限，从而使得同一事物会在不同的观念体系中呈现出不同的，因而是相对的情景。形成这种观念模式的主要因素，被《庄子》论及的是，第一，时代。在庄子的人生哲学里，"时"是不可逾越的、构成人生困境的主要因素之一，在这里，在庄子的认识论里，"时"也是铸成规范、制约人的认知的观念模式的首要因素。《庄子》中写道：

> 昔者尧舜让而帝，之哙让而绝；汤武争而王，白公争而灭。由此观之，争让之礼，尧舜之行，贵贱有时，未可以为常也……帝王殊禅，三代殊继。差其时，逆其俗者，谓之篡夫；当其时，顺其俗者，谓之义徒。（《秋水》）

同样是洋溢和熙礼仪的禅让，同样充满激烈厮杀的战争，竟然是如此不同的结局，如此不同的评价！在庄子看来，这是因为"贵贱有时，未可以为常"，事情发生在不同的时代背景和历史条件下的缘故。换言之，相同事物的意义和价值不总是一样的，而是因"时"而变的、相对的。

第二，立场或角度。庄子敏锐地发现，即使在同一时代背景下，人们不同的观察事物的立场或角度，也是影响人的认知活动，形成人对同一事物作出不同的认识结论的原因。《庄子》中对这一点的论述是比较充分的：

> 以道观之，物无贵贱；以物观之，自贵而相贱；以俗观之，贵贱不在己。以差观之，因其所大而大之，则万物莫不大，因其所小而小之，则万物莫不小；知天地之为稊米也，知毫末之为丘山也，则差数睹矣。以功观之，因其所有而有之，则万物莫不有；因其所无而无之，则万物莫不无；知东西之相反而不可以相无，则功分定矣。以趣观之，因其所然而然之，则万物莫不然，因其所非而非之，则万物莫不非；知尧桀之自然而相非，则趣操睹矣。（《秋水》）

> 自其异者视之，肝胆楚越也；自其同者视之，万物皆一也。（《德充符》）

> 小人则以身殉利，大夫则以身殉家，圣人则以身殉天下，故此数子者，事业不同，名声异号，其于伤性以身为殉，一也。（《骈拇》）

等等。总之庄子认为，贵贱、大小、有无、是非、同异、利义，所有这些对具体事物存在状态和价值的认知，判断都是相对的，随着观察的立场不同而不同，视角的变化而变化。例如，以广袤的宇宙为参照，天地即为稊米；而以原子为基准，毫末如同丘山，"天下莫大于秋毫之末而泰山为小"（《齐物论》）。从组织结构和生理功能的生理学角度来看，肝胆如此相连，但也有楚越异地之差；但在"通天下一气"（《知北游》）的自然观里，却是万物皆一。在儒家的伦理道德观点看来，伯夷为义士，为君子，盗跖为盗贼，为小人，是绝对对立的；而从一种"本性"的立场看，其于"伤性殉身"则是相同的，"奚必伯夷之是而盗跖之非乎！"（《骈拇》）

可见，在庄子思想中，认识的相对性是被在较高的层次上发现和论述的。庄子把认知相对性由对个人的感觉器官的生理特性形成的现象的描述，推向对人的类的自然本性和社会制约的因素的探寻。在这个经常笼罩着经验主义乌云的问题上，他的经验的内容并不是很多的，而理性的色彩却是很鲜明的。但是这样一来，在庄子认识论的起点处就滋生了一种困惑——人的认识能是正确的吗？就矗立着一座阻碍认识进一步发展的障碍——人的认识的是非界限是无法确定的。《庄子》中写道：

> 即使我与若辩矣，若胜我，我不若胜，若果是也，我果非也邪？我胜若，若不胜我，我果是也，而果非也邪？其或是也，其或非也邪？其俱是也，其俱非也邪？我与若不能相知也，则人固受其黮闇。吾谁使正之？使同乎若者正之？既与若同矣，恶能正之！使同乎我者正之？既同乎我矣，恶能正之！使异乎我与若者正之？既异乎我与若矣，恶能正之！使同乎我与若者正之？既同乎我与若矣，恶能正之！然则我与若与人俱不能相知也，不待彼也邪？（《齐物论》）

这一段精彩的奇文，生动地刻画了一个被相对性围困的精神主体左冲右突而不得其出路的情景！在庄子看来，在一个淹没于皆是皆非的相对性的世界里，你我相争是非，是不会有胜负的，无论是同异于还是超出于这种是非的第三者都是无法裁判的，就像因为类各有性、各有其宜而无法判定人与兽、鸟、虫、鱼不同物类"孰知正处""孰知正味""孰知正色"一样。庄子慨然叹道：

> 自我观之，仁义之端，是非之涂，樊然殽乱，吾恶能知其辩！
> （《齐物论》）

可见，庄子对在人的认识开始由对具体事物感知的相对性而带来的困惑的感受是非常深切的。从某种意义上可以说，庄子认识论的目标就是要消除这个困惑，跨越这个障碍。

### 2. 认知相对性困惑的相对主义解决

认知的相对性，特别是感性认识的相对性，在认识的发展进程上一般地说可能有两个方向、两种结局。一种是在感性、经验驱动的方向上前进，由对事物确定性的否定（相对性），最后走到对事实存在的真实性的否定（不可知论），这是怀疑论的方向和结局。黑格尔在他的《哲学史讲演录》里，以古代怀疑论为例，对怀疑论观点的特色和形成过程有很简洁的描述："怀疑论是一种有教养的意识，在这种意识看来，不仅不能把感性存在当作真实的东西，而且也不能把思维中的存在当作真实的东西，然后更进而有意识地辩明这个被认为真实的东西其实是虚妄无实的；最后则以普遍的方式，不仅否定了这个或那个感性事物或思维对象，而且有教养地认识到一切都是不真的。"（《哲学史讲演录》第三卷，第110页）另一种是认知相对性中所固有的那种感性的、经验的因素被理智所淡化、抑制；并且通过某种理论的中介，相对性本身被上升为可把握的、具有确切性的理性观念，这就是相对主义。作为认识过程中的相对主义，而不是作为认识终点的相对主义就是辩证法。它不是在否定客观真理的意义上，而是在我们的认知向客观真理接近的界限受历史条件制约的意义上，承认我们一切认知的相对性。亦如黑格尔所说："辩证法的出发点，是就事物本身的存在和过程加以客观的考察，借以揭示出片面的知性规定的有限性。"（《小逻辑》，第 178 页）这是一个理智、理性作为主要因素的发展方向。

如前所述，在庄子的认识论中，认知的相对性是在起点就被充分揭示了的，它引起的困惑是庄子认识论进一步发展必须消除的。庄子的特色在于，对于这种相对性的困惑，他既不是直接地用怀疑主义或不可知主义的彻底否定（"一切都是不真的"）来铲除的，也不是用辩证法的认识发展过程（"认知向客观真理接近"）来消解的，而是从本体论的意义上，对认知相对性作出一种确定性的解释的。即在庄子看来，相对性是世界本然的存在状态，而不是我们认识上的谬误。这是彻底的相对主义的观点。

那么，庄子是用什么理论观点把认知的相对性升华为具有实在性内容的相对主义？在庄子认识论中，这种升华主要借助于两个中介性的理论观念。

第一，万物殊性。《庄子》写道：

> 梁丽可以冲城，而不可以窒穴，言殊器也；骐骥骅骝，一日而驰千里，捕鼠不如狸狌，言殊技也；鸱鸺夜撮蚤、察毫末，昼出瞋目而不见丘山，言殊性也。故曰："盖师是而无非，师治而无乱乎？"是未明天地之理，万物之情者也。（《秋水》）

即在庄子看来，自然和社会的任何事物，都有自己独特的、区别于其他事物的本性，"四时殊气""五官殊职""万物殊理"（《则阳》），在这个意义上，任何事物都是独立地、确切地存在的。事物本性的这种独立确定性是人无法否定的、改易的，用统一的标准来裁断、要求一切事物是不通达情理的表现。《庄子》中有则寓言写道：

> 昔者有鸟止于鲁郊，鲁君说之，为具太牢以飨之，奏九韶以乐之，鸟乃始忧悲眩视，不敢饮食。此之谓以己养养鸟也。若夫以鸟养养鸟者，宜栖之深林，浮之江湖，食之以委蛇，则安平陆而已矣。（《达生》）

万物各自独特的本性和存在方式，就像这鸟的习性和生存方式一样，总是在人的认知面前，在人的意愿面前顽强地显示它的鲜明的、不可改易的确切、稳定的性质。但是，单一的"万物殊性"的观念，只能导引出事物都是没有相互联系的、孤立存在的世界图景；这种图景是不会孕育出"相对"的表象和相对主义的观念的。庄子相对主义产生还有一个更加重要的理论观念，这就是：

第二，万物同"机"。庄子从"通天下一气"（《知北游》）的自然观出发，又必然地、逻辑地认为万物在最后的本质上是相通的、相同的。《庄子》中多次表述了这一观念：

> 万物皆出于机，皆入于机。（《至乐》）
>
> 万物皆种也，以不同形相禅，始卒若环，莫得其伦。（《寓言》）

即是说庄子认为，万物虽然有形态上的差异，但其最后根源（"机""种"）是共同的，"自其同者睹之，万物皆一也"。（《德充符》）世界在根本上是统一的。就其存在形式来说，"万物以形相生"（《知北游》），"万物皆化"（《至乐》），万物是密切联系的，万物间的界限是相对的、暂时的。所以在庄子看来，认知相对性的感性表象是具有客观的、实在性内容的。

这样，在庄子认识论中，认知，特别是感性认识的相对性所引起的困惑，就在"万物殊性""万物皆一"两个对立的理论观念的叠合中，因获得一种理解、一种解释而消融。在庄子看来，万物存在都是相对性的，它不仅是我们认识的感性表象，而且也是世界的真实状况。这种相对性，一方面涵蕴着"万物殊性"的那种经验的确切性，另一方面涵蕴着"万物皆一"的那种理智的实在性。在庄子认识论中，对具体事物认知的相对性，就上升为一种理论观念——相对主义。

### 3. 庄子相对主义的主要结论

相对性不再是庄子认识进程中的困惑或障碍，相对主义成了庄子观察、对待自然、社会、人生各个领域内具体事物的立场和态度的认识论基础。在相对主义的理论观念基础上，庄子的主要结论有以下几点。

（1）齐万物："无方"　庄子相对主义的主要观念基础是"万物皆一"（《德充符》）、"万物一齐"（《秋水》），万物在根源上是同一的。所以相对主义的理论立场要求对待事物的基本态度是齐一万物的，"旁礴万物以为一"（《逍遥游》），泯除和兼容事物之间观念上的界限和实际的对立，在《庄子》中称之为"无方"：

兼怀万物，其孰承翼，是谓无方。（《秋水》）

"无方"是对认识的感性执着的破除，成玄英疏解说，"逗机百变，无定一方也"（《庄子注疏·秋水》），它形成一种宽广的胸怀、宽容的眼光，一种洋溢在庄子思想中的那种超脱的精神。

（2）等贵贱："反衍"　同样，庄子认为，从"万物为一"的相对主义的理论立场看来，或者说从一种根本的、"道"的角度来看，物的贵贱、长短都是不存在的，"以道观之，物无贵贱……万物一齐，孰长孰短"（《秋水》），社会生活中的贵贱等级之分，只是一种"物观"，一种肤浅的世俗之见，是相对的，"以物观之，自贵而相贱……贵贱有时，未可以为常也"（《秋水》）。在《庄子》中，这种以相对主义态度在观念上泯除贵贱的差异和对立界限，被称为"反衍"：

以道观之，何贵何贱，是谓反衍。（《秋水》）

"反衍"，据陆德明说，"本亦作'畔衍'"，晋代李颐注解为"犹漫衍合为一家"（《经典释文·庄子音义》），也就是等贵贱之意。庄子蔑视、踏倒贵贱之分的界限，在贵贱等级制度始终不断地获得巩固加强的整个封建社会时代里，都是富于挑战和批判性的。但是，这种挑战和批判毕竟是观念性的，而且是相对主义的观念性的，只有一方面具有高度文化修养，另一方面又负载着深沉精神危机的人才能感受到它那虽然彻底，但却微弱的否定性力量，这种挑战对于社会的政治实践是完全无力的。

（3）一生死："悬解""撄宁"　"万物为一"的相对主义使庄子成功地跨越了构成他的人生哲学中人生困境的首要的界限：生死。《庄子》

中写道：

> 夫天下也者，万物之所一也。得其所一而同焉，则四支百体将为尘垢，而死生终始将为昼夜而莫之能滑，而况得丧祸福之所介乎！（《田子方》）
>
> 生也死之徒，死也生之始，孰知其纪！人之生，气之聚也；聚则为生，散则为死。（《知北游》）

可见，从"万物为一"的相对主义立场上看，对于个体的人来说是永远无法跨渡的自然大限实际上并不存在，宇宙间没有人的生死，只有如同昼夜循环不已的气的聚散或物的始终。所以《庄子》中屡次说到"以死生为一条"（《德充符》），"死生存亡之一体"（《大宗师》），"有无死生之一守"（《庚桑楚》），"万物一府，死生同状"（《天地》）。卡西尔说："对死亡的恐惧无疑是最普遍最根深蒂固的人类本能之一。"（《人论》，第111页）从心理学的角度看，引起恐惧的关键性因素是缺乏处理可怕情境的力量或能力。在长时期的人类历史的经验事实中，死亡都被理解为一种对人的存在的彻底的、全面的否定状态，而这种状态又是人所唯一不可战胜、不能摆脱的。死亡，不再存在，是人的一切哀伤痛苦心理的最后的渊源。从这个意义上说，庄子用相对主义从观念上突破了、跨越了生死界限，是具有某种精神解放的作用的。它从人的本身开发出一种理智的、理性的力量，对生死作出一种新的、自然的理解，帮助处理这种可怕的情境，消解长期的经验事实的心理积淀。齐一生死，从由生死对立而产生的恐惧的精神奴役中解放出来，从由这种对立而激起的精神骚动中平静下来，《庄子》中称之为"悬解"，也称之为"撄宁"：

> 适来，夫子时也；适去，夫子顺也。安时而处顺，哀乐不能入也，古者谓是帝之悬解。（《养生主》）
>
> 杀生者不死，生生者不生，其为物，无不将也，无不迎也；无不毁也，无不成也，其名为撄宁。（《大宗师》）

（4）和是非："天倪""道枢""以明"  如上所述，相对主义必然地、逻辑地导引出庄子自然哲学、人生哲学、社会批判思想领域内的齐万物、一生死、等贵贱等主要观点。不仅如此，在认识论领域本身，相对主义将庄子认识论由作为认识开始的感知相对性，推进到作为认识终端的真理（是）或谬误（非）的可兼性（和是非）。即在庄子看来，"是"与"非"是无法客观地、绝对地判定的。庄子找到一个包容、超越"是"与"非"的相对主义立场，这个立场在《庄子》中有三种表述。

第一，"天钧"或"天倪"。《庄子》中写道：

> 圣人和之以是非，而休乎天钧，是之谓两行。（《齐物论》）
> 何谓和之以天倪？曰：是不是，然不然。是若果是也，则是之异乎不是也亦无辩；然若果然也，则然之异乎不然也亦无辩。（同上）

"天倪"，陆德明《经典释文》引班固解作"天研"。马叙伦进一步解释说："当从班固作'天研'，疑纽双声相通借也。《说文》曰'研'，磨也。天研犹言自然之磨，磨道回旋，终而复始，以谕是非之初无是非也。"（《庄子义证》），"天钧"（或作"天均"）也就是"天倪"，《庄子》写道："万物皆种也，以不同形相禅，始卒若环，莫得其伦，是谓天均。天均者，天倪也。"（《寓言》）即在庄子看来，万物皆种，没有绝对的界限，就像在一个运动着的、旋转着的自然磨轮之上，找不到开始之点和终结之处一样。"休乎天钧""和以天倪"，人就应该站在这样自然之磨上来看待是非；在这个"天钧"或"天倪"的立场上，是非同根生，是非无分别，是非"两行"——都可以合理地存在。

第二，"道枢"。《庄子》中写道：

> 彼亦一是非，此亦一是非，果且有彼是乎哉？果且无彼是乎哉？彼是莫得其偶，谓之道枢。枢始得其环中，以应无穷。（《齐物论》）

《说文》曰："枢，户枢也。""道枢"之义，宋代陈景元的解释比较确当："枢者，中空转而不滞。户枢之用，要在环中以应无穷。若乃道之枢则以理转物，虽天地之大，万物之多，无有能对，道枢之妙者矣。"（褚伯秀《南华真经义海纂微》）显然，庄子的"道枢"，和"天倪"一样，都是取譬于物，其寓意明显地是说如同门之枢轴可运转无穷而不滞停一方。在"道枢"的位置上看，或者说，对于作为宇宙总体的"道"来说，彼此是非的对立是根本不存在的，"与其誉尧而非桀也，不如两忘而化其道"（《大宗师》），在"道"之中，一切是与非皆融化为一体。

第三，"以明"。《庄子》中写道：

> 道隐于小成，言隐于荣华，故有儒墨之是非，以是其所非而非其所是。欲是其所非而非其所是，则莫若以明。（《齐物论》）
> 是亦一无穷，非亦一无穷，故曰莫若以明。（同上）

显然庄子是认为，"道隐"而后方有是非之争，消除这种无穷的是非之争最好的办法，就是用"以明"来"是其所非，非其所是"，泯除是非对立的界限。但是，什么是"以明"？《庄子》中隐约其词，注解者纷纭不一。归纳起来，历来注解《庄子》的学者，对"以明"有三种不同的解释。一曰所谓"以明"，就是以对立观点反复相明，则无是无非。郭象是这种解释或理解的代表，他说："今欲是儒墨之所非而非儒墨之所是者，乃欲明无是无非也。欲明无是无非，则莫若还以儒墨，反覆相明，则所是者非是而所非者非非矣。非非则无非，非是则无是。"（《庄子注》）二曰所谓"以明"，就是以对立的观点，照之天理，则是非自定。在理学思潮影响下的南宋林希逸正是这样解释的："人之所非，我以为是；彼之所是，我以为非，安得而一定？若欲一定是非，则须是归之天理方可。明者，天理也，故曰莫若以明。"（《南华真经口义》）三曰所谓"以明"，就是以本然观照对立观点，则是非可泯。在佛家思想启迪下北宋吕惠卿在《庄子义》中首发此旨："明者，复命知常之验也。今儒墨之是非，不离乎智识，而未尝以明，故不足为是非之正。若释知回光以明观之，则物所谓彼是者果无定体，无定体则无非彼无非是矣。"明代陆长庚也是这样解释"以明"的："儒墨如此是非非是，两无定论，伊欲定之，则莫若以明。明者，明乎本然之未始有是非，而后是非可泯也。"（《南华真经副墨》）

庄子认为，"道隐"而后有儒墨之争，所以儒墨是非不可能通过它们本身的"反复相明"而不用另外的标准、超越的立场来求得一种解决的。因此，第一种解释是不符合庄子思想的。庄子认为是非"无辩"（无别），第二种解释认为以"天理"可判定是非，更是和庄子思想相违背的。比较而言，第三种解释是接近庄子思想的，其不足之处是没有明确地点出这个"明"或"本然"是什么。细寻《庄子》，可以看出这个"明"实际上就是"道"，就是"天"。《庄子》中写道：

> 是非之彰也，道之所以亏也。道之所以亏，爱之所以成。果且有成与亏乎哉？果且无成与亏乎哉？有成与亏，故昭氏之鼓琴也；无成与亏，故昭氏之不鼓琴也……是故滑疑之耀，圣人之所图①也。为是不用而寓诸庸，此之谓以明。（《齐物论》）
>
> 因是因非，因非因是，是以圣人不由②，而照之于天。（同上）

由此可见，庄子认为，本然的"道"是没有是与非的，没有成与毁的。儒墨是非之争，昭文、师旷、惠子智巧之施，都只是一己之见、一技之现，一种自恃自用的表现，一种对本然的"道"或"天"的亏损，是圣人所鄙弃的。庄子因而主张"不用而寓诸庸"。"庸"是什么意思？在《庄子》中，"庸"作为虚词的涵义同疑问词"何"（如"庸讵"），作为实词的涵义是"常""平常"之义。例如，"行乎无名者，唯庸有光"（《庚桑楚》），林云铭注解为"虽平庸之中，自有光耀丕著"（《庄子因》），"雌雄片合，于是庸有"（《则阳》），成玄英疏解为"言物在阴阳造化之中，蕴斯情虑，开杜交合，以此为常"（《庄子注疏》），都是很确当的。所以，庄子的"不用而寓诸庸"就是如宣颖所准确解释的"去私见而同于寻常"（《南华经解》）。但是，庄子的"寻常"或"常"，也并不是一般的众人共有的经验表象，而是具有某种内在秩序、某种规律性、普遍性的理智抽象，是"天地固有常矣"（《天道》）之"常"。换言之，

---

① 图，鄙也。闻一多《庄子内篇校释》谓："鄙，古祇作啚，校者误为图，遂改为图。"

② 吴汝纶《庄子点勘》注："由，用也。"

这种"常"就是某种天理、固然。这样，对庄子"不用而寓诸庸"的更加明确的解释就是去私见，不自用，而"依乎天理，因其固然"（《养生主》）；庄子的"以明"就是"照之于天"。在天理、固然的映照之下，一切世俗私见的是非都是狭隘的、偏曲的，其是可非，其非可是，皆可皆不可，也就是说是相对的。

总之，庄子以"天倪"和是非，以"道枢"化是非，以"以明"寓是非，兼容、超越是非的相对主义立场的表述虽然不同，但在实质上却是一样的，都是以一种自然的观念——无论是自然万物总体的"天"，或作为这种总体的理性抽象的"道"，或体现万物本然性质的"天理"，来消融对具体事物认知相对性带来的没有是非界限的困惑。

从这里可以清楚地看到，在庄子相对主义中，一方面有经验的、感性的成分，另一方面也有超验的、理性的因素。庄子敏锐而充分地发现了人对具体事物的认知的相对性，深切地感受到它带来的难以确定具体事物的性质和是非界限的困惑。然而，当庄子在对这种困惑作相对主义的解决之时，又紧密地依赖着某种具有确定性的、关于宇宙万物的根源、本质的理性观念——"道""天理"。正是这种确定性的理性观念抑制了庄子认识论沿着相对主义所固有的经验论性质的、不可知论方向的发展①，阻止了庄子相对主义所包含的怀疑论因素向近代怀疑论所显示的那个方向的跳跃②，而是折向对"天理""道"的事物本质和万物根源的理性认识。在这个认识对象具有完全确定性的但又是完全抽象的认

① 对人的认识进行心理分析的近代经验论者休谟说："人心中从来没有别的东西，只有知觉，而且人心也从不能经验到这些知觉和物象的联系，因此，我们只是妄自假设这种联系，实则这种假设在推论中并没有任何基础。"（《人类理解研究》，商务印书馆1972年版，第135页）对人的知识进行逻辑分析的逻辑实证主义先驱罗素说："人类的全部知识都是不确定的、不准确的和片面的。"（《人类的知识》，商务印书馆1983年版，第606页）没有"世界的本质"观念的各种经验论，在认识论上的最终结论都超不出这个范围。

② 黑格尔曾经说："休谟的怀疑论与希腊的怀疑论大有区别。休谟根本上假定经验、感觉、直观为真，进而怀疑普遍的原则和规律，由于他在感觉方面找不到证据。而古代的怀疑论却远没有把感觉直观作为判断真理的准则，反而首先对于感观事物的真实性加以怀疑。"（《小逻辑》，第116页）庄子相对主义所蕴涵的怀疑论与以休谟为代表的近代怀疑论的区别也正在于此。造成这种差别的一个观念的根源，就是古代怀疑论中仍然保留或潜在着相当于"世界本质"的那种观念。

识领域内，相对主义退隐了，庄子认识论跨入新的层次，呈现出另外一番面貌。

## 二　天理固然：理性观念的确定性

《庄子》中写道："有自也而可，有自也而不可，有自也而然，有自也而不然……物固有所然，物固有所可。"（《寓言》）所以在庄子看来，事物尽管经常显现的是感性的不确定的表象，但也内蕴着固有的确定性的本质。庄子在对具体事物的认知不确定性所引起的困惑作相对主义的解决时，也已经引进了超越经验表象相对性的理性观念（"万物一齐"），引进了具有确定性的认识对象（"道""天理"），这样，庄子认识论的深入一步的内容，就是对确定性的、事物内在秩序或规律性的"固有所然"的认识。

### 1. 《庄子》关于事物内在秩序性和共同规律性的观念

应该说，在现代哲学中，"本质""规律"的观念是处在衰败淡弱之中的。但是，在古代哲学中，世界的本质或规律却一直是哲学家思索、追逐的对象。正是这样，尽管庄子认识论所表现出的相对主义色彩是那样的强烈鲜明，但对事物内在的本质规定性和共同的规律性的承认也是确切无疑的，庄子称之为"天理"或"物理"。如《庄子》中写道：

> 方今之时，臣以神遇而不以目视……依乎天理……因其固然。
> （《养生主》）
> 夫至乐者，先应之以人事，顺之以天理……（《天运》）
> 天地有大美而不言，四时有明法而不议，万物有成理而不说。
> （《知北游》）
> 消息盈虚，终则有始，是所以语大义之方、论万物之理也。
> （《秋水》）

等等。从这些论述中可以看到，庄子的"天理"或"物理"具有这样的性质。

第一，客观性。庄子认为"天理"或"物理"如同天地的载覆、四时的运行、人世的当然，都是客观存在的，而不是主观设定的、创造的。庄子曾慨叹"死生，命也，其有夜旦之常，人之有所不得与，皆物之情也"（《大宗师》），"天理""物理"就是宇宙中这种具有"人之不得与"的、在人的意志之外的客观性质的存在。故庄子在这里说"依乎天理""顺之以天理"，在另外的地方庄子还说"循天之理"（《刻意》）、"从天之理"（《盗跖》）。

第二，超验性。在庄子看来，"天理""不以目视"，"物理""不说"，也就是说，"天理""物理"虽然是客观存在的，但却不是我们的经验的、感性的表象所能把握的，它是一种超验的、理性的客观存在。《庄子》说，"死生非远也，理不可睹"（《则阳》），生与死的现象是我们举目可见的，但生与死的"理"却是不可目睹，在感性表象之外的。

第三，恒定性。庄子的"天理""物理"不仅是一种超验的客观存在，而且是一种摆脱了感性表象相对性的恒定性的存在。庄子确认"天地固有常矣"（《天道》）、"天下有常然"（《骈拇》），故主张"依乎天理，因其固然"。显然，庄子的"天理""物理"就是"固然""常然"，是一种恒常的、确定性的超验的存在。

第四，共有性。在庄子看来，宇宙间的具体事物是不可穷计的，"计物之数，不止于万"（《则阳》），它们都是个别地存在，显现各自独特性能的，因而是特殊的、暂时的，故《庄子》说"万物殊理""在物一曲"（《则阳》），"物有死生"（《秋水》）。同时，庄子也认为一类事物往往显现相同的特征和过程，即《庄子》所谓"同类相从，同声相应，固天之理也"（《渔父》），"吾观之本，其往无穷；吾求之末，其来无止。无穷无止，言之无也，与物同理"（《则阳》）。也就是说，同类事物间存在着某种超越个性之上的共同性。显然，"天理""物理"作为一种恒定的、超验的"固然""常然"，就是超越具体事物特殊性的一类事物的共有性质。

可见，出现在庄子认识论第二层面上的认识对象——"天理""物理"，与第一层面上的认知对象——具体事物，是完全不同的，它是一种超越感性表象的、具有确定性和类的共同性的客观存在。在不十分严格的意义上，可以把庄子认识论这两个层面的不同视为感觉表象与思想的区别。黑格尔的理性主义观点认为："感性事物与思想的区别，在于前者的特点是个别性的"，而"思维的产物，思想的形式或规定性一般是普遍的、抽象的东西"，这种"思维活动的产物、普遍概念，就包含有事情的价值，亦即本质、内在实质、真理"（《小逻辑》，第68、69、74页）。应该说，庄子的"天理""物理"正具有这样的理性主义色彩，它是一种思维活动的产物，是一种关于"常"，即事物内在秩序性、共同规律性的思想形式。庄子认识论所内蕴的、固有的理性主义因素，在这个层面上得到了比较充分的、明显的显现。

**2. 《庄子》中显示的理性认识的特征和方法**

认识事物内在的秩序性、规律性，或者说认识万物之"理"，无疑是庄子认识论追求的重要目标。《庄子》说，"圣人者，原天地之美而达万物之理"（《知北游》），"知道者必达于理"（《秋水》）。也就是说，在庄子看来，"达理"，即对事物内在本质"常然""固然"的认识，是一种崇高的、完善的人格的表现。但是，《庄子》中并没有给达到"理"的途径或方法以明确的理论表述。这也是十分自然的。哲学认识论的深刻程度是由科学发展水平决定的。从《庄子》中可以看出，庄子那个时代的古代科学认识能力所能认识的，多是经验事实而非本质规律；对认识事物本质、规律的方法途径作出哲学概括，还不是庄子认识论所能够完成的。然而庄子在对某些问题的论述或事例的记述中，还是具体地运用了一种能得出普遍性、规律性结论的方法，提示了这种方法的一般特征。

（1）对理性认识的三种表述　在《庄子》中，庄子借庖丁叙说自己解牛绝技的获得经过，形象地表明了对事物内在本质的认识过程，表述了理性认识的基本特征：

> 庖丁释刀对曰："……始臣之解牛之时，所见无非全牛者。三年之后，未尝见全牛也。方今之时，臣以神遇而不以目视，官知止而神欲行。依乎天理，批大郤，导大窾，因其固然。技经肯綮之未尝，而况大軱乎！……"（《养生主》）

显然，庖丁解牛绝技的获得，就是由对牛的表体形态（"全牛"）的感官所知（"目视"），上升到对牛的内部结构（牛之"固然"）的理会（"神遇"）的过程。从认识论的理论角度看，这十分相似从感性认识到理性认识的发展过程。《庄子》这里所谓"以神遇而不以目视，官知止而神欲行"，也就是说对事物内在本质（"天理""固然"）的认识，感官知觉是无能为力的，只有超越感知，运用思维才能成功，正是对理性认识基本特征的一种表述。

表面形态和内在本质，感知与思维，这两种不同的认知对象和认识方法在《庄子》中还有另外一种比较清晰的表述：

知者，接也；知者，谟也。（《庚桑楚》）

即《庄子》把知（智）分为与事物接触而来和对事物思谋而生的两种。显然，"神欲"或"神遇"是属于"谟"的那种思维的理性之知，而"官知"或"目视"是属于"接"的那种感性之知。

在《庄子》中对理性认识的第三种表述则是比较奇特的：

人皆尊其知之所知而莫知恃其知之所不知而后知，可不谓大疑乎？（《则阳》）

《庄子》这个表述的奇特性在于，这里的"知之所知"实际上是指经验的对象和感性的认知方法，"知之所不知"则是意味着超验的认识对象和理性的、抽象的认识方法。感性之知是感官的直接给予，总是十分具体的、完全实在的。几个或许多感性之知联结起来，就成了经验的事实或经验的知识。所以经验的认识实际上都是从已知到已知，这就是庄子在这里所说的一般人皆具有的"尊其知之所知"的对感性的、经验的认识对象的认识方法。超验的认知对象（如"天理""固然"）不具有经验的认知对象的那种具体的、实在的感性表象，而是一种理性的抽象，正是在这个意义上说，超验的认识对象是"知之所不知"。然而正是通过这不具有感性表象的理性抽象，人们才能认识到在事物表面现象后面的广阔深邃的内容，即它的天理固然，它的内在本质。很多人摆脱不了经验的束缚，达不到这样的认识境地，这使庄子感到十分遗憾！他又以具体事例来说明理性抽象的方法在认识中的重要作用：

> 足之于地也践，虽践，恃其所不蹍而后善博也。人之于知也少，虽少，恃其所不知而后知天之所谓也。知大一，知大阴，知大目，知大均，知大方，知大信，知大定，至矣。（《徐无鬼》）

庄子的意思是说，如同人只有凭借足踏之片地以外的广阔土地才能致远一样，人只有依赖超越感性表象的理性抽象才能认识到个别的、具体的事物之上的普遍性的东西，诸如"大一""大阴"……"大定"这些一类事物所共同的、固有的内在本质。

总之，对个体感知的超越，从而达到对某种作为事物内在本质的超验的普遍理性的认识，这一认识论观点在《庄子》中虽然还没有统一的、准确的理论表述，但是《庄子》在对一些具体事例的记述或问题的论述中所提出的"以神遇而不以目视""知者，谟也""恃其知之所不知而后知"都蕴涵着这样的认识论观点。

（2）超越狭隘经验的两种方法　从理性主义立场看来，正如黑格尔所说的那样，"经验中呈现许多前后相续的变化的知觉和地位接近的对象的知觉，但是，经验并不提供必然性的联系"（《小逻辑》，第116页）。所以，对于由个体性感知联结而形成的狭隘的经验的超越，也是理性认识，即对具有普遍性的事物内在本质或必然性联系的认识所必须做到的。《庄子》中的这一认识论观点也不是采用理论命题的形式，而是通过具体事例形象地表述出来的。《庄子》中借海神（北海若）教训河神（河伯）的口气写道：

> 井蛙不可以语于海者，拘于虚也；夏虫不可以语于冰者，笃于时也；曲士不可以语于道者，束于教也。今尔出于崖涘，观于大海，乃知尔丑，尔将可与语大理矣。（《秋水》）

一条小河，只有流出狭窄的河床，汇入广阔的大海，才能发现有无垠广袤的天地。庄子正是以这个充满诗意的、隽永的寓言故事，说明一个人只有超越狭隘的感知经验，从个别性的感性表象跃入具有普遍性的理性抽象（"出于崖涘，观于大海"），才能获得对事物本质的认识（"将可与语大理矣"）。

从单一的、个别的感知或狭隘的经验，上升到一般性结论或普遍性的理性认识，在《庄子》中显示了两种方法。

第一，近似形式逻辑的归纳的方法。《庄子》中出现了用具体的、个别的事例来推出、证实一个比较一般的结论的方法。例如：

> 上诚好知而无道，则天下大乱矣。何以知其然邪？夫弓弩毕弋机变之知多，则鸟乱于上矣；钩饵罔罟罾笱之知多，则鱼乱于水矣；削格罗落罝罘之知多，则兽乱于泽矣；知诈渐毒颉滑坚白解垢同异之变多，则俗惑于辩矣：故天下每每大乱，罪在于好知。（《胠箧》）

显然，庄子是由"好知"使鸟乱于天空、鱼乱于水中、兽乱于林泽、风俗乱于巧辩等个别的、局部的情况，最后得出"好知乱天下"这样一个一般性的、普遍性的结论。从前面的引述中可以看出，庄子认识论第一个层面上的最重要的一般性结论"是非之涂，樊然殽乱，吾恶能知其辩"（《齐物论》），也正是通过"三者孰知正处""四者孰知正味""四者孰知正色"三个没有确定性的、个别的经验事实上升、推导出来的。黑格尔说："归纳法的意义就在于从事观察，进行试验，重视经验，从个别的东西引导出普遍的规定。"（《哲学史讲演录》第四卷，第25页）无疑地，在《庄子》中，具有一般性结论的得出或对具有确定性超验对象的认识，正是运用了这种归纳的方法的，虽然在《庄子》中还看不出对这种方法本身的认识或理论的表述。

第二，属于辩证逻辑（辩证法）的理性思辨的方法。黑格尔曾经指出理性思辨的基本特征在于："抽象的理智思维并不是坚定不移、究竟至极的东西，而是在不断地表明自己，扬弃自己和自己过渡到自己的反面的过程中；理性的思辨真理即在把对立的双方包含在自身之内，作为两个观念性的环节。"（《小逻辑》，第184页）简言之，把事物内部矛盾的、对立的双方作为一个相互转化的统一整体来加以把握的思维方法，就是认识事物内在本质、普遍性真理的理性思辨的方法。从《庄子》中可以看到，构成庄子对"天理"的理性思考或认识的最基本的观念因素，正是对立双方同时被摄入和相互转化的观念。《庄子》中写道：

> 盖师是而无非，师治而无乱乎？是未明天地之理，万物之情者也。是犹师天而无地，师阴而无阳，其不可行明矣。（《秋水》）
>
> 万物一齐，孰短孰长！道无终始，物有死生，不恃其成；一虚一满，不位乎其形。年不可举，时不可止；消息盈虚，终则有始：是所以语大义之方，论万物之理也。（同上）

在庄子看来，自然界的天地、阴阳，社会生活中的是非、治乱，虽然是矛盾对立的，但也是一体同源的，如果偏执其一，就是"未明天地之理"；在庄子看来，万物是统一的整体，能理解到事物的终始、盈虚、长短等这些对立的性质实际上是相互转化，"不位乎其形"的，就是认识了"万物之理"。可见，庄子对"物理"的认识运用的是抽象思维的理性思辨的方法。当然，对这种方法本身庄子也还没有明确的认识和理论的表述。

在庄子认识论的第二个层面上，认识获得了具有确定性的理性观念——"理"（"天理""物理""固然""常然"），从而摆脱了认识在第一个层面上所感受到的感性认知相对性的困惑。认识发展到这样的水平，庄子称之为"知之盛"：

> 知天之所为者，天而生也；知人之所为者，以其知之所知养其知之所不知，终其天年而不中道夭者，是知之盛也。（《大宗师》）

即是说，在这个水平上，认识跨越了天然的感官所限，通过理性思辨的桥梁，达到对于"知之所不知"即超验的事物内在本质"天理""固然"的认识。但是，庄子接着又说：

> 虽然，有患，夫知有待而后当，其所待者特未定也。庸讵知吾所谓天之非人乎？所谓人之非天乎？（《大宗师》）

也就是说，在庄子看来，对作为一类事物内在本质的"天理""固然"的认识，还不是最后的、最高的认识，因为它还"有待"，还不是对作为一切事物共同本质、共同根源的"无待"的认识。那么，这无所待的根源是什么？无疑就是"万物之所系而一化之所待"（《大宗师》）的"道"。这样，庄子认识论就要跨入它的第三个也是最高的一个层面上——对"道"的认识了。

## 三 "道"：理性直觉的整体性

《庄子》中对人的认识或知识，从高到低作了这样的划分：

> 古之人，其知有所至矣，恶乎至？有以为未始有物者，至矣，尽矣，不可加矣。其次以为有物矣，而未始有封也。其次以为有封焉，而未始有是非也。是非之彰也，道之所以亏也。（《齐物论》）

庄子的划分，从认识的内容或对象方面来看，实际是三个等级："未始有物"（"道"）、"未始有封"之物（"理"）、"有封"之物（"万物"）。如前所述，在庄子认识论的第一个层面上，万事万物是被作为具有是非相对性的感性表象被认识的；在第二个层面上，"无封"的，即共性的、类的事物是被理性思辨以一种理性观念的形式——"天理""固然"来把握的。那么，作为第三层面或等级上的认识对象的"未始有物"或"道"是如何被认识的？我们将看到，庄子认识论在这个层面上表现出一种新的理论特色，一种在理性认识基础之上的以实践体验为本质内容的理性直觉。

### 1. "道"是认识的止限

前面已经论及，作为世界总体、宇宙根源的"道"的特性之一，是它的超越性。"道"既不能为我们的感官所感知，也不能为我们的理智思辨所把握，即《庄子》所谓"道不可闻，闻而非也；道不可见，见而非也；道不可言，言而非也。知形形之不形乎，道不当名"（《知北游》）。"道"为何不能被感知、思辨所认识，《庄子》中没有明确论证。但是，从《庄子》中对作为世界本根的"道"的特性的描述来看，可以归纳出两条原因：第一，庄子认为"道未始有封"（《齐物论》）、"道无终始"

（《秋水》），所以从形态上看，"道"不具有时空形式，"道"是"形形之不形"，不具有任何形态，因而不能被感知；第二，庄子认为"道通为一"（《齐物论》）、"道覆载万物者也"（《天地》）、"道于大不终，于小不遗，故万物备"（《天道》），所以从内容上看，"道"是世界总体，"精神生于道"（《知北游》），人的感知和理智都只是"道"的部分、派生；部分和派生当然不能认识总体，不能认识原生。

从《庄子》中寻觅出的这种对"道"不能被认识的逻辑的解释，多少相似康德认识论中对三个先验理念（灵魂、世界、上帝）或"物自身"等理性概念不能被感性、理智（知性、悟性）认识的解释。康德说，"纯粹理性概念绝不直接与对象相关，惟与悟性关于对象所构成之概念相关"，"纯粹理性概念（先验理念）则与一切普泛所谓条件之不受条件限制之综合统一有关"（《纯粹理性批判》，商务印书馆 1960 年版，第 265、264 页）。也就是说，在康德看来，理性概念是一种无条件的、绝对的总体，因此，既不能为感性通过时空的"感性直观形式"所感知，也不能为悟性通过"范畴"所把握。康德认为，理性对于这种先验理念或理性概念的追求，实际上"是吾人乃以吾人所有概念互相联结之主观必然性，视为物自身之规定中所有的客观必然性"（《纯粹理性批判》，第 244 页），这样，就要产生"先验幻相"，发生"二律背反"。简言之，康德认为人的认识能力所能认识的只是世界的有限现象，世界的总体和自身不具有感性的、经验的内容，是人所无法认识的，人的认识在这里陷入矛盾。

在康德认识论的两个主要之点上，理性主义的黑格尔对他进行了批判。第一，黑格尔认为人的理性思维具有无限的认识能力，可以认识包括灵魂、自由、上帝在内的世界本质。黑格尔说："唯有思维才能够把握本性、实体、世界的普遍力量和究竟目的……思维之超出感官世界，思维之由有限提高到无限，思维之打破感官事物的锁链而进到超感官的飞跃，凡此一切的过渡都是思维自身造成的，而且也只是思维自身的活动。"（《小逻辑》，第 136 页）第二，黑格尔认为理性认识中的矛盾具有真正积极的意义，它不是终止认识的界限，而是推动认识的环节。黑格尔说："康德对于理性的矛盾缺乏更深刻的研究，所以他只列举了四种矛盾……此处可以指出的，就是不仅可以在那四个特别从宇宙论中提出的对象里发现矛盾，而且可以在一切种类的对象中，在一切表象、概念和理念中发现矛盾。认识矛盾并且认识对象的这种矛盾特性就是哲学思考的本质。这种矛盾的性质构成我们逻辑思维的辩证环节。"（《小逻辑》，第 132 页）

显然，在庄子认识论的第三个层面上，庄子认为作为世界总体和最后根源的"道"，不能被感知和理智所认识的观点，若以康德和黑格尔所代表的两个具有典型意义的认识论立场为参照系来判定，它是靠近康德而离开黑格尔的。但是，《庄子》中又写道：

> 夫道，有情有信，无为无形，可传而不可受，可得而不可见……（《大宗师》）

可见，庄子和康德毕竟还是不同，庄子还是认为"道"是"有情有信"的，因而是"可传""可得"的，然而这又不是通过言词授受、耳闻目见的感知、理智的途径传授得到的。那么，这个途径是什么呢？

**2. 通向"道"的途径**

在《庄子》中，通向或达到作为世界总体或根源的"道"的途径方法没有明确的概念表述，而是通过寓言故事的叙述具体地显示出来的，从理论角度看，实际上是直觉和体验。

（1）直觉："睹道"　《庄子》中有则寓言写道：

> 少知曰："四方之内，六合之里，万物之所生恶起？"大公调曰："阴阳相照相盖相治，四时相代相生相杀，欲恶去就于是桥起，雌雄片合于是庸有。安危相易，祸福相生，缓急相摩，聚散以成。此名实之可纪，精微之可志也。随序之相理，桥运之相使，穷则反，终则始。此物之所有，言之所尽，知之所至，极物而已。睹道之人，不随其所废，不原其所起，此议之所止。"（《则阳》）

《庄子》这段文字，除了明确地表述了万物是在阴阳的相互对立、交互作用中产生的那种以后一直为中国古代哲学沿袭的自然观外，还显示了一种特殊的"睹道"的认识方法："不随其所废，不原其所起"。显然，这不是分析的、逻辑的认识方法，而是整体直观的认识方法，它越过对认识对象的起始原因、发展过程、局部特征等的认识，而把认识对象作为包含着全部内容的整体全观地、全息地予以把握。也很显然，这种整体直观不是在感性认识基础上的、排斥理性认识的非理性的表象直观，而是建立在对万物外在特征（"名实之可纪，精微之可志"）、内在秩序（"随序之相理"）、相互转化（"桥运之相使"）等理性认识基础之上的对"议之所止"的世界总体内容或精神的最高境界（"道"）的直观，它是一种超理性的理性直觉。

《庄子》中还有一则故事，可以视为显示这种理性直觉的典型事例。楚国一个得"道"的贤者温伯雪子，从齐国返回，途经鲁国，与孔子相见：

> 仲尼见之而不言。子路曰："吾子欲见温伯雪子久矣，见之而不言，何邪？"仲尼曰："若夫人者，目击而道存矣，亦不可以容声矣。"（《田子方》）

"目击而道存"，孔子无须与温伯雪子晤谈讨论、交流思想，由表及里地认识其为人，而是凭其"气象"，一眼即可看到其具有"道"的精神境界。这就是整体直观、超理性的理性直觉。显然，在这个理性直觉的判断里，涵蕴了孔子丰富的、多方面的已升华为原则和理性的人生经历和生活经验。

对某种超验的、绝对的、总体的认识对象的理性直觉或整体直观的认识，在西方哲学史上有神秘主义和理性主义两种对立的解释。神秘主义认为这是一种超越理性的、非逻辑的认识过程。例如公元 3 世纪新柏拉图派的柏罗丁（Plotinos）认为对作为世界本原"太一"的认识或知识，就是"没有理智的性质，也没有抽象思想的性质，而具有高于理智的呈现的性质"（《西方哲学原著选读》上卷，商务印书馆 1981 年版，第 214 页）。20 世纪上半叶著名的法国哲学家柏格森也认为绝对的东西只能在直觉中获得，而"所谓直觉，就是一种理智的交融，这种交融使人们自己置身于对象之内，以便与其中独特的、从而是无法表达的东西相符合"（《形而上学导言》，商务印书馆 1963 年版，第 3 页）。可见在他看来，直觉是一种具有不可分析性的、非逻辑的思维活动。理性主义则认为直觉在本质上仍是一种理性的、逻辑的认识活动。黑格尔在批判耶可比关于上帝、绝对、无条件者是不能证明的，而只能是我们的直觉所获得的"直接知识"的观点时，非常精彩地说明了这一点。黑格尔说："每一个有学问的人，大都具有许多普遍的观点和基本的原则直接呈现在他的意识里，然而这些直接的观点和原则，也只能是反复思索和长时间生活经验的产物。"（《小逻辑》，第 160 页），在黑格尔看来，作为认识终点的任何深刻的、本质的理性直觉，都不是"直接"的、突然地发生的，"仍然完全是受中介性的制约，所谓中介性，是指发展、教育和教养的过程而言"（《小逻辑》第 161 页），"普遍的原则并不在直接的认识之中，而是文化、教育、人类的启示的成果"（《哲学史讲演录》第四卷，第 251 页）。我们看到，在具有不同知识背景、理论积累和生活经历的人的认识活动中所出现的直觉、顿悟、灵感，往往具有完全不同的内容，黑格尔的观点是符合并能解释这一事实的。只是在直觉的认识过程中，中介被"浓缩"，未显现。著名的苏联生理学家巴甫洛夫就是这样从心理学的角度来解释直觉的，他说："记得结果……却忘记了自己先前的思想的经过，这就是为何显得是直觉的原因。我发现一切直觉都应该这样来理解：人记得最后的结论，却在其时不计及他接近它和准备它的全部路程。"（《巴甫洛夫论心理学和心理学家》，科学出版社 1955 年版，第 11 页）

应该说，《庄子》中所显示的对"道"的理性直觉具有比较复杂的性质。一方面，它有黑格尔所说的那种理性的性质，如前所述，它是建立在理性认识基础之上的生活经验的升华和精神经历的终端；另一方面，它也有非逻辑的、非认识的神秘的特色，并且这一方面表现得尤为明显。例如《庄子》写道：

> 已而不知其然谓之道……大道不称。（《齐物论》）
>
> 无思无虑始知道……所以论道而非道也。（《知北游》）

《庄子》中这一正一反的论断表明，庄子的"知道"，庄子的对"道"的把握，不是一种可作逻辑分析和言语表述的理性认识过程，而是一种非逻辑的、不可分辨的整体显现过程。这种"道"被直觉而整体显现的过程，充满着、凝聚着个人的、独特的精神经历和生活经验，无逻辑的、固定的轨迹可循，因而在他人的眼光中闪现出神秘的色彩。然而神秘的东西并不就是虚妄的东西。黑格尔曾说："一切理性的真理均可以同时称为神秘的，但这只是说，这种真理是超出知性范围的，但这绝不是说，理性真理完全非思维所能接近和掌握。"（《小逻辑》，第184页）神秘的东西是高于认识或未被认识的东西。庄子对"道"的直觉的、显出某种神秘色彩的认识方法似乎表明，人类对于最深刻、最本质的存在，可能有一种我们至今尚未清晰揭示的接近和掌握的方法。

从庄子对"道"的理性直觉的把握中，我们可以看到庄子这一认识过程具有十分明显的、超出认识范围的"实践"的特征。这一过程的运行是非逻辑的、非语言的，因此它必须凭借超语言和逻辑形式的内在体验；作为这一过程最后所显现的世界总体、根源的"道"的理性观念和精神境界，其中所凝聚的独特的个人思想经历和生活经验，也都不是纯粹认识所形成的。所以，庄子对"道"的把握还有另外一个很重要的方面：体验。

（2）体验："守道""体道"　　《庄子》中一则寓言写道：

> 南伯子葵问乎女偊曰："子之年长矣，而色若孺子，何也？"曰："吾闻道矣。"南伯子葵曰："道可得学邪？"曰："恶可！子非其人也。夫卜梁倚有圣人之才而无圣人之道，我有圣人之道而无圣人之才，吾欲以教之，庶几其果为圣人乎！不然，以圣人之道告圣人之才，亦易矣。吾犹告而守之①，参日而后能外天下；已外天下矣，吾又守之，七日而后能外物；已外物矣，吾又守之，九日而后能外生；已外生矣，而后能朝彻；朝彻，而后能见独；见独，而后能无古今；无古今，而后能入于不死不生。……"（《大宗师》）

---

① 郭庆藩《庄子集释》本作"吾犹守而告之"，此据闻一多《庄子内篇校释》。

这段"闻道"的扑朔迷离的描写，实际上是《庄子》中对如何达到"道"的境地的最完整的、寓意最清晰的表述。它的主要之点可以归纳为，第一，"闻道"的方法。在这里，庄子认为"闻道"的基本方法是"守"。"守"在《庄子》中多次出现，从"守其宗也"（《德充符》）、"我守其一"（《在宥》）、"能守其本"（《天道》）、"唯神是守"（《刻意》）、"纯气之守"（《达生》）、"慎守其真"（《渔父》）等的用法来看，"守"是对某种已知对象的体验、归依，而不是对某种未知对象的确认，是一种修养功夫，而不是一种认识活动。第二，"闻道"的过程。庄子认为，达"道"的过程是由"外天下"到"外物"，到"外生"。历代注解《庄子》的学者从不同角度对这个过程进行了解释。一种解释，认为"闻道"是由易及难的过程，如唐代成玄英说："天下万境疏远，所以易忘；资身之物亲近，所以难遗。"（《庄子注疏》）明代陆长庚也说："外天下与外物异，天下远而物近，天下疏而物亲，故外天下易，外物难；外物易，外生难。"（《南华真经副墨》）另种解释，认为这是由粗及精的过程。例如，宋代赵以夫说"外天下、外物，外生，三者同一外，但由粗而精耳"（褚伯秀《南华真经义海纂微》引），褚伯秀则说"始外天下，特遗其粗；外物遗其在彼者，外生遗其在我者。在我者犹遗，则无所不忘矣"（《南华真经义海纂微》），等等。所有这种解释都揭示，庄子的"闻道"过程实际上并不是认识内容的丰富过程，而是精神境界的提高过程。第三，"闻道"的结局。庄子认为，"闻道"的最后结局是"能无古今"，"能入于不死不生"。如前已引述《庄子》中写道，"至人神矣……死生无变于己"（《齐物论》），"彼游方之外者……又恶知死生先后之所生"（《大宗师》），可见"无古今""不死不生"正是庄子理想人格的最高精神境界的特征。所以，作为庄子"闻道"的终局，不是关于某种世界最后根源、本质的最高真理的揭示，而是最高的精神修养境界的实现。

总之，庄子"闻道"所显示的通向"道"的途径和终点，是对某种作为世界总体、根源的理性观念——"道通为一"（《齐物论》）的体验，最后达到"与道相辅而行"（《山木》）、"与道徘徊"（《盗跖》）、一视古今死生的精神境界。实际上，它表现为对已设定的精神修养目标的接近，而不是对未知的认识对象的思考、探求。所以在《庄子》中，又把这种对"道"的接近、把握的过程称为"体道"。《庄子》又一则寓言写道：

> 妸荷甘与神农同学于老龙吉。神农隐几阖户昼暝，妸荷甘日中爹户而入曰："老龙死矣！"神农隐几拥杖而起，曝然放杖而笑①曰："天知予僻陋慢訑，故弃予而死。已矣夫子！无所发予之狂言而死矣夫！"
> 弇堈吊闻之，曰："夫体道者，天下之君子所系焉。今于道，秋毫之端万分未得处一焉，而犹知藏其狂言而死，又况夫体道者乎！视之无形，听之无声，于人之论者，谓之冥冥，所以论道而非道也。"
> （《知北游》）

这简直是一篇古朴的小小说！道行高深的老龙吉死了，弟子神农凄然泣下②，伤感于老师竟无一言遗教就溘然长去！庄子借弇堈吊之口发表看法：这正是"体道者"的表现。"道"无形无声，不可为人论说之，只能凭自己体验之。

"体道"，在《庄子》中还有另外几种表述；

> （至人）体尽无穷，而游无朕。（《应帝王》）
> 彼假修浑沌氏之术者也……体性抱神，以游世俗之间者也。
> （《天地》）
> 能体纯素，谓之真人。（《刻意》）
> 古之真人……大方体之，（《徐无鬼》）

显然，"体道"之"体"和"闻道"之"守"的意思是相同的，都是对在心目中已经设定的作为体现世界最后根源、最高本质"道"的那种精神境界（"无穷""性""纯素""大方"）的体验、归依，这是一种广泛

---

① 马叙伦谓："'笑'为'哭'之讹，形近致误。详味下文，意挟悲惜，故弇堈吊闻而云云，则不得为'笑'明矣。"（《庄子义证》）甚是，本书从之。当然，若强作"笑"字解亦可通，如成玄英谓："神农闻吉死，是以拥杖而惊；覆思死不足哀，故还放杖而笑。"（《庄子注疏》）

② 同上。

意义上的道德实践，而不属于确切意义上的认识活动。这样，在庄子认识论中，作为最高真理的"道"，就变化为、从属于作为最高境界的"道"。对此，《庄子》中有明确的表述：

> 有真人而后有真知……是知之能登假于道者也若此。(《齐物论》)

可见，在庄子看来，首先有"道"的精神境界（"真人"），然后才有"道"的观念意识（"真知"），"道"的真正被认识、被接近是在精神修养领域而不是在认识领域。

应该说，庄子认识论中的最高、最后的问题在认识以外的道德或精神修养领域内获得解决，不能被确切把握的认识对象转变成可为修养达到的道德目标，与康德哲学从"纯粹理性"领域进入"实践理性"领域时所发生的情况有某种相似。康德在《纯粹理性批判》中写道："此三基本命题，如绝非知识所必需，而吾人之理性仍坚强推崇于吾人之前，则其重要所在，适切言之，自必仅生实践方面……纯粹的实践法则，其目的完全由理性先天所授予，且非以经验的条件所限制的形相加于吾人，乃以绝对的形相命令吾人者，当为纯粹理性之产物。此种法则，即道德律；故惟道德律属于理性之实践的运用，而容许有一种法规。"(《纯粹理性批判》，商务印书馆 1960 年版，第 547 页) 可见，在康德那里，灵魂、世界、上帝等先验理念、纯粹理性，虽然不能构成人的认识领域内的知识对象，但却能在实践领域内"转变"为一种道德律令，成为引导人们行为的道德目标。显然，康德的纯粹理性不能以先验理念形式被认识，而只能以道德律令被实践，与庄子的"道"不可以被一般的认识所接近，却可以以精神修养去达到的情况是相似的。但是，庄子与康德的差异远大于他们的相似。从根本上来说，庄子和康德的实践最高目标之间存在着巨大的、无法逾越的鸿沟。如前所述庄子精神修养的目标"道"境界，渊源自一种关于世界总体和根源的理性观念，实质上是自然本性的观念，并且在庄子看来，这也就是人的真正的、内在的本性，故《庄子》中说"事兼于义，义兼于德，德兼于道，道兼于天"(《天地》)。作为康德道德实践的源泉和目标的"德道律令"，乃是"自由意志"。康德在《实践理性批判》中写道："一个只能以准则的单纯立法形式作为自己法则的意志，就是一个自由意志……一个自由意志，既然不依靠于律令的实质，就只有以律令为其动机了，但是在一条法则之中，除了实质，也只涵着立法形式，别无他物。"（《实践理性批判》，商务印书馆1960年版，第28页）即在康德看来，道德律令或自由意志是一种无任何"实质"的绝对形式，超越任何具有"人"的性质的纯粹理性。这样，就庄子和康德各自理论结局的积极意义来说，在庄子这里，精神修养所达到的"道"的境界，或者说人的自然本性的彻底的自觉，就表现为对"天地与我并生，而万物与我为一"（《齐物论》）的体悟，从而产生一种将自我与自然融合为一的思想意念，"独与天地精神往来而不傲倪于万物"（《天下》），获得一种襟怀宽广、恬淡逍遥的精神感受。而在康德那里，充分的道德觉醒就表现为自觉地履行体现道德律令的无条件的善——义务，这种道德实践产生一种人格独立崇高、心境激越飞扬的精神感受。康德写道："在这个人格中，道德法则就给我呈现出一个独立于动物性，甚至独立于全部感性世界以外的一种生命来。这一层是至少可以从这个法则所指派给我的有目的命途所推断出来的。这个命途不是限于今生的条件和限制上，而是达到无限的。"（《实践理性批判》，第164页）

以上，我们对庄子认识论的三个层面进行了逐一的考察分析。概言之，在庄子认识论的第一层面上，认知对象具体事物是通过感觉认知的，它既具有感性的实在性，又具有表象的相对性。第二层面上的认识对象"理"（"固然""常然"），是具有确定性的一类事物的共同的内在秩序或规律，它是通过归纳推理、理性思辨被抽象出来的。第三层面上的"道"，是一种关于世界总体和本质的理性观念。在庄子认识论中，对"道"的把握是通过超越一般认识方法（感性、知性或理性）而具有非逻辑特质的直觉和超越认识而具有实践特质的体验来实现的。比较而言，在《庄子》中对其认识论的第一层面的论述是最为充分的，第三层面的特色也还是很突出的，而第二层面则是不太清晰的。所以庄子认识论给人显著的印象是鲜明的相对主义和某种神秘主义，而它的理性主义则不易引起注意。

庄子认识论在不同层面上所呈现的不同特色，是不同认识主体的认识水平和精神境界的反映，或者是同一认识主体的思想或认识发展的不同阶段的反映。在《庄子》中，这不同的认识主体或不同的认识阶段分别被称为"愚者""明者""神者"。《庄子》中写道：

> 明者唯为之使，神者征之。夫明之不胜神也久矣。而愚者恃其所见入于人，其功外也，不亦悲乎！（《列御寇》）

这里的"明者""神者""愚者"，历代注解《庄子》的学者的诠释大同小异，其中以清代刘凤苞的解释最为简捷，他说："明者，小知只为物役；神者，不用其知，无往不应；愚者，用其私知，远乎天矣。"（《南华雪心篇》）换言之，神者、明者、愚者代表着、体现着三个认识水平或等级：不用知、小知、私知。在不太十分严格的意义上说，这正相当于我们这里所说的以直觉、体验去把握"道"，以理智去认识"理"，以感觉去认知具体事物。明代释性通注解《庄子》时正是这样解释的，他说："天下多得一察之明以自好之人，判天地之美、析万物之理者，唯为之使耳，故不是征也。惟不用知而用神者征之，是无征之征也。"（《南华发覆》）也就是说，"明者"是以"明"析"理"者，"神者"是以"神"征"道"者。至于"愚者恃其所见"，显然是指只有对具体事物的感性表象和狭隘经验的人。

至此，我们可以用一个表格的形式把庄子认识论的结构和内容网纳于下：

| 层　面 | 认识的对象 | 认知的方法及其特点 | 认识的结果及特点 | 认识的主体 |
|---|---|---|---|---|
| 第一层面 | 万物、万事 | 感知：实在性 | 感性表象、经验知识：相对性 | "愚者" |
| 第二层面 | "理" | 推理、思辨：抽象性 | 类的理性观念：确定性 | "明者" |
| 第三层面 | "道" | 直觉、体验：实践性 | 最高范畴和境界：整体性 | "神者" |

# 第七章　庄子思想的文学特质
# 和古代科学背景

以上，我们已经逐一地论述了庄子思想的自然哲学、人生哲学、社会批判三个主要方面，又逐一地分析了庄子思想的认识论结构的三个层面。在先秦诸子思想中，庄子思想的特色，主要就是通过这些内容而显示出来的。另外，庄子思想的特色，还通过它的具有文学物质的外貌和由丰富的具体事实和经验知识构成的古代科学背景而显示出来。

## 一　庄子思想的文学特质

明代学者朱得之在《读庄评》中写道："庄子亦周末文胜之习，今观其书，止是词章之列，自与五经辞气不同。然其指点道体、天人异同处，却非秦汉以来诸儒所及，故从事于心性者有取焉。"（《庄子通义》）可见，很久以来，人们就发现和认为《庄子》不仅具有深邃的哲学思想内容，而且从表现形式上看还具有明显的、和儒家经典及诸子文章风格迥然不同的文学特质。清代思想家、诗人龚自珍曾在其诗中表白"名理孕异梦，秀句镂春心，《庄》《骚》两灵鬼，盘踞肝肠深"（《定盦文集补编·古今体诗》），清代文论家刘熙载也指出"诗以出于《骚》者为正，以出于《庄》者为变。少陵纯乎《骚》，太白在《庄》《骚》之间，东坡则出于《庄》者十之八九"（《艺概》），所以，《庄子》作为灿烂的中国文学的重要源头应该说是确凿无疑的。那么，借以外现庄子思想并对后代产生影响的《庄子》文学特质是怎样的呢？

**1. 思想以寓言的故事情节展现**

庄子思想的文学特质，首先是指它的深刻的人生哲学思想主要不是通过理论的逻辑论述来阐明的，而常是通过寓言的故事情节的发展而展现的。《庄子》一书有一百多个寓言，可以称得上是一部寓言故事集。司马迁说庄子"著书十余万言，大抵率寓言也"（《史记·老子韩非列传》），诚然。构成庄子寓言的基本格调是对精神自由的想象和达到这种境界的方法或途径的暗喻。

（1）精神自由的想象表现　《庄子》中写道："至人之自行邪……彷徨乎尘垢之外，逍遥乎无为之业"（《达生》），也就是说，在庄子看来，人生最高的追求就是达到理想人格的这种"逍遥"的境界。在《庄子》中，这一精神境界的基本特征正是借助具体的、形象的寓言故事来表述的。《庄子》写道：

> 夫知效一官，行比一乡，德合一君，而征一国者，其自视也亦若此矣。而宋荣子犹然笑之。且举世而誉之而不加劝，举世而非之而不加沮，定乎内外之分，辩乎荣辱之境，斯已矣。彼其于世未数数然也。虽然，犹有未树也。夫列子御风而行，冷然善也，旬有五日而后反。彼于致福①者，未数数然也。此虽免乎行，犹有所待者也。若夫乘天地之正，而御六气之辩，以游无穷者，彼且恶乎待哉！（《逍遥游》）

这个寓言故事是说，像宋荣子那样能不为世俗毁誉所动摇，是很崇高的了；像列子那样能乘风而行无所借助于人为，也是很高明的了。但是，对于"逍遥"来说，他们仍有距离。宋荣子还有"荣辱""内外"之分，列子犹要"御风"，也就是说，他们仍有负累，"犹有所待"；而只有达到"御气"而"游无穷"的那种"无所待"的境界，才是真正的"逍遥"。这个寓言故事将庄子所追求的那种玄妙的、难以表述的"逍遥乎无事之业"的精神境界，形象地展示出是一种"无待"的境界。

---

① 历代注解《庄子》的学者对"福"字有不同解释。这里采用王闿运说："福当作福。致福，谓助己者。"（《庄子内篇注》）

在《庄子》中，庄子所追求的"逍遥"或精神自由所具有的这种抽象的"无待"的性质，也是用具体形象来显现的，而不是用哲学的理论语言来说明的。《庄子》写道：

> 北冥有鱼，其名为鲲。鲲之大，不知其几千里也。化而为鸟，其名为鹏。鹏之背，不知其几千里也；怒而飞，其翼若垂天之云。是鸟也，海运将徙于南冥。南冥者，天池也。（《逍遥游》）
>
> 昔者庄周梦为胡蝶，栩栩然胡蝶也，自喻适志与！不知周也……（《齐物论》）
>
> 藐姑射之山，有神人居焉，肌肤若冰雪，绰约若处子。不食五谷，吸风饮露。乘云气，御飞龙，而游乎四海之外。（《逍遥游》）

这三个具有想象性质的寓言形象地表明，庄子"无待"的精神自由，如同展翅翱翔在广漠天宇中的鲲鹏，如同任意驰骋变幻的梦中之人，如同能腾云驾雾、不饮不食的"神人"，乃是一种无条件的、无限制的绝对自由，而无须任何凭借。在庄子看来，一有凭借，即是"有待"，心境即生负累，就不成其为"逍遥"，不成其为自由。所以如前所述，庄子的这种自由，不是卢梭、康德的那种意志自由，也不同于斯宾诺莎、黑格尔的那种认识必然的理性自由，而是一种心境自在自适的情态自由。这种自由的情境本质，《庄子》中也是用一系列寓言故事来表现的，其中有一个寓言故事说，子桑户、孟子反、子琴张三人为友，子桑户死时，孟子反、子琴张二人在子桑户尸前编曲鼓琴，相和而歌。子贡受孔子之托也去吊丧，见此情景感到不解，回来问孔子他们是些什么人，孔子说：

> "彼游方之外者……彼方且与造物者为人，而游乎天地之一气。彼以生为附赘县疣，以死为决疣溃痈，夫若然者，又恶知死生先后之所在！假于异物，托于同体，忘其肝胆，遗其耳目，反复终始，不知端倪；芒然彷徨乎尘垢之外，逍遥乎无为之业，彼又恶能愦愦然为世俗之礼，以观众人之耳目哉！"（《大宗师》）

"子贡吊丧"的寓言故事，藉虚拟的子桑户三人生活情态的描述和虚拟的孔子评论，具体形象地表现了庄子所追求的"逍遥"，就是在现实生活中通过对伦理道德的世俗之礼和死生哀乐的自然之情的超脱，而获得的那种恬静、自在的心境。

总之，在庄子的人生哲学中，"逍遥"或精神自由这一艰深的主题，这一高远的追求，是凭借寓言的故事情节形象地展现出来的。

（2）修养方法的形象说明　庄子人生哲学中的精神修养方法和处世态度，也常常是借助寓言故事中的形象或寓意来暗喻的。前面已经论述，庄子认为"者欲深者天机浅"（《大宗师》）、"巧者劳而知者忧"（《列御寇》），要保持恬静的心境，达到"逍遥"的境界，必须"去知与故"（《刻意》），"因其固然"（《养生主》），"常因自然而不益生"（《德充符》）。一般来说，庄子的这些精神修养的观点，在《庄子》中虽然没有获得直接的理论阐述，但却是一个又一个的寓言故事所蕴涵的必然结论。例如《庄子》中写道：

> 南海之帝为儵，北海之帝为忽，中央之帝为浑沌。儵与忽时相与遇于浑沌之地，浑沌待之甚善。儵与忽谋报浑沌之德，曰："人皆有七窍以视听食息，此独无有，尝试凿之。"日凿一窍，七日而浑沌死。（《应帝王》）

> 黄帝游乎赤水之北，登乎昆仑之丘而南望，还归，遗其玄珠，使知索之而不得，使离朱索之而不得，使吃诟索之而不得。乃使象罔，象罔得之。黄帝曰："异哉！象罔乃可以得之乎？"① （《天地》）

> 泽雉十步一啄，百步一饮，不蕲畜乎樊中，神虽王，不善也。（《养生主》）

> 昔者海鸟止于鲁郊，鲁侯御而觞之于庙，奏九韶以为乐，具太牢以为膳。鸟乃眩视忧悲，不敢食一脔，不敢饮一杯，三日而死。（《至乐》）

---

① 成玄英疏解说："罔象，无心之谓。离声色，绝思虑，故知与离朱自涯而反，吃诟言辨，用力失真，唯罔象无心，独得玄珠也。"（《庄子注疏》）甚是。

浑沌因被凿七窍，心智大开而死；黄帝遗失玄珠，只有蒙昧不明的象罔才能探找得回来。山沟里的野鸡，十步才能找到一粒食，百步才能饮到一滴水，是很艰难的，但却神气旺盛，健康得很；一只被鲁国国君喜爱的鸟，居于庙堂，食有太牢，饲养可谓优善，可是三天就骇惧而死。这四个一正一反的寓言故事，无一不是导引出"常因自然而不益生"的结论，无一不是"去知与故"修养方法的例证。

如前所述，在庄子那里，最高的、最重要的精神修养方法是"体道"——对某种作为世界总体、根源的"道"的直觉体认。在这个既有认识特质又有实践因素的精神活动中，凝聚着个人的独特的思想经历和生活经验，因而是一种难以用理论语言表述的、无固定逻辑轨迹可循的精神过程。在《庄子》中，正是借助一些寓言故事来形象地说明人类心灵中的这一深邃的然而是完全真实的精神现象。对庄子的作为世界总体、根源的"道"的体认，关键在于对"道"的两个从形式上来看似乎是矛盾的性质的理解、体悟。一方面"道"是无处不在，任何事物都是"道"的存在；另一方面，"道"又不可闻见言说，不能指称任何事物为"道"。庄子的"道"的这种十分深刻的、具有辩证性质的规定性是用两个寓言来显示的。《庄子》写道：

> 东郭子问于庄子曰："所谓道，恶乎在？"庄子曰："无所不在。"东郭子曰："期而后可。"庄子曰："在蝼蚁。"曰："何其下邪？"曰："在稊稗。"曰："何其愈下邪？"曰："在瓦甓。"曰："何其愈甚邪？"曰："在屎溺。"东郭子不应。庄子曰："夫子之问也，固不及质。正获之问于监市履狶也，每下愈况。汝唯莫必，无逃乎物。至道若是，大言亦然……"（《知北游》）

《庄子》这个寓言故事形象地说明，"道"不仅是"神鬼神帝，生天生地"（《大宗师》）那种作为宇宙最后根源的崇高神圣的存在，同时也是充盈在虫蚁、稊粒、瓦石、屎尿中的卑微秽污的存在，"道覆载万物者也"（《天地》），"道"是"无逃乎物"的世界总体。

《庄子》中另外一个寓言写道：

桓公读书于堂上。轮扁斫轮于堂下，释椎凿而上，问桓公曰："敢问，公之所读者何言邪？"公曰："圣人之言也。"曰："圣人在乎？"公曰："已死矣。"曰："然则君之所读者，古人之糟粕已夫！"桓公曰："寡人读书，轮人安得议乎！有说则可，无说则死。"轮扁曰："臣也以臣之事观之。斫轮，徐则甘而不固，疾则苦而不入。不徐不疾，得之于手而应于心，口不能言，有数存焉于其间。臣不能以喻臣之子，臣之子亦不能受之于臣，是以行年七十而老斫轮。古之人与其不可传也死矣，然则君之所读者，古人之糟粕已夫！"（《天道》）

通过这个寓言的巧妙设喻，庄子暗喻出用语言、文字表述出来的"道"（"圣人之言"），只能是"道"的糟粕，而不是"道"本身。作为"有情有信"（《大宗师》）的"道"的真实存在，只能像斫轮老手的"不徐不疾"的高超技艺，"得之于手而应于心，口不能言，有数存焉于其间"，不能言传授受，只能体验意会。

可见，在庄子的人生哲学中，精神修养方法也正是借助寓言故事的情节和形象才得到有力的证明和清晰的说明。

（3）社会批判思想的寓言展现　事实上，不仅是庄子的人生哲学思想，他的社会批判思想也往往是以寓言的形象或情节来展现的。如前所述，庄子社会批判的一个显著特色是立足于自然主义，矛头直接指向当时的社会制度和社会意识的主要体现者——君主制和儒家。讥嘲君主，剽剥礼义，是庄子社会批判思想的突出的内容；而这一思想内容中两个最尖锐的论断："无君之国最乐"（《至乐》）、"圣知之法为大盗守"（《胠箧》），《庄子》都是用寓言的形式鲜明地表现出来的。《庄子》中写道：

庄子之楚，见空骷髅，髐然有形，撽以马捶，因而问之曰："夫子贪生失理，而为此乎？将子有亡国之事，斧钺之诛，而为此乎？将子有不善之行，愧遗父母妻子之丑，而为此乎？将子有冻馁之患，而为此乎？将子之春秋故及此乎？"于是语卒，援骷髅，枕而卧。夜半，骷髅见梦曰："子之谈者似辩士。视子所言，皆生人之累也，死则无此矣。子欲闻死之说乎？"庄子曰："然。"骷髅曰："死，无君于上，无臣于下；亦无四时之事，泛①然以天地为春秋，虽南面王乐，不能过也。"庄子不信，曰："吾使司命复生子形，为子骨肉肌肤，反子父母妻子闾里知识，子欲之乎？"骷髅深矉蹙頞曰："吾安能弃南面王乐而复为人间之劳乎！"（《至乐》）

这则闲适超脱中透出悽然重负情调的寓言故事，涵盖着十分广阔的内容。它揭示构成人生困境，形成"生人之累"的政治的、经济的、道德的和人的自然生理本身的多方面的因素。显然，它是把死亡当作对人生困境的超脱，对"生人之累"的解除。最后，它无疑是认为在一个自由的、无任何负累的"至乐"的生存环境中，"无君于上"是第一个条件、首要的标志。不难看出，在这个形式上是寓言故事，是死人的心愿中，实际上包含着、表现着对生人的现实社会的完全真实的洞察和十分尖锐的批判。

《庄子》中又写道：

儒以《诗》《礼》发冢。大儒胪传曰："东方作矣，事之何若？"小儒曰："未解裙襦，口中有珠。""《诗》固有之曰，'青青之麦，生于陵陂。生不布施，死何含珠为！'接其鬓，压其顪，儒以金椎控其颐，徐别其颊，无伤口中珠！"（《外物》）

在这个洋溢着诙谐情调的寓言故事中，本来应是十分紧张可怖的盗墓场面，被描写得十分轻松活泼。通过大、小儒富有风趣的对话，巧妙地揶揄了儒家的经典，尖锐地讽刺了儒家的"礼义"，印证着"圣知之法为大盗守"的社会批判。

完全可以说，在《庄子》中的每一个寓言后面都站着一个哲学结论，蕴涵着一种哲学思想。在它那对人生和社会的严肃的理性思考中，总是妙趣横生地闪现着文学的光彩，正如刘熙载所说："庄子寓真于诞，寓实于玄，于此见寓言之妙。"（《艺概》卷一《文概》）

还应该特别指出的是，庄子用寓言形式来展现哲学思想，和古代神话

---

① 郭庆藩《庄子集释》本作"从"，此据陈景元《庄子阙误》引张君房本作"泛"。

中潜存着或表现出某种理性的哲学观念有所不同。黑格尔说："神话是想象的产物。神话的主要内容是想象化的理性的作品，这种理性以本质为对象，但除了凭借感性的表象方式外，尚没有别的机能去把握它。"（《哲学史讲演录》第一卷，第81页）所以，一般说来，以神话表现理性观念或哲学思想还是思想没有达到充分发展时的一种不自觉的、不自由的行为。《庄子》中说"寓言十九，借外论之。亲父不为其子媒，亲父誉之，不若非其父者也"（《寓言》）。即庄子认为，一种观点如果没有其本身之外的一些客观事例证明，是很难被人相信、接受的。可见，庄子援用、杜撰寓言，不是因为唯有借寓言的形式才能展示某种思想，真正目的在于有力地论证某个思想，这是完全自觉的过程。所以在《庄子》中，一个清晰的理性观念，一个哲学思想并不是随着一个寓言而产生，而是在一个寓言之外、之前就存在了的，它只是在寓言中又获得了一次形象的显现、证明。

### 2. 概念、范畴、境界的形象表述

庄子思想的文学特质，还表现在庄子思想中的抽象的理论概念、思想范畴、精神境界，常常以具有感性的形象的样式出现。

（1）概念或范畴的拟人化　在《庄子》中，那些已具有抽象理论形态的概念、范畴常被拟人化、人格化。它们似乎获得了一种生命，从思维世界的逻辑运行轨道上跳到人间舞台上，像人那样活动着。

在《庄子》中，庄子思想中的一个最高的、作为世界总体和根源的理性范畴"道"，就常是以"真君"（"真宰"）、"造物者"（"造化"）、"宗师"等具有形象性、人格性的名词来表达的；相应地也以人类的行为特征来描述"道"的这种根本性质。例如《庄子》写道：

> 非彼无我，非我无所取。是亦近矣，而不知其所为使。若有真宰，而不得其朕。可行已信，而不见其形，有情而无形。百骸、九窍、六藏，赅而存焉，吾谁与为亲？汝皆说之乎？其有私焉？如是皆有为臣妾乎？其臣妾不足以相治乎？其递相为君臣乎？其有真君存焉？如求得其情与不得，无益损乎其真。（《齐物论》）

> 今之大冶铸金，金踊跃曰"我且必为镆铘"，大冶必以为不祥之金。今一犯人之形，而曰"人耳，人耳"，夫造化者必以为不祥之人。

今一以天地为大炉，以造化为大冶，恶乎往而不可哉！（《大宗师》）

吾师乎，吾师乎，䪞万物而不为义，泽及万世而不为仁，长于上古而不为老，覆载天地刻雕众形而不为巧……（同上）

显然，这三段文字出现的三个具有"人"的性格和行为特征的形象——真君（真宰）、造化（大冶）、宗师，它们或是一身的主宰，或是万人的主宰、万物万世的主宰，实际上都是"道"的拟人化。"道者，万物之所由也"（《渔父》），庄子的作为宇宙最后根源的"道"这一抽象的理性概念或范畴，以一种具有鲜明具体的感性内容的规定，形象地被表述出来。

在《庄子》中，不仅具有本体论意义的、作为世界总体和根源的"道"被拟人化，被以某种感性形象的特征来规定、表述，而且对这种"道"的认识过程——理性直觉的"闻道"过程，也被拟人化，被形象化为一种具有感性特征的过程。《庄子》写道：

女偊曰："吾闻道矣"……南伯子葵曰："子独恶乎闻之？"曰："闻诸副墨之子，副墨之子闻诸洛诵之孙，洛诵之孙闻之瞻明，瞻明闻之聂许，聂许闻之需役，需役闻之于讴，于讴闻之玄冥，玄冥闻之参寥，参寥闻之疑始。"（《大宗师》）

这俨然是一个九代祖孙相传的"世家"！从"副墨"到"疑始"，其涵义历代注解《庄子》的学者解释多有不同①，一般按照成玄英的解释："副，副贰也。墨，翰墨也；翰墨，文字也。理能生教，故谓文字为副贰也……始，本也，道以不本而本，本无所本，疑名为本，亦无的可本，故谓之疑始也。"（《庄子注疏》）也就是说，"闻道"的过程，是从对文字表述出来的"道"的理解开始，到对"无可本"，即既是"有情有信"，又是"无为无形"（《大宗师》）的某种世界总体性、根源性的实在的体认为结束。如前所述，这本来是一个连续的、整体的、难以清晰表述的理性直觉过程，庄子却巧妙地、别出心裁地分离出九个阶段，赋予人格的表征，形

---

① 参见拙著《庄子歧解》。

象地表述为如同是一个九代世家授受的过程。

（2）精神境界的感性显现　在《庄子》中，不仅对庄子思想中的最高范畴"道"、最高认识方法"闻道"予以形象的表述，而且对最高的精神境界——"无待"的、"逍遥"的境界，即绝对的精神自由，也予以感性的显现。

如前所述，庄子认为人生的"逍遥"或自由的获得，在于超脱构成人生困境的生死、时命、情欲等因素对人的精神纷扰、束缚。换言之，在庄子看来，"逍遥"或自由的精神境界就是对精神所感受到的任何一种形式的约束、负累的摆脱。达到这种精神境界，庄子称之为"悬解"：

> 得者时也，失者顺也，安时而处顺，哀乐不能入也，此古之所谓县解也。（《大宗师》）

"悬解"，即倒悬的解除，这本是一种行为动作或状态，一种感性表象，但在这里它表述的却是一种理性观念——从时命之限、哀乐之情的人生困境中解脱出来后的"逍遥"的精神境界。

在《庄子》中，对"无待"的自由精神境界有一个概括的抽象表述："至人无己，神人无功，圣人无名。"（《逍遥游》）同时，也给予了想象的、形象的描绘：

> 至人……乘云气，骑日月，而游乎四海之外。（《齐物论》）
> 神人……乘云气，御飞龙，而游乎四海之外。（《逍遥游》）
> 圣人……游乎尘垢之外。（《齐物论》）

显然，翱翔于苍穹的鹰鸷，飘游于天际的云朵，无疑是最能唤起庄子对逍遥自由的遐想憧憬。所以他总是把理想人格的"无待"的绝对自由形象地想象为远离人寰的飞游，而他自己所追求的绝对自由的精神境界也同样感性地显现为：

予方将与造物者为人，厌则又乘夫莽眇之鸟，以出六极之外，而游无何有之乡，以处圹埌之野。（《应帝王》）

亦如前面所述，庄子的这种"无待"的、"逍遥"的精神境界，在人生社会实践上表现为超世、遁世、顺世三种处世态度。对于这三种态度，《庄子》中也各赋予具有感性特征的形象，以显现这同一境界的不同侧面。《庄子》写道：

彼游方之外者……彼方且与造物者为人，而游乎天地之一气……彼又恶能愦愦然为世俗之礼，以观众人之耳目哉！（《大宗师》）

是自埋于民，自藏于畔，其声销，其志无穷，其口虽言，其心未尝言，方且与世违而心不屑与之俱，是陆沉者也。（《则阳》）

彼节者有间，而刀刃者无厚；以无厚入有间，恢恢乎其于游刃必有余地矣。（《养生主》）

显然，"游方之外者"，就是对世俗事务和道德观念的超越；"陆沉者"意味着隐埋于人间而不显；而"以无厚入有间"的"游刃"者，则是指随顺世俗以自保。"方外""陆沉""游刃"构成三种表象，感性地显现了超世、遁世、顺世三种人生态度，表达了多少言语、概念也难以描绘尽竟的摆脱人生困境后的那种自在、恬静、自适的景况。

形象大于理念。庄子赋予他思想中的理论概念、思想范畴、精神境界以形象化的特征，就使得这些概念、范畴、境界所蕴涵的意境变得丰富起来、宽广起来，庄子思想的文学色彩更加鲜明。

### 3. 语言的诗性

庄子思想的文学特质，最后还表现在语言风格上。清人方东树说："大约太白诗与庄子文同妙，意接词不接，发想无端，如天上白云卷舒灭现，无有定形。"（《昭昧詹言》卷十二《李太白》）诚然，和其他先秦诸子著作不同，《庄子》不是词意相接的、逻辑严谨的论述性的语言，而是意接词不接或词虽接意已变的、跌宕跳跃的诗性的语言。

（1）意接而词不接　《庄子》的文辞，"吐峥嵘之高论，开浩荡之奇言"（李白《大鹏赋》）。庄子在表述或论述某一思想观点时，常常引喻设譬（"卮言"），杜撰寓言，援用史实（"重言"），所谓"寓言十九，重言十七，卮言日出"（《寓言》），文笔波澜起伏，跌宕多姿。这样，在《庄子》中，同一意境下的文章层次、词句内容，往往变幻不定，确如清人宣颖所形容"庄子之文，喻后出喻，喻中设喻，不啻峡云层起，海市幻生"（《南华经解·庄解小言》），每每出现"意接词不接"的诗的语言特征。刘熙载曾举例说："如《逍遥游》忽说鹏，忽说蜩与学鸠、斥鴳，是为断；下乃接之曰'此小大之辩也'，则上文之断处皆续矣。"（《艺概》卷一《文概》）应该说，这类意接词断的语言特色也存在于《庄子》的其他各篇中。这里，试举《达生篇》的一段文字为例：

> 颜渊问仲尼曰："吾尝济乎觞深之渊，津人操舟若神。吾问焉，曰：'操舟可学邪？'曰：'可。善游者数能。若乃夫没人，则未尝见舟而便操之也。'吾问焉而不吾告，敢问何谓也？"仲尼曰："善游者数能，忘水也。若乃夫没人之未尝见舟而便操之也，彼视渊若陵，视舟之覆犹其车却也。覆却万方陈乎前而不得入其舍，恶往而不暇！以瓦注者巧，以钩注者惮，以黄金注者殙。其巧一也，而有所矜，则重外也。凡外重者内拙。"

在《庄子》中，这段文字的跌宕跳跃是较为明显的。涵盖这段文字的中心思想或意境是最后一句："凡外重者内拙"——即主张"忘境"。但是，在这个统一意境下，明显地有两个表述中的"断裂"，或者说两次文辞的跳跃。第一个"断裂"是发生在操舟者（津人）对颜渊所问"操舟可学邪"的回答之间。操舟者回答了，但是跳跃地回答了这个问题：会游泳的人，会很快学会驾驭舟船的；游泳技巧极高的，出入水中自如的人，一见舟船就会操纵的。这就是说，操舟的神巧是可以学到的、掌握的，它是由娴熟水性中产生的。这无疑是很正确、很深刻的回答。但是，颜渊未能理会这个跳跃，跨过这个"断裂"，没有听懂，以为操舟者不告诉他。第二个"断裂"则是发生在孔子对操舟人的回答的解释和由这个解释跳跃到最后的结论之间。孔子以一种意接词不接的方式，用"瓦注者巧，钩注者惮，黄金注者殙"，显然是脱离了原来论题逻辑思路的新事例，倏然地把"善游者"和"没人"的"忘水"的特殊的技巧境界，升华到一种更高的、普遍的哲学境界——"忘境"，即忘却一切外界事物、一无所矜的精神境界。刘熙载评论《庄子》之文说："文之神妙，莫过能飞，庄子言鹏曰'怒而飞'，今观其文，无端而来，无端而去，殆得'飞'之机者。"（《艺概》卷一《文概》）诚然如此。而且，《庄子》的这种语言的诗性跳跃，不单是形象、想象的更迭变幻，而常是伴随着思想意境的飞越提升。

（2）词接而意已变　在《庄子》中，语言的诗性跳跃，还有另外一种表现，就是词虽接而意已变。比较典型的是《山木》篇一则寓言故事中的语言。故事说，鲁君心中忧愁，无法排解。市南宜僚告诉他，边远的南越有个"建德之国"，那里"民愚而朴，少私寡欲"，都十分快乐，可去那里消除郁闷，"与道相辅而行"。接着下面有一段对话：

> 君曰："彼其道远而险，又有江山，我无舟车，奈何？"市南子曰："君无形倨，无留居，以为君车。"君曰："彼其道幽远而无人，吾谁与为邻？吾无粮，我无食，安得而至焉？"市南子曰："少君之费，寡君之欲，虽无粮乃足……"

鲁君为难于去遥远的"建德之国"，无舟车代步，何日可达，市南宜僚则说，除去高傲之形、依恋之心，换言之，除去物累、心累，就是到达无忧愁境界的"舟车"；鲁君担心去路途荒远的孤僻的南越，口粮无从继给，何可到达，市南宜僚则说，寡欲知足，则无所不足，也就是说，"道"的境界，"不资物成，而但恬淡耳"（成玄英《庄子注疏》）。可见，市南宜僚的回答，虽然是承接鲁君之所问，但是却完全变换了他的意境。

在《庄子》中，词接意变的语言表达方式，其他各篇也常有出现。例如：

> 商大宰荡问仁于庄子。庄子曰："虎狼，仁也。"（《天运》）
> （赵文）王曰："愿闻三剑。"（庄子）曰："有天子剑，有诸侯剑，有庶人剑。"（《说剑》）

虽然商太宰荡所问的"仁",是指人与人之间的一种具有社会历史性质的伦理关系、道德感情,而庄子所回答的"仁"已变为人与人之间的本质上是属于自然本能性质的生理心理的情感。赵文王问的"三剑"乃属铜或铁制的武器,而庄子所铺陈的"三剑"却是意指不同的精神境界所具有或显示的不同的力量范围和强度。

总之,正如清代文论家吴仲伦所说,"庄子文章最灵脱,而最妙于宕"(《古文绪论》),《庄子》语言表达的词接意变和意接词断,都是"妙于宕"的表现。正是在这词、意跌宕跳跃的间隔中,形成具有诗性特征的、可供想象和思索驰骋的广阔空间。"鱼相忘乎江湖,人相忘乎道术"(《大宗师》),它们是相隔多么远的、根本无法沟通的两个世界,然而它们又是距离多么近的、完全相似的同一情境。《庄子》语言所表现出的这种诗性的风格,是先秦其他诸子作品中所没有的,是构成《庄子》或庄子思想的文学特质的主要因素之一。

## 二 庄子思想的古代科学背景

当代科学哲学的主要代表波普尔曾以柏拉图"理念"观念的毕达戈拉斯"数"论渊源和康德认识论的牛顿力学科学背景为例证,提出一个卓越的论断:哲学植根于哲学以外的科学认识之中。① 这无疑是正确的。前面我们已经论述了庄子思想的自然哲学、人生哲学、社会批判等主要方面,现在我们也来从《庄子》中寻觅形成或映衬庄子这些思想的知识的、科学的背景。

著名的科学史家、当代科学学的奠基者贝尔纳在回顾和展望科学的形成和发展时说:"在文明开始放光时,科学仅是术士、厨夫或铁匠的工作之一形相而已。直到 17 世纪科学才开始建成独立的地位;这种独立或许只是暂时的形相。至于将来,科学知识和方法就会如此普遍地渗入一切社会生活中,以致科学又重新不独特地存在。"(《历史上的科学》,科学出版社 1959 年版,第 6 页)应该说,这是完全真实的历史和十分可能的前

---

① 波普尔:《猜想与反驳·哲学问题的本质及其科学根源》,上海译文出版社 1986 年版。

景。我们看到，在古代世界，特别在古代希腊，哲学观点和科学思想不可分离或同一是非常明显的。而当我们要考察中国古代的科学思想时，也自然地要追溯到包括庄子在内的中国古代思想家的哲学观点。所以这里所说要寻觅庄子思想的科学背景，实际上是要考察反映在《庄子》中的构成萌芽状态的古代科学的三个主要方面——巫术、工艺技巧、经验知识的状况。

## 1. 走出巫术的丛林

人类学家一般都认为，巫术或方术是人类早期用来控制自然力或达到某种具体目的的手段，但它与古代科学又有所不同。英国文化人类学家马林诺夫斯基写道："科学，就是野蛮人底原始知识所代表的科学，也是根据日常生活中正常普遍的经验——人与自然界为营养安全而奋斗所得的经验——而以观察为基础，且为理智所固定。巫术所根据的乃是情绪状态底特殊经验；在这等经验之中，人所观察的不是自然，而是自己；启示真理的不是理知，乃是感情在人类机体上所起的作用。"（《巫术 科学 宗教与神话》，商务印书馆1936年版，第108页）也就是说，就其内容的客观性、真理性程度而言，巫术是低于科学的前科学的人类经验形态。与巫术的分离、分道扬镳是古代科学成长的重要标志。从巫术所依凭的某种神秘的、虚幻的力量中摆脱出来，认识一种客观的、真实的力量，是人类早期的重要觉醒。我们看到，《庄子》中反映了这个过程。

（1）对巫术神秘性的否定 人类最早的一个精神传统，即在文明初期生产力和知识极其低下的情况下所形成的对某种神秘的、非人的力量的迷信，对似乎能沟通、驾驭这种力量的巫术、方术的信赖，在庄子思想中受到了怀疑，遭到了否定。《庄子》中有两则故事比较明显地、典型地反映了这一点。一则故事是写列子的老师壶子，挫败能"知人之死生祸福若神"的相面巫师季咸，使其不能施展其相术而遁逃（《应帝王》）；另一则故事是写一只神龟，能托梦于宋元君，知晓未来，但终为渔人余且所捕，剖腹剔骨而死（《外物》）。显然，在这两则故事里，神龟正是某种神秘的、非人的力量的体现，而季咸则是能认识、沟通这种神秘的、非人的力量的巫术的典型。

在第一则故事里，壶子对被季咸的相术所折服的列子说：

"众雌而无雄，而又奚卵焉！而以道与世亢，必信，夫故使人得而相汝。"（《应帝王》）

意思是说，正是由于你自己首先向别人显露了某种迹象，结果你就被别人识破。实际上，庄子通过壶子之口所说的这几句话的深层义蕴是，任何事物、现象，都是有原因、有征兆的，因而都是可分析的、可认识的、可"相"的。无疑地，这是一种理性的观念。所以庄子塑造的壶子形象，本质上是理智的、理性的化身。庄子刻画壶子故意显示种种变化多端的神态（"地文""天壤""太冲莫胜"），扰乱、归谬季咸的判断，最后一次显示的神态"未始出吾宗"，更是一种无任何具体形相可捕捉的本然状态，季咸终因无法施展其相术而逃之夭夭。这则饶有风趣的理智战胜巫术的故事，表现了人的理性的觉醒。这种理性觉醒，作为背景映射在庄子思想中，就是显现在他的认识论第二层面上的理性主义。

　　第二则故事的义蕴，庄子借孔子之口表述得比较明显：

　　神龟能见梦于宋元君，而不能避余且之网；知能七十二钻而无遗荚，不能避刳肠之患。如是，则知有所困，神有所不及也。虽有至知，万人谋之。（《外物》）

这显然是对宗教或巫术所内蕴着、依凭着的某种神秘的、非人的力量的至上性、全能性的否定。故事中的事实表明，这种神秘的、神圣的存在，智慧也有缺陷的，思虑并不周全。而且在庄子看来，即使有某种人格的、最高的"至知"存在，也不敌万人之谋。人的理性觉醒在这则故事中表现得更加鲜明。回顾前面对庄子思想主要方面的论述，根据这里两则故事所显示的庄子的理性觉醒，似乎可以认为，庄子思想的发展进程实际上是经历两次选择，第一次就在这里发生，是在宗教性的、巫术的"神"与理性的人之间，庄子选择了人；第二次是在此后发生，即在前面已经论及的庄子自然哲学、人生哲学、社会批判中经常表现出来的在本然存在的"天"与体现人的创造性、主动性的"人"之间，庄子选择了"天"。通过这样的两次选择，庄子思想的基本性质、主要色彩就是属于非宗教的、自然主义的了。

（2）反映医术从巫术中分离的过程　英国科学史家丹皮尔说："科学并不是在一片广阔而有益于健康的草原——愚昧的草原——上发芽成长的，而是在一片有害的丛林——巫术和迷信的丛林——中发芽成长的，这片丛林一再地对知识的幼苗加以摧残，不让它成长。"（《科学史》，商务印书馆 1975 年版，第 29 页）《庄子》中展示的科学背景正是在从这巫术丛林中走出来的图景。巫术神秘性受到庄子的理性的否定，这是一方面的情况；另一方面的情况则是，具有科学性质的医术已从巫术中分离出来，在《庄子》中也显现得十分分明。

《山海经》写道："大荒之中，有灵山，巫咸、巫即、巫盼、巫彭、巫姑、巫真、巫礼、巫抵、巫谢、巫罗十巫，从此升降，百药爰在"（《大荒西经》），"开明东有巫彭、巫抵、巫阳、巫履、巫凡、巫相，夹窫窳之尸，皆操不死之药以距之"（《海内西经》）。可见在远古，巫、医是不分的。《周礼》中，巫、祝属"春官大宗伯"，医则属"天官冢宰"，职守已有不同。但是，因为不能确认《周礼》所记载或反映的一定就是西周的典章制度，所以也就难以据此断定在庄子以前巫、医已经分离。然而在《庄子》中，医术作为一种独立于巫术之外的社会职业，则是肯定无疑的了。《庄子》中除了神巫季咸能预卜、观相人之吉凶祸福的记述外，关于巫、祝的记述还有：

> 故解之以牛之白颡者，与豚之亢鼻者，与人有痔病者，不可以适河。此皆巫祝以知之矣，所以为不祥也。此乃神人之所以为大祥也。（《人间世》）
>
> 祝宗人元端以临牢笑，说彘曰："汝奚恶死？吾将三月豢汝，十日戒，三日齐，藉白茅，加汝肩尻乎雕俎之上，则汝为之乎？"（《达生》）

从《庄子》对巫、祝语含讥嘲、戏谑的记述中可以看到，祭祀是巫、祝的主要职事。《庄子》中对医则有另外的记述：

> 治国去之，乱国就之，医门多疾。（《人间世》）

有虞氏之药疡也，秃而施髢，病而求医。（《天地》）

秦王有病召医……（《列御寇》）

显然，在《庄子》中医者之所能所事与巫、祝之所能所事已大不相同，"医门"在众多的社会行业中已是一个独立的门户了。

被郭象以"一曲之才，妄窜奇说"（陆德明《经典释文序录·庄子》）而删削的《游凫篇》有则对民间"驱鬼"巫风何以形成的解释，更能说明巫、医的分离：

> 游岛问雄黄曰："今逐疫出魅，击鼓呼噪，何也？"曰："昔黔首多病，黄氏立巫咸，教黔首，使之沐浴斋戒以通九窍，鸣鼓振铎以动其心，劳形趋步以发阴阳之气，春月毗巷饮酒茹葱以通五脏。夫击鼓呼噪，非以逐疫出魅，黔首不知以为魅祟也。"（《玉烛宝典》）

可见，在巫祝看来是神圣、神秘的送鬼敬神的禳解、祭奠典礼，在医家的眼光里却被认为是强身、健心的卫生活动，获得了科学因素的医术就是这样从迷信性质的巫术中独立出来，这则《庄子》佚文在一个具体问题上清晰地反映了这个过程。

总之，从科学史的角度看，庄子思想已经走出巫术的丛林，冲出古代巫术和原始宗教所固有的那种迷信、神秘的阴霾。庄子思想的古代科学背景首先是一幅明朗的背景。

### 2. 高超的工艺技巧及其经验

贝尔纳认为，在历史上，科学形成的机制，"是最早最前从生产方法，也就是从供给人类需要的种种技术的了解、控制和转变上发生的"，科学产生的过程，总是在"拣取和改造物质，以制造工具来满足人类主要需求的过程中，首先产生技术，随后产生科学"（《历史上的科学》，第13、19页），这无疑是很真实的、正确的。生产技术、工艺技巧实际是科学的历史发展的一个十分重要的、深刻的方面的内容。正是在这个意义上说，《庄子》中记述的、反映的那个时代的手工艺技巧，构成了庄子思想的科学背景中的最鲜明、最突出的部分。

前面已经论述，《庄子》中记述或提及的手工劳动的种类是很多的，有金工、木工、陶工、漆工、屠宰、洗染、缝纫、织屦，等等。它们织成了庄子那个时代的生动的社会生活画面，同时也反映了那个时代的生产力发展状况。《庄子》中还描述了当时手工业劳动的工艺技巧所达到的高超精熟的程度，并且总结出这种高超的手工工艺的独特经验——一种不能上升为科学而却能升华为哲学的经验。这些，除了前面已经引述的庖丁解牛（《养生主》）、轮扁斫轮（《天道》）、梓庆削鐻（《达生》），还有：

> 大马之捶钩者，年八十矣，而不失豪芒。大马曰："子巧与？有道与？"曰："臣有守也。臣之年二十而好捶钩，于物无视也，非钩无察也。是用之者，假不用者也以长得其用，而况乎无不用者乎！物孰不资焉！"（《知北游》）

《庄子》中还有一些对其他种类手工劳动高超技能的描述，如痀偻承蜩、津人操舟（皆见《达生》），但基本的内容也就是对解牛、斫轮、削鐻、捶钩这四种手工劳作描绘中所共同显示出来的两点：第一，当时手工业劳动所表现出的高超工艺技术，主要是"惊犹鬼神"的神巧和"不失豪芒"的精确；第二，这种高超的工艺技巧，是这些手工劳动者长期劳动操作的经验、体验的结晶，具有不可用思虑来分析、被程序所规范的性质，也就是说，这些高超的手工工艺不再是极尽心思的、精湛的技巧，而是无所用心的，"进乎技"（《养生主》）的"道"的精神境界。丹皮尔曾正确地指出，在古代世界里，"常识性的知识和工艺知识的规范化、标准化，应该说是实用科学的起源的最可靠的基础"（《科学史》，第31页）。显然，庄子在描述、总结梓庆等手工业劳动者的高超技巧的工艺经验时，却是指向规范化、标准化相反的方向。在庄子看来，这种经验就是梓庆"以天合天"和庖丁"依乎天理"的因任自然，就是捶钩者"于物无视，非钩无察"的专心致志，就是轮扁斫轮"得手应心，口不能言，有数存其间"的独特感受，等等。一言以蔽之，是模糊的、整体的主观体验。这种经验没有可把握的逻辑环节，不能还原为一种清晰的思维过程，也不能借操作规范而客观化为标准的工艺过程。在这一点上，《庄子》和《考工记》形成鲜明的对比：《庄子》所描述的各种手工劳动的高超技巧，都是同一性质的主观体验，《考工记》所记载的却是当时各种手工业技术操作的不同的工艺规范。例如在《庄子》中，轮扁"不徐不疾"的斫轮技巧，是"得手应心，口不能言"的；在《考工记》中，第一篇《轮人》就对制轮的工艺过程和标准作了十分明确的说明。所以，《庄子》中的这种对工艺经验的哲学性质的描述和总结，也就不能为当时手工业生产的工艺或技术进一步发展提供知识的、科学理论的基础；但是，它和庄子人生哲学中"体道"的修养方法，和庄子认识论第三层面上的理性直觉的认识方法却是完全吻合的。这表明，正是庄子那个时代的手工劳动技巧、工艺体验，形成了庄子思想中"道"的修养方法和精神境界的经验来源或科学背景。

### 3. 广泛的经验知识

在先秦的诸子著作中，论其文采，诚如鲁迅所说，《庄子》"汪洋辟阖，仪态万方，晚周诸子之作，莫能先也"（《汉文学史纲要》第三篇《老庄》）；较量内容，也完全可以说，《庄子》万象毕罗，涵盖天地，为诸子之首。《庄子》中凝聚和反映了人们在当时的认识能力下，在生活的各个方面所能作出的观察和获得的经验知识。对《庄子》中范围广泛、内容多样的经验知识作精确的分类是很困难的，这里姑且分为天体、万物和人这样三个方面来加以综述。

（1）天体的描述　《庄子》中对天体的认识，还是处在经验基础上的直观的、想象的描述阶段，而没有形成系统的知识，但它毕竟为庄子思想提供了观念的基础。

天体给予人的最为鲜明的、强烈的直接感受，是它的广袤包裹着人类。所以"大"的意念，覆盖万物的形象，就是《庄子》对天体的直观的描述。《庄子》中称之为"天地"：

> 天地者，形之大者也。（《则阳》）
>
> 天无不覆，地无不载。（《德充符》）
>
> 今一以天地为大炉。（《大宗师》）

天体或"天地"这种广袤的自然性质，在《庄子》中被"人"化，升华为某种道德品质，所谓"天地者，万物之父母也"（《达生》），"淡然无极，天地之道也"（《刻意》），体现着宽容和宁静而被庄子所推崇："天地者，古之所大也，而黄帝尧舜之所共美也。"（《天道》）

但是，庄子作为一个思想家，他对天体或"天地"的观察，当然没有囿限于而是超越了这种感性的直观。一种理性思辨的直觉能力，使他断定"天地"不能是最大的。庄子借海神（北海若）之口说：

> 计人之所知，不若所不知，其生之时，不若未生之时；以其至小求穷其至大之域，是故迷乱而不能自得也。由此观之，又何以知毫末之足以定至细之倪！又何以知天地之足以穷至大之域！（《秋水》）

也就是说，可为感官把握的"形之大者"的"天地"，并不是"至大之域"。于是在《庄子》中又出现了凭借于想象的对"至大之域"的描述。这一描述借想象翱翔在天宇中的大鹏而展开：

> 鹏之徙于南冥也，水击三千里，抟扶摇而上者九万里，去以六月息者也。野马也，尘埃也，生物之以息相吹也。天之苍苍，其正色邪？其远而无所至极邪？其视下也，亦若是则已矣。（《逍遥游》）

"天之苍苍，其正色邪？其远而无所至极邪"，就是"至大之域"的形象或意念，它是苍然空虚、无任何形质、无穷辽远的太空。"至大之域"的无形、无限的想象的描述，在《庄子》中由形象、意念上升为概念，就是"气""宇宙"：

> 气也者，虚而待物者也。（《人间世》）
>
> 通天下一气耳。（《知北游》）
>
> 有实而无乎处者，宇也；有长而无本剽者，宙也。（《庚桑楚》）

这样，庄子对天体想象性的描述就可以概括为：天体是无限的；在无端际、无本末的广漠"宇宙"中，充满无形体的"气"。庄子想象中的天体或"宇宙"的这种虚空无形、寥廓无极的自然性质，经过哲学的升华，就是精神上的"无待""无累"的条件和表现，就是庄子理想的、最高的精神境界的体现——"游乎天地之一气"（《大宗师》）、"游无何有之乡"（《应帝王》）、"游无极之野"（《在宥》）、"游心于无穷"（《则阳》），等等。

应该说，《庄子》在感性经验基础上对天体的观察和描述，不仅是构成庄子哲学思想本身的观念基础，而且对以后中国古代天文学的天体理论也有所影响。根据《晋书·天文志》的记载，我国古代的天体论学说有三家：盖天、宣夜、浑天。"盖天"说为《周髀》家所主，其言"天员如张盖，地方如棊局"；"宣夜"说绝传，东汉郗萌述其说，以为"天无了质，仰而瞻之，高远无极，眼瞀精绝，故苍苍然也……日月众星，自然浮生虚空之中，其行其止皆须气焉"（《晋书》卷十一《天文志上》）。显然，《庄子》对天体的直观描述，有似"盖天"，而想象的描述，则为"宣夜"所本。[①]

（2）万物的记述　在《庄子》中，从凌云展翅的鲲鹏，到伏地爬行的虫蚁；从"八千岁为春，八千岁为秋"的大椿，到"不知晦朔"的菌苔；从蜗牛之角到夔蛇之足；从鼠类的饮水钻穴，到鸟群的觅食筑巢；从可宰割的牛羊，到无法捕捉的长风、罔两……无数的生物，万种的景象都在庄子笔下攒动、涌现。《庄子》是部博物志。其中，对于印证或构成他的哲学思想的经验知识背景来说，有两个方面的内容比较突出。

首先，是对动物习性的真实记述。《庄子》中对动物，特别是与人类关系密切的兽类、鸟类的生活习性有很真切的观察和记述。例如：

　　　　马，蹄可以践霜雪，毛可以御风寒，龁草饮水，翘尾而陆，此马

---

①　李约瑟在《中国科学技术史》中提出："宣夜说的理论显然具有道家的气味，……这一学说与《老子》所谓'虚无'，以及《列子》所谓'积气'是有关系的。"（第四卷第一分册，第118页）这一结论一般说来是正确的。但需要补充地说，与《庄子》更有关系。

之真性也……喜则交颈相靡，怒则分背相踶，马知已此矣。（《马蹄》）

以鸟养鸟者，宜栖之深林，游之坛陆，浮之江湖，食之鳅鲦，随行列而止，委蛇而处。（《至乐》）

《庄子》中对动物习性的记述，除了这些人们日常习见的事实外，还有一些罕为一般人所知的稀奇内容，如"蝍蛆甘带，鸱鸦耆鼠，猨猵狙以为雌，麋与鹿交"（《齐物论》），显示了《庄子》蕴积的经验知识的广博。

《庄子》中对动物的心理也有细腻的观察描写。例如：

汝不知夫养虎者乎？不敢以生物与之，为其杀之之杀也；不敢以全物与之，为其决之之怒也；时其饥饱，达其怒心。虎之与人异类而媚养己者，顺也；故其杀者，逆也。（《人间世》）

仲尼曰："丘也尝使于楚矣，适见㹠子食于其死母者。少焉眴若弃之而走。不见己焉尔，不得类焉尔。所爱其母者，非爱其形也，爱使其形者也……"（《德充符》）

《庄子》中这两段对动物心理的记述表明，在庄子看来，动物和人虽然异类，但在心理和智力的本质上是没有区别的。养虎者不用活的小动物或大块的肉喂养虎，就是避免虎在扑杀活物或撕裂大的食物时，诱引出怒杀的感情，发起凶猛的虎威来。吃乳的小猪崽，忽然发觉母猪不像往日那样对自己亲热温柔，原来已经死了！就惊恐地逃开。猪崽爱的不是母猪的形体，而是驱动这形体的伟大的母爱！显然，这些都是庄子移用人的心理的属性和发生机制来观察和描述动物的行为。

由于庄子把动物和人放在自然界的同等的位置上，《庄子》中那些对动物习性的经验的记述，也同时表现着或犀通着人的一种性质，所以这种记述也就一般不单纯是关于动物的经验知识的陈述，而总是印证着或内蕴着某种有关于人的哲学思想。在《庄子》中，以动物习性的记述为经验来源或知识背景的思想结论，主要有二。第一，因任自然的观点。在庄子看来，动物的习性，是一种固有的自然本性，对这种习性或本性的人为的改变、戕害，都会带来不幸的后果。如《庄子》写道：

马，蹄可以践霜雪，毛可以御风寒，龁草饮水，翘尾而陆，此马之真性也。虽有义台路寝，无所用之。及至伯乐，曰："我善治马。"烧之、剔之、刻之、雒之，连之以羁絷，编之以皂栈，马之死者十二三矣；饥之、渴之、驰之、骤之、整之、齐之，前有橛饰之患，而后有鞭笑之威，而马之死者已过半矣。(《马蹄》)

兔胫虽短，续之则忧；鹤胫虽长，断之则悲。故性长非所断，性短非所续，无所去忧也。(《骈拇》)

庄子人生哲学中的"常因自然而不益生也"(《德充符》)，社会批判思想中的"君子不得已而临莅天下，莫若无为"(《在宥》)的观点，显然都是这类经验事实的理论升华。

第二，相对性的观点。庄子观察到，不同动物所表现出的习性是很不相同的，但其优劣长短却是难以进行比较的，"骐骥骅骝，一日而驰千里，捕鼠不如狸狌，言殊技也；鸱鸺夜撮蚤，察毫末，昼出瞋目而不见丘山，言殊性也"(《秋水》)。因而在庄子看来，不同动物的迥异的习性，在自然界中和人所表现出的习性，应该具有同等的不可被抹杀的独立性和合理性。如前已引述庄子曾这样问道：

民湿寝则腰疾偏死，鳅然乎哉？木处则惴栗恂惧，猨猴然乎哉？三者孰知正处？民食刍豢，麋鹿食荐，蝍蛆甘带，鸱鸦耆鼠，四者孰知正味？……毛嫱丽姬，人之所美也；鱼见之深入，鸟见之高飞，麋鹿见之决骤，四者孰知天下之正色哉？(《齐物论》)

显然，从人或任一动物的具体立场作出能涵盖全体的确定性的回答都是不可能的；结论只能是相对的，只能是如《庄子》所说"是非之涂，樊然殽乱"，"是之异乎不是也亦无辩……然之异乎不然也亦无辩"(《齐物论》)。简言之，是非然否都是相对的，没有分别的。可见，庄子在认知相对性观点的论证中，具有决定性的论据是来自对动物世界的经验知识，这一论证的结论构成了庄子认识论的第一层面。

其次，是对生物演变过程的经验描述。《庄子》中有段对生物演变过程的描述：

> 种有几，得水则为鳖，得水土之际则为蛙嫔之衣；生于陵屯则
> 为陵舄；陵舄得郁栖则为乌足。乌足之根为蛴螬，其叶为胡蝶。胡
> 蝶胥也化而为虫，生于灶下，其状若脱，其名为鸲掇。鸲掇千日为
> 鸟，其名为干余骨。干余骨之沫为斯弥，斯弥为食醯。颐辂生乎食
> 醯，黄軦生乎九猷，瞀芮生乎腐蠸。羊奚比乎不笋久竹生青宁，青
> 宁生程，程生马，马生人，人又反入于机。万物皆出于机，皆入于
> 机。（《至乐》）

对这段文字的解释，在历史上和晚近都存在着分歧和争论。历史上的分歧，除了历代注解《庄子》的学者对其中某些名物有不同的解释外，主要是对"几""机"两个关键性的词的理解、诠释迥然有异。以郭象为代表的一种注解，将"几""机"作不同的解释，"几"是几何、多少之义，"机"是指万物变化的机制、化机。（《庄子注》）多数注解《庄子》的学者不同意这种解释，他们认为这里的"几"与"机"同义。但他们之中对"机"（或"几"）又有两种不同解释。一种解释认为"机"（"几"同）即化机、机制，另一种解释认为"几"（"机"同）是几微、微小之义。① 详审《庄子》这段文字，显然有这样的一个基本思想：物种皆出自某个原始东西（"种有几"或"万物皆出于机"），最后又返归这个原始的东西（"万物皆入于机"），所以把"几""机"作同义的理解，应该说是符合《庄子》原意的。

晚近的争论在于：1917 年胡适发表《先秦诸子进化论》一文，认为《庄子》的这段文字是描述自然界中由某种原始的微生物（"几"），经过植物、动物等阶段，演化到人的"生物进化论"；而此后则有学者撰文反驳这一观点，也有学者著述支持这一观点。我们若对《庄子》这段文字的内容作较细致的分析，并联系庄子自然哲学的基本思想来看，这个争论问题的正确结论还是不难作出的。

———————————

① 参见拙著《庄子歧解》。

应该说,《庄子》这段描述生物演变过程的文字,就其内容本身来说,确有比较复杂的情况。第一,同时体现了双重的、有对立性质的观念,即这一过程似乎显示了生物从低级植物(鳖、蛙蟆之衣、陵舄、乌足),到动物(虫——蛴蟠、胡蝶,鸟——干余骨,兽——程、马),到人的具有进化性质的过程;但也确乎表述了从原初物质("几")到原初物质("机")的完全是循环性质的过程。第二,援用了三种不同性质的认识方法得来的材料,即构成这一演变过程的各个环节,如"乌足之根为蛴蟠""胡蝶化为虫",及若干脱离了这个演变过程环节的一物生一物的记述("颐辂生乎食醯""黄轵生乎九猷""瞀芮生乎腐蠸"),显然都是由粗糙的观察而得出的不确实的经验结论;而"鸲掇千日为鸟""青宁生程""程生马""马生人",都不可能有个人亲身经历的根据,只能是一种来历已经湮灭,因而无法考证的传闻,犹如《搜神记》所记"秦孝公二十一年有马生人"(《搜神记》卷六),最后,作为这一演变过程的开始("几")和结束("机"),既不是观察的,也不是传闻的,而是一种想象的、哲学思辨的产物。总之,《庄子》这段文字的内容是比较复杂的,它表现出的生物演变思想的理论归属还不十分清晰。但已经可以看出,将其归属于认为生物是有序的、由低到高的演化进程的"生物进化论"是困难的。

如果我们能从这段文字的扑朔迷离的内容细节摆脱出来,从庄子自然哲学的主体的、一贯的思想上来看,那么它所表现出的生物演变思想的理论性质、理论归属就是比较简单和清楚的了。庄子自然哲学认为,"万物一齐""固将自化"(《秋水》),自然界的万物从一开始就是同等地存在和独立地变化着,就像人在"万化"中的景况一样,"浸假而化予之左臂以为鸡""浸假而化予之右臂以为弹""浸假而化予之尻以为轮",或者,"以汝为鼠肝""以汝为虫臂""万化而未始有极也"(《大宗师》),万物皆是如此,不存在某种固定的、具有等级性的进化系列或变化秩序。从庄子自然哲学思想的这个基本点上来看,《庄子》这段文字中记述的生物演变现象或事例,显然不能被认为是"生物进化论"思想的最早觉醒或原始形式,而只能是庄子"万物皆种也,以不同形相禅,始卒若环,莫得其伦"(《寓言》)的观点,即万物循环变化的自然哲学观点的经验事例的说明或印证。①

（3）人的揭示　《庄子》中对人的内在世界有十分细致的观察和揭示。从某种意义上说，庄子人生哲学有两大问题，一是达到"无待"的"逍遥"精神境界的修养方法，一是作为这种境界实现的处世方法。《庄子》对人的内在性质的描述，即对作为个体的人的生理和心理的揭示，和对作为群体的人的社会心理或世态的观察，实际上正是围绕这两个问题展开的，从而直接构成庄子的人生哲学和社会批判思想的知识的、经验的基础。

第一，对人的生理本质和生理疾病的解释。从《庄子》中可以看出，庄子是立足于"气"的观念或理论基础上，对人的生理状况作出最后本质的解释。"通天下一气耳""气也者虚而待物者也"，即在庄子看来，"气"是充盈、弥漫于宇宙间的唯一的，本身无形体却能构成任何具体物质形态的一种存在。因而，人的生命、肌体在本质上是"气"的聚合、变现。这一点，在《庄子》中表述得十分明确。

> 察其（人）始而本无生，非徒无生也，而本无形；非徒无形也，而本无气。杂乎芒芴之间，变而有气，气变而有形，形变而有生。（《至乐》）
>
> 人之生，气之聚也，聚则为生，散则为死。（《知北游》）

在《庄子》中，根据"气"的不同显现，又将"气"作"阴阳"之分、"六气"之分。如说"阴阳者，气之大者也"（《则阳》），"乘天地之正，而御六气之辩"（《逍遥游》）。也就是说，庄子认为阴、阳这两种最广泛的对立现象，是"气"的最基本的显现。至于"六气"是什么，《庄子》中没有明确的说明，历代注解《庄子》的学者也众说纷纭。其中，司马彪解说为"阴阳风雨晦明也"（陆德明《经典释文》引），这和春秋

---

① 这样的事例，在散存于各典籍里的《庄子》佚文中还可以见到。例如"朽瓜化为鱼，物之变"（《艺文类聚》八七），"大鸠之为鹩，之为布谷，布谷复为鹩也。田鼠之为鹑也，老韭之为苋也，老羭之为猨也，鱼卵之为虫也，此皆物之变者"（《太平御览》八八七）。

时代医和对"六气"的解释完全一致①，比较合理有据。在庄子看来，"六气不调，四时不节"（《在宥》），"阴阳不和，寒暑不时，以伤庶物"（《渔父》），也就是说，弥漫于天地间的"六气""阴阳"失去调和平衡，万物就要遭受灾害，同样，流通在、充盈在人身体内的"气"发生紊乱阻碍，人的生理健康就要受到损伤。《庄子》在两则故事中表述了这个观点：

> 子祀、子舆、子犁、子来相与为友。俄而子舆有病，子祀往问之。曰："伟哉！夫造物者，将以予为此拘拘也！"曲偻发背，上有五管，颐隐于脐，肩高于顶，句赘指天，阴阳之气有沴，其心闲而无事，跰𧿄而鉴于井，曰："嗟乎！夫造物者又将以予为此拘拘也！"（《大宗师》）

> 桓公田于泽，管仲御，见鬼焉……公反，诶诒为病，数日不出。齐士有皇子告敖者曰："公则自伤，鬼恶能伤公！夫忿滀之气，散而不反，则为不足；上而不下，则使人善怒；下而不上，则使人善忘；不上不下，中身当心，则为病。"（《达生》）

显然，庄子认为，桓公的得病，并非由于"鬼"在作祟，而是"气"的运行受惊恐阻碍，不能畅通；子舆虽然心地旷达开朗，但"阴阳之气有沴"，发生紊乱，佝偻痉挛的沉疴还是降临！《庄子》中还写道："人大喜邪毗于阳，大怒邪毗于阴，阴阳并毗，四时不至，寒暑之和不成，其反伤人之形乎！"（《在宥》）有则《庄子》佚文也说："阳气独上则为颠病。"（《太平御览》七五二）也就是说，阴或阳之"气"过甚而失去平衡有序，是人体致病的主要原因。《内经》说："阴平阳秘，精神乃治，阴阳离决，精气乃绝。"（《素问·生气通天论》）可以说，庄子"气沴"致病的观点和传统医学这个调整机体平衡的治疗总原则是相通的。

第二，对人的心理现象的描述。在先秦诸子中，庄子对人的心理活

---

① 医和说："天有六气……六气曰阴阳风雨晦明也，分为四时，序为五节，过则为菑。"（《左传·昭公元年》）

动、状态的细腻观察和描述是十分突出的，甚至可以说是唯一的。庄子经常把某些社会的、人生的问题还原到、归结到心理的层次或角度上来加以论述的。

首先，目前普通心理学所描述的人的一般的心理现象在《庄子》中都有出现。除了众多的、不胜枚举的感觉、知觉等简单的心理现象的描写外，《庄子》中还有：

| 普通心理学描述的人的心理现象 | 在《庄子》中出现的具体描写举例 |
| --- | --- |
| 思维 | 人心排下而进上，上下囚杀，淖约柔乎刚强，廉刿雕琢，其热焦火，其疾俯仰之间而再抚四海之外，其居也渊而静，其动也县而天，偾骄而不可系者，其唯人心乎！（《在宥》） |
| 想象 | 予方将与造物者为人，厌则又乘夫莽眇之鸟，以出六极之外，而游无何有之乡，以处圹埌之野。（《应帝王》） |
| 记忆 | 旧国旧都，望之畅然；虽使丘陵草木之缗，入之者十九，犹之畅然。（《则阳》） |
| 注意 | 吾处身也，若厥株枸；吾执臂也，若槁木之枝；虽天地之大，万物之多，而唯蜩翼之知。吾不反不侧，不以万物易蜩之翼，何为而不得！（《达生》） |
| 快乐 | 大冶铸金，金一犯人之形，而曰："人耳，人耳！"（《大宗师》） |
| 悲哀 | 人生天地之间，若白驹之过隙，忽然而已。注然勃然，莫不出焉；油然漻然，莫不入焉。已化而生，又化而死，生物哀之，人类悲之。（《知北游》） |
| 恐惧 | 人有畏影恶迹而去之走者，举足愈数而迹愈多，走愈疾而影不离身，自以为尚迟，疾走不休，绝力而死。（《渔父》） |
| 个性 | 凡人心险于山川，难于知天；天犹有春秋冬夏旦暮之期，人者厚貌深情，故有貌愿而益，有长若不肖，有顺懁而达，有坚而缦，有缓而钎。（《列御寇》） |

可见，《庄子》中对人的最主要的、基础的心理现象都有所揭示，并且描写得很具体生动。

不仅如此，《庄子》中对在特定的社会生活条件下或情境中的人的心理活动和心理状态也有所揭示，也就是说，庄子发现并描述了某些为现代社会心理学所研究的对象。《庄子》中的这些描述，大体可以归纳为两个方面。

其一，情境对心理发生影响的事例。社会心理学"涉及的是处于某种群体形势之中的个人"①，社会生活环境，或者说外界情境对个体心理活动或状态的影响无疑是十分显著的。《庄子》以具体事例生动地描绘了这种情境作用。例如：

> 以瓦注者巧，以钩注者惮，以黄金注者殙。（《达生》）
>
> 蹍市人之足，则辞以放骜，兄则以妪，大亲则已矣。（《庚桑楚》）
>
> 方舟而济于河，有虚船来触舟，虽有偏心之人不怒；有一人在其上，则呼张歙之；一呼而不闻，再呼而不闻，于是三呼邪，则必以恶声随之。向也不怒而今也怒，向也虚而今也实。（《山木》）

《庄子》对这些在一定外界情境影响下的个体心理现象的观察、描写是颇有情趣的，完全真实的，并且和现代社会心理学从"诱导作用""自我暗示""侵犯行为"等具有理论色彩的角度所作出的描述或实验结论是吻合的。例如以瓦器贱物投击目标，能百发百中；以稍为贵重的带钩投击，就难以全中；以贵重的黄金投击，则心智昏乱而不中。庄子的这个观察和现代社会心理学家 R. 马顿斯的"手掌印迹数目"的实验结论就是完全一致的。这个实验表明，进行复杂的运动工作的个体，观众在场时的手掌出汗量，大于他们各自单独工作时的出汗量。② 不同在于，马顿斯的实验在于说明动机增强对工作的诱导作用，即动机的心理效应这一科学问题；庄子则是援用这些观察得来的心理现象的经验事实说明"外重者内拙"（《达生》）、"人能虚己以游世，其孰能害之"（《山木》）的修养方法、处世态度。

其二，典型的社会心理现象的事例。《庄子》中的许多社会心理描述，除了揭示了社会情境对心理的影响，还直接摹画了某些具有典型意义的社会心理现象。例如：

---

① 克特·W. 巴克：《社会心理学》，南开大学出版社 1986 年版，第 2 页。
② 同上书，第 166 页。

| 《庄子》中的社会心理现象的具体描述 | 归属于现代社会心理学的规范论述 |
|---|---|
| 兽死不择音,气息茀然,于是并生心厉。剋核太至,则必有不肖之心应之,而不知其然也。(《人间世》) | 社会动机:挫折(遇到障碍和干扰,其需要不能得到满足时的一种消极情绪状态)。 |
| 阘跂支离无脤说卫灵公,灵公说之,而视全人,其脰肩肩。瓮瓷大瘿说齐桓公,桓公说之;而视全人,其脰肩肩。(《德充符》) | 社会认知:"光环作用"(由不同原因产生的先入为主的板刻印象)。 |
| 大声不入于里耳,折扬皇荂,则嗑然而笑。(《天地》) | |
| 以巧斗力者,始乎阳,常卒乎阴,太至则多奇巧;以礼饮酒者,始乎治,常卒乎乱,太至则多奇乐。凡事亦然,始乎谅,常卒于鄙;其作始也简,其将毕也必巨。(《人间世》) | 社会态度:认知失调(认知因素之间呈不协调关系)。 |
| 尊古而卑今,学者之流也。(《外物》) | |
| 世俗之人,皆喜人之同乎己而恶人之异于己也。(《在宥》) | 社会群体:人际交往(人与人之间的沟通)。 |
| 君子之交淡若水,小人之交甘若醴;君子淡以亲,小人甘以绝。(《山木》) | |

　　《庄子》中的这些社会心理现象的描述，当然还是一种经验性质的，是庄子对世态的冷峻的、细密的观察的结果。庄子这种努力的目的，在于窥伺、熟悉社会生活中的"大却""大窾""肯綮""大軱"，从而能够在现实生活中获得如同"以无厚入有间，恢恢乎其于游刃必有余地矣"（《养生主》）的处世自由。

　　最后，《庄子》中还描写了具有某种变态性质的心理现象，即庄子思想经常沉浸于、显现于其中的那种异常的心理环境——梦境和逆境。

　　显然，梦境与现实是有区别的。从心理学的角度看，"做梦和现实状态之间在认识方面的基本差别在于，做梦时接受自相矛盾的情节，乐于不问究竟地承认奇异的事件"[①]。所以梦境是庄子实现其"无待""逍遥"的绝对自由的最好的心理环境，《庄子》中多次写到梦境。

　　　　昔者庄周梦为胡蝶……（《齐物论》）

---

　　① 克雷奇等编《心理学纲要》（下册），文化教育出版社1981年版，第458页。

汝梦为鸟而厉乎天，梦为鱼而没于渊。（《大宗师》）

夜半，骷髅见梦曰……（《至乐》）

匠石归，栎社见梦曰……（《人间世》）

弗洛伊德认为，"梦有两个主要的特性，即愿望的满足和幻觉的经验"（《精神分析引论》，商务印书馆 1984 年版，第 97 页）。庄子对梦的描写，理论目的当然不是为了说明梦的这种心理特质，但它表现出的奇特的想象和追求自由的愿望，明显地蕴涵着这样的性质。

从《庄子》佚文中看出，庄子也还是对梦的心理现象提出了一种理论性质的解释："梦者，阳气之精也，心所喜怒，则精气从之。"（《太平御览》三九七）庄子似乎是认为，人的强烈欲望（如大喜、大怒），还原成"气"，就是一种"强阳气"（《知北游》），这种"阳气"在人的睡眠中逃逸出现，就是梦。所以心平气和、恬淡寡欲的"古之真人，其寝不梦"（《大宗师》）。巴甫洛夫高级神经活动学说认为，人在睡眠时，大脑皮层在弥漫性抑制的背景上，常有一些孤立的、彼此不相联系的神经细胞处于兴奋之中仍在活动，便形成了梦的景象。荣格则说，"梦就是潜意识的表现"（《现代灵魂的自我拯救》，工人出版社 1987 年版，第 30 页）。和现代心理学这些以神经活动或精神分析理论对梦的说明相比，庄子的解释的确是比较粗糙的，但这也是完全可以理解的，因为它毕竟是属于这一科学探索历程的开始。

变态心理学在考察人的异常行为的心理因素时发觉，挫折情境（逆境）下的人，常有攻击、倒退、冷漠等行为反应，并表现出相应的升华作用、合理化作用、压抑作用等心理防御机制。[①] 从《庄子》中的记述可以看出，庄子的一生是在逆境中度过的。"庄周家贫，故往贷粟于监河侯"（《外物》），庄子说自己"处昏上乱相之间，而欲无惫，奚可得邪"（《山木》）。庄子的生平经受着物质生活上的贫穷艰辛和精神上的郁闷痛苦的双重煎熬，在这样的生活环境中酿成的庄子作品，流露或描绘出的逆境的

---

① 参见张伯源、陈仲庚《变态心理学》第三章第三、四节，北京科技出版社 1986 年版。

心理色彩自然是比较浓厚的了。换言之，庄子思想的逆境心理背景是比较清晰的。试表解于下：

| 逆境的行为反应与心理防御 | 《庄子》中的逆境心理描述 | 庄子的处世态度 | 庄子的社会批判基础 |
|---|---|---|---|
| 攻击——升华作用 | 自三代以下者，天下何其嚣嚣也。（《骈拇》）<br>天下之善人少而不善人多。（《胠箧》） | 超世态度：<br>至人……游乎四海之外。（《齐物论》）<br>真人……与造物者为人。（《大宗师》） | 无君论：<br>君乎，牧乎，固哉！皆梦也。（《齐物论》） |
| 倒退——合理化作用 | 彼且为婴儿，亦与之为婴儿；彼且为无町畦，亦与之为无町畦；彼且为无崖，亦与之为无崖。（《人间世》） | 顺世态度：<br>唯至人乃能游于世而不僻，顺人而不失己。（《外物》） | 无为论：<br>至人无为，大圣不作，观于天地之谓也。（《知北游》） |
| 冷漠——压抑作用 | 神人……孰弊弊焉以天下为事。（《逍遥游》）<br>圣人……何肯以物为事乎！（《德充符》）<br>真人……恶能愦愦然为世俗之礼，以观众人之耳目哉！（《大宗师》） | 遁世态度：<br>圣人……自埋于民，自藏于畔……是陆沉者。（《则阳》） | 返朴论：<br>古之人在混芒之中，与一世而淡漠焉。（《缮性》） |

"天下何其嚣嚣！""天下不善人多！"从变态心理学的角度来看，庄子对他所生活的那个社会、那个时代表现出的这种极度不满、愤慨，乃是一种攻击性的逆境行为和心理反应；这种反应一方面直接宣泄出对作为那个社会、时代集中代表的君主制的否定，另一方面也升华为一种傲然超越那个社会世俗之上的处世态度。变态心理学认为，受到挫折的个体，还有"倒退"的反应，即表现为童年时期的一些习惯与行为方式，表现为以幼稚而简单的方式应付挫折情境。逆境中的庄子也正是这样，把已发生的一切归结为一种外在必然性——"命"与"时"，"我讳穷久矣而不免，命也；求通久矣而不得，时也"（《秋水》）；把这种外在力量当作一种合理的、无可奈何的力量加以认定，即表现为顺从和无为，以消弭和摆脱生活挫折带来的愤懑苦恼，"安时而处顺，哀乐不能入也，古者谓是帝之县解"（《养生主》），"知其不可奈何而安之若命，德之至也"（《人间世》）。按照变态心理学的分析，冷漠是指个体在受到挫折以后表现的对挫折情境

漠不关心、无动于衷的态度，这是一种比攻击更为复杂的、深沉的反应。冷漠并非不包含愤怒不满的情绪成分，只是把这种情绪压抑入意识的深层罢了。逆境中的庄子，对世俗生活是极为冷漠的，他把世俗追求视为"腐鼠"，宁愿自由自在地生活于"泥涂"之中，也不求富贵而受制于"庙堂"之上（《秋水》）。应该说，庄子遁世的处世态度和返朴的社会思想，正是在这种冷漠、压抑的逆境心理环境中孕育和滋长的。总之，从变态心理学的角度来看，庄子的人生哲学和社会批判思想烙有明显的挫折情境的心理痕迹。正是从这个意义上说，《庄子》中对逆境心理的描述，构成了庄子思想的古代科学背景的极重要的部分。

科学史家认为，科学的重要特征在于："科学是时刻在增长的知识集合体，由一股洪流的思想家和工作者先后相续的反映和观念，尤其是他们的经验和行为，来逐层造成。"[1] 所以用历史的眼光看，《庄子》中的这些范围广泛的经验知识，虽然是十分粗糙的，甚至是已被现代科学所否定了的，但它毕竟是古代科学的主要形态，是通向现代科学的起点。就庄子思想本身来说，它们孕育了、映衬着庄子的全部的思想观点，使其能在有共同文化背景和学术渊源的先秦诸子中显出独特的面貌。

---

① 贝尔纳：《历史上的科学》，科学出版社 1959 年版，第 15 页。

下编　庄子思想与中国历代思潮

以上，我们考论了庄子其人和《庄子》其书，述评了庄子思想的主要方面，我们对庄子思想本身或庄学源头的考察到此结束。现在，我们要进入广阔的中国思想史领域，探究庄子思想如何汇入绵长的中国思想之流，产生了怎样的理论影响。也就是说，要对作为中国传统思想重要组成部分的庄子思想在历代思潮中所产生的作用进行一番具体的分析。

# 第八章　庄子思想与先秦子学

　　春秋战国之时，百家争鸣，学派林立，学术思想领域呈现一派繁荣兴盛的景象。先秦著作如《庄子·天下》《荀子·非十二子》《荀子·天论》《荀子·解蔽》《韩非子·显学》《吕氏春秋·不二》等篇，汉代著作如《史记·太史公自序》《汉书·艺文志》等篇，对众多的先秦诸子学派，都有所划分。这些划分或有不同，但大体是相通并可为相互取证的。在这里，我想以《天下篇》中的学派划分为线索、为依据，来考察分析庄子思想与先秦子学的关系应该是最为合宜的，不仅因为这是出自《庄子》本书的文章，更重要的是这是一篇最早的、最为详尽和十分准确论述先秦诸子学派的文章。

　　如果说，像许多学者所一致考定的那样，《天下篇》"惠施章"就是《庄子》佚篇《惠施》而把此章删略不论；并又证以《荀子·非十二子》将墨翟、宋钘视为一家；那么，《天下篇》实际论述的只有三家六派：儒家（"邹鲁之士、搢绅先生"）、墨家（墨翟、禽滑厘派，宋钘、尹文派）、道家（彭蒙、田骈、慎到派，关尹、老聃派，庄周派）。这是先秦思想的根本三家和主导派别，先秦子学中其他各家各派都是此后在此三家基础上衍生、发展起来的。下面，就来分别地分析庄子思想与这三家五派的关系，以探寻庄子思想的学术背景、理论渊源和其所产生的最初的影响。

## 一　庄子与先秦儒家

　　儒家或儒学是脱胎于殷、周宗教观念，西周的《诗》《书》文献和"礼"的行为规范的先秦第一个学说思想体系。儒家学说的创始人孔丘生活在春秋末年（前551～前479），早于庄子二百年。既然儒家思想学说形成在庄子思想之前，那么它和庄子思想会是怎样的关系？就在先的儒家思想来说，是直接流变出庄子思想的理论渊源，还是引发、映衬庄子思想的学术背景？就在后的庄子思想来说，它对儒家思想的进一步发展起了什么样的作用？

**1. "庄子之学出于儒"辨析**

明确提出庄子学说渊源自孔子儒学的，是唐代韩愈。他说：

> 吾常以为孔子之道大而能博，门弟子不能遍观而尽识也，故学焉而皆得其性之所近。其后离散，分处诸侯之国，又各以所能授弟子，原远而末益分。盖子夏之学其后有田子方，子方之流而为庄周，故周之书喜称子方之为人。（《昌黎先生集》卷二十《送王秀才序》）

清代章学诚承继这一论断，断言"荀、庄皆出子夏门人"（《文史通义》卷一《经解上》）。章太炎对此论深不以为然，他批驳说："章实斋以庄子为子夏门人，盖袭唐人率尔之辞，未尝订实。以庄生称田子方，遂谓子方是庄子师，斯则《让王》亦举曾、原，而则阳、无鬼、庚桑诸子，名在篇目，将一一皆是庄师矣。"（《章氏丛书·别录》卷二《与人论国学书》）应该说，章太炎的批驳是正确的。《史记·仲尼弟子列传》记述，"孔子既没，子夏居西河教授，为魏文侯师"，《史记·儒林列传》又谓，"子夏居西河，如田子方、段干木、吴起、禽滑厘之属皆受业于子夏之伦"，所以依据《史记》的记载，田子方是子夏的学生。在《庄子》中，田子方只在《田子方篇》中出现过一次，他在向魏文侯描述具有"全德之君子"风貌的自己的老师；但这位老师并不是子夏，而是"东郭顺子"。可见《庄子》中的田子方，其人其事仍是具有某种寓言性质的，的确如章太炎所指出，这样的人物在《庄子》中非只田子方一人，所以不能据以判定庄子和田子方有师承关系，因而也就不能据以推定庄子出自子夏之门。

清代学者姚鼐也接受了韩愈的论断，但他不是简单地从师承关系上，而是试图从学术思想内容的某种关联上证明这一点。他写道：

子游之徒述夫子语……子夏之徒述夫子语，以君子必达于礼乐之
原，礼乐原于中之不容已而志气塞乎天地。其言礼乐之本亦至矣。然
林放问礼之本，夫子告以宁俭宁戚而已。圣人非不欲以礼之出于自然
者示人，而惧其知和而不以礼节也。由是言之，子游子夏之徒所述者
未尝无圣人之道存焉，而附益之不胜其弊也。其始固存七十子，而其
末遂极乎庄周之伦也。庄子之书言"明于本数"及"知礼意"者，
固即所谓"达礼乐之原"，而"配神明、醇天地""与造化为人"亦
"志气塞乎天地"之旨。韩退之谓庄周之学出于子夏，殆其然与！
（《庄子章义·序》）

这里，姚鼐援引《礼记·孔子闲居》记载的孔子对子夏所论述的"中"
的礼乐本原和"志气塞乎天地"的礼乐境界，认为这就是庄子的"恶
知礼意"（《大宗师》）、"与造化为人"（《应帝王》）的思想源头。姚
鼐此论虽然不能说是缺乏根据的"率尔之辞"，然而却是一种界限模糊
的混淆之辞，他把庄子的本然的自然（"真"）与儒家的经过"礼义"
调节的"中和"混同起来；把庄子的"返其真"（《大宗师》）的自然
境界与儒家的"横行天下"（《礼记·孔子闲居》）的伦理道德境界混
同起来。

章太炎批驳了韩愈、章学诚的庄子出自子夏之门的观点，进而提出庄
子本是颜氏之儒的看法，他在晚年曾说："庄生传颜氏之儒，述其进学次
第。"（《菿汉昌言》卷一）①，这一观点被郭沫若在《庄子的批判》一文
中作了十分明确的发挥。郭氏的论据归纳起来有两点。第一，《庄子》中
记述颜回与孔子的对话很多，"这种文字必然是出于颜氏之儒的传习录，
庄子征引得特别多，不足以考见他的师承渊源吗？"第二，颜回是有出世
倾向的人，庄周是位厌世的思想家，在思想倾向上也是接近的（《十批判

①　清末民初改良派康有为、梁启超、谭嗣同等论学时，亦皆认为庄子出子夏之
　　门（见康有为《万木草堂口说》、梁启超《论支那宗教改革》、谭嗣同《北游
　　访学记》）。章太炎此破此立是他有意显示他与改良派在政治观点、学术思想
　　上的全面对立的一种表现。在与庄子有关的问题上章太炎与康有为的对立后
　　面还将论及。

书》，人民出版社 1954 年版，第 197 页）。若将《论语》中记载的颜渊和《庄子》中出现的颜渊稍加比较就不难看出，郭氏之论在第一点上也是"率尔之辞"，而在第二点上则是混淆之辞。

《论语》中对颜渊言行的记述很少，然而还是足以表现出这位孔门第一高足的精神风貌：

> 颜渊问仁。子曰："克己复礼为仁。一日克己复礼，天下归仁焉。为仁由己，而由人乎哉！"颜渊曰："请问其目。"子曰："非礼勿视，非礼勿听，非礼勿言，非礼勿动。"颜渊曰："回虽不敏，请事斯语矣。"（《颜渊》）
>
> 颜渊、季路侍。子曰："盍各言尔志。"……颜渊曰："愿无伐善，无施劳。"（《公冶长》）
>
> 子畏于匡，颜渊后。子曰："吾以女为死矣。"曰："子在，回何敢死。"（《先进》）

这些简洁的记述，富有特征地、本质地表现了颜渊是一个谦恭循礼、坦荡本分的人，在极为平庸的现实人生追求中显出高大、完满的道德人格。来自生活中任何一个方面的纷扰而带来的精神上的困惑、痛苦，对于颜渊来说都是不存在的，都被他的伟大、宽容的"仁"所消化。这不是麻木，而是一种充分的人的道德自觉，这正是儒家的道德境界。所以孔子对颜渊极为钟情，深情地称赞他的"好学，不迁怒，不二过"（《论语·雍也》），赞叹他能"一箪食，一瓢饮，在陋巷，人不堪其忧，回也不改其乐"（同上），嘉许只有颜渊能和自己一样做到"用之则行，舍之则藏"（《论语·述而》）。

在《庄子》中，颜渊共出现了十五次，其情况如下表：

| 篇名 | 本章首句 | 本章主要内容 | 本章中的颜渊 |
| --- | --- | --- | --- |
| 人间世 | 颜回见仲尼请行 | 孔子对颜回论述如何与暴君相处，最后得出"心斋"的方法 | 表示要去治理乱国（卫国）的志愿，提出与暴君相处的"端而虚，勉而一""内直外曲，成而上比"的两个方法 |

| 篇名 | 本章首句 | 本章主要内容 | 本章中的颜渊 |
|---|---|---|---|
| 大宗师 | 颜回问仲尼 | 孔子对颜回论超脱生死之情，而"入于寥天一" | 对孟孙才母死而居丧不哀，却有"善处丧"之名表示怀疑 |
| | 颜回曰 | 颜回对孔子论述"坐忘" | 述"坐忘"过程：忘仁义——忘礼乐——离形去知 |
| 天运 | 孔子西游于卫 | 师金（鲁太师）对颜渊评孔子的行为不能"应时而变" | 问师金对孔子的看法 |
| 至乐 | 颜渊东之齐 | 孔子对子贡论"条达而福持" | 往齐国 |
| 达生 | 颜渊问仲尼 | 孔子对颜渊论述"凡外重者内拙" | 问孔子津人何以能操舟若神 |
| 山木 | 孔子穷于陈蔡 | 孔子对颜回论"无受天损易""无受人益难""无始而非卒""人与天一邪" | 问孔子"无受天损易"等四个问题 |
| 田子方 | 颜渊问于仲尼 | 孔子对颜渊论"不化以待尽，效物而动" | 问孔子何以能"不言而信，不比而周，无器而民滔乎前" |
| | 孔子见老聃 | 老聃对孔子论"游心于物之初" | 听孔子述其见老聃后的感受 |
| | 文王观于臧 | 文王授政于太公的故事 | 对文王以梦取人的做法有所疑义 |
| 知北游 | 颜渊问乎仲尼 | 孔子对颜渊论唯"与物化者""无所伤者"，方能"与人相将迎" | 问孔子如何能"无有所将，无有所迎" |
| 让王 | 孔子谓颜回曰 | 孔子称赞颜回"知足者不以利自累" | 对孔子陈说"不愿仕"的原因：有田足以衣食，鼓琴足以自娱，学夫子之道足以自乐 |
| | 孔子穷于陈蔡 | 孔子训斥子路、子贡 | 将子路、子贡的怨言告诉孔子 |
| 盗跖 | 孔子与柳下季为友 | 孔子往见盗跖 | 颜回为驭 |
| 渔父 | 孔子游乎缁帷之林 | 孔子见渔父 | 颜渊还车 |

可以十分清楚地看出，《庄子》中记述的孔子与颜渊的对话，多数是借孔子之口表述一种庄子的而不是儒家的观点，唯一的一次借颜渊之口表述的"坐忘"的观点，也显然是庄子特有的思想，而和《论语》中颜渊"请事斯语"的内容正相反对。从《论语》的记载来看，颜渊家贫、早死①，未得

---

① 《论语》述及颜渊"不幸短命死矣""在陋巷，人不堪其忧"（《雍也》）。《史记·仲尼弟子列传》："回年二十九，发尽白早死。"《孔子家语·七十二弟子》："颜回二十九而发白，三十二而早死。"

出仕；颜渊曾问"为邦"（《论语·卫灵公》），并没有"不愿仕"的表示，《让王》对颜渊的家境和志愿的记述不过是庄子后学极为浅薄的杜撰。《庄子》中的文章"寓言十九，重言十七"（《寓言》），应该说，《庄子》对孔子、颜渊言行的记述多具有这种借外立论、借古人立论的"寓言""重言"性质，认为"这种文字必然是颜氏传习录"，实是失之轻率。从根本上说，儒家是积极入世的，正如孔子所说"鸟兽不可与同群，吾非斯人之徒与而谁与？"（《论语·微子》）儒家入世态度的一种积极的、明显的表现是准备入仕，如子夏所说"学而优则仕"（《论语·子张》），但儒家入世态度更根本，更经常的表现则是总能在现实生活中，通过对某种道德信念的深刻理解和自觉践履，保持一种快乐的安定的心境；即使遭际坎坷艰险，也把它归之于"命"，也不因此而气馁，而是"修身以俟之"（《孟子·尽心上》）。孔子说自己"饭疏食，饮水，曲肱而枕之，乐亦在其中矣。不义而富且贵，于我如浮云"（《论语·述而》），当然，如孔子所评定的那样，颜渊也正是这样的人。这种快乐也是一种自由；这种由实践某种道德律令而经历的快乐和自由，性质上是属于康德所描述的那种意志自由。这和庄子要摆脱一切世俗束缚，返归自然而体验到的那种"逍遥"的情态自由和快乐是不同的。郭氏之论正是将这两种不同的自由境界混淆了。

总之，无论是从师承关系或理论渊源上说，把庄子思想归之儒家，归之子夏之门或颜氏之门，都是困难的。这样，对于庄子思想来说，在其先形成的儒家思想学说只能构成一种学术的观念背景。

**2. 儒学构成庄子思想的观念背景**

学说或思想体系间的学术背景关系和理论渊源关系是有区别的。渊源关系表现为较早的思想学说里的基本概念、命题、思想在其后出现的学说或思想体系里得到继承和发展；而背景关系则是指一种在先的学说思想所产生的理论环境、社会后果构成一种激起新的学说思想形成的契机、条件。儒家思想学说对庄子思想来说，也正是这样的学术背景。如前所述，在先秦，儒家思想最先形成，它是殷周之际被改造的宗教观念和新产生的道德观念的继承和发展。在此后的庄子思想，虽然有自己独立的精神根源——自然，但它毕竟是在对儒家思想的理论观点和它所产生的社会后果的直接的、批判性的反应中形成的；虽然庄子思想有自己独特的观念系统——从"气"到"道"，但其基本的思想资料仍然和儒家思想有十分密切的联系。具体说来是指以下四点。

（1）对孔子的借重 在《庄子》一书中，最活跃的、出现次数最多的人物就是孔子。粗略统计，约有四十多个章节记述到孔子。如前所述，在庄子时代，孔子已经赢得广泛的尊崇，已为世人奉为师表。就庄子本人来说，他对孔子也是真诚地尊重的。《寓言篇》有段他和惠施的对话：

> 庄子谓惠子曰："孔子行年六十而六十化，始时所是，卒而非之，未知今之所谓是之非五十九非也。"惠子曰："孔子勤志服知也。"庄子曰："孔子谢之矣，而其未之尝言，孔子云，'夫受才乎大本，复灵以生，鸣而当律，言而当法，利义陈乎前，而好恶是非直服人之口而已矣。使人乃以心服，而不敢蘁立，定天下之定。'已乎已乎，吾且不得及彼乎！"

可见，在庄子心目中，孔子是个有极高德行的人，他的行为已超越小智小故而与时俱化，他不是以利义是非的外在标准，而是以出乎"大本"的高尚人格去感化人。庄子完全诚恳地承认，孔子的道德力量是自己达不到的。

基于这样的背景，一方面，《庄子》中的孔子经常是以代道家立论的被尊崇的先贤、师长的形象出现的。庄子的许多思想观点是通过孔子和他的弟子对话表述出来的。前面，我们已经论列了《庄子》内篇中借孔子立论的情况，以及孔子在和颜渊对话中立论的情况，除此以外，尚有：

| 篇 名 | 对话者 | 孔子立论的内容 |
|---|---|---|
| 天 地 | 孔子—子贡 | 论修"浑沌氏之术"者，乃是"明白入素，无为复朴，体性抱神"。 |
| 达 生 | 孔子—弟子 | 总结痀偻承蜩之道："用志不分，乃凝于神。" |
| 知北游 | 孔子—冉求 | 回答冉求"未有天地可知耶"之问："古今一也，死生一体。" |
| 则 阳 | 孔子—子路 | 论遁世之人（"陆沉者"）"是圣人仆也"。 |
| 外 物 | 孔子 | 论"去小知而大知明"。 |
| 寓 言 | 孔子—弟子 | 论"无所县者，可以有哀乎"。 |
| 渔 父 | 孔子—子路 | 论"道者，万物之所内也"。 |

显然，这些立论内容的基调是主张清静无为、返归自然，它和儒家一贯的积极入世的态度，以"仁义礼乐"规范现实生活的思想是相悖的。所以在这里孔子虽然是被尊重的，但也是被歪曲的。

另一方面，由于庄子思想从根本上来说是和儒家思想相对立的、对它作出批判性的反应的思想体系，它对作为儒家创始人的孔子也必然要表现出一种批评的甚至是贬损的态度。从《庄子》中可以看出，这种态度从内篇到外、杂篇，或者说从庄子本人到他的后学其表现有所不同。如前面所论列，在内篇中，庄子主要是通过一些杜撰的人物如长梧子（《齐物论》）、无趾（《德充符》），及隐者如楚狂接舆（《人间世》）之口，讥嘲孔子对"游乎尘垢之外"（《齐物论》）、"以死生为一条，以可不可为一贯"（《德充符》）的高远精神境界的不理解，慨叹孔子处乱世而不知隐避的可悲。这样的描写，当然要把孔子追求的伦理道德目标置于庄子所追求的返归自然的目标之下。在外、杂篇中，庄子后学更有所发展，经常是通过老聃和其他隐者（如老莱子、子桑雽、汉阴丈人、渔父）之口，尖锐地、直接地剽剥儒家"仁义"，讥评孔子的行为，甚至诋毁孔子的为人。亦列举如下：

| 篇 名 | 批评者 | 批评的主要内容 |
|---|---|---|
| 天 地 | 汉阴丈人 | 讥评孔子是"博学以拟圣，于于以盖众，独弦哀歌，以卖名声于天下者"。 |
| 天 道 | 老 聃 | 批评孔子"偈偈乎揭仁义，乱人之性也"。 |
| 天 运 | 老 聃 | 教训孔子"仁义，先王之蘧庐也，止可以一宿而不可久处；六经，先王之陈迹也，岂其所以迹哉！" |
| | 师 金 | 批评孔子的行为如同"取先王已陈刍狗……犹推舟于陆也"。 |
| 山 木 | 子桑雽 | 教训孔子"形莫若缘，情莫若率……" |
| | 大公任 | 批评孔子"饰知以惊愚，修身以明污，昭昭乎如揭日月而行，故不免也"。 |
| 外 物 | 老莱子 | 教训孔子"去汝躬矜与汝容知，斯为君子矣"。 |
| 盗 跖 | 盗 跖 | 诋毁孔子为"鲁国之巧伪人"。 |
| 渔 父 | 渔 父 | 批评孔子"苦心劳形以危其真，远哉其分于道也"。 |

《庄子》外、杂篇借老聃等人物之口对孔子的激烈批评，当然也是一种寓言性质的，但它反映了庄子道家学派已完全形成，和儒家处于更加明显的对立和争鸣之中。一个学派的确立，需要有理论，也需要有领袖。庄子还是坦诚的，他论述了自己的"游乎尘垢之外"高超于儒家的"世俗之礼"，但对孔子却自认"不得及彼"，庄子后学则甚为放肆，无所顾忌，他们抛开庄子，拥戴老聃，杜撰许多他教训、凌驾孔子的故事，确立了他作为道家精神领袖的地位。庄子后学的此种做法，实际上也是借重孔子来表明道家高出于儒家。

（2）对儒学基本命题的改造　从《庄子》中可以看出，儒家学说思想作为庄子思想的学术背景，儒学的基本范畴或命题——"仁""孝"，在《庄子》中时有出现，但庄子同时对它作了改造，给予新的解释，从而反映了庄子道家思想和儒家思想在理论基础上的根本对立。

"仁"是儒家思想中的最基本范畴，《论语》中孔子在同他的弟子谈话中从很多方面对"仁"作了解释。但主要的可以说有两个方面：第一，"克己复礼为仁"（《颜渊》），"孝悌也者，其为仁之本与"（《学而》），即"仁"是对社会伦理道德的践履；第二，"能行五者于天下为仁矣——恭、宽、信、敏、惠"（《阳货》），"刚毅木讷近仁"（《子路》），即"仁"是个性的品性修养。可见在孔子那里，在儒学里，"仁"是作为社会的人的行为规范，一种极高的、并非人人都能真正达到的道德境界，甚至孔子自己也说"若圣与仁，则吾岂敢"（《述而》）。庄子对儒家思想中的"仁"有完全不同的理解。《庄子》中写道：

　　　　商大宰荡问仁于庄子。庄子曰："虎狼，仁也。"曰："何谓也？"庄子曰："父子相亲，何为不仁？"曰："请问至仁。"庄子曰："至仁无亲。"（《天运》）

　　　　大仁不仁。（《齐物论》）

显然，庄子所理解的"仁"，不是人所特有的社会品性，而是动物所共同具有的自然本性、本能。对这种自然本性返归、实现得越彻底（"至仁""大仁"），摆脱人为的、作为社会道德规范的"仁"越彻底，所以"大仁不仁""至仁无亲"。在这里，庄子把儒学以人的现实社会生存方式为前提的立论基础，置换为、还原为人的抽象的自然状态，显示了庄子思想和孔子儒家思想在人生价值观念、精神追求上的根本分歧是人性的提高与人性的复归之间的对立。

在孟子以前的原始儒家，对人性本身的认识还是浑沌的，没有作任何规定的，但孔子说"性相近，习相远"（《阳货》），这就是说人的先天的、自然的本性基本是相同的，后天的行为表现却是千差万别的。这一命题无疑地是十分正确的经验判断，并且蕴涵着这样的思想：人在社会生活中的成长过程，也是人的本性被塑造、被充实的过程。人的高尚的道德行为形成，也就是人的本性的提高。《论语》中记载的孔子和子夏的一段对话，更清楚地说明了这一思想：

> 子夏问曰："'巧笑倩兮，美目盼兮，素以为绚兮'，何谓也？"子曰："绘事后素。"曰："礼后乎？"子曰："起予者，商也。始可与言《诗》已矣。"（《八佾》）

可见，在儒家看来，如同在白色的丝绸上描绘绚丽的画，伦理道德规范（"礼"）也正是要在人人相近的、本然的人性上"雕刻"出美好的行为习惯。换言之，道德的培养就是人性的提高、人的成长。这个提高、成长的最高境界就是"仁"。而庄子正好把这个过程颠倒过来。在庄子看来，社会伦理道德规范是束缚人的桎梏，如他说："孔丘……蕲以淑诡幻怪之名闻，不知至人之以是为己桎梏邪"（《德充符》），"尧既已黥汝以仁义，而劓汝以是非矣，汝将何以游夫遥荡恣睢转徙之涂乎？"（《大宗师》）所以在庄子这里，人的精神境界的提高，精神追求的目标，就是从"仁义"等的世俗观念中摆脱出来，心境返归到一种无是非、善恶、哀乐的本然状态，所谓"以死生为一条，以可不可为一贯者，解其桎梏"（《德充符》）。

在对"孝"这个基本的伦理道德范畴的理解和规定中，庄子思想和儒家思想也是完全不同的；这种不同特别显示在他们对作为"孝"的一种重要表现或实践——居丧，有迥然异样的态度和理论。儒家对"孝"这种伦理道德行为极为重视，认为是"仁之本"；对其内容也作了许多规定，其中最重要的、具有概括性的是对父母要"生事之以礼，死葬之以礼，祭之以礼"（《论语·为政》）。所谓"生事之以礼"，是指对父母要有敬的态度，孔子说："今之孝者，是谓能养。至于犬马，皆能有养，不敬，何以别乎？"（同上）所谓葬、祭以礼，就是要有由爱的感情而发出的真诚的悲哀。在儒家看来，临丧必哀，是丧礼的最实质的内容，如《论语》中记述：

> 林放问礼之本。子曰："大哉问！礼，与其奢也，宁俭；丧，与其易也，宁戚。"（《八佾》）
> 子曰："居上不宽，为礼不敬，临丧不哀，吾何以观之哉！"（同上）

《礼记》中也多次如此论及：

> 子路曰："吾闻诸夫子，丧礼，与其哀不足而礼有余，不若礼不足而哀有余也。"（《檀弓上》）
> 丧事主哀。（《少仪》）
> 丧则观其哀也。（《祭统》）

为亲体或同类的死亡而悲戚，应该说也是一些高级动物所具有的自然的心理状态。但当儒家把这种具有本能性质的自然心境赋予人与人之间的关系的社会内容时，这种临丧而哀的情感，对人来说，就由一种蒙昧的自然心理状态升华为充分自觉的道德观念和道德行为。《论语》中有段记述：

> 宰我问："三年之丧期已久矣。君子三年不为礼，礼必坏；三年不为乐，乐必崩。旧谷既没，新谷既升，钻燧改火，期可矣。"子曰："食夫稻、衣夫锦，于女安乎？"曰："安。""女安则为之。夫君子之居

丧，食旨不甘，闻乐不乐，居处不安，故不为也。今女安，则为之。"
宰我出。子曰："予之不仁也。子生三年，然后免于父母之怀，夫三年
之丧，天下之通丧也。予也有三年之爱于其父母乎?"（《阳货》）

从孔子的这段论述可以看出，儒家的临丧悲哀的感情、居丧三年的礼制，
其最后根源乃是一种心理性质的"心安"；而这种"心安"的心理内容，
又完全是社会性质的人与人之间的爱的伦理感情的交换、偿还。这样，在
儒家那里，在理论上，临丧之哀、居丧之礼，都不是短暂的、自发的自然
情感的外泄，而是持久的、自觉的道德理念的表现。所以也是人性自觉和
提高。

《庄子》中也多次写到了临丧的情感和对丧礼的态度，具有代表性的
是这样两段：

> 子桑户、孟子反、子琴张三人相与为友……莫然有间而子桑户
> 死，未葬。孔子闻之，使子贡往侍事焉。或编曲，或鼓琴，相和而歌
> 曰："嗟来桑户乎! 嗟来桑户乎! 而已反其真，而我犹为人猗!"子
> 贡趋而进曰："敢问临尸而歌，礼乎?"二人相视而笑曰："是恶知礼
> 意!"（《大宗师》）

> 庄子妻死，惠子吊之，庄子则方箕踞鼓盆而歌。惠子曰："与人
> 居，长子老身，死不哭亦足矣，又鼓盆而歌，不亦甚乎!"庄子曰：
> "不然。是其始死也，我独何能无慨然! 察其始而本无生，非徒无生
> 也而本无形，非徒无形也而本无气。杂乎芒芴之间，变而有气，气变
> 而有形，形变而有生，今又变而之死，是相与为春秋冬夏四时行也。
> 人且偃然寝于巨室，而我噭噭然随而哭之，自以为不通乎命，故止
> 也。"（《至乐》）

可见，庄子表现出的是和儒家相反的态度：临丧不哀，居丧无礼。庄子从
他的自然主义立场上认为，人之死是返归自然，临丧哀戚是不识人之本然
的"不通命"的表现。所以庄子的这种态度也是十分自觉的。在这里，
庄子和儒家分歧和对立的本质在于，对于亲体、同类的死亡而必然会产生

的悯哀的自然感情，儒家是用人与人的社会伦理关系来深化、提升这种感情，将它道德化、规范化，庄子则是用人与自然的关系来淡化、消解这种感情，以一种冷峻的理智和逆反的行为来泯除它。这样，儒家把以敬、爱为内容的"孝"当作"为仁之本"，庄子却认为"孝"对于"至仁"来说，南辕北辙，相距弥远。《庄子》写道：

> 大宰曰："无亲则不爱，不爱则不孝。谓至仁不孝，可乎？"庄子曰："不然。至仁尚矣，孝固不足以言之。此非过孝之言也，不及孝之言也。夫南行者至于郢，北面而不见冥山，是何也？则去之远也。故曰：以敬孝易，以爱孝难；以爱孝易，以忘亲难；忘亲易，使亲忘我难；使亲忘我易，兼忘天下难；兼忘天下易，使天下兼忘我难……"（《天运》）

在庄子的自然主义立场看来，"至仁"境界是将自己和人间的一切关系剥离净尽（"至仁无亲"），一切形迹扫除净尽而完全地融入自然，致使"天下忘我"。所以对于达到这个境界来说，将人与人紧固地交缠在一起的人伦关系和以敬、爱为内容的"孝"的道德观念和行为，是相距太遥远了，"不足以言之"！

总之，庄子思想对儒学基本范畴或命题的立论基础作了根本对立的改造；这种改造的最主要之点，就是将儒家把人的行为中的自然本性因素提高到社会层次的道德化、规范化过程逆转过来，努力摆脱这种道德规范的束缚，自觉地返归自然。中国思想史的事实表明，在人的精神经历或道德生活中，儒家以道德改造，提高人的自然本性和庄子在人的自然本性中寻找、确定道德终极，是两种基本的价值取向和理论走向，它们的对立和反复更迭出现，反映了社会生活的发展，带来了道德内容的增新。

（3）对《论语》思想资料的承接　儒家思想学说构成庄子思想的学术背景，不仅表现为庄子思想的表述和展开，有赖于对孔子这个儒家创始人的借重，对儒学的基本范畴的改造，而且还表现为《庄子》对《论语》中记述的故事、人物、命题、思想等作为思想资料而有所承接。兹列举并比较分析于下：

| 资料类别 | 《论语》之记述 | 《庄子》之承接 | 比较分析 |
|---|---|---|---|
| 故事·人物 | 颜渊喟然叹曰："仰之弥高,钻之弥坚,瞻之在前,忽焉在后,夫子循循然善诱人,博我以文,约我以礼,欲罢不能,既竭吾才,如有所立卓尔。虽欲从之,未由也已。"(《子罕》) | 颜渊问于仲尼曰："夫子步亦步,夫子趋亦趋,夫子驰亦驰,夫子奔逸绝尘,而回瞠若乎后尘矣!"夫子曰："回,何谓邪?"曰："夫子步,亦步也;夫子言,亦言也;夫子趋,亦趋也;夫子辩,亦辩也;夫子驰,亦驰也;夫子言道,回亦言道也;及奔逸绝尘而回瞠若乎后者,夫子不言而信,不比而周,无器而民滔乎前,而不知所以然而已矣。"(《田子方》) | 1.《庄子》承接了《论语》所述孔子的道德境界高不可及的语意。2.《庄子》把这高不可及之处明确化,并有"无为"的内容,这是《论语》中所没有的。 |
| | 在陈绝粮,从者病,莫能兴。子路愠见,曰："君子亦有穷乎?"子曰："君子固穷,小人穷斯滥矣。"(《卫灵公》) | 孔子穷于陈蔡之间,七日不火食,藜羹不糁,颜色甚惫,而弦歌于室。颜回择菜,子路、子贡相与言:"夫子再逐于鲁,削迹于卫,伐树于宋,穷于商周,围于陈蔡,杀夫子者无罪,藉夫子者无禁,弦歌鼓琴,未尝绝音,君子之无耻也若此乎?"颜回无以应,入告孔子,孔子推琴喟然而叹曰:"由与赐,细人也。召而来,吾语之。"子路、子贡入。子路曰:"如此者可谓穷矣!"孔子曰:"是何言也!君子通于道之谓通,穷于道之谓穷……"(《让王》) | 1.《庄子》此文源自《论语》十分显然。议论中心是个"穷"字,描写记述的内容正是《论语》中"绝粮""从者病""子路愠见"之状的铺陈展开。2.《论语》语简意深,《庄子》此文文繁而义浅。 |
| | 楚狂接舆歌而过孔子,曰："凤兮凤兮,何德之衰,往者不可谏,来者犹可追。已而已而,今之从政者殆而。"孔子下,欲与之言,趋而避之,不得与之言。(《微子》) | 孔子适楚,楚狂接舆游其门曰:"凤兮凤兮,何如德之衰也!来世不可待,往世不可追也。天下有道,圣人成焉;天下无道,圣人生焉。方今之时,仅免刑焉。福轻乎羽,莫之知载;祸重乎地,莫之知避。已乎已乎,临人以德!殆乎殆乎,画地而趋!迷阳迷阳,无伤吾行!却曲却曲,无伤吾足!"(《人间世》) | 1.《庄子》此文人物、语言都源自《论语》。2.《庄子》此文异于《论语》有三。①《论语》谓接舆歌过孔子车前,此文谓游其门前。②《论语》的"往者""来者"意指孔子过去的行事和今后的作为,否定孔子的过去,对孔子的将来抱有希望;《庄子》此文"来世""往世"皆指社会,过去已经逝去,将来也无希望,这一意境的改变,反映《庄子》作者对现实社会的彻底批判态度。③《论语》中的接舆对孔子是规劝,《庄子》中的接舆对孔子语挟讥嘲。这也正是《庄子》作者对儒家的批判态度的反映。 |

| 资料类别 | 《论语》之记述 | 《庄子》之承接 | 比较分析 |
|---|---|---|---|
| 故事·人物 | 叶公语孔子曰："吾党有直躬者，其父攘羊而子证之。"孔子曰："吾党之直者异于是，父为子隐，子为父隐，直在其中矣。"（《子路》） | 直躬证父，尾生溺死，信之患也。（《盗跖》） | 《韩非子·五蠹》《吕氏春秋·当务》亦出现直躬，《战国策·燕策》亦出现尾生高。但先秦典籍中最早出现此二人者，当为《论语》。《庄子》中的直躬、尾生源于此。 |
| | 子曰："孰谓微生高①直？或乞醯焉，乞诸其邻而与之。"（《公冶长》） | | |
| 思想·论题 | 伯牛有疾，子问之，自牖执其手。曰："亡之，命矣夫！斯人也而有斯疾也，斯人也而有斯疾也。"（《雍也》） | 子舆与子桑友，而霖雨十日。子舆曰："子桑殆病矣！"裹饭而往食之。至子桑之门，则若歌若哭，鼓琴曰："父邪！母邪！天乎！人乎！"有不任其声而趋举其诗焉。子舆入，曰："子之歌诗，何故若是？"曰："吾思夫使我至此极者而弗得也。父母岂欲吾贫哉？天无私覆，地无私载，天地岂私贫我哉？求其为之者而不得也。然而至此极者，命也夫！"（《大宗师》） | 《庄子》此文与《论语》所记述在内容、情境方面都有所承接：都把疾病或穷困视为"命"的表现，情境同样悲凉。《论语》中是孔子慰问病中的弟子，《庄子》中是子舆抚恤穷困中的朋友，此其所异。再者，儒家和庄子对"命"的态度有很大不同：儒家"修身以俟之"（有为），是"立命"（《孟子·尽心》上）；庄子"安时而处顺"（无为），是顺命（《养生主》）。这种差别此处没有显出。 |
| | 子曰："予欲无言。"予贡曰："子如不言，则小子何述焉？"子曰："天何言哉，四时行焉，百物生焉，天何言哉！"（《阳货》） | 天地有大美而不言，四时有明法而不议，万物有成理而不说。圣人者，原天地之美而达万物之理，是故圣人无为，大圣不作，观于天地之谓也。（《知北游》） | 《庄子》此文由《论语》发展而来十分显然：①《庄子》将《论语》天虽不言，但四时行、百物生的单一意境演变为天地不言、四时不议、万物不说三个并列的意境；②《庄子》"是故圣人无为，大圣不作，观于天地之谓也"就是根据《论语》此段对孔子的记述而得出的结论。 |

①微生高即尾生高。刘宝楠《论语正义》："尾与微通。《尧典》'鸟兽孳尾'，《史记·五帝本纪》作'微'，是其证。"

由以上对比的论列和分析可以看出，《庄子》的作者熟悉《论语》中所记述的人物、故事、思想或论题，从而得到了启发，并吸收了其中某些题材加以润色、修改和发挥，用来表述自己的思想，但这只是一种思想资料的借用、承接，而不是思想学说的继承、发展。

（4）《论语》中显现了庄子思想先驱——隐者　庄子思想只是从最先形成的儒家学说中承接了某些思想资料，而不是它的思想观点。那么，庄子思想的渊源最早应该追溯到哪里？从《论语》中看，《论语》中所记述的并为孔子所反对的隐者，正是庄子思想的先驱。

比较而言，在《论语》所记述的各类人物中，逸民隐者最多，孔子能确指的就有四类七人：

> 子曰："贤者避世，其次避地，其次避色，其次避言。"子曰："作者七人矣。"（《宪问》）

"作者七人"，也就是实践避世、避地、避色（即避人）、避言的隐者有七位。但他们是谁？按照皇侃《论语义疏》所引王弼的解释，就是《论语·微子》中的七位有名姓的逸民。

> 逸民：伯夷、叔齐、虞仲、夷逸、朱张、柳下惠、少连。子曰："不降其志，不辱其身，伯夷、叔齐与。谓柳下惠、少连，降志辱身矣；言中伦，行中虑，其斯而已矣。谓虞仲、夷逸，隐居放言，身中清，废中权。我则异于是，无可无不可。"

显然，这七人中，"不降志，不辱身"而名声昭著的伯夷、叔齐，是"古之贤人"（《论语·述而》），"言中伦，行中虑"的柳下惠为鲁之"士师"（《论语·微子》），都不能算是陆沉埋名的隐者。

按照何晏《论语集解》所引包咸的解释，"作者七人"应是与孔子同时代的七位姓名不明的人：长沮、桀溺、荷蓧丈人、石门之晨门者、荷蒉者、仪封人、楚狂接舆。这七人的言论散见在《论语》各篇，主要内容一是讥评孔子，一是抨击时政，其情况列举如下：

| 篇名 | 隐者 | 隐者的言论要点 | 孔子的反应 |
|---|---|---|---|
| 微子 | 长沮、桀溺 | 评时政:"滔滔者天下皆是也,而谁以易之?"<br>评孔子师徒:"与其从辟人之士,岂若从辟世之士哉!" | 孔子慨叹说:"鸟兽不可与同群,吾非斯人之徒与而谁与?" |
| | 荷蓧丈人 | 讥评孔子"四体不勤,五谷不分"。 | 子路辩白说:"不仕无义,长幼之节不可废也;君臣之义如之何其废之。欲洁其身而乱大伦。" |
| | 楚狂接舆 | 评时政:"今之从政者殆而!"<br>批评并规劝孔子:"往者不可谏,来者犹可追。" | 孔子"欲与之言"而"不得与之言"。 |
| 宪问 | 石门之晨门者 | 讥评孔子"是知其不可而为之者与"。 | |
| | 荷蒉者 | 讥评孔子以击磬明志,徒自信而不识时务:"鄙哉硁硁乎! 莫己知也。斯己而已矣。深则厉,浅则揭。" | 孔子感叹荷蒉者不理解涉世非涉水,是为难也:"果哉,末之难矣!" |
| 八佾 | 仪封人 | 评时政:"天下之无道也久矣!" | |

由以上的论列可见，在孔子的当时，社会上存在着一些家世经历和社会背景都不太清楚的隐者、逸民。春秋时，旧时公室衰落，世家破败，如晋国八姓旧族"栾、郤、胥、原、狐、续、庆、伯，降在皂隶"（《左传·昭公三年》），这些隐者可能正是破落的贵族后裔。社会地位和生活境况日晦的变迁，是他们对当时的社会和生活采取否定的、消极的态度的主要原因。隐者感到不能从当时的政治生活中得到什么，激烈地抨击"天下无道"，同时他们也不愿为当时的社会生活献出什么，唯一地追求个人的洁身自好、心境宁静，而对孔子的充满社会责任感的努力极加讥嘲，断定他的行为是"知其不可而为之"的徒劳。一般说来，孔子对这些隐者逸民是尊重的，称其为"贤者"。但对他们"隐居放言"的高辟生活态度是不赞同的，而是主张"无可无不可"的进退合宜入时的宽达态度；对他们"欲洁其身而乱大伦"，放弃社会责任的政治态度更是反对的，认为这是"无义"。

《论语》中的这些隐者正是庄子生活和思想的原型，庄子在生活方式上也正是个隐者①。和《论语》中的这些隐者相比，庄子在家世渊源（可能是贵族后裔）、对现实社会和孔子的态度（否定的和批判的）、生活处境（低贱而贫困）等方面都十分相似。不同在于，《论语》中的隐者"隐居放言"，对社会生活和孔子的批评只是停留在个人经历的感性水平上，还没有形成超出生活经验本身之上的一种哲学意念，缺乏一种深刻的、具有内在逻辑的根据。而庄子却有自己的思想体系，形成了一种超越感性表象之上的、关于自然和社会统一的根源性观念——"道通为一"（《齐物论》），从而有自己对社会事件、人物作出判断、评价的理论标准——"仿德而行，循道而趋"（《天道》）。这样，《论语》中隐者的生活感受、政治观点，在《庄子》中就被哲学地深化了、升华了。以楚狂接舆为例，在《庄子》中接舆出现三次，除了前面已引述的、作为承接《论语》中的思想资料的那一次外，另外两次是：

> 肩吾问于连叔曰："吾闻言于接舆，大而无当，往而不返，吾惊怖其言，犹河汉而无极也，大有径庭，不近人情焉。"连叔曰："其言谓何哉？"曰："藐姑射之山，有神人居焉，肌肤若冰雪，绰约若处子，不食五谷，吸风饮露，乘云气，御飞龙，而游乎四海之外，其神凝，使物不疵疠而年谷熟。吾以是狂而不信也。"连叔曰："然。……之人也，之德也，将旁礴万物以为一，世蕲乎乱，孰弊弊焉以天下为事……其尘垢秕糠将犹陶铸尧舜者也，孰肯以物为事！"（《逍遥游》）

> 肩吾见狂接舆。狂接舆曰："日中始何以语女？"肩吾曰："告我君人者以己出经式义度，人孰敢不听而化诸！"接舆曰："是欺德也，其于治天下也，犹涉海凿河而使蚊负山。夫圣人之治也，治外乎？正而后行，确乎能其事者而已矣。且鸟高飞以避

---

① 如前所述，《庄子》中记述的"庄子钓于濮水"（《秋水》）、"庄子行于山中"（《山木》）、"庄周家贫"（《外物》）、"织屦"（《列御寇》），显然是一幅不仕的隐者生活景象。

缯弋之害，鼹鼠深穴乎神丘之下，以避熏凿之患，而曾二虫之无知！"（《应帝王》）

显然，将《庄子》中作为"体道"者的接舆的言论同《论语》中作为隐者的接舆的言行相比，有两点重要的不同。第一，《庄子》中的接舆在生活态度或人生追求上，已从以"避世之士"为至极转变为对更高的"神人"的无任何负累的自由的追求、向往。这一追求的理性的、观念的基础是"旁礴万物以为一"，也就是与自然为一，"道通为一"（《齐物论》）；而实践的表现既是避世（遁世）的，也是超世的、顺世的。第二，《庄子》中的接舆对现实的政治制度和儒家的经世态度的批判，也有了一个理论立足点：人的自然本性。即人在自然本性上，如同鸟自会高飞避缯弋，鼠自会深穴避熏凿，是无须乎治理的。《庄子》中通过接舆之口表述的这些思想，正是庄子自己的思想。换言之，经过"道"的自然主义哲学观念升华的隐者，就是庄子。在这个意义上可以说，《论语》中出现的隐者是庄子思想的先驱。然而这也并不意味着庄子思想渊源自隐者。庄子的自然主义的哲学观念，正如前编所论，是他独特地、全面地消化和吸收了那个时代人们积累的关于自然和社会的经验知识以及手工生产劳动体验，经过一种创造性的理论建构而形成的。在先秦，庄子思想的主体部分是一种具有原生性质、独创性质的思想理论。庄子先前的儒家思想、隐者观点只是构成了庄子思想的观念背景而不是理论渊源。当然，也正如前编已经论述的那样，这并不排除庄子后学的思想因受到儒家思想影响而具有折中的色彩。

### 3. 庄子思想对儒学的最初影响

儒家思想在道家和其他异己思想影响下，不断增新理论内容，变化理论形态，是中国传统思想发展的主要特征。这一进程的开始，就是在先秦庄子或道家思想形成后给予儒学的最初影响，它表现为荀子和秦汉之际的儒家经典——《易传》《礼记》的作者，在经受庄子思想有力的挑战的同时，对它又有所吸取，从而提高了儒学的哲学理性程度，开拓了儒学的理论范围。

（1）荀子对庄子思想的反应　最先对向儒家发出尖锐挑战的庄子思想作出反应的是荀子。荀子在《解蔽》中写道：

> 墨子蔽于用而不知文，宋子蔽于欲而不知得，慎子蔽于法而不知贤，申子蔽于势而不知知，惠子蔽于辞而不知实，庄子蔽于天而不知人。

"蔽于天而不知人"，荀子对庄子的批评是十分准确的。应该说，在此后的中国思想发展过程中，特别是在宋明理学时期，庄子经常受到来自儒家的批评，但是所有这些批评，在广度和深度上都未能超出《论语》中子路对隐者的批评（"欲洁其身而乱大伦"）和荀子在此处的这个批评。比较而言，子路的批评是从伦理的角度对隐者（后来的庄子）的行为的评价；而荀子的批评则是从更高的哲学层次上揭示庄子思想的本质特征，所以更深刻。然而荀子当时似乎没有觉察，在理论的独立性和深刻性上，诸子中真正能和儒家匹敌的只有庄子，所以他把庄子思想混同一般，置于诸子之中而加以评论，未能特别地予以考察。事实上，庄子或道家具有比先秦其他诸子学说更强的理论生命力，在中国思想中，它和儒家形成既对立又互补的学术格局，不是在先秦，而是在其后的中国思想发展中逐渐地形成和显示出来的，这是荀子未能预见到的。

从荀子对庄子思想的准确的批评中可以推断，荀子对庄子的著作是熟悉的。荀子是先秦一位以思路广博为特色的儒家学者，他的理论立场虽以儒家思想为主导，但从《解蔽》中对诸子的准确评断可以看出，对他家思想他也是努力去理解和吸收的。这样，荀子在熟悉庄子著述的过程中接受庄子思想某些深刻的、为儒家所没有的观点也是很自然的。从《荀子》中看，荀子受到庄子思想的影响可以归纳为两点。

第一，援用《庄子》的概念、名物。《荀子》中出现庄子思想所特有的概念，援引了《庄子》所塑造的人物、故事，是荀子接受庄子影响最为明显的表现。例证如：

| 资料类别 | 《庄子》 | 《荀子》 |
|---|---|---|
| 概念:至人 | 至人无己。(《逍遥游》)<br>至人之用心若镜。(《应帝王》) | 耳目之欲接则败其思,蚊虻之声闻则挫其精,是心辟耳目之欲而远蚊虻之声,闭居静思则通,思仁若是可谓微乎……夫微者,至人也。(《解蔽》) |
| | 形德仁义,神之末也,非至人孰能定之。(《天道》) | 明天人之分,则可谓至人矣。(《天论》) |
| 人物:彭祖 | 彭祖乃今以久特闻。(《逍遥游》) | 治气养生,则身①后彭祖。(《修身》) |
| 故事:井蛙 | (魏牟谓公孙龙)子独不闻夫坎井之蛙乎?谓东海之鳖曰:"吾乐与!出跳梁乎井干之上,入休乎缺甃之崖……擅一壑之水,而跨跱埳井之乐,此亦至矣!夫子奚不时来入观乎!"东海之鳖左足未入,而右膝已絷矣。于是逡巡而却,告之海曰:"夫千里之远,不足以举其大;千仞之高,不足以极其深……此亦东海之大乐也。"于是坎井之蛙闻之,适适然惊,规规然自失也。(《秋水》) | 语曰:浅不足以测深,愚不足与谋知,坎井之蛙不可语东海之乐。(《正论》) |

①此据《韩诗外传》,今本无"身"字。

儒家一般是以"圣人"来表示自己的理想人格,"圣人"是最高的道德典范,"圣人,人伦之至也"(《孟子·离娄上》),而"至人"则是庄子思想所特有的理想人格,体现超越道德("形德仁义")、没有任何世俗负累而归向自然("无己")的逍遥自在的人格。荀子遵循儒家的传统,也是以"圣人"来表述他心目中的理想人格。如荀子说,"圣人者,道之极也"(《礼论》),"积善而全尽,谓之圣人"(《儒效》),"仁智之极也,夫是之谓圣人"(《君道》),"圣人也者,本仁义,当是非,齐言行,不失毫厘,无它道焉,已乎行之矣"(《儒效》),等等。但从荀子的这些论述里也可以看出,荀子对"圣人"的理解比孟子要宽泛、要丰富,圣人不仅是道德的典范,也是智慧的典范。荀子认为圣人的智慧产生自能摆脱外界干扰的"闲居静思",表现为能"明天人之分",于是荀子就援用了庄子的"用心若镜"、"无己"、能"定"于本末的"至人"来表述"圣人"的这一品质。完全可以断定,荀子"至人"的概念是来源自庄子。庄子以前，《论语》中有"老彭"，其人"信而好古"（《述而》），而以长寿著称的"彭祖"，却是《庄子》之前所未闻。《荀子》中的"彭祖"，和《庄子》完全相应，其渊源所自也是分明的。"坎井之蛙不可语东海之乐"，荀子显然是作为一个故事内容已为众所周知的典故来征引的，而这个故事正是出自《庄子》。可以说从荀子开始，在历代学者文人的著述中，寻觅不到取自《庄子》中的名词概念、人物故事的情况是不存在的。

第二，接受庄子自然哲学的基本观念。荀子受到庄子思想更深层的影响，是接受了庄子自然哲学的基本观念，形成了自己迥异于其他先秦儒者的自然观。"夫子之言性与天道，不可得而闻也"（《论语·公冶长》），自然观，超越社会伦理现象而对整个宇宙自然的哲学思索，本是儒家创始者思想中的薄弱的甚至是或缺的环节。荀子对这种情况也没有改变。荀子认为，"道者，非天之道，非地之道，人之所以道也，君子之所道也"，"君子言有坛宇，行有防表。言道德之求，不下于安存；言志意之求，不下于士……是君子之所以骋志意于坛宇宫庭也"（《儒效》）。所以《荀子》的基本论题都还是在"人道"的社会伦理的范围之内。但是在具有显然的自然哲学理论优势的庄子思想的有力挑战下，荀子有所改变，他接受庄子的影响，开始了对"人道"之外的更广阔、更深邃世界的形而上性质的理论思索，形成了某些体现着儒家思想重要发展的新的理论观念。

首先，总体性的"道"的观念。在荀子思想中，"道"经常是指具体的社会人伦之道，"道者何也？曰：礼让忠信是也"（《荀子·强国》）。但是荀子在一重要之点上对这儒家固有的观念有所突破：

> 万物为道一偏，一物为万物一偏。（《荀子·天论》）
>
> 夫道者，体常而尽变，一隅不足以举之。（《荀子·解蔽》）
>
> 大道者，所以变化遂成万物也。（《荀子·哀公》）

显然，《荀子》这里的"道"是指作为世界总体的、具有形而上的哲学性质的理性观念，和庄子的"道通为一""道未始有封"（《齐物论》）、"道覆载万物者也"（《天地》）的观念是相通的、相承的。荀子这一受庄子影响而产生的新观念，虽然还不足以从根本上改变荀子思想的儒家观念性质，但它却表明儒家思想在荀子这里已经越出旧有的理论范围，在基本上是伦理性质的"天命""性"之外，一个具有自然性质的最基本的、最高的哲学范畴已经产生，儒家思想新的自然观从这里开始形成。

其次，万物的形成的观念。荀子是一个深刻的儒家思想家，他没有停留在对"礼""义"等伦理道德的现象的描述上，而是探讨了它的产生根源和形成过程①；荀子作为跨越出儒家传统理论范围的思想家，在论述"礼""义"形成过程的同时，进而追溯了万物的形成过程：

> 天地合而万物生，阴阳接而变化起，性伪合而天下治。(《礼论》)
>
> 列星随旋，日月递炤，四时代御，阴阳大化，风雨博施，万物各得其和以生，各得其养以成。(《天论》)

也就是说，荀子认为是天地阴阳的交互作用、日月四时的运动变化生成万物。比较而言，荀子对"礼义"形成过程的论述是十分清晰的，有具体确切的经验内容，而对万物形成过程的论述则是模糊的、抽象的。这表明在荀子这里，"万物生成"还不是一个独立的理论问题。而在《庄子》中，这已是一个十分明确的并加以认真讨论过的论题了。

> 少知曰："四方之内，六合之里，万物之所生恶起？"大公调曰："阴阳相照相盖相治，四时相代相生相杀，欲恶去就于是桥起，雌雄片合于是庸有……"(《则阳》)

所以，荀子的"天地合而万物生"的命题，显然是在庄子"天道运而无所积，故万物成"(《天道》)的思想影响下产生的，虽然其确切性的内容还很少，但毕竟表明儒家思想中增进了一个新的自然方面的内容。

---

① 荀子说："礼起于何也？曰：人生而有欲，欲而不得，则不能无求，求而无度量分界，则不能不争。争则乱，乱则穷。先王恶其乱也，故制礼义以分之，以养人之欲，给人之求，使欲必不穷乎物，物必不屈于欲，两者相持而长，是礼之所起也。"(《荀子·礼论》)

最后，人的自然本质的观念。在先秦，在对人的本质的分析上，儒家主要是把人作为远离开个人自然基础的社会的人来加以判定的，认为践履伦理道德就是人的本质的实现，故孟子说"人之所以异于禽兽者几希"（《孟子·离娄下》）。荀子也是这样，他说，"人之所以为人者何已也？曰：以其有辨也……辨莫大于分，分莫大于礼，礼莫大于圣王"（《荀子·非相》）。庄子相反，他是把人作为能离开社会而返归自然的孤立生物体来加以判定的，"通天下一气耳"，人的最后本质是"气之聚也"（《知北游》）。庄子"气"的思想具有感性表象的内容而又超越了具体的感性表象，在当时的科学认识水平上，深刻地、成功地说明了世界的统一性。无疑地，这种对世界统一性的"气"的说明影响了荀子，使他在对"人"的本质内涵的全面的规定中吸收了"气"的观念：

> 水火有气而无生，草木有生而无知，禽兽有知而无义；人有气有生有知亦且有义，故最为天下贵也。（《王制》）

也就是说，"气""生""知"这些甚至是属于物、植物、动物的自然的性质，同样也是人的品性或本质中不可或缺的因素。应该说，人具有"气"的自然本质是儒家思想中"人"的观念的重要发展。

（2）《易传》《礼记》中的庄子思想痕迹　战国末期和秦汉之际，儒家学者操作的《易传》《礼记》在先秦儒家思想发展中，乃至整个儒家思想发展中都有重要的作用。在这两部儒家经典中，对早期儒家已系统形成的伦理道德观点作了哲学的升华；对为其缺乏的自然哲学，从万物形成的观点到宇宙最后根源的观念，也都赋予了较明确的阐述，儒家思想最高的哲学范畴和基本的理论结构确定了下来。儒家思想在经受这番哲学洗礼的过程中，在几个主要之点上都可以看到庄子思想的痕迹。

第一，《易传》论述的万物生成及其最后本原。《易传》中关于万物生成的观念是非常明确的，并且，"生生之谓易"（《系辞上》），万物生成是作为《易传》的主题来加以探讨和论述的。"天地感而万物化生"（《咸·彖》），"天地絪缊，万物化醇"（《系辞下》），《易传》的基本观点是天地（阴阳、日月、四时）的交相作用产生万物。显然，这一观点也还是要追溯到庄子的"天道运而无所积,故万物成"(《天道》)。《易传》受到庄子思想的影响,还明显表现在《易传》中万物本原,也是以后儒家思想中的最高哲学范畴——"太极",来源自《庄子》。《易传》写道:

> 是故易有太极,是生两仪,两仪生四象,四象生八卦,八卦定吉凶,吉凶生大业。(《系辞上》)

这段话历来有不同的解释:汉儒(如郑玄、虞翻)理解为天地起源、万物生成的过程,宋儒(如朱熹)解释为画卦、揲蓍的方式。诚然,这是蓍占的操作过程,但是"易与天地准"(《系辞上》),这种筮占过程却正遵循着、应合着操作者对天地起源和万物生成过程的理解。所以在儒家思想中,也正如后来儒家学者所实际理解的那样,都把"太极"当作宇宙万事万物的最后本原、最高的哲学范畴。然而,究其根源,"太极"却出在《庄子》中:

> 夫道……在太极之上①而不为高,在六极之下而不为深,先天地而不为久,长于上古而不为老。(《大宗师》)

此四句郭象注曰:"言道之无所不在也,故在高为无高,在深为无深,在久为无久,在老为无老,无所不在,而所在皆无也。"(《庄子注》)显然,"太极"在《庄子》这里是意指最高远的空间、苍穹。《易传》移植了这一名词,并将其意蕴哲学地升华为最高的、最先的本原。

第二,《礼记》论述的道德伦常的最高根源。一般说来,先秦儒家伦理道德思想所经历的逻辑发展阶段还是比较清晰的。最先,孔子说"绘事后素"(《论语·八佾》)、"为国以礼"(《论语·先进》),从功能上确定"礼"即伦理道德具有提高人性、维持社会生活的作用,此后,孟子

---

① 郭庆藩《庄子集释》本作"在太极之先"。俞樾说:"当云'在太极之上'方与'高'义相应。"(《诸子平议·庄子》)钱穆说:"此'先'字乃后人据《易大传》妄改,有郭象注为证。"(《庄子纂笺》)

和荀子则进而探寻这种伦理道德的根源，论证它的合理性。孟子倡"性善"，主张"仁义礼智非由外铄我也，我固有之也"（《孟子·告子上》）；荀子持"性恶"，认为"礼义"为"养欲"而制定（《荀子·礼论》）。尽管孟、荀持论迥然分歧，但都是在人性本身中探得伦理道德的产生根源，却又是异中之同。最后，《礼记》又跨越孟、荀，认为"礼乐"，即伦理道德的根源存在于人本性之外的"天"之中：

> 夫礼，先王以承天之道，以治人之情……故礼必本于天。（《礼运》）
>
> 乐者，天地之和也；礼者，天地之序也。和故百物皆化，序故群物皆别。（《乐记》）

战国末年或秦汉之际的儒家学者放弃孟、荀从具有世俗内容的人性中寻得的"礼乐"根源，试图寻求一个超越人性之上的伦理道德根源，这种变化显然是受到庄子思想有力的挑战和影响的缘故。《庄子》中写道："礼者，世俗之所为也；真者，所以受于天也，自然不可易也。"（《渔父》）庄子十分明确地把儒家的"礼"境界置于自己的"真"或"自然"之下。儒家学者面对庄子对作为自己学说主要理论内容和实践目标的"礼"的贬损，也为"礼"寻得一个与庄子思想实践目标"真"（即"道"）同样高远的、具有确定性的最高根源"天"。不同在于，庄子的"真受于天"或"道兼于天"（《天地》）之"天"，完全是自然的，儒家的"礼本于天"之"天"是"有序"的，即具有伦理性质的，所以才能是人的社会伦理道德的根源。

在《礼记》中，儒家学者还把伦理道德的最高根源称之为"大一"：

> 是故夫礼，必本于大一，分而为天地，转而为阴阳，变而为四时，列而为鬼神，其降曰命。（《礼运》）

显然，"大一"也就是《易传》中的宇宙万物最后根源"太极"。如前所述，《易传》中的"太极"源自《庄子》，这里的"大一"也是来自《庄子》：

> 人之于知也少，虽少，恃其所不知，而后知天之所谓也。知大一，知大阴，知大目，知大均，知大方，知大信，知大定，至矣。大一通之，大阴解之，大目视之，大均缘之，大方体之，大信稽之，大定持之。（《徐无鬼》）

推究《庄子》中的"大一"，显然是指"道通为一"（《齐物论》）的宇宙最后本然、根源，故郭象注曰"大一，道也"（《庄子注》），成玄英疏曰"大一，天也，能通生万物，故曰通"（《庄子注疏》）。《礼运》的作者认为"礼必本于大一"正是袭取此意。

第三，《易传》《礼记》显示的儒家最高精神境界。孔子说，"修己以安百姓，尧舜其犹病诸"（《论语·宪问》），可见儒家从一开始就确定人的最高的精神境界就是自觉地、完全地践履现世的伦理道德规范。孟子、荀子也还是坚持这样的标准，故孟子说"圣人，人伦之至也"（《孟子·离娄上》），荀子说"圣也者，尽伦者也"（《解蔽》）。到了《易传》《礼记》中，儒家这种人的价值唯一地、全部地在人与人的社会关系中存在和得到实现的观点被突破了，人的价值、人的最高精神境界似乎应在包括人与人的社会关系在内的更加广阔的人与外界的关系中展现出来。《易传》说，"《易》之为书也，广大悉备，有天道焉，有人道焉，有地道焉"（《系辞下》），这样，人的充分自觉，人的价值的完全实现、最高境界的达到，不仅要有对"人道"的践履，还应有对"天道""地道"的彻悟，"君子之道，造端乎夫妇，及其至也，察乎天地"（《礼记·中庸》）。这样，儒家的精神世界就发生了一种升华，它的最高境界由基本上是"修己以安百姓"的"尽伦"的道德境界，升华为"赞化天地"的超人伦的天地境界：

> 圣人也，诚之者……唯天下至诚为能尽其性，能尽其性则能尽人之性，能尽人之性则能尽物之性，能尽物之性则可以赞天地之化育，可以赞天地之化育则可以与天地参。（《礼记·中庸》）

> 夫大人者，与天地合其德，与日月合其明，与四时合其序，与鬼

神合其吉凶。(《文言·乾》)

《易传》《礼记》中"圣人与天地参""大人与天地合其德"的精神境界，不仅意境和《庄子》中"至人""真人""圣人"的"游乎天地之一气"而"同于大通"(《大宗师》)的超世精神是一致的，而且词语概念的使用也很相近，如"圣人并包天地"(《徐无鬼》)，"与天地为合……是谓玄德"(《天地》)，"吾与日月参光，吾与天地为常"(《在宥》)，"真人……喜怒通四时"(《大宗师》)，"古之人在混芒之中，阴阳和静，鬼神不扰"(《缮性》)，等等。完全可以断定，儒家思想在《易传》《礼记》中所发生的精神境界的升华，是在庄子思想影响下发生的。

总之，在先秦，儒家思想的理论范围由单一的社会现象向更加广阔的自然、人的整个周围世界扩展时，论题由具体的、社会经验性质的伦理道德向更高的、具有哲学性质的理论层次前进时，是从庄子思想那里得到激励和借鉴的。所以，如果说普遍的和形而上的追求是哲学固有的性格，是理论思维生长的方向，那么，是庄子思想砥砺了儒家思想的这种品格，促进了儒家思想在这个方向上的成长。

## 二 庄子与墨家

先秦在庄子思想之前就已经形成的思想体系，除儒家思想外，就是墨家思想。同与儒家的密切关系相比，庄子思想与墨家（墨翟派）的关系比较浅。在《庄子》中常可以看到把墨家和儒家放在一起作否定式的批评，然而受其影响的痕迹则难以寻觅。相反，后期墨家《墨经》中的若干理论观念或命题正可能是对《庄子》中相应观点的承接或反映。但是，庄子思想和具有墨家特色的宋钘思想却有犀通。

### 1. 庄子对墨家的批评

庄子和墨家都对儒家采取批判的态度，从表面上看，庄子和墨家似乎在同一条战线上、同一面旗帜下。事实上，庄子和墨家分歧很大，隔膜很深，它们是在完全不同的理论立场上来批评儒家的。儒家认为"绘事后素"(《论语·八佾》)，"立于礼，成于乐"(《论语·泰伯》)，作为人的社会伦理道德规范的"礼""乐"，是对人的塑造，是人性的提高。然而在自然主义立场上的庄子看来，这却是对人的束缚，对人性本然的"桎梏凿枘"（《在宥》）。墨家则是从"仁者之事，必务求兴天下之利，除天下之害"的世俗功利主义立场来批评儒家的。在这个立场上看，礼仪规范（如葬礼）如果"实不可以富贫、众寡、定危、治乱"（《墨子·节葬下》），为乐（如撞钟鸣鼓）如果"以求兴利除害而无补也"（《墨子·非乐上》），都是应该废止的。墨家认为，"作为宫室便于生，不以为观乐也，作为衣服带履便于身，不以为辟怪也"（《墨子·辞过》）。所以和儒家、庄子相较而言，墨家学说的主要之点是生的实现，这是从最简单、最基本的人的生存的层次上作出的观察，客观上把人的生活贫瘠化了，这与庄子在超越世俗道德、追求精神上"无己""无功""无名"，即绝对自由的"道"的立场上所作出的观察当然相距甚远。从这个立场上，庄子对墨家提出批评：

> 道隐于小成，言隐于荣华，故有儒墨之是非。（《齐物论》）
> 人自为种而天下耳，是以天下大骇，儒墨皆起……（《天运》）
> ……儒墨毕起，于是乎喜怒相疑，愚知相欺，善否相非，诞信相讥，而天下衰。（《在宥》）

在庄子看来，儒家的"礼乐"道德规范如"凿枘"，墨家用功利"以绳墨自矫"（《天下》），都是对人性的戕伤，都是自以为是而对"道"的背离。所以庄子总是把墨家和儒家放在一起不加区别地进行批评的，认为儒墨相争扰乱了人们的平静的精神世界。可以看出，庄子对墨家是持否定的态度的。

在受到儒家思想影响的庄子后学的《天下篇》中，不是从"道"的自然主义哲学角度，而是从"天下之治方术者多矣"的学术史角度，对墨家（墨翟）思想作了概括和评价：墨子思想的主要内容是"泛爱兼利而非斗"；其"生也勤，死也薄"的对人的生活十分苛刻的主张，"反天下之心"，难以为人们所接受，"其行难为也"；然而，墨子"日夜不休，以自苦为极"的救世精神，是值得称赞的，"真天下之好也！""才士也夫！"对照《墨子》，应该说《天下篇》对墨子思想内容的概括是十分准确的，对墨子的评价也是充满理解和尊重的。墨子曾说："民有三患：饥者不得食，寒者不得衣，劳者不得息。"（《墨子·非乐上》）墨子对生活困苦的感受和对基本生活需要得到满足的要求，完全是生活底层的劳动者的感受和要求，这和庄子在高文化层次上对人生困境的感受和精神自由的追求在性质上是不相同的，理论上也是对立的。但《天下篇》对墨子乃至其他各家的评述中不存在因这种思想学说的不同或对立而产生的学术成见，《天下》客观、宽容的学术态度是中国学术史上的典范。

### 2. 《庄子》与《墨经》的关系

多数学者认为，《墨经》六篇有一个显著内容，就是反驳惠施的"合同异"和公孙龙的"离坚白"两类名家命题，以及告子"仁内义外"和邹衍的"五德终始"的思想，因此可以断定它成书较晚，可能是在战国晚期荀子之时。① 这一判定是正确的。我们看到，《墨经》中也有承接《庄子》中的命题和反驳庄子的思想的情况，这既是《墨经》成书时代较晚这一判定的证据，也是庄子思想对后期墨家产生影响的证据。

《墨经》中的时空、变化、认知的观念或命题承袭《庄子》的迹象比较明显。对比如下表：

| 观念的类别 | 《庄子》的表述 | 《墨经》的表述 |
| --- | --- | --- |
| 时空的观念 | 有实而无乎处者，宇也；有长而无本剽者，宙也。（《庚桑楚》） | 久，弥异时也；宇，弥异所也。（《经上》）<br>久，古今旦暮；宇，东西南北。（《经说上》） |
| 变化的观念 | 万化而未始有极也。（《大宗师》）<br>胡蝶胥也化为虫，其名为鸲掇，鸲掇千日为鸟。（《至乐》）<br>田鼠化为鹑。（《庄子》佚文） | 化，征易也。（《经上》）<br>化，若蛙为鹑。（《经说上》）<br>蛙、鼠，化也。（《经说上》） |
| 认知的观念 | 知者，接也；知者，谟也。（《庚桑楚》） | 知，接也；恕，明也。（《经上》）<br>知，知也者，以其知过物而能貌之，若见。恕，恕也者，以其知论物而其知之也著，若明。（《经说上》） |

---

① 参见罗根泽《诸子考索·墨子探源》。

《庄子》把虚无广袤的空间称为"宇"，无始而漫长的时间称为"宙"。显然，《墨经》承袭了《庄子》对存在最基本形式的这一概括，并且作了表象的、可为感性把握的解释："宇"是指一切处所，"久"（"宙"）是指一切时间。《庄子》"知者接也，知者谟也"的涵义，郭象曾作了正确的解释："交接前物，谋谟情事"（《庄子注》），即是说，"接"是接触，感官得来的表象认识，"谟"是思虑，由知性或理性而产生的深层认识，这和《墨经》中将"知""恕"分别解释为"过物而能貌之""论物而其知之也著"完全相同。所以在认知观念上，《墨经》也是承接了《庄子》对认知基本形式的划分和理解。《墨经》的变化观念沿袭《庄子》，从上表论列中更可直接显示出来，它不仅观念相同，例证也相似。

《墨经》对庄子思想的反驳或批判主要是在认识论的两个具体问题上："辩无当""学无益"。

庄子从他的相对主义立场上看，没有任何一种标准能够裁判一场争辩的是非；在任何一场争辩中，都不存在什么"胜利者""正确者"。庄子说："既使我与若辩矣，若胜我，我不胜若，若果是也，我果非也邪？我胜若，若不吾胜，我果是也，而果非也邪？其或是也，其或非也邪？其俱是也，其俱非也？我与若不能相知也。"（《齐物论》）一言以蔽之，辩无胜，或辩无当。《墨经》反复地反驳这一观点，认为在一场争辩中，总会有胜者，而胜者一定因为他正确（"当"）：

| 《经》的立论 | 《经说》的解释 |
|---|---|
| 辩,争彼也,辩胜,当也。(《经上》) | 辩,或谓之牛,或谓之非牛,是争彼也。是不俱当,不俱当必或不当,不当若犬。(《经说上》) |
| 谓"辩无胜",必不当,说在辩。(《经下》) | 谓,所谓非同也,则异也。同则或谓之狗,其或谓之犬也;异则或谓之马也。俱无胜,是不辩也。辩也者,或谓之是,或谓之非,当者胜也。(《经说下》) |

《墨经》明确而尖锐地指出，庄子的"辩无胜"的观点是不正确的，"必不当"；裁判是非的客观标准是存在的，这就是事实。争辩中，"当者胜"，也就是符合事实者胜。譬如事实上是狗，任何说是牛、是马的都"不当"，只有说是狗的"当"。

既然庄子认为"辩无胜""辩无当"，所以他就对"辩"采取完全否定的态度，如说"道昭而不道，言辩而不及"（《齐物论》），"知之所不能知者，辩不能举也"（《徐无鬼》），"辩足以饰非"（《盗跖》），"辩不若默"（《知北游》），等等。也就是说，庄子否认"辩"具有任何认识的和实践的积极意义。《墨经》于此也提出相反的观点。

> 夫辩者将以明是非之分，审治乱之纪，明同异之处，察名实之理，处利害，决嫌疑。（《小取》）

即是说，《墨经》认为"辩"在认识上和实践上都是有积极作用的。显然，《墨经》此论是由《庄子》的观点引发的。

庄子从他的"道不可学"（《大宗师》）的理性直觉主义立场上，还主张"绝学捐书"（《山木》），推崇"彼教不学"（《山木》）。换言之，庄子认为"道"是由"体"或"守"（修养实践、直觉体验）而达到的，不能由"学"（读书言教）而认识的。庄子的这个思想如果简单地表达就是"学无益"。《墨经》对这个观点也进行了驳斥。

| 《经》的立论 | 《经说》的解释 |
| --- | --- |
| 学之无益也，说在悖。（《经下》） | 学也，以为不知。学之无益也，故告之也。是使知学之无益也，是教也。以学为无益也教，诲。（《经说下》） |

《墨经》的作者机智地指出，当庄子在鼓吹"学无益""教不学"时，把这一观点当作真理在传播时，他实际上就是在"教"了，就已表明"学"是有益的了。可见，如果说在前面《墨经》是完全经验地用具体事例反驳庄子的"辩无胜"是"必不当"的；那么，在这里则是十分巧妙地用二律背反的悖论来揭发庄子"学无益"的逻辑上的自相矛盾。应该说，《墨经》对庄子思想的反驳，只是在经验的、形式逻辑的层次上进行的，而且只是在这个层次上它的反驳才是正确的、可成立的，而未能触及庄子思想更深层的内容。从《庄子》方面看，对于作为先秦墨家思想最高发展的《墨经》，在其某些基本观念或思想确立时，它曾从正面或反面给予影响。

### 3. 庄子思想对宋钘思想的吸取与超越

对宋钘思想的性质或应归属的学术派别，历史上有不同的看法。荀子说，"上功用，大俭约而僈差等……墨翟、宋钘是也"（《荀子·非十二子》）；班固说，"孙卿道宋子，其言黄老意"（《汉书·艺文志·小说家》）。即是说，荀子认为宋钘与墨家一致，班固则将他归属于道家。用比较确凿的《孟子》和《庄子》中有关对宋钘（宋牼）的记载材料来核证，荀子的判定是正确的。在《孟子》中，宋牼出现一次，时值秦楚构兵，他拟以"言其不利"游说楚王、秦王，使其罢兵（《告子下》）。这表明宋牼有和墨家完全一致的"非攻"的政治主张和衡量社会行为的功利原则。《庄子·天下》对宋钘的思想言论和行为作风都记述得比较完整：

> 不累于俗，不饰于物，不苟①于人，不忮于众，愿天下之安宁以活民命，人我之养毕足而止，以此白心，古之道术有在于是者。宋钘、尹文闻其风而悦之，作为华山之冠以自表，接万物以别宥为始，语心之容，命之曰心之行，以聏合驩，以调海内，情欲寡②之以为主。见侮不辱，救民之斗，禁攻寝兵，救世之战。以此周行天下，上说下教，虽天下不取，强聒而不舍者也，故曰上下见厌而强见也。虽然，其为人太多，其自为太少，曰："情欲固寡③，五升之饭足矣。"先生恐不得饱，弟子虽饥，不忘天下，日夜不休，曰："我必得活哉！"图傲乎救世之士哉！

可见，《天下篇》对宋钘的思想和作风这段述评在主要之点上和同篇对墨子的述评有相近、相同之处：

---

① 郭庆藩《庄子集释》本作"苟"，此据章太炎《庄子解故》作"苛"。
② 郭庆藩《庄子集释》本作"请欲置"，此据梁启超《庄子·天下篇释义》作"情欲寡"。
③ 郭庆藩《庄子集释》本作"请欲固置"，此据梁启超《庄子·天下篇释义》作"情欲固寡"。

| 墨宋对比之项目 | 《天下篇》中的墨子 | 《天下篇》中的宋钘 |
|---|---|---|
| 思想观点 | 泛爱兼利而非斗，其道不怒。 | 不苟于人，不忮于众……见侮不辱，救民之斗，禁攻寝兵，救世之战。 |
| 行为作风 | 不侈于后世，不靡于万物……其生也勤，其死也薄……多以裘褐为衣，以跂跻为服，日夜不休，以自苦为极。 | 不累于俗，不饰于物……作为华山之冠以自表①……情欲固寡，五升之饭足矣！不忘天下，日夜不休。 |

所以荀子将宋钘和墨子作为同一学派来加以评述是合宜的。但是，在一个根本之点上，即立论的最终根据，宋钘不同于，或者说超越了墨子。墨子的"言必有三表"——"上本之于古者圣王之事，下原察百姓耳目之实，观其中国家百姓人民之利"（《墨子·非命上》）——表明，墨子学说的种种立论，都是植根于经验的和功利的思想土层上，比较浅薄，缺乏一种内在根源的理性意念。宋钘正是在这个根本之点上前进了一步，他认为人的"情欲固寡"。这样，他的宽容、不斗、自足等等的立论都获得了一个具有稳定性、必然性的人的内在本性基础。应该说这是一种较高理论层次的结论，它舍弃、超越人的情欲的社会性内容而返归和附着到它的自然本原，因为人的情欲在社会生活中总是在不断地变化、丰富着，只有其基本的自然方面的内容才是恒定的、有限的。而这种具有理性性质的舍弃、超越，在墨子那里是没有发生的，虽然他的"生也勤，死也薄"的生活实践感性地具体地表现这种舍弃与超越。《墨子》写道："子墨子之所以非乐者，非以大钟鸣鼓琴瑟竽笙之声以为不乐也，非以刻镂文章之色以为不美也，非以刍豢煎炙之味以为不甘也，非以高台厚榭邃宇之居以为不安也。虽身知其安也，口知其甘也，目知其美也，耳知其乐也，然上考之不中圣王之事，下度之不中万民之利，是故子墨子曰非为乐也。"（《非乐上》）可见墨子一方面肯定作为个人的情欲的丰富社会性内容的正当性，另一方面又用多数人的、劳动者的单一的生存的功利来压抑它、限制它，实际上否定了它。在这里，宋钘立论的自然本性立场和墨子的社会功利原

---

① 陆德明说："华山上下均平,作冠象之,表己心均平也。"（《经典释文·庄子音义》）成玄英说："华山其形如削,上下均平,而宋尹立志清高,故为冠以表德之异。"（《庄子注疏》）

则的差异是很清晰的。

宋钘"情欲固寡"的观点，不仅构成了被荀子忽视了的他的立论立场和墨子的不同，而且正如汉代学者所观察到的那样，也显示了他和道家（黄老）的某种相近。显然，这一观点与"少私而寡欲"（《老子·十九章》）这一道家主要命题的接近固不待说，与"复归其根"（《老子·十六章》）、"复归于朴"（《老子·二十章》），即道家返归自然本性的基本追求也似乎并不矛盾。但是，汉代学者未能洞察，宋钘的"情欲固寡"是他的社会政治主张的立论前提，而道家（黄老）的"寡欲"是精神修养的目标或要求，两者的理论宗旨是迥然异趣的。从历史上看，宋钘与道家既有某种相近而又根本异趣的这种特殊关系，最先是在庄子这里形成，具体表现为庄子既接受了宋钘的影响，又对他有所超越。

从《庄子》中可以看出，宋钘的"情欲固寡"和"接万物以别宥为始"这两个基本观点和他的人生态度都对庄子发生了重要的影响。如前所述，返归自然，"复通为一"（《齐物论》）是在庄子自然主义哲学基础上形成的基本观点，在人生哲学或精神修养的范围内，这就是要"雕琢复朴"（《应帝王》），"返其性情而复其初"（《缮性》），十分显然，这一精神修养的要求或目标，必然是建立在这样的理论观念之上：人性在最初的、本然的状态下是无何情欲骚动的恬静状态。宋钘的"情欲固寡"正是这个理论观念的一种明确表述，这一表述提供了对人性之初是本然、恬静状态的观念的一种具有启发性的理解途径：抛开人的情欲的社会性内容，它的自然本性内容是极为有限的，"五升之饭足矣！"由这种理解进一步，自然要推出这样的结论：人的欲望越大、需求越多，离开人的本性就越远。庄子正是行进在这样的逻辑思路上：

> 鹪鹩巢于深林，不过一枝；偃鼠饮河，不过满腹，予无所用天下为！（《逍遥游》）
>
> 其耆欲深者，其天机浅。（《大宗师》）
>
> 盈耆欲，长好恶，则性命之情病矣！（《徐无鬼》）

"鹪鹩巢林，不过一枝；偃鼠饮河，不过满腹"是对宋钘的"情欲固寡"

命题涵义的最为确切生动的注解；"耆欲深者天机浅"则又把宋钘这个原是社会政治主张立论基础的观念，移植、运用到精神、性命修养范围内。可见，庄子思想中的一个主要理论观念源自宋钘，这是庄子思想接受宋钘影响而又有所超越的第一个表现。

其次，宋钘的"接万物以别宥为始"的思想对庄子也有所影响，其义蕴在庄子思想中也发生了甚为明显的改变。《天下篇》描述宋钘行为举止有意境相接的两句："作为华山之冠以自表，接万物以别宥为始"，如果前一句是像成玄英所解释的那样，写其高洁，那么，后一句显然是写其宽容。"别宥"是指宋钘的处事接物不怀成见的态度，也就是韩非所说"宋荣（宋钘）之恕""宋荣之宽"（《韩非子·显学》）。可见在宋钘这里，"别宥"是一种行为特征，涵义比较简单。在《庄子》中，"别宥"的涵义表述得更为清楚：

> 知士无思虑之变则不乐，辩士无谈说之序则不乐，察士无凌谇之事则不乐，皆囿于物者也。（《徐无鬼》）

即是说，一种独特的生活方式，会形成一种独特的观察问题的角度、思维方式、思想习惯，这就是"囿于物"的成见。从这种为一定狭隘的生活环境所形成的成见中摆脱出来，在《庄子》中不再是简单的宽容的生活态度的表现，而是一种求得真知的方法、途径。"别宥"的这一新的义蕴在《庄子》中是通过一个寓言故事表述出来的。

> 北海若（谓河伯）曰："井蛙不可以语于海者，拘于虚也；夏虫不可以语于冰者，笃于时也；曲士不可以语于道者，束于教也。今尔出于崖涘，观于大海，乃知尔丑，尔将可与语大理矣……"（《秋水》）

可见在庄子这里，从"崖涘"中走出来（"别宥"），就可以认识"大理"。"别宥"获得了认识论的意义，这一意义在以后深受《庄子》影响的《吕氏春秋》里明确地表述为："凡人必别宥然后有知。"（《去宥》）

最后，庄子在对他那"恶乎待"（"无待"）的自由精神境界的探寻过程中，也显然是十分认真地思考、评量了宋钘的人生态度和经历，受到他的砥砺而最后有所超越。《庄子》中写道：

> 故夫知效一官，行比一乡，德合一君，而征一国者，其自视也亦若此矣①。而宋荣子犹然笑之。且举世而誉之而不加劝，举世而非之而不加沮，定乎内外之分，辩乎荣辱之境，斯已矣。彼其于世未数数然也。虽然，犹有未树也。（《逍遥游》）

庄子看到，宋荣子（宋钘）对于以一知之见、一德之行所博得的荣耀十分轻蔑，他能够做到"举世誉之而不加劝，举世非之而不加沮"，而不汲汲于世俗的追求，是一个精神境界已经超脱了世人之荣辱褒贬的人。宋钘所不能忘怀的，是"救民之斗，救世之战"，"愿天下安宁以活民命"，他为此而"周行天下，日夜不休"。本来，这应是宋钘人格伟大的一种表现，但是，在庄子看来，这却是宋钘的"犹有未树"——他虽能超脱世俗的"荣辱之境"，但未能超脱世事之劳，未能"无待""无累"。宋钘辛劳而无收获的人生经历，无疑地融入了庄子的人生经验之中，于是在他所追求、所设计的理想人格的精神境界中就有了这样的内容："孰弊弊焉以天下为事！"（《逍遥游》）

可以说，宋钘是庄子从同时代②的思想家中唯一地接受了重要思想影响的人，所以庄子也对他奉献了除孔子之外的别人所没有的尊敬。

### 三　庄子与道家诸派

与先秦就已有的、以学者术士的职业之名的"儒"和以役夫贱民的身份之号的"墨"而命名的"儒家"（"儒者"）、"墨家"（"墨者"）不同，"道家"一词是汉代学者司马谈《六家要旨》方开始使用的对先秦以"道"或"道德"为其学说中心内容或思想标志的学术派别的称号。在《庄子·天下》中，按其思想特色将先秦道家分为三派：彭蒙、田

---

① "此"指上文小鸟斥鴳以小智小能自诩。
② 如上编所论，孟子和庄子是同时代人。据《孟子·告子下》"宋牼将之楚，孟子遇于石丘"云云，大体可推断宋钘与庄子亦属同时代人。

骈、慎到，关尹、老聃，庄周。这种划分和思想特色的描述都是有根据的、相当准确的，也就是说与其不同的理论宗旨和身世背景都是吻合的。

| 派别 | 《天下篇》概括的思想特色 | 显示出的理论宗旨 | 身世背景 |
|---|---|---|---|
| 彭蒙、田骈、慎到 | 公而不当，易而无私，决然无主，趣物而不两，不顾于虑，不谋于知，于物无择，与之俱往……道则无遗者矣。 | 理事原则：任法——"事断于法，是国之大道也。"（《慎子·逸文》） | 不治而议之士① |
| 关尹、老聃 | 以本为精，以物为粗，以有积为不足，淡然独与神明居……主之以太一。 | 经世原则：守本——"道常无为而无不为。"（《老子·三十七章》） | 史官② |
| 庄周 | 芴漠无形，变化无常，死与生与，天地并与，神明往与，芒乎何之，忽乎何适，万物毕罗，莫足以归……独与天地精神往来。 | 超世原则：忘物——"游乎尘垢之外。"（《齐物论》） | 隐者③ |

①《史记·田敬仲完世家》："宣王喜文学游说之士，自如邹衍、淳于髡、田骈、接予、慎到、环渊之流七十六人，皆赐列第，为上大夫，不治而议论是以稷下学士复盛，且数百千人。"《盐铁论·论儒》："齐宣王褒尊儒学，孟轲、淳于髡之徒，受上大夫之禄，不任职而论国事，盖稷下先生千有余人。"

②《庄子·天道》："周之征藏史有老聃者。"《史记·老子韩非列传》："老子者……周守藏室之吏也。"

③见 334 页注①。

可以看到，在《天下篇》中道家三派的关系，或者说是界限，还是清晰的、简单的，虽然还不能据以断定他们是同时并出，一时共存，但他们之间的师承或渊源关系肯定是不存在的，只有"道"（在这里或称之为"太一""天地精神"）是烙在他们思想上的一个共同标记。秦汉之际，沿着彭蒙、田骈、慎到理论倾向发展起来的"黄老"之学，又从《庄子》和《老子》中吸取了很多思想资料和理论观点，就搅乱了、模糊了先秦道家三派的理论界限。于是，在黄老思潮笼罩下的汉代学者就判定先秦道家是共同祖源于老聃或黄老的一个统一的派别。经典的、权威的论断是司马迁作出的："慎到，赵人；田骈，齐人；环渊，楚人；皆学黄老道德之术"（《史记·孟子荀卿列传》），"庄子，其学无所不窥，然其要本归于老子之言"（《史记·老子韩非列传》）。让我们通过庄子与先秦道家诸派关系的分析来检验一下这个在中国学术史上有深远影响的论断的真实性、准确性程度。

**1. 庄子与老子及关尹、列子**

老子的问题，特别是其人其书的时代问题，是中国先秦学术史上的一个难题。这个难题的产生来自《庄子》，正像是"解铃还需系铃人"，这个难题的解决，也要依靠《庄子》。

（1）《庄子》中的老子其人　老子，这位中国思想史舞台上的重要角色最早就是在《庄子》中出场的①。老子即老聃②。《庄子》中记述老子生平行迹、言谈举止有十五六处。其中最多的、核心的内容是他俨然作为孔子问学的师长，对儒学或孔子的批评、教训。列举如下表：

| 《庄子》中记述的老子与孔子对话 | 简要的分析 | |
|---|---|---|
| | 提供老子的情况 | 显示的时代色彩 |
| 鲁有兀者叔山无趾，踵见仲尼。仲尼曰："子不谨，前既犯患若是矣，虽今来，何及矣！"……无趾语老聃曰："孔子之于至人，其未邪？彼何宾宾以学子为？……"老聃曰："胡不直使彼以死生为一条，以可不可为一贯者……"（《德充符》） | 老聃年辈、德行皆高于孔子。孔子为"学子"。 | |
| 夫子问于老聃曰："有人……离坚白，若县寓，若是则可谓圣人乎？"老聃曰："是劳心怵心者也……丘，予告若而所不能闻与而所不能言……"（《天地》） | 老聃教训孔子。 | "坚白"是战国时代名家的论题。 |
| 孔子西藏书于周室，子路谋曰："由闻周之征藏史有老聃者，免而归居，夫子欲藏书，则试往因焉。"孔子曰："善。"往见老聃，而老聃不许，于是繙十二经以说。老聃中其说，曰："大谩，愿闻其要。"孔子曰："要在仁义。"……老聃曰："请问，何谓仁义？"孔子曰："中心物恺，兼爱无私，此仁义之情也。"老聃曰："……夫子亦放德而行，循道而趋，已至矣，又何偈偈乎揭仁义，若击鼓而求亡子焉？意，夫子乱人之性也！"（《天道》） | 老聃是周之征藏史，老聃抨击仁义。 | "十二经"（疑为"六经"之形误），孔子时无此称谓；"兼爱无私"是孔子之后墨家命题；"仁义"为词始见《孟子》。 |
| 孔子行年五十有一而不闻道，乃南之沛，见老聃……老子曰："子又求之哉？"孔子曰："吾求之于阴阳，十有二年而未得。"老子曰："……仁义，先王之蘧庐也，止可一宿，不可久处……"（《天运》） | 老聃（老子）居沛；老子教训孔子，抨击仁义。 | "阴阳"为词，《论语》《孟子》皆无。 |

①　《论语·述而》记孔子言"述而不作，信而好古，窃比于我老彭"，"老彭"何许人？虽有谓即是老子者（见葛洪《抱朴子·明本》、王夫之《四书稗疏》），或"老子，彭祖者"（见《论语正义》引郑玄注），但亦有谓是彭祖（见皇侃《论语义疏》）或"殷贤大夫"（见何晏《论语集解》引包咸注）而不涉老子。所论纷纭，皆无实据。

②　《庄子·寓言》"阳子居南之沛，老聃西游于秦，邀于郊，至于梁而遇老子"云云，可见《庄子》中老子、老聃两种称谓乃是一人。《庄子》中此种例证尚多。

续表

| 《庄子》中记述的老子与孔子对话 | 简要的分析 | |
| --- | --- | --- |
| | 提供老子的情况 | 显示的时代色彩 |
| 孔子见老聃而语仁义。老聃曰："……仁义憯然乃愤吾心,乱莫大焉……"（《天运》） | 老聃抨击仁义。 | |
| 孔子见老聃归,……孔子曰："吾乃今于是乎见龙……"老聃曰："……今语汝三皇五帝之治天下……是以天下大骇,儒墨皆起……"（《天运》） | 老聃抨击儒墨。 | "三皇五帝""儒墨"皆战国时语。 |
| 孔子谓老聃曰："丘治《诗》《书》《礼》《乐》《春秋》六经……"老子曰："……夫六经,先王之陈迹也,岂其所以迹哉……"（《天运》） | 老子（老聃）抨击儒学。 | "六经"一词《论语》《孟子》皆无。 |
| 孔子见老聃,老聃新沐……孔子便而待之,少焉见,曰："……向者先生形体掘若槁木,似遗物离人而立于独也。"老聃曰："吾游心于物之初。"孔子曰："何谓也？"曰："……尝为汝议乎其将……"（《田子方》） | 老聃教训孔子。 | "先生"一词《论语》二见,《孟子》多见,两书"先生"之义有别,此同《孟子》。 |
| 孔子问老聃曰："今日晏闲,敢问至道？"老聃曰："……夫道窅然难言哉,将为汝言其崖略……"（《知北游》） | 老聃教训孔子。 | |

另外,《庄子》中还记述了老聃同其他几位问学者或弟子（杨朱、士成绮、崔瞿、庚桑楚、南荣趎、柏矩）的谈话,其中和杨朱的两次谈话是：

> 阳子居见老聃,曰："有人于此,响疾强梁,物彻疏明,学道不倦,如是者可比明王乎？"老聃曰："是劳形怵心者也……如是者可比明王乎？"（《应帝王》）

> 阳子居南之沛,老聃西游秦,邀于郊,至于梁而见老子。老子中道仰天而叹曰："始以汝为可教,今也不可。"……（《寓言》）

这两段话,除了明确显示出杨朱（阳子居）是老聃的问学弟子,还表明杨朱是战国时代的人物,他所提出讨论的"明王",《论语》无见,在《墨子·节用》和成书于战国时的《管子·五辅》才出现,后为黄老所本。

《庄子》记述老子的情况大概就是这样。今天看来,这一记述十分奇特,它的最明确的地方,正是最可疑的地方。根据《庄子》的记述,老子确凿无疑地是孔子同时代的，且年辈、德行皆高于孔子。然而这同时也是《庄子》覆盖在老子身世上的一层使后人扑朔迷离、困惑难解的帷幕。因为正是在这十分确凿之处，印证于其他史籍即可发现至少有三点可构成否证的可疑情况。第一，《庄子》中孔子师老子这一记述在《论语》中找不到可作根据的迹象。《论语》中出现许多孔子十分推崇的、包括七位隐者在内的贤者，却没有他曾多次问学、尊之为"龙"的老聃。第二，《庄子》中向老子问学的弟子中还有杨朱，而《说苑·政理》称"杨朱见梁王言治天下如运诸掌"，梁之称王自惠王始（前370年），上距孔子之殁（前479年）已有百年之久。杨朱能见其王，他所问学的老子，其年世当然在孔子之后。第三，《史记》记述老子事迹虽多或然模糊之词，但于其后嗣却记载得明确肯定。根据这个记载，老子之子名宗，为魏将①，至汉文帝时刚及八代，而孔子后世到汉景武时，已传到十三代，可见老子晚于孔子百年左右，而不是同时或更早。应该说，这三个否证论据都不是十分坚强，但是，对于"以天下为沉浊，不可与庄语"而"以寓言为广，以重言为真"（《天下》）的《庄子》之书来说，并有"仲尼之楚，楚王觞之，孙叔敖执爵而市南宜僚受酒而祭"②（《徐无鬼》)、"庄子见鲁哀公"③（《田子方》）这些恣意嫁接时代绝不相及的人物的事例为证，这三个论据还是可以证伪《庄子》所杜撰的老子同时并长于孔子的事实，进而可以推断《庄子》所记述的孔子问学于老子是一种寓言性质的故事。

证伪了老子与孔子同时或在先的事实，断定这是《庄子》借重古人的寄寓之词，那么覆盖老子身世的神秘帷幕也就揭开了；进而，借助《庄子》中的记述，《史记》中留下的关于老子的"莫知其然否""不知

---

① 《史记·魏世家》："安厘王四年（前273）秦破我及韩、赵……魏将段干子请予秦南阳以和。"高亨《史记·老子传笺证》谓："宗因封于段干而称段干宗，即《魏世家》之魏将段干子，《魏策》之段干崇。"

② 陆德明《经典释文·庄子音义》："按《左传》，孙叔敖是楚庄王相，孔子未生。哀公十六年，仲尼卒后，白公为乱，宜僚未尝仕楚。又宣公十二年《传》，楚有熊相宜僚，则与叔敖同时，去孔子甚远，盖寄言也。"

③ 陆德明《经典释文·庄子音义》引司马彪注："庄子与魏惠王、齐威王同时，在哀公后百二十年。"

其所终"两团疑雾也可以廓清了。这样，历史上真实的老子就站出来了。

《史记》中出现了三个"老子"：老聃、老莱子、太史儋，司马迁断定不了。关于太史儋《史记》写道：

> 自孔子死之后百二十九年，而史记周太史儋见秦献公曰①……或曰"儋即老子"，或曰"非也"，世莫知其然否。（《老子韩非列传》）

秦献公在位时间为周安王十八年至周显王七年（前384～前362），正是孔子卒后百年左右，《庄子》中老子言谈和使用的命题也呈现着这个战国时代的色彩；《庄子》记述"老聃西游于秦"，和《史记》所记"太史儋见秦献公"也是吻合的。所以，就《庄子》来判断，"儋即老子"甚为确然。《庄子》中的老子、老聃，就是《史记》中的周太史儋②。

《史记》记述字为"老聃"的老子生平出处说：

> 楚苦县人也……周守藏室之史也……居周久之，见周之衰，乃遂去……莫知所终。（《老庄韩非列传》）

《史记》这些记述显然都是本源于《庄子》，如谓老子是"楚苦县人"，为"周守藏室之史"，与《庄子》中"孔子……南之沛见老聃"、"阳子居南之沛……遇老子"及"周之征藏史有老聃者"颇为相合。老子的生平还依稀可见，但《史记》在老子的最终归宿处又留下一团疑雾，说他"莫知所终"。联系《史记》对庄周生平的记述和评价，使人感到，这团疑雾的产生，是司马迁对作为思想资料的《庄子》的援用只注意了今本中的外、杂篇，而忽略了内篇。事实上，从内篇一处对老聃的记述中，还是可以推断老子之所终：

---

① 《史记·周本纪》"烈王二年，周太史儋见秦献公"，又《秦本纪》"献公十一年，周太史儋见献公"。周烈王二年即秦献公十一年，为纪元前374年，上距孔子之死百零五年。

② 二百年前，毕沅《老子道德经考异·序》、汪中《述学补遗·老子考异》即已考证论述太史儋即老子。五十年前罗根泽《老子及老子书的问题》《再论老子及老子书的问题》又进一步论证了这一结论。

老聃死，秦佚吊之，三号而出。弟子曰："非夫子之友邪？"曰："然。""然则吊焉若此，可乎？"曰："然。始也吾以为至[1]人也，而今非也。向吾入而吊焉，有老者哭之，如哭其子；少者哭之，如哭其母。彼其所以会之，必有不蕲言而言，不求蕲哭而哭之。是遁天倍情，忘其所受……"（《养生主》）

从这段也许是《庄子》中对老聃最真实的一次记载中可以看到，老聃确是个真实的人，并非是漠然无情、长生不死的"至人"，未能逃脱死亡的大限，也有遗情遗爱于人间。并且，临终之际吊唁他的竟是一位德行甚高的秦国朋友，因此，老聃很可能是西游秦后而最后客死于秦地。这样，老子生平履历的最后一句就是："终于秦。"但仅此而已。后人所谓"老子遁于西裔，行及秦境，死于扶风，葬于槐里"（释道宣《跋〈老子疑问反讯〉》），"就水出南山就谷，北径大陵西，世谓之老子陵"（《水经注》十九），"鄠县柳谷水西有老子墓"（《路史后记》七注），则是世之传闻，难有实据了。

《养生主》篇认为老子并没有达到"至人"境界，和外、杂各篇极力推崇老子是"大成之人"（《山木》）、"古之真人"（《田子方》）、"古之博大真人"（《天下》），反映了庄子本人和他的后学在对老子的评价上是有区别的。

总之，《庄子》中老子是个真实的但又装饰着"孔子之师"面具的人，卸下这个面具就可以看出，老子大体是生活在孔子死后百年左右而在庄子之前的一位新思潮人物，他运用作为享年甚高的史官所具有的广博的历史经验、社会生活经验和自然知识开始从异于墨家的理论立场来批判儒家。

（2）《庄子》中的《老子》其书　如同老子其人在《庄子》内篇和外、杂篇中的地位或受到的评价并不相同一样，《老子》一书在《庄子》内篇和外、杂篇中留下的痕迹、产生的影响也迥然不同。从今本《庄子》

---

[1]　郭庆藩《庄子集释》本作"其"，误。此据陈景元《庄子阙误》引文如海本作"至"。

的全部内容看，内篇中的庄子思想完全是离开《老子》而独立地，甚至是在《老子》之先形成，而外、杂篇中《老子》的语言和思想烙印则每每可见。

一般说来，理论思维发展的逻辑过程，是由具体的感性表象走向具有普遍性的抽象概念，由某种模糊的观念到一种明晰的思想。如果将《庄子》内篇与《老子》相应的言词、概念、观念和思想加以比较，那么，所显示的理论发展趋势就是由《庄子》向《老子》，而不是相反。这是《庄子》内篇可能先于《老子》这一推测性论断的首要论据。

庄子思想和老子思想中的最高范畴都是"道"。如前所述，在《庄子》中，主要是在内篇中，对这个范畴的规定还带着很显著的形象性的表象特征，如"真君"（《齐物论》）、"造物者"（《大宗师》）、"天"（《德充符》）、"一"（《逍遥游》），等等；对于"道"的普遍的存在，《庄子》内篇也是用一个具体形象的意境来体现的："鱼相造乎水，人相造乎道"（《大宗师》）。这些都反映出庄子在对作为宇宙万物最后根源的普遍性概念的理性探索中，经受了"莫知其所萌""不得其朕"的思绪困惑和思考的艰难，这正是一种学说思想开创者常会有的感受。《老子》似乎已经摆脱了、跨越了这种艰难的思索历程。《老子》说："有物混成，先天地生，寂兮寥兮，独立而不改，周行而不殆，可以为天下母。吾不知其名，字之曰'道'，强为之名曰'大'。"（《老子·二十八章》）可见《老子》对"道"这一超越具体感性表象之上的理性概念，虽然在其称谓上曾费踌躇，但对其普遍性、根源性的内涵的确定，却是非常明确的。并且，在《老子》看来，曾使庄子困惑的对于最后根源的"莫知其所萌""不得其朕"，其实正是"道"的固有性质："道之为物，惟恍惟惚。惚兮恍兮，其中有象；恍兮惚兮，其中有物；窈兮冥兮，其中有精。"（《老子·二十一章》）所以先秦道家的"道"，作为一种宇宙根源的哲学范畴，在经由带有感性表象特征的观念到抽象形式的理性概念的发展过程，可能首先是在《庄子》内篇中开始的。

不仅如此，对"道"生成万物过程的逻辑表述，对"道者"，即一种理想人格精神面貌的具体描述，《庄子》内篇也可能在先而比较模糊，《老子》继之而显得清晰。对照如下：

| 《庄子》《老子》对比之项目 | 《庄子》内篇的描述 | 《老子》的表述 |
|---|---|---|
| 由"道"("一")而生万物的逻辑过程 | 天地与我并生，而万物与我为一，既已为一矣，且得有言乎？既已谓之一矣，且得无言乎？一与言为二，二与一为三，自此以往，巧历不能得，而况其凡乎！（《齐物论》） | 道生一，一生二，二生三，三生万物。（第42章） |
| 理想人格的状貌或精神境界 | 古之真人，其状义而不朋，若不足而不承；与乎其觚而不坚也，张乎其虚而不华也，邴邴乎其似喜乎！崔乎其不得已乎！滀乎进我色也，与乎止我德也，厉乎其似世乎！謷乎其未可制也，连乎其似好闭也，悗乎忘其言也。（《大宗师》） | 古之善为道①者，微妙玄通，深不可识，夫唯不可识，故强为之容：豫焉，若畏四邻；俨兮，其若客；涣兮，若冰之将释；敦兮，其若朴；旷兮，其若谷；混兮，其若浊。（第15章） |

相比之下，"道"生万物的过程，在《庄子》内篇还是象征性、隐喻性的描述，《老子》则是一个十分明确的逻辑过程的表述；《庄子》内篇对其理想人格（"真人"）状貌和精神境界的描述比较含糊、混乱，《老子》对"为道者"的表述则是明确、井然有序。《老子》简洁的表述似乎是对《庄子》杂乱描述的条理。

　　《庄子》内篇独立于或可能先于《老子》的另外一个论据，就是《庄子》内篇称引在其先的典籍中没有《老子》；引述老聃（老子）的语言，也不在《老子》中。《庄子》内篇可以判定是援引先前典籍或遗言的只有两处。一是《齐谐》②："《齐谐》者，志怪者也，《谐》之言曰，'鹏之徙于南冥也，水击三千里，抟扶摇而上者九万里，去以六月息者也'。"（《逍遥游》）二是《法言》："故《法言》曰：'传其常情，无其溢言，则几乎全'。"（《人间世》）可见，《齐谐》记载的是一个动物寓言故事，《法言》记述的是一条外交辞令原则，与《老子》内容相距甚远。《庄子》内篇记述了老子的两次谈话，由前面的引述可知，一次是对无趾议论如何使孔子觉悟"死生一条，可不可一贯"（《德充符》），一次是教训阳子居

---

① 他本作"士"，此据马王堆乙本、傅奕本作"道"。

② "齐谐"有歧解。崔譔、司马彪皆解为人之名；梁简文帝始解为书之名。近人朱桂曜《庄子内篇证补》辨析甚详，本书从之。（参见拙著《庄子歧解》）

"学道不倦"是一种"劳形怵心"的有害行为（《应帝王》）。这两次谈话的内容都明显地表现出一种超脱世俗人生观念的思想倾向，如我们在下面将要论述的那样，这绝不是《老子》的理论宗旨。

总之，可以比较确定地说，在《庄子》内篇中只有老子其人而无《老子》其书；进一步，则是推测地说，《庄子》内篇可能先于《老子》①。自司马迁以来，传统的、习惯的观点都认为庄子之学"其要本归于老子之言"，但从《庄子》内篇看，庄子思想实际上是独立于《老子》而形成的。

尽管《庄子》内篇没有《老子》之言，《庄子》外、杂篇援引《老子》言词，受《老子》思想影响却是极为明显的事实。《庄子》外、杂篇援引《老子》有数十处之多，或为词同，或为义近，其大致可分为三种情况：一是直接标明"老子曰"（有一处是"大成之人曰"），二是以"故曰"为标志，三是虽无"老子曰"或"故曰"，但文句或词义却与《老子》相同。其中第一种情况较少，多为第二、三两种情况。各举一典型例证如下：

| 《庄子》援引《老子》之类型 | 《庄子》 | 《老子》 |
| --- | --- | --- |
| 1. 以"老子曰"为标志 | 老子曰："卫生之经，能抱一乎，能勿失乎……能儿子乎？儿子终日嗥而嗌不嗄，和之至也；终日握而手不掜，共其德也……"（《庚桑楚》） | 营魄抱一，能无离乎，专气致柔，能婴儿乎。（第10章）含德之厚，比于赤子……骨弱筋柔而握固……终日号而不嗄，和之至也。（第55章） |
| | 大公任曰；"……昔吾闻大成之人曰：'自伐者无功，功成者堕，名成者亏'……"（《山木》） | 自伐者无功。（第24章）功成身退，天之道。（第9章） |
| 2. 以"故曰"为标志 | 黄帝曰："……故曰，'失道而后德，失德而后仁，失仁而后义，失义而后礼。礼者，道之华而乱之首也。'故曰，'为道者日损，损之又损之以至无为，无为而无不为也。'……"（《知北游》） | 故失道而后德，失德而后仁，失仁而后义，失义而后礼。夫礼者，忠信之薄而乱之首也。（第38章）为道日损，损之又损，以至于无为，无为而无不为。（第48章） |

---

① 1930年，钱穆在《关于〈老子〉成书年代之一种考察》一文中，曾从"思想线索"的角度提出和论述了"《老子》书出《庄子》内篇七篇之后"的观点。（见《古史辨》第四册）

| 《庄子》援引《老子》之类型 | 《庄子》 | 《老子》 |
|---|---|---|
| 3. 无明显标志者 | 子独不知至德之世乎……当是时也，民结绳而用之，甘其食，美其服，乐其俗，安其居，邻国相望，鸡狗之音相闻，民至老死而不相往来。（《胠箧》） | 小国寡民……使人复结绳而用之，甘其食，美其服，安其居，乐其俗，邻国相望，鸡犬之声相闻，民至老死不相往来。（第80章） |

在这几则例证中，《庄子》外、杂篇的作者是借某个虚拟人物"黄帝""大公任"的口气，或直接以作者的口气来引述《老子》的文句，这就表明，这些内容已是众所周知或已有确定的记述，因此可以推断：《老子》一书在当时已经形成①。

《庄子》外、杂篇援引《老子》的情况与我们在前面已经论述的庄子后学所表现出的新的理论特色是相吻合的。庄子追求"无待""逍遥"的精神自由的人生哲学主旨，被庄子后学改变为意在长生、全身的修炼、避患之术，庄子后学也弃置了庄子无君返朴的社会思想，而采取了以"王天下"为目标、执"无为而无不为"的权术以治世的政治态度。这种变化显然是受到来自老子思想影响的结果，因为正是在这些地方，庄子思想和老子思想存在着明显的差异；并且这种差异有着深刻的哲学本体论和认识论上的原因。

（3）庄子思想和老子思想的异同  在先秦，共同组成了能和儒家、墨家相对立的道家思想阵营的庄子思想和老子思想（《老子》），其在两个基本点上是相同的。

第一，"道"为世界万物最后根源和具有超验性质的观念。《老子》中写道"道者，万物之奥"（第60章）、"众妙之门"（第1章）、"为天

---

① 1932年顾颉刚在《从〈吕氏春秋〉推测〈老子〉之成书年代》一文中，曾就《吕氏春秋》和《淮南子》对《老子》的不同援引情况，推断"《老子》的成书年代必在此二书之间"（《古史辨》第四册）。从《庄子》外、杂篇对《老子》的援引情况来看，顾氏的论断不能成立。《吕氏春秋》大量援引《庄子》，肯定是在《庄子》之后，而不能相反（本书上编对此已有所论述），因此，早于《庄子》外、杂篇的《老子》自然不能在《吕氏春秋》之后。

下母"（第 25 章）、"天地根"（第 6 章），等等。完全可以说，"道"为万物根源的观念，是《老子》首要的、根本的观念；而且，《老子》对"道"的根源性的表述要比《庄子》的"道通为一""已而不知其然谓之道（《齐物论》），"夫道覆载万物者也"（《天地》），"道者，万物之所由也"（《渔父》）等的表述明确、通俗得多。《老子》还认为作为万物最后根源的"道"的存在是不能被感性认识所把握的，"视之不见，听之不闻，搏之不得"（第 14 章）；也难以用概念来加以规定的，"道常无名"（第 32 章），"道可道，非常道"（第 1 章）。老子思想中的"道"的这种超验性质，也正是庄子所说的"道昭而不道"（《齐物论》），"道不可致""道不当名"（《知北游》）。总之，庄子和老子都是把"道"作为一种超越人的感性经验之上的宇宙万物最后根源来理解的。这也是道家各派对"道"的共同的、基本的理解。

第二，社会批判的立场和返归自然的社会理想。《老子》或老子思想对当时社会基本上是采取批判的态度，这一批判的锋芒，主要是指向两个对象；一是当时的统治者，一是为当时统治者推崇、采用的儒家思想。《老子》尖锐地写道，"朝甚除，田甚芜，仓甚虚，服文彩，带利剑，厌饮食，财货有余，是谓盗竽，非道也哉"（第 53 章），"民之饥，以其上食税之多；民之难治，以其上之有为；民之轻死，以其上求生之厚"（第 75 章），也就是说，《老子》斥责当权的统治者是盗贼之首，认为民众的痛苦、社会的动乱都是当权的统治者的种种暴虐行为带来的。《老子》的这种相当激烈的社会批判态度，和处于"昏上乱相之间"（《山木》）的庄子愤慨于"窃国者为诸侯"（《胠箧》），哀悯于"今世殊死者相枕也，桁杨者相推也，刑戮者相望也"（《在宥》）的态度是一致的。这种对当权的统治者的抨击的态度，必然导向对虽然本身也正在经历着某种新的适应性变化，然而其理论核心仍是主张以"礼""仁义"的道德规范维护社会伦理秩序的儒家思想的批判。《老子》写道，"夫礼者，忠信之薄而乱之首"（第 38 章），主张"绝圣弃智""绝仁弃义""绝巧弃利"而"见素抱朴，少私寡欲"（第 19 章），返回到"复结绳而用之""民至老死不相往来"（第 80 章）的原始的、自然的状态。这与庄子认为"焉知仁义之不为桎梏凿枘也"（《在宥》）的观点，向往"不尚贤，不使能，上如标枝，民如野鹿"的"至德之世"（《天地》）或"不知义之所适，不知礼之所将"的"建德之国"（《山木》），也是完全一致的。

庄子思想与老子思想既然在这两个基本点上的某些重要思想观念是相同的，所以自司马迁以来，传统的观点一直认为老、庄是属于同一个思想体系。事实上，从另外更多一些的重要思想观念的差异中可以看出，庄子思想和老子思想是理论宗旨和内容皆有不同的两个思想体系。这些思想观念上的差异可以归结为三点。

第一，自然哲学："道"的本体论性质。如上所述，"道"为宇宙万物最后根源的观念，是老、庄相同的。但是，对这种根源应作如何理解，也就是说"道"本身具有何种哲学性质，老、庄的观点就不相同了。《老子》说，"道生一，一生二，二生三，三生万物"（第42章），"道生之"（第51章），可见老子的"道"是具有某种实体性质（并不是"实体"）的实在。庄子认为"道通为一"（《齐物论》）、"道无所不在"（《知北游》），也就是说，"道"是某种既内蕴于万事万物之中，又包容一切事物和状态的世界总体性实在，确切地说，这是两种哲学理念。老子和庄子对"道"的本体论性质的这种不同的理解（"实体性"与"总体性"），就产生了他们的世界自然图景中的一个明显的分歧：世界或万物有无开始？在老子看来，万物由"道"产生，世界万物当然是有开始，而且是唯一地、必然地由"道"开始。然而从庄子那种融入、涵盖一切事物和状态的总体的"道"的立场观察，世界的存在既无开始，也无终结，"道无终始"。这样，"有始"或"无始"就成了区分老子和庄子自然观的标志，甚至也可作为区分老、庄认识论、人生哲学的外在标志：

| 区分老、庄的基本方面 ＼ 区分老、庄的外在标志 | 老子：有始（元始） | 庄子：无始（未始） |
|---|---|---|
| 1. 本体论：宇宙的最初状态 | 有物混成，先天地生，可以为天下母……字之曰"道"。（第25章）道生一，一生二，二生三，三生万物。（第42章） | 道未始有封。（《齐物论》）道无终始。（《知北游》） |
| 2. 认识论：认知的最高层次 | 能知古始，是谓道纪。（第14章） | 有以为未始有物者，至矣，尽矣，不可加矣。（《齐物论》《庚桑楚》） |

续表

| 区分老、庄的外在标志<br><br>区分老、庄的基本方面 | 老子:有始(元始) | 庄子:无始(未始) |
|---|---|---|
| 3. 人生哲学:境界的最高层次 | 孔德之容,惟道是从……以阅众甫。(第21章)<br>天下有始,以为天下母。既得其母,以知其子,既知其子,复守其母,没身不殆。(第52章) | 彼至人,归精神乎无始。(《列御寇》)<br>圣人……未始有始。(《则阳》) |

可见，由于老子的"道"具有某种能产生万物的实体的性质，世界从它那里开始，所以老子以"道"为对象、为内容的最高层次的认知活动和精神境界也必然包含"有始"（即最初的元始）的观念成分；庄子的"道"不具有"实体"性质，而是无所不包的世界总体实在，无始无终是它的特征，所以"无始"也就成了庄子最高的、"道"的层次的认知和精神境界的特征。

对"道"的本体论性质的不同理解，使老子和庄子对体现"道"的万物存在形式或运动过程的观点也不相同。老子的"道"从本体论意义上说，是某种产生万物、开始万物的超验的、实体性的实在，既然有开始（"有"），那么一定有终结（"无"）。这样，在老子那里，"道"的存在就表现为万物在"有""无"两极间往返运动的过程，表现为万事万物在任何两个对立的性质间往返运动的过程。老子将"道"的这种存在形式或事物形成过程概括为"反"："反者道之动……天下万物生于有，有生于无"（第40章）。庄子的"道"是一种包容和融入一切事物和状态的世界总体性实在，这样，"道"的存在形式、过程性质，就不是事物在某两种对立性质间的往返运动，而是事物在一切性质中，在全部可能性的范围内无始无终、没完没了的变化。与老子"道"的过程性质是"反"相比而言，庄子"道"所表现出的万物存在形式或过程是"化"。如《庄子》中多次写道"万物皆化"（《至乐》），"物之生也，若骤若驰，无动而不变，无时而不移，何为乎，何不为乎？夫固将自化"（《秋水》），"万物皆种也，以不同形相禅，始卒若环，莫得其伦"（《寓言》）。可见，老子和庄子的自然哲学为我们描绘了两种迥然不同的世界自然图景。在《老子》

的世界里，事物的存在是相互依存的，而不是孤立的、事物的运动，或者说"道"的过程性质是两种对立性质的存在的相互转化，"正复为奇，善复为妖"，"祸兮，福之所倚；福兮，祸之所伏"（第58章）。但在《庄子》的自然图景里，万物都是在完全独立地、自由地变化着，"浸假而化予之左臂以为鸡"，"浸假而化予之右臂以为弹"，"浸假而化予之尻以为轮"（《大宗师》）。并且，庄子还认为，虽然就事物个体来看，"万化而未始有极也"（《大宗师》），以不同性状绵延禅变，是没有终极之时的；但就世界整体而言，"万物皆出于机，皆入于机"（《至乐》），万化的总体过程是既无起点、又无终点的永恒循环。因此，如果将老子和庄子的不同世界自然图景，即作为"道"的体现的万物存在的形式和过程——"反"与"化"，加以形式的、几何学的简单描述，那么可以说，老子是有两个端点的"线段"，庄子是无端点的"圆"。

总之，《老子》和庄子分别对"道"的本体论性质所作的实体性的规定和总体性的理解，是老子思想和庄子思想差异的最深刻的一个理论因素。

第二，人生哲学：人生追求和处世态度。庄子思想和老子思想的差异更加明显地表现在人生哲学上。如前所述，庄子的人生追求最根本的内容是一种对精神上的"逍遥"的追求，即从精神上摆脱生死、时命、情欲等构成的人生困境，而获得一种无任何负累的自由自在的心境，"彷徨乎尘垢之外，逍遥乎无为之业"（《大宗师》）。而这种精神自由的人生追求，又决定了庄子超脱世俗，"恶能愦愦然为世俗之礼，以观众人之耳目哉"（《大宗师》）的处世态度。应该说，这是较高文化层次和精神层次上的人生追求和处世态度。从《老子》中看，老子所提出的人生目标不是高远，而是基本，它就是人的存在本身——生命。这一目标在人的生活的社会层面和自然层面上分别叫"全身"和"长生"。如《老子》说，"名与身孰亲？身与货孰多？得与亡孰病？是故甚爱必大费，多藏必厚亡，知足不辱，知止不殆，可以长久"（第44章），"见小曰明，守柔曰强，用其光，复归其明，无遗身殃，是为习常"（第52章），此是"全身"。又说，"治人事天莫若啬……是谓深根固柢，长生久视之道"（第59章），"盖闻善摄生者，陆行不遇兕虎，入军不被甲兵……夫何故？以其无死地"（第50章），此是"长生"。虽然从人的生理意义上说，全身、长生是一件事，但在《老子》这里却有区别："全身"是说人在社会生活中要善于保全自己的生命机体，它决定于也表现为一种"守柔"退让、"知足"免殃、"不敢为天下先"（第 67 章）的处世态度，"长生"是指不能戕伤自己的自然本性，它导向某种"深根固柢"（第 59 章）的养生方法。

庄子和老子在人生追求上的精神自由与健全生命之间的不同，决定了他们在处世态度上超脱世俗与谦退自处之间的差异；而这种差异又显示出，在庄子和老子的人生哲学中，目的和手段这对价值范畴之间的关系有所不同。在庄子人生哲学里，"逍遥"的人生追求和超脱的处世态度不仅是一致的，而且是同一的，目的和手段没有出现分离，所以如前面所论述，庄子的处世态度（超世、顺世、遁世）本身也就是他追求的"无待""无累"的自由精神境界的表现。在老子这里情况不是这样，目的和手段已经分离，或者确切地说，虽然仍是一致，但却不是同一。"弱之胜强，柔之胜刚"（第 78 章），"守柔"是为了达到它的对立面"刚强"。"曲则全，枉则直，洼则盈，敝则新，少则得，多则惑"（第 22 章），这就是说，老子认为"全身""长生"必须通过它的对立面"枉""曲""少""损"才能取得，"天地……以其不自生，故能长生"，"圣人……外其身而身存"（第 7 章），所以，老子的处世态度就不是直接映现他的精神境界，而是表现着一种人生经验、生活智慧。在一定的条件下，这种智慧的处世态度，就由"守柔"的求生存，转变为"以柔胜刚""欲取固与"（第 36 章）的以权术求发展、求用世。如《老子》说，"我有三宝，持而保之：一曰慈，二曰俭，三曰不敢为天下先。慈故能勇，俭故能广，不敢为天下先故能成器长"（第 67 章），"以正治国，以奇用兵，以无事取天下"（第 57 章），这与庄子"孰弊弊焉以天下为事"（《逍遥游》）的态度何其相反乃尔！

庄子和老子的人生哲学，由人生追求的不同开始，最后表现生活目标和手段的同一或分离，处世态度在性质上是体现精神境界或是反映生活智慧的差别，这些，在他们对一个重要范畴——"无为"的理解中尤为清楚地显示出来。在庄子这里，一方面，"彷徨乎无为其侧，逍遥乎寝卧其下"（《逍遥游》），"无为"显然是一种行为态度；另一方面，"彷徨乎尘垢之外，逍遥乎无为之业"（《大宗师》），"无为"本身也就是一种境界，是庄子追求的人生目标。但对于老子，"无为之有益"（第43章）、"无为故无败"（第64章）、"无为而无不为"（第48章），"无为"纯粹地成了一种行为态度，一种处世手段，故《老子》一再说："为无为，则无不治。"（第3章、第63章）

总之，庄子的人生追求是一种高远的个人精神上的自由，以不同方式（超世、遁世、顺世）与世俗生活保持着距离，这种"逍遥"的超脱，并不是出世而归向彼岸，而是在现实生活中对心境作返归自然的理性净化。老子则是倾心于个人生命的健康和长久的存在，对驾驭世俗生活表现了极大的兴趣，"事善能，动善时"（第8章），时时显露着智慧或权谋。庄子和老子人生哲学上的这种差异，在某种程度上也就是庄子、老子思想在总的内容特色上的差异：一个显示出高远超脱的精神境界，一个充盈着丰富深刻的生活智慧。

第三，认识论：感性对象（万物）的相对性和最后根源（"道"）的超验性。庄子思想和老子思想在认识论上的差异，主要表现在他们对先秦哲学认识论中的两个困难的问题——对具体事物感性的、表象的认识的不确定性的困惑的消除和对形上的、超验的万物最后根源的认识途径的寻求——有不同的解决方法。如前所论，庄子对于感性认识不确定性引起的困惑，是用相对主义来加以解释的。一方面，就具体的感性事物来说，"万物皆种"（《寓言》）、"万物殊性"（《秋水》），万物皆有自己独立的本性，"是非之途，樊然散乱"（《齐物论》），令人迷惘；另一方面，从自然整体的角度上看，"万物皆一"（《德充符》）、"万物一府"（《天地》），这种差别又是不存在的。这两种观念叠合起来，就形成了庄子的相对主义，即从自然主义的、"道"的立场上观察，万物在感性的、表象意义上的千差万别，实际上是相对的，"以道观之……万物一齐"（《秋水》）。老子不是用相对主义，而是用辩证法来消除这种感性认识樊然淆乱的差别所带来的困惑。《老子》说，"天下皆知美之为美，斯恶矣；皆知善之为善，斯不善矣，故有无相生，难易相成，长短相形，高下相倾"（第2章），也就是说，在老子看来，事物的性质，如美或丑、善或恶，以及长短大小，等等，都一定是在其相互的对立和差别中显示其存在的，没有对立或差别的孤立事物，是无法认识的。可见老子和庄子不同，不是在具体的对立的感性表象事物之外或之上引进某种总体的、统一的存在用相对性的理性观念来包容这种差别带来的认识上的困惑，而是就在这种差别或对立本身中揭示出其所内蕴的辩证性质，从而完全消解了这种困惑。

对于超越感性经验的、作为世界最后根源的"道"的认识方法或达到的途径，老子和庄子也颇有不同。前面亦已经论述，庄子达到"道"的途径是"体道"，是对已设定的某种世界总体实在的体认；其由"外天下""外物"到"外生"的过程，也不是认识的丰富过程，而是境界的提高过程；最后"入于不死不生"的"撄宁"（《大宗师》），也不是"道"作为认知对象被确认，而是作为精神境界被实现。一言以蔽之，庄子走向"道"的途径，在性质上是一种精神修养的、超理性的实践过程。老子的思想不是这样，《老子》说，"致虚极，守静笃，万物并作，吾以观复。夫物芸芸，各复归其根，归根曰静，是曰复命，复命曰常，知常曰明"（第16章），"涤除玄鉴①，能无疵乎"（第10章）。即老子认为，通过对万物状态作客观的"静观"，如同无垢之"玄镜"，追索、洞察、确认其最终的归向，就可以认识到万物之"根"，或称之为"命""常"。换言之，在老子看来，作为世界万物根源的"道"是可以通过一种抽象的、深入的理性思索去把握的，去"明"的。所以在老子思想中，通向"道"的途径，在性质上仍是一种理性的认识过程，与庄子达到"道"的境地在方法、过程、结局上都是迥然有别的。试对照如下：

| 比较的内容<br>比较的对象 | 认识或达到"道"的方法 | 其过程 | 其结局 | 其性质的评定 |
|---|---|---|---|---|
| 庄子 | 体道（体验） | 外天下—外物—外生 | 入于不死不生（撄宁） | 精神修养的超理性实践过程 |
| 老子 | 静观（确认） | 虚静—观物复根 | 知常（明） | 抽象思索的理性认识过程 |

总之，在先秦，庄、老异同构成一种甚为奇特的理论现象：从其和儒、墨相对立的学术背景上看，庄、老之同大于异，就其各自的学说思想

① 通行本作"览"，此据马王堆帛书乙本作"鉴"。

内容看，庄、老之异大于同。

（4）庄子与关尹、列子 《天下篇》明确地把关尹、老聃作为一派加以叙述的，《达生篇》记述了列子向关尹问学，显然是师生关系，所以在先秦道家的老子派中，从《庄子》的记述中看，还有了关尹、列子（《列御寇》）二人。关尹、列子虽然没有留下直接的思想资料[1]，也没有在《庄子》《吕氏春秋》以外的其他先秦典籍中出现[2]，但根据《庄子》的记载，关尹的思想观点和庄子思想的异同也还是清晰可辨的。

十分显然，关尹的"以本为精，以物为粗"（《天下》）的理论宗旨，和庄子"可以言论者，物之粗也；可以意致者，物之精也"（《秋水》）的观点；"其动若水，其静若镜，其应若响"（《天下》）的应事接物态度，和庄子的"至人之用心若镜，不将不迎，应而不藏"（《应帝王》）之论，都是一致的。但关尹和庄子对"至人"境界的理解是很不相同的。《庄子》写道：

> 子列子问关尹曰："至人潜行不窒，蹈火不热，行乎万物之上而不慄。请问何以至于此？"关尹曰："是纯气之守，非知巧果敢之列……一其性，养其气，合其德，以通乎物之所造。夫若是者，其天守全，其神无却，物奚自入焉！……"（《达生》）

前面已经论述，庄子理想人格（"至人""真人""神人""圣人"）的精神境界——通过"去欲""去故""体道"等精神修养方法而形成的一种无任何负累（"无待"）的精神状态、心理环境，既具有真实性（恬静的心境），也包含着理想因素（绝对的自由）和幻想成分（超人的性能），而关尹和列子在这里所讨论的"至人"境界，基本上不是人的这种精神性质的存在状况，乃是一种通过人体内在生理潜能（"纯气"）的修炼而获得的某种超人的、可以避除任何外物伤害的特异功能。这种以"纯气之守"的修炼而达到"至人"境界的方法，就关尹、列子的立场看，是

---

① 今本《关尹子》《列子》皆有佛家语汇，系魏晋时人纂作。
② 《尸子·广泽》有"列子贵虚"一句，但《尸子》乃系后人纂作、辑佚之书。

使庄子幻想变成现实的正确途径，但在庄子立场看，这却仍是"有待"，他批评列子说：

> 夫列子御风而行，泠然善也，旬有五日而后反。彼于致福者未数数然也。此虽免乎行，犹有所待者也。若夫乘天地之正，御六气之辩，以游无穷者，彼且恶乎待哉！（《逍遥游》）

即在庄子看来，关尹、列子虽能"若水""若镜""若响"，毫无用心于世俗外物，但却劳心于"守气""御风而行"，所以仍是"犹有所待者也"。只有完全地因任自然（"乘天地之正，御六气之辩"），无所用心，无有负累，才是"无待"的"至人"境界。可见庄子和关尹对"至人"境界的理解及其实现方法都是有所不同的。

**2. 庄子与稷下道家及黄老之学**

在《天下篇》中，先秦以"道"为理论标志的学派，除了关尹、老聃派和庄周派外，就是彭蒙、田骈、慎到派了。根据前已引述的《史记》的记载，慎到、田骈都是齐宣王时的"稷下学士"，所以可以说田骈、慎到是稷下诸多学派中的道家学派。从《庄子》的记述来看，这个学派不像老子和庄子之间有密切的关系，而是似乎无论和庄子或老子都没有发生什么关系。从先秦的其他典籍（如《荀子》）和现存尚为可信的《慎子》辑本的记述来看，由这个学派的不同于老、庄思想的那个方面，产生出一种新的理论发展方向，即由"道"而引申出"法"，由"法"而肯定"礼"。沿着这个理论方向的进一步发展，就出现了"黄老"之学。具有折中、综合的思想特色的黄老之学，又从《庄子》中吸取了很多的概念、命题等思想资料。这些，就是我们在这个题目下需要考察的内容。

（1）庄子思想与慎到思想的异同　稷下道家学者中，慎到的思想资料较为丰富，所以这里就以他为代表，来比较一下这个学术派别和庄子思想的异同及其显示的新的理论方向。

《天下篇》记载慎到派关于"道"的基本观念是"天能覆之而不能载之，地能载之而不能覆之，大道能包之而不能辩之……选则不遍，教则不至，道则无遗者矣"。也就是说，"道"是无所不在、无所不包的，"道"

是不能分的整体。"道"的周遍性是慎到派所认识的"道"的最重要性质，这和老子派具有实体性的"道"的观念有所不同，而和庄子派总体性的"道"的观念是一致的。由这个"道无遗者"的基本观点出发，慎到派得出两个方面的结论。一个是对待自然事物的，"齐万物以为首"（《天下》）。即从"道"的整体观念来观察，"万物皆有所可，有所不可"（《天下》），万物是齐一的，无分别的。一个是在社会生活中的，"弃知去己而缘不得已，泠汰于物以为道理"（《天下》），也就是要因循事物固有之理，弃绝人为，所以慎到"笑天下之尚贤，非天下之大圣"（《天下》）。到这里，慎到和庄子仍然保持着一致，如前所述，"万物皆一也"（《德充符》）、"万物一齐"（《秋水》）、"离形去知同于大通"（《大宗师》）、"去知与故，循天之理"（《刻意》）等也正是庄子的基本观点。但是，由这里再向前跨进一步，慎到和庄子之间就出现了深刻的分歧，各自行进在不同的理论方向上了，其主要之点有二。

第一，在人生哲学观点上：自由的获得与自由的丧失。正如前面已多次论及的那样，庄子的齐一万物、因任自然的基本观点，在理论上都是指向对世俗束缚的冲击，对人生困境的摆脱，从而获得一种"无待"的，即绝对的精神自由，一种"上与造物者游，下与外死生无终始者为友"（《天下》）的无任何负累的超然心境。在庄子看来，这无疑是作为人的存在的最高境界，是人性的真正实现。然而在慎到那里，"泠汰于物，以为道理"，即听任、因循事物固有之理的基本思想却导向另外一种人生表现，产生了另外一种精神状态。《天下》描述慎到的人生态度说：

> 椎拍輐断，与物宛转，舍是与非，苟可以免，不师知虑，不知前后，魏然而已矣。推而后行，曳而后往，若飘风之还，若羽之旋，若磨石之隧，全而无非，动静无过，未尝有罪。

也就是说，慎到把本质上总是体现着一种追求、跃动着某种精神因素的人的存在过程，看成应当是如同羽毛飞旋、磨石转动的机械的、无目的物的运动状态。显然，这是完全屈从于、湮灭于外物，从而完全丧失了作为人的自觉存在的一种精神状态，一种贫瘠的、死寂的人生表现。慎到的人生哲学和庄子如此大相径庭，以致庄子的后学、《天下篇》的作者批评说：
"慎到之道，非生人之行而主①死人之理，适得怪焉……慎到不知道！"
（《天下》）

第二，在社会政治思想上：否定礼义与推崇法、礼。庄子从"同于大
通""循天之理"的自然主义立场上所作出的观察和得出的结论，是对人
为的"礼义"制度和规范的彻底的否定。庄子认为，"圣人之治也……确
乎能其事者而已矣。且鸟高飞以避矰弋之害，鼷鼠深穴乎神丘之下以避熏
凿之患，而曾二虫之无知？"（《应帝王》）即是说，人按其自然本性来说，
如同鸟知避矰弋、鼠知避熏凿，皆知保护自己，皆能治理自己，无须人为
的伦理制度来加以规范约束。所以庄子否定地说："经式义度……是欺德
也，其于治天下犹涉海凿河而使蚊负山也"（同上），"礼法度数形名比
详，治之末也。"（《天道》）但是，慎到和庄子不同，他从人的自然本性
这个观察点却得出相反的结论。慎到说："天道因则大……因人之情也，
人莫不自为也"（《慎子·因循》），"能辞万钟之禄于朝陛，不能不拾一金
于无人之地，能谨百节之礼于庙宇，不能不弛一容于独居之余，盖人情每
狃于私故也。"（《慎子·逸文》）这里，显示出慎到的社会政治观点实际
上包含着两个原则："天道"——"因人之情"；"人情"——"每狃于
私"。这样，慎到就把限制、治理"人情"之"私"，确定为是完善社会
生活的主要目标；正是为了实现这个目标，慎到引进了"法"，并进而也
肯定了"礼"。慎到说：

> 法之功，莫大使私不行……事断于法，是国之大道也。（《慎
> 子·逸文》）
>
> 法制礼籍，所以立公义也。凡立公，所以弃私也。明君动事分功
> 必由慧，定赏分财必由法，行德制中必由礼。（《慎子·威德》）

于是，原来主张无为自然、反对人为"礼""法"的先秦道家社会思想在

---

① 郭庆藩《庄子集释》本作"至"，此据陶庆鸿《读庄子札记》订正为"主"字
之误。

这里发生了一种理论上的转机:"法"被崇尚,"礼"受肯定。在慎到派开始的这一新的理论方向上,产生了新道家——黄老之学。

慎到还崇尚"势",认为"尧为匹夫,不能使其邻家,至南面而王,则令行禁止,由此观之,贤不足以服不肖,而势足以屈贤"(《慎子·威德》)。显然,"势"是权力带来的一种特殊的社会效应,不具有"公"的法的本性,所以荀子批评慎到"尚法而无法"(《荀子·非十二子》)。在黄老之学中,"势"的思想没有发展而被弃置。

(2)庄子与早期黄老之学 由慎到开启到战国后期、秦汉之际发展起来的新道家,其思想主要特点,是在以"道"为理论主体的观念系统中,吸收、融合了被早期道家(老子、庄子)所否定的"法""礼"的观念。具有这个思想特点的新道家,在司马迁《史记》中被称为"黄老之学":"慎到、田骈……皆学黄老道德之术。"(《史记·孟子荀卿列传》)黄老之学虽然在西汉初六七十年中方达于鼎盛,但它的主要思想内容在战国后期、秦汉之际的黄老之学著作里都已形成。这里姑且以《管子》中具有明显新道家思想特点的四篇——《枢言》、《心术》(上下)、《白心》、《内业》为代表,比较一下早期黄老之学和庄子思想的异同及其受到来自《庄子》的影响。

首先,不难看到庄子思想与《管子》四篇在基本观念上的相通。今存《管子》七十六篇,包含着儒、法、道、兵、阴阳、轻重等诸家十分芜杂的内容,时间跨度从战国齐国稷下学者到秦汉理财家也很长,判定以上《管子》四篇为道家思想著作的主要根据,就是它有两个基本观念和道家——这里我们以庄子为代表——相通或相同。

第一,"道"为万物根源并具有周遍、超验的性质。作为道家思想最重要的理论标志的"道"为万物根源的观念,在《管子》四篇中有明确的表述:"凡道,无根无茎,无叶无荣,万物以生,万物以成,命之曰道。"(《内业》)此外,从《管子》四篇来看,"道"的最明显的性质,一是它的无所不在、无所不是的周遍性,即"道在天地之间也,其大无外,其小无内,故曰不远而难极也,虚之与人也无间"(《心术上》),"道之大如天,其广如地,其重如石,其轻如羽"(《白心》),"道满天下,普在民所"(《内业》),等等。一是它不能为感性认识所把握的超验性,即

"道也者，动不见其形，施不见其德，万物皆以得，然莫知其极"（《心术上》），"不见其形，不闻其声，而序其成，谓之道"（《内业》）。这些观点和庄子"道者，万物之所由也"（《渔父》），"夫道，于大不终，于小不遗，故万物备"（《天道》），"道不可致"（《知北游》）的自然哲学观点显然是十分相通、相近的。

第二，清静无为的心性修养方法和目标。如前所述，"平易恬淡""去知与故"（《刻意》），从而获得一种恬静的心境，一种"造乎道者无事而生定"（《大宗师》）的境界，是庄子精神修养的基本方法和目标。这种精神的、心性的修养方法也正是《管子》四篇所提倡的"君子不怵乎好，不迫乎恶，恬愉无为，去智与故"（《心术上》）；而这种境界也正是为《管子》四篇所追求的"圣人与时变而不化，从物而不移，能正能静，然后能定"，"修心静音，道乃可得"（《内业》）。可见，《管子》四篇在精神修养的方法和目标上显然也是和庄子十分接近的。

其次，《管子》四篇尽管在上述两个基本观念上和庄子相通相同，但是在另外两个基本观念上却有深刻的差异，并由这种差异引导出一系列具体结论上的不同。

第一，"道"与"气"的界限。在庄子思想中，"道"与"气"是两个属于不同层次、有不同内涵的、因而界限可以清晰区分的哲学概念或范畴。庄子的"道"，是一种作为世界根源的，具有周遍、超验、总体实在等性质的最高哲学范畴，所谓"道通为一"（《齐物论》）是也，而"气"则是一种构成万物基始的物质因素的自然哲学概念，所谓"通天下一气耳"（《知北游》）是也。在《管子》四篇中，"道""气"的界限已经模糊，已经混同，出现可以以"气"释"道"、以"道"释"气"的情况，例如：

| 以"气"释"道" | "道"的性质（根源、周遍、超验） | "气"具有"道"的性质 |
|---|---|---|
| | 凡道，无根无茎，无叶无荣，万物以生，万物以成。（《内业》）<br>夫道，寂乎莫闻其音，卒卒乃在于心，冥冥乎不见其形，淫淫乎与我俱生。（《内业》） | 精也者,气之精者也。（《内业》）<br>凡物之精,化则为生,下生五谷,上为列星,流于天地之间,谓之鬼神,藏于胸中,谓之圣人。是故此气,杲乎如登天,杳乎如入于渊,淖乎如在于海,卒乎如在于己。（《内业》） |

| 以"气"释"道" | "道"的性质(根源、周遍、超验) | "气"具有"道"的性质 |
|---|---|---|
| 以"道"释"气" | "气"的性质(构成万物的基始) | "道"具有"气"的性质 |
| | 有气则生,无气则死,生者从其气。(《枢言》)<br>气者,身之充也。(《心术下》) | 道也者……人之所失以死,所得以生也。(《内业》)<br>夫道者,所以充形也。(《内业》) |

这种情况表明,《管子》四篇作者的哲学意识或理性抽象程度有所降低,他把作为世界根源的抽象的理性观念("道")和作为万物最后构成的具有某种感性表象性质的观念("气")混同起来。这是此后黄老之学的自然哲学共同具有的一个理论上的弱点。

第二,"天"与"人"的关系。在庄子思想里,"天"(一切自然)与"人"(一切人为)是处在完全对立的位置上,"天之小人,人之君子"(《大宗师》)。庄子主张返归自然,弃绝人为,所以一再说,"不以人助天,是之谓真人"(同上),"古之人,天而不人"(《列御寇》),"无以人灭天"(《秋水》),"无以人入天"(《徐无鬼》)。完全可以说,"天人对立"是庄子所认识的人的生存环境的基本格局,而"天而不人"则是庄子思想的基调。在《管子》四篇中,人的生存环境的基本格局不再是"天"与"人"这两个基本方面、两类不同性质的事或物的对立,而是天、地、人这三个主体和谐一致的共存。《管子》四篇写道,"天主正,地主平,人主安静"(《内业》),"天以时使,地以材使,人以德使"(《枢言》),"天或维之,地或载之,人有治之"(《白心》)。即在四篇的作者看来,人以自己的秉性(静因自然)、品德(德行修养)和能力(治理万物)与构成人的生存环境的另外二个主体天、地形成的是一种既有差异又相辅助的关系。应该说,对于人的生存环境的这种结构观念,在慎到思想里也就有了,慎到曾说:"天有明,不忧人之暗也;地有财,不忧人之贫也;圣人有德,不忧人之危也。"(《慎子·威德》)显然,在这种天、地、人异性异能而又相辅相成的生存环境格局中,庄子思想中的那种"天"与"人"的对立已经消除。这一道家基本观念①上的变更、差异,使

---

① 《老子》虽有"道大、天大、地大、人亦大。域中有四大,而人居其一焉"(第25章)之说,但又说"天之道,损有余而补不足;人之道则不然,损不足以奉有余"(第77章),天人对立的观念还是很鲜明的。

《管子》四篇在下面二个重要的思想观念上也和庄子迥然不同。

其一，"道德"与"礼法"对立的消除。在早期道家思想中（老子、庄子），"道德"作为"天"（自然）的体现，和人为的"礼法"是绝对对立的。如《庄子》说："道德不废，安取仁义；性情不离，安用礼乐……残朴以为器，工匠之罪也；毁道德以为仁义，圣人之过也。"（《马蹄》）在《管子》四篇中，"天人对立"的格局已经消逝，新出现的是一种天、地、人各以其性其能相扶而立的环境结构，"礼""法"不再以一种和"天"（自然）对立的人为造作（"人"）的性质而出现，而是一种人所固有或应有的、藉以和天、地共存的那种秉性、品德和能力的表现。如《管子》四篇写道：

> 凡民之生也，必以平正，所以失之者，必以喜乐哀怒。节怒莫若乐，节乐莫若礼，守礼莫若敬，守敬莫若静，外敬而内静，必反其性。（《心术下》《内业》）
>
> 义者，谓各处其宜也；礼者，因人之情，缘义之理而为之节文者也。故礼出乎义，义出乎理，理因乎宜也。法者所以同出不得不然者也。（《心术上》）
>
> 法出于礼，礼出于治。治礼道也。万物待治礼而后定。（《枢言》）

可见，在《管子》四篇的作者看来，礼、法之属，根源于"道"，符合于"宜"（人之自然情性），是人得以和天、地并立的致静、立德、求治等生存内容所绝对必需的。早期道家在"天"与"人"之间、"道德"与"礼法"之间用较高的理性抽象凿下的深邃鸿沟，被作为新道家开始的《管子》四篇一下就用富有感性经验内容的事实填平了。

其二，名与实（形）对立的消除。《庄子》中写道："名者，实之宾也"（《逍遥游》），"德荡乎名……名也者，相轧也。"（《人间世》）可见在庄子思想里"名"与"实"也是处于相互对立的位置。显然在这里，"名"是人为、人欲的表现，而"实"则是指自然或"道"，所以庄子主张"无名"："圣人无名"（《逍遥游》），"道不私，故无名"（《则阳》）。庄子思想中的"名"与"实"对立是"天"与"人"对立的一种具体表现。当然，"道不当名"（《知北游》），庄子思想中的"名"也有称谓的涵义。和《庄子》相比①，《管子》四篇中"名"的观念有了重要的变化，它保存了《庄子》中"名"的逻辑性内涵（名称），而失去了道家特有的自然主义性质的内涵（人为、人欲），但又增加儒家、法家的伦理性的、法的性质的内涵（名分）。这样，和"名"相对应的，也不再是和它相对立的、体现"道"或自然的"实"，而是具体事物本身的"形"；本质上是天人对立的"名实"问题转化为事物和它的名称、名分应当相符（名正）的"形名"问题；"圣人无名"转变为"圣人有名"。应该说，《管子》四篇中在形名问题上围绕必须"有名"、必须"名正"这两点的论断是十分明确显著的，条列如下表：

| 篇名 | "有名" | "名正" |
|---|---|---|
| 枢言 | 有名则治,无名则乱,治者以其名。 | 名正则治,名倚则乱,无名则死。 |
| 心术上 | 名者,圣人之所以纪万物也。 | 物固有形,形固有名,名当谓之圣人。 |
| 心术下 | 凡物载名而来。 | 凡物载名而来,圣人因而财(裁)之而天下治。 |
| 白心 | 圣人之治也……物至而名自治之。 | 名正法备,则圣人无事。 |

可见，在《管子》四篇中，"名"和"礼"、"法"一样，是人得以和天、地并立的一种自治能力的表现。早期道家名实对立的观念被形名合一（"名正"）的新观念代替了。

总之，"道"与"气"界限的消失，"天"与"人"、"道德"与"礼法"、"名"与"实"（"形"）对立的消失，是《管子》四篇所表现出的与庄子思想的主要理论分歧或差异；正是这些分歧或差异构成了新道家——黄老之学的主要理论特征。

最后，在《管子》四篇里也不难发现一些和《庄子》近乎雷同的命题或文句，这表明它们之间一定有思想资料的相互承接关系。再经比较分析，可以判定，这种承接关系只能是《管子》四篇对《庄子》的承接，而不能是相反，因为这些近乎雷同的文句显示出来的在理论内容方面的关

---

① 《老子》中的"名"除了指名称外，如"道隐无名"（第41章），也有和"道"、自然相对立的人为、人欲的涵义，如"道常无名朴"（第32章）、"名与身孰亲"（第44章）。

系是，《管子》四篇援引《庄子》的论点，阐释《庄子》的观点，变更《庄子》的意境。举例如下：

| 承接关系的具体表现 | 《庄子》 | 《管子》四篇 | 简要分析 |
|---|---|---|---|
| 援引《庄子》的论点 | 人之生，气之聚也。聚则为生，散则为死。（《知北游》） | 故曰：有气则生，无气则死，生者以其气。（《枢言》） | "故曰"一词显然表明是对先前(庄子)理论观点的援引。 |
| | 昔吾闻大成之人曰："自伐者无功，功成者堕，名成者亏。"孰能去功与名而还与众人。（《山木》） | 故曰：功成者堕，名成者亏。故曰：孰能弃名与功，而还以众人同。（《白心》） | |
| 阐释《庄子》的观点 | 为善无近名，为恶无近刑，缘督以为经。（《养生主》） | 为善乎，毋提提；为不善乎，将陷于刑。善不善，取信而止矣，若左若右，正中而已矣。（《白心》） | "正中而已矣"正是对"缘督以为经"的通俗、明确的解释。 |
| 变更《庄子》的意境 | 卫生之经：能抱一乎，能勿失乎，能无卜筮而知吉凶乎？能止乎？能已乎？能舍诸人而求诸己乎？……（《庚桑楚》） | 专于意，一于心，耳目端，知远之证。能专乎，能一乎，能毋卜而知吉凶乎，能止乎，能已乎，能毋问于人而自得之于己乎？（《心术下》） | 此段文句在《庄子》中义为论述心性修养，在《管子》四篇中义为论述认知态度，意境浅化。 |
| | | 能搏乎，能一乎，能无卜筮而知吉凶乎，能止乎，能已乎，能勿求诸人而得之己乎……一意搏心，耳目不淫，虽远若近。（《内业》） | |

从以上的对比分析中完全可以得出这样的结论：以《管子》四篇为开始的新道家思想——黄老之学，在其形成过程中从《庄子》中吸取了不少的理论观点和思想素材。

# 第九章　庄子思想与儒学的
# 三个理论形态

儿学作为中国传统思想的主体，在离开先秦以后经历了曲折的发展历程。在社会生活变革和异己思想的双重作用下，其学说的理论主题（所要解决的主要理论问题）和学术外貌（所使用的主要概念、范畴和命题）都不断地发生变化。在这种变化过程中逐渐凝聚成具有较稳定的、显著的学术内容和思想特征的理论形态或思潮是经学、玄学、理学。庄子思想与这三个儒学理论形态都有密切的而又各有不同的关系。

## 一　庄子与汉代经学

经学是儒学中主导的、贯穿始终的学术内容，是对儒家经典——从汉代的"五经"（《诗》《书》《礼》《易》《春秋》）、"七经"（五经加《孝经》和《论语》），到唐代的"九经"（《诗》、《书》、《易》、三《礼》、三《传》）、"十二经"（九经加《论语》《孝经》《尔雅》），到宋代的"十三经"（十二经加《孟子》）——所蕴涵的固有的思想内容的阐发及其文字、名物的训诂考证。儒学的这种学术形态和规模在汉代就已形成并臻于极盛，历经唐、宋、元、明渐趋衰落，迄至清代又呈现复兴之势，但只是考据方法更趋细密，思想义蕴的发掘则无多新进。所以，这里考察庄子思想与作为一种儒学理论形态或思潮的经学的关系，主要是考察庄子对形成了后来经学基本内容和特征的汉代经学所发生的作用。

汉代经学有今文经学和古文经学之分。汉代今文、古文经学的差别一开始就超越了各自依据的儒家经典不同、文字之异（隶书与籀书）等形式上的对立，而表现出一系列学术观点的对立，同时也显示出基本学术倾向的对立。这种学术倾向的对立或差别，皮锡瑞概括说："前汉今文说，专明大义微言；后汉杂古文，多详章句训诂。"（《经学历史·经学昌明时代》）庄子对于汉代经学的影响或作用，也正是表现在他的某些思想观念渗透进了今文经学家的"大义微言"中，而《庄子》中丰富的博物、历史材料常为经学家的"章句训诂"所援用。

### 1. 汉代经学在哲学思想上和庄子思想的对立与承袭

从比较广泛的意义上说，汉代经学的义理内容可以归纳为两个方面：一个是社会伦理道德最高本原的论证，一个是自然和社会整体的内在秩序的探索。用董仲舒的话，前者叫"求王道之端"，后者是"观天人相与之际"（《汉书·董仲舒传》）。试图发现自然和社会整体的内在秩序并在社会生活实践中加以运用，是汉代经学中《易》学的最主要的理论追求和理论创造。体现和代表这一学术方向的汉《易》象数学，诸如孟喜的"卦气说"，京房的"八宫卦说"，郑玄的"爻辰说"，虞翻的"卦变说"，等等，尽管具体内容甚有不同，但他们的理论模式和思维方法却是完全一致，都是相信并努力于依据六十四卦而组合排列出、建构出一种逻辑结构，用以解释、预推自然和社会已发生和将发生的一切。如京房说："筮分六十四卦，配三百八十四爻，序一万一千五百二十策……阴阳运用，一寒一暑，五行互用，一吉一凶，以通神明之德，以类万物之情，故易所以断天下之理，定之以人伦而王道明。"（《京氏易传》卷下）汉代《易》象数学家"天人相与"的观念，即自然和社会具有整体的内在秩序的信念，实际上是把六十四卦内含的用初等数学排列组合所揭示出的数的内在逻辑，移化为宇宙万事万物的内在逻辑，本质上是一种经验性质的必然性的信念。而这种思想观念是庄子思想所没有的，甚至恰是相反的。庄子认为万物"固将自化"（《秋水》），万物"以不同形相禅"而"莫得其伦"（《寓言》）。即在庄子思想中万物之间的内在秩序性、必然性是不存在的。所以，汉《易》象数学的哲学观念和庄子思想之间除了个别概念用语稍涉姻联①，在根本思想上是完全对立的。

汉代经学对社会伦理道德最高的或最初的本原的追寻则在"春秋公羊学"中有突出的表现。以董仲舒为代表的汉代公羊学对这个本原有两个称号：一是"元"，"元者为万物之本"（《春秋繁露·玉英》）；一是"天"，"天者，万物之祖"（《春秋繁露·顺命》）。这两个称号有所区别。"元"是就本原应是万事万物存在时间的开始的意义上说的，如董仲舒说，"元犹原也，其义以随天地终始也"，"谓一元者，大始也"（《春秋繁露·玉英》）。在公羊学家看来，在时间上是开始的，在伦理上就是神圣的，所以"元"的概念也有伦理的涵义。《春秋》记事的第一句话是"元年春王正月"，董仲舒发挥"大义微言"说，"《春秋》何贵乎'元'而言之？元者，始也，言本正也"（《春秋繁露·王道》），"《春秋》之道，以'元'之深，正天之端（即《春秋》首句'春'也）。以天之端，正王之政，以王之政正诸侯之即位，以诸侯之即位正竟内之治"（《春秋繁露·玉英》《二端》），可见，公羊学家的"元"蕴涵着封建的伦理政治制度是神圣的思想观念。"天"是就本原是人和万物创造者、主宰者的意义上说的，亦如董仲舒说，"天之为人性命，使行仁义而羞可耻"（《春秋繁露·竹林》），"天者，群物之祖也，故遍覆包涵而无所殊，建日月风雨以和之，经阴阳寒暑以成之"（《汉书·董仲舒传》），"天者，百神之君也"（《春秋繁露·郊义》）。显然，公羊学家的"天"实际上是一种有意志的人格神，"天之为言镇也，居高理下为人镇也"（《白虎通》卷八）。社会伦理道德体现着"百神之君"的意志，因而都是神圣的、合理的；"《春秋》之道奉天而法古"（《春秋繁露·楚庄王》），从"天"那里寻找一切社会政治行为的最后根据是汉代公羊学家的最重要的原则。

不难看出，公羊学家对被他们认作是世界最高本原的"天""元"的性质，主要是从伦理的、宗教的方面加以论述和规定的，这和追寻"未始有始"和认为万物"自化"的庄子思想在理论形态和内容上都是对立的。而且相比之下，公羊学家的哲学观念显得粗糙、肤浅。

---

① 例如，京房说，"人事吉凶见乎其象，造化分乎有无"（《京氏易传》卷上《乾》），虞翻说，"太极，太一也。分为天地，故生两仪也"（李鼎祚《周易集解》卷十四）。"造化""太一"等词均为《庄子》所出。

但是，公羊学家对作为本原的"元""天"也有一种自然主义的解释。如说"元者，气也。无形以起，有形以分，造起天地，天地之始也"（何休《公羊解诂》卷一），"天、地、阴、阳、木、火、土、金、水，与人而十者，天之数毕也"（《春秋繁露·天地阴阳》），"天地之气，合而为一，分为阴阳，判为四时，列为五行"（《春秋繁露·五行相生》），"天地之精，所以生物者，莫贵于人"（《春秋繁露·人副天数》），等等。按照公羊学家的这种解释，"天"或"元"就是充盈于宇宙间的浑一之"气"，一切自然事物（天地、阴阳、五行）和人，都是由"气"构成的具体的存在形态。十分显然，在这个意义上的"元者为万物之本""天者万物之祖"的命题，就失去了伦理的、宗教的内容，而唯一地和庄子"通天下一气"（《知北游》）的自然哲学观点相同了。

在公羊学家对"天人相与之际"——天人感应的论证中，也同时既有神学的内容，也有自然主义的内容。例如董仲舒一方面说，"国家之失乃始萌芽，而天出灾害以谴告之；谴告之而不知变，乃见怪异以惊骇之；惊骇之尚不知畏恐，其殃咎乃至。以此见天意之仁而不欲陷人也"（《春秋繁露·必仁且知》），也就是认为人间（君主）行为的善恶，必将招来"天"以相应的灾害怪异现象的反应，"天人相与之际"显现着作为最高主宰"天"的意志和目的。另一方面董仲舒又说，"试调琴瑟而错之，鼓其宫则他宫应之，鼓其商而他商应之，五音比而自鸣，非有神，其数然也。美事召美类，恶事召恶类，类之相应而起也，如马鸣则马应之，牛鸣则牛应之。帝王之将兴也，其美祥亦先见；其将亡也，妖孽亦先见，物固以类相召也"（《春秋繁露·同类相助》）。这样，天人之间的相互感应不再是一种"天"或"神"的意志的表现，而是如同宫应宫、商应商、马应马、牛应牛那样自然的、机械的同类相应了。也很显然，公羊学家对天人感应的神学目的论的论证和庄子思想是对立的。庄子的自然哲学认为万物"自化"，根本上否定万物本身之外、之上还存在某种决定性的、具有意志、目的的主宰。所以《庄子》写道："鸡鸣狗吠，是人之所知，虽有大知，不能以言读其自化，又不能以意其所将为。"（《则阳》）但公羊学家的"同类相动"的机械论的论证，却和庄子"同类相从，同声相应，固天之理也"（《渔父》）的自然哲学观点相符，并且言语的表述和援用的例证也近乎相同：

以阳召阳，以阴召阴……为之调瑟，废一于堂，废一于室，鼓宫宫动，鼓角角动，音律同矣……（《徐无鬼》）

物固相累，二类相召也。（《山木》）

完全可以推断，在这里董仲舒对庄子思想有所承袭。也可以一般地说，在汉代以后的儒学发展进程中，不仅是经学，而且也包括下面将要论及的玄学、理学，尽管其社会政治伦理观点和庄子思想处于尖锐的对立状态，但在自然观上却总是也摆脱不了对庄子思想的某种依赖，很容易在这个范围内发现其蹈袭庄子思想或命题、概念的痕迹。

**2. 汉代经学对《庄子》思想资料的援用**

汉代经学在阐发儒家经典的义理内容时，不仅承袭、吸收了庄子自然观中的某些思想观念，而且还直接援用了《庄子》中的人物、故事等思想资料，今文经学的《韩诗外传》是典型代表。

《韩诗外传》是汉文帝时《诗》博士韩婴所作。《汉书·儒林传》说，"婴推诗人之意而作内外传数万言"，《内传》在两宋间亡佚，只有《外传》尚存。现存《韩诗外传》的体例，大都是先讲一个故事或作一番议论，然后引《诗》以证。这些故事或议论有相当一部分源自《庄子》而又有所改变，基本情况是。

第一，增益《庄子》中故事的情节内容。《庄子》中有则关于曾子的故事：

曾子再仕而心再化，曰："吾及亲仕，三釜而心乐；后仕，三千钟而不洎，吾心悲。"（《寓言》）

这则记事很简单，意思是说曾子前后两次为官，但心境却有很大的变化。初次做官时，俸禄很低（"三釜"），但能赡养父母，心情非常快乐；再次出仕时，虽然俸禄很高（"三千钟"），但父母已亡，不能赡养双亲了，心境感到十分悲凉。《庄子》中这则无任何情节的记事，在《韩诗外传》中两次出现：

曾子仕于莒，得粟三秉，方是之时，曾子重其禄而轻其身。亲没之后，齐迎以相，楚迎以令尹，晋迎以上卿，方是之时，曾子重其身而轻其禄。（卷一第一章）

曾子曰："……吾尝仕为吏，禄不过钟釜，尚犹欣欣而喜者，非以为多也，乐其逮亲也。既没之后，吾尝南游于楚，得尊官焉，堂高九仞，榱题三围，转毂百乘，犹北乡而泣涕者，非为贱也，悲不逮吾亲也……"（卷七第七章）

很显然，《韩诗外传》对曾子再仕一事的记述来源于《庄子》，而又增益了具体的地点、时间这些新的内容。

《庄子》中还有一则关于庄子本人的故事：

庄周游于雕陵之樊，睹一异鹊自南方来者，翼广七尺，目大运寸，感周之颡而集于栗林。庄周曰："此何鸟哉，翼殷不逝，目大不睹？"蹇裳躩步，执弹而留之。睹一蝉，方得美荫而忘其身；螳螂执翳而搏之，见得而忘其形；异鹊从而利之，见利而忘其真。庄周怵然曰："噫！物固相累，二类相召也！"捐弹而反走，虞人逐而谇之。（《山木》）

在《韩诗外传》中，这则记述庄子亲身经历的故事就出现在一个更广阔的、具有十分尖锐的政治冲突的背景中了。

楚庄王将兴师伐晋，……孙叔敖进谏曰："臣园中有榆，其上有蝉。蝉方奋翼悲鸣，欲饮清露，不知螳螂之在后，曲其颈，欲攫而食之也。螳螂方欲食蝉，而不知黄雀在后，举其颈，欲啄而食之也。黄雀方欲食螳螂，不知童子挟弹丸在榆下，迎而欲弹之。童子方欲弹黄雀，不知前有深坑，后有掘株也。此皆贪前之利，而不顾后害者也。非独昆虫众庶若此也，人主亦然。君今知贪彼之土，而乐其士卒。"楚国不殆，而晋以宁，孙叔敖之力也。（卷十第二十一章）

这种情况在《韩诗外传》中还有不少。《庄子》中本来是很简单的寓言、孤立的事件，在《韩诗外传》中和真实的人物活动结合起来，从而获得了一种社会的、历史的背景，变得更生动丰富、更有教育意义。应该说正是通过这样的形式和途径，《庄子》不断地渗透进历代文学、历史作品中去，在中国文化整体中的许多方面表现出来。

第二，重新组合《庄子》中的故事、意境。《韩诗外传》常将《庄子》中的故事拆散，用其人物和情节作重新的组合。例如《韩诗外传》中有则故事写道：

> 戴晋生弊衣冠而往见梁王，梁王曰："前日寡人以上大夫之禄要先生，先生不留，今过寡人邪？"戴晋生欣然而笑，仰而永叹曰："嗟乎！由此观之，君曾不足与游也。君不见大泽中雉乎？五步一啄，终日乃饱，羽毛悦泽，光照于日月，奋翼争鸣，声响于陵泽者何？彼乐其志也。援置之囷仓中，常啮梁粟，不旦时而饱，然犹羽毛憔悴，志气益下，低头不鸣，夫食岂不善哉？彼不得其志故也。今臣不远千里而从君游者，岂食不足？窃慕君之道耳。臣始以君为好士，天下无双，乃今见君不好士，明矣！"辞而去，终不复往。（卷九第二十二章）

《韩诗外传》这则故事，实际上是由《庄子》中的三个故事或寓言的人物和情节糅合而成：

> 惠子闻之而见（荐）戴晋人①。戴晋人（谓魏侯）曰："有所谓蜗者，君知之乎？"……（《则阳》）
>
> 庄子衣大布而补之，正緳系履而过魏王。魏王曰："何先生之惫邪？"庄子曰："贫也，非惫也。士有道德不能行，惫也；衣弊履穿，贫也，非惫也；此所谓非遭时也……"（《山木》）

---

① 戴晋人，先秦其他典籍未见，陆德明注："戴晋人，梁国贤人，惠施荐之于魏王。"（《经典释文·庄子音义》）

泽雉十步一啄，百步一饮，不蕲畜乎樊中，神虽王，不善也。（《养生主》）

《韩诗外传》的作者将《庄子》中超脱的庄子和魏（梁）国贤人戴晋人的形象融合于"戴晋生"一人之身，并将戴晋人开导魏侯心胸通达的"蜗角战争"的寓言替换成体现追求个性自由的"泽雉觅食"的寓言。这样的剪裁改塑，当然更符合戴晋生作为"士"的人物性格，看不出明显的移花接木的斧凿痕迹，表明《韩诗外传》作者文学技巧的高超，并且十分熟悉、贯通《庄子》。

《韩诗外传》中还有一段对孔子儒学作总体描述的文字，实际上是由重新组合《庄子》中的意境而来：

孔子抱圣人之心，徬徨乎道德之域，逍遥乎无形之乡，倚天理，观人情，明终始，知得失，故兴仁义，厌势利，以持养之。（卷五第二章）

不难看出，《韩诗外传》这段文字所呈现的语言色彩十分近同于《庄子》，所使用的理论概念也完全可以从《庄子》中追寻到它的来源。

徬徨乎尘垢之外，逍遥乎无为之业。（《大宗师》）

以出六极之外，而游无何有之乡。（《应帝王》）

胡可得而累邪，胡可得而必乎哉……其唯道德之乡乎！（《山木》）

依乎天理……因其固然。（《养生主》）

吾惊怖其言……不近人情焉。（《逍遥游》）

生而不说，死而不祸，知终始之不可故也。（《秋水》）

其来不可却也，其去不可止也，吾以为得失之非我也。（《田子方》）

可见，《韩诗外传》所表述的"徬徨""逍遥"那种意境，"道德之域""无形之乡""天理""人情""明终始""知得失"这些理论概念或思想观念脱胎于《庄子》是十分显然的。但是，《韩诗外传》用《庄子》中的这些概念、意境重新加以组合，构筑的乃是儒家的理论领域和精神境界，是"兴仁义"的"道德之域"，而不是庄子的"无累"的"道德之乡"。

第三，改变《庄子》中故事的主题思想。《韩诗外传》援用《庄子》中的故事还有一种情况，就是改变其主题思想，使道家思想资料的义蕴发生能和儒学相符的理论转变。试举两例为证。

《庄子》中有个"屠羊说不受封赏"的故事，是说楚国一个以屠羊为业的手工劳动者，楚昭王失国时，跟随昭王流亡，昭王复国后，要封赏他，他却以为无功于国而拒绝接受昭王的封赏，表现一种睥睨功名利禄、洁身自好的超脱世俗精神。《庄子》作者对此表示了完全肯定的态度，认为屠羊说"处卑贱而陈义甚高"（《让王》），这当然是从道家立场作出的评价。《韩诗外传》援引了这个故事，但从儒家"博施济众"（《论语·雍也》）积极入世的立场对屠羊说作了完全否定性的评价："是厚于己而薄于君，狷乎非救世者也。"（卷八第三章）

"螳臂当车"是《庄子》中一个具有否定涵义的寓言，贬斥一种不自量力、自遭灭亡的愚蠢的处世行为：

> 汝不知螳螂乎？怒其臂以当车辙，不知其不胜任也，是其才之美者也。戒之，慎之！积伐而美者以犯之，几矣！（《人间世》）

这个寓言在《韩诗外传》中完全改变了意境和旨趣：

> 齐庄公出猎，有螳螂举足将搏其轮，问其御者曰："此何虫也？"御曰："此是螳螂也。其为虫，知进而不知退，不量力而轻就敌。"庄公曰："此为人必为天下勇士矣。"于是回车避之，而勇士归之。（卷八第三十三章）

孔子说，"仁者必有勇"，"君子之道者三：仁者不忧，知者不惑，勇者不惧"（《论语·宪问》），所以"勇"是儒家所肯定的一种品德。这样，在《韩诗外传》中，"螳臂当车"的主题思想就由表现同庄子"安时处顺"相对立的"积伐自是"的行为态度，改变为体现勇敢无惧、可以同儒家

"君子之道"相一致的精神品质。

总之，《韩诗外传》援用、改造《庄子》中的故事、意境的这些情况，从《韩诗外传》方面来看，显示了儒家经学不断消化、吸收异己思想资料以充实自己的方式、途径；就庄子思想方面来看，则是表现它对作为中国传统思想主体的儒学发生影响——由思想资料的被援用，到思想观念的渗透、转变、融合的具体过程。

### 3. 汉代经学将《庄子》作训诂根据的引证

《庄子》对汉代经学的影响和作用，一方面表现在汉代今文经学家在对儒家经典作义理的发挥时，吸取和利用了《庄子》中的思想观念、思想资料，另一方面也表现在《庄子》中的一些名物为古文经学家训诂儒家经典时所援依。郑玄是个代表。郑玄遍注诸经，虽然兼采今古文，但他的"质于辞训"（《后汉书》卷三十五《郑玄列传》）、博学饫闻所表现出的主要学术倾向还是古文经学的路数。这样，他对于博物的《庄子》也就自然会时有所征引。明显的例子如，《毛诗·大雅·卷阿》"凤皇鸣矣，于彼高岗；梧桐生焉，于彼朝阳"句，郑玄笺曰："……凤皇之性，非梧桐不栖，非竹实不食"，孔颖达《毛诗正义》指出，"'非梧桐不栖，非竹实不食'，《庄子》文也，然庄子所说乃言鹓鶵，鹓鶵亦凤皇之别。"孔颖达的疏证完全正确，郑玄在这里正是援引了《庄子》的文句，"鹓鶵发于南海而飞于北海，非梧桐不止，非练实不食，非醴泉不饮"（《秋水》）。《礼记·哀公问》"君行此三者（按：谓敬其妻、子、身）则忾乎天下矣，大王之道也如此，则国家顺矣"，郑玄注曰："大王居豳，为狄所伐，乃曰：土地，所以养人也，君子不以其所养害所养，乃去之歧……"郑玄这段注文显然是来源自《庄子》中的一段古史记述："大王为亶父居邠，狄人攻之……狄人之所求者，土地也。大王亶父曰：'与人之兄居而杀其弟，与人之父居而杀其子，吾不忍也。子皆勉居矣，为吾臣与为狄人臣奚以异？且吾闻之，不以所用养害所养。'因杖策而去之，民相连而从之，遂成国于岐山之下。"（《让王》）孔颖达《礼记正义》也正确地指出，郑玄"此注'君子不以其所养害所养'取《庄子》文也"。在郑玄的经注中，还有些训解虽然不是直接征引《庄子》原文，但仔细推寻就不难发现其诠释的根据正是在《庄子》中。一个典型的例子是，《论语·微子》

记述"楚狂接舆歌而过孔子……孔子下，欲与之言，趋而避之，不得与之言"。对于"孔子下"，何晏《论语集解》引包咸注曰"下，下车"；刘宝楠《论语正义》则引郑玄注曰"下，下堂出门也"，并指出郑玄此注的根据是"郑以《庄子》言'孔子适楚，楚狂接舆游其门'①，是夫子在门内，非在车上，故以'下'为'下堂'也"。

从《十三经注疏》可以看到，汉唐经学家援引《庄子》音义文字考证典故、训诂名物的事例甚多。例如《毛诗·大雅·桑柔》"既之阴女，反予来赫"之"赫"字音义，陆德明即引《庄子·秋水》的文字来确定："赫，本亦作嚇，庄子云'以梁国嚇我'是也。"《仪礼·公食大夫礼》"上大夫庶羞二十，加于下大夫以雉兔鹑鴽"，"鴽"为何物？郑玄注称"鴽无母"，语焉不详。贾公彦疏引《月令》"田鼠化为鴽"，又引称"《庄子》曰'田鼠化为鹑'"②，然后断定"鴽、鹑一物也"。《左传·襄公四年》"戎狄荐居"，杜预注"荐，聚也"，服虔注"荐，草也"，两注孰是？刘炫引证《庄子》而裁判曰："《庄子》云'麋鹿食荐'③，即荐是草也，服言是。"《左传·昭公二十八年》"且三代之亡，共子之废，皆是物也"，杜预注"共子，晋申生以骊姬废"，骊姬何出？陆德明援引《庄子》说："骊姬，《庄子》云，艾封人之子。"④ 可见，经学家，特别是古文经学家训诂儒家经典时，经常是把万象毕罗、无所不阙的《庄子》中记述的博物和历史作为一种具有权威的根据加以援引的。

从考据的意义上说，今文经学有两个与古文经学划分界限的涉及对孔子评价的基本观点同《庄子》有密切关系。今文经学家认为孔子作"六经"，孔子立"素王"之法，这和古文经学家认为"六经"是古代旧有史料，孔子是先师的观点大相径庭⑤；今文经学家这两个和古文经学家对立

---

① 语见《庄子·人间世》。

② 此系《庄子》佚文，又见《太平御览》八八七。另外，据陈景元《庄子阙误》引刘得一本，《至乐》"种有几"下有"若蛙为鹑"四字。

③ 语见《庄子·齐物论》。

④ 同上。

⑤ 今文经学家如董仲舒说，"孔子作春秋，先正王而系以万事，见素王之文焉"（《汉书·董仲舒传》），《白虎通》亦谓"孔子所以定五经者"（《孔子定五经》）。古文经学家如杜预说，"其（按：指《春秋》）发凡以言例，皆经国之常制，周公之垂法，史书之旧章，仲尼从而修之，以成一经之通体"（《春秋左传集解序》）。

的观点，最早的文献根据都只能追溯到《庄子》。《庄子》写道："夫虚静恬淡寂寞者，万物之本也……以此处下，玄圣素王之道也……"（《天道》）为今文经学家所援用的"素王"一词即创源于此。《庄子》又写道："孔子谓老聃曰：丘治《诗》《书》《礼》《乐》《易》《春秋》六经。"今文经学家也就是引此以证明说"孔子以前不得有经……孔子始明言经"（皮锡瑞《经学历史·经学开辟时代》），以反驳古文经学家"六经皆先王政典也"（章学诚《文史通义·易教上》）的观点。当然，在这里《庄子》给予今文经学家的支持并不坚强有力，因为世人皆认为《庄子》所述多为"谬悠之说，荒唐之言，无端崖之辞"（《史记·老子韩非列传》），《庄子》中的孔、老对话的历史真实性是大可怀疑的。

## 二 庄子与魏晋玄学

在儒学的发展进程中，玄学的理论形态比较奇特，用东晋王坦之《废庄论》中的一句话来说是"在儒而非儒，非道而有道"（《晋书·王湛传》）。然而，就其产生根源或者理论思维发展的逻辑必然性来说，玄学是在魏晋时期门阀士族制度高度发展和充满政治动乱的独特社会背景下，儒家学者引进道家思想，用以解决汉代经学所不能解决的理论问题和精神危机的，本质上仍是一种儒学思潮。

汉代尊崇儒术，士人学者"经术苟明，其取青紫，如俯拾地芥耳"（《汉书·夏侯胜传》）。在魏晋门阀制度下，"中正所诠，惟在门第"（《魏书·世宗纪》），结果就出现了"据上品者非公侯之子孙，则当涂之昆弟"（《晋书·段灼传》）的情况。这样，在很大程度上，甚至根本上决定学者文人前程的是门第出身，而不再是经术学问。汉代自元帝以后，"公卿之位，未有不从经术进者"（皮锡瑞《经学历史·经学极盛时代》），而六朝之时，则是"公卿罕通经术"（《南史·儒林传序》）了。加之汉末以来，经学渐趋烦琐支离，"说五字之文，至于二三万言，后进弥以驰逐，故幼童而守一艺，白首而后能言"（《汉书·艺文志·六艺略》）。在这样的情势下，多为出身于或跻身名门世族的魏晋学者，学风和理论趣味自然要发生转变。这种转变可以概括为两个方面：在学术形态上是由汉代繁芜的章句训诂转变为简约的魏晋新经学，如史称王弼《易注》"至于六爻变化，群象所效，日时岁月，五气相推，弼皆摈落，多所不关"（《三国志·魏志·钟会传》注引孙盛语），故宋人有诗曰"辅嗣《易》行无汉学"（赵师秀《清苑斋集补遗·秋夜偶成》），皇侃《论语义疏》"名物制度略而弗讲，多以老庄之旨，发为骈俪之文"，经学史家评其"与汉人说经相去悬绝"（皮锡瑞《经学历史·经学分立时代》）；就其学术的理论内容而言，则是由汉代的主要吸收阴阳五行学说对儒家伦理道德的最高根源（"天"）和伦理规范的合理性（"王道之三纲可求之于天"）等经学的理论主题作感性的、经验的论证，转变为吸取道家思想（主要是庄子思想）对万物最后本源的本体论性质（"无"或"有"）和人生的根本问题（人的自然本性和道德规范之间的关系、人的生与死）作一种抽象的理性思考，这就是刘勰所说"何晏之徒，始盛玄论，于是聃周当路，与尼父争途矣"（《文心雕龙·论说》）。

与玄学相表里，魏晋门阀士族或玄学家具有独特的生活作风和精神风貌。援引那个时代的人的观察所见："清谈雅论，辞锋理窟，剖玄析微，宾主往复，娱心悦耳，然而济世成俗，终非急务"（颜之推《颜氏家训·勉学》），亦可用后代人的评述概括："典午之世，士大夫以清谈为经济，以放达为盛德，竟事虚浮，不修边幅，在家则纲纪废，在朝则公务废。"（钱大昕《潜研堂文集》卷二《何晏论》）这种士风实际上是高文化和深危机相结合的产物。

魏晋玄学和士风都深深地烙印着庄子思想的痕迹，浸透着庄子的精神。但是，魏晋玄学和士风本质上并不是庄子。

**1. 玄学理论主题中显现的庄子思想**

产生玄学的魏晋门阀士族阶层，是封建地主阶级中的一个优越政治地位和经济地位由"门第"保护着的特殊阶层。一般说来，这也是一个高文化的阶层，他们虽疏于或鄙薄儒家经典，但却谙熟、热衷道家玄论，即干宝所说"学者以庄老为宗，而绌六经"（《晋纪·总论》）。这样，魏晋玄学就从汉代思想以社会纲常人伦为主体内容及其经验的论证中超脱出来，探索和论述了思辨抽象程度极高的、宇宙万物根本性质的哲学问题。这些问题归纳起来主要是三个。

（1）世界最后本源或最初状态的本体论性质："无"与"有"如前所

述，汉代经学，如董仲舒春秋公羊学，主要是从发生论即宇宙万物形成过程的角度来追寻万物及人伦道德的最后、最高根源的，认为"天者，万物之祖"；汉代经学对于最高本源所作的无论是宗教神学意义上（人格神）或自然哲学意义上的（"元气"）论证，都是具有感性的、经验的性质。换言之，汉代经学对万物本源的思考实际上是对"本源是怎样的"一种直观的描述。魏晋玄学对世界万物最后本源的认识要抽象、深刻得多，在那种具有浓厚思辨色彩的玄谈中，提出和论证、回答的实际上已是"本源的本体论性质是什么"的问题了①。魏晋玄学对这个问题的回答有相互对立的两种。

一曰"无"。即认为世界的最后本源是"道"，"道"的本体论性质是"无"，这是魏晋玄学开始者何晏、王弼的观点。《晋书》说："魏正始间，何晏、王弼等祖述老庄，立论以为天地万物皆以无为本。"（《晋书·王衍传》）但何、王对"无"的说明或论证也有所不同。何晏在《道论》中写道：

> 有之为有，恃无以生；事而为事，由无以成。夫道之而无语，名之而无名，视之而无形，听之而无声，则道之全矣。（《列子·天瑞》张湛注引）

显然，在何晏看来，作为万物最后本源（"道"）的本体论性质的"无"，是指其超验性和非实体性。应该说何晏的这一思想观点来自老子思想而又有所不同。《老子》说"天下万物生于有，有生于无"（第40章），所以从世界生成过程的角度来看，把"无"视为万物的本源也是老子思想所固有。但是从本体论的意义上说，在老子思想中，"无"是指"道"的"无状之状，无物之象"（第14章）的存在状态，没有也不能用"无"来概括"道"的最本质的和全部的性质，"无"不能是"道之全"。

王弼对本源（"道"）的本体论性质"无"的论证要详尽细致得多。首先，王弼也说，"道以无形无名始成万物"（《老子注·一章》），"无形

---

① 这一主题的变化，汤用彤曾概括说："汉代寓天道于物理，魏晋黜天道而究本体。"（《魏晋玄学论稿·魏晋玄学流别略论》）

无名者，万物之宗也"（《老子注·十四章》）。这表明王弼和何晏一样，也认为本源的本体论性质"无"是指其超验、非实体的性质。进而，王弼对"无"的论证或者说关于"无"的思想观念就超越了何晏，认为"无"是"一"，是"全"。王弼说：

> 万物万形，其归一也。何由致一？由于无也。（《老子注·四十二章》）
>
> 无在于一，而求之于众也。（《老子注·四十七章》）
>
> 其一不用，不用而用之以通。（韩康伯《周易·系辞注》引）
>
> 天下之物，皆以有为生，有之所始，以无为本，将欲全有，必反于无也。（《老子注·四十章》）
>
> 无形无名者……故能为品物之宗主，苞通天地，靡使不经也。（《老子指略》）
>
> 道泛滥无所不适，可左右上下周旋而用，则无所不至也。（《老子注·三十四章》）

王弼认为，"无"之所以是万物之根源，就因为"无"具有"一""全"的性质。换言之，作为万物最后本源（"道"）的本体论性质"无"，是指一种世界总体性的"无所不适""无所不至"。十分显然，王弼这一思想观念来自《庄子》，和庄子的"道通为一"（《齐物论》）、"道无所不在"（《知北游》）完全相通、相同。从理论思维的理性程度上看，或者说对感性直观的超越程度上看，总体性观念高于实体性、非实体性观念。《魏氏春秋》比较王弼、何晏二人时所说"弼论道约美不如晏，自然出拔过之"（《世说新语·文学》刘孝标注引），看来是符合实际的。王弼援依庄子思想，用"一""全"来论证、表述最后本源的本体论性质，把魏晋玄学理论思维的抽象性、思辨性推向高峰。

二曰"有"。魏晋玄学中的"有"论，实际上不是作为直接回答万物本源及其本体论性质是什么而提出的，而是针对何、王"无"论而提出的关于万物的发生和存在的根本性质、状态实际是怎样的观点，这一观点也间接地回答了"本源"的问题。"有"论的主要代表是裴頠和郭象，但他二人立论的立场和内容都并不相同。《晋诸公赞》说，"颙疾世俗尚虚无之理，故著《崇有》二论以折之"（《世说新语·文学》刘孝标注引），裴颜在《崇有论》中也说，"贵无则必贱有，贱有则必外形，外形则必遗制，遗制则必忽防，忽防则必忘礼，礼制弗存，则无以为政矣"（《晋书·裴颜传》）。可见裴颜针对何、王"贵无"提出的"崇有"，主要是从儒家的政治立场来观察和理解一个哲学本体论问题。《崇有论》基本的理论思想是认为万物"自生"而"体有"：

> 夫至无者无以能生，故始生者自生也，自生而必体有，则有遗而生亏矣。生以有为己分，则虚无是有之所谓遗者也。（《晋书·裴颜传》）

也就是说，裴颜认为万物不是从"无"而生，而是自己发生（"自生"），万物最基本的性质是"有"（存在），事物所不具有的、超出其本性或范围（"分"）之外的才是"无"。显然，裴颜在这里论述的不再是万物本源的本体论性质问题，而是事物的发生和存在这一现象的性质问题。因而，裴颜的这种"有"必然是感性的、经验的、可被我们认识的具体实在，如裴颜说"形象著分，有生之体……生而可寻，所谓理也，理之所体，所谓有也"（《晋书·裴颜传》）。从理论本质上说，裴颜"有"论的立论立场和内容可以概括为是理性在经验层次上对事物最基本性质——实在性的认识。应该说，裴颜的万物"自生而体有"这个思想观念在《庄子》中已经出现并有明确的表述："无问其名，无阚其情，物固自生"（《在宥》），"扁然而万物自古以固存"（《知北游》）。这表明，裴颜《崇有论》所表现出的政治立场、理论意图是儒家的，但其根本的哲学观念、概念却是来自庄子思想。

郭象"有"论的基本观点是万物"自生"而"独化"。郭象和裴颜一样也是认为万物不能从"无"而生，而是"自生"，他说："无既无矣，则不能生有；有之未生，又不能为生。然则生生者谁哉？块然而自生耳。"（《庄子·齐物论》注）但郭象"有"论进一步发展就和裴颜不同了。他不是如裴颜那样始终停留在万物具体存在的现象上对"自生"作感性经验的"体有"论证，以"形器之故有征，空无之义难检"（《晋书·裴颜传》）而完全回避超验的关于最后本源的哲学问题，而是在抽象的理性思辨的方向上深化"自生"的理性的哲学内容，直接地但是否定地回答了最后本源的问题——"独化"：

> 涉有物之域，虽复罔两，未有不独化于玄冥者也。（《齐物论》注）

也就是说，在郭象看来，万物皆"欻然自生，非有本"（《庚桑楚》注），"物之自然，非有使然也"（《知北游》注），不存在最后的根源、主宰。

"独化"最早是作为一个动词出现在战国晚期黄老之学兴起时的《鹖冠子》中的①。在郭象思想中，"独化"具有新的、理论的义蕴，作为一个哲学概念，一种彻底否定有"本源"存在的思想观念，其主要内涵有二：一是绝对性，一是总体性。所谓绝对性，是就万物各自的存在本身来说都是"无待""无始"的，都是独立而永存的。郭象说，"物者无主，而物各自造，物各自造而无所待焉"（《齐物论》注），"推而极之，则今之所谓有待，卒至于无待，而独化之理彰矣"（《寓言》注），这就是说，从实体的意义上推寻万物的根源，最后必然要追溯到绝对的（无待）独立自生自存，这就是"独化"。另外，"非唯无不得化而为有也，有亦不得化而为无，故自古无未有之时而常存也"（《知北游》注），这就是说，从时间的意义上看，万物没有"未有"之时，"独化"是没有"开始"的。所谓总体性，是就万物相互关系来说又是"相因""俱济"的，共同组成"天"（自然）之总体。郭象说，"天地万物，凡所有者，不可一日而相无也。一物不具，则生者无由得生；一理不至，则天年无缘得终"（《大宗师》注）。郭象举例说，"手足异任，五脏殊官，未尝相与而百节同和，斯相与于无相与也；未尝相为而表里俱济，斯相为于无相为也"（《大宗师》注），"夫天籁者，岂复别有一物哉？即众窍比竹之属，接乎有生之类，会而共成一天耳……天者，万物之总名也"（《齐物论》注），就是说，手足、五脏各有不同的、独立的功能，但又相互配合，共同形成有机的人体整体功能；声音有"地籁"（众窍）、"人籁"（比竹）之分，

---

① 《鹖冠子·天权》："独化始终，随能序致。"

但浑一无分的"天籁"正是"地籁""人籁"共同会合组成的。所以在郭象看来，万物相因而成之"天"是"独化"的总体表现，"夫相因之功，莫若独化之至。故人之所因者天也，天之所生者独化也"（《大宗师》注）。将"独化"所包含的"无待"和"相因"这两个方面总括起来，郭象总结地说，"万物虽聚而共成乎天，而皆历然莫不独见"（《齐物论》注），犹如"彼我相因，形影俱生，虽复玄合，而非待也"（《齐物论》注），也就是说，就万物各自个体来看，是"独见"，独立而绝无所待；就总体来看，又"共成一天"，俱生而相因。可见在郭象这里魏晋玄学的本体论问题发生了变化，万物共同的、最后的"本源"已经不再存在，只有万物个体的"独化"。显然，郭象这一独特的思想观念与庄子思想有极密切的关系，这不仅是指郭象的思想是借《庄子注》，即以《庄子》为载体而发挥出来的，而且更重要的是指郭象"独化"所内涵的"无待"绝对性和"相因"总体性观念都正是渊源于庄子。《庄子》中写道，"若夫乘天地之正，而御六气之辩，以游无穷者，彼且恶乎待哉"（《逍遥游》），"化声之相待，若其不相待"（《齐物论》），这就是一种"无待"的绝对性观念；"道通为一"（《齐物论》），"万物一府"（《天地》），这就是"相因"的总体性观念。但这里也显示郭象和庄子的巨大差别：庄子思想中的绝对性（"恶乎待"）、总体性（"道通为一"），是指一种精神修养或认识上所达到的最高境界，郭象改造了庄子思想，把这种人的最高精神境界移化为万物存在的真际状态，从一个特殊的方面或角度回答了玄学中的"本源"问题。

总之，魏晋玄学对于世界最后本源或最初状态的本体论性质的回答，存在着"无""有"两种十分明显的对立；在两种回答中又有思辨抽象程度和内容丰富程度不同的差别，但是都共同地与庄子思想发生密切关系。"无"派关于"无"的"一""全"的总体性论证，"有"派"独化"所内涵的"无待""相因"的绝对性、总体性思想观念，都是庄子思想在一种新的思潮或理论形态中的再现。

（2）理想人格——"圣人"："名教"与"自然"的关系 魏晋玄学的理论探索由万物最后本源或最初状态的本体论性质转向人的社会生活时，产生了它的第二个理论主题："圣人"即理想人格的问题。孔子在回答子贡问能"博施济众"是否达到"仁"的标准时说,"何事于仁,必也圣乎"(《论语·雍也》),孟子也说,"圣人,人伦之至也"(《孟子·离娄上》)。可见,作为先秦儒家理想人格的"圣人",主要的内涵是极高的道德修养和社会公德。道家的圣人观与此迥然不同。《老子》说,"圣人处无为之事"(第2章),"圣人不仁"(第5章),《庄子》也说,"圣人不从事于务"(《齐物论》),"不刻意而高,无仁义而修,无功名而治……此圣人之德也"(《刻意》)。显然,作为道家的理想人格"圣人",乃是具有从世俗道德规范和事务中超脱出来而返归朴素无为、听任自然本性的精神境界的人,也就是所谓"圣人抱一为天下式"(《老子·二十二章》),"圣人法天贵真,不拘于俗"(《渔父》)。所以在不太严格的意义上说,儒家和道家圣人观的对立就是"名教"(社会伦理道德规范)和"自然"(人的本然情性)的对立。孔子说,"绘事后素"(《论语·八佾》),认为伦理道德规范("礼")是对人性的提高。汉代经学承袭孔子这个观点,也认为人的精神成长过程是从本然之性到道德自觉的进步过程,如董仲舒说:"明于天性,知自贵于物,然后知仁谊;知仁谊,然后重礼节;重礼节,然后安处善;安处善,然后乐循礼;乐循礼,然后谓之君子。"(《汉书·董仲舒传》)魏晋玄学引进了庄子思想,先秦儒家和汉代经学所主张的"名教"是"自然"的提高的思想观念就发生了改变。"名教"与"自然"的关系在玄学中有三种不同的新的回答。

第一,"名教"与"自然"合。魏晋玄学中对"名教"与"自然"关系持这种看法的,是以何晏、王弼为首在讨论"圣人有情"或"圣人无情"这个理论问题中表现出来的。何劭《王弼传》说:"何晏以圣人无喜怒哀乐,其论甚精,钟会等正之。弼与不同,以为圣人茂于人者,神明也;同于人者,五情也。神明茂,故能体冲和以通无;五情同,故不能无哀乐以应物。然则圣人之情,应物而无累于物者也。"(《三国志·魏志·钟会传》注引)显然,何晏主张"圣人无情",王弼主张"圣人有情",两人是对立的。但是这种对立在还原为"名教"与"自然"的关系时,就一致地汇入庄子思想而消失了。何晏注解《论语》颜渊"不迁怒,不二过"说:"凡人任情,喜怒违理;颜回任道,怒不过分。迁者移也,怒其当理,不移易也。"(《论语集解·雍也》)可见何晏也认为圣贤是有喜怒哀乐之情的，但是圣贤"怒不过分""怒当其理"；也就是说，为社会生活所触发的种种"有情"，表现出的却是一种合于自然之理的"无情"。所以何晏"圣人无情"观点的理论涵义实际上是认为有社会道德内容的圣人喜怒哀乐之情（"名教"），是合于"理"或"道"（"自然"）的。对比即可发现，何晏这里论述的以顺应"理"或"分"即为"无情"的观点，或者说以顺应自然本性即为"无情"的观点，《庄子》中已有讨论。庄子主张"人故无情"，惠施问："既谓之人，恶得无情？"庄子说："吾所谓无情者，言人之不以好恶内伤其身，常因自然而不益生也。"（《德充符》）何晏的"圣人无情"源出于此。王弼虽然主张"圣人有情"，但"圣人之情，应物而无累于物者也"，实际上也正是"以情从理"（王弼《答荀融书》，何劭《王弼传》引）的表现。王弼说，"自然亲爱为孝，推爱及人为仁"（《论语·学而》皇侃疏引），"夫喜惧哀乐，民之自然，应感而动，则发乎声歌，所以陈诗采谣，以知民志风……以和神也"（《论语·泰伯》皇侃疏引）。可见王弼"圣人有情"的理论涵义比何晏的"圣人无情"更宽泛，他实际上是认为圣人的、具有社会道德伦理内容的"应物之情"（"名教"）直接发源于"人之自然"。应该说，王弼的这个观点《庄子》中也曾讨论过。庄子认为"虎狼仁也"，商太宰荡问："何谓也"，庄子解释说："父子相亲，何为不仁？"（《天运》）

总之，何晏"圣人无情"是指圣人之"情"（发而为"名教"）合于"自然"（归而为"理"），王弼"圣人有情"是指圣人之"情"（体现"名教"）出于"自然"。显然，就"名教"与"自然"或"情"与"理"的关系而言，何、王所论都认为两者是调和、谐合的，并且何、王所论都可以追溯到《庄子》。所以他们的对立实际上并不存在，他们的对立在庄子思想的背景中消失了。

第二，"名教"与"自然"离。魏晋玄学思潮中，认为"名教"与"自然"关系是不可调和的、完全对立的代表人物是嵇康、阮籍。具有标志性的观点或口号是嵇康的"越名教而任自然"（嵇康《释私论》）和阮籍的"礼岂为我辈设也！"（《世说新语·任诞》）"名教"与"自然"的对立，嵇康在《难自然好学论》中有段概括的论述："六经以抑引为主，人性以从欲为欢。抑引则违其愿，从欲则得自然。然则自然之得，不由抑引之六经；全性之本，不须犯情之礼律。故仁义务于理伪，非养真之要术；廉让生于争夺，非自然之所出也。"即认为"名教"（六经、礼律、仁义、廉让）压抑了、违背了人的自然本性。嵇、阮追求一种摆脱世俗"名教"而与"自然"为一的精神生活，正如阮籍在《大人先生传》中描述的那样："超世而绝群，遗俗而独往，登乎太始之前，览乎忽漠之初，虑周流于无外，志浩荡而自舒。"嵇、阮认为礼律仁义的"名教"窒息人性，向往返归"自然"的精神自由的思想观点，显然与"绘事后素"的认为伦理道德是对人性的提高的先秦儒家观点相悖谬，所以嵇康说他"每非汤武而薄周孔"（《与山巨源绝交书》）；相反，与认为"仁义其非人情""屈折礼乐……此失其常然"（《骈拇》），以自然主义抨击儒家社会伦理道德的庄子思想则完全一致。嵇康致书山涛坦然承认"老子、庄周，吾之师也"，"又读老、庄，重增其放"（《与山巨源绝交书》）；阮籍撰《大人先生传》，称理想人格为"至人"，描绘的最高精神境界是"虑周流于无外"，显然也是蹈袭《庄子》"至人神矣……而游乎四海之外"（《齐物论》）。完全可以说，在魏晋玄学中，嵇康、阮籍思想中的庄子思想烙印是最为清晰、最少变形的。

第三，"名教"与"自然"同。在魏晋玄学中，郭象认为体现在圣人身上的"名教"与"自然"，是一体之两面，一身之内外；推寻根源，同是"本性"的表现，同是"任性"的结果。郭象说："夫圣人，虽在庙堂之上，然其心无异于山林之中，世岂识之哉？徒见其戴黄屋，佩玉玺，便谓足以缨绂其心矣；见其历山川，同民事，便谓足以憔悴其神矣，岂知至至者之不亏哉？"（《逍遥游》注）也就是说，郭象认为，对于达到圣人境界的人来说，处庙堂之上，操劳政务，与游心山林，恬静自得的两种情境、心境不是矛盾的、冲突的，而是可以同时实现、同时存在的。郭象思想中有一个基本的观点，就是"小大虽差，各任其性，苟当其分，逍遥一也"（《逍遥游》注），这就是说，任何人（甚至物），在任何境况下，只要能任性守分，都是逍遥自得的。"圣人"当然是这样的人，"去知任性，然后神明洞照，所以为贤圣也"（《天下》注）。所以郭象认为，在"圣人"那里，不仅"庙堂"与"山林"是同一的，举凡一切"外"与"内"、"迹"与"所以迹"都是同一的："圣人常游外以弘内，无心以顺有，故虽终日挥形而神气无变，俯仰万机而淡然自若"（《大宗师》注），"所以迹者，真性也；夫任物之真性者，其迹则六经也"（《天运》注）。换言之，对于"圣人"境界，"名教"与"自然"是同一的。郭象此论在社会实践上的后果是取消了人从自然本性到社会道德完成的践履、砥砺的过程，只要"任性"，道德就自然实现，故郭象说，"黄帝非为仁义也，直与物冥，则仁义之迹自见"（《在宥》注）。应该说，弥漫在魏晋时代门阀士族阶层中的那种强烈要求摆脱先秦儒家和汉代经学所设置的道德规范对自己的约束，而又保留它对整个社会制约作用的特权阶级的意识和心理，在郭象这里才真正得到论证和表现。郭象如此这般地解决了魏晋玄学中这个最重要的理论主题，是他对庄子思想的一种特殊的理解、改造和运用。庄子主张"无以人灭天"（《秋水》），认为礼乐仁义有失"常然"（《骈拇》），所以"天"与"人"对立、"自然"与"名教"对立无疑是庄子人生哲学、社会思想中的基本的思想观念。但在庄子的自然哲学和认识论中，又有一种笼罩庄子思想全体的更高的、整体的哲学观点："道通为一""和以是非"（《齐物论》）；正是这种庄子所特有的总体性的哲学观念，启迪和形成了郭象以"任性""当分"来齐一"名教"与"自然"的思想观点。郭象在注解《庄子》中的这两个哲学观点时说："理虽万殊而性同得，故曰'道通为一'"，"天地万物各当其分，同于自得，而无是无非也。"上面所述的郭象沟通、同一"庙堂"与"山林"那番论述正是运用这里"得性""当分"的理论观点。郭象不仅从庄子思想中获得同一"名教""自然"的总体性哲学观念，而且他的"任性""当分"观点也是源自《庄子》而又有重要的修正。《庄子》中写道，"吾所谓臧者，非所谓仁义之谓也，任其性命之情而已矣"（《骈拇》），"极物之真，能守其本，故外天地、遗万物，而神未尝有所困也"（《天道》）。可见在庄子思想中，"任性命""守本分"是摆脱世俗纷扰，保持心境宁静的精神修养的基本方法；并且，十分显然，这一方法是以天人对立（即"自然"与"名教"对立）为观念基础的。郭象接受了庄子"任性""守分"的思想观点，但改变了它的观念基础，郭象不是在天人对立的观念基础上，而是在齐一天人（"自然"与"名教"同一）的观念基础上提出"任性""守分"的。观念基础的改变，进一步就导致了理论结局的不同。庄子的

"任性"必然要求"无为"，要求"无以人灭天，无以故灭命"（《秋水》），因而"名教"与"自然"的界限不可逾越；郭象的"任性"则可以"自为"，如他说，"无为者，非拱默之谓也，直各任其自为，则性命安矣"（《在宥》注），"任性"而为，"虽在庙堂之上，然其心无异于山林之中"，"名教"与"自然"即可同一。庄子的"无为"必然要导向对社会文明进步的彻底否定，而郭象的"自为"却为人的一切"合理"行为作出了辩护。一个具有典型意义的例子是对驯服牛马的看法。庄子说，"牛马四足，是谓天；落马首，穿牛鼻，是谓人"（《秋水》），显然，主张"无以人灭天，无以故灭命"的庄子是反对"穿牛络马"的。郭象相反，认为"人之生也，可不服牛乘马乎？服牛乘马可不穿落之乎？牛马不辞穿落者，天命之固当也。苟当乎天命，则虽寄之人事，而本在乎天也。穿落之可也，若乃走作过分，驱步失节，则天理灭矣"（《秋水》注）。即在郭象看来，在"天理""当分"的范围内，人的一切行为皆是合理的。这个问题显示出郭象思想虽攀缘着庄子思想，但其理论意图却有巨大差别：庄子的天人对立观点是要用"天"（自然）否定"人"（名教），摆脱社会伦理道德规范的羁绊；郭象的"名教"与"自然"同的观点是既要保留名教，又要摆脱它的约束。

"名教"与"自然"的关系是魏晋玄学中最具有时代和阶级特征的理论主题。潜藏在这个讨论"圣人"或理想人格的问题下的真正意图，是要从社会伦理道德规范的一切约束中摆脱出来，这是政治地位、经济利益皆有保障的门阀士族阶层的特殊的精神要求。这一理论主题活跃的时间虽然不长，但其经历的发展阶段却甚为分明：何晏、王弼敏感，率先跨出名教向自然接近的第一步，认为两者可以调和；嵇康、阮籍急切，弃置"名教"而倒向"自然"；郭象精巧，以为"任性"则两者可以兼得。当然，这一思想运动像任何历史运动一样，它的内在逻辑、有序的进程只是在后代人的眼里才是清晰的。但是，有一点即使在当时也是非常明显的，就是这一思想运动总是和庄子思想的基本精神保持一致，主要的理论概念或思想观念也都滥觞自《庄子》。

（3）生的追求：生与死　魏晋玄学的理论思考从人的社会生活转向人的自然性质，论述了它的第三个理论主题：生与死的问题，实际上是人如何解脱死亡、获得生的永驻的问题。孔子说："朝闻道，夕死可矣"（《论语·里仁》），"志士仁人，无求生以害仁，有杀身以成仁"（《论语·卫灵公》），所以就儒家的传统精神来说，对伦理道德实现的追求超过对生的追求。传统儒家淡薄生死，是在道德层次上的人性充分觉醒的表现。另一方面，孔子还说，"未知生，焉知死"（《论语·先进》），或者如子夏简单地说"死生有命"（《论语·颜渊》），传统儒家对人生重要问题之一的生死问题采取一种不欲深究的、回避的态度，则是它的学说理论薄弱欠缺之处。魏晋玄学的主导的、内在的精神倾向是离"名教"而亲"自然"，所以必然重视生死，探究生死，因为这是在自然层次上的人性自觉。这一情况的出现和"名教"与"自然"关系问题的产生一样，也是与魏晋那个时代的社会环境分不开的。魏晋时期是一个外患、内乱、灾荒频仍的苦难时期，《晋书》对"八王之乱"后的西晋末年的社会景象的描述可为代表："及惠帝之后，政教凌夷，至于永嘉，丧乱弥甚。雍州以东，人多饥乏，更相鬻卖，奔迹流移，不可胜数。幽、并、司、冀、秦、雍六州大蝗，草木及牛马毛皆尽。又大疾疫，兼以饥馑，百姓又为寇贼所杀，流尸满河，白骨蔽野。"（《食货志》）正是这些苦难景象，凝聚成了弥漫在魏晋诗中的那种沁人心脾的悲凉气氛。魏晋时期王朝的更迭极为频繁，与旧朝关系密切的门阀士族的文人学士每遭诛戮，故史称"魏晋之际，天下多故，名士少有全者"（《晋书·阮籍传》）。名士们时时感受到灾祸死亡的威胁，"常畏大网罗，忧祸一旦并"（何晏《言志诗》），"忠不足以卫己，祸不可以豫度"（束皙《玄居释》）。富贵逸乐中的门阀士族为生命的短暂感到深切的痛苦，"人生处一世，去若朝露晞……自顾非金石，咄唶令心悲"（曹植《赠白马王彪》）。这些都使他们对生的眷念更加殷切，"独有延年术，可以慰吾心"（阮籍《咏怀诗》八十二首之十），一个永恒的但被那个时代更迫切地感受到的问题提出了：可否解脱死亡，或者如何摆脱死亡带来的恐惧？魏晋玄学探讨了这个问题。

魏晋玄学对这一理论主题基本上有两种回答，或者说有两种解决办法：一是生活实践意义上的"养生"，一是观念认识意义上的"齐生死"。前者以嵇康为代表，后者以郭象、张湛为代表。嵇康撰《养生论》，认为人通过恬淡其心境的修养和洁净其肉体的修炼，使"形神相亲，表里俱济"，就可以达到延年益寿的目标。嵇康说："善养生者……清虚静泰，少私寡欲，知名位之伤德，故忽而不营，非欲而强禁也；识厚味之害性，故弃而弗顾，非贪而后抑也。外物以累心不存，神气以醇白独著，旷然无忧患，寂然无思虑，又守之以一，养之以和，和理日济，同乎大顺。然后蒸以灵芝，润以醴泉，晞以朝阳，绥以五弦，无为自得，体妙心玄。忘欢而后乐足，遗生而后身存。若此以往，庶可与羡门比寿、王乔争年，何为其无有哉！"显然，嵇康养生理论中有秦汉以来神仙家的某些观念内容，但其基本概念和思想都是《庄子》中的。就颐养精神方面而言，无思无虑、不以外物累心，是庄子精神修养的基本方法，"守一""大顺"也是《庄子》所特有的表述修养境界的名称①；就修炼形体而言，《庄子》中的"吹呴呼吸，吐故纳新，熊经鸟申"的"导引之士，养形之人"（《刻意》），和"不食五谷，吸风饮露"的"神人"（《逍遥游》），正是嵇康在《养生论》中所说的"呼吸吐纳，服食养身"的先驱。应该说，养生理论试图以生战胜死，既有真实的成分，也有幻想的因素。

魏晋玄学中，郭象和张湛用另外的方法，即以一种观念的、"齐一生死"的哲学悟解，来摆脱死亡带来的沉重的精神压力。郭象说："时不暂停，而今不遂存，故昨日之梦，于今化矣矣。死生之变，岂异于此……而愚者窃窃然自以为知生之可乐，死之可苦，未闻物化之谓也。"（《齐物论》注）也就是说，郭象认为死生如同梦觉、今昔之变化，昨之生，今之死，并没有绝对的、不可跨越的界限。为死亡而感到痛苦、恐惧的人，正是由于一种心理上的障碍，不认识"有变化而无死生"（《至乐》注），不悟解生与死皆是"我"的"物化"之形态："形、生、老、死皆我也。故形为我载，生为我劳，老为我佚，死为我息，四者虽变，未始非我，我奚惜哉！"（《大宗师》注）而"玄通合变之士，无时而不安，无顺而不处，冥然与造化为一，则无往而非我矣，将何得何失，孰死孰生哉！"（《养生主》注）十分显然，当郭象把"死"也作为"我"的存在形式之一时，这个"我"就发生了一种超越，它不再是个体的、肉体的"我"，

---

① 《庄子》写道："我守其一，以处其和，故我修身千二百岁矣，吾形未常衰。"（《在宥》）"其合缗缗，若愚若昏，是谓玄德，同乎大顺。"（《天地》）

而是和某种永恒的、总体的存在——"造化"结合在一起的精神性的、"玄通合变"的"我"了。对于这个和永恒总体结合在一起的观念的、精神的"我"，当然是"更相为始，则未知孰死孰生也"（《知北游》注），"有变化而无死生"。郭象的"造化"实际上是一种超理性的认识对象，因而郭象的"与造化为一"实际上也就是一种超越具体认识过程之上的悟解。郭象一再说，"存亡更在于心之所措耳，天下竟无存亡"（《田子方》注），"体夫极数之妙心，故能无物而不同，无物而不同，则死生变化，无往非我矣"（《德充符》注），这表明郭象通过"体极数之妙心"（悟解）而实现的对死亡的超脱，实质上是一种观念性质的精神上的超脱；它不是摆脱死亡本身（这当然是不可能的），而是摆脱体验死亡时的那种恐惧的、痛苦的心理，一种沉重的、无法忍受的失去一切可能的空虚感、失落感的消解。张湛在《列子注》中对齐一死生的论述在逻辑思路上和郭象相同，差别在于，在郭象思想中作为"生""死"两种"物化"形态的载体的"我"，在张湛这里变为"气"；在郭象思想中被称为"造化"的齐一生死的万物或世界总体，在张湛这里称为"不化者"。如张湛说："生于此者或死于彼，死于彼者或生于此，而形生之生，未尝暂无。是以圣人知生在常存，死不永灭，一气之变，所适万形。万形万化，而不化者存。"（《天瑞》注）在张湛思想中，这个作为总体的"不化者"又被称为"至虚""太虚""虚"："群有以至虚为宗"（《列子注·序》），"太虚也无穷，天地也有限"（《汤问》注），"生者，一气之暂聚，一物之暂灵。暂聚者终散，暂灵者归虚"（《杨朱》注）。简略地说，在张湛看来，生死只是"气"的变化，于此为生，于彼则为死，对于作为"万形万化"的总体的"虚"来说，无所谓生与死："俱涉变化之涂，则予生而彼死，推之至极之域，则理既无生，亦无死也"（《天瑞》注）。和郭象相比，张湛的论述引进"气""虚"，增加了感性的、直观的因素，这似乎表明，魏晋玄学在其理论主题的论证中所显示出的理论思维能力和水平，在郭象那里达到了高峰，此后则渐趋衰退。可以清楚地看出，支撑郭象、张湛齐生死的思想观点有两个关键之处：一是超越个人之上的，世界总体的思想观念（"造化""虚"）；一是将个人归附于、溶解于这一总体中去的悟解或自我体验（"与造化为一""暂灵者归虚"）。显然，这两个关键点植根于庄子思想中的"道通为一"（《齐物论》）的总体观念和"天地与我并生而万物与我为一"（同上）的精神境界中。《庄子》中还写道"以造化为大冶"（《大宗师》）、"唯道集虚"（《人间世》）、"太一形虚"（《列御寇》）。可见郭象、张湛表述总体观念所使用的概念也是蹈袭自《庄子》。

魏晋玄学引进道家思想（主要是庄子思想）论述的主要理论问题大致如上。其中世界最后根源或最初状态的本体论性质问题，即"有"与"无"之争，是在汉代经学衰落的学术背景下，儒家学者由吸收阴阳五行学说来说明伦理道德的最高根源，转变为和道家思想相结合，把问题升华为对世界根源本身的性质的论述。这虽暂时离开了儒家以伦理道德为中心的理论轨道，但这次理论的耕耘并不是没有收获，它提高了儒学的理论思维水平，使得以后的宋明理学能在更高的理论层次上返回到这个问题上来。"名教"与"自然"的问题是以充分发展的门阀士族制度为社会特征的魏晋时代的一个特殊的理论问题。儒家的人伦道德思想（"名教"）不能满足门阀士族阶层的精神需要，玄学就在道家那里寻找了一种对于"名教"的补充——"自然"。这个问题鲜明地表现了玄学思潮本质上仍是儒学性质的。生与死的问题，是一个永恒的但被传统儒家回避了的问题，然而它对于门阀士族却是一个十分急迫的问题，生的满足愈充分，就会感到死的压迫愈沉重。玄学借助庄子的理论观念对这个问题的解决充满理性思辨色彩，这对当时正在兴起的佛教思想的以"神不灭"信仰为基础的"轮回"生死观的漫延浸染，在理论观念和心理情态上都具有强有力的抵御、免疫作用；同时，也是对儒学理论空白的重要补充。

### 2. 玄学的思维方法源出《庄子》

从魏晋玄学理论主题的论证中可以看出，玄学的思维方法和汉代经学迥然不同。汉代经学在五行、阴阳的理论框架内，论证天人"合一""相类"，将人伦道德的最后根源归之于"天"，具有明显的感性的、经验的直观性质。魏晋玄学在道家思想理论背景下，在对几个主要问题——最后根源或最初状态的本体论性质（"无"与"有"）、人的社会性质与自然惰性的关系（"名教"与"自然"）、人本身的自然性质（生与死）的论述中，都努力思索、追寻在言辞、感性表象之上、之外的"意"或"理"，甚至还有"意""理"之上、之外的世界总体观念，所以是一种理性思辨的和理性直观的方法。在魏晋玄学的"言意之辨"中，有三种观点表述的正是这样的方法。

（1）"言不尽意" 魏晋玄学中"言不尽意"观点的代表人物是荀粲。何劭《荀粲传》记述：

> 粲字奉倩，粲诸兄并以儒术议论，而粲独好言道。常以为子贡称夫子之言性与天道不可得闻，然则六籍虽存，固圣人之糠秕。粲兄俣难曰："《易》亦云，圣人立象以尽意，系辞焉以尽言，则微言胡为不可得而闻见哉？"粲答曰："盖理之微者，非物象之所举也。今称立象以尽意，此非通于意外者也；系辞焉以尽言，此非言乎系表者也。斯则象外之意，系表之言，固蕴而不出矣。"（《三国志·魏志·荀彧传》注引）

在荀氏兄弟的这场辩论中，荀俣主张"言尽意"，并引《系辞》为证。荀粲则认为细微的"理"，不仅是"言"外的东西，而且是"意"外的东西，也就是说"言不尽意（理）"，并引子贡的话为证，认为六经虽存，但那只是儒家思想的粗糙外表，孔子思想的精微"性与天道"，仍不能用言语文字表达，故"不可得闻"。《庄子》中有一著名论断"六经，先王之陈迹也"（《天运》），并用轮扁斫轮的寓言故事说明，所谓"圣人之言"皆是"古人之糟粕"，"应于心而口不能言"的内在义蕴是"不可传"的（《天道》），也就是说"道不可言"（《知北游》）。荀粲"理在象外"或"言不尽意"的观点和论证，实际上都是脱胎于《庄子》中的这些论述。"言不尽意"论在理论上、逻辑上的最后结论就是"不言"，晋代张韩《不用舌论》可为代表。张韩说："卷舌翕气，安得畅理？余以留意于言，不如留意于不言。"（《艺文类聚》十七）但《庄子》早已明确地提出"大辩不言"（《齐物论》）、"知者不言"（《天道》）、"至言去言"（《知北游》），可见"不言"的观点也是来自《庄子》。"言不尽意"论是魏晋玄学从汉代经学的经验的、感性的论证方法中跨越出来的第一步。

（2）"得意忘言"　魏晋玄学中明确提出"得意忘言"方法的是王弼。他在《周易略例·明象》中写道：

> 言生于象，故可寻言以观象；象生于意，故可寻象以观意。意以象尽，象以言著。故言者所以明象，得象而忘言；象者所以存意，得意而忘象。犹蹄者所以在兔，得兔而忘蹄；筌者所以在鱼，得鱼而忘筌也。然则言者象之蹄也，象者意之筌也，是故存言者非得象者，存象者非得意者也。象生于意而存象，则所存者乃非其象；言生于象而存言者，则所存者乃非其言也。然则忘象者，乃得意者也；忘言者，乃得象者也。得意在忘象，得象在忘言。

王弼的言意之辨主要有两层意思：一方面，言、象生于意，蕴涵着意，故可由言、象寻得意，不可离言、象而得意；另一方面，言、象不是意本身，不可执着于言、象，只有忘言、忘象，才能得意。可见，作为一种理论思维方法的"得意忘言"，实际上就是要在具体的、感性表象中，揭示其抽象的、普遍性的义蕴。应该说这是一种理性思辨的方法。在魏晋玄学的学术环境中，这一方法的运用在玄学家对先秦典籍注解中表现最为突出。例如，王弼的《周易注》就是在"忘象以求其意，义斯见矣"（《周易略例·明象》）的方针指导下，廓清汉《易》浓厚的象数雾霾，树立由汉代经学转向魏晋新经学（玄学）的第一块碑石。郭象也认为"求道于言意之表则足，不能忘言而存意则不足"（《则阳》注），而"庄子每寄言以出意"（《山木》注），故他注《庄子》的原则就是"宜要其会归而遗其所寄，不足事事曲与生说"（《逍遥游》注），"宜忘其所寄，以寻述作之大意"（《大宗师》注）。可见，构成魏晋玄学主要学术内容的另一基本理论著述——郭象《庄子注》中也是贯穿"得意忘言"这一理论思维方法或思辨精神的。《庄子》中写道："筌者所以在鱼，得鱼而忘筌；蹄者所以在兔，得兔而忘蹄；言者所以在意，得意而忘言，吾安得夫忘言之人而与之言哉！"（《外物》）十分显然，魏晋玄学中"得意忘言"的观点乃至其语言表述都是沿袭《庄子》。差别在于，《庄子》的"得意忘言"是指一种精神境界，魏晋玄学把它浅化、泛化为一种思辨方法，在注解儒家经典和老、庄著作中作了很成功的、出色的运用。

（3）"超言意以冥合"　魏晋玄学理论思维的最高的、最后的层次，是由"忘言得意"进入"无言无意"。在魏晋玄学中，郭象进入了这个层次，他说："夫言意者，有也，而所言所意者，无也。故求之于言意之表，而入乎无言无意之域，而后至焉。"（《秋水》注）这种"无言无意"的超言意的"认识"对象，已不是言、象之外、之上的意或理（义），而是在理、意之外、之上的世界总体；"入乎无言无意之域"已超越一般的、确切意义上的认识，而是一种体验，一种理性直观（全息的观照），郭象称之为"冥极""冥合"。郭象注解《齐物论》"天地与我并生，而万物与我为一"写道：

> 夫以形相对，则大山大于秋毫也。若各据其性分，物冥其极，则形大未为有余，形小不为不足。苟各足于其性，则秋毫不独小其小而大山不独大其大矣。若以性足为大，则天下之足未有过于秋毫也；若性足者非大，则虽大山亦可称小矣。故曰"天下莫大于秋毫之末而大山为小"。大山为小，则天下无大矣；秋毫为大，则天下无小矣。无大无小，无寿无夭……则天地之生又何不并，万物之得又何不一哉！

这段话可以说是完整地表述了郭象的，也是魏晋玄学的认识的三个层面。就"形"而言，也就是在感性经验的言、象层面上，"大山大于秋毫"，但是凭借着一种理性思辨，一种辩证思维，完全可以得出超越感性经验的"天下莫大于秋毫之末而大山为小"的言外之意、象外之理；最后，在一种超越理、意之外的理性直观、全息观照中，体悟出"物冥其极"则"无大无小"的"万物为一"。由理性思辨进入理性直观，由"忘言得意"的求寻义理，到"无言无意"的观照全息、体认总体，人的精神活动性质实际上就由认识领域进入道德或修养实践领域，由智入道，达到所谓"与变化为一""与万物冥合"的那种境界。如郭象说，"唯大圣无执，故芚然直往，而与变化为一，一变化而常游于独者"（《齐物论》注），"无心者与物冥而未尝有对于天下也"（《齐物论》注），"夫唯与物冥而循大变者，为能无待而常通"（《逍遥游》注），"玄通冥合之士……无是无非，混而为一，故能乘变任化，遇物而不慴"（《德充符》注），等等。至此，魏晋玄学终于在超言意的"冥合"的理论思维方法引导下走到了它的精神境界的高峰。魏晋玄学能将超言意（理）的，也就是超理性的世界总体观念作为对象纳入自己的理论思维，是受到庄子思想十分透彻的浸润的结果。《庄子》说，"可以言论者，物之粗也；可以意致，物之精也；言之所不能论，意之所不能察致者，不期精粗焉"（《秋水》）。这就是说，庄子认为在言意或理之外、之上，还存在一个"不能论""不能察致"的只能直觉体认的"不期精粗"领域，显然这是指涵蕴着一切的总体，即"道通为一"（《齐物论》）之"一"、"朝彻而见独"（《大宗师》）之"独"。可见，郭象所说"入于无言无意之域而后至矣""混而为一""与物冥而未尝有对于天下"等等，都是缘沿着庄子这个高辟的思想而来的。

应该说，汉代经学中也有"五行""阴阳"等感性材料之上的"义理"的学术内容，如"天人合一"，但汉代经学的义理或哲学思想是通过同类"相动""相类""相符"等经验类推获得和论证的。而魏晋玄学中的"意"或"义"是通过"忘言""忘象"的超越感性表象的理性思辨获得的；魏晋玄学中的"无言无意之域"是通过理性直观的"冥合"来体认的。所以魏晋玄学的理论思维水平，其思辨性和抽象性的理性程度高于汉代经学。这种差别在一定意义上决定于，也反映了它们与庄子思想的关系：汉代经学只是从庄子思想中摄取了某些具有感性经验内容的思想观点或思想资料，魏晋玄学则不仅消化吸收了庄子思想的基本理性观念，而且消化吸收了它的理性思辨和理性直观的思维方法。

### 3. 庄子思想与魏晋士风

魏晋士风，即玄学思潮笼罩下的魏晋名士、文人的精神风貌、生活情趣，在《世说新语》中有十分具体生动的记载、描写。其主要表现可用西晋裴頠《崇有论》中的一段话来概括："是以立言借于虚无，谓之玄妙；处官不亲所司，谓之雅远；奉身散其廉操，谓之旷达，故砥砺之风弥以陵迟。放者因斯，或悖吉凶之礼，而忽容止之表，渎弃长幼之序，混漫贵贱之级；其甚者至于裸裎，言笑忘宜，以不惜①为弘，士行又亏矣。"（《晋书·裴頠传》）东晋干宝《晋纪·总论》亦有近似的概括："风俗淫僻，耻尚失所，学者以庄老为宗，而绌六经；谈者以虚薄为辨，而贱名俭；行身者以放浊为通，而斥节信；进仕者以苟得为贵，而鄙居正；当官者以望空为高，而笑勤恪。"（《文选》卷四十九）这些表述虽然反映着、濡染着儒家的立场、感情，不能说是十分的客观公正，但仍可从中看出魏晋士风的主要特色和本质是对传统的儒家伦理道德规范的漠视和对它的约束的冲决。很显然，这种士风和庄子思想既密切相连，又迥然有别。

（1）魏晋士风与庄子精神的相通　魏晋士风表现出乖离儒家"名教"而攀缘庄老"自然"，从某种意义上说是必然的。在魏晋门阀制度下，门阀士族的政治、经济地位获得一种制度的保障，和汉代经学时期不同，儒学对魏晋门阀士族的名士文人政治生活和精神生活的激励作用、规范作用已经削弱或丧失。阮籍说，"礼岂为我辈设也"（《世说新语·任诞》），士族名士无须以践履"名教"的道德规范来开拓自己的政治前程，这样就只能感到它是一种约束而不是鞭策。这是就道德实现在社会生活的功利意义上来说的。另外，儒学对人的精神世界的观察也过于简单，孟子说，"居仁由义，大人之事备矣"（《孟子·尽心上》），董仲舒也说，"所以治人与我者，仁与义也；以仁安人，以义正我"（《春秋繁露·仁义法》）。但是在人类的精神生活中，通向最高境界的途径是否如先秦、汉代儒学所认定的这样只有践履道德规范这一条？孔子说，"君子博学于文，约之以礼，亦可以弗畔矣夫"（《论语·雍也》），但是，道德的实现能否如儒家所希望的这样就是人类精神追求的最后满足？阮籍的话实际上是对这个问题作了否定的回答，这表明处在玄学思潮中的魏晋门阀士族名士文人，在一种远离最低物质生活和精神生活之上的极高的生活感受中，对道德实现的精神价值作出和秦汉儒家有所不同的评价。魏晋门阀士族也是一个高文化的阶层，他们既然放弃了作为儒学核心的道德实践，也必要轻蔑和突破儒学本来就甚为薄弱的"义理"内容，《魏志·常林传》注引沐并的话可

---

① 冯友兰说："'不惜'二字不可解，应该是'不措'。'不措'就是'无措'。'无措'是嵇康《释私论》的主要意思。"（《中国哲学史新编》第四册，第四十章）甚是。

为代表："夫礼者，生民之始教，而百世之中庸也，故力行则为君子，不务者终为小人……拨乱反正，鸣鼓矫俗之大义，未是穷理尽性陶冶变化之实论。若乃原始要终，以天地为一区，万物为刍狗，该览玄通，求形景之宗，同祸福之素，一死生之命，吾有慕于道矣。"（《三国志》卷二十三）沐并所论表明，先秦和汉代儒学的理论思索多局限在日常人伦的经验范围内，没有探触那些更深邃和艰难的宇宙和人生的根本问题，所谓"夫子之言性与天道，不可得而闻也"（《论语·公冶长》）。虽然这种社会人伦真正的、自觉的践履，实际上是需要而且也能体现极高的精神境界的，但是在玄学思潮推荡下的魏晋名士还是借助庄老思想，要在社会人伦之外的宇宙自然中寻找某种更高远、永久的精神寄托。

总之，魏晋充分发展的门阀制度，产生出一个政治经济地位都相对稳定的、有保障的门阀士族特殊阶层。在当时的条件下，他们的高度文化修养和优越的物质生活，产生了一种特殊的徜徉在社会人伦之外的快乐的那种生活感受，和认同道德之外的生活的合理性的精神需要。但是，在先秦和汉代的儒家理论中，这种感受得不到解释和理解，这种需要得不到满足。换言之，传统儒家理论消化不掉这种新产生的、普遍漫延的精神现象。在这样的学术的和精神的背景下，高文化而深危机的魏晋士族名士从理性思维程度更高、理论内容更广泛的道家思想中，特别是从"因自然""任性情"的庄子思想中寻找新的理论观念、新的精神追求，则是自然的和必然的。按照袁宏《名士传》的划分，魏晋玄学可分为"正始名士""竹林名士""中朝名士"三个时期（《世说新语·文学》注引）。正始时，"何晏王弼祖述老庄"（《晋书·王弼传》）；竹林七贤如山涛，《晋书》本传谓其"性好庄老"，嵇康自称"老子、庄周吾之师也"（《与山巨源绝交书》），阮籍作《老子赞》《达庄论》（《晋书》本传），向秀隐解《庄子》，"发明奇趣，振起玄风"（《晋书》本传）；中朝名士郭象注解《庄子》，以为"庄子者，可谓知本矣……不经而为百家之冠也"（《庄子注·序》）。可见魏晋名士服膺庄子思想是共同的、贯穿始终的。十分显然，这是因为魏晋名士以"自然"越"名教"，或以"自然"融"名教"的"达"或"放"（"任性"）的生活作风和精神追求，和庄子以先王圣迹为"已陈刍狗"（《天运》），视仁义礼法如"桎梏凿枘"（《在宥》）的鄙薄人伦道德规范的态度，而追求"游夫遥荡恣睢转徙之途""恶能愦愦然为世俗之礼"（《大宗师》）的自由精神，都是一致的、相通的。

（2）魏晋士风与庄子思想的精神境界的差异　魏晋门阀士族名士文人"放"或"达"的生活作风、精神风貌虽然和庄子思想"任其性命之情"（《骈拇》）有一致、相通之处，但在体现或达到的精神境界上，二者仍有很大的差异。东晋戴逵评论魏晋士风时说："竹林之为放，有疾而为颦者也；元康之为放，无德而折巾者也。"（《晋书》本传）《庄子·天运》中有则寓言故事："西施病心而矉其里，其里之丑人见而美之，归亦捧心矉其里……彼知矉美而不知矉之所以美。"《后汉书》卷六十八《郭泰列传》有则记事："郭泰（林宗）尝于陈梁间，行遇雨，巾一角垫，时人乃故折巾一角，以为'林宗巾'，其见慕如此。"戴逵援引这两个故事来说明魏晋名士文人所表现出的"放"或"达"的行为作风，有两种情况，一种是出于真实的、深刻的精神危机，一种则是浅薄的、做作的无病呻吟。《世说新语》记述说："阮浑（阮籍之子）长成，风气韵度似父，亦欲作达。步兵（阮籍）曰：'仲容（阮籍之侄阮咸，竹林七贤之一）已预之，卿不得复尔。'"（《任诞》）阮籍是"竹林七贤"之首，是当时"放达"的代表，他的儿子要学他的"放达"，也要"作达"，他却不同意，这是什么缘故？刘孝标注《世说新语》援引了《竹林七贤论》中的一个符合实际的解释："籍之抑浑，盖以浑未识己之所以为达也。"这就是说，"达"或"放"是一种超脱世俗、归依自然的思想境界的显现、反映，而缺乏这种精神内涵的"作达"只能是矫揉造作的妄为。实际上，在玄风扇熏下的魏晋门阀士族、贵胄那里，所谓"放达"，的确经常表现为与正常生活行为尖锐对立的怪僻荒诞举动，正如东晋葛洪所观察到的那样："世人闻戴叔鸾、阮嗣宗傲俗自放，见谓大度，而不量其材力非傲生之匹，而慕学之，或乱项科头，或裸袒蹲夷，或濯脚于稠众，或溲便于人前，或停客而独食，或行酒而止所亲，此盖左衽之所为，非诸夏之快事也。"（《抱朴子·刺骄》）或者，表现为屈从动物性情欲的腐化行为，如《晋书》记载："惠帝元康中贵游子弟……散发裸身之饮，对弄婢妾。"（《五行志》）这种怪癖和淫邪的"作达"之"放"，实际上是思想境界低下的精神贫困的表现，和庄子经过了漫长的思想经历和人生经历才凝聚成的具有深厚精神积累的恬淡遗俗、无欲返璞的高远境界迥然有天壤之别。当然，作为玄学思潮主要代表，或玄学思潮影响下的高文化的名士文人，他们的生活作风、精神风貌中所表现出的"放"或"达"，并不具有这样卑劣的性质，他们是"有疾而为颦者"。一方面，他们从人生的不同方面，如仕途的凶险、生命的短促，感受到一种深切的精神痛苦；另一方面，他们又从道家特别是庄子思想中感悟到归依自然后的慰藉和快乐。这种感情和心境，魏晋名士曾借诗歌予以充分的抒发，如"竹林七贤"的阮、嵇咏道"驱马舍之去，去上西山趾。一身不自保，何况恋妻子"（阮籍《咏怀八十二首》），"岂若翔区外，飧琼漱朝霞。遗物弃鄙累，逍遥游太和"（嵇康《答二郭》）。而在生活作风上就是傲俗任性之"放"或"达"，一种将"我"融入自然，与万物一体，达到"无我"，从而遗落礼俗、消解痛苦的精神境界。"竹林七贤"刘伶《酒德颂》所描写的酒醉后的"无思无虑，其乐陶陶，兀然而醉，恍然而醒，静听不闻雷霆之声，熟视不睹泰山之形，不觉寒暑之切肌，利欲之感情……"的精神状态，就是对这种"放"或"达"的境界最形象的表述。这和"作达"胶着于表现自我、满足自我（不是"无我"），着意于与世俗对立（不是"遗俗"），正好相反。

魏晋玄学家或名士的"放"或"达"所企望达到的"无思无虑，其乐陶陶""遗物弃累，逍遥太和"的精神境界，同庄子的"外天地，遗万物"（《天道》）而"逍遥乎无为之业"（《大宗师》）是相同的。但是实际上，魏晋名士之"放达"并没有达到他们所追求的庄子思想的这样的精神境界，他们多是门阀士族阶层的人物，门阀士族特殊的政治经济地位和文化传统，使他们在精神生活和物质生活上都不可能挣脱与儒家名教、贵族礼俗牢固相连的根系；尽管他们的识解甚为高远，但精神的负累依然十分沉重，而超脱仍是极为有限的，最后的结局还是落入世俗礼仪法度的樊篱羁绊之中。对此，北朝颜之推有段批评性的概括："何晏、王弼祖述玄宗，递相夸尚，景附草靡，皆以农黄之化在乎己身，周孔之业弃之度外，而平叔以党曹爽，触死权之网也[1]，辅嗣以多笑人被疾，陷好胜之阱也[2]；

---

[1] 《庄子》主张"不党"，写道："一而不党，命曰天放。"（《马蹄》）
[2] 《庄子》批评惠施好胜，写道："惠施……欲以胜人为名，是以与众不适也。"（《天下》）

山巨源以蓄积取讥，背多藏厚亡之文也①，夏侯玄以才望被戮，无支离拥肿之鉴也②；荀奉倩丧妻，神伤而卒，非鼓缶之情也③；王夷甫悼子，悲不自胜，异东门之达也④；嵇叔夜排俗取祸，岂和光同尘之流也⑤；郭子玄以倾动专势，宁后身外己之风也⑥；阮嗣宗沉酒荒迷，乖畏途相诫之譬也⑦；谢幼舆赃贿黜削，违弃其余鱼之旨也⑧。彼诸人者，并其领袖，玄宗所归。其余桎梏尘滓之中，颠仆名利之下者，岂可备言乎！"（《颜氏家训·勉学》）颜之推从一个儒家学者的立场，揭露玄学思潮中的领袖人物精神追求崇尚道家目标，而生活行为又乖离庄老宗旨之间的矛盾，认为这是他们"厚貌深奸""浮华虚称"（《颜氏家训·名实》）的虚伪的表现。但是，从一种更加客观的立场上来看，这应是魏晋玄学家和名士摆脱"名教"纲常束缚，追求在伦理道德规范的生活之外的、庄子的那种精神自由的真诚努力并不成功的表现。阮籍"放达"，但"性至孝"（《晋书》本传），主张"礼岂为我辈设"，但又反对儿子阮浑也学"放达"；嵇康在《释私论》中提出"越名教任自然"，而在《家诫》中又教训儿子要过"忠""义"的严肃的道德生活。这些十分显著的矛盾有力地说明，魏晋玄学家的精神之根仍然是深深地扎在儒家"名教"的土壤里。魏晋"放"或"达"的士风所内蕴着和显现出的精神境界，其与庄子思想的精神境

① 《老子》写道："甚爱必大费，多藏必厚亡。"（第44章）

② 庄子认为"无用"可为"大用"。《庄子》写道："支离疏者，颐隐于齐，肩高于顶，会撮指天，五管在上，两脾为胁，挫针治繲，足以糊口，鼓筴播精，足以食十人。上征武士，则支离攘臂于其间；上有大役，则支离以有常疾不受功；上与病者粟，则受三钟与十束薪。夫支离其形者，犹足以养其身，终其天年；又况支离其德者乎？"（《人间世》）"吾有大树，人谓之樗，其大本拥肿而不中绳墨，其小枝拳曲而不中规矩，立之途，匠者不顾。"（《逍遥游》）

③ 《庄子》写道："庄子妻死，惠子吊之，方箕踞鼓盆而歌……"（《至乐》）

④ 《列子》写道："魏人有东门吴者，其子死而不忧，其相室曰：'公之爱子，天下无有，今子死而不忧，何也？'东门吴曰：'吾尝无子，无子之时不忧。今子死，乃与向无子同，臣奚忧焉。"（《力命》）

⑤ 《老子》写道："挫其锐，解其纷，和其光，同其尘，是谓玄同。"（第56章）

⑥ 《老子》写道："是以圣人后其身而身先，外其身而身存。"（第7章）

⑦ 《庄子》写道："夫畏途者，十杀一人，则父子兄弟相戒也，必盛卒徒而后敢出焉，不亦知乎！今之所取畏者，衽席之上，饮食之间，而不知为戒者，过也。"（《达生》）

⑧ 《淮南子·齐俗训》："惠子从车百乘，以过孟诸，庄子见之，弃其余鱼。"

界的根本差异就在于此：它只是援引庄子思想的"自然""任性"来缓解儒家"名教""礼义"的激越，规范力量丧失后引起的精神危机，而不是如庄子思想中理想人格的精神境界那样，是在儒家思想观念之外的另一种精神生活。魏晋士风的这种性质，是从一个新的、本质的方面表明魏晋玄学的学术特色或理论性质是引进道家庄子思想以补充儒学的某种缺弱，因而是儒学发展的一个新阶段。

## 三　庄子与宋明理学

宋明理学是传统儒学发展的最高的、最为成熟的理论形态。理学消化吸收了原来比它理论思维水平要高的庄学和佛学，终于完成了对儒家所提倡的伦理道德最后根源及其修养方法的理性论证，不再带有汉代经学中那种粗浅的感性经验的色彩和魏晋玄学中那种明显的异己思想的痕迹。虽然明末清初的反理学思想家一直指称宋明大儒是"集释道之大成"（颜元《习斋记余》卷三《上陆桴亭先生书》），陷溺于佛老；理学阵营内部对立的朱熹、陆九渊双方也互诋为"阳儒阴释"①。但是，如实而论，完成了的理学理论或成熟的理学家都有极为彻底的自然和人生觉醒———一种在宇宙背景下的伦理道德的自觉，儒释、儒道之辨极为清晰，具有和释、道完全不同的精神境界和学术思想内容。当然，理学和释氏、道家在思想上的密切关系，即使理学家本人也无法否认。朱熹曾以胡安国尝援引《楞严》《圆觉》为例说，"亦恐是谓于其术中犹有可取者，非以为吾儒当取之以资己学也"（《朱文公文集》卷三十《答汪尚书之二》），也就是说，理学于佛学、道家思想毕竟是"有所取"的。这里，我们主要是考察庄子思想和宋明理学的关系。

### 1. 理学基本思想理论中的庄子思想因素

理学是一个概念、范畴、命题十分众多的观念体系，朱熹高足陈淳撰

① 朱熹批评张九成说，"凡张氏所论著，皆阳儒阴释"（《朱文公文集》卷七十二《杂学辨·张无垢〈中庸解〉》），他亦如此看待陆九渊，认为陆氏言论风旨"全是禅学，但变其名号耳"（《朱文公文集》卷四十七《答吕子约》）。陆九渊则反唇相讥，质问朱熹，其所持学术观点"莫是曾学禅宗，所得如此？"（《象山全集》卷二《与朱元晦之二》）

《性理字义》归纳提出二十六个理学条目或范畴，实际上，理学讨论的问题极为广泛，"牛毛茧丝，无不辨析"（黄宗羲《明儒学案·凡例》），远远超过这个范围。然而，所有这些范畴或问题，都是围绕"性与天道"这个甚至是子贡也"不可得而闻"（《论语·公冶长》）的儒家思想中理性程度最高的问题而展开的。换言之，构成理学观念体系中核心部分的是它的自然哲学和社会伦理哲学。正是在这理学最基本的思想观念中，可以清楚地看到被消化了的庄子思想。

（1）理学的宇宙图景　理学的"天道"或自然哲学，大体上是一个包括了宇宙构成和万物化生两层内容的宇宙图景。理学向我们展示的是两幅哲学性质有所区别的宇宙图景。一幅是周敦颐《太极图》及《太极图说》（《易说》）所描绘的：

> 无极而太极。太极动而生阳，动极而静，静而生阴，静极复动，一动一静，互为其根。分阴分阳，两仪立焉。阳变阴合，而生水火木金土。五气顺布，四时行焉。五行一阴阳，阴阳一太极也，太极本无极也。五行之生也，各一其性。无极之真，二五之精，妙合而凝，乾道成男，坤道成女。二气交感，化生万物，万物生生而变化无穷焉。（《太极图说》）

另一幅是张载在《正蒙》《易说》等著述中所描绘的：

> 太虚无形，气之本体，其聚其散，变化之客形尔……气本之虚则湛一无形，感而生则聚而有象……造化所成，无一物相肖者，以是知万物虽多，其实一物，无无阴阳者，以是知天地变化，二端而已。（《正蒙·太和》）

这两幅宇宙图景的不同之处在于，第一，作为周敦颐自然哲学的宇宙起始"太极"是指一种状态（"无极"），而张载的宇宙起始"太虚"则是一种实体（"气"）。第二，周敦颐自然哲学中的万物，是由"太极"中生出的两种实体（阴阳二气）交感而成；而在张载自然哲学中，万物是"气"

的对立状态（二端）交互作用而成。这种对立的状态，或者说"气之两体"，不只是阴阳，还有"两体者，虚实也，动静也，聚散也，清浊也"（《易说·说卦》）等多种样态。理学中的这两幅宇宙图景，比较而言，在宇宙构成的理论层面上，"无极而太极"说具有较高的水平和丰富内涵，"太虚即气"说感性经验的成分较多。在万物生化的理论层面上，"二气交感"是感性经验的命题，"二端故有感，本一故能合"（《正蒙·乾称》）却是非常深刻的理性判断。理学初期同时出现的这两幅宇宙图景，在理学以后的发展中，由于朱熹的出现，情况有所变化。朱熹的自然哲学追踪周敦颐所描绘的宇宙图景，并对其中理论上最困难的"无极而太极""太极本无极"作了进一步的解释，他说："盖所谓'太极'云者，合天地万物之理而一名之耳，以其无器与形，而天地万物之理无不在是，故曰'无极而太极'也；以其具天地万物之理而无器与形，故曰'太极本无极'也。"（《朱文公文集》卷七十八《隆兴府学濂溪先生祠记》）这样，"太极"就被从《太极图说》中的宇宙开始时状态升华为理学中作为万物根源的最高范畴——"理"。另外，朱熹对张载"太虚即气"提出批评，认为"《正蒙》所论道体，源头有未是处"，"以'太虚''太和'为道体，却只是说得形而下者"（《朱子语类》卷九十九）。也就是说，在朱熹看来，感性性质的"太虚"（"气"）不能是宇宙的最后根源。朱熹还认为，以聚、散"两端"解释万物生化，"其流乃是个大轮回"（《朱子语类》卷九十九），"只合云阴阳五行循环错综，升降往来，所以生人物之万殊，立天地之大义"（《朱子语类》卷九十八）。可见在对万物生化的哲学解释上，朱熹也认为周敦颐的"太极"之"二气交感"说优于张载的"气"之"二端变化"说。朱熹的学术权威地位和详尽明白的阐释，确立了周敦颐的《太极图》所描绘的宇宙图景在理学自然哲学中的主导地位，并且构成此后中国各种学术思想共同的自然观背景；而张载《正蒙》的宇宙图景就被遮掩，处在虽未被遗忘但并不重要的位置上。

追溯思想的历史渊源，理学中的两个哲学性质，理论命运都不相同的宇宙图景，却有共同的观念来源，都滥觞于庄子思想。张载"太虚无形，气之本体，其聚其散，变化之客形"的宇宙图景显然是从《庄子》"人之生，气之聚也；聚则为生，散则为死……通天下一气耳"（《知北游》）的观点脱胎、发展而来；张载甚至十分明确地援引《庄子》来说明他的"太虚即虚"的性状，他说："气块然太虚，升降飞扬，未尝止息，《易》所谓'絪缊'，庄生所谓'生物以息相吹'，'野马'者欤！"（《易说·系辞下》）张载宇宙图景中表述"气"涵盖一切的那个概念——"太虚""太和"，实际上也是最早出现在《庄子》中。①

历来认为，周敦颐《太极图》所描绘的宇宙构成和万物生成的过程图象与道教方士描述修炼过程的《太极先天图》"两图踪迹，合若一辙"（毛奇龄《西河合集·太极图说遗议》）②，《太极图说》所使用的概念、范畴、命题多援引《易传》，《太极图说》的人性论部分和佛家宗密《原人论》又多相涉，这些无疑是事实。但是，仔细分辨就不难发现，作为表述理学自然哲学的宇宙图景的、为朱熹所传和解说的周敦颐的《太极图》同道教所传《太极先天图》在思想观念上有层次上的或理论性质上的差异。《太极先天图》只识到"万物生化"的层次上，它的最高层次"阴静阳动，取坎填离"，实际上是"乾南坤北，离东坎西"的天地的形象，换言之，它的义蕴也还是一种"天地生万物"的朴素思想。《太极图》的最高层次"无极而太极，阳动阴静"，按照朱熹的解释，它是一种宇宙的根本状态，一种宇宙总体或根源。朱熹说："盖天地之间只有动静两端循环不已，更无余事，此之谓'易'。而其动其静则必有所以动静之理焉，是极所谓'太极'者也……圣人谓之'太极'者，所以指夫天地万物之根，周子因之而又谓之'无极'者，所以著夫无声无臭之妙也。然曰'无极而太极''太极本无极'，则非'无极'之后别生'太极'，而'太极'之上先有'无极'也。又曰'五行阴阳''阴阳太极'，则非'无极'之后别生'二五'，'二五'之上先有太极也……此与老子所谓物生于有、有生于无，而以造化为真有始终者正南北矣。"（《朱文公文集》卷四十五《答杨子直》）可见，被理学所接受的《太极图》的宇宙图景和道教《太

---

① 《庄子》写道："以无内待问穷，若是者，外不观乎宇宙，内不知乎太初，是以不过乎昆仑，不游乎太虚。"（《知北游》）"夫至乐者……调理四时，太和万物。"（《天运》）

② 毛奇龄所指"两图"，乃是唐代作《真元品》的道士所绘《太极先天图》与朱震于南宋绍兴年间所进周敦颐《太极图》，此与乾道年间朱熹所传周敦颐《太极图》及黄宗炎《太极图辨》所述《太极先天图》有别。

极先天图》重要的不同就是在"万物生化"之上还有一个更高、更深邃的万物根源、宇宙总体的理论观念层次（"太极"或"理"）。从前面已经作过的分析中可以看出，理学的这个理论观念，在中国的传统思想里，正是庄子用以同老子划分区别的那个"道"的思想观念。《庄子》中写道，"道通为一"、"道未始有封"（《齐物论》），"道无所不在"（《知北游》），"道通其分也"（《庚桑楚》），也就是说，庄子认为"道"既是万物的共同根源、世界的总体，也同时存在于每个具体事物之中。理学的宇宙图景中为朱熹所明确阐释的"太极"的思想观念就是来源于此。当然，朱熹对"太极"的解释蹈袭了庄子的思想可能是不自觉的。朱熹对儒释之间、释老之间思想的差异都有过准确的辨析，对老庄思想之间的差异也有正确的、一语中的的分辨。如他说："老子犹要做事在，庄子都不要做了。"（《朱子语类》卷一百二十五），显然这就是我们在前面比较老子和庄子人生哲学上的差异时所指出的老子"为无为"与庄子"无为"的差别。但是，朱熹毕竟忽视了老子和庄子在"道"的根本观念上"道生万物"与"道通万物"的差别，这样，他就认为自己本来是与庄子一致而与老子有所不同的解释"太极"的那个理论观念是与老庄共同的对立。他说："太极乃在阴阳之中，而非在阴阳之外……而老子乃谓道先生一，而后一乃生二，则其察理亦不精矣，老庄之言之失大抵类此。"（《朱文公文集》卷三十七《答程可久》）然而，先前的一种具有深刻内容的思想观念像种子一样撒下后，在后代的思想土壤里以新的形态长出来，往往是在潜移默化中发生，并不总是在自觉的状态下发生；但不管在哪块土壤上，以何种形态长出来，它总是那颗种子的后代。理学宇宙图景中的"太极"理论观念也正是这样由庄子"道"的观念衍生而来。

不仅朱熹用以解释"无极而太极"的理论观念来源于庄子思想，而且"太极""无极"两个概念也最先出自《庄子》①。如《庄子》写道，"道……在太极之先而不为高"（《大宗师》），"……大而无当，犹河汉而

---

① 《老子》中无"太极"一词。《老子·二十八章》出现"无极"一词。近人考证，该章"守其黑，为天下式，为天下式，常德不忒，复归于无极。知其荣"二十三字为后人窜入之语。甚是。（见易顺鼎《读老札记》、马叙伦《老子校诂》、高亨《老子正诂》等）

无极也"（《逍遥游》）。"太极"被秦汉之际形成的儒家经典《易传》引进，理学家未敢对它提出非议。"无极"被周敦颐在《太极图》中引进，它的非正统性质引起了和朱熹对立的陆九渊的质疑，成了朱陆之争中的一个重要内容。① 显然，在《庄子》里，"太极""无极"是表述一种广袤的空间，没有更多的义蕴，而在理学中却是对作为宇宙最后根源（"理"）的性质的描述。这种哲学性质的改变，是理学对庄子的改造。

在为理学所共同接受的《太极图》《太极图说》的宇宙图景中，除了"无极而太极"所表述的宇宙根源、总体的思想观念来自《庄子》外，在"万物生化"层次上的"动而生阳，静而生阴""二气交感化生万物"的思想观念虽然直接来自《易传》②，但从《庄子》中已经定义"阴阳者，气之大者也"（《则阳》），"静而与阴同德，动而与阳同波"（《天道》《刻意》），并且明确认为"万物之所生恶起？阴阳相照、相盖、相治"（《则阳》）的情况来看，可以判定，这一思想观念最早是在《庄子》中形成的。

经过以上的辨析，完全可以说，在理学的自然哲学中，或者说在理学的宇宙图景中，充实着的实际上是源自庄子的思想观念。

（2）理学的理论主题　理学的伦理哲学主要探讨了两个方面的问题：一是探究儒家所主张的伦理纲常、道德规范的最后根源，从而证明它们的合理性、永恒性；一是探寻践履这种纲常规范，进而达到最高道德境界的方法、途径。这两个问题实际上也是儒家的传统的问题，但在理学中获得了新的、理性程度更高的解决。这两个问题用理学的语言来说，也就是什么是"性"和如何"尽性"的问题，亦称"本体"和"功夫"的问题，这是理学的理论主题。

从理学阵营内部来看，对理学的理论主题有两种不同的，甚至是对立的回答。程颐、朱熹一派认为伦理道德的永恒根源就是存在于个人之上的万物共同根源——"理"。如程颐说："万物皆只是一个天理，己何与

---

① 朱陆之争主要围绕三个问题；一是"道问学"与"尊德性"先后主次的道德修养方法之争，二是对王安石、曹立之等人物评价之争，三是"无极"是否为"老氏之学"之争。（参见拙著《南宋陆学》）

② 这一思想观念在《易传》中有多次表述。如"乾，阳物也；坤，阴物也；阴阳合德，而刚柔有体，以体天地之撰，以通神明之德"（《系辞下》），"天地绷缊，万物化醇。男女构精，万物化生"（《系辞上》）。

焉。"(《河南程氏遗书》卷二上)① 朱熹也说:"宇宙之间,一理而已,天得之而为天,地得之而为地,而凡生于天地之间者又各得之以为性。其张之为三纲,其纪之为五常,盖皆此理之流行无所适而不在。"(《朱文公文集》卷七十《读大纪》)陆九渊、王守仁一派则认为,包括作为伦理道德根源在内的宇宙万物之"理",绝不在"我"之外,而就在我"心"之中。如陆九渊说:"道,未有外乎其心者。"(《象山全集》卷十九《敬斋记》)王守仁亦说:"心外无物,心外无事,心外无理。"(《王文成公全书》卷四《与王纯甫》)程朱、陆王两派由于对伦理道德最后根源作了具有不同哲学性质的理论观察,因而在道德修养方法、道德境界实现途径的理论主张上也有明显的差异。程朱派主张"格物穷理",这是由对具体的人伦物理的学习、了解,最后达到对"理"的"脱然贯通""发必中节"的道德境界的渐进过程,如朱熹说:"夫格物者,穷理之谓也,盖有是物必有是理,然理无形而难知,物有迹而易睹,故因是物以求之,使是理了然心目之间,而无毫发之差,则应乎事者自无毫发之谬,是以意诚心正而身修,至于家之齐、国之治、天下之平,亦举而措之耳。"(《朱文公文集》卷十三《癸未垂拱奏札》)陆王派则主张"发明本心"("致良知"),认为道德修养的方法不是逐一地"格物穷理",而是首先要确立一个根本的"心即理"或"人心固善,非由外铄"的观念或信念,在这种观念或信念支配下的行为自然就是道德行为,必然就是道德的实现。如陆九渊说"苟此心之存,则此理自明,当恻隐处自恻隐,当羞恶,当辞逊,是非在前自能辨之"(《象山全集》卷三十四《语录》),王守仁也说"知是心之本体,心自然会知,见父母自然知孝,见兄自然知弟,见孺子入井自然知恻隐,此便是良知,不假外求"(《王文成公全书》卷一《传习录上》),这是一个由"先立其大者"(《象山全集》卷三十四《语录》)而"一明皆明"(《象山全集》卷三十五《语录》)的整体了悟过程。理学阵营内部程朱、陆王两派围绕理学理论主题而展开的论述和争辩,尽管有分歧和对立,但都共同充满了为实践儒家伦理道德的真诚的热情和深刻的自觉,鄙薄儒家仁义和世俗之礼的庄子思想与此绝

---

① 此言在《河南程氏遗书》中未注明是二程兄弟哪位所说,但同卷记有大程语"仁者,以天地万物为一体,莫非己也",据此推断此言可能是小程语。正如许多学者所判定的那样,二程思想多有对立处。

然无缘。但是，理学阵营内的两派在论述理学主题时有两个共同的、基本的思想观念却和庄子思想一致或有某种关联。

一是"理一分殊"。这个命题或理论观念最早是由程颐在将张载《西铭》所表现出的博爱精神同墨子的"兼爱"理论加以区别时提出来的，他说，"《西铭》明理一而分殊，墨氏则二本而无分"，并自注曰："老幼及人，一理也；爱无差等，本二也。"（《河南程氏文集》卷九《答杨时论〈西铭〉书》）也就是说程颐认为，张载在《西铭》中抒发的尊长慈幼、民胞物与等极为广泛的、多种形式的仁爱的道德感情，始终遵循和体现着儒家的"老吾老以及人之老，幼吾幼以及人之幼"（《孟子·梁惠王上》）爱有差等的基本的伦理原则，所以是"理一（即一本）而分殊"，不同于墨子的无伦理原则的（实际是以功利为原则的）爱无差等的"二本（即无本）而无分"的"兼爱"。此后，理学家在追溯伦理道德行为的根源，论证它的永恒性、合理性时，都援依了这个理论观念。如朱熹说，"如为君须仁，为臣须敬，为子须孝，为父须慈，物物各具此理，而物物各异其用，然莫非一理之流行也"（《朱子语类》卷十八），王守仁也说，"理也者，心之条理也，是理也，发之于亲则为孝，发之于君则为忠，发之于明友则为信，千变万化，至不可穷竭，而莫非发于吾之一心"（《王文成公全书》卷八《书诸阳卷》）。可见，"理一分殊"表达的是一种超越感性经验之上、具有独特理论洞察的理性观念，即认为宇宙的总体根源和宇宙的具体存在之间既非是先与后的关系，又非是全部与部分、一般与特殊的关系，而是总体根源融入每个具体存在之中的关系。这是中国传统思想中出现的一个极为深刻的认识和把握世界的哲学智慧。理学中的"理一分殊"观念，历来被认为是来自佛家的理论。当然，不能排除理学家从佛学中接受了某种感召或启迪，例如程颐所说"只为释氏要周遮，一言以蔽之，不过曰万理归于一理也"（《河南程氏遗书》卷十八），就是针对《华严经》事理观作出的裁断①，朱熹解说"理"在一切事物之中"只如月印万川相似"（《朱子语类》卷九十四），也明显是取材于禅宗玄觉大师《证道

---

① 程颐此语是答弟子刘安第问："某尝读《华严经》，第一真空绝相观，第二事理无碍观，第三事事无碍观，譬如镜灯之类，包含万象，无有穷尽，此理如何？"

歌》中的"我性"与"佛性"如水月相摄的比喻①。但是，"理一分殊"的理论观念实际上也正是庄子"道"的思想观念，是庄子的"道通为一"（《齐物论》）和"道无所不在"（《知北游》）两个思想观念的叠合。《庄子》中关于"道"的本体性质的一段描述，"夫道，有情有信，无为无形，可传而不可受，可得而不可见，自本自根，未有天地，自古以固存……维斗得之，终古不忒；日月得之，终古不息……傅说得之，以相武丁，奄有天下"（《大宗师》），就深得程颐的赞许，"庄生形容道体之语，尽有好处"（《河南程氏遗书》卷三），前面所引朱熹在《读大纪》一文中表述"理"显现于宇宙间万事万物之中的观点，显然也是蹈袭于此。可见，理学"理一分殊"这一重要理论观点的形成也颇多得力于庄子思想。然而，如实而论，像戴震所说"程子、朱子之学，借阶于老庄、释氏，故仅以'理'之一字易其所谓'真宰''真空'者，而余无所易"（《孟子字义疏证》卷上），则又似有所偏颇。作为宇宙总体或根源的理学中的"理"和庄子思想中的"道"（"真宰"）理论蕴涵是不同的：庄子的"道"是一种纯粹的本然、自然；理学中的"理"最主要的内涵是伦理道德，如朱熹所说，"其造化发育，品物散殊，莫不各有固然之理，而最其大者则仁义礼智之性"（《朱文公文集》卷七十八《江州重建濂溪先生书堂记》）。至于在社会实践上理学家和庄子的区别更是明显的，即使被反理学思想家认为是理学中入佛老最深的王守仁，他也赋诗明确表述了这种区别，"人人有个圆圈在②，莫向蒲团坐死灰"（《王文成公全书》卷二十《汪进之太极岩二首》）。戴震处在理学末流和衰败之极的学术环境和社会背景下，不可能观察、感悟到理学兴盛期充盈着、激荡着道德热诚的理学家的那种生活体验和精神状态。

二是"存天理灭人欲"。理学阵营程朱、陆王两派虽然道德修养的方法、路数不同，但要达到的目标却是相同的，并且有一个一致的表述："存天理灭人欲"。理学在论证伦理道德的人性根源时，把人在社会环境中形成的伦理感情和道德行为说成是"善"的、固有的；而把人追求充

---

① 永嘉玄觉禅师《证道歌》有曰："一月普现一切水，一切水月一切摄，诸佛法身入我性，我性遂与如来合。"
② "圆圈"，即《太极图》中的"太极"，即"理"，意谓人皆当努力践履社会伦理。

分满足根源于自然本性的诸多欲望说成是"恶"的。理学中称之为"天命之性"与"气禀之性"，或"天理"与"人欲"。如程颐论证说，一方面，人之本性受之"天命"，"性之理则无不善"（《河南程氏遗书》卷二十四）；另一方面，人之身出于"气"，则"大抵人有身，便有自私之理"（《河南程氏遗书》卷三），所以，"损人欲以复天理，圣人之教也"（《河南程氏粹言》卷一《论道篇》）。此后，理学阵营中的两派都接受了这个道德口号，朱熹说，"圣人千言万语，只是教人明天理灭人欲"（《朱子语类》卷十二），王守仁也说，"学者学圣人，不过是去人欲而存天理"（《王文成公全书》卷一《传习录上》）。可见，理学对人的自然情欲的否定远远超出先秦儒家之上。理学这一理论观念的形成显然是感受了庄子"其嗜欲深者，其天机浅"（《大宗师》），即"无以人灭天，无以故灭命"（《秋水》）的思想观点的影响的结果，所以二程曾赞叹说，"庄子言'其嗜欲深者，其天机浅'，此言却最是"（《河南程氏遗书》卷二上）。当然，客观地说，理学以社会伦理道德压抑、否定人为充分满足自然性质的欲望的努力，同庄子以自然无为来反对、否定人的一切社会行为在理论观念上虽有某种关联、犀通，但在理论性质上并不相同。

**2. 理学家对庄子思想的批评**

庄子思想是作为一个自觉的、鲜明的与儒家思想观点相对立的思想体系出现的。因此，庄子思想的存在，尽管对儒学的理论思维的提高和学术内容的拓展起了有益的影响，但它还是不断地遭到儒家学者的批评。对于儒家学者来说，接受庄子影响，儒学基本观念中渗透进庄子思想可能是不自觉的，而批评和援用庄子却完全是自觉的。

（1）理学以前对庄子的批评  儒家学者对庄子的批评，按照朱熹的看法，应该是从孟子开始的。朱熹说："庄、列之书皆说杨朱，孟子辟杨朱，便是辟庄老了。"（《朱子语类》卷一百二十五）前面已经论述，杨朱思想与庄子思想甚有差异，朱熹此论难以成立。这样，第一个批评了庄子的儒家学者就应该是荀子了。荀子说"庄子蔽于天而不知人"（《荀子·解蔽》），荀子的理论眼光在先秦学者中是最高、最开阔的，他对庄子的批评虽然就是这样一句，很简略，但却十分准确、客观，完全可以涵盖庄子思想的主体内容。

汉代学者中，扬雄对庄子有所肯定，也有明确的批评。扬雄在《法言》中写道，"或曰，庄周有取乎？曰：少欲。至周罔君臣之义，虽邻不觌也"（《问道》），庄周"荡而不法"（《五百》）。可见扬雄基本上是从比较狭隘的儒家伦理道德立场对庄子进行批评的。汉代史学家、经学家班固曾作《难庄论》，似乎是篇批评庄子的文字，但唐代以后遗佚，今天只在《艺文类聚》（卷九十七）和《北堂书钞》（卷一百五十八）上保存了篇名（《北堂书钞》称为《难严周》）和复述《庄子》中名物的几句话，看不出他是如何批评庄子的。在简易朴素的黄老思潮和专门而又繁碎的经学思潮笼罩下的汉代学者，对庄子思想的认识、吸收和批评都较浅。

在玄学风靡、学者多服膺庄老的魏晋时期，"太源王济好谈，病老庄"（《三国志·魏志·钟会传》注引何劭《王弼传》），但其批评老庄的具体内容已不得而知。这个时期留下的尚为完整的一篇批评庄子的文字是王坦之的《废庄论》。文中写道："庄子之利天下也少，害天下也多。故曰鲁酒薄而邯郸围，庄生作而风俗颓。礼与浮云俱征，伪与利荡并肆，人以克己为耻，士以无措为通，时无履德之誉，俗有蹈义之愆。骤语赏罚不可以造次，屡称无为不可与适变，虽可用于天下，不足以用天下人。昔汉阴丈人修浑沌之术，孔子以为识其一不识其二，庄生之道无乃类乎！"（《晋书·王湛传》）可见，被《晋书》述为"敦儒教，尚刑名学"的王坦之对庄子的批评，除了传统的儒家伦理道德原则外，还增加了源自法家的功利原则。这也是荀子以后、理学产生以前儒学对庄子的批评所能达到的高度。显然，《废庄论》的庄子批评仍然缺乏理论的深度和力量。深刻有力的学术理论批评应是一种能够消化掉批评对象的批评。《废庄论》甚至不得不借用被批评者《庄子》中的思想观念、名物概念来表达自己的批评的思想[①]，就是因为还没有形成足以能否定、消化庄子思想的新的理论观念。这一情况表明，在理学产生以前，对于儒学来说，庄子思想还是一个不能完全消化的、坚硬的理论果实。

（2）理学家对庄子的批评  理学家对庄子思想的批评，最主要之点，也是较多的方面，是用将儒家传统的伦理道德原则升华了的理学伦理道德

---

① 《废庄论》中的"鲁酒薄而邯郸围""汉阴丈人""浑沌之术""识其一不识其二"等名物故事、思想观念分别援引自《庄子·胠箧》《天地》。

哲学来否定庄子的自然主义的人生哲学。理学家一一审视并尖锐批判了庄子的人生追求、精神修养方法和处世态度。

如前所述，庄子的人生追求是对超脱世俗之外、无任何负累的精神自由的追求，达到这种境界，庄子称之为"神人"（或"真人""至人"）。如《庄子》中极其神往地、想象地叙写道："藐姑射之山有神人居焉……乘云气，御飞龙，而游乎四海之外……孰弊弊焉以天下为事……孰肯分分然①以物为事！"（《逍遥游》）庄子追求的这种超越人的德行和智能之上的境界，其幻想的，甚至是虚妄的性质是十分明显的。但是，从理论上说明它的虚妄性质，对于理性思辨一直很薄弱的儒学来说并不是十分容易的。理学产生后，理学家中的张载对这个问题作了较明确的论述。张载对庄子"神人"的批驳，归纳起来有两点，或者说两层意思。第一，"神"不是人所具有的而是"天"所具有的性质。张载认为，所谓"神""化"乃是宇宙万物总体"气"的一种变动不居的性质："气有阴阳，推行有渐为化，合一不测为神。"（《正蒙·神化》）如果把这个总体理性化地称为"天"，那么，"神"与"化"就是"天"的一种性质，"神，天德；化，天道"（《正蒙·神化》），所以"神"不是人所具有的性质，不能有"神人"，张载说："位天德则神，神则天也，故不可以神属人而言。庄子言神人，不识义理也。又谓至人、真人，其词险窄，皆无可取。"（《易说·乾》）第二，"穷神知化"，即达到"天人合一"的最高境界，不是凭借智能，而是通过道德践履才能实现。张载说："《易》谓'穷神知化'，乃德盛仁熟之致，非智力能强也……穷神知化，与天为一，岂有我所能勉哉？乃德盛而自致尔。"（《正蒙·神化》）也就是说，对于人来说，"天人合一"的境界，不是指通过逻辑思维的认识来获得、具备"天"的"神化"的性能，而是指按照道德原则来实践"天"之"神化"赋予人的性能，"其在人也，智义利用，则神化之事备矣"（《正蒙·神化》）。张载认为，达到这种精神境界就是"圣人"："大德敦化，然后仁智一而圣人之事备。"（《正蒙·神化》）显然，张载是以一种伦理的、道德的理想人格批判和否定了庄子的自然主义的理想人格。

---

① "分分然"三字据《淮南子·俶真训》补。

在理学中，通过类似于这样对庄子超越世俗（还有释氏超脱人生）的人生哲学的批评的同时，以道德实现为人生最根本的精神追求的儒家传统伦理哲学观点，也在理论上得到了更进一步的说明和论证。

理学批评、否定了庄子遗落世务、"逍遥乎无为之业"（《大宗师》）的精神自由的人生追求，也必然要批评、反对他达到这一精神境界的修养方法和在这一追求下的处世态度。庄子的精神修养方法称为"虚而待物"的"心斋"（《人间世》），"堕肢体、黜聪明、离形去知、同于大通"的"坐忘"（《大宗师》），实际上就是要努力从心境中排除一切思虑、欲念，使得"形如槁木，心如死灰"（《齐物论》），只有这样才能摆脱"物累"，浑同自然。在理学家看来，这种修养方法不仅对于作为只有最贫乏内涵的人——有生命的人来说是荒谬的："盖人活物也，又安得为槁木死灰？既活，则须有动作，须有思虑，必欲为槁木死灰，除是死也"（《河南程氏遗书》卷二上）；对于具有理性自觉的、以道德实现为人生目标的人来说也是无可取的："所贵乎'智周天地万物而不遗'①，又几时要'死灰'？所贵乎'动容周施中礼'②，又几时要如'槁木'？"（《河南程氏遗书》卷二上）当然，理学家以道德完成为目标的精神修养过程也要求修持心境的虚静，但这只是要求排除和道德感情、道德理智（"天理"）相对立的"人欲"，不同于庄子这里所要求的排尽一切情与智。正如王守仁所说："循理之谓静，从欲之谓动。欲也者非必声色货利外诱也，有心之私皆欲也。故循理焉，虽酬酢万变皆静也，从欲焉，虽心斋坐忘亦动也。"（《王文成公全书》卷五《答伦彦式》）理学和庄子思想在精神修养方法上的分歧差异，虽然在理学时代的生活实践中，在佛学思潮漫延的情况下，有些理学修养浅薄的儒者未能作自觉的、清醒的区分，但从理论本质上来说，两种方法的性质区别，即自然主义特质（归依自然）与伦理主义特质（遵循规范）的区别仍是明显地、真实地存在着的。

庄子超世、顺世、遁世的处世态度十分自然地要受到以践履社会伦理道德、实现"修身、齐家、治国、平天下"为生活全部内容的理学家的

---

① 《易传·系辞上》谓："知周乎万物而道济天下。"
② 语出《孟子·尽心下》。

尖锐批评。例如，朱熹认为庄子所向往或形容的超世的生活情态，"若曰旁日月、挟宇宙、挥斥八极、神气不变者①，是乃庄生之荒唐"（《朱子语类》卷一百二十五）；指斥庄子"为善无近名，为恶无近刑"②的顺世全生是"不议义理，专计利害"的"乡愿"，"乃贼德之尤者"（《朱文公文集》卷六十七《养生主说》）；抨击庄子否认和逃避君臣之义的固有责任和义务是"为我无君，禽兽食人之邪说"（《朱文公文集》卷八十二《跋宋君忠嘉集》，卷七十一《记林黄中辨易西铭》），等等。

人生哲学是庄子思想坚实的核心，庄子人生哲学在理学中被批判、被否定，是儒学从玄学到理学的理论进展的一个最重要表现。魏晋玄学引进庄子思想，改造和提高了儒学关于宇宙根源观念的理性内容。但是，玄学家没有进一步把这种总体性质的宇宙根源观念运用、贯彻到儒家的伦理思想中，形成一种理性的，具有本体、根源性质的伦理道德范畴，玄学的伦理道德思想仍然停留在儒家传统的社会生活经验范围之内。这样，玄学就不能把人们的道德实践提升到一个更高的理性自觉层次，不能不断地充实和保持人们的道德热情。所以玄学尽管思理高迈，仍然不能克服、摆脱那种深刻尖锐的、本质上是伦理道德的精神危机，只好借助"自然"来填补"名教"的缺隙，由醉心庄老蔚然而成"放达"的士风。从人生哲学的理论和实践上来看，玄学没有做到的，理学做到了；玄学中发生的，理学避免了。也就是说，理学将儒家传统的伦理道德观念由主要是社会生活经验的概括提高到具有永恒的理性根源（"理"）的伦理哲学水平上，从而能够在同一理论层次上批评魏晋玄学曾不得不有所依藉的中国传统思想中固有的庄子（道家）人生哲学，以及由异国传入的在玄学以后方臻于鼎盛的佛家人生哲学。理学对庄子人生哲学从理想的精神境界达到这种境界的方法的批评、否定，在伦理道德哲学的理论层面上说是周延的、彻底的了。但是，从更广泛的人类精神生活来看，它又是狭隘的，偏颇的了，因为很难从理论上证明真、善、美的至高的精神境界只会出现在、存在于

---

① 《庄子》写道"圣人……旁日月，挟宇宙……"（《齐物论》），"至人……挥斥八极，神气不变"（《田子方》）。

② 《庄子》写道："为善无近名，为恶无近刑，缘督以为经，可以保身，可以全生，可以养亲，可以尽年。"（《养生主》）

理学家的道德实现之中。事实上，纯洁至诚的科学的、宗教的追求，都能产生这种境界。因此，庄子人生哲学所描述的也可能是属于道德之外的另一种至高的精神境界。

理学不仅以"理"的伦理哲学批评、否定了作为庄子思想坚实核心的自然主义的人生哲学，而且还以"理一分殊"的理论观念批评，否定了作为庄子思想中的两个基本观点——天人对立和"齐物"的观点。天人关系在庄子思想的不同理论层面上有不同的情况。在庄子思想最高的"道通为一"（《齐物论》）的宇宙总体层次上，没有天与人之分，在庄子思想的自然哲学里，有了天与人之分，但是"人与天一也……有人，天也；有天，亦天也，人之不能有天，性也"（《山木》），"通天下一气也"（《知北游》），实际上是将人融入天，融入自然（"气"）。然而在庄子的人生哲学和社会批判思想里，天与人却始终是处在分裂的、对立的状态，"天之君子，人之小人"（《大宗师》），"圣人工乎天而拙乎人"（《庚桑楚》），"古之人，天而不人"（《列御寇》）。在这两个理论的和现实生活的领域内，庄子思想旨在以它的彻底的自然主义（"天"）反对儒家的伦理道德和一切人为（"人"）。庄子称以孔子为代表的践履世俗之礼的人是"游方之内者"，超越世俗能"返其真"者是"游方之外者"，而"外内不相及"（《大宗师》），天人分立，是无法一致起来的。理学家从"万事皆出于理"（《河南程氏遗书》卷二上）即"理一"的理论立场对此进行了批驳。二程说："盖上下、本末、内外，都是一理也，方是道。庄子曰'游方之内''游方之外'者，'方'何尝有内外？如是，则是道有隔断，内面是一处，外面又是一处，岂有此理！"（《河南程氏遗书》卷一）陆九渊也从"心一也，人安有二心"的理论观点出发，批评《庄子》"眇乎小哉，所以属于人也；謷乎大哉，独成其天"（《德充符》）、"天道之与人道也相远矣"（《在宥》）之说"是分明裂天人而为二也"（《象山全集》卷三十四《语录》）。可见，理学主要是以一种理性的总体观念——"理一"（"心一"）来批评庄子分裂天人的观点。应该说，从庄子思想的全部内容来看，理学的这一批评有某种"错位"现象，它是用最高层次上的哲学观念来批评较低层次上的一个具体观点。

与此同时，理学又用"分殊"的观念来批评庄子"齐物"或"齐物论"的观点。二程说："天地阴阳之变，便如二扇磨，升降盈亏刚柔，初未尝停息，阳常盈，阴常亏，故便不齐。譬如磨既行，齿都不齐，既不齐，便生出万变。故物之不齐，物之情也。而庄周强要齐物，然而物终不齐也。"（《河南二程遗书》卷二上）程颐在另外一个地方说得更加周延："庄子之意欲齐物理耶？物理从来齐，何待庄子而后齐？若齐物形，物形从来不齐，如何齐得？此意是庄子见道浅，不奈胸中所得何，遂著此论也。"（《河南程氏遗书》卷二十二上）显然，在这里理学所批评的庄子"齐物"同庄子自己所论述的"齐物"（"齐物论"）有某种哲学意念上的差别。庄子的"齐物"所论，是认为万物作为认识中的对象，在"道"的眼光观察下的一体性和在"物"的角度观察下的多样性是矛盾的，因而也是相对的①。而理学的批评所论，却是把万物看作一种独立于人的认识过程之外的实体，因而它作为宇宙总体（"理一"）的构成和作为个体（"分殊"）的存在是同样确定性的、无矛盾的。虽然如此，毕竟曾经极大地困扰庄子的认识相对性在理学中是被消除了，庄子思想中的一个坚硬的理论苦果在理学中被消化掉了。

理学对庄子思想的核心内容和基本理论观点的否定性批评，表明理学具有消化庄子思想的理论能力。实际上，在理学的形成和发展过程中，理学的理论批判矛头一直都不是主要指向庄子或道家，而是指向释氏和当世的功利之学。早在理学形成的初期，二程就说，"今异教之害，道家之说则没可辟，唯释氏之说衍蔓迷溺至深，今日是释氏盛而道家萧素。方其盛时，天下之士往往自从其学，自难与之力争，惟当自明吾理，吾理自立，则彼不必与争。然在今日，释氏却未消理会，大患者却是介甫之学"（《河南程氏遗书》卷二上）。后来，朱熹也说，"江西之学（按：指陆九渊学派）只是禅，浙学（按：指陈亮、叶适学派）却专是功利。禅学，后来学者摸索，一旦无可摸索，自会转去；若功利，学者习之便可见效，此意甚可忧"（《朱子语类》卷一百二十三）。可见理学家深感到，批评、消化异己的理论思维水平极高的释氏之学是很艰难的理论课题，驳倒虽然

---

① 《庄子》写道："以道观之，物无贵贱；以物观之，自贵而相贱……以趣观之，因其所然而然之，则万物莫不然，因其所非而非之，则万物莫不非。"（《秋水》）

具有明显的反理学性质，但却也有儒家经典根据的功利之学也并非容易。庄子思想对于理学完成这两个理论任务曾起了某种特殊的作用。

**3. 理学家对《庄子》的援用**

理学家都很熟悉《庄子》，也常援引《庄子》。这是因为理学具有从理论上消化庄子思想的能力，所以理学家能将《庄子》中本来是具有异己性质的概念、观念改造成和自己要表述的思想观念一致，并用来帮助说明自己的思想观点。理学家对《庄子》的援用，表现在、发生在高低不同的三个层次上。在最低的层次上，理学家常把《庄子》的名物典故作为文学素材引进自己的诗文中。例如邵雍诗"因思濠上乐，旷达是庄周"①（《伊川击壤集》卷四《川上观鱼》），朱熹诗"却笑蕊珠何处所，两忘蝴蝶与庄周"②（《朱文公文集》卷八《为许进之书胎仙室或疑欠舞字而作》），陆九渊诗"物非我辈终无赖，书笑蒙庄只强齐"③（《象山全集》卷二十五《游湖分韵得西字》），王守仁诗"吾道羊肠须蠖屈，浮名蜗角任龙争"④（《王文成公全书》卷二十《再至阳明别洞》）等等。这种情况几乎在每个理学家的文集中都是可以找到的。

在较高的层次上，理学家自觉地援引并改造《庄子》的某些概念、观念、意境，用以来表述、说明自己的思想观点。前面所述张载援用庄子《逍遥游》中描绘苍天太空中飞扬翻动着的游尘云气的"野马""生物以息相吹"，来描述"气块然太虚"，就是典型的例子。此外，如邵雍说，"先天图者，环中也"（《观物外篇之三》），就是用庄子《齐物论》形容"和是非"的"得其环中，以应无穷"，来说明万物生化过程中的"万物皆反生，阴生阳，阳复生阴，阴复生阳，阳复生阴，是以循环无穷也"（《观物外篇之三》）。朱熹对他的弟子讲论庄子《养生主》，论至庖丁解牛"恢恢乎其于游刃必有余地"时说"理之得名以此"（《朱子语类》卷一

---

① 《庄子·秋水》："庄子与惠子游于濠梁之上。庄子曰：儵鱼出游从容，是鱼之乐也……"
② 《庄子·齐物论》："昔者庄周梦为蝴蝶……不知周之梦为蝴蝶与，蝴蝶之梦为庄周与……"
③ 庄子作《齐物论》，谓"天地一指，万物一马"。
④ 《庄子·则阳》："有国于蜗之左角曰触氏，有国于蜗之右角曰蛮氏。时相与争地而战。"

百二十五），这里朱熹就是用庖丁解牛熟能生巧、得心应手未尝肯綮的意境，来显示"此个道理，大则包括乾坤，提挈造化，细则入毫厘丝忽里去，无远不周，无微不到"（《朱子语类》卷二十三），也就是触处皆是理的理学观点。陆九渊也曾将《骈拇》中用来说明"事业不同，名声异号，其与伤性殉身一也"的"臧博塞以游，臧挟策读书，共于亡羊均也"的故事意境加以改变，用来批评"今人读书，平易处不理会"，疲倦精神于章句传注，与"束书不观，游谈无根"同样是错误的，说明他的"某读书只看古注，圣人之言自明白"（《象山全集》卷三十四《语录》）即"优游读书"（《象山全集》卷三十五《语录》）的心学观点。

在最高的层次上，则是理学家自觉地把庄子的理论观念或思想作为自己可以认同的思想观点直接地加以援用，这主要表现在理学家对佛家思想和功利之学的批判中。应该说，理学家经常的、主要的还是从儒家固有的伦理道德立场对释氏进行批判的。如二程说，"佛者一點胡尔，他本是个自私独善，枯槁山林自适而已"（《河南程氏遗书》卷二上），朱熹也说，"佛老之学不待深辨而明，只是废三纲五常这一事，已是极大罪名，其他更不消说"（《朱子语类》卷一百二十六）。然而，理学家也毕竟跨越了这个狭隘的伦理道德的立场，对佛学作了更深入的理论观察和批判。"释氏以空寂为本"（《朱子语类》卷一百二十六），这就是理学家对佛学理论本质的观察。理学家的这一观察是正确的，佛家思想的主要之点正是通过细腻的心理分析，最后彻底否定世界的一切客观存在。因此，理学家对释氏之学在伦理道德之外的理论批判，就是集中对"空寂"的批驳。理学的这种批驳大体上可以归纳为两个方面，一是从认识方法上指出释氏"空寂"之论的迷误，一是以世界本体之实证明释氏"空寂"之论的虚妄。前者如张载说："释氏不知天命，而以心法起灭天地，以小缘大，以末缘本，其不能穷而谓之幻妄，真所谓疑冰者与！（自注：夏虫疑冰，以其不识。）"（《正蒙·大心》）显然，张载这里是援用《庄子·秋水》"井蛙不可以语于海者，拘于墟也；夏虫不可以语于冰者，笃于时也；曲士不可以语于道者，束于教也"的观点，揭示释氏否定个人意识（"心法"）之外的世界万物（"天地"）或宇宙总体（"天命"），在认识上的根源，就是以存在的时间极为短暂、空间极为狭隘的个人知觉来妄意一种在本质上是永恒的、广袤无穷的客观对象，正如同井蛙疑海、夏虫疑冰，以其不识。后者如朱熹说："乾坤造化如大洪炉，人物生生无少休息，是乃所谓实然之理，不忧其断灭也。今乃以一片大虚寂目之，而反认人物已死之知觉谓之实然之理，岂不误哉！"（《朱文公文集》卷四十五《答廖子晦》）也很显然，朱熹在这里批驳释氏以灵魂为不朽而世界万物为"一片大虚寂"的观点所使用的万物生成及其不灭的"实理"理论观念，是援引和综合了《庄子》中的"以天地为大炉，以造化为大冶"（《大宗师》），"四时迭起，万物循生"（《天运》），"扁然而万物自古以固存"（《知北游》）等思想观念。可见，理学是借助了庄子思想中的理性观念，才得以能在更高的理论层次上批评和消化佛家思想的。

此外，庄子思想中的一个基本观点，即从彻底的自然主义立场（"天"）上反对一切人为（"人"），乃至反对一切为"人"之心——庄子称之为"嗜欲""机心"，即《庄子》所谓"其嗜欲深者其天机浅"（《大宗师》），"有机械者必有机事，有机事者必有机心。机心存于胸中，则纯白不备，纯白不备则神生不定，神生不定者，道之所不载也"（《天地》）。庄子的这一思想观点也被理学家认同、援引来批评当时属于儒学内部但和理学对立的功利之学。功利之学把经世治国放在首要位置，所以在学术路数上特别重视历史经验，主张读史。朱熹对此批评说："看此等书，机关熟了，少间都坏了心术。庄子云，'有机械者必有机事，有机事者必有机心，则纯白不备，纯白不备，道之所不载也'，今浙中于此二书（按：指《左传》及《东莱大事记》）极其推尊，是理会不得。"（《朱子语类》卷一百二十二）理学家以"利欲"二字来判定功利之学的理论本质，如朱熹称其是"在利欲胶漆盆中"（《朱子语类》卷一百二十三）；所以经常以"利欲害道"来相告诫，如湛若水说："心之本体即天理也，欲害之，故失其本体尔。庄周曰，'其嗜欲深者其天机浅'，夫欲去一分则理存一分，欲去十分则理存十分，而心之本体正矣。"（《格物通》卷十九）这些都表明，理学在对功利之学的批评中援用庄子的思想观点，是很自觉的、明显的。

以上，我们粗略地考察了庄子思想对作为中国传统思想主体的儒学在其发展进程中所发生的作用，这种作用或影响，概括来说就是由于庄子思想是一个理性思辨高于传统儒学的思想体系，它的许多理论概念或思想观念自觉或不自觉地被儒家学者所吸取，从而渗透进儒学的历次思潮中。在庄子思想影响下，儒学的理论背景变得广阔，理论内容渐趋高深，发展到了理学阶段，甚至具备了批判、消化庄子思想的理论思维能力和理论观念。就庄子思想本身来说，先秦以后就停止了发展，但它的极为众多的名词、概念、命题、意境等却被儒学和下面还将论及的道教、佛学等思想体系作为基本的观念要素摄取，和它们相结合，产生出本质上已不是庄子思想但仍烙有庄子思想痕迹的新的思想观念。庄子思想在以这种方式融入中国传统思想洪流中去的过程中，形成了它的新的存在方式和发展的历史。

# 第十章　庄子思想与道教、佛学

对于中国传统思想，如果从人生哲学，即人生的价值取向和实现途径的理论角度来观察，不难发现，它显然是由三个理论性质不同的观念体系组成：伦理道德的、宗教的和哲学的。作为中国传统思想主体的儒家思想是以践履并完成社会伦理道德为人生目标，追求"永生"的道教和主张"无生"的佛教是中国传统思想中的宗教观念体系，而道家思想，特别是庄子思想，本质上是在道德和宗教之外的人的自然的、本然的存在中探寻人生价值的实现。如前所述，在中国传统思想的发展中，庄子思想影响和支援了儒学理论思维水平的提高和理论内容的拓展；在人生实践中，特别是在中国古代较高文化阶层人们的精神生活中，庄子的人生哲学是对儒家人生哲学最重要的补充。庄子思想与中国传统思想中的两个宗教观念体系——道教和佛教也有极为密切的关系，而且，其明显和深入的程度甚至还在它和儒家思想的密切关系之上。

## 一　庄子思想与道教的理论基础

道教是古代巫术、方术依托道家在汉代形成的，以追寻长生不死成为"神仙"为主要目标的人为的世俗宗教。① 正如晋代的道教理论家葛洪所说，"道家之所至秘而重者，莫过长生之方也"（《抱朴子·内篇·勤求》），"夫神仙之法，所以与俗人不同者，正以不老不死为贵耳"（《抱朴

---

① 恩格斯在《布鲁诺·鲍威尔和早期基督教》一文中把宗教形态概括为两类：一种是"自然宗教"，即原始宗教；另一种是"人为宗教"，即阶级社会的宗教。（见《马克思恩格斯全集》第十九卷，第327页）

子·内篇·道意》）。道家思想的基本观念是"自然"而不是"神仙"，但是，作为道教教义基础或主要特色的"神仙"观念仍然可以被确认为是来源于道家。唐代道教理论家吴筠在回答人们对他，也是对整个道教的诘难"道之大旨莫先乎老庄，老庄之言不尚仙道，而先生何独贵乎仙者也"时说："老子曰'深根蒂固，长生久视之道'，又曰'谷神不死'①，庄子曰'千载厌世，去而上仙，乘彼白云，至于帝乡'，又曰'故我修身千二百岁而形未尝衰'，又曰'乘云气，驭飞龙以游四海之外'，又曰'人皆尽死，而我独存'，又曰'神将守形，形乃长生'②，斯则老庄之言长生不死神仙明矣。"（《玄纲论》）所以，无疑地，道教的"仙道"与老庄的长生不死或神仙的观念是有密切联系的。不仅如此，在《庄子》中还有更多的为历代道教所追索的"神仙"行迹的描写，例如，"藐姑射之山，有神人居焉，不食五谷，吸风饮露"（《逍遥游》），"列子御风而行，泠然善也，旬有五日而后反"（同上），"至人神矣，大泽焚而不能热，河汉沍而不能寒"（《齐物论》），"古之真人，其寝不梦，其觉无忧，其食不甘，其息深深，真人之息以踵，众人之息以喉"（《大宗师》），等等。这些都是以后道教的辟谷、行气、乘云御风、不寒不热等神仙方术的发端。

然而从观念的理论性质上看，道家的"长生久视"是出于人性的自然愿望，《庄子》中关于"神人""至人""真人"的描述，也是寓言性质的，体现一种无任何负累的，逍遥自在的精神境界，与道教"仙道"的宗教生活实践是不同的。所以道教在其自身的发展中，主要表现为各种神仙方术的膨胀增益，实际上是在脱离了道家的思想轨道上独立进行的。但是，道教作为一种宗教的确立和发展，在三个重要的理论观念上是攀缘着道家思想，特别是庄子思想的。

**1. 道教宗教目标的论证借助于庄子相对主义**

"长生久视""乘彼白云，至于帝乡"在老庄思想中只是一种愿望，一种想象，是纯粹思想观念性质的东西，道教把它转变为一种人生追求的目标，一种生活实践。这样，就产生了道教的第一个需要回答的、论证的

---

① 分别见《老子》第59章、第6章。
② 分别见《庄子·天地》《庄子·在宥》《庄子·逍遥游》。

理论问题：这种"长生""神仙"的人生目标是真实的吗？道教理论家一般援引史籍的记载加以证明，葛洪说："若谓世无仙人乎，然前哲所记，近将千人，皆有姓字及有施为本末，非虚言也。"（《抱朴子·内篇·对俗》）然而这些记载皆为传闻，难以考索，本身就缺乏证明。以葛洪所撰《神仙传》为例，此书在刘向《列仙传》七十一人之外，又增益八十四人，凡一百五十余人，诚如《四库全书提要》所指出，其中多有如庄周寓言，"不过鸿蒙、云将之类①，未尝实有其人"；对若干真实人物的记述，亦多有"未免附会"或"尤为虚诞"之处。所以，道教的不死、成仙的宗教目标不是历史经验所能证明的。当然，也不是现实经验所能证明的；现实经验提供的是相反的证明：人皆有死。

道教理论家对长生不老、神仙这一宗教目标的证明毕竟没有停留在经验事实的水平上，而是进一步作了具有一定理论色彩的论证。首先，道教理论家试图运用万物存在的特殊性的事实和理论观念，来证明不能因为凡人皆死就否认有不死的"仙人"。葛洪说：

> 谓夏必长，而荠麦枯焉。谓冬必凋，而竹柏茂焉。谓始必终，而天地无穷焉。谓生必死，而龟鹤长存焉。盛阳宜暑，而夏天未必无凉日也，阴极宜寒，而严冬未必无暂温也……万殊之类，不可以一概断之。有生最灵，莫过乎人。贵性之物，宜必钧一，而其贤愚邪正，好丑修短，清浊贞淫，缓急迟速，趋舍所尚，耳目所欲，其为不同，已有天壤之觉、冰炭之乖矣，何独怪仙者之异，不与凡人皆死乎？（《抱朴子·内篇·论仙》）

其次，道教理论家又运用人的认识能力的有限性而产生的认识结论相对性的理论观念，来说明不能因为在凡人的生活经验中没有"神仙"，就否认它会在人的有限经验范围之外存在。葛洪说：

---

① 《庄子》写道："云将东游，过扶摇之枝，而适遭鸿蒙……"（《在宥》）。司马彪注："云将，云之主帅。"（《初学记》一引）"鸿蒙，自然元气也。"（《经典释文》引）皆庄子寓言人物。

　　浅识之徒，拘俗守常，咸曰世间不见仙人，便云天下必无此事。夫目之所曾见，当何足言哉？天地之间，无外之大，其中殊奇，岂遽有限。诣老戴天，而无知其上，终身履地，而莫识其下。形骸，己所自有也，而莫知其心志之所以然焉；寿命，在我者也，而莫知其修短之能至焉。况何神仙之远理，道德之幽玄，仗其短浅之耳目，以断微妙之有无，岂不悲哉……所谓以指测海，指极而云水尽者也。蜉蝣校巨鳌，日及料大椿，岂所能及哉！（《抱朴子·内篇·论仙》）

　　十分显然，道教理论家在这里运用的事物性质的特殊性和人的认识的相对性的理论观点、论证方法，甚至某些论据，都援引自《庄子》。《庄子》中写道："梁丽可以冲城，而不可以窒穴，言殊器也；骐骥骅骝，一日而驰千里，捕鼠不如狸狌，言殊技也；鸱鸺夜撮蚤，察毫末，昼出瞋目而不见丘山，言殊性也。"（《秋水》）所以，"万物殊理"（《则阳》），每种事物都有自己独特的性质，这是庄子自然哲学中的一个基本的思想观念。葛洪所谓"万殊之类，不可以一概断之"正源于此。葛洪论列事物特殊性的例证也没有超出庄子的"殊器""殊技""殊性"的范围。庄子认为"吾生也有涯，而知也无涯，以有涯随无涯，殆已"（《养生主》），如同"朝菌不知晦朔，蟪蛄不知春秋"（《逍遥游》），"井蛙不可以语于海，夏虫不可以语于冰"（《秋水》），人的认识能力是极为有限的、相对的，所以"曲士不可以语于道者，束于教也"（同上）。葛洪也正是这样认为，世人不见"仙人"并不足以证明"仙人"的不存在；相反，何尝不正是世人的"浅短之耳目"认识不到幽玄微妙的"神仙"？可见，一个尖锐的、危及道教的宗教价值或教旨能否存在的巨大疑团，道教理论家是借助于庄子认识论中的相对主义来予以消解的。

　　道教理论家摆脱了依靠纯粹的经验事实，而从庄子思想那里援引事物的特殊性和人的认识的相对性的理论观念，用以论证虽然"凡人"的经验中没有"神仙"的存在，但是也不能因此就否定它的存在。从形式逻辑的角度看，道教理论家援引庄子相对主义所作的这番论证还是坚强的，是向前跨进了一步。但是，就理论的实际内容来看，道教理论家的相对主义论证中有一个根本的弱点，就是他把人的认识中未知的，与客观世界中根本不存在的混同了。在相对主义中是无法对此作出区分的。同时，认识论中的相对主义总是内蕴着怀疑主义性质的理性因素，这和宗教观念所固有的确定性信念、信仰因素是相悖的。所以，道教理论家还必须再向前跨进一步，从怀疑的或两是的相对主义中走出来。道教理论的这一发展进程，吴筠《神仙可学论》有段简明的表述：

　　昔桑矫子问于涓子曰："自古有死，复云有仙，如之何？"涓子曰："两有耳。"言"两有"者，为理无不存。理无不存，则神仙可学也……人生天地之中，殊于众类明矣，感则应，激则通。所以耿恭援刀，平陆泉涌，李广发矢，伏石饮羽，精诚在于斯须，击犹土石，应若影响，况丹恳久著，真君岂不为之潜运乎？潜运则不死之阶立致矣。孰为真君？则太上也，为神明宗教，独在于窅冥之先，高居紫微之上，阴骘兆庶……（《宗玄先生文集》卷中）

吴筠的死（凡人）与不死（"仙人"）"两有"的观点和庄子的是与非"两行"（《齐物论》）的观点在理论性质上是相同的，都是相对主义的。但是，如前所述，庄子认识论由相对主义的进一步发展，是进入具有确定性的、理性程度更高的"天理固然"（《养生主》），即科学性质的层次，追踪着"圣人者原天地之美而达万物之理"（《知北游》）。作为道教理论家的吴筠，由"两有"再向前跨进一步，引进了具有人格神内涵的"真君"的信念——"真君"也是《庄子》中的概念，只是在那里没有人格神的内涵①——笃信"感则应，激则通"，只要"精诚"在焉，"则不死之阶立致"，努力于修炼"神仙"，迈入在思想观念上和生活实践上都是属于宗教性质的领域。从这里可以看出，由道家（庄子）的哲学思想蜕变为道教的宗教思想过程中，"诚"即信仰的观念因素的注入是最有决定意义的。这一过程当然不是在吴筠这里才发生或完成的，而是在道教形成的最初就发生和完成了的。如记录了道教早期教义内容的《太平经》中

---

　　①　《庄子》写道，"百骸九窍六藏……其有真君存焉"（《齐物论》），《庄子》中的"真君"是身之主宰的比喻，不是真实的人格神的观念。

就有"至诚涕出，感动皇天，天乃为出瑞应，道术之士悉往佑之，故多得老寿，或得度世"（《太平经合校》卷九十《冤流灾求奇方诀》）的教条，吴筠以前的历代道教理论家也都一致认为，虔诚的信念是"成仙的"首要条件，如葛洪说，"要道不烦，所为鲜耳，但患志之不立，信之不笃"（《抱朴子·内篇·释滞》），"苟心所不信，虽令赤松、王乔言提其耳，亦当同以为妖讹"（《抱朴子·内篇·勤求》）。司马承祯也说："信者，道之根，敬者，德之蒂"（《坐忘论》）。吴筠的这段话只是把这一由道家到道教的思想观念蜕变过程表述得更加完整。

总之，在道教理论家对极为困难的道教最高的宗教目标——长生、成仙的理论论证中，具有理论色彩的部分都是借援自庄子思想中的。但由于这个问题本身是个宗教性质的问题，所以道教理论家最终还是必须依靠道家或庄子思想之外的非理性的信念、信仰来加以说明。道教和道家思想的一个最重要的差别就在这里。

**2. 道教最高人格神的观念脱胎于庄子自然哲学**

道教是多神的宗教，陶弘景撰《真灵位业图》加以排列，序称"有等级千亿"，然其中最高的宗教神是一作为宇宙开始的人格神——元始天尊（元始天王）。《隋书·经籍志》写道：

> 道经者，云有元始天尊，生于太元之先，禀自然之气，冲虚凝远，莫知其极。

显然，构成道教这一最高人格神的主要观念有二：一是在天地万物之先，一是禀自然之气，这种神的观念，实际上是由道家或庄子的世界最后的（也是最初或最高的）根源"道"和万物基始"气"的观念蜕变而来。《庄子》中写道，"夫道……自本自根，未有天地自古以固存……先天地生而不为久，长于上古而不为老……"（《大宗师》），也就是说，"道"作为世界万物的根源而存在于一切具体事物之先。《庄子》还认为，"通天下一气耳"（《知北游》），"气变而有形，形变而有生"（《至乐》），天地万物皆禀气而生。道教理论家将庄子思想中的"道"和"气"的思想观念叠合起来，就塑造出道教的最高人格神：

《真书》曰，昔二仪未分，溟涬鸿蒙未有成形，天地日月未具，状如鸡子，混沌玄黄，已有盘古真人，天地之精，自号元始天王，游乎其中……（《元始上真众仙记》）①

元始天王，禀天自然之气，结形未沌之霞，托体虚生之胎，生乎空洞之际……（《云笈七签》卷一〇一《元始天王纪》）

可见，道教的最高宗教神实际上是指在有形的天地万物产生之前，第一个禀"自气之气"而生的具有人格的、并且能够永远存在下去的生命实体。这种神的观念，已经不再是原始宗教对自然力的那种具有神秘色彩的、无逻辑的幻象意识，而是对自然有一定理性认识的，由理论概念构成的思想观念。道教理论家解释说："元，本也。始，初也，先天之气也。此气化为开辟世界之人，即为盘古；化为主持天界之祖，即为元始。"（《历代神仙通鉴》卷一）当然，就其根本性质来说，这种观念也还是依赖信念、信仰支撑的一种幻想。所以，道教宗教神的"神性"是比较朴素、简单的，它就是最初地禀有和永久地葆有的自然之气（"天地之精"）。而"气"也是一切人所禀有的，从这个意义上说，道教的宗教神也是人，是"不死的人"。道教的这种神的观念，召唤和鼓舞每一个人都去修炼"元气"，成为"神仙"。唐人所撰《天隐子》② 写道："人生时禀得灵气，精明通悟，学无滞塞，则谓之神。宅神于内，遗照于外，自然异于俗人，则谓之神仙，故神仙亦人也。在于修我灵气，勿为世俗所沦污；遂我自然，勿为邪见所凝滞，则成功矣。"（《天隐子·神仙》）实际上，由于道教的主要宗教思想来源于、脱胎于道家或庄子思想的理论观念，道教本质上是一个具有自然主义性质的世俗宗教，其"成仙"的宗教目标和道家"长生久视"的人性自然要求是一致的；其宗教神所禀"天地之精"也就是庄子所观察到的人的"气"的自然本质。

---

① 《元始上真众仙记》，《说郛》录为《枕中书》，葛洪撰。余嘉锡考定，《枕中书》中出现许穆、许玉斧，其年辈皆在葛洪之后，故"此书不出于洪亦明矣"（《四库提要辨证》卷十九）。
② 《天隐子》，苏轼以为是司马承祯所撰（见陆游《渭南文集·跋天隐子》及胡珽《书天隐子后》），《四库全书提要》表示怀疑。

### 3. 道教修炼方术的理论基点潜生于《庄子》

道教修炼长生、成仙的方法，即道教的方术，十分繁杂众多。葛洪说："仙经长生之道，有数百事"（《抱朴子·内篇·对俗》），"道术诸经，所思存念作，可以却恶防身者，乃有数千法"（《抱朴子·内篇·地真》）。崔元山《濑乡记》简略记述，也有三十六种"养性得仙"的方法（《渊鉴类函》卷三一八）。道教的这些方术，在世人或教外人的眼光中，十分诡秘而怪诞：即使是在一种宽容的理解精神下，也只能说这些方术激发了人的某种生理的或心理的机制，影响或改变了人们周围的生物场、物理场，但其实际过程、本质内容都是尚不得而知的，这是深奥的人的科学之谜。抛开道教方术千奇百怪的具体操作或实践不谈，不难发现，道教方术旨在消灾除病、长生不老的目标却是共同的；与此相连，在道教方术中存在着一个共同的理论基点，即皆是从神、气（精）、形（身）等构成人的生命的基本的生理、心理要素方面来养护、延续作为感性的个人存在。从这个基点上，也是从根本上，可以比较清晰地观察到道教的修炼方法在理论观念上与庄子思想有甚为密切的关联。

道教经典或道教理论家对构成人的生命的内涵或要素所作的划分和分析，并不十分严格一致，大体上说可归纳为两种。一是将人的生命整体分为"形""神"两个既对立又统一的方面。这里的"形"是指人的生命存在的物质的方面，而"神"是精神的方面。实际上这是从人的生命内涵的形态特征的角度来加以区分的。如《太平经》说"独贵自然，形神相守，此两者同相抱，其有奇思反为咎"（《太平经合校》卷八十七《长存符图》），《西升经》说"神生形，形成神，形不神不能自生，神不形不能自成，形神合同，更相生，更相成"（第二十二章）。应该说，对人的生命构成要素作这样的划分虽然比较简略，但却周延。《庄子》中写道，"胥易技系，劳形怵心者也"（《应帝王》），"离形去知，同于大通"（《大宗师》），可见，最早从形、神这样的两个方面来描述、概括人的生命活动整体或人的全部存在的正是庄子。道教对人的形、神关系没有更深入的理论观察和论述，只是为实践"长生"的宗教目标，提出两者要"合同""并一"："形神合同，固能长久"（《西升经》第二十九章），"身神并一，则为真身"（《坐忘论》）。《太平经》中有一段更为明确、详尽的表述：

人有一身，与精神常合并也。形者乃主死，精神者乃主生。常合即吉，去则凶。无精神则死，有精神则生，常合即为一，可以长存也。常患精神离散，不聚于身中，反令使随人念而游行也。故圣人教其守一，言当守一身也。念而不休，精神自来，莫不相应，百病自除，此即长生久视之符也。（《太平经合校》卷一三七～一五三《太平经钞·壬部一九上》）

道教的"形神相守""身神并一""守神""守一"等观点也都可以在《庄子》中寻觅到它的观念根源。《庄子》所谓"女神将守形，形乃长生"（《在宥》），"纯素之道，唯神是守，守而勿失，与神为一……是谓真人"（《刻意》），"我守其一，以处其和，故我修身千二百岁矣"（《在宥》），等等，无疑地是道教这些观点最初的、直接的理论观念来源。同时，也可以从这里看出，由道家或庄子的哲学思想向道教的世俗的宗教观念蜕变的端倪和特征，表现为理论观念的理性抽象程度削弱和修持方法的具体化的过程。本来在《庄子》中，"守一"之"一"是指"道通为一"（《齐物论》）的"道"，在这里被浅化为"形神并一"的"身"；在《庄子》中，"守一"是保持心境宁静的精神修养方法，但也是"圣人将游于物之所不得遁而皆存"（《大宗师》）的精神境界，在这里被单纯地具体化为"念而不休，精神自来"的养神除病方法。

道教经典和道教理论家对人的生命内涵或要素构成所作的另一种划分和分析，是将人的生命整体分为气、形、神三种或气、精、神、形四种既有区别又密切相关的组成部分。例如：

人之生也，禀天地之元气为神为形……神全则气全，气全则形全，形全则百关调于内，八邪消于外。（《云笈七签》卷五十六《元气论》）

人之一身，法象一国，神为君，精为臣，气为民。养气有功可化为精，养精有德可化为神，养神有道可化为一身，永久有其生。（同上）

人本生混沌之气，气生精，精生神，神生明。欲寿者，当守气而

合神，精不去其形，念此三者以为一。（《太平经合校》附录《太平经圣君秘旨》）

形体为家也，以气为舆马，精神为长吏，兴衰往来主理也。（《太平经合校》卷一二〇～一三六《太平经钞·辛部一九上》）

等等。实际上这是道教对构成人的生命的实质种类所作的划分及其在"长生"的宗教目标实现中作用的分析。不难看出，道教的这些观点在三个基本思想观念上相同于、来源于庄子思想。一是"气"为生命的基础的思想观点。庄子认为"通天下一气耳""人之生，气之聚也"（《知北游》），道教的理论也正是认为"元气乃包裹天地八方，莫不受其气而生"（《太平经合校》卷四十《太平经·分解本末法第五十三》），"形者气之聚，形者人也，为万物之最灵"（《云笈七签》卷九十《七部语要》）。二是"神"（"精神"）是生命的主宰的思想观点。《庄子》中有则寓言故事借孔子之口说："丘尝也使于楚矣，适见豘子食于其死母者，少焉眴若，皆弃之而走，不见己焉尔，不得类焉尔。所爱其母者，非爱其形也，爱使其形者也……"（《德充符》）意思是说，"使其形者"（即"神"）是生命的主宰，一旦精神丧失，形体也就没有意义，生命也就不再存在，如同死母猪的形体虽还在，往日对幼仔表现温情、爱护的那母爱精神已经消失，正在待哺的猪崽也要惊恐地弃之而逃。所以《庄子》说"唯神是守"（《刻意》），"哀莫大于心死，而人死亦次之"（《田子方》）。道教经典把"神"或"精神"比作"君""长吏"，认为"精神消亡，身即死矣"（《太平经》卷七十一），这与庄子对"神"在人的生命中的意义的观点是相同的。三是由养生而得长生的思想观点。《庄子》中有"养生"的思想，"善养生者若牧羊然，视其后者而鞭之"（《达生》），有"卫生之经""卫生之经，能抱一乎？能勿失乎？"（《庚桑楚》）作为"养生""卫生"的目的、结果是"长生"，"抱神以静，形将自正，必静必清，无劳女形，无摇女精，乃可以长生"（《在宥》），也就是说，《庄子》认为养护构成人的生命的基本要素——神、形、精，方可以获得长生。显然这正是道教最基本的养气、养精、养神则"永有其身"的理论观点的思想渊源。当然，在《庄子》中"养生——长生"还是一个比较次要的、简略的思想观念，一个具有幻想性质的人生目标；但在道教，"仙人道士非有神，积精累气乃成真"（《黄庭经·仙人章第二十八》），"养生——长生——成仙"不仅是道教经典最主要的理论论题，而且也是支撑道教宗教目标中的唯一具有真实性和科学性的观念成分。

构成人的生命要素的气、精、神、形等概念和养生的观念内容，从作为庄子自然哲学中的思想观点，到成为道教修炼方法（方术）的理论基点，也有显著的变化与不同。其主要之点有二，第一，在道教理论中构成人的生命要素的"神"（心智）被实体化，"形"（生理器官）被人格化。在《庄子》中，"精"经常是被作为与"神"涵义相近的同义词或同一概念来使用的，如"今子外乎子之神，劳乎子之精"（《德充符》），"上悖日月之明，下睽山川之精"（《天运》）。或者是作为和"形"一起构成一个周延的生命范围的反对概念来使用的，如"形劳而不休则弊，精用不已则劳"（《刻意》），"弃事则形不劳，遗生则精不亏，夫形全精复，与天为一"（《达生》）。这两种情况都表明在庄子思想里，"精"和"神"的内涵是相同的；并且，"至精无形"（《秋水》）、"不形而神"（《知北游》），《庄子》中的"精""神"经常是意指和"形"相对立的，人生命中那种无形态、非实体的心智、思维的精神性的存在或表现。从上面的征引中可以看出，在道教经典中，"精""神"的观念内容有所变化，"气生精，精生神，神生明"，"神为君，精为臣，气为民"，"精"与"神"的概念内涵已不相同，在人的生命构成中也属于不同的层次。不仅如此，在道教经典中，"精""神"还进一步被实体化。"气化为血，血化为精，精化为神"（《庄周气诀解》），"精""神"都成了人的具有生理功能或机能的实体。在《黄庭经》中甚至把"精"更具体地指认为是精液胎根："结精育胞化生身，留胎止精可长生"（《呼吸章第二十》）。道教修炼方术中的"还精补脑"正是沿袭着这种"精"的观念，如葛洪说："善其术者（房中术），则能却走马〈泄精〉以补脑。"（《抱朴子·内篇·微旨》）《太平经》更写道："人能清静，抱精神，思虑不失，即凶邪不得入矣。其真神在内，使人常喜，欣欣然不欲贪财宝，辩讼争，竞功名，久久自能见神。神长二尺五寸，随五行五藏服饰……"（《太平经合校》卷一五四～一七〇《太平经钞·癸部盛身却灾法》）。这样，庄子自然哲学中具有理性内涵的无形的"神"，在道教的宗教观念中就被彻底改造为一种感性实体的存在。在道教的宗教观念中，作为生命构成的精神的、心理的要素（"神"）被实体化的同时，物质要素（"形"——生理器官）也被人格神化。《庄子》中曾设想和描述人的生理机构有某种主宰存在，只是捕捉不到它的踪迹："若有真宰，而特不得其朕，可行已信而不见其形，有情而无形。百骸九窍六藏……其有真君存焉？如求得其情与不得，无益损乎其真。"（《齐物论》）显然，这是对庄子自然哲学中作为生命构成的精神性要素"神"的拟人的描写（"真宰""真君"），并不是人格神的观念。《庄子》还写道，"得其所一而同焉，则四支百体将为尘垢"（《田子方》），"物视其所，而不见其所丧，视丧其足犹遗土也"（《德充符》），在庄子的自然主义立场看来，人的形体百骸，如同自然万物，一气之聚散，或为鼠肝，或为虫臂，臂或化为鸡，尻或化为轮（《大宗师》），没有任何神圣的性质。在道教的宗教观念中，这种情况发生了变化，道教"长生""成仙"的宗教目标，蕴涵着、发展着生命崇拜的宗教感情和思想观念；各具独特功能，负载着人的生命的人体各种器官被神化、被崇拜，在道教的宗教观念中出现是很自然的。最早在《太平经》中出现了"五脏神"："……此四时五行精神，入为人五藏神，出为四时五行神精。"（《太平经合校》卷七十二《斋戒思神救死诀》）《太平经》还叙述说，五脏神象，各依五行颜色及方位图画之，悬挂室内，"思之不止，五藏神能报二十四时气，五行神具来救助之，万疾皆愈"（《太平经合校》卷一八～三四转引《三洞珠囊》卷一）。在《黄庭经》中五脏神更各有专名："心神丹元字守灵，肺神皓华字虚成，肝神龙烟字含明，翳部导烟主浊清，肾神玄冥字育婴，脾神常在字魂停，胆神龙曜字威明，六腑五脏神体精，皆在心内运天经，昼夜存之自长生。"（《心神章第八》）《黄庭经》还写道："兼行形中八景神，二十四真出自然。"（《治生章第二十二》）所谓"八景神二十四真"，就是道教理论将人身体分为上、中、下三部分（上景、中景、下景），每部分又分为八个部位器官，各有神的名号（八景神），共计二十四神（二十四真），这是道教最完备的人的形体人格神观念。在不同的道教经典中，八景神二十四真的名称有所不同，但将人的形体生理器官人格神化，并顶礼膜拜以求长生的宗教观念是完全相同的。

例如陶弘景《真诰》曾援引《苞元玉篆白简青经》说："不存①二十四神，不知三八景名字者，不得为太平民，亦不得为后圣之臣。"（卷九《协昌期第一》）总之，构成人的生命的精神要素被实体化，形体器官被人格神化，是由庄子的自然哲学思想蜕变为道教的宗教观念的一个主要特征。

第二，养生的重点由精神修养移向形体（气、精）修炼。《庄子》中写道，"吹呴呼吸，吐故纳新，熊经鸟申，为寿而已，此导引之士，养形之人……若夫不导引而寿，此天地之道，圣人之德也。静一而不变，淡而无为，动以天行，此养神之道也"（《刻意》）。显然，在庄子思想中，"养神"的精神境界高于"养形"。从《庄子》中的记述还可以看出，庄子所谓"吾闻庖丁之言，得养生焉"，主要是指"依乎天理，因其固然"（《养生主》）；所谓"卫生之经"，主要是指"能抱一乎，能儿子乎?"（《庚桑楚》）也就是说，庄子思想的养生，正是指与自然为一，保持心境恬淡的精神修养——养神。在道教的养生理论中，对"养神"仍然极为推崇，《西升经》甚至说"伪道养形，真道养神"（第七章）。但是在道教的养生宗教实践中，正如道教最重要的经典《黄庭经》所说"积精累气乃成真"，和最主要的理论家葛洪所说"凡学道，宝精爱气，最其急也"（《抱朴子·内篇·微旨》），养形实际上是主要内容；道教养生理论的独特方面和难以胜计的具体方法都是围绕养形——守气、保精而滋生、发展起来的。对此，葛洪概述说："虽云行气，而行气有数法焉；虽曰房中，而房中之术，近有百余事焉，虽言服药，而服药之方，略有千条焉。"（《抱朴子·内篇·释滞》）孙思邈亦说："凡欲求仙，大法有三：保精、引气、服饵。凡此三事，亦阶浅至深，保精之术列叙百数，服饵之方略有千种，行气其大要者，胎息而已。"（《云笈七签》卷三十三《摄养枕中方·行气》）可见，发源自《庄子》的养生思想，其内容特质在道教理论中发生了巨大的变迁。

应该说，道教的形、神理论或气、精、神理论都还是比较粗糙的，但

---

① 存，存思、存想也，即思念、默祝、默诵神物、经典之谓也，道教自我收摄的修持方法。《天隐子·存想》谓："存，谓存我之神；想，谓想我之身。"

它毕竟是道教众多的修持方法的共同的理论基点。这个理论基点潜生于《庄子》之中，而向新的、异于《庄子》的宗教的方向生长去。道教和庄子思想在理论观念上的联系和差别都具有这种性质，都是这种情形。

## 二　庄子思想与佛学

佛教于公元前6世纪在印度兴起，大约在公元1世纪两汉之际传入我国。① 这个时候，印度佛教已走完了从原始佛教（释迦牟尼创教及其弟子传教时期）到部派佛教（佛教教团分裂为上座和大众两部，并进而分裂为十八部或二十部）的发展阶段，而迈入了大乘佛教的新时期。佛教传入中国后，先是在皇室、贵族和士族阶层中被尊奉，西晋时（3世纪）逐渐推向民间②，势成蔓延，至隋唐时（7至10世纪）达到了鼎盛。在这十个世纪时间内，印度大乘佛教也经历了由中观学派（空宗）到瑜伽学派（有宗）的最成熟的历史发展，而进入了衰颓的密教时期。印度佛教的宗教思想理论，前后虽然经历了巨大的变迁、发展，但从根本上说，都是围绕原始佛教的根本教义"四谛"和基本观点"三法印"③，结合佛教的宗教实践中所产生的问题，作出新的更细密的解释发挥，因而是一贯的、相通的。"四谛"和"三法印"的印度佛教思想，与在汉代已初步形成的以儒家、道家为主要思想成分而凝聚成的中国传统思想，在理论观念上有着巨大的差异。这种观念上的差异，也是从根本上说，可以归结为两点。一是在社会生活的层面上对人的观察。中国传统思想总是在血缘的和宗法的观念背景中观察人，"为人君止于仁，为人臣止于敬，为人父止于慈，为人子止于孝，与国人交止于信"（《礼记·大学》），也就是说，认为对人与人之间的、根源于血缘的或宗法的伦理道德的义务和责任的践履、实现，是人生的真实内容和价值追求。印度佛教在其诞生时作为一种反对婆

---

① 《三国志·魏志·东夷传》注引《魏略·西戎传》："昔汉哀帝元寿元年（前2年），博士弟子景卢受大月氏王使伊存口受《浮屠经》。"

② 《法苑珠林》卷二十八《神异篇》引《冥祥记》"……太康中（280～290），禁晋人作沙门"，这表明当时佛教已在民间流行。

③ "苦、集、灭、道是名四圣谛"（昙无谶译《涅槃经》卷十二），"佛法印有三种：一者一切有为法，念念生灭皆无常；二者一切法无我；三者寂灭涅槃"（《大智度论》卷二十二）。

罗门教"神创"观念和"种姓"观念的沙门思潮，则完全是从某种自然的、平等的角度来观察人的。佛教将人的存在看成是由"五蕴"假合的一种不真实的（"幻有"）的痛苦的过程（"苦谛"），佛教提倡的人生目的，实际上也就是它的宗教生活实践，就是要通过宗教的修持（"道谛"），认识造成这种痛苦的原因（"集谛"），从而能解脱这一切，达到没有痛苦烦恼的"涅槃"境界（"灭谛"）。显然，人生的价值和追求，是在血缘的、宗法的社会伦理道德中实现，抑或是在超脱一切的人的意念寂灭中（"有余涅槃"），甚至是在人的自然存在的寂灭中（"无余涅槃"）实现，这种在思想观念上的差别无疑是巨大的、明显的。二是在更广泛的、更深入的宇宙层面上对一切事物的观察。佛教以"缘起"的理论解释事物（"法"）的出现，"若见缘起便见法，若见法便见缘起"（《中阿含经》卷三十），任何事物都只是因缘的组合，"此有故彼有，此生故彼生，此无故彼无，此灭故彼灭"（《杂阿含经》卷十二）。因而，"诸行无常""诸法无我"，也就是说，从缘起的观点看，一切事物皆无"自性"，皆无"自体"，皆无"自生"。如《中论》写道："万物无有从自体生，必待众因"，"众缘中无自性，自性无，故不自生"（《中论·观因缘品》）。中国传统思想却一直在思索着、追逐着一个事物的本质和作为一切事物最后根源的宇宙本体。道家"气""道"的思想是这一观念最典型的形态。道家认为，"道生万物"（《老子·四十二章》），"道无所不在"（《庄子·知北游》），认为"气变而有形"（《至乐》），"物固将自化"（《秋水》），也就是说，宇宙间的一切事物皆是"道"的体现、"气"的变化。汉代经学中的"天"和宋代理学中的"理"也蕴涵着这样的观念。显然，"缘起"与"自化"、"诸法无我"与"道无所不在"在观念上的差异也是很巨大的、很明显的。

这样，印度佛教传入中国后，必然要和中国固有的传统思想发生尖锐的冲突；为适应在中国思想土壤上的生存和繁衍，必然要吸收中国固有的传统思想而发生内容和形态上的变化，形成具有中国特色的佛教学说而汇入中国传统的思想文化洪流中去。这一过程，从中国传统思想方面看，也就是对一种异质的思想文化的理解、消化的过程。印度佛教的中国化过程，或者说中国思想对印度佛学的消化过程，从汉末牟子《理惑论》的

"以《经》《传》理佛之说"，即以《老子》、儒说会通佛理开始，到唐代马祖门下禅师慧海论儒、道、释三教"大量者用之即同，小机者执之即异"（《大珠禅师语录》卷下）、华严学者宗密认为"策万行，惩恶劝善，同归于治，则三教皆可遵行"（《原人论》），至宋代以"中庸"为号的天台学者智圆"儒乎，释乎，其共为表里乎"（《中庸子传》上）之唱，调和儒、道，借援儒学，始终是中国佛学的一个理论特色。然而这只是一种表层的现象。中国佛学的一个深刻的理论特色，表现为它对于印度佛教中那些艰深的、迥异于中国固有的传统思想的宗教思想的理解，和在某种意义上是离开了印度佛学的固有理论轨道的独立的发展，都是在道家思想，特别是在庄子思想的影响下发生的；这种影响在一定程度上显化了或表征着中国佛学按其理论内容深浅程度不同可划分的三个阶段：理解、消化、创新，并大体上对应着佛教初传（汉魏）、蔓延（两晋）、鼎盛（隋唐）三个历史时期。

### 1. 《庄子》与对印度佛学名词概念的认同

在中国佛学早期，甚至在全部的佛学传播过程中，都存在着如何把印度佛教这一异质观念体系中的概念、观念转译成能为中国思想文化环境中的人所理解的问题。这在佛经翻译和诠释中称为"格义""连类"，也就是概念、观念的认同的问题。

"格义"之名始见于北朝佛图澄的弟子竺法雅传："竺法雅，少善外学，长通佛典，衣冠仕子，咸附咨禀。时附雅门徒，并世典有功，未善佛理，雅乃与康法等，以经中事数，拟配外书，为生解之例，谓之格义。"（《高僧传》卷四）这里所谓"外学""世典""外书"，显然是指中国固有的学术典籍，而用来拟解佛理的无疑多为道家老庄之属。一个明显的事实是，在中国固有的传统思想里，只有庄子思想对人的精神领域作了最深的探索和具体描述，与沉潜在深邃的心理海洋里的佛学容易接近，诚如道安所说："经流秦土有自来矣……以斯邦人老庄教行，与方等经兼忘相似，故因风易行也"（《鼻奈耶序》）。一个典型的例子是，佛学中的一个艰深的概念或观念——"实相"，道安的弟子慧远就是援引《庄子》来予以疏解的。《高僧传》记述说，慧远"年二十四便就讲说，尝有客听讲，难实相义，往复移时，弥增疑昧，远乃引《庄子》为连类，于惑者晓然"

（《高僧传》卷六）。慧远如何援用《庄子》来疏通"实相"的佛义，已不得而知，从后面还要论及的他对"涅槃"的理解来看，他可能是以《庄子》"道，有情有信，无为无形"（《大宗师》）的观点来比拟解释（"连类"）"无相之相，名为实相"（《涅槃经》卷四十）的。《庄子》表述得比较通俗、明确，因而容易被理解。其实，在庄子思想中，"道"是一个关于万物最后根源、世界总体实在的哲学观念，同佛学"实相"观念把宇宙的一切视为"空"与"幻有"的总体有根本的差别。应该说，由于佛教的思想观念与包括庄子在内的中国固有的传统思想观念有质的不同，这种"格义""连类"的比拟解释，极尽其妙也总是无法完全吻合的，故道安曾批评说，"先旧格义，于理多违"（《高僧传》卷五《僧先传》）。然而，毕竟有某种"相似"，能够构成一种概念内涵的部分取同和观念表象的契合，从而形成一种初步的理解。

"格义""连类"之名虽然从《高僧传》中看是到两晋时才出现，但这一方法实际上从佛学初传时就自觉、不自觉地被运用着了，而且，正是《庄子》中的名物、概念最为经常地被用来作为沟通对印度佛学理解的观念渠道，佛教小乘经典和大乘经典最初译传时都有这种情形。例如最早译传小乘经典的安世高，在《安般守意经》中对小乘禅法的多种诠释中就采用道家的一种："安谓清，般为净，守为无，意为名，是清净无为也"（《安般守意经》卷上）。译文中还有"气"的观念："息不报便死，知身但气所作，气灭为空"（卷下）。显然，这里援用了出自《庄子》"人之生气之聚也"（《知北游》）的观点。这在观念上与原始佛教"诸阴因缘合，假名为众生"（《杂阿含经》卷四十五）已有所差别，而染上了中国思想的特色。最初译传大乘经典的支娄迦谶在译解一个最重要的佛学观念——"空"的观念时，也借援了道家庄子。支谶译出的诸经中，对以后中国佛学发展影响最大的是《般若道行品经》。《道行经》的主题用经文中的话来说就是"须菩提所说，一切为说空事，为悉无所著，譬如射虚空了无所著"（《强弱品第二十四》），一言以蔽之，也就是说"空"。"空"是佛学对世界最基本的观察，是指世界的本来面目。这一观念是以"天地之大德曰生"（《易传·系辞下》），"盈天地之间者唯万物"（《易传·序卦》）的中国思想所没有的。支谶为消弭中国思想对这个佛学基本理论立场的观念隔阂，援引"本无""自然"这两个中国传统思想中固有的概念来诠释佛学"空"的观念："般若波罗蜜，于一切法悉皆自然"（《泥犁品第五》），"一切诸法亦本无"（《照明品第十》），即是说，佛学对世界本来面目的"般若波罗蜜"（智慧）观察，就是认为世界的一切皆"本无"，即一切皆"自然"。支谶这种以"自然"释"本无"，以"本无"释佛学"空"的译解，与庄子思想最为接近。庄子说"常因自然而不益生"（《德充符》），"自然"就是指事物的本然状态。而"万物出乎无有……无有一无有"（《庚桑楚》），所以在庄子那里，"游于无有者"也就是"顺物自然而无私容焉"（《应帝王》），"自然"也就是"无有"（"本无"）。当然，支谶以庄子的"自然""无有"译解佛学空观，与《中论》中所表述的"非有，非无，非亦有亦无，非非有非无"（《观涅槃品第二十五》）那种般若空观仍有较大的差距。观念的差别在于，"本无""自然"表述的是世界最初的、本然的状态，"四句分别"表述的是"诸法实相"——大乘佛学世界观中的世界总体。所以在以后的佛经翻译中，这一世界总体观念就被译成"如性""真如"。① 尽管如此，庄子思想的"无有""自然"仍然是通向艰深的佛学"空"观的最初的观念的桥梁。

总之，佛学初传时，在佛经翻译、佛理解释的"格义""连类"中，即在对一种异质的思想体系的观念认同中，《庄子》提供的名词，概念、思想起了重要的作用。

### 2. 庄子思想与对印度佛学般若、涅槃观念的释义

中国佛学的进一步成长，表现在两晋南北朝时对印度佛学中的根本思想观念有了自己的、具有中国思想特色的理解、论证和推断。

两晋时，最为充分地显示出中国佛学对印度佛学根本理论具有独特理解的是般若空观的问题。"般若"意为"智慧"②，是大乘布施、持戒、忍辱、精进、禅定等六种修行方法中（"六波罗蜜"或"六度"）最重要的

---

① 支谶译《般若道行经》第十四品《本无》，在以后北朝鸠摩罗什的异译本《小品般若经》中为第十五品《大如》，在宋代施护的异译本《佛母般若经》为第十六品《真如》。

② 罗什译《大智度论》谓："般若者（罗什注：秦言智慧），一切诸智慧中最为第一，无上无比无等，更无胜者，穷尽到边。"（卷四十三）

一种，所谓"诸佛身皆从般若波罗蜜生"（《放光般若经·舍利品》）。般若思想的基本内容是对世界本相的一种超越经验、理性之上的直观——"空"。在印度佛学的发展中，般若思想的空观也经历了一个义蕴不断丰富的过程。它可简略概括为"一切诸法性皆空"（《放光般若经·信本际品》），也可一步表述为罗什所译《金刚经》的最后一颂，"一切有为法，如梦幻泡影，如露亦如电，应作如是观"，即"性空幻有"。然而它的最后的、完满的表达，应该是龙树《中论》中的一偈："众因缘生法，我说即是空，亦为是假名，亦是中道义。未曾有一法，不从因缘生，是故一切法，无不是空者。"（《观四谛品第二十四》）这一偈语表明般若空观既是认识、观察世界的方法（"空""假"兼蕴的"中道"观），又是这一观察认识得出的结论（因缘而生的"空"相）。般若的这些观点，是印度大乘佛学最基本的理论观点。

在魏晋玄学思潮的推澜和浸润下，两晋佛学对般若的理解是很分歧的，史有"三家"、"六家"或"六家七宗"之称①。"六家七宗"中，思想可以特立且最有影响者，应该说是为僧肇所批评的心无、即色、本无三家。而且不难看出，三家对般若（"空"或"无"）的理解虽然各异，染有庄子思想色彩却是共同的。

心无宗的主要代表是支愍度、竺法温。"心无"的完整论述已经无存，但从他的批评者的转述中还是可以清晰地看出来：

> 心无者，无心于万物，万物未尝无。此得在于神静，失在于物虚。（僧肇《不真空论》）
>
> 心无者，无心于万物，万物未尝无。此释意云，经中说诸法空

---

① 最早指出当时对般若空观理解上分歧的是北朝后秦罗什门下的年龄最长的弟子僧叡的"六家"说："格义迂而乖本，六家偏而不即"（僧佑《出三藏记集》卷八《毗摩罗诘堤经义疏序》），但他没有指明"六家"之名。罗什门下另一年轻的弟子僧肇在《不真空论》里概括为"心无""即色""本无"三家。"六家七宗"之名，始于南朝刘宋昙济的《六家七宗论》，此论已佚。梁宝唱《续法论》中曾经引用。唐元康《肇论疏》（卷上）说："梁朝释宝唱作《续法论》一百六十卷云，宋庄严寺释昙济作《六家七宗论》，论有六家，分成七宗。第一本无宗，第二本无异宗，第三即色宗，第四识含宗，第五幻化宗，第六心无宗，第七缘会宗。本有六家，第一家为二宗，故或七宗也。"

者，欲令心体虚忘①不执，故言无耳。不空外物，即万物之境不空……心空而犹存物者，此计有得有失。（吉藏《中论疏》卷二末）

陈释慧达和日僧安澄对此作了更明确的疏解：

> 竺法温法师《心无论》云，夫有，有形者也；无，无象者也。有象不可言无，无形不可言有。而《经》称"色无"者，但内止②其心，不空外色；但内停其心，令不想外色，则色想废矣。（慧达《肇论疏》）

> 晋竺法温……其制《心无论》云，夫有，有形者也；无，无象者也。然则有象不可谓无，无形不可谓有③，是故有为实有，色为真色。《经》所谓"色空"者，但内止其心，不滞外色。外色不存余情之内，非无而何？岂谓廓然无形，而为无色者乎？（安澄《中论疏记》卷第三末）

从这些记述中可以看出，心无宗的观点是认为外界事物是真实存在的，是"有"；佛经上的"法空"，是要求人们保持一种恬淡的不执着，不滞情于外物的虚无的心境，因而是"无"。十分显然，心无宗的"空"观与般若"空"观相距甚大，它的结论不是"诸法皆空"，而是"心空物不空"。另外，就理论性质而言，"心无"实际上是一种收敛内心，屏除外惑的精神修持方法，也不同于空、假兼蕴，亦有亦无的"中道"般若认识方法。从大乘佛学的一般理论立场看，心无宗"内止其心，不滞外色"的精神修持，虽然不是般若观，但也还可以视为一种止观，因而也还是可以肯定的，但其"不空外物"则是不能许诺的了。所以僧肇、吉藏一致评断它"有得有失"。应该说，这是十分宽容的评断。在严格的佛门学者看来，"心无"义"此是邪说，应须破之"（《高僧传》卷五《竺法汰传》），从般若的理论立场上说，这一严厉的判定并不过分。

---

① 《大藏经》本作"妄"。
② 《续藏经》本作"正"。
③ 《大藏经》本作"无"。

"心无"义之所以背离般若的根本观点，这是因为它的观念根源深深地扎在庄子思想的土壤里，实际上是一种中国思想。《庄子》中写道："心养，汝徒处无为，而物自化，堕尔形体，吐尔聪明，伦与物忘，大同乎涬溟，解心释神，莫然无魂……"（《在宥》），可见，虚空内心，忘怀外物，正是庄子的基本的精神修养方法。《庄子》中还写道："忘乎物，忘乎天，其名为忘己；忘己之人，是之谓入于天"（《天地》），"圣人未始有天，未始有人，未始有始，未始有物，与世偕行而不替"（《则阳》），也就是说，庄子思想里境界最高的理想人格（"圣人""至人""真人"）都是能够"忘物"，能够"遗物离人而立于独"（《田子方》）。换言之，虽然"万物虽多"（《天地》）、"万物职职"（《至乐》），但是对于圣人，却是"万物无足以铙心者也"（《天道》）。显然，"心无"义的"无心于万物，万物未尝无"的观点，"欲令心体虚忘不执"的旨意，皆渊源于此或吻合于此。所以史称"竺法温悟解入玄"（《高僧传》卷四《竺潜传》）。

　　即色宗的代表人物是支道林。即色宗的"空"观论点的简要表述是已经佚失的支道林《妙观章》上的几句话：

　　　　夫色之性也，不自有色。色不自有，虽色而空，故曰色即为空，色复异空。（《世说新语·文学》注引①）

其大意是说，万物呈现出来的都是，或者说只能是现象（"色"），不是自体或本体（"自有"），因而是空（"色即为空"）。而且，这种作为现象的"空"，和作为般若实相本体的"空"是不同的（"色复异空"）。

　　为什么"色不自有"，也就是说为什么现象不是本体或自体？支道林在这里没有解释。以后的佛家学者在著述中涉及此处时，揣摩支道林的思绪而提出了两种解释。一是唐代元康在《肇论疏》中说："林法师但知言色非自色，因缘而成，而不知色本是空，犹存假有也"；一是元代文才在

　　①　安澄《中论疏记》所称引支道林《即色游玄论》与此近似："夫色之性，色不自色，不自，虽色而空。知不自知，虽知而寂也。"

《肇论新疏》中说："东晋支道林作《即色游玄论》……彼谓青黄等相，非色自能，人名为青黄等，心若不计，青黄等皆空，以释《经》中'色即是空'。"前一种解释是说，支道林认为事物（"色"）是因缘而成，故"不自有"，是空；后一种解释是说，支道林认为事物（如颜色），皆是人的"心计"而成，不是自有，是空。这两种解释从当时与支道林过从甚密、思想甚为契合的追随者郗超的《奉法要》中"有无由乎方寸，而无系乎外物"（《弘明集》卷十三）之论来看，后一种解释比较符合支道林的思想实际。支道林有诗曰："心为两仪蕴，迹为流溺梁"（《广弘明集》卷十五《月光童子赞》），"体神在忘觉，有虑非理尽"（同上书《善宿菩萨赞》），都是把心（"心计"）看作是物（"迹"）生成的根源，负累的根源。支道林主张"大道者，遗心形名外"（同上书《善多菩萨赞》），"忘玄故无心"（《大小品对比要钞·序》），这些观点也和后一种解释吻合。这样，支道林即色论的"空"观概括言之，就是认为万物（"色"）皆是人心所起，不是万物的自性，所以是"空"。

即色论与心无论的"空"观有所不同，它不是通过精神修持而达到的一种能在万物纷纭中保持淡泊"忘物"之心的境界，而是对认识过程的分析得出的一个认识结论：万物皆我心中的现象，不是本来面目。从大乘的一般立场上说来，即色论没有乖离破"法执"的大乘宗旨；但是，从最成熟的、即中观学派（《中论》）的般若立场上看，即色论不但没有破掉"法执"，反而陷入"法执"。所以僧肇——作为最早将印度中观学派传入中国的佛学大师罗什的最出色的弟子批评说：

> 即色者，明色不自色，故虽色而非色也。夫言色者，但当色即色，岂待色色而后为色哉？此直语色不自色，未领色之非色也。（《不真空论》）

僧肇的批评从中观般若的立场指出即色论的"空"观有两个破绽。第一，在即色论"色不自有"的言下，意念中肯定了、追寻着一种自体、自性，陷入了"法执"。在中观般若看来，非但即色论所说的"色"（现象）是空，即色论所说的"自有"（自性、自体、本体），即"色色"者，也是空。所以即色论没有观出完全的"空"相。这是就最终的结论而言。第二，就得出结论的观察、认识过程而言，即色论只观出"空"（"色不自色"），而没有指出"假"（"色之非色"），缺乏"中道义"。换言之，不存在"色色"的自性或本体，当色即色，色即非色。如果说支道林曾在另外的著述里明确表述他并不认为有"自有"（自性本体），而是皈依"至无"（空的状态），例如他说，"夫般若波罗蜜者……其为经也，至无空豁，廓然无物者也……是故夷三脱于重玄，齐万物于空同，明诸佛之始有，尽群灵之本无，登十住之妙阶，趣无生之径路。何者？赖其至无，故能为用"（《大小品对比要钞·序》），这可以推脱掉僧肇对即色义的第一点批评①；那么，僧肇对即色义的第二点批评，是他再也推脱不掉的了。支道林把事物或现象解释为"心"的表现，换言之，是用"心计"观"万法"，而不是用"因缘"观"万法"，只能形成"心"与外物（即"色""空"）对立的观念，而形成不了"空"与"假"（幻有）并存的观念，也就是说形成不了外物（"法"）兼蕴"空""假"的"中观"。支道林即色论空观之所以呈现出这样的特色，是因为他十分熟悉《庄子》，理解《庄子》，如他曾"注《逍遥游》篇，群儒旧学莫不叹服"（《高僧传》卷四《支道林传》），自然也深为庄子思想浸染，驾轻就熟地驰行在庄子思想轨道上，用庄子思想的逻辑论述了般若性空这一佛学问题。

　　支道林即色义的空观，主要是从庄子思想中感受了它那种深刻的、强烈的事物在人的认识过程中的主要由人的主观因素造成的不确定性、相对性的观念。《庄子》中写道，"道行之而成，物谓之而然……无物不然，无物不可"（《齐物论》），"自其异者视之，肝胆楚越也；自其同者视之，万物皆一也"（《德充符》），"以道观之，物无贵贱；以物观之，自贵而相贱；以俗观之，贵贱不在己；以差观之，因其所大而大之，则万物莫不大，因其所小而小之，则万物莫不小……以功观之，因其所有而有之，则万物莫不有，因其所无而无之，则万物莫不无……以趣观之，因其所然而然之，则万物莫不然，因其所非而非之，则万物莫不非"（《秋水》）。在

① 吉藏就认为即色义有两家。一者关内即色义，谓色无自性，即僧肇所呵斥；二者支道林即色是空，与道安本性空寂之说相同。（《中论疏》卷二末）

庄子思想认识论的经验层次上，庄子对人的认识的主观相对性和事物的感性表象不确定性的这种淋漓尽致的发挥、揭示，无疑是十分感人的、醉人的；在经验的层次上，综合这样的一些观察会形成一个一般性的理论观念：事物是没有自性的，事物的性状是随主观的观察立场或者说"心"而变化的。支道林说"心为两仪蕴"，可见他的即色义正是浸透着这个观念。当然，支道林把这个观念又推进一步，用来说明、论证一个佛学问题，认为这种在经验层次上的事物感性不确定性，就是"不自有"，就是"色空"，这就跨出了庄子思想的范围而进入了佛学领域。在庄子那里，事物在经验层次上虽然具有感性的不确定性，但并不是"空"，而是认识的相对性；这种相对性，经由"达万物之理"（《知北游》）的确定性——庄子称之为"天理""固然"（《养生主》），最后达到"道通为一"（《齐物论》）的总体性，显示出一个完整的认识发展过程和一个实在的宇宙总体存在（"物""理""道"）。

本无宗的代表人物是道安。本无宗的观点《名僧传抄·昙济传》有一段较完整的引述：

> 昙济……著《七宗论》，第一本无宗曰：如来兴世，以本无弘教，故方等深经，皆备明五阴本无。本无之论，由来尚矣。何者？夫冥造之前，廓然而已，至于元气陶化，则群象禀形，形虽资化，权化之本，则出于自然，自然自尔，岂有造之者哉？由此而言，无在元化之前，空为众形之始，故称本无，非谓虚豁之中，能生万有也。夫人之所滞，滞在末①有，宅心本无，则斯累豁矣。夫崇本可以息末者，盖此之谓也。

从这段概述里可以看出，本无宗的"空"观主要有两层意思。一是就每一呈现在眼前的具体事物的性状来说，都是五阴聚合，而"五阴本无"，所以是空（"万法性空"），这是大乘经典每每论及的。二是追溯每一具体事物的原始状态，也只能归宿到廓然空无，因为在"元化之前"，众形之

---

① 《续藏经》本作"未"。

先的只能是"无"的状态。这是道安本无宗对"万法性空"进一步的说明、论证。后来，吉藏在叙述本无宗的观点时，也正是指出这样的两点："释道安明本无义，谓无在万化之前，空为众形之始……安公明本无者，一切诸法，本性空寂，故云本无"（《中论疏》卷二末）。概言之，本无宗是以"性空""本无"为其思想特色的。

道安本无义的空观也受到僧肇从中观般若立场上的批评：

> 本无者，情尚于无多，触言以宾无。故非有，有即无，非无，无亦无。寻夫立文之本旨者，直以非有非真有，非无非真无耳。何必非有无此有，非无无彼无？此直好无之谈，岂谓顺通事实，即物之情哉？（《不真空论》）

僧肇的批评主要是指出本无宗空观的偏执，一味"尚无"，是一种"好无之谈"。应该说，本无义和即色义一样，也是在两个基本点上偏离了中观。在认识、观察的过程中，本无义"触言以宾无"，执着于一切皆空（无），未能观察出"假有"，没有阐发出"非有非真有，非无非真无"的中观"立文本旨"，也就是说，缺乏兼容空、假的"中道义"。就观察、认识的结局而言，本无宗的最终结论是事物最原始的"无"的状态，在精神上它可以归宿为一切负累皆消融的境界，即"宅心本无，则斯累豁矣"，而不是中观的"空"（空与幻有）的诸法实相，从而在精神上升华为"实相即涅槃，涅槃即世间"的境界，即龙树所说"涅槃际为真，世间际亦真，涅槃与世间，小异不可得，是为毕竟空相"（《大智度论》卷三十八）。

不仅如此，道安的"本无"不只是指一种最初的状态，在他的另外著述里还表现出是一种最后本体的性质特征。如他说："般若波罗蜜者，成无上正真道之根也。正者，等也，不二入也。等道有三义焉，法身也，如也，真际也。如者，尔也，本末等尔，无能令不尔也。法身者，一也，常净也，有无均净，未始有名。真际者，无所著也，泊然不动，湛尔玄齐，无为也，无不为也。"（《合放光光赞随略解·序》）这与《根本般若经》所说"以一切法悉无有本，以是之故，求其本末了不可得"（《光赞般若经·假号品第八》）的距离就更为明显。

从僧肇的批评看来，道安虽然是当时最渊博深邃的佛家学者，但他的般若思想仍未能登峰造极。对此，他的弟子僧叡（道安卒后，又师罗什）有个解释：

> 自慧风东扇，法言流咏已来，虽曰讲肆，格义迂而乖本，六家偏而不即，性空之宗，以今验之，最得其实。然炉冶之功微恨不尽，当是无法可寻，非寻之不得也。（《毗摩罗诘堤经义疏·序》）

僧叡认为道安的般若思想"炉冶之功不尽"，是因为他生前尚没有接触到中观思想。这一解释应该说是正确的。道安卒于东晋太元九年（384 年），十六年后，后秦弘治三年（401 年）罗什才入关至长安，中观经典方得以译传。但是，另一方面还是可以说，道安在没有中观思想的情况下，把般若思想推进了一步；在印度佛学所固有的"诸法性空"之外，又加入具有中国思想特色的"万化本无"，这是中国佛学发展中出现的一种客观需要。道安晚年在长安时曾回忆说，将近二十年来，他每年都要讲解二遍《般若经》，"然每至滞句，首尾隐没，释卷深思，恨不见护公、又罗[1]等"（《摩诃钵罗若波罗蜜经抄·序》）。道安深切感到般若空观的"首尾"，即更加深刻的"空"的根源和归宿的问题，需要有更多的说明、论证。这样，道安作为一个"外涉群书，善为文章"（《高僧传》卷五《道安传》）的具有深厚中国传统文化修养的人，又处在玄学笼罩的学术环境中，从道家，特别是庄子思想中感受、吸收那种极为清晰的根源性观念，来解释《般若经》中隐没的"首尾"也是很自然的。《庄子》中写道"万物出乎无有……而无有一无有"（《庚桑楚》），所以虽然庄子不谈"开始"，认为"未始有始"（《则阳》），但他还是认为万物最初的存在状态是"无"。在庄子思想中，这种"无"也正是"道"的一种表现或存在形式，因为"道无为无形"（《大宗师》），"唯道集虚"（《人间世》）；归心于"无"

---

① 竺法护、无叉罗（无罗叉）分别是《光赞般若经》和《放光般若经》的译者。

也就是"返真""体道"① 的最高精神境界的表现或途径，即所谓"彼至人者，归精神乎无始，而甘冥乎无何有之乡"（《列御寇》）。十分显然，烙在道安"本无"般若思想上的中国思想痕迹，正是这种庄子思想，正是在这种庄子思想影响下形成的"立论以为天地万物皆以无为本"（《晋书·王弼传》）的玄学思想。

从以上所论可以看到，晋代佛学中的心无、即色、本无三家对般若空观的理解是有分歧的，但受到庄子思想的影响却是共同的；而且这种分歧，从某种意义上说正是由于它们感受的和接受的庄子思想影响有所不同的结果。概言之，"心无空"直接导源于庄子"吐尔聪明，伦与物忘"的精神修养方法，"即色空"中具有庄子认识论中经验层次上的主观认识的相对性和事物感性表象的不确定性的观念因素，"本无空"和庄子关于世界根源（"道"）的本体论特征（"无"）的思想观点在观念上是相通的。

两晋佛学般若思想，除了上述最有影响的心无、即色、本无三家外，就是从中观般若立场，对这三家提出批评的僧肇自己的般若思想。僧肇的般若空观是"不真空"，他在《不真空论》中写道：

> 欲言其有，有非真生；欲言其无，事象既形。象形不即无，非真非实有，然则不真空义，显于兹矣。

也就是说，万物既不是因"心无"而空，或"即色"是空，或"本无"就空，而是亦有亦无，或非有不无的"不真"之空。僧肇的般若空观（不真空）在三个基本点上完全符合中观思想：首先，在对事物（"法"）的观察、认识方法上，他运用的是因缘"中道义"。僧肇说："有若真有，有自常有，岂待缘而后有哉？譬彼真无，无自常无，岂待缘而后无也？若有不能自有，待缘而后有，故知有非真有。有非真有，虽有不可谓之有矣。不无者，夫无则湛然不动，可谓之无，万物若无，则不应起。起则非无，以明缘起，故不无也。"（《不真空论》）简言之，因为有缘起，故非

---

① 《庄子》写道，"谨守而勿失，是谓反其真"（《秋水》），"夫体道者，天下之君子所系焉"（《知北游》）。

真有，因为有缘起，故不无。其次，在认识的最终结论上，得出的是"空"相："圣人之于物也，即万物之自虚"（《不真空论》）。最后，能由中观认识升华到"涅槃与世间，无有少分别"（《中论·观涅槃品》）境界，"道远乎哉？触事而真；圣远乎哉？体之即神"（《不真空论》）。可见，僧肇对中观思想有深刻的、准确的理解，所以罗什曾称赞他是"秦人解空第一者"（元康《肇论疏》引《名僧传》）。但是，另一方面，从僧肇的全部著作中也可以看出，僧肇作为一个"历观经史，备尽坟籍……每以庄老为心要"（《高僧传》卷七《僧肇传》）的在中国传统的文化环境中成长的中国佛教学者，他的般若思想也有中国思想的痕迹，而且最为明显的也是庄子思想痕迹。

僧肇般若思想中的庄子思想痕迹，或者说受其影响主要有两点表现。一是在他具体论证"非有不无"的"中道义"时，除运用印度佛学传统的从事物构成角度来观察的"诸阴因缘"说外，还援用了中国思想，特别是庄子思想中的从认识角度来观察的"名实"说。《不真空论》写道："以名求物，物无当名之实；以物求名，名无得物之功。物无当名之实，非物也；名无得物之功，非名也。是以名不当实，实不当名，名实无当，万物安在？……故知万物非真，假号久矣。"通常，我们总是用一个名来指称一个物（实），应该说这一指称尽管有约定俗成的社会客观性，但就其本质来说也具有人的主观随意性。僧肇就是据此而认为"名"和"实"并不相符，或者说物并没有和其"名"相符的"实"，并进而认为我们认识中的物（即用"名"称谓的"实"）也是主观假相（"非真"）。《庄子》中写道，"道行之而成，物谓之而然"（《齐物论》），"名者实之宾也"（《逍遥游》），可见庄子也认为事物的名称是人赋予它的，如同路是人走出来的一样，没有必然的、固定相符的内容。可以推断，庄子观察到名、实之间的或然性关系，以及某种否定"名"的倾向，都对僧肇有所感染。但是，庄子并没有因此而否认"实"，他曾反问说："固有无其实而得其名者乎？"（《大宗师》）如前所述，在认识的感性的、经验的层次上，庄子认为事物的性状（如大小、同异、贵贱等）有不确定性，有"名相反而实相顺"（《庚桑楚》）的名实不相符的情况，但事物的存在却是真实的。僧肇则由"名实无当"、名号是假更跨进一步，认为万物亦非真。二是在般若思想总的观念背景上，僧肇在印度佛学固有的"诸法缘起"观念上，又增添了庄子思想的"齐物"观念。僧肇在他的著述里多次表述了"齐物"的观点，如说"天地一旨，万物一观，邪正虽殊，其性不二"，"大士美恶齐旨，道俗一观"《维摩经注·弟子品第三》），"即真则有无齐观，齐观则彼此莫二，所以天地与我同根，万物与我一体"（《涅槃无名论》）。显然，这些与《庄子》所论"天地一指，万物一马"，"是非之涂恶能知其辩"（《齐物论》），"万物一齐"，"是非不可为分"（《秋水》）等，在观念上是相通的、相承的。不同在于，庄子的"齐物"表现出的是一种"圣人和之以是非，而休乎天钧"（《齐物论》）的相对主义的认知态度，和一种"天下也者，万物之所一也；得其所一而同焉，则四支百体将为尘垢，而死生终始将为昼夜，而莫之能滑，而况得丧祸福之所介乎"（《田子方》），即一视万物万境，不为生死利害之所动的精神境界。僧肇的"齐物"则是"内引真智，外证法空"（《维摩经注·文殊师利问疾品第五》），即由齐是非而证得兼容空（无）、假（幻有）世界"空"的本来面目（中观般若的"实相"）："万品虽殊，未有不如，如者将齐是非，一愚智，以成无记无碍义也"（《维摩经注·菩萨品第四》）；进而达到与这种"空"相为一体的个人的一切思虑皆熄灭的，即所谓"彼此寂灭，物我冥一"（《涅槃无名论》）的"涅槃"境界。可见，僧肇的般若思想，乃至心无、即色、本无各家的般若思想，尽管因吸收庄子思想而对印度佛学显示出中国佛学的新特色；但另一方面，它或它们作为佛家思想仍和庄子思想之间具有明显的差别和界限。

两晋佛学对印度佛学另一个根本的思想观念——涅槃的理解、消化也受到庄子思想的影响，带有庄子思想的痕迹。涅槃（也音译为"泥曰""泥洹"），罗什意译为灭、灭度，玄奘则意译为圆寂①。其义是指一种无烦恼、断思虑的寂灭状态，这是佛教宗教实践的最终目标，本质上是一种精神境界。在印度佛学的历史发展中，对涅槃这一最高境界的精神内容和实现途径的解释也有变化。小乘佛学中，一般把涅槃分为"有余涅槃"和"无余涅槃"两种。"诸漏永尽，寿命犹存，大种造色，相续未断，名

---

① 隋代释灌顶《涅槃经玄义》（卷上）列举了十种意译。

有余依涅槃界……诸漏永尽，寿命已灭，大种造色，相续已断，名无余依涅槃界"（《发智论》卷第二），也就是说，有余涅槃是指断除贪欲、烦恼，但作为前世惑业造成的果报人身还在，故不彻底；无余涅槃则是灭智、灭身，生死因果都尽，这是小乘佛教追求的最高境界，一种生命的永恒寂灭的结局。大乘佛教对涅槃内容和途径的理解，由小乘的艰苦的、严格的，实际上是否定人生的宗教修持，转向努力实现认识上的某种彻底的觉悟，达到的是一种义解性质的精神境界。具有代表意义的是中观派的"实相涅槃"和瑜伽行派的"转依涅槃"。中观派认为"诸法实相，既是涅槃"（《思益梵天所问经·解诸法品》），即能够证得或认识到"亦有亦无"的世间本来面目（"实相"）即是"涅槃"，如龙树说："以般若波罗蜜利智慧力故，能破五众，通达令空，即是涅槃寂灭相。"（《大智度论》卷八十三）实际上，这是对世界是"空"的体验、悟解。瑜伽行派认为"无始时来界，一切法等依，由此有诸趣，及涅槃证得"（《成唯识论》卷三），也就是认为"无始"以来，作为宇宙万有（"一切法"）的总根源的阿赖耶识（藏识），不仅是众生业报轮回（"诸趣"）的最终本源，也是解脱这种轮回（"涅槃"）的根本依据。但这是一个认识由"偏执"到"圆成"，心灵由"染"到"净"的长期不断的积累过程，即所谓"此第八识执持一切顺还灭法，令修行者证得涅槃"（《成唯识论》卷四）。瑜伽行派学说的开创者无著，世亲兄弟大约是 5 世纪的人，7 世纪才由玄奘传入我国。这样，在两晋南北朝时期，充盈着般若思想的中国佛学对涅槃的理解，诠释就是属于大乘空宗性质的；并且在玄学风靡的学术背景下，对佛教这一最高境界的精神特征的描述也染有明显的庄子思想特色。

两晋时第一个对涅槃提出具有中国思想特色的理解的是慧远。他著有《法性论》，认为涅槃就是皈依一种具有本体意义的、不变的"法性"。《法性论》已佚，但《高僧传》有明确的记述：

> 先是中土未有泥洹常住之说，但言寿命长远而已。远乃叹曰："佛是至极则无变，无变之理，岂有穷耶？"因著《法性论》曰："至极以不变为性，得性以体极为宗。"（《高僧传》卷六《慧远传》）

慧远进而认为这种作为万有（"法"）最后本原的不变的、"至极"的"法性"就是一种"空"或"无"性；能够体认悟解到万有这种"无"或"空"之性，就是入于"至极"——涅槃：

> 无性之性，谓之法性。法性无性，因缘以之生。生缘无自性，虽有而常无，常无非绝有，犹火传而不息……识空空之为玄，斯其至也，斯其极也。（《大智论钞·序》）

慧远的"法性"观念内容比较复杂，甚至有某种矛盾。他一方面认为"法性""无自性"是"无"，另一方面又认为它"犹火传而不息"，有某种不灭的本性。这样，慧远实际上是将这种"无自性"本体化了，而涅槃就是对这种不变本性（本体）的体认、皈依。所以他说："泥洹不变，以化尽为宅……冥神绝境，故谓之泥洹。"（《沙门不敬王者论》之三）显然，这种涅槃观念是在印度佛学的思想母体上又嫁接了庄子思想的新内容。《庄子》中写道，"与道徘徊"（《盗跖》）、"与道相辅而行""与道游于大莫之国"（《山木》），可见，对于作为世界最后本原、本体的归依，正是庄子人生哲学中的一种精神追求，一种精神境界。《庄子·养生主》的最后一个立论是"指穷于为薪，火传也，不知其尽也"，慧远这里把"法性"的不灭、不变的本体性质比作传而不息的"火"之性，正是渊源于此。史称慧远"少为诸生，博综六经，尤善庄老"（《高僧传》卷六《慧远传》），他的涅槃观念中显现了某种庄子的思想观念应该说是不难理解的。

僧肇在《涅槃无名论》[①] 里表述了另外一种涅槃观点，描述了另外一种涅槃境界：

---

① 汤用彤曾举出五点论据，论证《涅槃无名论》非为僧肇所作（《汉魏两晋南北朝佛教史》第十六章）。侯外庐、吕澂对汤用彤的论据和结论提出不同看法，认为尚须作进一步的考证和研究（《中国思想通史》第三卷第十章，《中国佛学源流略讲》第五讲）。此篇中论及的顿、渐之争正是晋宋时的佛学问题，且篇中文字亦为梁慧皎《高僧传·僧肇传》所引录，因此，无论此篇作者谁属，将其视为六朝时的一种涅槃观点的代表，皆可成立。

> 涅槃之为道也，寂寥虚旷，不可以形名得；微妙无相，不可以心知……斯乃希夷之境、太玄之乡，而欲以有无题榜，标其方域，而语其神道者，不亦邈哉！（《开宗第一》）

可见，僧肇所要达到的涅槃境界不是指某种最后本体，而是不可以言语表述的、超越有无形名的"无相"的那种状态——"希夷之境"或"太玄之乡"。这种状态或境界，虽然不能以言象表述，却可以用"中观""齐物"的认识方法去观照、建构。僧肇说：

> 子独不闻正观之说欤……不在方，不离方；非有为，非无为；不可以识识，不可以智知；无言无说，心行处灭。以此观者，乃名正观……然则涅槃之道，不可以有无得之，明矣。（《位体第三》）
>
> 涅槃之道，妙尽常数，融冶二仪，涤荡万有，均天人，一同异，内视不己见，返听不我闻，未尝有得，未尝无得。（《玄得第十九》）

僧肇用"正观"（即"中观"）、"齐物"（即"融冶万有"）观照出的"不在方，不离方""未尝有，未尝无"的"希夷之境"，在僧肇看来，这就是世界的本来面目，根本状态（"实相"），与这种状态冥合一体，就是"涅槃"。所以僧肇说：

> 于外无数，于内无心，彼此寂灭，物我冥一，泊尔无朕，乃曰涅槃。（《妙存第七》）
>
> 涅槃之道，存乎妙契；妙契之致，本乎冥一，物我玄会，归乎无极。（《通古第十七》）

可见，僧肇的涅槃观念与慧远有甚为明显的区别。在僧肇这里，构成涅槃境界的不是"法性"（"无自性"），而是"实相"（"不在方，不离方"或"未有未无"）；不是"至极"而是"无极"。僧肇达到涅槃境界，是融入万有齐一的那种根本的、"无朕"状态的"空"，而不是慧远那种皈依万有共同的、具有本体性质的"不变"的"空"。当然，这种区别从印度大乘佛学的般若立场来看是不存在的，或者说是难以显现的，"法性""实相"皆是"空"，皆是"常住不动"，所谓"世间诸法性者，即是诸法实相，诸法实相，即是般若波罗蜜"（《大智度论》卷六十五），但在中国思想立场上，用庄子思想来观察，这种差别却是清晰可辨的：慧远的涅槃思想中显然是感受了庄子自然哲学的"道"的本体论思想观念，而影响了僧肇的涅槃思想的则是庄子的"万物皆一"（《大宗师》）的相对主义的认识论观点和由此而导向的"万物与我为一"（《齐物论》）"而游乎无何有之乡"（《应帝王》）的精神境界。

和僧肇同出罗什门下的竺道生，在《涅槃经》的理论观点基础上形成了又一种涅槃观念：涅槃是对"佛性"的返归或实现。《涅槃经》的一个中心的、基本的命题或思想就是"一切众生，悉有佛性"。什么是"佛性"？当时涅槃学者解说纷纭①，从宽泛的大乘佛学的立场上看，涅槃学说中的"佛性"也就是般若学说中的"实相""法性"，诚如后来吉藏所说，"经中有明佛性、法性、真如、实际等，并是佛性之异名"（《大乘玄论》卷三）。但竺道生对"佛性"的理解和规定融进了庄子思想，比这要丰富得多。竺道生说"如烟是火相，能烧是性。相据于外，性主于内，体性相之通称"（《法华经疏·方便品》），也就是说，事物都有相（形态）、性（性质）两个方面。竺道生也正是从相、性这两个方面来理解、规定"佛性"的。从"相"上说，竺道生认为"佛性"如同"实相"一样，是一种"至象无形，至音无声，希微绝朕之境，岂有形言"（《法华经疏·序品》）的超绝言表的"无"相；从"性"上说，竺道生对"佛性"性质的规定可归纳为三②。一曰"佛性本有"。竺道生说："良由众生，本有佛之见分，但为垢障不现耳。佛为开除，则得成之。"（《法华经疏·方便品》）即在竺道生看来，佛性是众生所固有的内在本性，成佛或涅槃之境的达到，就在于扫除覆盖在"佛性"上的"垢障"，使本性得以复现，"苟能涉求，便返迷归极，归极得本"（《大般涅槃经集解·序题经》），

---

① 吉藏《大乘玄论》（卷三）将佛性说分列为十一家，进而又概括为以"假实""心识""理"来解释"佛性"的性质或规定其内涵的三家。

② 汤用彤亦曾概括说："生公陈义，要言有三：一曰理，一曰自然（或曰法），一曰本有。"（《汉魏两晋南北朝佛教史》第十六章）

"涅槃惑灭，得本称性"（《大般涅槃经集解·德王品》）。正是这种内在本性从根本上决定了"一切众生，莫不是佛，亦皆泥洹"（《法华经疏·见宝塔品》）。竺道生的众生"佛性本有"的思想观念，从它的佛学根源来说当然是《涅槃经》的"一切众生，悉有佛性"；但是把这种"佛性"客体化、实体化，进而提出"返性"而"得本"，却是印度佛学所没有的。从中国思想的范围内看，《庄子》写道，"性者，生之质也。性之动谓之为，为之伪谓失"（《庚桑楚》），"修浑沌氏之术者……无为复朴，体性抱神，以游世俗之间者"（《天地》），可见，认为人具有某种内在的、固有的本然之性，主张"返其性情而复其初"（《缮性》），正是庄子思想中的人性论内容。竺道生早年习小乘一切有部教义，后又从罗什学般若中观学，最后又转入涅槃学，并且"中年游学，广搜异闻"，玩味"《易》之牛马，《庄》之鱼鸟"（《广弘明集》卷二十六《竺道生法师诔文》），是位佛教义学思路极为开阔同时具有异学观念背景的佛家学者，容易越出传统佛学的樊篱。因此可以推断，竺道生"佛性本有"中的新的思想观念是受到庄子人性论感染的结果。二曰"佛性自然"。竺道生注解《涅槃经》"非因非果，名为佛性"说"不从因有，又非更造也"，注解"非因果故常恒无变"说"作有故起灭，得本自然，无起灭矣"（《大般涅槃经集解·师子吼品》），显然，《涅槃经》中在这里出现的"佛性"乃是指一种超脱因果轮回关系的"常住不变"状态，这基本上也是大乘佛学"实相""法性"的涵义。但竺道生却援用了道家思想中关于事物固有性质的"自然"观念予以诠释，并且进而认为能和这种本然的、"无作"的自然冥合，就是达到"佛性"境地："夫体法者，冥合自然，一切诸佛，莫不皆然，所以法为佛性也。"（《大般涅槃经集解·师子吼品》）《庄子》中也写道"常因自然而不益生"（《大宗师》），"顺物自然而无私容"（《应帝王》），"莫之为而常自然"（《缮性》）。不难看出，行进在追寻"常住"的"涅槃"的宗教修持途径上的竺道生不自觉地蹈进了庄子为避免嗜欲伤性而提出的一种精神修养方法的轨道上。三曰"佛性即理"。佛性虽是无相，但具有确定的内在的性质，即是众生皆有之性（竺道生释为"本有"），是超因果的常住状态（竺道生释为"自然"），佛性的这种确实性，竺道生称之为"理"。他说"真体复何在？推无在之为理，是诸法之实也"，"理既不从我为空……无我，本无生死中我，非不有佛性我也"，"众生心相无垢，理不得异，但见与不见为殊耳"（《注维摩诘经·弟子品》）。又说，"真实之理，本不变也"（《大般涅槃经集解·纯陀品》），"真理自然"（《大般涅槃经集解·序题经》），"如来理圆无缺，道无不在"（《法华经疏·序品》），等等，显然都是用"理"来指称超绝言表的"佛性"，表述它的"本有""自然"的真确性质。这样，在竺道生那里，"归极得本"，返归或复现"佛性"的涅槃宗教修持过程，就转变为一种"明理""悟理"的认识过程。竺道生说，"情不从理谓之垢，若得见理，垢情必尽"，"观理得性，便缚尽泥洹"，"佛为悟理之体"（《注维摩诘经·弟子品》），"以明理转扶疏，至结大悟实也"（《注维摩诘经·佛道品》）；也转变为一种"从理""当理"的一般生活实践过程，竺道生说，"从理故成佛果，理为佛因也"（《大般涅槃经集解·师子吼品》），"当理者是佛，乖则凡夫"（《大般涅槃经集解·文字品》）。竺道生的"明理""从理"的观点，虽然根本性质上仍是佛教的宗教实践，但它蕴涵着的十分明朗的理性因素，显然是与印度佛学传统不相协调的，它只能在中国固有的传统思想中，更具体地说在《庄子》中寻觅到最初的观念渊源。如前编所述，庄子认识论在跨过事物感性不确定性的经验层次之上，即在理性层次上，也认为有"天理""固然"（《养生主》），这是一类事物所共有的具有稳定性的内在属性；并且主张对"理"应有认识和遵循，如说"知道者必达于理"、"论万物之理"（《秋水》），"圣人……循天之理"（《刻意》），"从天之理"（《盗跖》），等等。可以肯定，正是庄子的这些观点被竺道生吸收、融进佛学而形成"佛性即理"的思想观念。

也许可以说，在六朝的佛教学者中，感受了中国思想，特别是庄子思想最深刻有力影响的就是竺道生。这不仅表现在他的"涅槃佛性"说带有庄子人性论、认识论和精神修养方法三个方面的思想烙印，而且更加惊人的是他不是凭借佛教经典或单纯的佛教信念，而是根据庄子思想中"气"的观念和理性的逻辑力量对"阐提①成佛"的论证：

① "一阐提"（略称"阐提"），意译"信不具"。小乘经典指称不具信心，断了善根，不能成佛的人。

禀气二仪者，皆是涅槃正因，三界受生，盖唯惑果，阐提是含生之类，何得独无佛性？盖此经①度未尽耳。（日僧宗法师《一乘佛性慧日钞》引《名僧传》）

昙无谶在北凉玄始十年（421 年）译出的四十卷本《大般涅槃经》（史称"大本"）中说"如一阐提，究竟不移，犯重禁，不成佛道，无有是处"（卷五《如来性品第四》），但在此先由法显于东晋义熙十四年（418 年）译传的六卷本《大般泥洹经》（史称"六卷泥洹"）却说"如一阐提……若成佛者，无有是处"（卷三）。竺道生在"大本"尚未传至之前，就敢于呵责"六卷泥洹"义有未尽，断言包括一阐提在内的众生皆有"佛性"，皆成"佛道"；他的一个实质性的论据，就是众生皆"禀气二仪"，这是纯粹的中国思想，是"通天下一气耳"（《知北游》）的庄子思想。虽然他的"一阐提者，不具信根，虽断善，犹有佛性事"（《名僧传抄说处》）的见解招来"摈遣"（开除）的教律处分，但"众生皆禀气"这一中国思想（庄子思想）与"众生悉有佛性"这一宗教观念之间的十分坚固的逻辑一致性、必然性，仍使他坚持自己的观点"与实相不相违背"（《高僧传》卷七《竺道生传》）。竺道生的涅槃学说开始显现了中国佛学有可能离开印度佛学的固有理论轨道而独立发展的前景。

总之，印度佛学是个概念、观念极为繁杂众多而又经历了显著、频繁的变迁的思想体系。印度佛学作为一种异质文化的思想观念经过中国传统思想的理解和消化，成为具有中国思想特色的中国佛学，从两汉之际到六朝时期也经历了一个相当困难的过程；在这个过程中，从上面所论述的对其中的两个根本的思想观念——作为对世界的根本观察的般若思想和作为追求目标的涅槃境界的理解和消化的情况看，庄子思想是起了主要的作用的。

**3. 庄子思想与中国佛学思想的独立发展**

隋唐时期中国佛教进入了历史上的鼎盛阶段，出现了宗派；中国佛学也达到了登峰造极，这就是在天台宗、华严宗和禅宗宗教理论中所表现出脱

---

① 指法显翻译的六卷本《大般泥洹经》，此经出小乘经典《长阿含》中，认为一阐提不能成佛。

离印度佛学传统的理论轨道，而吸收、融进中国思想或是在其观念背景下的独立发展。构成或体现这种独立发展的主要理论内容——天台、华严的"判教"，天台"性具实相"和华严"法界缘起"的新的佛学本体论观点，以及禅宗"识心见性"的独特的佛教修持理论，都在不同程度上感受或接受了庄子思想中的历史观念、总体观念和自然观念。

（1）历史观念——天台宗与华严宗的判教　如果说历史是任何事物都有的、作为其存在的连绵不断的展现，那么历史感却是人类所特有的、自我觉醒的一种表现。在中国传统思想中，历史感是一个十分活跃的精神因素和理论支点。就儒家思想来说，诚如章学诚所说，"六经皆史也"（《文史通义·易教上》），对社会政治伦理道德具有历史感的观察记述和理论升华，既是儒家思想的载体，也是它的主要内容。庄子思想中的历史意识也很强烈，也很广泛。《庄子》写道，"太初有无，无有无名，一之所起，有一而未形。物得以生谓之德，未有形者有分，且然无间谓之命，留动而生物，物成生理谓之形，形体保神，各有仪则谓之性，性修反德，德至同于初"（《天地》），"察其（人）始而本无生，非徒无生也，而本无形；非徒无形，而本无气。杂乎芒芴之间，变而有气，气变而有形，形变而有生，今又变而之死"（《至乐》），这是庄子自然史和生命史的观点。庄子还强烈地感受到和激情地表述了社会生活的演变："夫尊古而卑今，学者之流也。且以稀韦氏之流，观今之世，夫孰能不波！"（《外物》）除此以外，庄子又发现并记述了另一重要的历史现象——人的精神史。从《庄子》中看，庄子学派从特定的哲学立场观察和揭示的人的精神发展史有三点内容。第一，作为个体的人的精神境界由低到高的发展历程。《庄子》中有则寓言，借女偊和南伯子葵对话把"学道"的境界成长过程描述出来："吾犹告而守之①，三日而后能外天下。已外天下矣，吾又守之，七日而后能外物。已外物矣，吾又守之，九日而后能外生。已外生矣，而后能朝彻。朝彻而后能见独，见独而后能无古今，无古今而后能入于不死不生。杀生者不死，生生者不生，其为物无不将也，无不迎也，无不毁也，无不成也，其名为撄宁。"（《大宗师》）这是一个道家人物的精神境界由"外天下""外物""外生"到最高的"无

---

① 郭庆藩《庄子集释》本作"吾犹守而告之"，此据闻一多《庄子内篇校释》改。

古今""不生不死'的"撄宁"的修养过程。抛开道家精神追求的特殊内容，可以说这一具体过程也蕴涵着人的精神境界提高过程的普遍的内容和共同的特征，即是一个由易及难、由粗到精，在越来越广泛、高远的范围内超越自我的过程。第二，作为群体意识的百家学说由一到多的繁衍过程。庄子学派在《天下篇》中第一次对繁荣发达的先秦学术思想作了总结。《天下篇》认为古之道术"无乎不在"，天下学术"皆原于一"；歧异纷纭的先秦学术，如墨翟禽滑厘、宋钘尹文、彭蒙田骈慎到、关尹老聃等诸子之学，皆是"得一察焉以自好"，"各为其所欲焉以自为方"，一偏一曲而已。第三，认为庄子思想所具有的那种境界和学说内容，无论就个人的精神发展或群体的百家之学来说，都是最高的、最后的层次。《庄子》中概述庄子思想的高远境界是"无南无北，无东无西，始于玄冥，反于大通"（《秋水》），"上与造物者游，而下与外死生无终始为友"（《天下》），形容庄子思想广博深邃的内容是"万物毕罗，莫足以归……其理不竭，其来不蜕，芒乎昧乎，未之尽者"（《天下》），殿高于百家之学①，显然是把庄子的精神境界和思想视为人的精神和思想发展的最高点。中国佛学第一个异于或独立地发展了印度佛学的理论思想——判教，正是在中国传统思想的浓厚的历史观念背景下，特别是在庄子的精神史观念的感应下形成的。

判教就是对传入中国的佛教经典和佛学思想作系统的、历史的条理、分析。早在南北朝时，随着印度佛学的大乘、小乘各派经典陆续译出和同时传播，由印度佛学在长期历史发展的理论变迁、更迭所逐渐形成积累起来的小乘、大乘之间以及大乘内部的理论思想上的差异、矛盾，变得更加显著起来，开始困扰中国佛教学者。把印度东流的一代佛法作为一个整体给予分析、解释，就成了中国佛学的一个十分迫切的理论要求。南北朝时中国佛学的判教结论众多不一，智顗在《法华玄义》中概括为"南三北七"（卷十上），但其实并没有超越最早以"五时""顿渐"判释的慧观判教理论。这一理论的基本构思，是以教理（如有相、无相、常住）和教法（如顿、渐）观察、确定某一佛教思想观点的理论层次和经典次第，并将其纳入佛陀的生

---

① 今本《天下篇》在叙述庄子学派后，又胪述惠施"历物之意"十事和辩者二十一个论题。晚近学者考证，认为这是《庄子》佚篇《惠施》窜入。甚是。（见本书上编）

平历史阶段，构成佛法的统一整体，消弭前后经论的矛盾。例如"南三"的第一家是虎丘笈师，他认为渐教有三种：释迦成道后先讲诸法实有，内容属小乘，是"有相"；后讲大乘经，从《般若》《维摩》直到《法华》，偏重于讲空，是"无相"；佛的最后说法是《涅槃经》，讲常乐我净，是"常住"。"北七"中的慧光"四宗论"认为一代佛教可判为因缘（立性）、假名（破性）、不真（诳相）、真（显实）四宗，分别领属毗昙、成实、般若、涅槃诸部经论，等等。显然，这些判释并不完全符合印度佛教演变的历史实际，重要的是在佛学理论中吸收了、融进了印度佛学所没有的那种历史意识。

隋唐时，天台宗"五时八教"和华严宗"三时五教"（"五教十宗"）的判释，又把中国佛学的判教理论推进了一步，借历史的观念笼络佛学整体的理论特色更加鲜明。并且，在三个主要之点上都和庄子思想的精神史观念相应合。第一，佛教学说有一个从元点而有序展开的历史过程。天台宗认为这就是佛在华严时、鹿苑（阿含）时、方等时、般若时、法华涅槃时五个不同时期说法所产生的五类经典[1]。华严宗则把这一过程纳入喻为"日出先照""日升转照""日没还照"的三时中[2]。第二，佛家的觉悟或境界有一个逐步升高圆熟的过程。天台宗称之为三藏教、通教、别教、圆教，唐末高丽沙门谛观援引《涅槃经》牛乳之喻来解释这一过程："二乘[3]根性在华严座，不信不解，不变凡情，故譬其乳。次至鹿苑，闻三藏教，二乘根性依教修行，转凡成圣，故譬转乳成酪。次至方等，闻弹斥声闻，慕大耻小，得通教益，如转酪成生酥。次至般若，奉敕转教，心渐通泰，得别教益，如转生酥成熟酥。次至法华，闻三周说法，得记作佛，如转熟酥成醍醐。"（《天台四教仪》）华严宗称之为小乘教、大乘始教、大乘终教、顿教、圆教。法藏以"事理"观解释说，"'小'属法是我非门，'始'属缘生无性门，'终'属事理混融门，'顿'属言尽理显门，'圆'则法界无碍门"（《游心法界

---

[1] 元僧元粹《四教仪备释》有一偈语："阿含十二方等八，二十二年般若谈。法华涅槃共八年，华严最初三七日。"（卷上）

[2] 见法藏《华严一乘教义分齐章》。

[3] 佛教以声闻、缘觉、菩萨三种根性的人有三种不同的佛果为"三乘"。此指声闻、缘觉二根性者。

记》），"摄义从名门如小乘说，摄理从事门如始教说，理事无碍门如终教说，事尽显理门如顿教说，性海具德门如圆教说"（《华严一乘教义分齐章》卷二）。第三，皆以自己崇奉的经典为佛教理论和境界的最高阶段。天台宗"三谛圆融"的根本教旨依据《法华经》，故推崇"法华经最为无上"（智颛《法华玄义》卷二上），比喻说，"海是坎德，万流归故，《法华》亦尔；江河川流，无此大德，余经亦尔，故《法华》最大也"（《法华玄义》卷一上），也就是视众经为"江河"，而《法华经》为"大海"。华严宗的根本思想"无尽缘起"援依《华严经》，所以赞颂《华严》最为广袤深邃："华严经者，斯乃集海会之盛谈，照山王之极说，理智宏远，尽法界而亘真源，浩汗微言，等虚空而被尘国"（法藏《华严探玄记》卷一），认为"华严是别乘一教，不同彼也"（法藏《华严一乘教义分齐章》卷一），位在诸经之上。这些，与《庄子》中对"学道"的精神境界提高过程的描述，对先秦学术的判析和自我尊崇的表现，都有某种类似、应合。

当然，还不能说天台、华严判教理论在历史观念上和庄子精神史观念的这种应合是完全自觉的，但是可以肯定，判教理论试图通过在佛学中注入历史观念的因素，从而实现对分歧繁杂的佛教经典、理论和境界有一个完整的、具有历史感的宏观整体认识，是在中国文化环境中生长出来的一种理论创造力。

（2）总体观念——天台宗的"实相"和华严宗的"法界"　　如前所述，和印度佛学相比，思索、追逐一个作为一切事物最后根源的本体或融涵着一切事物的总体，是中国传统思想的最重要的观念特征。隋唐时，这一观念融进佛学，产生了天台宗的"性具实相"和华严宗的"法界缘起"理论，是中国佛学独立发展的又一表现。由智颛完成的天台宗的理论核心"性具实相"，实际上是由两个理论观点组成："一念三千"和"圆融三谛"。"圆融三谛"的观点可以在印度佛学中追寻到它的原始的理论形态。《般若经》中把达到般若最高境界的智慧分为由低到高的三种：道种智、一切智、一切种智。①《大智度论》在解释这三种智慧时，认为三智虽然有

①　《摩诃般若波罗蜜经·序品》："欲以道种智具足一切智……欲以一切智具足一切种智，当行习般若波罗蜜。"

先后次序，但积累到一定时候则可同时兼有①。最早从这些经论中悟出一种禅法——"一心三智"的是天台二祖北齐慧文禅师②，他更联系《中论》"三是偈"③，以"空"为"真谛"、"假"为"俗谛"、"中"为"中谛"的"三谛"与"一切智""道种智""一切种智"的"三智"相对应，而提出"一心三谛"（"一心三观"）。可见，作为智𫖮"圆融三谛"的思想胚胎的慧文的"一心三观"，原来是偏重于止观的能观方面的一种智观，一种全智。但到了智𫖮这里发生了一种转变，"圆融三谛"不仅是观，也是境。智𫖮弟子灌顶解释这一转变说："妙心是境，妙智是观，观境不二，能照能遮。所言境界，具三谛也。知真即空观，知俗即假观，知中即中观。常境无相，常智无缘，无缘而缘，无非三观，无相而相，三谛宛然。"（《天台八教大意》）也就是说，"三谛"不仅是全智（常智），也是全境（常境），所以天台宗的"圆融三谛"也就是世界的"实相"，"按其相性，即是即空即假即中"（《法华玄义》卷二上）；"圆融三谛"的世界"实相"，也就是世界总体，"一切世间治生产业，皆与实相不相违背，一色一香，无非中道"（《法华玄义》卷一上）。显然，智𫖮的"圆融三谛"从思想观念上经历了由智到境、由境到体的逻辑过程，不同于印度佛学所固有的"有——空——假——中"的理论轨道；"圆融三谛"在其理论终点上将"一色一香""一切治生产业"即世界总体纳入"实相"观念中，这与印度佛学最终地、本质地把"实相"解作"空"的涅槃境界也有所差异，而与庄子思想中的"道通为一"（《齐物论》）、"道覆载万物者也"（《天地》）的总体观念却是一致的。智𫖮"一念三千"在理论上的创造性和显现的总体观念都更加鲜明。智𫖮的"三千"是由印度佛学中的"十界""三世""十如"三个内涵并不相同的宗教观念组合而成。"十界"（"十法界"）之名出《华严经》，即地狱、饿鬼、畜生、修罗、人间、天上、声闻、缘觉、菩萨、佛，所谓"六凡四圣"，是对众生的分类；众生

---

① 《大智度论》："自问曰：'一心中得一切智、一切种智，断一切烦恼习。今云何言以一切智具足一切种智，以一切种智断烦恼习？'答曰：'实一切一时得，此中为令人信服般若波罗蜜故，次第差别说。'"（卷二十七）

② 《佛祖统纪》："师（慧文）依此文，以修心观……观一心三智，双亡双照，即入初住无生忍位。"（卷六《二祖北齐尊者慧文本纪》）

③ 《中论·观四谛品》："因缘所生法，我说即是空，亦为是假名，亦是中道义。"

十界并非固定，而是随缘升沉，十界互具，构成百界。"三世"谓众生世间、国土世间、五阴世间，此出《大智度论》（卷四十七），是对构成众生的条件或环境的分类。《法华经·方便品》称诸法如是相、如是性、如是体、如是力、如是作、如是因、如是缘、如是果、如是报、如是本末究竟等，这是对事物全部性状的概括。"十界""三世""十如"是印度佛学从不同方面对世界总体的划分。智𫖮在佛学理论上的一个巨大的创造或发展，就是认为十界、三世、十如同时在一心中显现。就数量而言，百界、十如、三世共三千，也就是"一念三千"。智𫖮说："夫一心具十法界，一法界又具十法界、百法界。一界具三十种世间，百法界即具三千种世间，此三千在一念心。若无心而已，介尔有心，即具三千。亦不言一心在前，一切法在后；亦不言一切法在前，一心在后。"（《摩诃止观》卷五）就天台宗"实相外更无别法"（《摩诃止观》卷一）的佛学理论观点说，这"三千"就是世界的"实相"，而且是一切事物（"法"）的性相同时具有的"性具实相"。从一般的哲学理念上审视，"一念三千"蕴涵着一种关于世界全部存在的总体的观念，在中国思想中，它相通于《庄子》中"道之所一"（《徐无鬼》）、"道无所不在"（《知北游》）所体现的思想观念。在智𫖮的著述中，时有援引《庄子》中特有的典故、概念的情况，如"当知有而不有，不有而有……庄周梦为胡蝶，翻翔百千，寤知非蝶，亦非积岁"（《摩诃止观》卷五），"至人本迹，渊哉难究，况复此渐顿不定，秘密之踪，皆无滞矣"（《四教义》卷二）。"庄周梦为胡蝶"是《齐物论》中的寓言故事，"至人"是庄子思想中的理想人格，智𫖮这里用来诠释佛学观点，标志佛家境界，由此可以印证，他的"性具实相"宗教思想中所蕴含的总体观念也是在自觉或不自觉中感受了庄子"道"为世界总体的思想观念的影响的结果。

华严宗的"法界缘起"理论，蕴涵着、显露出具有中国思想特色的总体、本体的观念都更加明显。华严宗的"法界缘起"理论在思想观念的逻辑发展上与天台宗有所不同，它是在《华严经》"华严世界所有尘，一一尘中见法界"（唐译《华严经·华藏品》）无尽缘起的"海印"（一切皆印）佛境界中，客体化出一种世界总体（"法界"）；然后，又引进《大乘起信论》"自体有"的"真如"，将这种总体进一步实在化为本体（"真如法界"

"一心法界")。《大乘起信论》自然有它的印度佛学的理论渊源①，但其真如（真心）不变、清净而随缘的基本观点②却与印度佛学传统观念背驰，而甚为接近中国传统思想中庄子的"道……自本自根"（《大宗师》）而"无处不在"（《知北游》）的观念。《大乘起信论》署为"马鸣造，真谛译"，但印度无此书的梵文原本，真谛所译经典目录中也没有此书名，近代学者因此怀疑它是伪托。从基本的思想观点上看，《大乘起信论》正是融进了中国传统思想（庄子思想）的中国佛学。所以就华严宗来说，它的真正的理论创造是在迈出的第一步，即在印度佛学思想中融进一种中国观念，由《华严经》的"海印"境界客体化出世界总相（总体）；而不在第二步，即沿着《起信论》的中国思想观念走得更远。华严宗人将《华严经》的无尽缘起的海印佛境客体化为世界总体，主要是富有创造性地提出和依藉了两个理论观念：十玄无碍，六相圆融③。"十玄"最先是由华严二祖智俨在《华严一乘十玄门》中为诠释《华严经》的"一即一切，一切即一"那种最广泛的相互包摄、万象圆融佛境界而提出的。后来，三祖法藏又有所发展、修正，最后的名称是同时具足、广狭自在、一多相容、诸法相即、隐密显了、微细相容、因陀罗网、记事显法、十世隔法、主伴圆明（法藏《华严经探玄记》卷一）。显然，这是从空间（广狭）、时间（十世）、数量（一多）、体用（托事显法）、性状（隐显、微细）、关系（主伴）等各方面来显示事物的互相包摄、共同缘起（同时具足、诸法相即、帝网），也就是法藏所说"此十门同一缘起无碍圆融，随有一门即具一切"（《华严经探玄记》卷一）。"一即一切，一切即一"本来是《华严经》中佛的宽广无比的包摄一切的境界，但"十玄"的解释实际上在意念上、观念上发生了一种变化，主体性的佛的"海印"境界，异化为客体性的世界总相、总体。智俨以无限多的玻璃

---

① 吕澂指出，《大乘起信论》主要理论吸取于《楞伽经》，并融合了地论师和摄论师的不同说法。（见《中国佛学源流略讲》第八讲）

② 《起信论》概括"真如"的内涵有六种"自体义"：真如自体相者……从本以来，性自满足一切功德。所谓自体，有大智慧光明故，遍照法界义故，真实识知义故，自性清净心义故，常乐我净故，清凉不变自在义故……名为"如来藏"；又有"违自顺他""违他顺自"两种"随缘义"。

③ 实际上，法藏在《一乘教义分齐章》中，将华严宗的义理概括为四点：三性同异，因门六义，十玄无碍，六相圆融。但前两点是论述构成缘起说的原理，后两点才是论述无尽缘起的内容，显示出世界总相、总体。

球面相互映现的"因陀罗网"比喻佛境，用以说明"所以成其无尽复无尽，而不失因果先后次第，而体无增减"（《华严一乘十玄门》），法藏说，"一切众生本来无不在如来境界中，更无可入也"（《修华严奥旨妄尽还源观》）。显然，这些都是把海印一切的佛境升华为兼容一切的世界整体、总体。由《华严经》的海印佛境客体化的世界总体，华严宗人一致称之为"法界"或"法界缘起"。如智俨说，"经云，'如一微尘所示现，一切微尘亦如是。故于微尘现国土，国土微尘复示现，所以成其无尽复无尽，此即是法界缘起"（《华严一乘十玄门》），法藏说，"夫法界缘起，如帝网该罗，若天珠交涉，圆融自在，无尽难名"（《华严三宝章》卷下），澄观说，"此经以法界缘起……为宗也。法界者，是总相也，包理包事及无障碍……缘起者，称体之大用也"（《大华严经略策》），等等。显然，由佛境到法界、由海印到总相，在《华严经》与华严宗人之间尽管佛学的思想观念联系仍然十分紧密，但哲学观念实际上已有了很大的差异和变迁。这一情况和已在天台宗那里发生过的情况一样，都是由于在中国的文化环境中，中国传统思想中的庄子总体观念渗透进了佛学思想中的缘故。

"六相圆融"是华严宗对作为世界总体的"法界"的一种相观，这一观点的提出和运用，也表现了华严宗人的理论创造性。"六相"（总、别、同、异、成、坏）出自《华严宗·十地品》："愿一切菩萨行，广大无量，不坏不杂，摄诸波罗蜜，净治诸地，总相别相同相异相成相坏相，所有菩萨行，皆如实说……"（唐译《华严经》卷三十四）这是初地十大愿中的第四愿。所以"六相"在其最初乃是对佛家心态的表述。后来，世亲在《十地经论》中提出"一切十句①，皆有六相"（卷一），即认为《华严经》的每个"十句"经文中，就其内容蕴涵而言，皆有"六相"，第一句的内容或所述是总相，是"根本入"，其余九句是别相，是"分别入"；第一句是同相、成相，其余九句是异相、坏相。这就多少改变了、扩大了"六相"的义蕴和运用范围。华严宗人则跨了更大的一步，实现了更大的思想观念的跳跃，把"六相"由原来作为心态、意识的相观，改变为是事物（法）、世界总体

① 《华严经》行文有个体例，常将论题分十个方面进行论述，是为"十句"。法藏说："依《华严经》立十数为则，以显无尽义。"（《华严一乘教义分齐章》卷四）

（法界）的相观。法藏说："一切诸法，皆具此六相"（《华严经义海百门·差别显现门第六》），"法界缘起，六相镕融，因果同时，相即自在，具足逆顺"（《华严一乘教义分齐章》卷四）。应该说，在事物整体和它的构成部分之间，世界总体和它包摄的个体之间，观察出互相圆融的总别、同异、成坏之相并不困难，至少在中国的思想观念背景下是这样，因为在庄子思想中对这一关系或物相早已描述得十分清晰："道通为一，其分也成也，其成也毁也，凡物无成与毁，复通为一"（《齐物论》）。完全可以推断，华严宗对印度佛学传统的"六相"观念的更新、发展，与这个清晰的观念背景映照有关。

（3）自然观念——禅宗的"自性"　隋唐佛学中，也是整个中国佛学中与传统的印度佛学差异最大而中国思想色彩最浓的无疑是慧能开创的禅宗（唐代禅学的南宗）。禅宗是中国佛学离开印度佛学固有的理论轨道而独立发展的一个最重要的表现和结果。禅宗最根本的理论观点是认为"三世诸佛，十二部经，亦在人性中，本自具有……若识本心，即是解脱"（法海《坛经》），也就是说，"佛性"就在人的"本性"或"自性"中。所以，禅宗的根本宗旨就是"令学道者顿悟菩提，令自本性顿悟"（法海《坛经》）。应该说，禅宗根本理论观点和宗旨的观念渊源还是存在于印度传统佛学的经典或理论体系内，其中，最重要的是史传所记被禅宗"东土初祖"达摩认为是"汉地惟有此经，仁者依行，自得度世"而授予二祖慧可的四卷《楞伽经》（道宣《续高僧传》卷十六《僧可传》），和使慧能"一闻，心明便悟"的《金刚经》（法海《坛经》）。以一般的哲学理论立场来观察，《楞伽经》"如来藏自性清净"的观点，为禅宗"本心""自性"提供了本体论的观念基础，如慧能所说"世人性净，犹如清天，于外著境，妄念浮云盖覆，自性不能明"（法海《坛经》），正是沿袭了《楞伽经》"如来藏虽自性净，客尘所复故，犹见不净"（卷一）的大乘有宗的传统观点；而被无着、世亲分析出二十七个主题、包括了全部般若的主要思想的《金刚经》，则构成了禅宗顿悟的方法论基础，亦如慧能所说，"若大乘者，闻说《金刚经》，心开悟解，故知本性自有般若之智，自用智慧观照，不假文字"（法海《坛经》）。法宝《坛经》还具体记述说，慧能听五祖弘忍讲解《金刚经》至"应无所住而生其心"时，顿悟"一切万法，不离自性"。所以，从根本观点的观念渊源来看，还显示不出禅宗有"教外别传"的特异的思想性质或理论色彩。但是，当禅宗的这些源自传统的印度佛学的根本理论观点在中国的思想文化环境中进一步发展和表现为具体的宗教实践时，确实是别开生面，在理论和实践上都开创了印度佛学、中国佛学未曾有过的新局面。禅宗在中国传统思想观念背景影响下的宗教理论创造，归结于一点，就是对"自性"的诠释。在大乘有宗中，"自性"有多种名目或解释，如四卷《楞伽经》写道："如来藏自性清净……有时说空，无相，无愿，如，实际，法性，法身，涅槃，离自性，不生不灭，本来寂静，自性涅槃，如是等句，说如来藏"（卷一）。禅宗摆脱了这些传统佛学观念的纠缠，而用一种简明的、具有中国思想特色的观念——"自然"来诠释"自性"（"本性""佛性"）。如禅宗门下第一个博学之人，慧能晚年的弟子神会①说："僧家自然者，众生本性也"，"佛性与无明俱自然，何以故？一切万法皆依佛性力故，所以一切法皆属自然"（《神会语录》）。《坛经》说："自识本心，自见本性"，也就是说禅宗又用"本心"来诠释"本性""自性"。所以，贯串禅宗始终的一个中心思想就是"识心见性，自成佛道"，"若识本心，即是解脱"（法海《坛经》）。

禅宗没有对它的"自然""本心"的涵义作出更加明确的理论解释，但禅宗有则故事可以说明这个问题：

> 雪峰因入山采得一枝木，其形似蛇，于背上题曰："本自天然，不假雕琢"，寄于师（大安禅师）。师曰："本色住山人，且无刀斧痕。"（《五灯会元》卷四《百丈海禅师法嗣》）

显然，禅宗的"自然"（"本性""自性"）是指事物无任何人为痕迹的本然的存在状态，"本心"是指人的那种无任何意念的本然的心境状态。所以禅宗又把自己的"识本心"的教派宗旨表述为"无念为宗，无相为体，无住为本"（法海《坛经》）。禅宗这一"自然"观念，在中国传统思想范围内

---

① 僧史记述，神会"从师傅授五经，克通幽赜。次寻庄老，灵府廓然……其讽诵群经，易同反掌，全大律仪，匪贪讲贯"（赞宁《宋高僧传》卷八《神会传》）。

和庄子思想的自然观念完全一致。《庄子》写道："马，蹄可以践霜雪，毛可以御风寒，龁草饮水，翘足而陆，此马之真性也。"（《马蹄》）庄子也正是把事物的自然状态看作是它的"真性"。

禅宗在中国思想观念背景下，以"自然""本心"来理解、诠释传统佛学中深奥的"佛性""自性"，在中国佛学中启动了一个巨大的理论转变，即以对人的本然状态的整体直观代替对人的心理状态和认识过程的具有神秘性质的细腻分析和烦琐论证。这个理论转变，使禅宗的宗教实践也呈现出十分独特的面貌，归纳言之有二。第一，独特的宗教实践内容——自然的生活。自六祖慧能说"一切经书，因人说有"，"十二部经，亦在人性中"（法海《坛经》），此后历代各派禅宗都一致认为"佛"的境界应在对人的"本心"体认中实现，而不是在经论教律的研诵中寻求。南岳系下的慧海说，"佛是心作，迷人向文字中求，悟人向心而觉；迷人修因待果，悟人了心无相"（《大珠禅师语录》卷下）。希运也说，"本体是自心作，那得文字中求"（《黄檗断际禅师传心法要》）。禅宗在宗教实践中常表现出对佛教经典的轻蔑，青原系下的四世宣鉴说，"十二分教是鬼神簿"，并有"将疏钞堆法堂前举火焚之"的骇世之举（《五灯会元》卷七《龙潭信禅师法嗣》）。禅宗的某些具体说法或做法可能失当，但总的来说，禅宗摆脱教典束缚是建立在一个深刻的理解的基础上的，那就是如慧海在回答"何故不许诵经"时所说："经传佛意，不得佛意……得意者越于浮言，悟理者超于文字，法过言语文字，何向数句中求？是以发菩提者，得意而忘言，悟理而遗教，亦犹得鱼忘筌，得兔忘蹄也。"（《大珠禅师语录》卷下）禅宗对纯粹本然的"本心"的追求，一方面导致它对宗教理论热情和信心的衰退，另一方面也促使它对自然流露或表现"本心"的日常生活本身的自觉的亲近和融入，并且把这种生活实践上升为宗教实践。慧海回答"如何用功修道"的问题说"饥来吃饭，困来即眠"（《大珠禅师语录》卷下），义玄也说"佛法无用功处，只是平常无事，屙屎送尿，著衣吃饭，困来即卧"（《临济慧照禅师语录》）。所以在禅宗看来，"设解得百本经论，不如一个无事底阿师"（《临济慧照禅师语录》），生活（"平常无事"）高于教律。客观公正地说，禅宗把严肃繁难的佛教宗教实践还原为简单自然的生活实践，并不是放弃对佛家精神境界的追求。相反，正是在实现着这种境界。禅宗在日常的、自然的生活实践中体验佛家解脱、涅槃境界的那种具有某种神秘色彩的无念、无相、无住，本身要求对生活有某种理性的自觉（理性地认识到饥餐困眠即是一种"自然"——"本性""本心"），并进而超越这种自觉（超理性地、体验地融入"自然"，消失于本然之中）。禅宗宗教实践的这种独特性用马祖道一的话来说，就是"道不属修，若言修得，修成还坏，即同声闻，若言不修，即同凡夫"（《古尊宿语录》卷一），禅宗的宗教修持是在"不修"与"修"之上的"不修之修"，是"纵横自在，无非道场"（《黄檗断际禅师传心法要》）。换言之，禅宗认为，自觉的本然生活就是全部的宗教修持，就是"道场"。十分显然，形成禅宗这一宗教实践特色的两个方面，即对佛教经典的否定和对本然状态的追求，都不难从中国思想传统中的庄子思想里寻觅到它的观念根源。庄子思想里关于"道"有个基本观点："道不可言，言而非也，知形形之不形乎，道不当名"（《知北游》），也就是说，作为世界总体的、无形的"道"是超越文字语言之上的，是任何语言文字不能完整确切表述的；语言文字只能使我们对"道"有某种意会，却不能达到"道"本身。《庄子》中用一个譬喻来说明这个观点："荃者所以在鱼，得鱼而忘荃。蹄者所以在兔，得兔而忘蹄。言者所以在意，得意而忘言"（《外物》），又用轮扁以斫轮的体会来讥讽桓公读书的寓言故事来证实这个观点："古之人与其不可传也死矣，然则君之所读者，古人之糟粕已夫"（《天道》）。从上面所引述的禅家对佛教经典的议论和态度中可以看出，庄子的这个观点、这个譬喻、这个故事内容都为禅家所吸收。庄子也提倡并自觉实践着一种本然的、自然的生活方式。如《庄子》中写道，"常因自然而不益生"（《德充符》），"无为名尸，无为谋府，无为事任，无为知主，体尽无穷而游无朕，尽其所受乎天"（《应帝王》），"吾所谓臧者，任其性命之情而已矣"（《骈拇》），等等。禅宗的"平常无事"的自然生活观念同庄子的这些观点在内在精神上是犀通的。当然，在理论内容和性质上的差别也是存在的，禅宗毕竟在本然的、自然的生活中又融进了一种超越生活的宗教精神，即自我最终消失在、寂灭在本然中的涅槃的追求；而这是庄子思想所没有的，庄子努力于最终达到的"万物与我为一"（《齐物论》），"独与道游于大莫之国"（《山木》）是一种精神的绝对自由——"无待"（"恶乎待"），"逍遥"。第二，独特的顿悟"本心"的方法——禅机。禅宗的基本理论观点认为"佛是自性作，莫向身外求"（法海《坛经》），所以，觉悟"本心"是禅宗宗教实践的自始至终的目标。禅宗不主文字，纯任本然，对"本心"的性状没有任何具体的表述，只是一种本然的"无念无相无住"的整体状态；也没有发现或归纳出达到"本心"的固定可循的逻辑过程。这样，对"本心"的觉悟，必然是一种由体认而产生的整体直观，一种全息的把握——顿悟，即慧能所说"于自心顿现真如本性"（法海《坛经》）。在中国佛学中，"顿悟"思想在东晋涅槃学中就已产生禅宗的特点，在于它触发被接引者"顿悟"的方法十分特殊——禅机。它主要是用语言，也兼用动作，以疏导和堵截的两种方式，使被接引者的思绪唯一地、始终地指向"本心"，并最后觉悟"本心"（即"自性""佛性""真如"等）。例如，学徒问慧海："如何是佛?"慧海答："清潭对面，非佛而谁?"（《大珠禅师语录》卷下）这就是启发、疏导问学者觉悟与镜面（水面）相对的那个人——自我，就是"佛"。而良价对僧徒"如何是佛"之问答曰"麻三斤"（《碧岩录》卷二），则是把他的心思阻挡回去，引起对自身的返照。这些是禅家语载禅机的典型事例。禅家以动作输送禅机的典型例子是道一掐痛怀海的鼻子（《古尊宿语录》卷一），道明拶伤文偃一足（《五灯会元》卷十五），怀海、文偃因疼痛而惊醒"自我"，"从此悟入"。禅家把这些由蕴藏着"禅机"（"机锋"）的语言、动作所构成的事例、故事称为"公案"。在禅宗历史上，这类公案十分众多，有的也十分奇特怪诞，但从根本的旨趣上来说，都是可以理解的，只是因为年代的久远，某一公案发生的那个具体的历史情境已经模糊、淹灭，特别是"堵截"式的、切断逻辑思路的那种禅机，因为没有历史情境作为背景、作为填充，就难以被后人理解、识破了。某些公案中的禅机难以被破解，除了失去历史情境的原因外，还有缺乏思想境界的缘故，这不仅是对后人，即使对当时的禅僧恐怕也是如此原则上可以认定，禅宗历代法祖已经"识心见性"，能够"纵横自在，无非道场"，在这种极高的境界上，在这个宗教实践的终点上，他们向被接引者标举任何一物一事都具有全息的、整体的"佛性"意义。但是，对于在较低境界上的，甚至是在禅宗宗教实践起点上的被接引者，他们形成不了这样全息的认识，感受不到这种整体的体验。禅门接引者（诸祖）把终点的境界向在起点上的被接引者（众僧徒）展示，禅宗"公案"或"禅机"带来理解上的混乱或困惑，都是由此而起。例如，在搬柴劳动中，文偃（青原系下的云门宗开创者）拈起一片柴抛下，对僧徒说，"一大藏教，只说这个见"（《五灯会元》卷十五《雪峰存禅师法嗣》）。当僧徒问"如何是无位真人（佛）"时，义玄（南岳系下的临济宗开创者）说："无位真人是什么干屎橛。"（《临济慧照禅师语录》）义玄、文偃是在"入佛"境界谈"真相""实相"，但在"迷人"眼光中，这只能是一片柴、一橛屎，当然也可以作其他无端无边的、体现个人经验的混乱的或美妙的遐想。就像在《庄子》里，庄子对东郭子说"道无所不在"，东郭子不理解，庄子为他举例说在蚂蚁身上，在稊子里，在瓦砾中，在屎尿里，东郭子茫然不知所措，依然困惑不解（《知北游》）。① 以上所举禅家公案中的人和事，分别归属于南岳、青原两系之下，这就是说，独特的禅机顿悟方法是禅宗（南禅）各派所共同的。禅宗触发顿悟"本心"的禅机方法，不仅对于印度佛学来说是个创造，在中国传统思想中也难以有可比拟。然而，仍可以从庄子思想中发现与它相契合的思想观念。顿悟，用慧达论及竺道生"顿悟"说时所作的解释来说，就是"明理不可分，悟语极照，以不二之悟，符不分之理。"（《肇论疏》）换言之，顿悟就是对一个不可分割的、不可逐一地予以认识的对象以全息的、直观的把握、了悟。在庄子思想中，作为万物最后根源和世界总体的"道"就具有这样的性质，所以如前编所述，在庄子认识论的最高层次上对"道"的认识正是一种整体直观，这就是《庄子》所说"目击而道存，亦不可以容声矣"（《田子方》）。禅宗的"于自心顿现真如本性"，就其"识心见性"的直观性质而言，和庄子的"学道"（《大宗师》）是相同的。在庄子思想中，对"道"的真正的、最后的认识、了悟，实际上是在超越认识领域之外的精神修养实践领域内实现的，所谓"守而后成"（同上），《庄子》中称之为"体道"（《知北游》）。禅宗认为"平常心是道"（普愿语，《古尊宿语录》卷十三），所以禅宗所说"自识本心"，实际上也不是一个认识过程，而是一个在日常生活中"随缘消旧业，任运著衣裳"（《临济慧照禅师语

---

① 20世纪50年代，胡适和日本铃木大拙曾就"禅"的思想性质是理性的或非理性的进行了尖锐对立的辩论。应该说，在历史情境中，从根本旨意上看，禅宗是理智的，可被逻辑地理解的；但是，在历史情境消失、思想境界错位的情况下，禅宗显然是被当作非理性的、非逻辑的来理解的。

录》）的体验过程，这与庄子的"体道"在思想观念上也有契合之处。可见，禅宗"顿悟本心"虽然独特，但是构成这一宗教思维方式独特性的两个基本的方法论因素——整体直观、实践体验，其观念背景，甚至是观念渊源仍然存在于中国传统思想中，存在于庄子思想中。

以上，简略地论述了佛学作为一种从印度传入的异质文化的思想观念在中国思想文化土壤里生根、发芽、结果的过程。在这个过程中，从最初的概念、观念取同，到进一步的思想观念的释义，和最后的具有中国特色的佛学思想的创造，庄子思想都起了主要的作用。这是中国文化和思想对异质文化和思想的消化、改造能力的具体表现。庄子思想所具有的这种能力，此后在理解、吸收近代逐渐传入的西方文化和思想中又一次卓越地表现出来。

# 第十一章 庄子思想与中国近现代思潮

1840年鸦片战争以来，在深重的社会危机和西方思想文化输入的双重因素作用下发生，发展的中国近现代学术思潮，纷纭繁杂，流派众多；但毕竟源浅而流短，尚未能形成或不明显具备像历史上经学、玄学、理学、佛学那样可以笼罩一代思潮全体的本质特征，贯穿一代学术全部的主体思想理论。然而，中国近现代思潮却有一个显著的、似乎是由同一目的而凝成的共同特色——努力摄取西方的科学观念和哲学思想，以重新评估中国传统思想，建构中国新的文化，这里的"文化"，是指如美国文化人类学家怀特（L. A. White）所谓的由技术系统、社会系统和观念系统等三个方面构成的社会存在总体①。其间，由于主要立论基础是中国传统思想或是西方思想的不同，1840年以后的中国近代思想和1919年"五四"以后的现代思潮又有显著的差别。在这里，我们从庄子思想对近现代思潮的理论内容的形成所发生的作用的角度来观察分析一下这些问题。

## 一 庄子思想与近代思潮

中国近代思潮在表面层次上呈现为形形色色的社会政治理论，其实际内容是在由于清王朝的腐朽统治和帝国主义列强的侵略瓜分，中华民族面临国家覆灭的严峻局面下，中国先进的知识分子努力吸取并运用同中国传

---

① L. A. 怀特：《文化科学》，浙江人民出版社1988年版，第349页。

统思想迥然有别的西方思想来认识中国的社会现状、民族命运、国家前途而提出的种种挽救危亡的方案。这些社会政治理论或改造社会方案尽管各具特色，甚至包含着改良与革命的根本对立，但从一种宽容的、历史的角度看，都蕴含和表现着挽救国家和民族危亡的真诚努力；在较深的理论层次上，凭借中国传统思想来理解、容摄、消化西方思想的精神历程是相同的，以"进化"和"个性"为其哲学理论基础的情况也是共同的。应该说，中国近代思潮的这种特色和理论内容及其产生的社会原因和文化背景还是比较清晰的；但是，较深层次上的中国近代思潮形成过程中所首先发生的那个容摄西方思想的精神历程是怎样的，作为哲学理论基础的"进化""个性"的观念内容是如何确定的，似乎并没有得到十分清楚的揭示，而庄子思想正与这些有密切的关系。

**1. 庄子"齐物论"思想提供了近代思潮的容摄背景**

梁启超在《清代学术概论》中曾指出，"以新知附益旧学"是晚清学者的共同特色。诚然如此，中国近代思想的形成是以吸取、摄入西方思想为开始、为标志的。但是，以有神宗教、科学理论为观念基础而发展起来的西方文化、西方思想与以天道自然、伦理道德为观念基础的中国传统思想是迥然异趣的；而且，西方文化和思想本身也经历了漫长的历史发展，思想观念众多而分歧，所以对这种异质文化的真正理解、消化和吸收，也一定和历史上的佛教文化和思想的融入一样，是一个长期的过程，是至今仍在进行中的我们民族的精神成长过程。因此，处在这一过程开始的晚清学者，作为中国近代思潮的发端，对西方思想的理解，认识往往是很肤浅的，亦如梁启超在《清代学术概论》中所说，"固有之旧思想既根深蒂固，而外来之新思想又来源浅觳，汲而易竭，其支绌灭裂，固宜然矣"。他们往往是从中国固有思想中，寻觅出某种较深刻的哲学立场和宽广的观念背景，用来消弭中西异质文化和思想间的观念隔阂，认同西方思想的哲学真理性质，以实现对西方思想的吸取、摄入。在中国近代政治舞台上和学术领域内都有丰富的创造而又相互对立的两位代表人物——康有为和章太炎都正是这样的。

近代中国，无论在理论上和实践上康有为都是资产阶级改良派的最杰出的代表，而在学术思想上，他则是一位今文经学大师。康有为在清代极盛的考据、训诂学术领域内未作盘旋而很快进入义理之境，他的哲学思想的成熟或最终确立是较早的。他曾自谓"吾学三十岁已成，以后不复有进，亦不必求进"（梁启超《清代学术概论》）。康有为在《自编年谱》中回顾他二十七岁时（光绪十年，1884 年）的思想经历，有段很完整的叙述。

> 还乡居澹如楼。早岁读宋元、明学案，朱子语类，于海幢华林读佛典颇多，上自婆罗门，旁收四教，兼为算学，涉猎西学书。秋冬独居一楼，万缘澄绝，俛读仰思，至十二月，所悟日深。因显微镜之万数千倍者，视虱如轮，见蚁如象，而悟大小齐同之理；因电机光线一秒数十万里，而悟久速齐同之理。知至大之外，尚有大者；至小之内，尚包小者，剖一而无尽，吹万而不同……合经子之奥言，探儒佛之微旨，参中西之新理，穷天地之赜变，搜合诸教，披析大地，剖析今故，穷察后生，自生物之源，人群之合，诸天之界，众星之世，生生色色之故，大小长短之度，有定无定之理，形魂现示之变，安身立命，六通四辟，浩然自得……其来现也，专为救众生而已，故不居天堂而故入地狱，不投净土而故来浊世，不为帝王而故为士人，不肯自洁，不肯独乐，不愿自尊，而以与众生亲，为易于援救，故日日以救世为心，刻刻以救世为事。

康有为的这段自述，正是他的哲学思想（世界观和人生观）最终形成的具体说明。不难看出，康有为哲学世界观、人生观的确立，从理论观念上说，具有决定意义的乃是一种能容摄多种思想体系的宽广的观念背景或者说能蕴涵多种理论观点的基础观念的形成，这就是庄子的"齐物论"① 思想。十分显然，康有为"因显微镜"，"因电机光线"，也就是借助西学（西方的技术和知识）悟解的大小，久速"齐同之理"，就是庄子的"万物齐一"（《秋水》）的思想。在这种"万物皆一"（《大宗师》），"吹万

---

① 《庄子》"齐物论"的涵义有不同的解释（参见拙著《庄子歧解》）。从该篇的实际内容看，它包括两个方面的论题：一是"天地一指，万物一马"，齐同天地万物；一是"物无非彼，物无非是"，齐一是非物论。

不同……唯达者知通为一"(《齐物论》)即齐同万物和齐同"物论"(各种思想观点)的观念基础上,康有为"合经子之奥言,探儒佛之微旨,参中西之新理",容摄了他所接触到的一切古今中西的思想观念;特别是对于中国固有或已有的子学、儒学、佛学之外的崭新的西方思想,"齐物论"的理论立场自然会使他产生一种宽容的学术态度,故他评定"西学甚多新理"(《自编年谱》)。可见,正是从中国传统思想的庄子思想中康有为获得了一种十分特殊的哲学立场或观念基础来认同,确认异质的西方思想。

近代中国,唯一能和康有为匹敌,形成奇特对称的是章太炎。章太炎是坚定的资产阶级革命派,在学术思想上则服膺古文经学。章太炎有深厚的朴学根基,学术观点和哲学思想几经变迁。章太炎学术观点的成熟,在不同的学术领域有不同的情况,但他哲学思想的最终确定可以肯定是在他以"始则转俗成真,终乃回真向俗"(《菿汉微言》)概括其生平思想的辛亥革命以后的时候。章太炎尽管在政治上和学术上皆与康有为形成尖锐对立,但有一点却和康有为十分接近,甚或相同,即章太炎也是援用庄子的"齐物论"思想为观念背景,为哲学立场,以吸取、容摄和中国固有的或已有的传统思想异质的西方思想。章太炎说:

> 凡古近政俗之消息,社会都野之情状,华梵圣哲之义谛,东西学人之所说,拘者执著而鲜通,短者执中而居间,卒之鲁莽灭裂,而调和之效终未可睹。譬彼侏儒解遘于两大之间,无术甚矣!余则操齐物以解纷,明天倪以为量,割制大理,莫不孙顺。(《菿汉微言》)

需要指出,章太炎这里所说的"操齐物以解纷,明天倪以为量"而达到的"调和之效",并不是经验层次上的相对主义和对立思想观点的折中,而是由一种深刻的哲学洞察而形成的对异己思想的理解、消化能力和宽容态度。章太炎解释说,"齐物云者,谓一切知见,若浅若深,若真若俗,若正若倒,和以天倪靡不会归真谛,亦非是无高下差别也"(《菿汉微言》),"凡诸儒林、白衣、大匠、祅师所论,纵非全是,必不全非。边见但得中见一部,不能悉与中见反也;倒见但以误倒为正,不能竟与正见离也"（《齐物论释》）。也就是说，章太炎认为不同理论层次、理论性质的思想观点尽管从世俗角度看来有高低、雅俗、正反之分别，但用"天倪"来衡量，其所是必有所是之处，所非必有所非之处，皆有其"真"。这正是庄子《齐物论》中"物固有所然，物固有所可，无物不然，无物不可，道通为一，唯达者知通为一"的思想和态度；正是庄子"何谓和之以天倪？曰是不是，然不然"的齐一物论的方法的具体运用。章太炎思想具有极广博的内容，对举凡中国、印度、古代希腊和近代欧洲最主要哲学派别或人物的思想都有所评述、称引和吸收。他认为"《齐物》一篇，内以疏观万物，持阅众甫，破名相之封执，等酸咸于一味；外以治国保民，不立中德，论有正负无异门之衅，人无愚智尽一曲之用，所谓衣养万物而不为主宰者也"（《菿汉微言》）。可见章太炎思想的广博和创新，正是由于他从庄子思想中求索到了一种广阔的、具有容摄力的观念背景或理论立场——齐物论。

《易传》曰："天下同归而殊途，一致而百虑。"（《系辞下》）哲学思想愈是深刻、本质，就愈是趋于相互接近。"齐物论"揭示了人类思想的这种性质，这是它能在像康有为、章太炎这样近代中国最重要的思想家那里构成容摄中国传统思想以外的异质的西方思想的宽广的观念背景的原因①。另外，庄子思想本身也是一个具有众多概念、命题和观念的思想体系，正如康有为所说，庄子之学"直出六经之外"（《万木草堂口说·诸子三》），或者如严复所赞，《庄子》说理"语语打破后壁，往往至今不能出其范围"（《严复集》第三册《与熊纯如书》）。这样，当中国固有的传统文化、思想同一种外来的异质文化、思想接触、发生观念冲突时，宽广深邃的庄子思想总可以浮现出某种与这种外来的异质文化、思想体系对应的、接近的、相同的观念或思想，形成最初的共识、认同，沟通进一步去理解、消化的观念渠道。庄子思想的这种文化作用，在中国历史上，如前所述，在汉唐当印度佛教传入和发展时曾经卓越地表现过一次；这里，在

---

① 在近代中国另一位努力把中外古今思想熔冶于一炉的思想家谭嗣同那里，也有这种情形。谭嗣同在《仁学·自叙》里说，"循环无端，道通为一，凡诵吾书皆可于斯二语领悟"。可见，他《仁学》中的那些尚未及熔化的、驳杂众多的佛学、科学、中国、西方各派思想观点，也是笼罩在"齐物论"的统一的观念背景下。

近代中国当西方思想传入时又一次表现出来。这不仅是指在近代思想家的个人著述里，经常出现用庄子的语言或思想来诠释西方思想的概念或命题的情况，例如章太炎就以道家、庄子的"道"诠释佛家的"真如"，接着又用"真如"去解释柏拉图的"理念"（idea）和康德的"物自体"①。他还以《庄子》的"无物不然，无物不可"转译黑格尔的著名命题"凡是现实的都是合理的，凡是合理的都是现实"（《建立宗教论》），又说："康德见及物如，几与佛说真如等矣。"（《菿汉微言》）"②。严复也曾以《庄子》的"心未尝死"（《德充符》）解释佛学之"妙明"，耶教之"灵魂不死"③，认为《庄子·马蹄》和卢梭《民约论》同义④，等等。然而，更重要的是指近代思潮在形成和论述由于西方思想传入而突出和明显起来的两个主要论题———"进化"和"个性"时，也都是借助或援引庄子思想的。

**2. 近代思潮的主要论题攀缘着庄子的思想观念**

一代思潮是一代独特的社会状况和文化环境的产物。近代中国处于古代的封建社会向近代资本主义社会的变迁过程中，处在传统文化同西方文化的激烈冲突中。这一社会变迁的必然性，这一社会过程中人的主观精神条件的重要性，是感受了西方思想的中国近代思潮认识到的和论述的主要问题。这两个问题哲学的、理论的升华，就是进化论和个性人性论。

中国近代思潮的进化论，不是指具体科学的、特殊形态的生物进化论，而是指一种社会发展理论，一种哲学世界观和方法论。就其蕴涵的理论特质而言，中国近代思潮的进化论大体经历了两个阶段，或者说具有两种形态。最初出现的是经学形态的进化论，它以《周易》《公羊传》等儒家经典为理论根据，主要内容是"更法"的政治主张和"三世"（据乱、

---

① 章太炎说："……此其言道，犹浮屠之言如耶。"（《国故论衡·原道》）又说："……或称真如，或称法界，或称涅槃，而柏拉图所谓伊跌耶者，亦往往近其区域。"

② 章太炎说"若夫庄子之言曰'无物不然，无物不可'"，与海格尔所谓"事事皆合理，物物皆善美者"（《四惑论》）词义相同。

③ 严复说："所云'心未尝死'，即佛所谓妙明，耶稣所谓灵魂不死。"（《庄子评点·德充符》）

④ 严复总评《马蹄》说："此篇持论，极似法之卢梭，所著《民约》等书，即持此义。"（《庄子评点·马蹄》）

升平、太平）的社会进化理论。这一理论可以涵盖除去严复而外的、以康有为代表的改良派全体及其先驱龚自珍、魏源。接着出现的则是在达尔文生物进化论基础上吸收斯宾塞和赫胥黎社会进化学说以及牛顿力学而形成的哲学形态的进化论，它以严复《天演论》为代表，用"物竞天择""质力翕辟"来解释自然界和人类社会的发展过程和机制。在中国近代历史上，这种进化论不仅在社会实践上发挥了巨大的振聋发聩的精神启蒙、思想解放的作用，正如亲身经历了那个时代的人所说的那样，"自严氏书出，而物竞天择之理，厘然当于人心，而中国民气为之一变"（汉民《述侯官严氏最近政见》，《民报》第二号），而且在理论上构成了中国近代学术思想共同的观念基础，诚如孙中山所说，"自达尔文之书出后，则进化之学，一旦豁然开朗，大放光明，而世界思想为之一变，从此各种学说，皆依归于进化矣"（《孙文学说》）。所以这是一种哲学世界观和方法论的进化论。① 庄子思想与这两种形态、两个阶段的进化论在思想观念上皆有甚为密切的关系。以传统的儒家经典为依据的经学进化论，虽然其核心思想的理论性质是一种社会政治思想，但是它也依借着一个广阔的自然界万物和人的形成、变易的进化观念背景，例如康有为说，"元者，气也。无形以起，有形以分，起造天地，天地之始也"（《春秋董氏学》卷四），"荒古以前生草木，远古生鸟兽，近古生人"（《万木草堂口说·学术源流五》）。谭嗣同也说，"究天地生物之序，盖莫先螺蛤之属，而鱼属次之，蛇龟之属又次之，鸟兽又次之，而人其最后焉者也"（《石菊影庐笔识·

---

① 在近代思潮中，也有以章太炎为代表的少数学者对进化论的科学内容和理论价值持怀疑、否定的态度。早期，在《訄书》中的章太炎还是服膺进化论的。后来，《民报》以后，成熟的章太炎发生了变化。他发表了《俱分进化论》（《民报》第七号），认为"善亦进化，恶亦进化，乐亦进化，苦亦进化。进化之实不可非，而进化之用无所取"。后又在《四惑论》中（《民报》第二十二号）进一步否定进化论，认为"所谓进者，本由根识迷妄所成，而非实有此进。就据常识为育，一切物质，本自不增不减，有进于此，亦必有退于彼，何进化之足言"；章太炎的这种思想具有比较复杂的背景，具有既是超前又是落伍的矛盾的性质。一方面，章太炎作为一个深邃的、十分熟悉人类的精神经历的思想家，在对资本主义国家的社会生活有了实际观察后，就不能不对资本主义制度和资产阶级道德所固有的和表现出的邪恶深表反感和忧虑，另一方面，他又没有优越于资产阶级思想的新的理论观点，而只好使用法相宗"万法唯识"和庄子"凡物无成与毁"的"齐物"的古老理论武器来否定进化理论必然导出的肯定资本主义制度的社会结论了。

思篇十五》）。显然，经学进化论的自然观十分相似于、也可以说是直接来源于庄子的自然哲学，因为它的万物形成的观点，实际上就是庄子的"通天下一气耳"（《知北游》）；它对"天地生物之序"的描述，也完全应合《庄子·至乐篇》中的植物——动物（虫——鸟——兽）——人的生物变化次序。康有为《自编年谱》叙述他在万木草堂讲学时，"告以程生马，马生人，人自猿猴变出，则信而证之"，这可证明康有为对自己的弟子进行进化论的启蒙教育时援引的正是《庄子》。

如果说，基本性质仍然是属于中国传统思想的经学形态进化论从庄子思想那里获得的是一种自然观的观念背景和物种变化的经验事实（在这里是被作为有序的、完整的生物进化过程来理解的），那么，以《天演论》为代表的哲学形态的进化论则摆脱了、超越了《庄子》中的那些具体的、粗浅的物种变化的经验事实，而吸取了一种可以对生物进化的根本动力和过程（"物竞天择"）作出哲学解释的深刻思想。严复在《庄子评点》中对曾被康有为作为生物进化的例证援引的《庄子·至乐》"种有几章"加以评述说："此章所言，可以之与晚近欧西生物学所发明者互证，特其名词不易解，《释文》所解析者，亦未必是。然有一言可以断定者，庄子于生物功用变化，实已窥其大略，至其细琐情形，虽不尽然，但生当二千余岁之前，其脑力已臻此境，亦可谓至难能而可贵矣。"在这位当时对西方科学和思想有最深入、准确了解的进化论传播者看来，《庄子》中的生物变易的经验事实"未必是"，"不尽然"，但是早在二千年前，就有了认为生物存在着有序的变易的这种思想，却是"难能可贵"的。应该说，严复对《庄子》"种有几章"的评价是十分公正的。它也表明《天演论》所依据的达尔文生物进化论的科学事实和"物竞天择"理论已经远远超越《至乐篇》中这些零碎的经验事实和模糊的"出机入机"观点。然而，严复《天演论》在追寻生物进化的"物竞"（生存竞争）、"天择"（自然选择）两个根本机制的最终根源时，回答有无"创造者"这一更深刻的、具有哲学性质的问题时，却借助了庄子的一个重要的思想观念——"咸皆自己"，严复说：

物竞、天择二义，发于英人达尔文。达著《物种由来》一书，以考论世间动植物类所以繁殊之故……知有生之物，始于同，终于异。造物立其一本，以大力运之，而万类之所以底于如是者，咸其自己而已，无所谓创造者也。（《天演论·察变·按语》）

庄子自然哲学有一个根本的观点："物固自生"，"而物自化"（《在宥》），自然界不存在创造者。庄子譬之为"天籁"。《庄子》有则寓言说，管箫被人吹而发出的乐音是"人籁"，地面坑凹洞穴被风吹而发出的声响是"地籁"，"天籁"则是"吹万不同，而使其自己①也，咸皆自取，怒者其谁邪！"（《齐物论》）即是说，"天籁"就是指万物"自己"的、"自取"的、没有鼓吹者（"怒者"）的本然的"声音"。庄子这个寓言的涵义，正如郭象所注解的那样，是说"物各自生而无所出焉，此天道也"（《庄子注》）。以生存竞争和自然选择为主要动力和机制来说明生物进化的"天演"理论，在逻辑上必然要导致对神创论、目的论的否定。显然，对于达尔文进化论所蕴含的这一哲学思想，严复是借用庄子的语言、庄子的思想来予以阐释的。正是在无目的、无主宰的"物固自生"的自然观意义上，严复甚至认为庄子也是"天演家"，他在评点《齐物论》"吹万不同，而使其自己也"句时写道："一气之行，物自为变，此近世学者所谓天演，西人亦以庄子为古之天演家。"（《庄子评点》）

总之，中国近代思潮的进化论思想在其形成和发展的不同阶段、不同理论层次上都从《庄子》中接受或感受了思想资料或思想观念的影响。

中国近代思潮另一个重要的内容是呼唤人的觉醒，个性的觉醒。它构成了中国近代社会运动的政治目标——自由、平等、博爱的哲学理论基础。中国近代思潮的人的理论，主要是在两个理论层次上展开，或者说主要是两个问题：一是人（人性和个性），一是人心（道德情感和知觉能力）。

中国近代思潮的人论，其基本出发点是把人作为孤立的、自然的存在来考察的；它的理论矛头主要指向封建的专制制度和理学思想，唤醒、恢复在这个制度和思想压抑下已经扭曲变形、已经丧失了的那种作为人应有

---

① "自己"，司马彪本作"自已"（见陆德明《经典释文》），义皆可通。

的精神自觉和对生活的追求。在这个问题上，在这个共同的理论方向上，近代思潮中政治上和学术上都处于对立状态的，以康有为和章太炎为代表的两派，又有所不同。以康有为为代表的自然人性论，主要是从肯定人的自然欲望（"人欲"）的合理性来否定封建理学的天理人性论的禁欲主义，并推出一种"平等"的观念。康有为认为，从根本上说，人性就是人的本然的、自然的存在状态，无所谓"善"或"恶"。他说，"性者，生之质也，未有善恶"（《万木草堂口说·中庸一》）。如果将人的本然的·自然的状态再作具体的分析、描述，康有为认为，人的本性就是自然欲望驱动下的"去苦求乐"。他说："人生而有欲，天之性……人情所愿欲者何？口之欲美饮食也，居之欲美宫室也，身之欲美衣服也……身世之欲无牵累压制而超脱也，名誉之欲彰彻大行也……"（《大同书》，古籍出版社1956年版，第41～42页），"普天之下，有生之徒，皆以求乐免苦而已，无他道矣"（《大同书》，第6页）。康有为进而认为，顺应、满足这种自然人性欲望，就是"圣人之道"，"孔子之道"，他说："夫性者，受天命之自然，至顺者也"（《长兴学记》），"圣人之为道，亦但因民性之所利而导之……所以不废声色"，"孔子之道，乃天人自然之理"（《春秋董氏学》）。十分显然，康有为的自然人性论是对将"天理"和"人欲"对立起来而主张"存天理、灭人欲"的理学人性论观点的否定。故他批评说"宋儒专以理言性，不可"（《万木草堂口说·中庸三》）。应该说，以康有为为代表的改良派的这个观点，在理论深度上尚未超越明末清初理学批判思潮[①]。但是，康有为并没有停留在这里，他把人的本性就是人人相同的自然禀赋的观点，又向前推进一步，逻辑地得出了和封建社会制度尖锐对立的"人人平等"的政治结论。康有为说："孔子曰'性相近也'，夫相近则平等之谓，故有性无学，人人相等，同是食味别声被色，无所谓小人，无所谓大人也"（《长兴学记》），"人人既是天生，则直隶于天，人人皆独立而平等"（《中庸注》）。这样，康有为的人性论观点虽然在理论形式上仍是中国传统思想的"理"与"欲"、"善"与"恶"之辨的古老论题，但其内容却是属

---

① 改良派的这一观点，谭嗣同曾援引王夫之的语言予以简明完整的表述："天理，善也；人欲，亦善也，王船山有言曰，'天理即在人欲之中，无人欲则天理亦无从发见'。"（《仁学》九）

于新的、近代的、资产阶级性质的。导引出近代的、资产阶级性质的政治结论的康有为的人性论观点，追溯其理论渊源却并不是在近代，在西方；而是在古代中国。康有为曾说，"告子是而孟子非"（《长兴学记》），他的自然人性论无疑地是受到告子人性论观点的影响。实际上，如前所述，把"性"理解为事物的本然状态，把人性理解为无善无恶的自然状态，正是庄子的观点，《庄子》中写道："道者德之钦也，生者德之光也，性者生之质也"（《庚桑楚》），"欲恶避就，固不待师，此人之性也"（《盗跖》），可见，康有为自然人性论中用以定义"人性"的两个主要的内涵——"生之质也"，"求乐免苦"，其观念根源都可以追溯到《庄子》。

章太炎对人的最根本的哲学性质的观察不同于康有为，他早年即发觉，以无善无恶的本然状态来定义人性是困难的，与事实不符的，而认为"言人性，则必有善有恶矣"，并倾向于"性恶为长"（《菌说》）。以后，他又进一步发觉，无善无恶与有善有恶皆是人性的表现，皆可定义"人性"。他说，"无善无恶，就内容言；有善有恶，就外交言，本无异义"（《菌说》修改稿）。用两个相反对的概念、命题来定义同一个事物，从逻辑上说，是无意义的，不能作出本质规定的。章太炎不再从人性，不再从人的行为方式的价值性质（"善"与"恶"）的角度来对人作本质的观察；而是从个性，从个人与周围世界构成的关系的性质（"独生"与"他生"）来界定人的本质，他说："盖人者，委脱遗形，倏然裸胸而出，要为生气所流，机械所制，非为世界而生，非为社会而生，非为国家而生，非互为他人而生。故人之对于世界、社会、国家与其对于他人，本无责任。责任者，后起之事。必有所负于彼，而后有所偿与彼者；若其可以无负，即不必有偿矣。然则人伦相处，以无害为其限界，过此以往，则巨人长德所为，不得责人以必应如此。"（《四惑论》）即章太炎认为，人就其自然本质来说，是没有任何责任义务、唯一地以"无害"为原则的完全独立、自由的个体存在。这是中国近代思潮中最彻底的个性自由观点，是对政治上和思想上乃至一切社会领域内的隶属关系的否定。章太炎又进一步说，"即实而言，人本独生，非为他生。而造物无物，亦不得有其命令者。吾为他人尽力，利泽及彼而不求圭撮之报酬，此自本吾隐爱之念以成，非有他律为之规定。吾与他人戮，利泽相当，使人皆有余而吾亦不忧之匮，此自社会趋势迫胁以成，非先有自然法律为之规定"（《四惑论》），也就是说，在章太炎看来，社会生活中也不应有出于"隐爱之念"和"利泽相当"之外而由命令、法律规定的责任和义务；社会生活中的自由本质上就是道德的自觉践履和利益的自愿交换。章太炎的个性自由观念显然是感受了西方思想的影响，它的"以无害为其眼界""利泽相当"的原则，同严复所理解和传播的"自由者，各尽其天赋之能事，而自承之功过者也"（《主客平议》），"学者必明乎己与群之权界，而后自繇之说乃可用耳"（《群己权界论·自序》）的西方自由主义原则是完全一致的①。然而，构成章太炎个性自由原则的理论基础——"人本独生"，"本无责任"，却仍然是属于中国固有思想，源自庄子思想。《庄子》写道："吹万不同，而使其自己，咸其自取，怒者其谁"（《齐物论》），"物固自生"（《在宥》），"固将自化"（《秋水》）。庄子这种认为万物皆自生，自化而无创造者、主宰者的自然观，正是章太炎"人本独生"的观念渊源。而章太炎"本无责任"的无任何负累的绝对自由，实际上就是庄子《逍遥游》中"孰弊弊焉以天下为事"的"恶乎待"（"无待"）的心理情境和处世态度，如他自己所说，"逍遥游所谓自由，是归根到底'无待'两字……真自由惟有'无待'才可以做到"（曹聚仁记《章氏国学概论》第三章）。应该说，章太炎的个性自由观点比起康有为人性平等观点，其蹈袭庄子思想的形迹更为明显，观念上的联系也更为深切。但用以消化西方思想，推演出近代的社会政治观点却是相同的。

中国近代思潮的人论，除了从人性和个性的角度对作为精神和肉体统一体的实际上是自然状态下的人作了观察和论述外，还进一步突出地考察和论述了人的精神——"心"的作用。这是他们在为近代中国的社会革命寻找主观的精神动力的一种努力。康有为说："欲救亡无他法，但激励其心力，增长其心力"（《京师保国会第一集会演说》），孙中山也说，"国事者，一人群心理之现象也。是故，政治之隆污，系乎人心之振靡"（《孙文学说》）。可见，近代中国的改良派和革命派都深切感到昂扬的主观精神是社会变革中的

① 1789 年法国革命的《人权宣言》第四条规定："自由就是指有权从事一切无害于他人的行为。因此，各人的自然权利的行使，只以保证社会上其他成员能享受同样权利为限制"。

一种支撑和推动因素。然而，从这两派的代表人物康有为和章太炎的论述中来看，他们对这种主观精神（"心"）的哲学性质的观察却迥然有别。

康有为所观察和确认的"人心"是"不忍之心"，这是一种充满仁爱的道德感情的精神本体。他说："不忍人之心，仁也，电也，以太也，人人皆有之……一切仁政，皆从不忍之心生，为万化之海，为一切根，为一切源……人道之仁爱，人道之文明，人道之进化，至于太平大同，皆从此出"（《孟子微》卷一）。这里显示出，康有为以"仁""不忍"定义的"心"具有两个理论性质不同的内容或层次：一是"心"的宇宙本体性质，"仁"如同"电""以太"是万物万化的"一切根"；二是"心"的道德情感性质，"不忍"是"仁政""人道"的母体。应该说，改良派"博爱"的政治主张正是建立在"心"即"不忍"或"仁"这种道德理论观念基础上的。如康有为说，"仁者在天为生生之理，在人为博爱之德"（《中庸》注）。不仅如此，改良派还认为，这种"不忍"的道德感情，"仁"的人心理论还能孕育出社会改造中所必需的勇敢的救世精神。梁启超在介绍康有为的生平和思想时说，"先生之哲学，博爱派哲学也。先生之论理，以'仁'字为唯一之宗旨……故先生之论政论学，皆发于不忍人之心，人人有不忍人之心，则其救国救天下也，欲已而不能自己"①（《康南海传》），在为谭嗣同《仁学》所作的序言中也写道，"盖大仁之极，而大勇生焉"（《校刻浏阳谭氏〈仁学〉序》）。显然，康梁改良派以"不忍"、"仁"为"心"，从"心"生勇而救世的思想观点，有很清晰的思孟、王学和佛学的理论色彩②，而难以寻觅到庄子思想的痕迹。

---

① 康有为也认为，"心"有"知"的性能，说"心有知者也，体无知者也。物无知而人有知，故人贵于物。知人贵于物，则知心贵于体矣"（《春秋董氏学》）。但正如梁启超这里所述，康有为确是把"仁"或"不忍"的道德情感定义为人心或人的精神的主要的、本质的性能或内容。

② "人皆有不忍人之心""仁，人心也"原是孟子的思想命题（分别见《孟子·公孙丑上》，《告子上》）；王守仁曾说，"我今信得这良知，真是真非，信手行去，更不著些覆藏，我今才敢得个狂者的胸次，使天下之人都说我行不掩畜也罢"（《传习录下》），便是由"心"（"良知"）的觉悟而生出的一种一往无前的勇敢，"救天下"更是由佛家"普渡众生"的宗旨衍变而来。梁启超曾描述康有为的思想脉络："先生独好陆王……由阳明学以入佛学，故最得力于禅宗。"（《康南海传》）

庄子认为"成乎心而有是非"①，"偾骄而不可系者，其唯人心乎"（《在宥》），也就是说，人心是智虑渊薮，感情的海洋。庄子主张"游心于物之初"（《田子方》），反对"以仁义撄人之心"（《在宥》），这些与康有为以"仁"为心的观点都甚有距离。所以，康有为虽然盛赞"庄子言心学最精"（《万木草堂口说·诸子三》），注意到庄子的"人心"的观点，但还是未能将其吸收、融化到自己的"人心"思想里来，然而，康有为、梁启超提出和宣扬的这一"人心"思想，其旨在呼唤人的觉醒，高扬主观精神的理论动机，却是由《庄子》中的一个重要的命题来开启："哀莫大于心死，而人死亦次之"（《田子方》）。康有为在给光绪皇帝的上书中写道："公卿士庶，偷生苟活，侯为欧洲奴隶，听其犬羊之刲缚；哀莫大于心死，病莫重于痹痨；欲损之叶，不假疾风，将瘘之华，不劳于手触；先亡已形，此仲虺所谓侮亡之说尤可痛也。"②（《上清帝第五书》）梁启超也在《论自由》中写道："庄子曰'哀莫大于心死，而身死次之'，吾亦曰，辱莫大于心奴，而身奴斯为末矣。"（《新民说·论自由》）康梁都把对国家民族危亡和被奴役地位毫无知觉的精神麻木状态，视为最大的、最可悲的危险和耻辱。"哀莫大于心死"，康梁"激励心力，增长心力"的"人心"理论观念，无疑是感应了《庄子》的这个惊警的呼号而开始形成。

章太炎和康有为不同，他不是用孟子、王学的思想，而是用唯识宗的观点来构筑他的"心"的理论。他观察到和确认的"心"，主要的、本质的是一种知觉的精神实体。但章太炎的"心"论在形式上却有一点和康有为的"心"论相似，也显现两个理论性质有差别的内容或层次。在宇宙本体的层次上，章太炎认为"心"就是"识"："凡言心者，正当言识。以心本义为心藏，引申为识之代词"（《四惑论》）。也就是说，"心"具有"藏识"（阿赖耶识）的性质。世亲说"藏识说名心，思量性名意，能了诸境相，是说名为识"（《辨中边论》卷上），也是将八识概括为心、意、识三种。所以章太炎的这一解说是完全根据并符合法相宗的教义的。

---

① 《庄子》写道："未成乎心而有是非，是今日适越而昔至"。（《齐物论》）
② 仲虺，汤左相，他曾归纳说大国、强国攻取小国、弱国常有四种手段或方式：兼弱、攻昧、取乱、侮亡（见《尚书·仲虺之诰》）。康有为在本次向光绪的上书中，谏言此四种亡国之难，中国在列强面前皆有可能遭受，而心死侮亡，尤可痛也。

正是在这个意义上，章太炎的"心"具有世界最后本体、本源的性质。章太炎所说"万法唯心"，"法无本际，唯是一种子随心所现"（《菿汉微言》），也就是法相宗所说"万法唯识"，"由一切种识，如是如是变，以展转力故，彼彼分别性"（《成唯识论》卷七）。在认识论的层次上，章太炎认为"心"是"见分"。他说，"盖寻常所谓心，皆指见分"（《菿汉微言》），也就是说，是一种知觉、认识能力，"所谓宇宙，即是心之碍相"（《建立宗教论》），这是心对事物表象的感知能力；"凡取一物一事，而断其合法与否，此亦惟在自心，非外界所能证也"（《建立宗教论》），"是云非云，不由天降，非自地作，此皆生于人心"（《齐物论释》），这是心对是非善恶的理性判断能力。显然，章太炎的这一解说，没有遵守唯识宗烦琐的名相规范而有所变通随俗。总的来说，章太炎的"心"论的两个层次是共同地导向一种彻底的唯心论："三界唯心所现"（《建立宗教论》），"自心而外，万物固无真"（《国故论衡·辨性下》）。作为资产阶级革命家的章太炎，他的"心"论哲学并不是以追寻到这种彻底的"唯心"结论为终结、为目的，而是进而"要用宗教发起信心，增进国民的道德"（《东京留学生欢迎会演说辞》）。他十分真诚地相信，把这种由法相宗"唯识"宗教理论中抽引出的"唯心"的思想观点，投进民众之中，就一定能唤醒自信，"自贵其心，不依他力"（《答铁铮》），产生支撑和推动正在酝酿和发生着的社会革命的道德力量。他说，"法相宗所说，就是万法唯心……要有这种信仰，才能勇猛无畏，众心成城，方可干得事来。"（《东京留学生欢迎会演说辞》）当然，在近代中国社会革命的实践中，被章太炎作为一种根本战略而提出的"建立宗教"，并没有得到革命派和民众的理解和响应。① 章太炎的"心"论虽然基本理论是法相唯识宗的观点，但与庄子思想也有思想观念上的密切联系，并且同康有为"心"论与庄子思想的观念联系形成有趣的对比。那就是如果说，康有为的以激励人的改造社会的主观奋发精神为目的的、以"仁"为"心"的观点，曾感受了《庄子》"哀莫大于心死"的警号，即在其思想的起点和庄子有某种观念上的因缘；那么，为了同样的目的，章太炎

---

① 章太炎《建立宗教论》发表在《民报》第 9 号。他在发表于《民报》第 11 号的《人无我论》一文中称，"余前作《建立宗教论》，内地同志或谓佛书梵语，暗昧难解，不甚适于众生。"

的以"识"为"心"的观点，则是在其理论的根本处与庄子发生了某种关系，这就是对于这个"心"论中最重要的一个内涵丰富而又晦昧的思想观念——阿赖耶识，章太炎是援用《庄子》来说明的。在中国佛学的唯识学说中，从阿赖耶识拥有众多的异名的情况可以看出，对阿赖耶识的内涵的解释或规定是颇为纷纭的①。然而，最基本的解释或规定，应该是无著《摄大乘论》中提出的"摄藏""执藏"二义。无著说："此识说名阿赖耶识，一切有生杂染品法，于此摄藏为果性故……此识亦复说名阿陀那识，执受一切有色根故。"(《摄大乘论本》卷上) 章太炎正是根据此二义来理解阿赖耶识的，并援用《庄子》加以说明。他说："庄生言灵台 (自注：《庚桑楚》篇)，'台'有'持'义，相当于梵语之阿陀那。又言灵府 (自注：《德充符》篇)，'府'有'藏'义，相当于梵语之阿罗邪 (亦作阿赖耶，阿黎邪)，此则意相会合者尔。"(《齐物论释》) 此外，章太炎还认为阿赖耶识作为世界万物缘起之主因的本源性质，可在《庄子》中找到说明，他说："'灵台有持'以下三十八字，说阿赖耶识缘起"(《菿汉微言》)；对于如同康德"物自体"那样的"不可以意想验"(《菿汉微言》) 的，显现出阿赖耶识的绝对本体的"真如"②，章太炎认为也可以从《庄子》中求得

---

① 例如，隋净影寺慧远归纳阿赖耶识名有八：藏识、圣识、第一义识、净识 (无垢识)、真识、真如识、家识 (宅识)、本识。(《大乘义章》卷第三末《八识义》) (唐) 窥基谓"本识有十八名，颂曰：无没本宅藏，种无垢持缘；显现转心依，异识根生有"(《成唯识论掌中枢要》卷下末)。应该说，阿赖耶识的每一异名，也就是它的一个新的内涵。

② 章太炎在接受法相宗的基本观点 (八识、三性、四分) 的同时，也接受了佛教其他宗派的观点，因此在两个重要的观点上，即阿赖耶识的存在范围及对其本质"真如"的理解，与法相宗并不一致。第一，章太炎认为"非说金石皆有身识，不能成唯识义"(《齐物论释》)，"阿赖耶识为情界、器界之本，非局限于一人"(《人无我论》)，这与法相宗坚持"五种姓"说，斥"一切树等皆悉有命"之说为"外道"(《瑜伽师地论》六十五) 是完全对立的。第二，《成唯识论》说："真，谓真实，显非虚妄，如，谓如常，表无变异。谓此真实，于一切位，常如其性，故曰真如。"(卷九) 法相宗据此认为"真如"是表述阿赖耶识的"圆成实"的那种性质。章太炎则根据《大乘起信论》，将"真如"独立出来，成为是借"无明"生出阿赖耶识的某种绝对的、最后的本体，他说，"依如来藏 (真如) 有此不觉 (无明)，不觉而动，始为阿赖耶识"(《菿汉微言》)。章太炎的这种观点，极为相似天台九祖湛然。湛然也正是吸取《大乘起信论》观点，提出、发展了天台宗思想的两个重要观点："诸法真如随缘而现"，"无情有性"。(《金刚錍》)

一种认识的方法，他说："庄生数言以不知知之，即谓以无分别智证也。世人习睹以为常言，校以远西康德方知其胜。康德见及物如，几与佛说真如等矣，而终言物如非认识境界，故不可知。此但解以知知之，不解以不知知之也。卓荦如此，而不窥此法门，庄生所见不亦远乎。"（《菿汉微言》）也就是说，章太炎认为存在于阿赖耶识之先的世界绝对本体——"真如"，是可以用庄子的"以不知知之"的方法来认识的。《庄子》中写道："庸讵知吾所谓不知之非知邪"（《齐物论》），"孰知不知之知"（《知北游》），"不知而后知之"（《徐无鬼》），等等。这种"知不知之知"，如前所述，在庄子的认识论结构中乃是最高层次上的摆脱了感性表象、超越了理性推论的超理性直觉、整体直观。章太炎认为这就是佛学的"依静虑以求证'真如'实相的无分别智"（《频伽精舍校刊大藏经序》）。完全可以说，章太炎关于"心"的思想观点，虽然是以法相宗唯识论为理论基础，但庄子思想无疑也是重要的观念来源或观念背景。

总之，中国近代思潮关于人的理论观点，无论是自然人性论或自由个性论，"仁"之心或"识"之心，都支撑着一个属于新时代的资产阶级性质的政治目标——自由、平等、博爱，但理论根蒂却深深地长在中国固有或已有的传统思想的土壤中。这也是不难理解的。以康有为、章太炎为代表的这一代思想家，他们对于中国传统文化的谙熟和掌握，远远高出他们对西方文化的粗浅了解。社会制度、社会生活正在酝酿和发生着脱离旧的、封建主义性质和方式的深刻变动，但进程是艰难的。在这种社会的、文化的背景下，在理论思想的领域内，他们十分自然地要从与封建正统理学相对立的佛家、道家思想中，从理学中具有异端性质的思想中①，寻找唤起个人觉醒，促使新时代到来的人的理论。在这个人的理论中，以自然和个人为主题的庄子思想是极活跃的、极重要的观念因素。但也十分明显，近代思潮在陈旧的、传统的思想土壤上长出的人的理论，和主要在西方科学观念基础上形成的进化理论相比，是萎靡软弱的，缺乏振奋激发力

---

① 朱熹曾批评陆九渊除"心"以外，"一概挥斥，其不为禅学者几希矣"（《朱文公文集》卷三十三《答吕伯恭》）；罗钦顺批评王守仁"致良知"是"局于内而遗其外，禅学是已"（《困知记》附录《与王阳明书》）。可见，在正统理学观点看来，陆王心学具有异端性质。

量，未能结出理论提出者所期望的果实。这一事实似乎是被中国现代思潮作为一种经验教训吸取，表现为对传统思想的疏远和摆脱。

## 二　庄子思想与现代思潮

经过"五四"新文化运动洗礼而发生、发展起来的中国现代思潮（1919～1949），虽然在由深重的社会危机和中西文化冲突所构成的时代背景上与"五四"以前的近代思潮并无根本的不同，但立论的理论基础却有重大的变换。如上所述，以康有为、章太炎为代表的近代思想家，基本上还是立足于中国传统思想的土壤上，容摄西方思想而作出他们对社会、人生的观察；他们思想中核心的、作为出发点的理论观念，不约而同地都是从中国传统思想中理论最为艰深的佛学、庄学中吸取哲学智慧而凝聚成的。"五四"以来的现代思潮，尽管也是形形色色，但它们却一致地不再从中国传统思想中寻找理论支点，而是依据西方思想某一学说或理论观点来对中国传统文化、社会现实问题作出观察和评断。认为中国"五千年的精神文明……都是无济于事的银样镴枪头"（胡适《信心与反省》），对中国传统文化基本上采取否定态度的胡适，其对中国政治、学术一切问题的判断所表现出的鲜明的实用主义的理论立场自不待言，就是认为"世界未来文化就是中国文化的复兴"（梁漱溟《东西文化及其哲学》第五章），竭力维护中国传统文化的梁漱溟，他论述东西文化及其哲学性质的差异的基本的理论出发点——"意欲"（will）也是来自西方的生命哲学，来自叔本华[①]。构成中国现代思潮实际内容的，频繁发生的关于中国文化、历史和政治道路的思想论战，诸如围绕东西文化、"问题和主义"、社会主义，无政府主义、国家主义、"科学和玄学"、中国社会史、"中国本位文化"等问题所展开的争论，无一不是被中国现代不同思想政治派别引进的西方不同哲学理论、政治思想之间的交锋。其间，虽然

---

①　梁漱溟说："你且看文化是什么东西呢？不过是那一民族生活的样法罢了。生活又是什么呢？生活就是没尽的意欲（will）——此所谓'意欲'与叔本华所谓'意欲'略相近——和那不断的满足与不满足罢了。"（《东西文化及其哲学》第二章）梁漱溟进而以"意欲"是"向前"或"持中"或"向后"，将世界文化区分为西方、中国、印度三种。可见，"意欲"的观念是梁漱溟文化哲学的一块基石。

战线往往十分混乱，但逐渐形成的基本的阵线，即马克思主义与其他西方思想之间的对立还总是清晰可辨或依稀可辨的。在这一次又一次的热烈的、尖锐的思想论战中，实际上也是现代中国的道路抉择中，中国传统思想中的哲学理论、社会政治理论始终是被冷落、被遗忘的，它既未被改造、使用，也就没有得到充实提高，这一点是中国近代与现代思潮间的重要区别。中国现代思潮将理论立足点由传统思想移向西方思想，冲破旧传统的束缚，创造新的文化，用胡适《新思潮的意义》一文中的话来说，也就是"输入学理，再造文明"，无疑是现代中国诞生的必要的精神条件。但另一方面，"五四"以后的中国新思潮从总的、显著的倾向上表现出一种对中国传统思想、文化因缺乏深入的、同情的理解而产生的隔膜、疏远，其观察和判断往往也是粗糙和浅薄的。这样，被移植的西方学理，除马克思主义之外，实际上是多游离于中国的传统思想观念之外，多游离于中国的社会生活之外①，没有获得重要的理论发展和实践成果。在中国现代思潮的这样的理论格局下，作为中国传统思想重要组成部分的庄子思想，与它对玄学、理学、道教、佛学等历代思潮及近代思潮中的主要思想家所发生的那种直接而明显的影响相比，其作用在现代思潮中更多地表现在深层的理论结构中。在这一时期所发生的文化反思、思想论争和新产生的融合中西观念的哲学体系中，都可以看到这种情况。

**1. 庄子思想的特征构成"五四"文化反思的主要对象**

在洋务运动、戊戌变法、辛亥革命这些意图在于将落后的、封建的中国推向富强的近代国家的社会改良、社会革命运动一一失败的情况下，

---

① 这里，试以胡适的一件事来譬喻地说明这一点。"五四"前，胡适曾写了一出英文短剧《终身大事》，内容是一个名叫田亚梅的女子，为反抗父母对自己婚姻的干涉，离家与自己的恋人出走。后来这个剧本在《新青年》发表时，胡适写了个跋语附后，曰："这出戏，本是因为几个女学生要排演，我才把它译成中文的。后来因为这戏里的田女士跟人跑了，这几个女学生竟没有人敢扮演田女士。况且女学堂似乎不便演这种不狠道德的戏！所以这稿子又回来了。我想这一层狠是我这出戏的大缺点。我们常说要提倡写实主义。如今我这出戏竟没有人敢演，可见得一定不是写实的了。这种不合写实主义的戏，本来没有什么价值，只好送给我的朋友高一涵（按：《新青年》编委之一）去填《新青年》的空白罢。"胡适这个跋语是对当时的封建势力的一种巧妙的揭露。实际上胡适的《终身大事》是写实主义的。但为女学生写的戏，女学生却不能演、不敢演，也表明它在某一主要之点上游离了中国的生活现实。新思潮的哲学理论、政治主张常有这种脱离中国社会现实的性质。

"五四"以后的中国现代思潮以更严峻的态度审视中国传统，更热切的态度输入西方思想，也就是十分自然和必要的了。但是，"五四"新思潮在这里出现了两个误区：一是在对儒家思想的看法上，一是在对道家，特别是庄子思想的看法上。"五四"新思潮一般是把民主（德莫克拉西）和科学（赛因斯）作为西方文化的体现，认为是改造中国的基本目标、根本途径；而以孔子、儒学为中国传统的代表，表现了与之彻底决裂的态度。这一思潮的杰出代表陈独秀说，"要拥护那德先生，便不得不反对孔教、礼法、贞节、旧伦理、旧政治；要拥护那赛先生，便不得不反对旧艺术、旧宗教……我们现在认定，只有这两位先生，可以救治中国政治上、道德上、学术上、思想上的一切黑暗"（《〈新青年〉罪案之答辩书》），宣称凡"祖宗之所遗留，圣贤之所垂教，政府之所提倡，社会之所崇尚，皆一文不值也"（《敬告青年》）。胡适也说，"忠孝仁爱信义和平等等并不是维系并且引导我们民族向上的固有文化，他们不过是人类共有的几个理想，如果没有作法，没有热力，只是一些空名词而已"（《再论信心与反省》）。这样，"五四"新思潮就蹈入了它的第一个误区。事实上，以儒家思想为主体的中国传统思想的基本精神是一种在理性的道德自觉基础上而产生的对国家、民族、家庭、他人真诚的、热烈的责任感和义务感。被中国悠久历史一代代传递的和在"见危授命、见利思义""天下兴亡、匹夫有责"，"先天下之忧而忧，后天下之乐而乐"的高尚心灵中鼓动着的正是这种精神，甚至"五四"反传统本身也表现着和蕴涵着这种基本精神。"五四"新思潮中出现的这个误区有一个值得同情的历史的和社会的原因。在长期的封建专制的社会制度下，中国传统思想中的这个儒学基本精神，经常被封建专制的政治制度和宗法观念扭曲变形，理性的道德自觉变成卑俗的宗法的、政治的屈从，本来是对人性的一种提高的伦理道德变成了无人性的"吃人"的礼教。在西方民主、自由观念映照之下，"五四"青年对此有更为深切的感受。"五四"新思潮否定，抨击以儒学、孔子为代表的传统思想文化是完全可以理解的。

"五四"以来的中国现代思潮以西方思想来否定中国传统思想，是在对中国传统文化（或泛称东方文化）与西方文化作对比的反思基础上作出的。在这个反思过程中，现代思潮实际上并不仅以孔子、儒家思想为对象，经常也把道家思想，特别是庄子思想作为中国传统思想、文化的主要特征和内涵来论列的。在这一点上，代表了"五四"新思潮中主要思想派别或政治派别的李大钊、胡适、梁漱溟三人的看法几乎是完全一致的：

> 李大钊："东西文明有根本不同之点，即东洋文明主静，西洋文明主动是也……一为自然的，一为人为的；一为直觉的，一为理智的；一为精神的，一为物质的……"（《东西文明根本之异点》）
>
> 胡适："西洋近代文明的精神方面的第一特色是科学，科学的根本精神在于求真理……求知是人类天生的一种精神上的最大要求。东方的旧文明对于这个要求，不但不想满足他，并且常想裁制他，断绝他。所以东方古圣人劝人要'无知'，要'绝圣弃智'，要'断思维'，要'不识不知，顺帝之则'，这是畏难，这是懒惰。东方的懒惰圣人说，'吾生也有涯，而知也无涯，以有涯逐无涯，殆已'。所以他们要人静坐澄心，不思不虑，而物来顺应……东方的文明的最大特色是知足，而西洋的近代文明的最大特色是不知足。知足的东方人自安于简陋的生活，故不求物质享受的提高；自安于愚昧，自安于'不识不知'，故不注意真理的发见与技艺器械的发明，自安于现成环境与命运，故不想征服自然，只求乐天安命；不想改革制度，只图安分守己，不想革命，只做顺民。"（《我们对于西洋近代文明的态度》）
>
> 梁漱溟："中国人的思想是安分、知足、寡欲、摄生，而绝没有提倡要求物质享受的，不论境遇如何，他都可以满足安受，并不定要求改造一个局面。东方文化无征服自然态度而与自然融洽游乐的。"（《东西文化及其哲学》第三章）

十分显然，"五四"新思潮在这里所观察到的和界定的"中国文化""东方文明"，其主要内容和特征，诸如"主静""无知""知足""自然无为"等正是道家思想、庄子思想。《庄子》明确地主张"顺物自然"（《应帝王》），"常因自然而不益生"（《大宗师》）；主张"绝圣弃知，天下大治"而"多知为败"（《在宥》）；主张"安时处顺"（《大宗师》），"知足者不以利自累"（《让王》），等等。正是庄子说"吾生也有涯而知也无涯，以有涯随无涯，殆已"（《养生主》），认为"有机事者必有机心，机心存于胸中则纯白不备"，故对于机械的创造发明之类抱着"非不知，羞而不为也"（《天地》）的态度。也就是说，胡适所抨击的代表东方文明的"懒惰圣人"正是庄子。可见，庄子思想对于中国现代思潮的传统文化反思和中国文化观形成具有十分重要的作用。并且，在现代思潮的文化反思的视野里，道家庄子思想和儒家思想是被作为统一的、整体的中国传统思想来观察的，它们在历史上那种多方面的，特别是人生观念上的根本对立似乎已经不再存在。就是在这里，"五四"新思潮蹈入它的又一个误区。实际上，中国思想史的整个历程显示的情况是，道家庄子思想对先秦以后儒家思想理论内容的充实和历代思潮理论内容的形成都有过重大影响，但它并未能取代儒家而成为主导、中心，而只是作为儒家思想的重要补充来发挥作用的。庄子追求个性自由的超世、遁世、顺世的人生态度，和儒家积极入世、践履人伦的人生态度构成了中国传统思想中极为周延的人生境界。但道家庄子思想和儒家思想在人生态度上的根本对立是始终没有消弭的。在庄子看来，孔子儒家是"游方之内者"，而自己是"游方之外者"，而"外内不相及也"（《大宗师》）；在儒家，如传统儒学最后的、也是最高的理论形态宋明理学，经常是把老庄与佛禅放在一起，作为逃避人伦的异端来抨击的①。所以，以儒家思想为主体的中国传统思想、文化，其精神特征、内在特质是不能用庄子或道家思想来界定的。"五四"新思潮中的这个误区的出现，与它的特殊的观察角度和认识论立场有关。应该说，"五四"文化反思所观察到的中国（东方）与西方文化之间那种极为广泛的精神现象上的差异的确是存在的，但是，这种差异在任何分别体现古代的、封建的、农业的与近代的、资本主义的、工业化的社会生活的两个历史时代的文化类型之间都是可能发生的，都是可以找到的，而不仅是在东方和西方两个特殊的地域之间才发生的。这样，从一种世界范围内的近代资本主义的工业文化的角度来观察，中国古代封建主义的农业文

---

① 朱熹说，"佛老之学不待深辨而明，只是废三纲五常这一事已是极大罪名，其他更不消说"（《朱子语类》卷一百三十六）。当然，理学对佛禅与庄老亦有所区别。《朱子语类》记载："或问佛与庄老不同处。曰：庄老绝灭义理未尽，至佛则人伦灭尽，至禅则义理尽。"（卷一百三十六）

化中的儒家与道家这两种本来就互补互渗的思想之间的那种对立、差异的界限，就容易被忽视而消失了。道家，特别是庄子思想主要展示的是经过相当的思想经历和人生经历后而达到的"游乎尘垢之外"（《齐物论》），"与道徘徊"（《盗跖》）的精神境界。庄子的"道""不可见""不可言""不当名"（《知北游》），超越感觉表象和语言表述，所以这种"道"的精神境界，作为全部生活和精神的积累，只能是一种可为整体直观所获得的体验。中国现代思潮的主流所依据的西方科学，实际上是以经验主义（归纳）和理性主义（演绎）为主要认识论因素的近代实证科学。只是爱因斯坦以后的西方现代科学才有争议地，程度不同地将直觉（整体直观）作为一种认识阶段，一种科学发现方法引进科学①。所以，中国现代思潮对中国传统思想中的这一超越经验和理性之上的直观的、全息性质的精神现象未能有深切的、同情的理解，而是予以彻底的否定。如陈独秀说："我们中国学术文化不发达，就坏在老子以来虚无的个人主义及任自然主义……都是叫我们空想、颓唐、紊乱、堕落、返古。"（《虚无的个人主义及任自然主义》）胡适也认为庄子的任天、安命、处顺之说"流毒中国最深"（《诸子不出于王官论》）。可见，这是一个隔膜很深的误解，中国传统思想中所揭示的一个艰深的、应该得到严肃、具体分析的精神现象，"五四"新思潮却以一种十分轻率的态度把它视为是中国传统思想中最蒙昧的、落后的精神表现．这样，以西方思想来否定、批判中国传统思想文化的"五四"新思潮，把他们观察到并认为是最蒙昧、落后的精神现象归属于他们要施以抨击的对象，把与西方科学理性相对立的道家庄子超理性的直觉体验的思想作为中国传统文化、思想的主要特征或内容，就是十分自然的了。

### 2. 庄子思想的认识结构蕴涵着思想论战中的三种哲学认识论立场

中国现代思潮有远较近代思潮为广阔和周延的哲学视野。"五四"以

---

① 爱因斯坦认为，"从特殊到一般的道路是直觉性的，而从一般到特殊的道路则是逻辑性的"（《爱因斯坦文集》，商务印书馆 1979 年版，第三卷第 490 页）。波普尔也说："我的观点可以这样表述：每一个发现都包含着'非理性因素'，或者在柏格森意义上的'创造性直觉'。"（《科学发现的逻辑》，科学出版社 1986 年版，第 6 页）确切地说，从特殊到一般是归纳的，从一般到特殊是演绎的，从部分到整体是直觉的。

后的中国思想学术界，输入了 19 世纪下半期以来的西方主要的哲学社会政治思想理论，围绕文化、历史、哲学中的基本理论问题和中国社会前途的选择展开了热烈而尖锐的思想论战。从不同政治派别或思想派别所宣扬、阐释的西方学理中，特别是从他们所进行的思想论战中，可以清晰地看出，纷纭的中国现代思潮实际上是归属三种不同的、对立的哲学认识论立场：经验主义、理性主义、直觉主义（非理性主义）。在 20 年代"科学与玄学"的论战中，围绕对"人生观"的哲学性质的不同看法，中国现代思潮的三种哲学认识论立场的对立得到了一次鲜明的集中的表现。当时，以张君劢、梁启超为代表的"玄学派"认为，"人生观"是一个人对自己周围的人和事物"有所观察也，主张也，要求也"，即一种看法、态度。就其哲学性质而言，它则是人的"自由意志"———一种内在的、绵延的、整体的"生之冲动"所外现出的变动不居的心理状态，一种"美"与"爱"的情感。它是不能用理智的、科学的因果律来分析、揭示，而只能用直觉来体验、把握的。张君劢说："科学为论理学，为方法所支配，而人生观则生于直觉。科学之方法有二：一曰归纳，一曰演绎……若此（人生观）者，初无论理学之公例以限制之，无所谓定义，无所谓方法，皆其自身良心之所命，起而主张之，以为天下后世表率，故曰直觉者也。"（《人生观》）梁启超也说："人生关于情感方面的事项，绝对的超科学。"（《人生观与科学》）显然，这是现代西方哲学中的生命哲学的观点，柏格森的观点。柏格森曾说："至少有这样一种实在，我们都是运用直觉从内部来把握它，而不是运用单纯的分析。这种实在就是在时间中流动的我们的人格，也就是绵延的自我。"（《形而上学导言》，商务印书馆 1963 年版，第 4 页）所以二十多年以后，张君劢回忆这场论战中自己所持的理论观点时说："我是说，人生是自由意志的，无法按科学解决。简单来说，不是科学所能解释得了的。此项思想之来源，是由柏氏（柏格森）来的。"（《民主社会主义之哲学背景》第六篇《时代特征》）以丁文江、胡适为代表的科学派反对玄学派的观点，认为"人生观"摆脱不了科学、理智（逻辑）的范围。在他们看来，作为人的认识对象或科学研究对象的外界事物，实际上就是人的感觉、经验等心理事实，独立于人的感觉或经验之外的事物"本体"是不存在的，或不可知的，科学派把这种哲学认识论称之为"存疑唯心论"。丁文江说："我们所晓得的物质，本不过是心理上的觉官感触，由知觉而成概念，由概念而生推论。科学所研究的不外乎这种概念同推论……这种科学知识论可以说是存疑的唯心论，因为他们以觉官感触外界为我们知道物体唯一方法，物体的概念为心理上的现象，所以是唯心。觉官感触的外界，自觉的后面，有没有物，物体本质是什么，他们都认为不可知，应该存而不论，所以说是存疑。"（《玄学与科学》）从这种存疑主义的认识论立场来看玄学派所说的"人生观"，它不外是表现人生态度的一系列真实的心理状态，自然也应该是科学研究的对象。所以科学派宣称，"凡是心理的内容，真的概念推论，无一不是科学的材料"，"人生观决逃不出科学的范围"（《玄学与科学》）。而作为玄学派根本特征的，即认为是"人生观"内在本质的那种超越感觉、经验之外，具有形而上学实体性质的"自由意志"，科学派认为是不可知的、无意义的。所以科学派表示，对于"玄学家的吃饭家伙，就是存疑唯心论者所认为不可知的、存而不论的、离心理而独立的本体……科学不屑得同他争口舌"（《玄学与科学》）。十分显然，丁文江这里所表述的"存疑唯心论"，实际上就是西方哲学中行进在经验论路线上的马赫主义。马赫说："关于物质，关于世界，我们只知道它是一种人或种种不同人的感性要素的函数联系。凡是不能在一定条件下对这个人或那个人的感性要素、意识内容发生影响的东西，都是不实在的。"（《感觉的分析》第一章附录）丁文江的"科学知识论"渊源于此。实用主义也是在欧洲近代经验主义认识论基础上孕育出来的一个哲学品种。关于我们的认识对象，杜威说，"凡我们视为对象所具有的性质，应该是以我们自己经验它们的方式为依归的"（《经验与自然》，商务印书馆1960年版，第15页）。很明显，这与马赫的世界是"感性要素的函数联系"的观点在认识论的立场上是完全一致的。所以在这场科学与玄学论战中，实用主义在中国的传播者胡适，自然是要全力支持科学派的，在他看来，"人生观"总也"不曾跳出赛先生和罗辑先生的手心"（《孙行者与张君劢》）。

在中国现代思潮的科学与玄学的论战中，从另外一个和直觉主义、经验主义皆有所区别的哲学认识论立场作出观察、判断的是陈独秀。他说："自然界及社会都有他的实际现象……科学的说明能和这死板的实际——

符合，才是最成功。"（《科学与人生观序》）显然，这是一种科学理性主义的观点，即认为客观实际不依人的感觉或经验而独立存在，科学理性的认识目标或标准，就是要和这一客观实际的内在本质相符合。它也十分接近列宁在批判马赫主义时所表述的唯物主义认识论（反映论）："唯物主义者把人的感觉、知觉、表象和一般意识看作是客观实在的映像。世界是为我们的意识所反映的这个客观实在的运动。和表象、知觉等等的运动相应存在的是我们之外的物质运动。"（《唯物主义和经验批判主义》，第267页）从这种理性主义的认识论立场来看，"人生观"是客观存在的人的一种社会意识，应该而且可以从社会环境中寻找到它的形成的原因。这样，在这场论战中最后便导引出马克思主义的历史唯物主义的观点。这就是陈独秀所说："不同的人生观，都是他们所遭客观环境造成的，决不是天外飞来的、主观意志造成的，这本是社会科学可以说明的，决不是形而上学的玄学可以说明的……我们相信只有客观的物质原因可以变动社会，可以解释历史，可以支配人生观，这便是唯物的历史观。"（《科学人生观序》）

以上，我们简略地勾画了科学与玄学论战的哲学阵容和理论内容。应该说，这个阵容和内容具有某种基始的和典型的意义。就中国范围内来说，中国现代思潮所提出和争论的其他理论的或实践的问题，例如关于解决中国社会问题的基本途径的三种观点——固有道德的发扬，政治上一点一滴的改良和经济制度的根本解决，实际上都是和从这三种基本的哲学认识论立场作出的不同观察相联系的。① 从世界范围内来看，发生在中国20世纪20年代的这次思想论战，实际上是整个现代西方哲学思潮基本理论

① 直觉主义的张君劢倾心于内在的、形而上学的精神追求，故主张应以提倡宋明理学来解决社会问题，他说："若夫心为实在之说，则宋明理学家而其说大昌，真可理其功不在禹下者也……今之当局者，不知礼节，不知荣辱故也。若夫国事鼎沸纲纪凌夷之日，则治觉之真理，应将管子之言而颠倒之曰：'知礼节而后衣食足，知荣辱而后仓廪实。'吾之所以欲提倡宋学者，其微意在此。"（《再论人生观与科学并答丁在君》（下））马克思主义者李大钊则认为，"依马克思的唯物史观，社会上的法律政治、伦理等精神的构造，都是表面的构造，他的下面有经济的构造作他们一切的基础。经济组织一有变动，他们都跟着变动。换句话说，就是经济问题的解决，是根本解决"（《再论问题与主义》）。而实用主义的胡适却说，"实验主义注重在具体事实与问题，故不承认根本的解决，他只承认那一点一滴做到的进步——步步有智慧的指导，步步有自动的实验——才是真进化"（《我的歧路》）。

格局的模型或缩影。那就是以直觉主义、非理性主义为认识论基础的人本主义思潮与在经验主义认识论基础上而演变发展起来的科学主义思潮的对立，以及对黑格尔的理性主义进行了唯物主义改造的马克思主义在更深刻和广泛的意义上与非理性主义、经验主义的对立。这表明中国现代思潮，特别是它的哲学形态，完全是感受到西方思潮的影响而形成、发展起来的。但是，另一方面，孕育出西方现代思潮的三种基本的哲学认识论，都有自己的主要是植根于西方传统思想文化中的深远的观念的、理论的渊源，中国现代思潮何以能不期而然地、不为艰难地跨越异质文化间的观念鸿沟，基本上理解并不同成效地移植这些西方现代思潮？究其原因，现代西方思潮所立足的三种基本的哲学认识论，在中国传统思想中也是存在的，具有可为区分的理论形态和思想内容，并为不同的思想派别所运用。这些，在庄子思想中有极为清晰的、集中的表现。正如我们在前面所论述的那样，庄子思想的认识结构，包含着灿然分明的三个层面：对具体事物感知的相对性，理性观念的确定性，理性直观（超理性）的整体性。庄子思想认识结构的三个层面，实际上涵盖了中国传统思想的思维方法或认识方法全体，并且也显然对应着现代思潮中的经验主义、理性主义和直觉主义（非理性主义）。正如现代解释学正确地揭示的那样，个人对任何一个现在的、当下的对象或问题的认识、理解中，都活跃着他在过去生活中积累起来的传统的、历史的观念因素，中国现代思潮尽管对中国传统思想表现出疏远、隔膜和批判的态度，但毕竟是在中国传统文化的环境中发育生存，它对西方思想中的任何理论、观念的理解中，都会不同程度地染有中国传统思想观念的色彩，浸润着它的特质。就哲学认识论来说，和现代西方思想三种基本认识论具有对应关系的庄子思想的三层面认识结构及《庄子》对其所作的具体论述，就为中国现代思潮理解、接受和运用西方现代思潮的不同认识论理论观点提供了观念沟通、观念融合的精神基础。以经验主义为基础的认识论普遍地内蕴着一种相对主义的哲学性格，如实用主义的胡适曾说："所有的科学律例，不过是一些最适用的假设……不过是人造的假设用来解释事物现象的，解释的满意，就是真的；解释的不满意，便不是真的，便该寻别种假设来代了。"（《实验主义》）胡适这里所表述的因用而变的科学真理相对性的观点，就十分切近、犀通庄子的因时而变的历史价值判断的相对性："帝王殊禅，三代殊继，差其时，逆其俗者谓之篡夫；当其时，顺其俗者谓之义徒"（《秋水》）①。中国现代思潮中的直觉主义与庄子思想在观念上、精神上的联系更加密切。张君劢认为，作为"自由意志"的表现的"人生观者，全体也，不容于分割中求之也"（《人生观》），也就是说，直觉主义认为人的最高的、最后的认识对象（"自由意志""生命冲动"）乃是一种整体的存在，所以它不能通过概念分析地、逐一地认识，而只能是直觉体验地整体把握，这与庄子认识结构中对"道"的认识的情况极为相似。《庄子》写道："道通为一"，"是非之彰，道之所以亏也"（《齐物论》）。即是说，"道"是世界的总体，任何感性的表象知觉，理智的概念分析（"是非之彰"），只能是对"道"的部分的知识（"道之所以亏"），而不是对"道"之整体的认识（"道通为一"）。在《庄子》中，达到"道"的途径和标志，是由"守道"（《大宗师》）、"体道"（《知北游》）而获得的具有全息性质的"目击而道存，亦不可以容声矣"（《田子方》）的直觉能力，能"无古今而入于不死不生"（《大宗师》），"乘道德而浮游"（《山木》）的无任何负累的精神境界。实际上，这已是一种广泛意义上的道德修养实践，而不再属于确切意义上的认识活动。在庄子认识结构中，对"道"的"认识"（直觉、体验）已经超越了认识论的范围。张君劢所主张的对"自由意志"的人生观直觉，也具有这样的性质，他说："人类活动之根源之自由意志问题，非在形上学中不能了解。现世界之代表的思想家，若柏氏（柏格森）、倭氏（倭铿）本此义以发挥精神生活，以阐明人类之责任。推至其极而言之，则一人之意志与行为，可以影响于宇宙实在之变化，此正时代之新精神。庄子曰，'水之积也不厚，则其负大舟也无力'，柏氏、倭氏辈推求宇宙实在，为归束于形上学者，非有他焉，其必然之结论也。"（《人生观之论战序》）显然，在张君劢的理解中，现代思潮的生命哲学，

① 胡适在《中国哲学史大纲》中，对《秋水》的这段文字是从道德观念进化的角度来理解的，并断定其义蕴与黑格尔的哲学性质的进化观念（正一反一合）相似，而不同于实用主义所立足的科学性质的进化论（达尔文主义的"一点一滴的进化"）。然而，推究《秋水》本文，这里实际上是在讨论认识的是非问题。从这个角度看，其义是接近经验主义（相对主义）的，而不是理性主义（绝对主义）的。

直觉主义所追寻的那种形而上学的本体性的对象（"自由意志"，"生命冲动"）只是体现为一种人生态度，一种精神境界，而不是作为一种认知对象被确认的。这一理解的中国思想观念渊源正是在《庄子》中。

中国现代思潮中的马克思主义者的反映论认识论是属于科学理性主义性质的。他们认为事物具有不依人的意志为转移的内在本质、客观规律。不仅自然现象间存在着因果必然性联系，即使"历史的范围实亘过去，现在及未来，而为一个一贯的法则所支配"（李大钊《桑西门的历史观》），自然科学和社会科学真理就是对自然现象和社会现象内在本质的正确认识或反映。例如科学社会主义运动就是建立在对社会变革的根本原因的认识基础之上的，而不仅是简单朴素的道德感情。陈独秀说："近代所讲的社会主义，其宗旨固然也是救济无产阶级底苦恼，但是他的方法却不是理想的、简单的均富论，乃是由科学的方法证明出来现社会不安底原因，完全是社会经济制度——即生产和分配方法——发生了自然的危机，要救济他的危机，先要认明现社会底经济事实，在这个事实的基础上面，来设法改造生产和分配底方法。"（《社会主义批评》）这里，李大钊和陈独秀所说的"法则""原因"，也就是《庄子》中"论万物之理"（《秋水》）的"理"。中国现代思潮中的理性主义虽然没有像经验主义（相对主义），直觉主义那样主动地去攀缘《庄子》，但他们坚定地相信并顽强地探求事物，特别是社会生活的内在本质和客观规律的认识论立场和态度，与《庄子》中的"天地固有常矣"（《天道》），"知道者必达于理"（《秋水》）是一致的，因而其理论思维的或认识论的观念根源也是中国传统思想中所固有的。

**3. 庄子思想孕育了新哲学体系中的宇宙本体和人生极致观念**

从 1919 年"五四"到 1949 年人民共和国建立的一段期间内，中国思想学术界在深重的民族灾难和社会危机的煎熬下，在西方思潮的有力冲击下，痛苦地反思了自己的传统思想和文化，根本上是为了中国社会前途的选择而进行了激烈的思想论战，如上所述，庄子思想与这些都有着这样或那样的关系。此外，在同样的社会、文化背景下，中国现代思潮中还出现了若干以西方现代哲学思想为理论基础，旨在重新建构、并进而升华、弘扬中国传统思想的哲学体系。具有代表性的是熊十力的"新唯识论"

（《新唯识论》）和冯友兰的"新理学"（《新理学》等"贞元六书"）。这两个思想体系有甚为不同的理论方法和哲学性质。概括地说，一个是以柏格森直觉主义为认识方法的主观唯心主义体系，一个是运用新实在论的逻辑分析方法建立起来的具有客观唯心主义性质的体系。这两个思想体系与中国传统思想的理论渊源关系也很不同。冯友兰的"新理学"体系，用他自己的话来说，是"'接着'宋明以来底理学讲底，而不是'照着'宋明以来底理学讲底"（《新理学》，《三松堂全集》第四卷，河南人民出版社1986年版，第5页）。所谓"接着"理学讲，就是指对程朱理学有所发展；这个发展就是"新理学"思想体系赋予传统的程朱理学一个具有层次性的逻辑构架，一个达到理学中具有世界本体性质的形而上学对象（简称为"理"，分别称之则为"理""气""大全""道体"）的理智性的阶梯，而异于传统理学在达到这个端点所依凭的直观跳跃①。熊十力在解释自己"新唯识论"命名之由时说："吾书之作，由不满有宗之学而引发，不曰'新唯识论'，而将何名?"（《新唯识论》附录《答问难》，中华书局1985年版，第671页）也就是说，"新唯识论"体系是对传统的，特别是由护法完成的唯识论的改造；而这一改造的主要之点，是将传统唯识论对心理现象（"八识"）的细腻的理智的分析，改造为对世界本体（"本心"）的整体的直观体认②。不难看出，新唯识论和新理学尽管有迥然不同的理论内容，然而对性质是形而上学的宇宙本体的探求，却是它们共同的理论主题。稍作进一步的考察，也还不难看出，新理学、新唯识论对各自宇宙本体的性质所作的规定或描述，其思想观念的内容，都是共同地来源于庄子思想。

在新唯识论体系中，熊十力对宇宙本体的规定，就其是最后的、唯一

---

① 新理学的这一工作，冯友兰曾简明地概括说："新理学的工作，是要经过维也纳学派的经验主义而重新建立形而上学……我们对于事物及存在，作式底分析，即得到理及气的观念，我们对于事物及存在作式底总括，即得到大全及道体的观念。此种分析及总括都是对实际作式底释义，也就是对经验作式底释义。"（《新知言》，《三松堂全集》第五卷，河南人民出版社1986年版，第223～224页）

② 熊十力概括自己与护法立说的根本差异时说："彼唯用分析之术，乃不能不陷于有所谓已成之断片相状，而无以明无方之变"，"真如一名，大乘旧以为本体之形容词，然自护法说来，则真如遂成戏论矣"。（《新唯识论》，中华书局1985年版，第78、80页）

的根源而言，称之为"独体"，"独体即本体之别名。以其至明无滞，至大无外，无物与匹，故云独体"（《新唯识论》，第553页）；就其实质而言，乃是吾人之心，故称"本心"，"独体谓本心，是乃吾与天地万物所同具之本体。绝待故云独，但以其主乎吾身而言，乃云本心"（《新唯识论》上，第556页）。但是，新唯识论具有理论创造意义的却是在对"本体"作出这个实质性的规定之前，所赋予"本体"的形式的、一般性的说明和规定。简略地说，熊十力认为，"本体"一方面是唯一，绝对，另一方面又是无穷，全，"一切物的本体，元是绝对的，元是全的"（《新唯识论》，第443页），而沟通这两方面的中介是变，融合这两方面为统一体的是"恒转"。熊十力说："本体只是无能而无所不能。他显现为万殊的功用或一切行，所以说是无所不能；他不是超脱于万殊的功用或一切行之上而为创造者，所以说无能。故假说为变……遂为本体安立一名字，叫做恒转。"（《新唯识论》，第314～315页）熊十力又把"本体"所具有的这种涵盖一切的特质称之为"功能"："本体亦名功能，即真如……亦称大用或功用，又生生化化流行不息真几，是浑一的全体，是偏一切时及一切处，恒自充周圆满，都无亏欠的。"（《新唯识论》，第443页）十分显然，熊十力的"本体"观念与庄子"道"的观念完全吻合。在庄子思想中对"道"也正是这样规定的，即一方面"道通为一"（《齐物论》），"道"是"无待"、唯一；另一方面，"道无所不在"（《知北游》），"道"又显现为世界的万事万物及其生成变化的过程。在《庄子》中，对"道"作为"生天生地"（《大宗师》）的万物根源有很形象的表述："天不得不高，地不得不广，日月不得不行，万物不得不昌，此其道与！"（《知北游》）对"道"表现为化生万物的过程也有明确的表述："天道运而无所积，故万物成"（《天道》），"万化而未始有极也"（《大宗师》）。熊十力对"本体"根本性质（"功能"，"恒转"）所作的阐释都有极为鲜明的《庄子》中的这些思想和语言的痕迹，例如对于"功能"，他说："功能者，即宇宙生生不已之大流……天得之以成天，地得之以成地，人得之以成人，物得之以成物……故观其殊，即世界无量，会其一，则万法皆如"（《新唯识论》，第82页）对于"恒转"，他说："恒转是至无而健动，此庄生所谓'运而无所积'……一切物生灭相续者，实际上元是真实的力用之流行，这种流行，是庄子所谓'运而无所积'。运者，犹言流行，无所积者，刹那刹那，都是才生即灭，没有一丝儿旧的东西滞积着"（《新唯识论》，第 344 页）。可见，熊十力新唯识论的"本体"观念实际上是孕育于庄子思想之中。

冯友兰认为，"形上学的工作，是对于一切事实作形式底解释"（《新原道》，《三松堂全集》第五卷，河南人民出版社 1986 年版，第 153 页），他的新理学体系正是用四个主要观念——理、气、道体、大全，对世界一切事物作出形式的说明的①。虽然这四个观念按冯友兰自己的说法，"都是我们所谓形式底观念，没有积极底内容底，是四个空底观念"，而所谓"无积极内容"，就是"对于事际，无所肯定"（《新原道》，《三松堂全集》第五卷，第 148、155 页）。但实际上，在冯友兰对这四个观念的说明中，和用这四个观念来对世界事物作形式的解释中，显现出甚为鲜明的"根源"的哲学观念，表明新理学的形而上学探索乃是一种对世界本体的哲学追求，也就是说，并不"空"，而"有所肯定"。冯友兰说，"理及气是人对于事物作理智底分析所得底观念，道体及大全是人对事物作理智底总括所得底观念。"（《新原道》，《三松堂全集》第五卷，第 154 页）所以可以认为新理学中的这四个观念是从分析和综合这两个不同的逻辑方面，或者也可以说是从具体事物和世界总体这两个不同的宇宙结构层次上来对世界一切事物作出解释的。新理学对"理"的界定完全继承程朱理学的观点："朱子以为理是实际底事物之所以然之故及其当然之则，我们所说理亦是如此。"（《新理学》，《三松堂全集》第四卷，第 40 页）朱熹曾说："至于天下之物，则必各有所以然之故，与其当然之则，所谓理也。"（《大学或问》卷一）程朱理学中的这个"理"的观念，如前所论，应该追溯到《庄子》中的"依乎天理，因其固然"（《养生主》），"四时有明法而不议，万物有成理而不说"（《知北游》）。在"气"的观念上，新理学为了"形式底解释"的需要，则与程朱理学有所不同。冯友兰认为程朱理学的"气"，是科学底观念，是一种构成事物的实际材料，而新理学

---

① 冯友兰说："在新理学的形上学系统中，有四个主要底观念，就是理、气、道体及大全……新理学以为，真正底形上学任务，就是在于提出这几个观念，并说明这几个观念。"（《新原道》，《三松堂全集》第五卷，第 148 ~ 154 页）

的"气"则"完全是一种逻辑底观念"，是实现"理"的"绝对底料"（"真元之气"）（《新理学》，《三松堂全集》第四卷，第49、48页）。所以新理学给予"气"一个完全是形式的定义："事物所有以能存在者，新理学中谓之气。"（《新原道》，《三松堂全集》第五卷，第151页）实际上，这正是《庄子》"气也者，虚而待物者也"（《人间世》），"通天下一气耳"（《知北游》）的经验观念的逻辑的表述。因此，完全可以说，冯友兰"真元之气"的逻辑观念，植根于庄子的"气"的经验观念基础之上。新理学对"理""气"观念的如此界定或说明，涵蕴或表现着一种追索事物最后根源或本质的理论意图，"理""气"实际上也就具有某种"本体"的形而上学理论性质，于是冯友兰就援引《庄子》的"物之初"① 观念来进一步说明"理""气"的这种性质："理与气是'物之初'。因为理与气都是将事物分析到最后所得底，我们不能对事物作再进一步底分析，所以它们是'物之初'，不能有再'初'于它们者。"（《新原道》，《三松堂全集》第五卷，第155页）在新理学中，从总括的逻辑方面和世界总体的观察角度所提出的两个观念——"道体""大全"，其具有事物根源、宇宙本体的理论内涵是更清楚的。新理学的"道体""大全"是分别从动、静两个方面对一切事物、世界总体作出概括的。冯友兰说："我们说宇宙、大全，是从一切事物之静底方面说；我们说道，是从一切事物之动底方面说"（《新理学》，《三松堂全集》第四卷，第69页），"总一切底流行谓之道体，道体就是无极（气）而太极（理）的程序……总一切底有谓之大全，大全就是一切底有"（《新原道》，《三松堂全集》第五卷，第152～153页）。新理学对世界总体从动静两个方面所作的这种逻辑表述，也不难从《庄子》中寻觅出它的观念渊源。《庄子》写道："道流而不明居"②（《山木》），"万物皆化"（《至乐》），这正是说"道"为"流行"，为变动不居的过程；《庄子》又写道，"道通为一"（《齐物论》），"道于大不终，于小不遗"（《天道》），这又是说"道"为"一切有"，为涵盖

---

① 《庄子》中写道："老聃曰：吾游心于物之初。"（《田子方》）
② 《庄子·山木》原文是"道流而不明居得行而不名处"，郭象等句读为"道流而不明，居得行而不名处"，林疑独等句读为"道流而不明居，得行而不名处"。郭读恐误。（参见拙著《庄子歧解》）

一切事物的整体。实际上，在新理学中，对于"道体"的"流行"和"大全"的"一切有"性质，冯友兰也正是援引《庄子》中的语言和思想来加以说明的。对于"流行"，冯友兰引《齐物论》说："我们实际底世界，是一'流行'，此点道家看之甚清。《庄子·齐物论》说'一受其成形，不亡以待尽，与物相刃相靡，其行尽驰而莫能止'。'一受其成形'，即就一事物之成、盛阶段说；'不亡以待尽'，即就一事物之衰、毁阶段说。使一事物'一受其成形，不亡以待尽'，即其阳，与之'相刃相靡'者，即其阴。一切事物，皆如是一阴一阳，即谓之道，所谓'一阴一阳之谓道'。所谓一阴一阳，即谓一事物之存在，一时为其阳所统治，一时为其阴所统治，一切事物均如此变化，此即是道。"（《新理学》，《三松堂全集》第四卷，第 71 页）对于"一切有"，冯友兰引《天下》说："惠施说'至大无外，谓之大一；至小无内，谓之小一'。所谓大全或宇宙，正是至大无外者。如其有外，则其外必仍有所有，而此所谓整个即非整个，此所谓大全即非大全。"（《新理学》，《三松堂全集》第四卷，第 29 页）以上所述都表明，新理学思想体系的形而上学探索中所充盈着的对世界本体的追求，与庄子思想有十分密切的观念联系。

与对宇宙本体的推究相适应，新唯识论和新理学两个思想体系中还有一个共同的理论主题，就是对人生极致，即人生最高精神境界或理想人格的探求和描述。这个境界，概言之就是与最高本体融为一体，这是中国传统思想中的一个不衰的、而在庄子思想中有最细腻描述的论题。因此，新唯识论、新理学在描述这个境界时，援引或追溯《庄子》，也就是很自然的。新理学体系对人生境界有十分全面的观察和描述。冯友兰说："人所可能有底境界，可分为四种：自然境界、功利境界、道德境界、天地境界。"（《新原人》，《三松堂全集》第四卷，第 550 页）四种境界按照其对人生意义的自我觉悟（"觉解"）程度高低多少为标准而判定，天地境界是最高境界。冯友兰说："境界有高低。此所谓高低的分别，是以到某种境界所需要底人的觉解的多少为标准。其需要觉解多者，其境界高……天地境界需要最多底觉解，所以天地境界是最高底境界。至此境界，人的觉解已发展至最高程度，谓之圣人。"（《新原人》，《三松堂全集》第四卷，第 554~555 页）这个具有最多"觉解"的最高境界的精神特质，冯友兰认为就是"自同于大全"，"与物冥"，即与最高本体及天地万物一体。他说："在天地境界中底人，自同于大全，体与物冥，我与非我的分别，对于他已不存在。"（《新原人》，《三松堂全集》第四卷，第636页）对于"天地境界"这个最基本的界定，冯友兰援引庄子思想来加以说明："在天地境界中底人的最高造诣是，不但觉解其是大全的一部分，而并且自同于大全。如庄子说'天地者，万物之所一也，得其所一而同焉，则死生终始将如昼夜而莫之能滑，而况得丧祸福之所介乎?''得其所一而同焉'，即自同乎大全。一个人自同于大全，则我与非我的分别，对于他即不存在。道家说'与物冥'①，冥者，冥我与万物间底分别也。"（《新原人》，《三松堂全集》第四卷，第632页）显然，冯友兰的"天地境界"与庄子思想中的"与道相辅而行"（《山木》），"与道徘徊"（《盗跖》）的"至人无己"（《逍遥游》）精神境界是相同的。冯友兰明确地说，"《庄子·山木》篇说'乘道德而浮游'，'浮游乎万物之祖，物物而不物于物'，此是'道德之乡'。此所谓道德之乡，正是我们所谓天地境界"（《新原人》，《三松堂全集》第四卷，第554页），"《庄子·齐物论》说，'若夫乘天地之正，御六气之变，以游无穷者，彼且恶乎待哉! 故曰，至人无己，神人无功，圣人无名'，此'无己'是大无我，到此种地位底人，其境界是天地境界"（《新原人》，《三松堂全集》第四卷，第560~561页）。冯友兰还常援引《庄子》中对"至人""神人""真人"等理想人格的描写来表述"天地境界"的人的精神风貌。例如他说："《庄子·大宗师》所说'坐忘'，'离肢体，黜聪明，离形弃知，同于大通'，此'忘'是天地境界中底人的忘"（《新原人》，《三松堂全集》第四卷，第571页），"庄子说'游心于无穷'，'与天地精神往来'，'上与造物者游，而下与外死生无终始者为友'，'乘天地之正，御六气之变，以游无穷'，这是天地境界中底人的大……庄子说'大泽焚而不能热，河汉沍而不能寒，疾雷破山飘风振海而不能惊'，这是天地境界中底人的刚。"（《新原人》，《三松堂全集》第四卷，第637页），等等。

---

① 《庄子》中没有出现"与物冥"的命题，但这一思想却多次以其他命题形式出现。如"顺物自然"（《应帝王》），"伦与物忘"（《在宥》），"方且与物化"（《天地》），"物物者与物无际"（《知北游》），"与物委蛇"（《庚桑楚》），"与物终始"（《则阳》），等等。"与物冥"是郭象《庄子注》中明确提出和多次使用的命题。

可见，在新理学思想体系对最高人生境界的界定和说明中，《庄子》里出现的思想观念和描述的精神现象是其主要的观念来源。

新唯识论中没有系统的关于人生理想或人生哲学的思想理论。这或许是因为《新唯识论》是一部没有完成的著作，它只有《境论》（体论），作者计划中的《量论》（知论）遗憾未能写出。可以设想，在潜藏于这位哲学家深邃心灵里的知识论中，一定会有他对人生的全面的观察。然而这毕竟无法知晓。尽管如此，从已经出世的论述本体的《新唯识论》（境论）里，仍然不难发现他的基本的人生观念，特别是对人生极致的明确说明。熊十力和冯友兰一样，把理想的、最高的人生精神境界理解为、规定为是对世界整体，对宇宙本体冥合、归依的一种精神状态。他说："盖生物进化，至人类而为最高。其能直接通合宇宙大生命为一，以实显本体世界无上价值者，厥为人类"（《新唯识论》，第 101 页），"体其所以化，尽其所以生者，则直与法界为一，而未始有极也（自注：法界即本体之异名），学至于此，方是究竟"（同上书，第 398 页），"宇宙、人生本来不二，相对绝对迷则有分，悟乃融一，此《新唯识论》最旨也"（同上书，第 688 页）。也就是说，在熊十力看来，人生的最重要、最基本的觉悟，就是"人类之在万物中也，浑然与万物同体"（同上书，第 524 页）。和新理学相比，新唯识论的独特之处在于它又认为宇宙本体即是"本心"，所以在新唯识论中，"与法界为一""与万物同体"的最高精神境界又被解释为、规定为"直指本心""绝对自我"。熊十力说："万物都不是离我底心而独在的。因此，所谓我者，并不是微小的、孤立的、和万物对待着，而确是赅备万物，成为体的。这种自我观念的扩大，至于无对，才是人生最高理想的实现"（同上书，第 274 页），"《新唯识论》则直指本心，通物我内外，浑然为一"（同上书，第 679 页）。这样，新唯识论的人生极致、人生理想实际上就是由"吾与万物同体"和"万物皆备于我"这两个相异而又相通的思想观念构成的一种精神境界。对此，熊十力援引《庄子》中的"官天地，府万物"[①] 一语加以概括说："唯人类心灵特著，

---

[①] 《庄子》写道："勇士一人，雄入于九军，将求名而能自要者，而犹若是，而况官天地，府万物，直寓六骸，象耳目，一知之所知，而心未尝死者乎！"（《德充符》）

充其智，扩其量，毕竟足以官天地，府万物——官天地者，人与天地同体，而复为天地之主宰，所谓'范围天地之化而不过'者是也；府万物者，孟子所谓'万物皆备于我'是也。"（《新唯识论》，第525页）这些都表明，在新唯识论思想体系中，和新理学一样，人生极致、理想人格等人生哲学问题也是重要的理论主题，并且在思想观念上也和庄子思想有密切联系。

完全可以这样说，中国现代思潮中的新哲学体系，只要涉入中国传统思想，在它的体系中就不能不留下庄子思想的痕迹。[①]

以上，我们对庄子思想在从先秦到现代的中国历代思潮中所起的作用进行了比较具体的，但毕竟也还是很概括的、很粗略的考察和分析。然而这已足以表明，庄子思想以它深邃而众多的概念、命题、观念在中国传统思想的演变、发展中，确实地成为一种最活跃的观念的或理论的因素，在不同的理论思潮中和在不同的理论层次上皆发生了不同程度的影响，是中国哲学中的一个重要的观念渊源。即使在当代，我们在实现理解、吸收世界最新的思想和智慧，以创造自己国家的现代文化的历史任务时，庄子思想内蕴着的、并且在历史上已经不止一次表现出来的那种对异己思想或异质文化具有容摄、消化能力的宽广的观念背景、观念系统，仍然是有积极的、实际的意义的。正是这些使我们感到，对庄子思想及其影响所作的这种漫长的历史考察是值得的，因为通过这种考察，在理解和熟悉庄子思想的基础上，能够比较深入地理解和熟悉中国传统思想；而只有真正地理解和熟悉中国传统的思想和文化，才能卓有成效地创造出中国新的、现代的思想和文化。

---

① 例如在金岳霖的"旧瓶装新酒"的《论道》中，其主要哲学范畴道、无极、太极、几、数、理、势、情、性、体、用等，都可以在《庄子》中寻觅到最早的观念源头。这位中国现代的逻辑哲学家在他的《中国哲学》一文中（《哲学研究》1985年第9期），对庄子表现了最大的、感人的钟情。

# 致　谢

　　我的《庄学研究》在研究、写作过程中和出版时，分别得到了国家社会科学基金会和我所在的工作单位河南省社会科学院的资助，人民出版社哲学编辑室的同志也给予了许多具体的帮助。在此，我谨表示深切的、衷心的感谢！

崔大华

1990 年 12 月

# 《崔大华全集》 出版后记

　　2019 年 3 月，河南省社会科学院哲学与宗教研究所计划以《崔大华全集》（以下简称《全集》）的形式，出版崔大华先生已发表的论著和未发表但具有较高学术价值的作品。这项计划得到河南省社会科学院院长谷建全研究员和院领导班子的高度重视与大力支持。其后，哲学与宗教研究所原所长王景全研究员组织科研人员投入资料搜集整理工作中。我们除了向出版社提供崔先生已出版的专著（《南宋陆学》《庄子歧解》《庄学研究——中国哲学一个观念渊源的历史考察》《儒学引论》《儒学的现代命运——儒家传统的现代阐释》）、合著（《道家与中国文化精神》）和论文集（《中国传统社会思想的理路及当代价值》）外，还通过各种方式，将崔先生发表在正式期刊、辑刊、内部刊物、海外刊物上但未收入论文集的 18 篇论文以及《宋明理学史》与《中国历史大辞典·思想史卷》中由他撰写的部分整理出来。在崔先生夫人李正平老师的协助下，我们还整理了崔先生写于 20 世纪 70 年代的随笔《佳羽集》和短文《雕朽集》，并从他的书信底稿中整理出 165 封书信，选 105 封收入《全集》。李正平老师还提供了崔先生不同时期的照片 100 多幅，我们选 40 多幅作为《全集》正文前的插图。

　　《全集》由社会科学文献出版社出版。经过紧张的编辑、排版和校对工作，《全集》的样书于 2019 年 11 月印出，并作为河南省社会科学院建院 40 周年庆典书目展览。进入 2020 年，由于新型冠状病毒肺炎疫情等不可抗因素，出版进度受到影响，但是《全集》的校对、修改工作仍继续进行。2021 年 5 月中旬，我们收到出版社发来的校样稿，哲学与宗教研究所负责人潘世杰副研究员组织七名科研人员分工校对，其中：赵胤校对第一卷，高丽杨校对第二卷，徐幼萍校对第三卷，赵志浩校对第四卷，宋艳琴校对第五卷，王思远校对第六卷，代云校对第七卷。最后再由代云对所有校对结果进行汇总、整理与完善。校对结果于 2021 年 7 月中旬向出版社反馈。

　　《全集》的编纂与出版得到各界人士的大力支持和无私帮助。湖南大学姜广辉先生提供了崔大华先生早年多幅照片的有关信息；西南大学高秀昌教授将崔先生发表在海外的论文拍照传给我们，并就《全集》整理、编纂中存在的问题提出了具体的指导意见；河南大学张枫林博士提供了崔先生在河南大学主持研究生答辩时的照片；河南省社会科学院杨海中研究员、丁巍研究馆员就崔先生早年的两张照片提供了详细的信息；河南省儒学文化促进会副会长周桂祥先生和常务理事李若夫教授提供了崔先生参加河南省儒学文化促进会相关活动的照片与文章；人民出版社方国根编审、大象出版社卢海山副编审、西南民族大学杨翰卿教授、上海师范大学张永超教授、遵义医科大学袁永飞博士、河南省哲学学会会长梁周敏教授、郑州航空工业管理学院鲁庆中教授、河南省社会科学院刘勇研究员与周全德研究员对于《全集》的编纂工作也提出了有益的意见。此外，在两年多的时间里，河南省社会科学院领导一直关心并多次过问《全集》的进展情况，院办公室、科研处、文献信息中心积极给予支持；社会科学文献出版社诸位领导和编辑也付出了辛勤的劳动。在此，我们对大家的积极帮助和支持，表示诚挚的谢意！

编者

2021 年 7 月